Tratado da Pessoa Idosa
Tratado de la Persona Mayor

Tratado da Pessoa Idosa
Tratado de la Persona Mayor

2023

Regina Beatriz Tavares da Silva
Kátia Boulos
Maria José Bravo Bosch
Coordenação

ALMEDINA

TRATADO DA PESSOA IDOSA
TRATADO DE LA PERSONA MAYOR

COORDENADORES: Regina Beatriz Tavares da Silva, Kátia Boulos, Maria José Bravo Bosch

DIRETOR ALMEDINA BRASIL: Rodrigo Mentz
EDITORA JURÍDICA: Manuella Santos de Castro
EDITOR DE DESENVOLVIMENTO: Aurélio Cesar Nogueira
ASSISTENTES EDITORIAIS: Larissa Nogueira e Letícia Gabriella Batista
ESTAGIÁRIA DE PRODUÇÃO: Laura Roberti

DIAGRAMAÇÃO: Almedina
DESIGN DE CAPA: Roberta Bassanetto

ISBN: 9786556278346
Abril, 2023

Dados Internacionais de Catalogação na Publicação (CIP)
(Câmara Brasileira do Livro, SP, Brasil)

Tratado da pessoa idosa = Tratado de la persona mayor / coordenação
Regina Beatriz Tavares da Silva, Kátia Boulos, Maria José Bravo Bosch.
-- 1. ed. -- São Paulo : Almedina, 2023.

Vários autores.
Vários tradutores.
Edição bilíngue: português/espanhol.
ISBN 978-65-5627-834-6

1. Assistência social 2. Estatuto do idoso 3. Idosos - Cuidados 4. Idosos - Direitos fundamentais - Brasil 5. Idosos - Direitos - Brasil 6. Idosos - Política governamental - Brasil I. Silva, Regina Beatriz Tavares da. II. Boulos, Kátia. III. Bosch, Maria José Bravo. IV. Título: Tratado de la persona mayor.

23-147082 CDU-342.7

Índices para catálogo sistemático:

1. Idosos : Direito à saúde : Direitos fundamentais sociais : Direitos constitucionais 342.7
Aline Graziele Benitez - Bibliotecária - CRB-1/3129

Este livro segue as regras do novo Acordo Ortográfico da Língua Portuguesa (1990).

EDITORA: Almedina Brasil
Rua José Maria Lisboa, 860, Conj.131 e 132, Jardim Paulista | 01423-001 São Paulo | Brasil
www.almedina.com.br

SOBRE OS COORDENADORES

Regina Beatriz Tavares da Silva
Pós-Doutora em Direito da Bioética pela Faculdade de Direito da Universidade de Lisboa – FDUL. Doutora em Direito e Mestre em Direito Civil pela Faculdade de Direito da Universidade de São Paulo – USP. Graduada em Direito pela Universidade Presbiteriana Mackenzie. Diretora de Relações Institucionais da União de Juristas Católicos de São Paulo – UJUCASP. Coordenadora e Conferencista em vários Cursos, Congressos e Jornadas no Brasil e em outros países. Titular da Cadeira n. 39 da Academia Paulista de Letras Jurídicas – APLJ. Membro da Comissão Especial de Assessoria à Relatoria Geral do Projeto do atual Código Civil, na Câmara dos Deputados. Participou de outros projetos legislativos, como o Projeto de Lei do atual Código de Processo Civil. Membro efetivo do Instituto dos Advogados de São Paulo – IASP. Advogada inscrita na Ordem dos Advogados do Brasil e na Ordem dos Advogados de Portugal. Sócia fundadora de Regina Beatriz Tavares da Silva Sociedade de Advogados. Fundadora e Presidente da Associação de Direito de Família e das Sucessões – ADFAS.

Kátia Boulos
Graduada e pós-graduada pela Faculdade de Direito da Universidade de São Paulo – USP. Consultora nas áreas do Direito de Família e das Sucessões, com atuação interdisciplinar e interinstitucional em políticas públicas na defesa dos direitos da Mulher, Criança, Adolescente e Pessoa Idosa. Conselheira representante da sociedade civil no Conselho Estadual da Condição Feminina da Secretaria de Políticas para a Mulher do Estado de São Paulo – CECF. Consultora das Comissões Permanentes da Mulher Advogada e dos Direitos da Pessoa Idosa, e da Comissão Especial da Advocacia de Família da Ordem dos Advogados do Brasil, Seção de São Paulo – OAB SP. Conselheira da Associação Brasileira das Mulheres de Carreira Jurídica São Paulo – ABMCJ SP. Conselheira do Bem Querer Mulher/INDES. Membro efetivo do Instituto dos Advogados de São Paulo – IASP. Advogada inscrita na Ordem dos Advogados do Brasil. Sócia fundadora de Kátia Boulos Advogados Associados. Fundadora, Diretora Nacional de Relações Institucionais e Presidente da Seção Estadual de São Paulo da Associação de Direito de Família e das Sucessões – ADFAS.

Maria José Bravo Bosch
Professora de Direito Romano na Universidade de Vigo e Professora de Sistemas Jurídicos Contemporâneos: Direito Continental e Direito Anglo-Saxão no Campus de Ourense. Professora visitante nas Universidades de Messina (Itália), Cagliari (Itália) e no Centro Universitário 7 de setembro (UNI7/Fortaleza/Brasil). Professora convidada na Universidade La Sapienza de Roma, no Curso de *Alta Formazione* de Direito Romano, com um módulo de ensino sobre mulheres romanas. Diretora dos Serviços de Inspeção da Universidade de Vigo e Mentora de Ética na área de Projetos de Pesquisa. Membro da Comissão Galega de Relatórios, Avaliação, Certificação e Credenciamento, órgão superior no domínio da avaliação, competente para a elaboração de protocolos e procedimentos específicos de avaliação e relatório na Galiza, pertencente à Agência para a Qualidade do Sistema Universitário Galego (ACSUG) – CGIACA. Acadêmica Correspondente da Real Academia de Jurisprudência e Legislação da Espanha. Presidente da Comissão Espanhola de História do Direito de Família e Sucessões da Associação de Direito de Família e das Sucessões – ADFAS.

Tradutor para a língua espanhola
RICARDO DOMINGO BEPMALE

SOBRE LOS COORDINADORES

Regina Beatriz Tavares da Silva

Post-Doctora en Derecho de la Bioética, por la Facultad de Derecho de la Universidad de Lisboa – FDUL. Doctora en Derecho y Máster en Derecho Civil por la Facultad de Derecho de la Universidad de São Paulo – USP. Graduada en Derecho por la Universidad Presbiteriana Mackenzie. Directora de Relaciones Institucionales de la Unión de Juristas Católicos de São Paulo – UJUCASP. Coordinadora y Conferencista en varios Cursos, Congresos y Jornadas celebrados en Brasil y otros países. Titular de la Cátedra No. 39 de la Academia Paulista de Letras Jurídicas – APLJ. Miembro de la Comisión Asesora Especial de la Relatoría General del Proyecto del Código Civil vigente, en la Cámara de Diputados. Participó en otros proyectos legislativos, como el Proyecto de Ley del actual Código de Procedimiento Civil. Miembro efectivo del Instituto de Abogados de São Paulo – IASP. Abogada registrada en el Orden de Abogados de Brasil y en el Orden de Abogados de Portugal. Socia fundadora y titular de Regina Beatriz Tavares da Silva Sociedad de Abogados. Fundadora y Presidente de la Asociación de Derecho de Familia y Sucesiones – ADFAS.

Kátia Boulos

Postgrado e graduado de la Facultad de Derecho de la Universidad de São Paulo – USP. Consultora en las áreas de Derecho de Familia y Sucesiones, con trabajo interdisciplinario e interinstitucional en políticas públicas en defensa de los derechos de la Mujer, la Niñez, la Adolescencia y las Personas Mayores. Consejera representante de la sociedad civil en el Consejo Estatal de la Condición de la Mujer de la Secretaría de Políticas para Mujeres del Estado de São Paulo – CECF. Consultora de las Comisiones Permanentes de Abogadas y Derechos del Anciano y de la Comisión Especial de Derecho de Familia del Colegio de Abogados de Brasil, Sección São Paulo – OAB SP. Consejera de la Asociación Brasileña de Mujeres en la Carrera Jurídica São Paulo – ABMCJ SP. Consejera en Bem Querer Mulher/INDES. Miembro efectivo del Instituto de Abogados de São Paulo – IASP. Abogada registrada en el Colegio de Abogados de Brasil. Socia fundadora de Kátia Boulos Abogados Asociados. Fundadora, Directora Nacional de Relaciones Institucionales y Presidente de la Sección de São Paulo de la Asociación de Derecho de Familia y Sucesiones – ADFAS.

Maria José Bravo Bosch
Profesora Titular en Derecho Romano por la Universidad de Vigo y Profesora de Sistemas Jurídicos Contemporáneos: Derecho Continental y Derecho Anglosajón no Campus de Ourense. Professora Visitante en las Universidades de Messina (Itália), Cagliari (Itália) y en el Centro Universitario 7 de Septiembre (UNI7/Fortaleza/Brasil). Profesora por invitación en la Universidad La Sapienza de Roma, en el Corso di *Alta Formazione* de Derecho Romano, con un módulo docente sobre la mujer romana. Directora de la Inspección de Servicios de la Universidad de Vigo y Mentora Ética en el ámbito de los Proyectos de Investigación. Vocal de la Comisión Gallega de Informes, Evaluación, Certificación y Acreditación, órgano superior en materia de evaluación, competente para la elaboración de los protocolos y procedimientos específicos de evaluación e informe em Galicia, perteneciente a Agencia para la Calidad del Sistema Universitario de Galicia (ACSUG) – CGIACA. Académica Correspondiente de la Real Academia de Jurisprudencia y Legislación de España. Presidente de la Comisión Española de Historia del Derecho de Família y de las Sucesiones de la Associação de Direito de Família e das Sucessões – ADFAS.

Traductor para la lengua española
RICARDO DOMINGO BEPMALE

SOBRE OS AUTORES

Alicia García de Solavagione
Doutora em Direito e Ciências Sociais. Especialista em Direito de Família. Professora Titular por concurso de "Direito de Família e Sucessões" da Faculdade de Direito da Universidade Nacional de Córdoba, Argentina. Professora da Carreira de Doutorado da Fac. de Direito da Universidade Nacional de Córdoba. Membro do Instituto de Direito Civil da Academia Nacional de Direito e Ciências Sociais de Córdoba. Argentina. Ex Fiscal no Civil, Comercial e Laboral do Poder Judicial de Córdoba. Argentina. Ex Juíza do foro múltiplo do Poder Judicial de Córdoba. Membro Honorário da ADFAS. Presidente da Comissão Argentina da ADFAS.

André G. Dias Pereira
Doutor em Direito, Professor da Faculdade de Direito da Universidade de Coimbra, Diretor do Centro de Direito Biomédico da Faculdade de Direito da Universidade de Coimbra. Presidente da Comissão Portuguesa de Biodireito e Bioética da Associação de Direito de Família e das Sucessões – ADFAS.

Angela Vidal Gandra Martins
Bacharel em Direito pela Universidade de São Paulo (USP). Doutora em Filosofia do Direito pela Universidade Federal do Rio Grande do Sul (UFRGS). Visitante e Pesquisadora na Harvard University. Advanced Management Program IESE Business School (Universidade de Navarra). Ex-Sócia da Advocacia Gandra Martins. Professora do CEU LAW SCHOOL e da Universidade Mackenzie. Membro da Academia Brasileira de Filosofia e da Academia Paulista de Letras Jurídicas. Ex-Secretária Nacional da Família do Ministério da Mulher, da Família e dos Direitos Humanos.

Antonio Costa
Ex-Secretário Nacional de Promoção e Defesa dos Direitos da Pessoa Idosa no Ministério da Mulher, da Família e Direitos Humanos. Ex-Presidente do Conselho Nacional de Direitos da Pessoa Idosa. Especialista em Saúde Indígena pela UNIFESP. Presidente da Fundação Nacional do Índio (2017). Membro da Academia Internacional de Cultura – Brasília-DF. Especialista em Aconselhamento e Psicologia – Pastoral pela AVM Faculdade Integrada (2015); Bacharel em Teologia pela Faculdade Teológica Batista de Brasília.

Columba del Carpio Rodríguez
Doutora em Direito pela Universidade de Granada-Espanha, Mestre em Direito Constitucional e Proteção Jurisdicional pela Universidade Nacional de San Agustín de Arequipa-Peru, Professora Titular de Graduação e Pós-graduação (Mestrado e Doutorado) da Universidade de San Agustín, Conselheira da Faculdade de Direito da UNSA, Ex-Magistrada de Carreira, Ex-Juíza da Corte Suprema de Justiça da República do Peru, Membro da Sociedade Internacional de Direito de Família (ISFL), da Academia Ibero-Americana de Direito de Família e do Povo, da Rede Latino-Americana de Antropologia Jurídica, Associada Honorária da Associação de Direito de Famíia e das Sucessões – ADFAS Brasil.

Danilo de Oliveira
Doutorando e Mestre em Direitos Humanos pela PUC-SP. Especialista em Direito Público com ênfase em Direito Constitucional. Coordenador do Núcleo de Pesquisa e Produção Científicas da Universidade Santa Cecília (UNISANTA). Coordenador da Pós-Graduação Lato Sensu em Direito do Trabalho e Previdência Social da UNISANTA. Coordenador Regional da Escola Superior da Advocacia (ESA) da OAB-SP. Líder do polo da Baixada Santista da Comissão Estadual de Estágio e Exame de Ordem da OAB-SP. Presidente da Comissão de Temas Previdenciários da OAB, Subseção de Santos-SP (2013-2018). Advogado. Sócio fundador da Lamy, Oliveira e Santos Sociedade de Advogados.

Evany Bettine de Almeida
Gerontóloga pela Universidade de São Paulo, Mestra em Filosofia na modalidade Educação e Saúde e doutorando em Ciências pela mesma universidade. Coordenadora e docente da Pós-graduação em Gerontologia da Faculdade Paulista de Serviço Social, presidente da Associação Brasileira de Gerontologia, docente da Universidade USP60+.

Gema Vallejo Pérez
Graduada em Direito pela Universidade de León. Doutora em Direito pela Universidade de León com Destaque Cum Laude, Qualificação Máxima, por unanimidade da Banca Examinadora. Prêmio Extraordinário de Doutorado. Estágio de pesquisa de pré-doutorado na Universidade de Cagliari (Itália) e bolsas de pós-doutorado na Universidade La Sapienza de Roma, 2020, 2021 e 2022. Professora Auxiliar Doutora na Universidade de León, na área de Direito Romano.

Graciela Medina
Ex-presidente da Associação Argentina de Direito Comparado. Professora de Direito de Família e Sucessões, Conselheira da Faculdade de Direito da Universidade de Buenos Aires, Acadêmica da Academia de Ciências Jurídicas de Córdoba.

Jaime Meira do Nascimento Junior
Doutor em Direito Civil pela Universidade de São Paulo (2006), Mestre em História do Direito (DEA en Histoire du Droit) pela Université Paris II – Panthéon-Assas (2003). Bacharel em Direito pela Universidade de São Paulo (1996) e em Administração Pública pela Escola de Administração de Empresas de São Paulo da Fundação Getúlio Vargas (1995) e Promotor de Justiça do Ministério Público do Estado de São Paulo desde 2007.

José Roberto Sodero Victório
Advogado, Pós-Doutor em Saúde, Bioética, Meio Ambiente Laboral e Direitos Humanos pela Universidade de Salerno (Itália), Doutor em Ciências Jurídicas e Sociais pela UMSA (Argentina), Mestre em Ciências Ambientais pela Universidade de Taubaté, Pós-Graduado em Direito Empresarial pela Universidade de Taubaté, Professor de Pós-graduação da Faculdade de Direito de Franca, da Faculdade de Direito de Passo Fundo, da Faculdade de Direito de São Bernardo do Campo, da Escola Superior da Advocacia – ESA-OAB, da UNOESTE, da ATAME e do IEPREV, ex-Diretor de Acompanhamento de Acidentes Coletivos do Trabalho do Instituto de Estudos Previdenciários – IEPREV. Presidente da Comissão de Direito Previdenciário da Associação de Família e das Sucessões (ADFAS).

Letizia Casaril
Analista Judiciária do Ministério Público do Rio Grande do Sul cedida para a Secretaria Nacional da Família do Ministério da Mulher, da Família e dos Direitos Humanos (2019-2021), Especialista em Direito Constitucional, Bacharel em Direito pela Universidade Federal do Rio Grande do Sul.

Marcelo Lamy
Doutor em Direito Constitucional (PUC/SP). Mestre em Direito Administrativo (USP). Bacharel em Direito (UFPR). Vice coordenador e Professor Permanente do Programa de Pós-Graduação Stricto Sensu Mestrado em Direito da Saúde (UNISANTA). Líder do Grupo de Pesquisa CNPq "Direitos Humanos, Desenvolvimento Sustentável e Tutela Jurídica da Saúde". Coordenador do Laboratório de Políticas Públicas (UNISANTA). Professor no Curso de Bacharelado em Direito (UNISANTA, ESAMC). Advogado. Sócio fundador da Lamy, Oliveira & Santos Sociedade de Advogados.

Marcos Neemias Negrão Reis
Professor Universitário, Advogado, Jornalista, Historiador e Escritor; Mestrando em Direitos Fundamentais e Bacharel em Direito pela Universidade da Amazônia (Belém/PA). Presidente da Seção Estadual da ADFAS em Tocantins.

María José Bravo Bosch
Professora Titular de Direito Romano na Universidade de Vigo. Professora de Introdução aos Sistemas Jurídicos Contemporâneos: Direito Continental e Direito Anglo-Saxão no Campus de Ourense. Professora Visitante nas Universidades de Messina (Itália), Cagliari (Itália) e no Centro Universitário 7 de Setembro (UNI7/Fortaleza/Brasil). Professora convidada no Curso de Inspeção de Serviços e Mentora Ética da Universidade de Vigo. Presidente da Comissão Espanhola de História do Direito de Família e Sucessões da Associação de Direito de Família e das Sucessões – ADFAS.

María Leoba Castañeda Rivas
Doutora em Direito pela Universidade Nacional Autônoma do México (UNAM); Professora de Carreira Integral da Faculdade de Direito e da Divisão de Pós-Graduação daquela Casa de Estudos. Pesquisador nível I do CONACYT SNI. De março de 2012 a março de 2016 foi Diretora da Faculdade de Direito e a primeira mulher a guiar seus destinos em 459 anos de história. Premiada com o Reconhecimento Sor Juana Inés de la Cruz 2017, conce-

dido pela UNAM, às mulheres de destaque da referida instituição no "ensino, pesquisa e divulgação da cultura". Foi Professora titular, convidada e conferencista em várias universidades e Instituições públicas e privadas do país e dos Estados Unidos da América, Argentina, Brasil, Chile, Colômbia, Cuba, Espanha, França, Inglaterra, Panamá, Porto Rico, República Dominicana e Venezuela, entre outros. Autora e co-autora de livros, artigos em revistas de prestígio e autora de vários títulos de Direito Civil e de Família na Enciclopédia Jurídica da Faculdade de Direito da UNAM.

Paulo R. Roque A. Khouri
Advogado, Professor. Doutor em Direito Público pelo Instituto Brasiliense de Direito Público (IDP), Mestre em Direito Privado pela Universidade de Lisboa. Vice-presidente da Seção Estadual-DF da Associação de Direito de Família e das Sucessões-ADFAS.

Regina Beatriz Tavares da Silva
Pós-Doutora em Direito da Bioética pela Faculdade de Direito da Universidade de Lisboa – FDUL. Doutora em Direito e Mestre em Direito Civil pela Faculdade de Direito da Universidade de São Paulo – USP. Graduada em Direito pela Universidade Presbiteriana Mackenzie. Diretora de Relações Institucionais da União dos Juristas Católicos de São Paulo – UJUCASP. Coordenadora e Palestrante em vários Cursos, Congressos e Jornadas realizados no Brasil e em outros países. Titular da Cadeira 39 da Academia Paulista de Letras Jurídicas – APLJ. Foi membro da Comissão Especial de Assessoria à Relatoria Geral do Projeto do atual Código Civil, na Câmara dos Deputados. Participou de outros projetos legislativos, como o Projeto de Lei do atual Código de Processo Civil. Advogada inscrita na Ordem dos Advogados do Brasil e na Ordem dos Advogados de Portugal. Sócia fundadora e titular de Regina Beatriz Tavares da Silva Sociedade de Advogados. Fundadora e Presidente da Associação de Direito de Família e das Sucessões – ADFAS.

Rosa Maria Barreto Borriello de Andrade Nery
Professora Associada de Direito Civil da Faculdade de Direito da Pontifícia Universidade Católica de São Paulo – PUC SP. Professora Livre-Docente nos Programas de Graduação e de Pós-Graduação (Especialização, Mestrado e Doutorado) da Faculdade de Direito da PUC-SP, onde ministra a disciplina de Direito Civil. Desembargadora aposentada do Tribunal de Justiça do Estado de São Paulo. Foi Procuradora de Justiça do Ministério Público do Estado de

São Paulo. Advogada, Parecerista e Consultora Jurídica da Banca de Advocacia Nery Advogados. Membro do Corpo de Árbitros da Câmara de Arbitragem e Mediação da Federação das Indústrias do Estado de São Paulo - FIESP e da Câmara de Arbitragem e Mediação da Câmara de Comércio Brasil Canadá – CAM-CCBC. Associada Fundadora e Membro do Conselho Científico da Associação de Direito de Família e das Sucessões - ADFAS.

Verônica A. da Motta Cezar-Ferreira
Doutora em Psicologia Clínica pela Pontifícia Universidade Católica de São Paulo (PUC-SP). Bacharel em Direito pela Universidade de São Paulo (USP). Introdutora da Visão Psicojurídica no Direito de Família. Formação psicanalítica e sistêmica. Membro dos iniciadores da Mediação no Brasil. Associada fundadora da Associação de Direito de Família e das Sucessões (ADFAS). Diretora Nacional de Relações Interdisciplinares da Associação de Direito de Família e das Sucessões (ADFAS). Membro do Conselho Científico da ADFAS. Vice-Presidente da Associação Paulista de Terapia Familiar (APTF), 2020-2022. Membro do Conselho Deliberativo e Consultivo da Associação Brasileira de Terapia Familiar (ABRATEF). Membro do Conselho de Educadores da Escola de Pais Brasil, desde 1994. Mediadora. Perita. Consultora psicojurídica de família.

APRESENTAÇÃO

A importância dos diálogos entre países da tradição ibero-americana, sempre prestigiada pela Associação de Direito de Família e das Sucessões – ADFAS-, é demonstrada nesta obra que desenvolve estudos voltados à proteção da pessoa idosa, segundo livro da Série ADFAS/Almedina.

Os debates em nível internacional sobre o envelhecimento saudável e funcional têm a maior relevância.

A Organização Mundial da Saúde (OMS) estima que até o ano de 2050 o número de pessoas com mais de 60 anos triplicará e passará dos atuais 400 milhões de pessoas para 1.2 bilhões em nível mundial[1] .

Segundo a Sociedade Brasileira de Geriatria e Gerontologia (SBGG)[2], o Relatório de Base da OMS para a Década do Envelhecimento Saudável 2021-2030, divulgado pela OMS, contém cinco pontos principais: 1) Preparação para uma década saudável; 2) Onde estamos agora – o status global do envelhecimento saudável; 3) Que melhorias podemos esperar até 2030? 4) Como podemos melhorar até 2030? 5) Uma década de ação.

De acordo com a OMS, pelo menos 142 milhões de idosos, na atualidade e em todo o mundo, não conseguem ter suas necessidades básicas atendidas e a chave para o envelhecimento saudável é a otimização da capacidade funcional.

Para alcançar as metas desejadas de maior proteção à pessoa idosa são necessários estudos interdisciplinares, como estes que apresentamos no Tratado da Pessoa Idosa, com estudos resultantes de pesquisas em vários países.

[1] Disponível em: https://sbgg.org.br/wp-content/uploads/2015/10/OMS-ENVELHECIMENTO-2015-port.pdf. Acesso em 6 de dezembro de 2022.

[2] Disponível em: https://sbgg.org.br/wp-content/uploads/2015/10/OMS-ENVELHECIMENTO-2015-port.pdf; https://www.who.int/publications/i/item/9789240017900. Acesso em 6 de dezembro de 2022.

A gestação dos presentes estudos se deu em Congresso Internacional organizado primorosamente por Dra. Kátia Boulos em 2021, que contou com relevantes parcerias de outras instituições, reunindo professores, advogados, promotores, procuradores e juízes, para trabalhar em prol de um objetivo comum: a proteção dos direitos da pessoa idosa.

A troca de profundos conhecimentos e largas experiências entre os juristas dos países participantes daquele Congresso Internacional foi registrada e permanece à disposição dos interessados por meio do canal que a ADFAS mantém no YouTube e em seu sítio eletrônico[3].

Os estudos apresentados naquele Congresso foram atualizados e também foram agregadas outras contribuições para a edição deste livro sobre a tutela da pessoa idosa na Argentina, no Brasil, na Espanha, no México, no Peru e em Portugal, que têm dupla função porque oferecem o exame dessa proteção aos juristas e estudantes que atuam em cada um desses países e permite o intercâmbio internacional das experiências, para que sirvam de exemplos dos acertos e dos questionamentos sobre as respectivas escolhas legislativas e jurisprudenciais, por meio da análise doutrinária.

Os autores desta obra são renomados profissionais em seus países e se posicionam livremente sobre temas atuais e polêmicos, de modo que os artigos não refletem obrigatoriamente pensamento unívoco, em razão da divergência de opiniões e, também, porque tocam em assuntos que representam novidades no cenário doutrinário e jurisprudencial.

De igual sorte, a inovação se faz presente no tratamento interdisciplinar da temática geral sob a ótica da Gerontologia e da Psicologia, ao ser abordada a importância da estimulação cognitiva para a memória saudável no envelhecimento, assim como o sistema de relações transgeracionais da pessoa idosa, e a apresentação da Mediação como sistema alternativo à resolução de conflitos, ante à negativa dos pais e mães ao direito dos menores de se relacionarem com seus avós.

A relevância do papel das políticas públicas na proteção e projeção da maturidade, o caminho do envelhecimento no Brasil, o direito social ao desenvolvimento como fundamento jurídico da saúde e da assistência à pessoa idosa, o papel do Ministério Público na tutela dos direitos da pessoa idosa, um estudo sobre o sistema protetivo à pessoa idosa no Brasil, com especial olhar sobre a imposição legal do regime da separação de bens no casamento e na união estável, são temas trabalhados com profundidade pelos autores.

[3] Congresso Internacional dos Direitos da Pessoa Idosa, disponível em https://www.youtube.com/c/AdfasOrgBr e https://adfas.org.br/congresso-internacional-dos-direitos-da-pessoa-idosa/ – Acesso em 30/11/2022.

O estado de vulnerabilidade da pessoa idosa é enfrentado no campo da previdência social, nas relações de consumo, nas relações patrimoniais advindas do casamento e da união estável e, ainda, na responsabilidade da doutrina e da jurisprudência diante dessa temática.

Tão desafiadores quanto exuberantes são também os artigos que tratam dos direitos dos idosos à saúde, igualdade e sexo na Argentina, e dos direitos da ancianidade naquele país, assim como os que tratam dos direitos da pessoa idosa na Espanha, no México e em Portugal, e do direito de envelhecer com dignidade no Peru.

Para que o diálogo seja eficaz, esta obra é bilíngue, de modo que todos os textos podem ser lidos nas línguas portuguesa e espanhola. Os trabalhos de tradução da língua portuguesa para a espanhola contaram com a graciosa colaboração de Dr. Ricardo Domingo Bepmale, Vice-presidente da Comissão de Direito Previdenciário da ADFAS, Advogado, Licenciado em Direito Internacional e Procurador de Justiça registrado na Secretaria Letrada da Corte Suprema de Justiça da Nação Argentina, a quem expressamos nosso especial agradecimento. As versões da língua espanhola para a portuguesa foram realizadas pela Tradutora, Revisora e Professora Lorena de Oliveira, que também elogiamos por seus trabalhos cuidadosos. Optamos por verter, em tradução livre, as diversas citações de modo a facilitar a compreensão integral da obra. Nem sempre é possível transpor com precisão certas expressões para outro idioma, de todo o modo, sempre que parecer necessário, o leitor terá à mão o texto original do autor.

Também agradecemos à Mestre Najla Pinterich Sahyoun, associada da ADFAS, pelo auxílio na formatação deste livro.

O conteúdo desta obra leva à melhor compreensão da proteção da pessoa idosa no Direito de Família, no Direito das Sucessões e em outras áreas correlatas.

A Editora Almedina, reconhecendo o valor do grupo de juristas e profissionais das áreas correlatas que compõe a Associação de Direito de Família e das Sucessões – ADFAS -, oportunizou a realização da Série ADFAS/Almedina, que rende mais uma publicação de obra de relevância para a comunidade jurídica graças à nossa editora, Dra. Manuella Santos de Castro, que tem a nossa gratidão.

Regina Beatriz Tavares da Silva
Kátia Boulos
Maria José Bravo Bosch
Coordenadoras

PRESENTACIÓN

La importancia de los diálogos entre países de tradición iberoamericana, siempre prestigiada por la Asociación de Derecho de Familia y Sucesiones – ADFAS – queda demostrada en este trabajo, segundo libro de la Serie ADFAS/Almedina.

Los debates internacionales sobre el envejecimiento saludable y funcional tienen mayor relevancia.

La Organización Mundial de la Salud (OMS) estima que para el año 2050 se triplicará el número de personas mayores de 60 años, pasando de los 400 millones de personas actuales a 1.200 millones en todo el mundo[1].

De acuerdo con la Sociedad Brasileña de Geriatría y Gerontología (SBGG)[2] el Informe de Línea de Base de la OMS para la Década del Envoltura Saludable 2021-2030, publicado por la OMS, contiene cinco puntos principales: 1) Preparación para una década saludable; 2) Dónde estamos ahora: el estado mundial del envejecimiento saludable; 3) ¿Qué mejoras podemos esperar para 2030? 4) ¿Cómo podemos mejorar para 2030? 5) Una década de acción.

Según la OMS, al menos 142 millones de personas mayores, en la actualidad y en todo el mundo, no pueden cubrir sus necesidades básicas y la clave para un envejecimiento saludable es la optimización de la capacidad funcional.

Para alcanzar las metas deseadas de mayor protección a las personas mayores, se necesitan estudios interdisciplinarios, como los presentados en el Tratado de la Persona Mayor, con estudios resultado de investigaciones en varios países.

La gestación de los presentes estudios tuvo lugar en un Congreso Internacional organizado magníficamente por la Dra. Kátia Boulos en 2021, que

[1] Disponible en: https://sbgg.org.br/wp-content/uploads/2015/10/OMS-ENVELHECIMENTO-2015-port.pdf. Acceso en el 6 de deciembre de 2022.

[2] Disponible en: https://sbgg.org.br/wp-content/uploads/2015/10/OMS-ENVELHECIMENTO-2015-port.pdf; https://www.who.int/publications/i/item/9789240017900. Acceso en el 6 de diciembre de 2022.

contó con asociaciones relevantes de otras instituciones, reuniendo a profesores, abogados, promotores, fiscales y jueces, para trabajar hacia un objetivo común: la protección de los derechos de la persona mayor.

El intercambio de profundos conocimientos y amplias experiencias entre los juristas de los países participantes en ese Congreso Internacional quedó registrado y permanece a disposición de los interesados a través del canal que ADFAS mantiene en YouTube y en su sitio web[3].

Se actualizaron los estudios presentados en ese Congreso y también se añadieron otras contribuciones a la edición de este libro sobre la tutela de la persona mayor en Argentina, Brasil, España, México, Perú y Portugal, que tiene una doble función porque ofrece el examen de esta protección a juristas y estudiantes que trabajan en cada uno de estos países y por otra parte permite un intercambio internacional de experiencias, para que sirvan como ejemplos de los aciertos y de las preguntas sobre las respectivas opciones legislativas y jurisprudenciales, a través del análisis doctrinal.

Los autores de este trabajo son profesionales de reconocido prestigio en sus países y se posicionan libremente sobre temas actuales y controvertidos, por lo que los artículos no reflejan necesariamente un pensamiento unívoco, debido a la divergencia de opiniones y también porque tocan temas que representan novedades en el escenario doctrinal y jurisprudencial.

Del mismo modo, la innovación está presente en el tratamiento interdisciplinario del tema general desde la perspectiva de la Gerontología y la Psicología, al abordar la importancia de la estimulación cognitiva para la memoria saludable en el envejecimiento, así como el sistema de relaciones transgeneracionales de la persona mayor, y la presentación de la Mediación como un sistema alternativo a la resolución de conflictos, ante la negativa de los padres al derecho de los menores a convivir con sus abuelos.

La relevancia del papel de las políticas públicas en la protección y proyección de la ancianidad, el camino del envejecimiento en Brasil, el derecho social al desarrollo como base legal para la salud y el cuidado de los ancianos, el papel del Ministerio Público en la protección de los derechos de la persona mayor y el estudio sobre el sistema de protección de la persona mayor en Brasil, con una mirada especial a la imposición legal del régimen de separación de bienes en el matrimonio y en la unión de hecho, son temas trabajados en profundidad por los autores.

[3] Congreso Internacional de los Derechos de la Persona Mayor, disponible en https://www.youtube.com/c/AdfasOrgBr y https://adfas.org.br/congresso-internacional-dos-direitos-da-pessoa-idosa/ – Acceso en el 30/11/2022.

El estado de vulnerabilidad de la persona mayor se enfrenta en el campo de la seguridad social, en las relaciones de consumo, en las relaciones de propiedad resultantes del matrimonio y la unión de hecho, y también en la responsabilidad de la doctrina y la jurisprudencia en este tema.

Tan desafiantes como impactantes son también los artículos que tratan sobre los derechos de los ancianos a la salud, la igualdad y el sexo en Argentina, y los derechos de ancianidad en ese país, así como los que tratan de los derechos de la persona mayor en España, México y Portugal, y el derecho a envejecer con dignidad en Perú.

Para que el diálogo sea efectivo, este trabajo es bilingüe, de modo que todos los textos puedan leerse en portugués y español. Los trabajos de traducción del portugués al español contaron con la amable colaboración del Dr. Ricardo Domingo Bepmale, vicepresidente de la Comisión de Derecho Previsional de ADFAS, Abogado, Licenciado en Derecho Internacional y Procurador de Justicia registrado en la Secretaria Letrada de la Corte Suprema de Justicia de la Nación Argentina, a quien expresamos nuestro especial agradecimiento. Las versiones en español para portugués fueron realizadas por la traductora Lorena de Oliveira, a quien también elogiamos por su cuidadoso trabajo. Optamos por hacer traducción libre de las diversas citas para facilitar la comprensión completa del trabajo. No siempre es posible transponer con precisión ciertas expresiones a otro idioma; en cualquier caso, siempre que parezca necesario, el lector tendrá a mano el texto original del autor. También optamos por hacer traducción libre de las diversas citas para facilitar la comprensión completa del trabajo.

También agradecemos a la Máster Najla Pinterich Sahyoun, asociada de ADFAS, por su ayuda con el formato de este libro.

El contenido de este trabajo conduce a una mejor comprensión de la protección de la persona mayor en Derecho de Familia, Derecho de Sucesiones y otras áreas relacionadas.

La Editorial Almedina, reconociendo el valor del grupo de juristas que conforma la Asociación de Derecho de Familia y Sucesiones – ADFAS – brinda la realización de la Serie ADFAS/Almedina, que trae ahora otra publicación de relevancia para la comunidad jurídica gracias a nuestra editora, la Dra. Manuella Santos de Castro, quién tiene nuestro agradecimiento.

Regina Beatriz Tavares da Silva
Kátia Boulos
Maria José Bravo Bosch
Coordenadoras

SUMÁRIO

BRASIL

ESPANHA

MÉXICO

PERU

PORTUGAL

ARGENTINA

1
LOS DERECHOS DE LA ANCIANIDAD

Alicia García de Solavagione[1]

"On a l'age de son coeur"
Alfred D'Houdetot[2].

1. Introducción

1.1. Experiencia personal

Entre los años 1992 y 1998 me desempeñé como Juez de Primera Instancia en la ciudad de Oliva (Provincia de Córdoba, Argentina), jurisdicción que incluía a una de las instituciones señeras en Salud Mental de nuestro País. El antiguo *"Asilo Colonia Regional Mixto de Alienados OLIVA"*, hoy llamado "Colonia Dr. Emilio Vidal Abal", fue creado en 1914 por el eminente médico psiquiatra Dr. Domingo Cabred, bajo la modalidad *open door.* Es el más grande del país y forma parte de la historia de la psiquiatría y geriatría argentina. Mi experiencia como Magistrada allí, fue y será inolvidable. Sumé así a mi formación jurídica, la experiencia práctica que observé en el fenómeno de los

[1] Doctora en Derecho y Ciencias Sociales. Especialista en Derecho de Familia. Profesora Titular por concurso de "Derecho de Familia y Sucesiones" de la Facultad de Derecho. Universidad Nacional de Córdoba, Argentina. Profesora de la Carrera de Doctorado de la Fac. de Derecho de la U. Nac. de Córdoba. Miembro del Instituto de Derecho Civil de la *Academia Nacional de Derecho y Ciencias Sociales de Córdoba.* Argentina. Ex Fiscal en lo Civil, Comercial y Laboral del Poder Judicial de Córdoba. Argentina. Ex Jueza de fuero múltiple del Poder Judicial de Córdoba. Miembro Honorario de ADFAS. Presidente de la Comisión Argentina de ADFAS.

[2] "Cada uno tiene la edad de su corazón". Alfred D'Houdetot, *Âge.*

ancianos abandonados e institucionalizados en ese Asilo, por su familia o el Estado. Fue doloroso advertir que "depositaban" allí a los gerontes, sin patología psiquiátrica alguna.

Según informes recientes[3], habría un deslizamiento respecto de la misión de las residencias geriátricas, ya que se incluyen también allí a personas viviendo en situación de calle, que debieran recibir por parte del Estado otra respuesta a sus necesidades. Otro ejemplo de este deslizamiento lo constituye la presencia de un área de la Colonia Vidal Abal (hospital psiquiátrico provincial como ya mencioné), para mujeres adultas mayores, es decir, mujeres que están internadas allí sólo por su edad avanzada. Evidencia notoria de que las políticas de estado son deficientes y el núcleo familiar está ausente.

Al anciano que adolece de afecto familiar y precisa compañía, asistencia o cuidados personales, su traslado de domicilio puede generarle graves dificultades de integración y adaptación al nuevo ambiente con previsible deterioro de equilibrio psíquico y moral. Si bien con esta medida se busca su bienestar físico, se minimiza el costo emocional llegándose a generar importantes trastornos psicoafectivos o de salud. Es allí donde puede, maliciosamente, aparecer algún familiar para intentar la judicialización, si el anciano se resiste a alejarse de su residencia, bajo la mascarada de una enfermedad derivada de la avanzada edad (senilidad). La ley de salud mental en Argentina trajo favorables modificaciones al respecto: actualmente, la persona debe prestar su consentimiento para que ello ocurra.

Sostiene Van Breemen que:

> El atardecer de la vida no se puede vivir como el amanecer. Sin embargo, ambos están conectados entre sí de una manera esencial que sólo se pueden vivir como una unidad. (...) La existencia humana es siempre, pero quizás sobre todo en la ancianidad, un proceso de aprendizaje[4].

Convivir con la soledad es un doloroso problema que muchas personas mayores no logran resolver, por lo tanto, le asignamos una función significativa a la familia nuclear o extensa del anciano.

[3] BUTINOF, Mariana; GURI, Ana Karina; RODRIGUEZ, Guadalupe; ABRAHAN, Daniela; VERA, Yanina; GASMAN, Jésica. *Adultos mayores en establecimientos geriátricos en la Provincia de Córdoba. Apuntes para una reflexión preliminar.* Informe elaborado en el marco del Proyecto UPAMI, SEU-UNC. Revista Interferencia, Derechos y Seguridad Humana. UNC Nº 3 (Vol. 0) 2013.

[4] VAN BREEMEN, Piet (SJ). *El arte de envejecer. La ancianidad como tarea espiritual.* Ed. Sal Terrae. 01/04/2004. España.

Adentrándonos en lo específicamente jurídico, la capacidad de las personas como atributo de la personalidad, en el Derecho Privado se reconocen dos tipos de capacidad:

a) la capacidad de derecho y
b) la capacidad de ejercicio.

En Argentina gozan de plena capacidad (de derecho y de ejercicio) las personas a partir de los 18 años, aunque de un modo gradual, progresivo.

A su vez, existen edades mínimas para realizar determinados actos. Entre los 13 a 16 años, las personas tienen aptitud para decidir por sí, respecto de tratamientos que no resulten invasivos ni comprometan su salud o provoquen un riesgo grave en su vida o integridad física. En caso de tratarse de actos que signifiquen tratamientos médicos de esta índole, la persona de 13 a 16 años, necesitará el consentimiento de los progenitores. A los 16 años el adolescente es considerado adulto para decidir todo aquello atinente a su propio cuerpo.

La capacidad plena, una vez obtenida, no se pierde por el transcurso del tiempo, y sólo con motivos graves, excepcionalísimos, que impliquen riesgo de vida o de patrimonio, la capacidad puede ser objeto de restricciones, siendo los jueces los únicos autorizados para modificar ese atributo de la personalidad.

Por lo tanto, partimos de la premisa siguiente: en Argentina la capacidad continúa siendo "la regla" en todos los supuestos de personas envejecidas.

El derecho internacional de los derechos humanos ha reconocido históricamente distintos grupos con sus propias especificidades, donde el núcleo común es la situación de vulnerabilidad que los rodea. En el caso de los adultos mayores el factor que la diferencia de otros colectivos es la edad. Se ha ponderado que:

> Sin embargo, la edad por sí sola no proclama un derecho colectivo. En efecto, devienen de mayor trascendencia a ese fin los estereotipos y prejuicios sociales que discriminan cuando incitan a una juventud eterna y asocian la vejez y a los ancianos representándolos como personas enfermas. (...) Lo antedicho demuestra que las personas mayores son titulares de derechos fundamentales por su condición de personas, pero el problema no es de titularidad sino de ejercicio y actuación autónoma de dichos derechos y libertades, y de la consecuente obligación de respeto por los particulares y por el propio Estado[5].

[5] BASSO, Silvina M.; DITIERI, Marina; MENDOZA, Elena. *El acceso a la tutela judicial efectiva de las personas mayores*, Revista de Derecho de Familia 91. 16/9/2019, 287. Cita online: AR/DOC/2473/2019. Thompson Reuters. Buenos Aires, Argentina.

1.2. Breve resumen de la legislación en materia de derechos de la ancianidad

Considerando que la Prof. Medina abordará la legislación vigente en esta mismo Tratado, sólo esbozaré los cuerpos normativos que provocaron este cambio en el país, pasando de un modelo tutelar a otro igualitario con concesiones, que es el que se aplica en la actualidad. Insisto en resaltar que en Argentina se promovió un cambio disruptivo de paradigmas, de modo gradual, pero contundente.

El nuevo modelo jurídico de tratamiento a la población añosa se dio en Argentina a partir del comienzo del siglo XXI y se originó por la incorporación decisiva de los Tratados Internacionales en la Constitución Nacional, en el art. 75, inciso 22, que introduce los derechos humanos individuales y colectivos de toda persona mayor, engendrando así una específica rama del derecho que protege a los ancianos y sus derechos.

Se procura (aunque no se logra) una mirada solidaria y autonómica, basada en el respeto hacia los mayores adultos, en todos sus aspectos incluso el de decidir sobre sus bienes, y administrar sus haberes previsionales misérrimos. El sostén económico del anciano es lamentable en nuestro país. Es una persona, pero no es "el gran consumidor".

En Argentina, después de la ratificación de los Tratados internacionales, incorporados a la Constitución de 1994, el régimen de la propiedad y de la vivienda familiar es interpretado de una manera diferente a la que se estilaba antes de tales normativas. Las recientes reformas legislativas de países cuyas culturas son compatibles con la nuestra, contemplan el resguardo de la vivienda en una amplia gama de situaciones habitacionales que requieren atención específica (personas solas, ancianas, disminuidas, valetudinarias, menores huérfanos que heredan viviendas no protegidas, etc.). En efecto, después de la ratificación de los Tratados internacionales, incorporados a la Constitución Nacional de 1994, el Régimen de la Propiedad y de la Vivienda Familiar se humaniza. Se contempla así la situación de quienes carecen de vivienda y los motivos de esa carencia, tales como la edad, la orfandad afectiva, la soledad, el entorno familiar, las penurias económicas.

Es así que Argentina abandona el fundamento proteccionista, que producía una afectación de ciertos derechos personales y patrimoniales de los mayores adultos y produce un giro total al sistema de la autonomía personal y la igualdad como base para estructurar la capacidad, la voluntad, los derechos y deberes referidos a las personas en situación de vulnerabilidad, rechazándose categóricamente cualquier restricción a la capacidad jurídica que lleve a reemplazar o sustituir la voluntad de la persona en forma genérica, expansiva.

La incapacidad es excepcionalísima, convirtiéndose en la *última ratio* de los jueces para dictar la declaración de insania o curatela, pues se crea en las leyes paradigmáticas, un sistema de apoyos interdisciplinarios para quienes se encuentren con su voluntad aminorada, o personas mayores en situación de dependencia.

La investigadora y jurista especializada en vejez, Prof. Dra. María Isolína Dabove[6], ilumina el tema al expresar:

> Como nunca antes había sucedido, el siglo XX nos legó la posibilidad de extender la duración de la vida, tal como acreditan los altos índices demográficos de esperanza de vida. A tal punto, que hoy en el siglo XXI, el envejecimiento poblacional es considerado un fenómeno global y multigeneracional. (...) La vejez supone una serie de modificaciones a nivel físico, psíquico y ocupacional de la persona, que se traducen en un cambio en la autovaloración, en la relación con la sociedad y, principalmente, en la inserción familiar. Esta situación suele dar lugar a una crisis de identidad, denominada "gerontolescencia", con consecuencias no siempre positivas para la persona mayor aún cuando sea transitoria en el tiempo.

Ello, nos lleva a pensar que existe una vejez "no patológica" en esta etapa de la vida, donde la persona no se encuentre en la plenitud de sus potencialidades.

Las normas paradigmáticas, que fueron configurando esta especialidad denominada derecho de la ancianidad en Argentina, en lo medular son:

a) Ley Nacional nº 26.579, del año 2010 que establece la plena capacidad a los 18 años. Antiguamente era a los 21 años, adecuándose a la "Convención Internacional de Derechos del Niño", (válida por estar incorporada a la CN en el art. 75 inc. 22, desde 1994);
b) Ley nº 26.378, del año 2008, que aprueba la "Convención sobre los Derechos de las Personas con Discapacidad";
c) Ley Nacional nº 26.657, año 2010, de Salud Mental;
d) Código Civil y Comercial de la Nación, del año 2015. El nuevo código incorpora los principios relativos a la autonomía personal, a la capacidad, a la voluntad, a los instrumentos de apoyos, asistencia y salvaguarda previstos en la Ley de salud Mental y en la Convención sobre los Derechos de las Personas con Discapacidad.

[6] Dabove, María Isolina. *Autonomía y vulnerabilidad en la vejez: respuestas judiciales emblemáticas*. Revista de Derecho Privado, Nº 34. Marzo de 2018, págs. 53 a 85. DOI: https:doi.org/10.18601/01234366.n34.03. Consultado el 26 de Julio de 2021.

El Código determina y condiciona las facultades judiciales para restringir la capacidad; determina las personas legitimadas para iniciar la acción; regula las medidas cautelares y el procedimiento posterior. Debe incluso señalar el alcance de la sentencia respectiva y la obligación de su inscripción en el registro civil y capacidad de las personas. En la sentencia detallará cuáles serán los actos que el sujeto de capacidad restringida puede realizar por sí mismo, tales como manejar dinero, comprar medicamentos, viajar solo, votar, donar órganos, someterse a prácticas de gestación, etc., entre otros. En este punto tengo disidencias fundadas con la ley, que no son del caso tratar aquí.

El juez interviniente en el proceso de insania o curatela, tiene el deber de mantener contacto personal con el presunto incapaz durante todo el proceso, conforme al principio general de maximizar el respeto de la autonomía personal. Lo abordaré *a posteriori*.

La más reciente y específica: la "Convención Interamericana sobre la Protección de las Personas Mayores (C.I.D.H.P.M.)". Este Tratado, aprobado por la Asamblea General de la Organización de Estados Americanos (OEA) cuenta con cinco ratificaciones: Uruguay, Costa Rica, Bolivia, Chile y Argentina, entrando en vigencia el 11 de enero de 2017.

2. Dignidad Humana, Calidad de Vida y Vivienda del Anciano

La solidaridad familiar no es sólo con los descendientes sino también con los ascendientes necesitados o disminuidos, cuya salvaguarda está explícitamente referida en la Declaración Americana de los Derechos y Deberes del Hombre, artículo 30, cuando dispone que: "*... los hijos tienen el deber de honrar a sus padres y el de asistirlos, alimentarlos y ampararlos cuando éstos lo necesiten*". Por lo tanto, los vínculos afectivos, y sociales del adulto mayor, adquieren en esta etapa de su vida un papel relevante. A veces para bien, otras con fines oportunistas para obtener un interés económico. Sin liberar de responsabilidad a un Estado que debe estar presente en la vida del anciano.

Es necesario garantizar la vivienda y la calidad de vida de los gerontes, procurando su permanencia en su vivienda habitual. Mi gran maestro y mentor, Prof. Dr. Eduardo Fanzolato[7], expresa:

> La conservación de la calidad de vida acostumbrada del anciano aconseja su permanencia en la vivienda habitual, la legislación debe pergeñar instrumen-

[7] FANZOLATO, Eduardo I. *Los ancianos y la solidaridad familiar en el siglo XXI*. Revista de la Facultad, Universidad Nacional de Córdoba. Facultad de Derecho y Ciencias Sociales. Instituto de Investigación y Formación Pública. Número 1996 – 4. Nueva serie (2 de Julio / Dic).

tos que le facilitan mantener esa vivienda y, al mismo tiempo, que le hagan más desahogada y agradable afectivamente su existencia en ese recinto.

Agrega, que el problema de la soledad o incomunicación, del desapego afectivo en el que quedan los mayores atendidos por empleados que, aunque obren con correcto profesionalismo, suelen brindar un trato frío y compañía presencial que carece de cordialidad familiar.

La Organización Mundial de la Salud se refiere a la calidad de vida como "*la percepción personal de un individuo de su situación en la vida, dentro de un contexto cultural y de valores en que vive, y en relación con sus objetivos, expectativas, valores e intereses*".

Es aquí donde nos preguntamos ¿cómo influyen las circunstancias propias de la edad avanzada en la calidad de vida del anciano con magros ingresos; en su residencia habitual; en su alimentación; entre otros? Si debe cambiar forzadamente de residencia, al encontrarse con la alternativa de tener que desprenderse de su vivienda y cambiar de hábitat físico y trasladarse a la casa de un familiar o a una institución privada o pública, comercial o solidaria, la relocalización o la institucionalización de la persona -con las limitaciones que esto supone-, por lo común constituye un ataque a la dignidad humana dado el grave deterioro de la calidad de vida. Que se manifiesta en un malestar espiritual que suele tornarse irreversible: el sujeto, más que "vivir", "dura" languideciendo en la espera de la muerte.

Fanzolato solía decir que: "tales ambientes más que viviendas son "moriendas"[8].

El desarraigo respecto del entorno en el que ha vivido o desarrollado la mayor parte de su vida, la alteración forzosa de sus costumbres a menudo produce una depresión anímica apareciendo sentimientos de inseguridad, de desconocimiento de su dignidad, que conspiran contra su calidad de vida en los últimos años de su existencia. El derecho debe contribuir a evitar semejante panorama a través de mecanismos jurídicos tradicionales adaptados a la problemática de los ancianos.

Sucede también en otros casos, que el conflicto no es de índole económico, sino que reside en el abandono moral en el que se encuentran las personas de edad avanzada por el vacío de apoyo familiar, de aliento espiritual, de ayuda y de comunicación. A menudo se producen situaciones de orfandad afectiva debido a infortunios o adversidades. En muchos de estos casos se

[8] FANZOLATO, Eduardo Ignacio, ob. cit. pág. 72.

plantea la relocalización de la persona grande, lo que no suele ser recomendable. La gerontología aconseja procurar que el anciano continúe viviendo en la casa donde pasó la mayor parte de su existencia física, afectiva y social. En ella tuvieron lugar sucesos significativos en su biografía personal, y familiar. Su alejamiento de este lugar puede conmover al anciano "impactándolo como un entierro anticipado" o a un desapoderamiento de sus recuerdos, o una desvalorización de sus vivencias.

Para ello, desde un enfoque jurídico, se debe indagar en la legislación comparada cuáles serían los resortes legales más adecuados para satisfacer, su problemática de orfandad de cariño parental, respetando su dignidad humana. Una posible solución es indagar la ubicuidad de figuras tales como los convenios de ayuda mutua, de acogimiento de personas mayores, donaciones con cargas de acogimiento familiar, contratos de prestación de alimentos o el contrato de vitalicio, entre otros. Tema que abordaremos a posteriori.

3. Capacidad regresiva. Deber de respetar el deterioro físico, psíquico y social del adulto mayor. principio de intimidad

Los adultos mayores, por ser personas plenamente capaces no tienen por qué verse privadas de su capacidad, a menos que sea factible determinar judicialmente la afectación negativa y sostenida de algún elemento de su voluntad. A veces el discernimiento y la libertad pueden verse aminorados, pero ello no puede implicar sean coartados ilegítimamente sus posibilidades de desarrollo como sujeto de derecho. Los prejuicios culturales y los fenómenos discriminatorios motivados en la edad, denominados "viejismos"[9], son dos situaciones habituales que deben ser erradicados de la sociedad. Es urgente una mirada respetuosa de la libertad, que evite que la disminución importante o el quebranto del discernimiento den lugar a fallos judiciales que restrinjan la capacidad de obrar de las personas de edad avanzada. Ello ocurrirá en precisos y excepcionalísimos supuestos.

El panorama legal en Argentina es que se admiten solo tres tipologías de restricciones:

a) la capacidad restringida: supuestos de deterioros cognitivos que afecten áreas importantes de la autonomía personal;

[9] Dabove, María Isolina (2016). *Derechos humanos de las personas mayores en la nueva Convención Americana y sus implicancias bioéticas*. Revista Latinoamericana de Bioética, 16 (1), 38-59. DOI: http//dx.doi.org/10.18359/rlbi.1440. Consultado el 26 de Julio de 2021.

b) la inhabilitación en aquellos casos de prodigalidad, es decir: quienes en la gestión de sus bienes expongan a su cónyuge conviviente, o a sus hijos menores a la pérdida del patrimonio;
c) la incapacidad. Medida judicial excepcional. Comprende aquellos deterioros cognitivos graves por ej. Alzheimer avanzado, cuadros de alcoholismo y adicciones. Según la nueva ley de salud mental, los jueces no pueden institucionalizar a un anciano, o declarar su *insania*, si éste no presta conformidad, salvo en los casos que la persona carezca de absoluta capacidad.

4. Figuras alternativas de cuidado: el cuidador no profesional en la Ley 39/2006 Española. Breve referencia a otros países

Investigar las posibles alternativas, siempre desde un enfoque familiarista, lleva necesariamente a ver soluciones aceptadas en otros países, siendo relevante el estudio del Derecho Comparado. En España la dependencia que requiere una persona se caracteriza por la diversidad, tanto en sus grados como en las ayudas que necesita el dependiente, existiendo un baremo de valoración de la situación de auxilio, clasificándolas en distintos grados de dependencia[10].

Estas ayudas tradicionalmente se han prestado por personas de la familia o de su entorno, que se han constituido en cuidadores no profesionales de los parientes dependientes, no vinculadas a un servicio de atención profesionalizada. Generalmente esa tarea era asumida por quienes estaban dedicadas al cuidado de la familia, en general mujeres, constituyendo lo que ha dado en llamarse el apoyo informal[11]. Este apoyo familiar-informal se diferencia del

[10] La propia LD, en su art. 26, seguida por el RD 504/2007, por el que se aprueba el baremo de valoración de la situación de dependencia hacen la siguiente clasificación de los distintos grados de dependencia:
Grado I. Dependencia moderada: cuando la persona necesita ayuda para realizar varias actividades básicas de la vida diaria, al menos una vez al día o tiene necesidades de apoyo intermitente o limitado para su autonomía personal.
Grado II. Dependencia severa: cuando la persona necesita ayuda para realizar varias actividades básicas de la vida diaria dos o tres veces al día, pero no quiere el apoyo permanente de un cuidador o tiene necesidades de apoyo extenso para su autonomía personal.
Grado III. Gran dependencia: cuando la persona necesita ayuda para realizar varias actividades básicas de la vida diaria varias veces al día y, por su pérdida total de autonomía física, mental, intelectual o sensorial, necesita el apoyo indispensable y continuo de otra persona o tiene necesidades de apoyo generalizado para su autonomía personal.

[11] Es posible que personas sin vínculo de parentesco alguno, se encarguen del cuidado de los dependientes, tradicionalmente, han sido los padres en el ejercicio de la patria potestad, las

Cuidado Profesional, que es aquel prestado por una institución pública o entidad, con y sin ánimo de lucro, o profesional autónomo entre cuyas finalidades se encuentre la prestación de servicios a personas en situación de dependencia, ya sea en su hogar o en un centro.

La ley 39/2006 ha optado por atribuir a las personas que se encuentran en una situación de dependencia, y cumplan los requisitos establecidos en su art. 5, la condición de titulares de los derechos establecidos en ella, entre los que se encuentra la posible percepción de una prestación económicas para ser atendido por cuidadores no profesionales, siempre que se den las condiciones adecuadas de convivencia y habitabilidad de la vivienda[12].

Al respecto dispone el art. 18: Excepcionalmente, cuando el beneficiario esté siendo atendido por su entorno familiar, y se reúnan las condiciones establecidas en el art. 14.4, se reconocerá una prestación económica para cuidados familiar, en casos de:

a) previo acuerdo del Consejo Territorial del Sistema para la Autonomía y Atención a la Dependencia, se establecerán las condiciones de acceso a esta prestación, en función del grado y nivel reconocido a la persona en situación de dependencia y de su capacidad económica;
b) el cuidador deberá ajustarse a las normas sobre afiliación, alta y cotización a la Seguridad Social que se determinen reglamentariamente;
c) el Consejo Territorial del Sistema para la Autonomía y Atención a la Dependencia promoverá acciones de apoyo a los cuidadores no profesionales que incorporarán programas de formación, información y medidas para atender los periodos de descanso.

En España, la figura del "Cuidador No Profesional" constituye un elemento clave del sistema de protección de la dependencia. El cuidado en el entorno familiar por cuidadores no profesionales sigue constituyendo el modo tradicional de cuidar ancianos, sin apartarlo de su hábitat físico y emocional.

personas que ostentan algún cargo tutelar, el cónyuge y demás parientes de una persona los que cuidan de la persona y del patrimonio del dependiente.

[12] Mondéjar Peña, María Isabel: *La figura del Cuidador No profesional en la ley 39/2006, de 14 de diciembre, de Promoción de la Autonomía Personal y Atención a las Personas en Situación de Dependencia y su encuadre dentro de las Instituciones de Guarda.* Publicado en *Familia y Discapacidad*, Editorial Reus, S.A. Madrid. España. 2010, pág. 200. Autores: Álvarez Moreno, María Teresa; de Amunátegui Rodríguez, Cristina; Cerdeira Bravo de Mansilla, Guillermo; Combret, Jacques; Díaz Alabart, Silvia; Ferrer Vanrell, María Pilar; Ginebra Molins, Ma. Esperanza; Grimaldi, Michel; Hernández Ibáñez, Carmen; Mondéjar Peña, María Isabel; Pichard, Marc; Zurilla Cariñana, María Ángeles.

Además, es la forma que sigue resultando la elegida mayoritariamente por las personas carentes de autonomía para ser atendidas.

La jurisprudencia del Tribunal Europeo de Derechos Humanos en reiterados fallos sobre la vida familiar, con especial referencia a la vida familiar de las personas con limitaciones en su capacidad, la concibe como: "*una relación de hecho bilateral constitutiva de una vida familiar, bien entre dos adultos (relación matrimonial o no matrimonial, bien entre el hijo y cada uno de sus padres, biológicos o no, o respecto de otros parientes*" (art. 8 CEDH).

> El TEDH valora la intensidad y calidad de aquella relación fáctica (la llamada efectividad), de suerte que la convivencia estable es, en principio, indicativa de la existencia de vida familiar, si bien su ausencia no excluye ésta, que puede deducirse de otros factores, en este sentido, no basta el vínculo biológico para deducir la existencia de una vida familiar sino que deberá existir convivencia u otros elementos que demuestren la existencia de una relación personal especialmente intensa[13].

Esta es una interpretación amplia del concepto "vida familiar" que atiende a los indicadores fácticos de las relaciones familiares, y no tanto al puramente jurídico.

4.1. Requisitos para tener la condición de cuidadores no profesionales a los efectos de la ley 39/2006

La Ley no requiere para ser considerado como cuidador informal y que su dedicación genere el derecho a percibir la prestación prevista, que la persona ostente oficialmente un cargo tutelar.

En este sentido de acuerdo con el art. 1.1 del Real Decreto 615/2007, de 11 de mayo, por el que se regula la Seguridad Social de los cuidadores de las personas en situaciones de dependencia, podrán asumir la condición de cuidadores no profesionales de una persona en situación de dependencia:

a) su cónyuge,
b) sus parientes por consanguinidad,
c) parientes por afinidad o adopción, hasta el tercer grado de parentesco.
d) incluso, según el apartado 2 de este art. 1: Cuando la persona en situación de dependencia tenga su domicilio en un entorno caracterizado

[13] GUILARTE MARTÍN – CALERO, Cristina. *El derecho a la vida familiar de las personas con discapacidad. (El derecho español a la luz del artículo 23 de la Convención de Nueva York)*. Editorial REUS. Madrid, España. 2019, págs. 230 y 231.

> por insuficiencia de recursos públicos o privados acreditados, la despoblación, o circunstancias geográficas o de otra naturaleza que impidan o dificulten otras modalidades de atención, la administración competente podrá excepcionalmente permitir la existencia de cuidados no profesionales por parte de una persona de su entorno que, aun no teniendo el grado de parentesco señalado en el apartado anterior, resida en el municipio de la persona dependiente o en uno vecino, y lo haya hecho durante el periodo previo de un año.

Todo lo analizado del derecho ibérico, nos lleva a pensar que es posible aplicar esta figura en Argentina, mediante un incentivo económico a aquel pariente o entorno próximo que colabore con el anciano en tareas de custodia y compañía. Es el modo más altruista de evitar que el adulto mayor se aísle socialmente, o viva solo y deba enfrentar la muerte de familiares o amigos, tener pérdida auditiva o tener enfermedades crónicas.

No puedo soslayar la incidencia que ha tenido en la población de adultos mayores, el peor desastre universal del último siglo, como es el caso de la pandemia del Virus Corona 19 **o** Covid 19. Sus consecuencias anímicas, y sanitarias han sido irremediables. En el aspecto espiritual: los abuelos dejaron de compartir con sus nietos su cotidianeidad, con la consecuente carga negativa que trajo. Depresiones, soledad, angustias, suicidios, anestesia espiritual, miedos, muertes de afectos, sin poder despedirse, entre otros. Es una tragedia que arrastrará por años a los países, pero en particular a nuestro país. En definitiva, ha quedado más que claro que en esta coyuntura pandémica, el hombre necesita a su familia y la familia sufre por el anciano, que está sumido en el encierro.

4.2. Otros institutos de atención familiar de los adultos mayores, para evitar la institucionalización

En Catalunya también existen las leyes Nº11/2001, del 13 de Julio, y la señera ley Nº 22/2000 del 29 de Diciembre, de acogida de personas mayores: es decir se crea la figura del pacto de acogida de ancianos, similar a la adopción simple de menores de edad. En ésta última, el Preámbulo explica el significado de la institución de recepción de ancianos en determinadas casas.

> La sociedad catalana de hoy presenta situaciones de convivencia de ayuda mutua, especialmente entre personas mayores o respecto a ellas, que intentan remediar las dificultades de estas personas. Sobre la base del estudio que se ha llevado a cabo a partir de datos estadísticos fiables y de carácter sociológico, y

> de las diversas soluciones que ofrece el derecho comparado, que se han analizado debidamente, se llega al convencimiento de que es procedente establecer una regulación de las situaciones de convivencia entre personas que, sin constituir una familia, comparten una misma vivienda habitual, unidas por vínculos de parentesco lejano en la línea colateral, o de simple amistad o compañerismo, y con la voluntad de ayuda al más débil y de permanencia.
>
> Concretamente, se regula la convivencia originada por la acogida que una persona o pareja ofrecen a una persona o pareja mayor, en condiciones parecidas a las relaciones que se producen entre ascendientes y descendientes. En la situación actual, de envejecimiento progresivo de la población como consecuencia de la prolongación de la vida y la reducción de la natalidad, una regulación legal de signo proteccionista que estructure dicho tipo de convivencia puede solucionar el bienestar general de las personas mayores que se acojan a ella, resolverles las dificultades económicas y sociales y ser una opción más al ingreso de las mismas en instituciones geriátricas[14].

El *pacto de acogida* consiste en la vinculación de una persona o una pareja casada o unida de manera estable, o una familia monoparental, por razón de la edad o bien de una discapacidad, a una persona o a una pareja casada o unida de manera estable, que deben ser más jóvenes, si la acogida es por razón de la edad, que los aceptan en condiciones parecidas a las relaciones de parentesco y a cambio de una contraprestación. El pacto de acogida permite que la persona o personas acogedoras solamente puedan acoger a una persona, excepto en los supuestos en que las personas acogidas sean una pareja casada o unidad de manera estable o tengan relación de parentesco hasta el segundo grado de consanguinidad o adopción. En este caso, la acogida abarca a ambas personas.

El pacto de acogida no incluye la administración legal de bienes ni la representación legal de las personas acogidas por las acogedoras. Las personas acogedoras y acogidas conviven en una misma vivienda habitual, sea de las personas acogedoras, sea la de las acogidas, con el objeto de que los primeros cuiden de los segundos, les den alimentos, les presten asistencia, procuren su bienestar general y les atiendan en situaciones de enfermedad.

Personas acogedoras y acogidas deben prestarse ayuda mutua y compartir los gastos del hogar y el trabajo doméstico de la forma pactada, que debe responder a las posibilidades reales de cada parte.

La contraprestación puede realizarse mediante la cesión de bienes muebles, bienes inmuebles o en dinero. Las personas acogedoras deben promo-

[14] Preámbulo de la ley nº 22/2000 de Catalunya, del 29 de Diciembre de 2000.

ver la constitución de la tutela si las personas acogidas están en situación de ser sometidas a ella.

Mencionaremos también a los Convenios de Ayuda Mutua, regulados en Cataluña por ley 19/1998 (28/12/1998), los que podrían decirse que constituyen o se asemejan a "minigeriátricos cuasifamiliares" integrados por personas libres y selectivamente admitidas o elegidas por los convivientes a los que la ley llama "*convivencias de ayuda mutua. Este sistema permite aligerar la estrechez económica (compartiendo las cargas monetarias, gastos comunes y de servicio) constituyendo un medio de lograr compañía elegida atemperando la soledad en la que suelen estar sumidos los ancianos*"[15].

En Holanda, se ha implementado un sistema de protección del adulto mayor, mediante el "régimen del mentor"[16].

En la reforma al derecho civil en Japón del año 1999, el legislador nipón ha previsto para proteger a las personas limitadamente capaces, además de las ya existentes instituciones de tutela y curatela, la figura de la "asistencia", sin duda la gran novedad de la reforma. Se trata de una institución de guarda que viene a cubrir una laguna existente, para la atención de aquellas personas que, sin necesidad de tutor -por no estar privadas permanentemente de la capacidad de entender- (art. 7º CCJ), de curador -por no tener una capacidad deficiente de entendimiento a causa de perturbaciones mentales- (art. 11 CCJ), SÍ requieren cuidados y la atención de otra persona. En Japón las tres instituciones tutelares (tutela, curatela y asistencia) se excluyen entre sí (arts. 11 y 18 CCJ).

En Alemania, específicamente se estatuye que "*en caso de que el mayor de edad proponga a una persona que pueda ser nombrada Asistente se atenderá a esta propuesta, siempre que no resulte contraria a los intereses del mayor. Si éste propusiera que no debe nombrarse a una determinada persona como su Asistente ello será tomado en cuenta*" (art. 1897 BGB)[17].

[15] Fanzolato, Eduardo Ignacio. *Protección de la libre voluntad del adulto mayor vulnerable.* Revista de Derecho de Familia y de las Personas. Año 3 Número 4 – Mayo de 2011. Ed. La Ley. Buenos Aires. Argentina, pág. 187.

[16] El régimen del mentor está reglamentado en el Libro I, Título 20, a partir del artículo 450-l, con las modificaciones que figuran en el Anexo al Libro 2, del Código Civil Neerlandés.

[17] El art. 1896 del Burgerliches Gesetzbuch (Código Civil Alemán), dispone que, en caso de que un mayor de edad no pueda valerse por sí mismo, bien en parte, bien en absoluto, por consecuencia de una enfermedad psíquica o de un impedimento corporal, espiritual o psíquico, el Tribunal tutelar le nombrará, a petición suya o de oficio, un asistente. La petición podrá ser presentada asimismo por un incapaz para obrar. En la medida en que el mayor de edad resulte impedido para valerse

Como observamos, estas soluciones son posibles para países que aún consideran a la familia como la institución solidaria por antonomasia. Será entonces decisión de las políticas públicas, crearlas en Argentina.

4.3. Sobre la capacidad de los adultos mayores y las respuestas judiciales. Diferencias entre senectud y senilidad

En el siglo XXI, el proceso de envejecimiento poblacional es un fenómeno global y multigeneracional, que significa la ampliación cronológica de la vejez como último estadio de vida, con una duración promedio de 23 a 25 años por persona.

El derecho debe abarcar este proceso, diferenciando a las personas mayores que cursan un estadio regresivo de su capacidad o vejez normal, de aquellos adultos mayores con deterioro patológico (vejez como enfermedad). Ahora bien, es en este marco normativo de respeto a la libertad individual de las personas de edad avanzada, que corresponde reflexionar, ¿cómo debe actuar el Juez especializado en casos de encontrarse frente a un sujeto en crisis "gerontolescente"?

Es decir, la gerontolescencia es el caso del anciano que, con un deterioro cognitivo leve, tiene una crisis de identidad, producido por factores biológicos, sociales, psicológicos, económicos y cuya conducta suele ser confundida por las personas y los jueces como verdaderas patologías. Sus aparentes "síntomas" desencadenan conflictos afectivos, y familiares que repercuten decisivamente en el ámbito patrimonial del adulto mayor y en su propia descalificación (autoestima). Al comienzo de la vejez es frecuente que los ancianos se sientan impotentes para ejercer por sí mismas sus derechos, por la situación de fragilidad o vulnerabilidad propias de la edad, pero que para el resto lucen como discapacidades.

La dependencia ha sido definida en el art. 2 de la Ley 39/2006 española, de promoción de la autonomía personal y atención a las personas en situación de dependencia, como:

> el estado de carácter permanente en que se encuentran las personas por razones derivadas de la edad, la enfermedad o la discapacidad, y ligadas a la falta o a la pérdida de autonomía física, mental, intelectual o sensorial, precisan de la atención de otra u otras personas o ayudas importantes para realizar actividades

por sí mismo a causa de un impedimento físico, el asistente sólo podrá ser nombrado a petición suya, salvo que no sea capaz de expresar su voluntad (BGB, Ed. Beck, Munich, Alemania, 2017).

básicas de la vida diaria o, en el caso de las personas con discapacidad intelectual o enfermedad mental, de otros apoyos para su autonomía personal[18].

Suele suceder que la vida del anciano fundamentalmente se ve agobiada, por las situaciones de abandono familiar, la recepción de una jubilación o pensión pequeña, miserable, la falta de trabajo o el cese del mismo, las pérdidas de afectos, de rutinas de costumbres, la vivienda o la desprotección en materia de salud, con obras sociales mezquinas y corruptas. Es obvio, natural, que la conducta del anciano se vea afectada, o en crisis por este cúmulo de situaciones, sumado a la certeza del detrimento del propio cuerpo físico, que gradualmente debilitan sus decisiones. Pero es la vejez común – no patológica – y debe ser respetada, no judicializada con fines de "adelantar la herencia". De allí la necesaria contención familiar o social.

Las demandas judiciales limitantes de la capacidad, solicitadas abusivamente con el propósito de usar coactivamente estas instituciones a fin de lograr intervenir en la administración o en el manejo de los bienes, pueden llegar a alterar la salud emocional, y hasta mental de los ancianos, llegando a la posibilidad de incurrir en el delito penal tipificado como "circunvención de ancianos".

A nuestro juicio son igualmente discriminatorias y paliativas las decisiones judiciales que continúan considerando a la vejez (senectud) una enfermedad (senilidad). Senectud no es senilidad.

Por estas razones se ha vuelto indispensable la presencia del Juez en los procesos de restricción de capacidad, mediante la entrevista personal que establece el CCCN, durante todo el proceso. El Juez debe concurrir al domicilio, de ser necesario, acompañado del ministerio Público Fiscal a fin de corroborar personalmente el estado de la persona envejecida. Y será el Juez quien tendrá la responsabilidad de evaluar y decidir qué tipo de asistencia y/o representación es la más adecuada y razonable para la persona.

El valor convectivo y dirimente que le otorgará al Juez la entrevista personal, es la herramienta de mayor efectividad, para evitar los riesgos de abusos o engaños.

[18] Mondéjar Peña, María Isabel: *La figura del cuidador no profesional en la ley 39/2006, de 14 de diciembre, de Promoción de la Autonomía Personal y Atención a las Personas en Situación de Dependencia y su encuadre dentro de las Instituciones de Guarda.* Publicado en *Familia y Discapacidad*, Editorial Reus, S.A. Madrid. España. 2010, pág. 198. Autores: Álvarez Moreno, María Teresa; de Amunátegui Rodríguez, Cristina; Cerdeira Bravo de Mansilla, Guillermo; Combret, Jacques; Díaz Alabart, Silvia; Ferrer Vanrell, María Pilar; Ginebra Molins, Ma. Esperanza; Grimaldi, Michel; Hernández Ibáñez, Carmen; Mondéjar Peña, María Isabel; Pichard, Marc; Zurilla Cariñana, María Ángeles.

Por la edad avanzada y los potenciales aprovechamientos de quienes aparentan ayudar al anciano, pueden llevar al magistrado a conclusiones equivocadas, ocasionando sentencias judiciales injustas. Cada Juez Civil cuenta con el Equipo Técnico Multidisciplinario, que los asiste. Son funcionarios de carrera, de vasta experiencia y trayectoria.

El trato personal de los magistrados con el anciano, en el transcurso del juicio es dirimente. Un fallo señero que sentó jurisprudencia reconoce por primera vez enfáticamente la importancia del contacto personal del juez con el presunto incapaz o inhábil como clara garantía del derecho de defensa y del derecho a ser oído de toda persona mayor[19].

Se trató de un caso donde el hijo solicitaba la inhabilitación de su madre anciana, con fundamento en la disminución psíquica de ésta como consecuencia de su avanzada edad (art. 152 bis, inc.2, del Código Civil derogado en la actualidad). Otro fallo que iluminó la doctrina argentina, sentando jurisprudencia, con sólidos argumentos, fue en el caso de un hijo que solicitó la interdicción de su madre, alegando una patología debido a la supuesta dilapidación de sus bienes. En primera instancia se rechazó el pedido y la Cámara confirmó aquella sentencia. Los jueces argumentaron que "*en la mujer no se verificaba patología alguna y tampoco se había logrado demostrar de modo fehaciente la dilapidación de bienes propios que se invocaba como síntoma de la demencia*"[20].

Más allá de dudas personales que albergamos sobre ciertas normas de las leyes vigentes, referidas a la salud mental, no puede dejar de pensarse que, la única institución a la que nadie quiere resignar es la familia, quienes deben velar por los ancianos en primer lugar, así como en los casos de personas con capacidades limitadas. El derecho a la vida familiar de personas con capacidades diferentes, es un derecho humano que en el ocaso de la vida física garantiza la custodia y guarda de los ancianos.

[19] Cámara Nacional Civil, Sala G, 04/12/1980, autos: "M.P. de V., M.", La Ley 1981-B, 26. En este caso concreto, el magistrado llevó a cabo una entrevista personal con la anciana, en la cual la variedad de temas conversados, la amenidad, cordialidad, riqueza del vocabulario de la presunta insana, coherencia en sus ideas, rechazaban absolutamente la eventual idea de que se tratara de una enferma mental.

[20] Cámara Nacional Civil, Sala, 01/06/2004, en autos: "E. de R., N.", La Ley 18/08/2004,10. Entre sus argumentos la Cámara señala: "La ancianidad como proceso fisiológico normal, no excluye la salud. No puede entenderse, entonces, que no gozan de ella personas en quienes la ciencia médica no registra modos de ser anormales en relación con su edad. El temor de que el anciano no haga buenos negocios, como cualquier persona, no tiene su remedio en la inhabilitación, si ello no resulta de un estado patológico".

La vida familiar es recíproca. Como la institución de la patria potestad. Los derechos subjetivos familiares son derechos-deberes. Son derechos-deberes instrumentales: se otorgan para el cumplimiento de una obligación.

Finalmente, y a modo de reflexión, diré que: entre la capacidad total y la incapacidad total, existen infinitos grados, matices, circunstancias. El juez, deberá evaluar en sus decisorios, entre las consecuencias de la protección debida al anciano respetando su voluntad o, la privación indebida de ciertos derechos. Ese fino equilibrio importa la real tutela del adulto mayor y de la sociedad en su conjunto, que debe vivir en concordia y sin menoscabos a uno de sus miembros en razón de la edad.

Conclusiones

Existen dos instancias de la vida física de la persona, que son necesarios los cuidados familiares o comunitarios. La niñez y la vejez suelen ser las mayores franjas de vulnerabilidad social en razón de la edad de los individuos.

He expuesto la necesidad de que la familia deba asistir y ayudar al adulto mayor, no sólo en lo material sino y fundamentalmente, en lo anímico. El envejecimiento creciente de la población es una de las características de las sociedades desarrolladas.

Sostengo que el goce de una calidad de vida del adulto mayor, congruente con la dignidad humana, es un Derecho Humano reconocido por los Tratados Internacionales con nivel Constitucional en Argentina (art. 75, inc. 22 y 23 de la CN). Así lo han reconocido las Academias de Derecho Iberoamericanas: "*Todos los organismos del Estado, jueces incluidos, están obligados a tomar medidas eficaces para la realización concreta de los derechos de las personas ancianas consagrados, expresa o implícitamente, en los distintos documentos internacionales*"[21].

No obstante, existen problemas humanos, sociales, económicos y jurídicos que afectan a los ancianos desvalidos, vulnerables, que impiden el goce de esa calidad digna de vida:

a) la exigüidad de ingresos de los adultos mayores, dependientes de una paupérrima jubilación o pensión, o de ayudas familiares que apenas alcanzan para cubrir sus necesidades básicas. Ello se ve agravado por las necesidades de cobertura social y medicamentos, colocándolos en la disyuntiva de tener que desprenderse de sus bienes,
b) el desamparo o la orfandad emocional derivado de la soledad en la que suelen estar sumidos. Incluyo la actual crisis terminal originada por la

[21] Conclusión 25 B del V Congreso Iberoamericano de Derecho. Zaragoza, 26-XI-2005.

pandemia Covid 19 cuyas consecuencias fueron letales en los adultos mayores,

c) el miedo o temor a ser relocalizado en casa de un familiar o en un geriátrico sin que ello obedezca a su plena y auténtica voluntad,
d) el sentimiento de indefensión frente al creciente y paulatino deterioro de sus facultades sin caer en la incapacidad, en especial por el riesgo de terminar despojado injustamente de sus pertenencias, dominado bajo la influencia de familiares a los cuales no designaría voluntariamente para asistirlo.

Frente a esta problemática, desde un enfoque preferentemente jurídico, intenté volcar en el presente material, cuales son los resortes legales más adecuados para satisfacer el futuro cuidado de las personas adultas mayores, incluida la orfandad de compañía, de cariño parental en su residencia habitual, respetando fundamentalmente la autonomía y voluntad del anciano y su dignidad. Ocurre que no puede desconocerse que lo expresado en el Evangelio de Juan, al señalar con claridad el habitual sometimiento del anciano, se presenta en la cotidianeidad al decir: "*En verdad, en verdad te digo: cuando eras joven, tú mismo te ceñías e ibas a donde querías, pero cuando llegues a viejo, extenderás tus manos y otro te ceñirá y te llevará a donde tú no quieras*" (Juan 21,18).

Referencias

Basso, Silvina M.; Ditieri, Marina; Mendoza, Elena. *El acceso a la tutela judicial efectiva de las personas mayores*, Revista de Derecho de Familia 91.16/9/2019,287. Cita online. AR/DOC/2473/2019. Thompson Reuters. Buenos Aires, Argentina.

Butinof, Mariana; Guri, Ana Karina; Rodríguez, Guadalupe; Abraham, Daniela; Vera, Yanina; Gasmann, Jésica. *Adultos mayores en establecimientos geriátricos en la Provincia de Córdoba. Apuntes para una reflexión preliminar*. Informe elaborado en el marco del Proyecto UPAMI, SEU-UNC. Revista Interferencia, Derechos y Seguridad Humana. UNC Nº 3 (Vol. 0) 2013.

Código Civil Alemán. *Burgerliches Gesetzbuch* (BGB.). Ed. Beck, Munich, Alemania, 2017.

Dabove, María Isolina. *Derechos humanos de las personas mayores en la nueva Convención Americana y sus implicancias bioéticas*. Revista Latinoamericana de Bioética, 16 (1).DOI: http//dx.doi.org/10.18359/rlbi.14

_______ *Autonomía y vulnerabilidad en la vejez: respuestas judiciales emblemáticas*. Revista de Derecho Privado, Nº 34. Marzo de 2018, págs. 53 a 85. DOI: https:doi.org/10.18601/01234366.n34.03.

Fanzolato, Eduardo Ignacio. *Protección de la libre voluntad del adulto mayor vulnerable*. Revista de Derecho de Familia y de las Personas. Año 3 Número 4 – Mayo de 2011. Ed. La Ley. Buenos Aires. Argentina.

______ *Los ancianos y la solidaridad familiar en el siglo XXI*. Revista de la Facultad, Universidad Nacional de Córdoba. Facultad de Derecho y Ciencias Sociales. Instituto de Investigación y Formación Pública. Número 1996 – 4. Nueva serie (2 de Julio / Dic).

Guilarte Martín-Calero, Cristina. *El derecho a la vida familiar de las personas con discapacidad. (El derecho español a la luz del artículo 23 de la Convención de Nueva York)*. Editorial REUS. Madrid, España. 2019.

Mondéjar Peña, María Isabel: *La figura del cuidador no profesional en la ley 39/2006, de 14 de diciembre, de promoción de la autonomía personal y atención a las personas en situación de dependencia y su encuadre dentro de las instituciones de guarda*. Publicado en *Familia y Discapacidad*. Editorial Reus. Madrid, España. 2010.

Van Breemen, Piet (SJ). *El arte de envejecer. La ancianidad como tarea espiritual*. Ed. Sal Terrae. 01/04/2004. España.

1
OS DIREITOS DA ANCIANIDADE

Alicia García de Solavagione[1]

"On a l'age de son coeur"
Alfred D'Houdetot[2].

1. Introdução
1.1. Experiência pessoal

Entre os anos 1992 e 1998, atuei como Juíza de Primeira Instância na cidade de Oliva (Província de Córdoba, Argentina), jurisdição que incluía uma das instituições de referência em Saúde Mental de nosso país. O antigo *"Asilo Colonia Regional Mixto de Alienados OLIVA"*, hoje chamado "Colonia Dr. Emilio Vidal Abal", foi criado em 1914 pelo eminente médico psiquiatra Dr. Domingo Cabred, sob a modalidade *open door.* É o maior do país e faz parte da história da psiquiatria e geriatria argentina. Minha experiência como Magistrada ali foi e será inesquecível. Assim, somei à minha formação jurídica a experiência prática que observei no fenômeno de idosos abandonados e institu-

[1] Doutora em Direito e Ciências Sociais. Especialista em Direito de Família. Professora Titular por concurso de "Direito de Família e Sucessões" da Faculdade de Direito da Universidade Nacional de Córdoba, Argentina. Professora da Carreira de Doutorado da Fac. de Direito da Universidade Nacional de Córdoba. Membro do Instituto de Direito Civil da Academia Nacional de Direito e Ciências Sociais de Córdoba. Argentina. Ex Fiscal no Civil, Comercial e Laboral do Poder Judicial de Córdoba. Argentina. Ex Juíza do foro múltiplo do Poder Judicial de Córdoba. Membro Honorário da ADFAS. Presidente da Comissão Argentina da ADFAS.

[2] "Cada um tem a idade de seu coração". Alfred D'Houdetot, *Âge.*

cionalizados nesse Asilo, quer seja por sua família, quer seja pelo Estado. Foi doloroso observar que "depositavam" ali os gerontes sem qualquer patologia psiquiátrica.

Segundo relatórios recentes[3], haveria um equívoco com respeito à missão das residências geriátricas, uma vez que ali são incluídas também pessoas vivendo em situação de rua, as quais deveriam receber por parte do Estado outra resposta a suas necessidades. Outro exemplo desse equívoco constitui-se na presença de uma área da Colônia Vidal Abal (hospital provincial, como já mencionado), para idosas, ou seja, mulheres que estão ali internadas unicamente por sua idade avançada, evidência notória de que as políticas de estado são deficientes e o núcleo familiar está ausente.

Para o idoso que carece de afeto familiar e precisa de companhia, assistência ou cuidados pessoais, uma mudança de residência pode gerar graves dificuldades de integração e adaptação ao novo ambiente, com previsível declínio de equilíbrio psíquico e moral. Se por um lado se busca, com essa medida, seu bem-estar físico, por outros se minimiza o custo emocional, chegando-se a gerar importantes transtornos psicoafetivos ou de saúde. É aí onde se pode, maliciosamente, aparecer algum familiar para tentar a judicialização, se o idoso se opõe a afastar-se de sua residência, sob o pretexto de uma enfermidade derivada da idade avançada (senilidade). A lei de saúde mental na Argentina trouxe modificações favoráveis a esse respeito: atualmente, a pessoa deve prestar seu consentimento para isso ocorra.

Van Breemen defende que:

> O crepúsculo da vida não pode ser vivido como o amanhecer. Entretanto, ambos estão conectados entre si de uma maneira tão essencial, que só podem ser vividos como uma unidade. (...) A existência humana é sempre – mas talvez, sobretudo na velhice – um processo de aprendizagem[4].

Conviver com a solidão é um doloroso problema que muitas pessoas idosas não conseguem resolver, motivo pelo qual atribuímos uma função significativa à família nuclear ou extensa do idoso.

[3] BUTINOF, Mariana; GURI, Ana Karina; RODRIGUEZ, Guadalupe; ABRAHAN, Daniela; VERA, Yanina; GASMAN, Jésica. *Adultos mayores en establecimientos geriátricos en la Provincia de Córdoba. Apuntes para una reflexión preliminar.* Relatório elaborado no marco do Projeto UPAMI, SEU-UNC. Revista Interferencia, Derechos y Seguridad Humana. UNC Nº 3 (Vol. 0) 2013.

[4] VAN BREEMEN, Piet (SJ). *El arte de envejecer. La ancianidad como tarea espiritual.* Ed. Sal Terrae. 01/04/2004. Espanha.

Entrando no especificamente jurídico, quanto à capacidade das pessoas como atributo de personalidade, no Direito Privado são reconhecidos dois tipos de capacidade:

a) a capacidade de direito e
b) a capacidade de exercício.

Na Argentina, gozam de plena capacidade (de direito e de exercício) as pessoas a partir dos 18 anos, ainda que de um modo gradual, progressivo.

Por sua vez, existem idades mínimas para realizar determinadas ações. Entre os 13 a 16 anos, as pessoas têm aptidão para decidir por si sobre tratamentos que não sejam invasivos nem comprometam sua saúde ou provoquem um risco grave em sua vida ou integridade física. No caso de tratar-se de atos que signifiquem tratamentos médicos dessa natureza, a pessoa de 13 a 16 anos precisará do consentimento dos pais. Aos 16 anos, o adolescente é considerado adulto para decidir sobre tudo aquilo que diga respeito a seu próprio corpo.

A capacidade plena, uma vez obtida, não é perdida pelo passar do tempo e somente com motivos graves, absolutamente excepcionais, que impliquem riscos de vida ou de patrimônio, a capacidade pode ser objeto de restrições, sendo os juízes os únicos autorizados para modificar esse atributo da personalidade.

Portanto, partimos da seguinte premissa: na Argentina, a capacidade continua sendo "a regra" em todos os casos de pessoas idosas.

O direito internacional dos direitos humanos reconheceu historicamente diferentes grupos com suas próprias especificidades, em que o núcleo comum é a situação de vulnerabilidade que os rodeia. No caso dos idosos, o fator que os diferencia de outros coletivos é a idade. Ponderou-se que:

> Entretanto, a idade por si só não proclama um direito coletivo. De fato, tornam-se mais importantes para este fim os estereótipos e os preconceitos sociais que discriminam quando incitam a eterna juventude e associam a velhice e os idosos, representando-os como doentes. (...) O dito anteriormente demonstra que as pessoas idosas são titulares de direitos fundamentais por sua condição de pessoas, mas o problema não é de titularidade e sim de exercício e atuação autônoma de tais direitos e liberdades, e da consequente obrigação de respeito pelos indivíduos e pelo próprio Estado[5].

[5] BASSO, Silvina M.; DITIERI, Marina; MENDOZA, Elena. *El acceso a la tutela judicial efectiva de las personas mayores*, Revista de Derecho de Familia 91. 16/9/2019, 287. Consulta online: AR/DOC/2473/2019. Thompson Reuters. Buenos Aires, Argentina.

1.2. Breve resumo da legislação em matéria de direitos da ancianidade

Considerando que a Profª Medina abordará a legislação vigente neste mesmo Tratado, apenas esboçarei os corpos normativos que provocaram essa mudança no país, passando de um modelo tutelar a outro igualitário com conceções, aplicado atualmente. Insisto em ressaltar que na Argentina promoveu-se uma mudança disruptiva de paradigmas – de modo gradual, porém contundente.

O novo modelo legal de tratamento da população idosa, ocorrido na Argentina a partir do início do século XXI, originou-se pela incorporação decisiva dos Tratados Internacionais na Constituição Nacional, no artigo 75, parágrafo 22, que introduz os direitos humanos individuais e coletivos de todas as pessoas idosas, engendrando assim um ramo específico do direito que protege os idosos e seus direitos.

Busca-se (ainda que não se alcance) um olhar solidário e autonômico, baseado no respeito para com os idosos em todos os seus aspectos, inclusive o de decidir sobre seus bens e administrar seus parcos ativos de pensão. O sustento econômico do idoso é lamentável em nosso país. Trata-se de uma pessoa, porém não é "o grande consumidor".

Na Argentina, após a ratificação dos tratados internacionais, incorporados à Constituição de 1994, o regime de propriedade e habitação familiar é interpretado de maneira diferente do que se fazia antes de tais regulamentos. As reformas legislativas recentes de países cujas culturas são compatíveis com a nossa contemplam a proteção da moradia numa vasta gama de situações habitacionais que requerem uma atenção específica (pessoas solteiras, idosos, deficientes, valetudinárias, menores órfãos que herdam habitação desprotegida etc.). De fato, depois da ratificação dos Tratados internacionais, incorporados às Constituição Nacional de 1994, o Regime da Propriedade e da Habitação familiar se humanizou. Contempla-se, assim, a situação de quem carece de habitação e os motivos de tal carência, tais como a idade, a orfandade afetiva, a solidão, o entorno familiar, a escassez econômica.

De modo que a Argentina abandona o fundamento protecionista, que produzia uma afetação de certos direitos individuais e patrimoniais dos idosos, e produz uma mudança total no sistema da autonomia pessoa e a igualdade como base para estruturar a capacidade, a vontade, os direitos e deveres referidos às pessoas em situação de vulnerabilidade, recusando-se categoricamente qualquer restrição à capacidade jurídica que leve a substituir a vontade da pessoa de forma genérica, expansiva.

A incapacidade é absolutamente excepcional, tornando-se a *última ratio* dos juízes para ditar a declaração de interdição, pois cria-se nas leis paradigmáticas um sistema de apoio interdisciplinar para aqueles que se encontram com sua vontade diminuída, ou idosos em situação de dependência.

A pesquisadora e jurista especializada em velhice, Profª. Drª. María Isolína Dabove[6], ilumina o tema ao expressar:

> Como nunca antes, o século XX nos legou a possibilidade de prolongar a duração da vida, como evidenciado pelas altas taxas demográficas de expectativa de vida. A tal ponto que hoje, no século XXI, o envelhecimento populacional é considerado um fenômeno global e multigeracional. (...)
>
> A velhice envolve uma série de modificações a nível físico, mental e ocupacional da pessoa, que se traduzem numa mudança na autovalorização, na relação com a sociedade e, principalmente, na inserção familiar. Esta situação muitas vezes leva a uma crise de identidade, chamada de "gerontolescência", com consequências nem sempre positivas para os idosos, mesmo que seja transitória no tempo.

Isso nos leva a pensar que existe uma velhice "não patológica" nessa etapa da vida, na qual a pessoa não se encontra na plenitude de suas potencialidades.

As normas paradigmáticas que foram configurando essa especialidade denominada direto da ancianidade na Argentina, em seu núcleo são:

a) Lei Nacional nº 26.579, de 2010, que estabelece a plena capacidade aos 18 anos. Antigamente, era aos 21 anos, adequando-se à "Convenção Internacional de Direitos da Criança", (válida por estar incorporada à CN no art. 75 inc. 22, desde 1994);
b) Lei nº 26.378, de 2008, que aprova a "Convenção sobre os Direitos das Pessoas com Deficiência";
c) Lei Nacional nº 26.657, de 2010, de Saúde Mental;
d) Código Civil e Comercial da Nação, de 2015. O novo código incorpora os princípios relativos à autonomia pessoal, à capacidade, à vontade, aos instrumentos de apoios, assistência e salvaguarda previstos na Lei de Saúde Mental e na Convenção sobre os Direitos das Pessoas com Deficiência.

O Código determina e condiciona as faculdades judiciais para restringir a capacidade; determina as pessoas legitimadas para iniciar a ação; regula as medidas cautelares e o procedimento posterior. Deve, inclusive, assinalar o

[6] Dabove, María Isolina. *Autonomía y vulnerabilidad en la vejez: respuestas judiciales emblemáticas.* Revista de Derecho Privado, Nº 34. Marzo de 2018, págs. 53 a 85. DOI: https:doi.org/10.18601/01234366.n34.03. Consultado el 26 de Julio de 2021.

alcance da sentença respectiva e a obrigação de sua inscrição no registro civil e capacidade das pessoas. Na sentença, detalhará quais serão os atos que o sujeito de capacidade restringida pode realizar por si mesmo, tais como lidar com dinheiro, comprar medicamentos, viajar sozinho, votar, doar órgãos, submeter-se a práticas de gestação, entre outros. Sobre este ponto, tenho divergências bem fundamentadas com a lei, que não é o caso tratar aqui.

O juiz envolvido no processo de insanidade ou tutela, tem o dever de manter contato pessoal com o presumido incapacitado durante todo o processo, de acordo com o princípio geral de maximizar o respeito à autonomia pessoal. Vou tratar disso *a posteriori*.

A mais recente e específica: a "Convenção Interamericana sobre a Proteção das Pessoas Idosas (C.I.D.H.P.M.)". Este Tratado, aprovado pela Asembleia Geral da Organização de Estados Americanos (OEA), conta com cinco ratificações: Uruguai, Costa Rica, Bolívia, Chile e Argentina, entrando en vigência em 11 de janeiro de 2017.

2. Dignidade humana, qualidade de vida e habitação do idoso

A solidariedade familiar não é apenas com os descendentes, mas também com os ascendentes necessitados ou diminuídos, cuja salvaguarda é explicitamente referida na Declaração Americana dos Direitos e Deveres do Homem, artigo 30, quando prevê que: "*... os filhos têm o dever de honrar a seus pais e o de assisti-los, alimentá-los e ampará-los quando necessário*". Portanto, os vínculos afetivos e sociais do idoso adquirem nessa etapa de sua vida um papel relevante – às vezes para bem, outras com finalidades oportunistas para obter um benefício econômico – sem eximir de responsabilidade um Estado que deve estar presente na vida do idoso.

É necessário garantir a habitação e a qualidade de vida dos gerontes, procurando sua permanência em sua moradia habitual. Meu grande mestre e mentor, Prof. Dr. Eduardo Fanzolato[7], expressa:

> A conservação da qualidade de vida habitual do idoso, aconselha a sua permanência na residência habitual, a legislação deve conceber instrumentos que lhe facilitem a manutenção de sua casa e, ao mesmo tempo, que tornem mais confortável e afetivamente agradável a sua existência nesse recinto.

[7] FANZOLATO, Eduardo I. *Los ancianos y la solidaridad familiar en el siglo XXI.* Revista de la Facultad, Universidad Nacional de Córdoba. Facultad de Derecho y Ciencias Sociales. Instituto de Investigación y Formación Pública. Número 1996 – 4. Nueva serie (2 de Julho / Dic).

Ele acrescenta que o problema da solidão ou falta de comunicação, do desapego afetivo em que os idosos são cuidados por funcionários que, embora atuem com profissionalismo correto, costumam proporcionar um tratamento frio e uma companhia presencial que carece de cordialidade familiar.

A Organização Mundial da Saúde refere-se à qualidade de vida como "*a percepção pessoal de um indivíduo de sua situação na vida, dentro de um contexto cultural e de valores em que ele ou ela vive, e em relação aos seus objetivos, expectativas, valores e interesses*".

É aqui que nos perguntamos como as circunstâncias próprias da idade avançada influenciam a qualidade de vida dos idosos com baixos rendimentos; na sua residência habitual; na sua alimentação; entre outros? Se for preciso mudar de residência à força, quando confrontado com a alternativa de ter que se livrar de sua casa e trocar seu habitat físico indo para a casa de um membro da família ou para uma instituição privada ou pública, comercial ou solidária, a realocação ou a institucionalização da pessoa – com as limitações que isso implica – constitui geralmente um atentado à dignidade humana, dada a grave deterioração da qualidade de vida. Isso se manifesta em um mal-estar espiritual que geralmente se torna irreversível: o sujeito, em vez de "viver", "dura" definhando na espera da morte.

Fanzolato costumava dizer que "tais ambientes, mais que vivendas, são "morrendas"[8].

O desenraizamento em relação ao ambiente em que viveu ou desenvolveu a maior parte de sua vida, a alteração forçada de seus costumes, muitas vezes produz uma depressão mental, aparecendo sentimentos de insegurança e ignorância de sua dignidade, que conspiram contra sua qualidade de vida nos últimos anos de sua existência. A lei deve contribuir para evitar semelhante cenário por meio de mecanismos legais tradicionais adaptados à problemática dos idosos.

Ocorre também, em outros casos, que o conflito não seja de natureza econômica, mas resida no abandono moral em que se encontram os idosos devido à falta de apoio familiar, de encorajamento espiritual, de ajuda e de comunicação. Frequentemente, situações de orfandade afetiva ocorrem devido a infortúnios ou adversidades. Em muitos desses casos, a realocação da pessoa idosa é proposta, o que geralmente não é recomendado. A gerontologia aconselha a garantir que o idoso continue vivendo na casa onde passou a maior parte da sua existência física, afetiva e social. Nela ocorreram eventos significativos

[8] FANZOLATO, Eduardo Ignacio, ob. cit. p. 72.

em sua biografia pessoal e familiar. Seu afastamento desse lugar pode comover o idoso "impactando-o como um enterro antecipado" ou um desempoderamento de suas memórias, ou uma desvalorização de suas experiências.

Para isso, a partir de uma abordagem jurídica, é necessário investigar na legislação comparada quais seriam as fontes jurídicas mais adequadas para satisfazer, a problemática de orfandade do afeto parental, respeitando sua dignidade humana. Uma possível solução é investigar a onipresença de figuras como acordos de ajuda mútua, acolhimento de idosos, doações com taxas de acolhimento familiar, contratos de alimentação ou o contrato vitalício, entre outros. Tema que abordaremos a posteriori.

3. Capacidade regressiva. Dever de respeitar o declínio físico, psíquico e social do idoso. Princípio da intimidade

Os idosos, por serem pessoas plenamente capazes, não têm por que ver-se privados de sua capacidade, a menos que seja viável determinar judicialmente a afetação negativa e embasada de algum elemento de sua vontade. Às vezes, o discernimento e a liberdade podem estar diminuídos, mas isso não pode implicar que suas possibilidades de desenvolvimento como sujeito de direito sejam ilegitimamente restritas. Os preconceitos culturais e os fenômenos discriminatórios motivados na melhor idade, denominados "velhices"[9], são duas situações habituais que devem ser erradicadas da sociedade. É urgente um olhar respeitoso da liberdade, a fim de evitar que a diminuição significativa ou a ruptura do discernimento deem lugar a decisões judiciais que restrinjam a capacidade de ação dos idosos. Tal deve ocorrer em casos precisos e extremamente excepcionais.

O panorama legal na Argentina admite apenas três tipologias de restrições:

a) A capacidade restrita: pressuposta de deficiências cognitivas que afetam áreas importantes da autonomia pessoal.
b) A interdição, nos casos de La inhabilitación en aquellos casos de prodigalidade, ou seja: aqueles que na gestão de seus bens expõem seu cônjuge coabitante, ou seus filhos menores à perda de patrimônio.
c) A incapacidade. Medida judicial excepcional. Compreende os declínios cognitivos graves, por exemplo, Alzheimer avançado, quadros de alcoolismo e vícios. De acordo com a nova lei de saúde mental, os

[9] Dabove, María Isolina (2016). *Derechos humanos de las personas mayores en la nueva Convención Americana y sus implicancias bioéticas*. Revista Latinoamericana de Bioética, 16 (1), 38-59. DOI: http// dx.doi.org/10.18359/rlbi.1440. Acesso em 26 de Julho de 2021.

juízes não podem institucionalizar uma pessoa idosa, ou declarar sua *insanidade*, se ela não concordar, exceto nos casos em que a pessoa não tem capacidade absoluta.

4. Figuras alternativas de cuidado: o cuidador não profissional na Lei Espanhola 39/2006. Breve referência a outros países

Pesquisar as alternativas possíveis, sempre a partir de uma abordagem familiar, leva necessariamente a enxergar soluções aceitas em outros países, sendo relevante o estudo do Direito Comparado. Na Espanha, a dependência que uma pessoa requer, é caracterizada pela diversidade, tanto nos seus graus como na ajuda necessária pelo dependente, havendo uma escala de avaliação da situação de assistência, classificando-os em diferentes graus de dependência[10].

Essa ajuda tem sido tradicionalmente prestada por pessoas da família ou de seu ambiente, que se tornaram cuidadoras não profissionais de familiares dependentes, não vinculadas a um serviço de cuidado profissionalizado. De modo geral, essa tarefa era assumida por aqueles que se dedicavam ao cuidado da família, geralmente mulheres, constituindo o que tem sido chamado de apoio informal[11]. Este apoio familiar-informal distingue-se do Cuidado Profissional, que é aquele prestado por uma instituição ou entidade pública, com e sem fins lucrativos, ou por um profissional independente cujas finalidades incluam a prestação de serviços a pessoas em situação de dependência, quer em casa, quer num centro.

A Lei 39/2006 optou por atribuir às pessoas que se encontram em situação de dependência, e que cumprem os requisitos estabelecidos no seu artº 5º, o estatuto de titulares dos direitos nela estabelecidos, entre os quais se destaca

[10] A própria LD, em seu art. 26, seguida pelo RD 504/2007, pelo qual se aprova a escala de avaliação da situação de dependência, fazem a seguinte classificação dos diferentes graus de dependência:
Grau I. Dependência moderada: quando a pessoa precisa de ajuda para realizar várias atividades básicas da vida diária, pelo menos uma vez por dia ou tem necessidade de apoio intermitente ou limitado para autonomia pessoal.
Grau II. Dependência severa: quando a pessoa precisa de ajuda para realizar várias atividades básicas da vida diária duas ou três vezes ao dia, mas não quer o apoio permanente de um cuidador ou tem necessidades de apoio extensivo para autonomia pessoal.
Grau III. Grande dependência: quando a pessoa precisa de ajuda para realizar várias atividades básicas da vida diária várias vezes ao dia e, devido à sua perda total de autonomia física, mental, intelectual ou sensorial, ela precisa do apoio indispensável e contínuo de outra pessoa ou tem necessidade de apoio generalizado para sua autonomia pessoal.

[11] É possível que pessoas sem qualquer relação de parentesco sejam responsáveis pelo cuidado de dependentes; tradicionalmente, tem sido os pais no exercício da *patria potestad*, pessoas que ocupam cargo de tutela, o cônjuge e demais parentes que cuidam da pessoa e dos bens do dependente..

o possível recebimento de um benefício econômico para ser assistido por cuidadores não profissionais, desde que sejam dadas as condições adequadas de convivência e habitabilidade da habitação[12].

A este respeito, o artigo 18º dispõe: Excepcionalmente, quando o beneficiário estiver sendo cuidado pelo seu ambiente familiar, e estiverem preenchidas as condições estabelecidas no artigo 14º, nº 4, será reconhecido um benefício económico para cuidados familiares.

a) Com a prévia aprovação do Conselho Territorial do Sistema de Autonomia e Assistência à Dependência, serão estabelecidas as condições de acesso a este benefício, em função do grau e nível reconhecidos à pessoa em situação de dependência e da sua capacidade econômica.
b) O cuidador deve cumprir as regras de afiliação, registo e contribuições para a Segurança Social determinadas por regulamento.
c) O Conselho Territorial do Sistema de Autonomia e Atenção à Dependência promoverá ações de apoio aos cuidadores não profissionais que incorporarão programas de formação, informação e medidas para o atendimento de períodos de descanso.

Na Espanha, a figura do "Cuidador Não Profissional" é um elemento-chave do sistema de proteção à dependência. O cuidado no ambiente familiar por cuidadores não profissionais continua sendo a forma tradicional de cuidar do idoso, sem retirá-lo de seu habitat físico e emocional. Além disso, é a forma que continua a ser escolhida maioritariamente por pessoas sem autonomia para serem cuidadas.

A jurisprudência do Tribunal Europeu dos Direitos Humanos, em repetidos acórdãos sobre a vida familiar, com particular referência à vida familiar das pessoas com limitações na sua capacidade, concebe-a como: *uma relação de fato bilateral, quer entre dois adultos (relação conjugal ou não conjugal), quer entre a criança e cada um dos seus pais, biológicos ou não, quer em relação a outros familiares" (artigo 8º da CEDH).*

[12] Mondéjar Peña, María Isabel: *La figura del Cuidador No profesional en la ley 39/2006, de 14 de diciembre, de Promoción de la Autonomía Personal y Atención a las Personas en Situación de Dependencia y su encuadre dentro de las Instituciones de Guarda.* Publicado em *Familia y Discapacidad*, Editorial Reus, S.A. Madrid. España. 2010, pág. 200. Autores: Álvarez Moreno, María Teresa; de Amunátegui Rodríguez, Cristina; Cerdeira Bravo de Mansilla, Guillermo; Combret, Jacques; Díaz Alabart, Silvia; Ferrer Vanrell, María Pilar; Ginebra Molins, Ma. Esperanza; Grimaldi, Michel; Hernández Ibáñez, Carmen; Mondéjar Peña, María Isabel; Pichard, Marc; Zurilla Cariñana, María Ángeles.

> O TEDH avalia a intensidade e a qualidade dessa relação de fato (a chamada efetividade), de modo que a coabitação estável é, em princípio, indicativa da existência de vida familiar, embora a sua ausência não exclua esta, o que pode ser deduzido de outros fatores, neste sentido, o vínculo biológico não é suficiente para deduzir a existência de uma vida familiar, mas deve haver coabitação ou outros elementos que demonstrem a existência de uma relação pessoal, especialmente intensa[13].

Trata-se de uma interpretação ampla do conceito de "vida familiar" que aborda os indicadores factuais das relações familiares, e não tanto ao puramente jurídico.

4.1. Requisitos para ter a condição de cuidadores não profissionais para os efeitos da lei 39/2006

A Lei não exige para ser considerado como cuidador informal, e que sua dedicação gere o direito de receber o benefício prestado, que a pessoa ocupe oficialmente um cargo de tutela

Nesse sentido, de acordo com o art. 1.1 do Decreto Real 615/2007, de 11 de maio, que regulamenta a Previdência Social de cuidadores de pessoas em situação de dependência, estes podem assumir o status de cuidadores não profissionais de uma pessoa em situação de dependência:

a) seu cônjuge;
b) seus parentes por consanguinidade;
c) parentes por afinidade ou adoção, até o terceiro grau de parentesco;
d) ainda, de acordo com o inciso 2º deste art. 1º: Quando a pessoa em situação de dependência tem seu domicílio em ambiente caracterizado por insuficiência de recursos públicos ou privados comprovados, despovoamento ou circunstâncias geográficas ou de outra natureza que impeçam ou dificultem outras modalidades de atendimento, a administração competente poderá, excepcionalmente, permitir a existência de cuidados não profissionais por parte de uma pessoa no seu meio que, embora não tenha o grau de parentesco indicado na secção anterior, resida no município da pessoa dependente ou num vizinho a este, tendo-o feito durante o período anterior de um ano.

13 Guilarte Martín – Calero, Cristina. *El derecho a la vida familiar de las personas con discapacidad. (El derecho español a la luz del artículo 23 de la Convención de Nueva York).* Editorial REUS. Madrid, Espanha. 2019, p. 230 y 231.

Tudo o que foi até aqui analisado do direito ibérico leva-nos a pensar que é possível aplicar este modelo na Argentina, através de um incentivo econômico a esse ambiente relativo ou próximo que colabora com os idosos em tarefas de custódia e companhia. É o modo mais altruísta de evitar que o idoso se isole socialmente, ou que viva sozinho e precise enfrentar a morte de familiares ou amigos, ter perda auditiva ou doenças crônicas.

Não posso ignorar o impacto que teve na população idosa o pior desastre universal do último século, como é o caso da pandemia do Corona Vírus, ou Covid 19. Suas consequências emocionais e de saúde têm sido irremediáveis. No aspecto espiritual: os avós deixaram de partilhar com os netos o seu quotidiano, com a consequente carga negativa daí advinda. Depressões, solidão, angústias, suicídios, anestesia espiritual, medos, mortes de afetos, sem poder dizer adeus, entre outros. É uma tragédia que arrastará os países durante anos, mas em particular o nosso país. Definitivamente, ficou mais do que claro que nessa conjuntura pandêmica, o homem precisa de sua família e a família sofre pelo idoso que está confinado em isolamento.

4.2. Outros institutos de atenção familiar aos idosos para evitar a institucionalização

Na Catalunha existem também as leis nº 11/2001, de 13 de julho, e a lei histórica nº 22/2000, de 29 de dezembro, sobre o acolhimento dos idosos: ou seja, cria-se a figura do pacto de acolhimento dos idosos, semelhante à simples adoção de menores. Nesta última, o preâmbulo explica o significado da instituição de acolhimento dos idosos em determinados lares.

> A sociedade catalã apresenta hoje situações de convivência de ajuda mútua, especialmente entre os idosos ou em relação a eles, que tentam remediar as dificuldades dessas pessoas. Com base no estudo realizado a partir de dados estatísticos confiáveis e de caráter sociológico, e das diversas soluções que o direito comparado oferece, devidamente analisados, chegou-se ao consenso de que é procedente estabelecer uma regulamentação das situações de convivência entre pessoas que, sem constituir família, compartilham uma mesma residência habitual, unidas por vínculos de parentesco longínquo na linha colateral, ou de simples amizade ou companheirismo, e com o intuito de ajudar ao mais frágil e de permanecer.
>
> Concretamente, regula-se a convivência originada pelo acolhimento que uma pessoa ou casal oferecem a uma pessoa ou casal idoso, em condições parecidas com as relações que se produzem entre ascendentes e descendentes. Na situação atual, de envelhecimento progressivo da população como consequência do prolongamento da vida e da redução de natalidade, uma regulamentação legal

protecionista que estruture esse tipo de convivência pode resolver o bem-estar geral dos idosos que nela se apoiem, resolver dificuldades econômicas e sociais e ser mais uma opção para evitar admiti-los em instituições geriátricas[14].

O *pacto de acolhimento* consiste na vinculação de uma pessoa ou casal casado ou em união estável, ou uma família monoparental, por razão da idade ou ainda de uma deficiência, a uma pessoa ou a um casal em união estável, que deve ser mais jovem, se o acolhimento é motivado pela idade, que os aceitam em condições parecidas com as relações de parentesco e em troca de uma compensação financeira. O pacto de acolhimento permite que a pessoa ou pessoas acolhedoras acolham somente uma pessoa, exceto no caso de que as pessoas acolhidas formem um casal casado ou uma união estável e tenham relação de parentesco até o segundo grau de consanguinidade ou adoção. Neste caso, o acolhimento abrange a ambas as pessoas.

O pacto de acolhimento não inclui a administração legal de bens nem a representação legal das pessoas acolhidas pelas acolhedoras. As pessoas acolhedoras e acolhidas convivem em uma mesma residência, seja esta das pessoas acolhedoras, seja das acolhidas, com o objetivo de que os primeiros cuidem dos segundos, lhes deem alimentos, lhes prestem assistência, procurem seu bem-estar geral e lhes atendam em situações de adoecimento.

Pessoas acolhedoras e acolhidas devem prestar-se ajuda mútua e compartilhar os gastos do lar e o trabalho doméstico de forma pactada, correspondendo às possibilidades reais de cada parte.

A compensação pode realizar-se mediante a cessão de bens móveis, bens imóveis ou em dinheiro. As pessoas acolhedoras devem promover a constituição da tutela se as pessoas acolhidas estiverem em situação de serem submetidas a ela.

Mencionaremos também os Convênios de Ajuda Mútua, regulados na Catalunha pela lei 19/1998 (28/12/1998), que, pode-se dizer, constituem ou se assemelham a "minigeriatria quase familiar" composta por pessoas livre e seletivamente admitidas ou escolhidas pelos coabitantes a quem a lei chama "*convivências de ajuda mútua. Este sistema permite aliviar a estreiteza económica (partilhando os encargos monetários, as despesas comuns e o serviço) constituindo um meio de alcançar a companhia escolhida, temperando a solidão em que os idosos estão habitualmente imersos*"[15].

[14] Preâmbulo da lei nº 22/2000 de Catalunha, de 29 de dezembro de 2000.

[15] Fanzolato, Eduardo Ignacio. *Protección de la libre voluntad del adulto mayor vulnerable.* Revista de Derecho de Familia y de las Personas. Ano 3 Número 4 – Maio de 2011. Ed. La Ley. Buenos Aires. Argentina, p. 187.

Na Holanda implementou-se um sistema de proteção do idoso mediante o "regime de mentoria"[16].

Na reforma do direito civil no Japão, em 1999, o legislador japonês providenciou, para proteger as pessoas limitadamente capazes, além das instituições já existentes de tutela e curatela, a figura da "assistência", sem dúvida a grande novidade da reforma. Trata-se de uma instituição tutelar que vem cobrir uma lacuna existente, para o cuidado daquelas pessoas que, sem a necessidade de um tutor – por não estarem permanentemente privadas da capacidade de compreensão – (art. 7º CCJ), de curador – por não terem uma capacidade deficiente de compreensão devido a distúrbios mentais – (art. 11 CCJ), SIM requerem cuidados e a atenção de outra pessoa. No Japão, as três instituições tutelares (tutela, curatela e assistência) são mutuamente exclusivas (artigos 11 e 18 da CCJ).

Na Alemanha, especificamente, se estabelece que "no caso de o maior de idade propuser uma pessoa que possa ser nomeada Assistente, esta proposta será levada em conta, desde que não seja contrária aos interesses do idoso. Se ele propuser que uma determinada pessoa não seja nomeada como seu Assistente, isso será levado em conta" (§ 1897 BGB)[17].

Como observado, essas soluções são possíveis para países que ainda consideram a família como a instituição solidária por excelência. Será então a decisão das políticas públicas criá-las na Argentina.

4.3. Sobre a capacidade dos idosos e as respostas judiciais. Diferenças entre senescência e senilidade

No século XXI, o processo de envelhecimento populacional é um fenômeno global e multigeracional, o que significa a extensão cronológica da velhice como última etapa da vida, com duração média de 23 a 25 anos por pessoa.

A lei deve abranger esse processo, diferenciando os idosos que se encontram em estágio regressivo de sua capacidade ou velhice normal, daqueles idosos com deterioração patológica (velhice como doença). Ora, é nesse qua-

[16] O regime de mentoria está regulamentado no Livro I, Título 20, a partir do artigo 450-l, com as modificações presentes no Anexo ao Livro 2, do Código Civil Neerlandês.

[17] O art. 1896 do Burgerliches Gesetzbuch (Código Civil Alemão), prevê que, se um adulto for incapaz de se cuidar sozinho, em parte ou não, em consequência de uma doença mental ou de uma deficiência física, espiritual ou mental, o Tribunal de Tutela nomeará, a seu pedido ou oficiosamente, um assistente. A petição também pode ser apresentada por uma pessoa incapaz de agir. Na medida em que o adulto esteja impedido de se cuidar por causa de uma deficiência física, o assistente só pode ser nomeado a seu pedido, a menos que ele seja incapaz de expressar sua vontade (BGB, Ed. Beck, Munique, Alemanha, 2017).

dro normativo de respeito à liberdade individual do idoso que cabe refletir como deve o Juiz se especializar em casos de se deparar com um sujeito em ato de crise "gerontolescente"?

Ou seja, a gerontolescência é o caso do idoso que, com comprometimento cognitivo leve, apresenta uma crise de identidade, produzida por fatores biológicos, sociais, psicológicos, econômicos, e cujo comportamento costuma ser confundido pelas pessoas e julgado como verdadeiras patologias. Seus aparentes "sintomas" desencadeiam conflitos afetivos e familiares que impactam decisivamente no ambiente patrimonial do idoso e na própria desqualificação (autoestima). No início da velhice, é comum que os idosos se sintam impotentes para exercer seus direitos por conta própria, devido à situação de fragilidade ou vulnerabilidade típica da idade, mas que para o resto parecem deficiências.

A dependência foi definida no art. 2 da Lei Espanhola 39/2006, sobre a promoção da autonomia pessoal e cuidados para pessoas em situação de dependência, como:

> o estado de caráter permanente em que se encontram as pessoas por razões derivadas da idade, a enfermidade ou a deficiência, e ligadas à falta ou à perda de autonomia física, mental, intelectual ou sensorial, requerem a guarda de outra ou outras pessoas ou ajudas importantes para realizar atividades básicas da vida diária ou, no caso das pessoas com deficiência intelectual ou doença mental, de outros apoios para sua autonomia pessoal[18].

Costuma acontecer que a vida do idoso é fundamentalmente sobrecarregada, por situações de abandono familiar, recebimento de aposentadoria ou pensão pequena e miserável, falta de trabalho ou cessação dele, perda de afetos, de rotinas, de costumes, moradia ou falta de proteção na saúde, com obras sociais mesquinhas e corruptas. Obviamente, é natural que a conduta do idoso se veja afetada ou em crise por este acúmulo de situações, somadas à certeza do declínio do próprio corpo físico, que gradualmente enfraquecem suas decisões. Mas é a velhice comum – não patológica – e deve ser res-

[18] MONDÉJAR PEÑA, María Isabel: *La figura del cuidador no profesional en la ley 39/2006, de 14 de diciembre, de Promoción de la Autonomía Personal y Atención a las Personas en Situación de Dependencia y su encuadre dentro de las Instituciones de Guarda.* Publicado em *Familia y Discapacidad*, Editorial Reus, S.A. Madrid. Espanha. 2010, p. 198. Autores: Álvarez Moreno, María Teresa; de Amunátegui Rodríguez, Cristina; Cerdeira Bravo de Mansilla, Guillermo; Combret, Jacques; Díaz Alabart, Silvia; Ferrer Vanrell, María Pilar; Ginebra Molins, Ma. Esperanza; Grimaldi, Michel; Hernández Ibáñez, Carmen; Mondéjar Peña, María Isabel; Pichard, Marc; Zurilla Cariñana, María Ángeles.

peitada, não judicializada com fins de "adiantar a herança". Daí a necessária contenção familiar ou social.

As demandas judiciais limitantes da capacidade, solicitadas abusivamente com o propósito de usar coativamente tais instituições a fim de conseguir intervir na administração ou no manejo dos bens, podem até alterar a saúde emocional, e mesmo mental, dos idosos, chegando à possibilidade de incorrer em delito penal tipificado como "Circunvenção de idosos".

A nosso ver, são igualmente discriminatórias e paliativas as decisões judiciais que continuam considerando a velhice (senescência) como uma doença(senilidade). Senescência não é senilidade.

Por tais razões tornou-se indispensável a presença do Juiz nos processos de restrição de capacidade, mediante a entrevista pessoal estabelecida pelo CCCN, durante todo o processo. O juiz deve dirigir-se ao domicílio, se necessário, acompanhado pelo Ministério Público, a fim de corroborar pessoalmente a condição da pessoa idosa. E será o Juiz quem terá a responsabilidade de avaliar e decidir que tipo de assistência e/ou representação é a mais adequada e razoável para a pessoa.

O valor convicto convectivo e decisivo que a entrevista pessoal concederá ao Juiz é a ferramenta mais eficaz para evitar os riscos de abuso ou engano.

Devido à idade avançada e à potencial exploração daqueles que parecem ajudar os idosos, eles podem levar o magistrado a conclusões erradas, causando sentenças judiciais injustas. Cada Juiz Cível conta com a Equipe Técnica Multidisciplinar, que os assiste. São funcionários públicos de carreira, com vasta experiência e trajetória.

O tratamento pessoal dos magistrados com os idosos, no decorrer do julgamento é decisivo. Uma decisão histórica que estabeleceu jurisprudência reconhece, pela primeira vez enfaticamente, a importância do contato pessoal do juiz com os supostos incapazes ou inaptos como uma clara garantia do direito de defesa e do direito de ser ouvido de toda pessoa idosa[19].

Tratou-se de um caso no qual o filho solicitava a interdição de sua mãe idosa, fundamentado na diminuição psíquica desta como consequência de sua idade avançada (art. 152 bis, inc.2, do Código Civil revogado hoje). Outra decisão que iluminou a doutrina argentina, estabelecendo jurisprudência, com argumentos sólidos, foi no caso de um filho que solicitou a interdição de sua

[19] Câmara Nacional Civil, Sala G, 04/12/1980, autos: "M.P. de V., M.", A Lei 1981-B, 26. Neste caso específico, o magistrado realizou uma entrevista pessoal com a idosa, na qual a variedade de tópicos discutidos, a comodidade, a cordialidade, a riqueza do vocabulário da suposta louca, a coerência em suas ideias, rejeitaram absolutamente a possível ideia de que ela era mentalmente doente.

mãe, alegando patologia devido ao suposto esbanjamento de seus bens. Em primeira instância, o pedido foi indeferido e a Câmara confirmou essa sentença. Os juízes argumentaram que "na mulher não foi verificada nenhuma patologia e nem foi possível demonstrar de forma fiável o esbanjamento de bens próprios que foi invocado como sintoma de demência"[20].

Para além das dúvidas pessoais que nutrimos sobre certas normas das leis vigentes referentes à saúde mental, não se pode deixar de pensar que a única instituição à qual ninguém quer renunciar é a família, que deve cuidar dos idosos em primeiro lugar, bem como nos casos de pessoas com habilidades limitadas. O direito à vida familiar das pessoas com deficiência é um direito humano que, no crepúsculo da vida física, garante a custódia e a guarda dos idosos.

A vida familiar é recíproca. Como instituição da autoridade parental, direitos subjetivos da família são direitos-deveres. São direitos-deveres instrumentais: são concedidos para o cumprimento de uma obrigação.

Finalmente, e a título de reflexão, direi que: entre a capacidade total e a incapacidade total, existem infinitos graus, nuances, circunstâncias. O juiz deverá avaliar em suas decisões, entre as consequências da proteção devida ao idoso, respeitando sua vontade, ou a privação indevida de certos direitos. Este fino equilíbrio traz a verdadeira tutela dos idosos e da sociedade como um todo, que deve viver em harmonia e sem prejuízo de um de seus membros por causa da idade.

Conclusões

Existem duas instâncias da vida física da pessoa nas quais são necessários cuidados familiares ou comunitários. A infância e a velhice tendem a ser as maiores faixas de vulnerabilidade social devido à idade dos indivíduos.

Expus a necessidade de a família assistir e ajudar os idosos, não só materialmente, mas em especial, emocionalmente. O crescente envelhecimento da população é uma das características das sociedades desenvolvidas.

Defendo que o gozo de uma qualidade de vida do idoso, condizente com a dignidade humana, é um Direito Humano reconhecido pelos Tratados Inter-

20 Câmara Nacional Civil, Sala, 01/06/2004, en autos: "E. de R., N.", A Lei 18/08/2004,10. Entre seus argumentos, a Câmara aponta: "A velhice, como processo fisiológico normal, não exclui a saúde. Não se pode entender, portanto, que dela não desfrutem as pessoas idosas, afinal, a ciência médica não considera anormal uma pessoa somente por ser idosa. O medo de que o idoso não faça bons negócios, como qualquer pessoa, não tem remédio na inabilitação, se não resultar de um estado patológico.".

nacionais de nível constitucional na Argentina (art. 75, inc. 22 e 23 da CN). Assim se reconheceu pelas Academias Ibero-Americanas de Direito: "*Todas as agências do Estado, incluindo os juízes, são obrigadas a tomar medidas efetivas para a realização concreta dos direitos das pessoas idosas consagrados, expressa ou implicitamente, nos vários documentos internacionais.*"[21].

No entanto, existem problemas humanos, sociais, econômicos e legais que afetam os idosos indefesos e vulneráveis e que impedem o gozo dessa qualidade de vida digna:

a) A parca renda dos idosos, dependentes de uma aposentadoria ou pensão paupérrima, ou benefícios familiares que mal são suficientes para cobrir suas necessidades básicas. Tal se agrava pelas necessidades de cobertura social e medicamento, colocando-os no dilema de ter que desprender-se de seus bens.
b) o desamparo ou orfandade emocional derivados da solidão em que eles geralmente estão imersos. Incluo a atual crise terminal causada pela pandemia de Covid 19, cujas consequências foram letais em idosos.
c) o medo ou o temor de ser transferido para a casa de um parente ou um lar de idosos, sem que isso obedeça à sua vontade plena e autêntica,
d) o sentimento de impotência diante da crescente e gradual deterioração de suas faculdades sem cair em incapacidade, especialmente por causa do risco de acabar injustamente despojado de seus pertences, dominado sob a influência de parentes que ele não nomearia voluntariamente para ajudá-lo.

Diante dessa problemática, a partir de uma abordagem preferencialmente jurídica, procurei verter no presente material quais são os mecanismos legais mais adequados para satisfazer o cuidado futuro dos idosos, incluindo o orfandade de companhia, de afeto parental em sua residência habitual, respeitando fundamentalmente a autonomia e a vontade do idoso e sua dignidade.

Ocorre que não se pode ignorar que o que está expresso no Evangelho de João, quando indica claramente a habitual submissão dos idosos, representado na vida quotidiana quando ele diz: "*Em verdade, em verdade vos digo: quando fostes jovens, vós mesmos cingistes e fostes para onde quisestes, mas quando envelhecerdes, estendereis as vossas mãos e outro vos cingirá e vos levará aonde não quereis*" (João 21, 18).

[21] Conclusão 25 B do V Congresso Iberoamericano de Direito. Zaragoza, 26-XI-2005.

Referências

BASSO, Silvina M.; Ditieri, Marina; Mendoza, Elena. *El acceso a la tutela judicial efectiva de las personas mayores*, Revista de Derecho de Familia 91.16/9/2019,287. Consulta online. AR/DOC/2473/2019. Thompson Reuters. Buenos Aires, Argentina.

BUTINOF, Mariana; Guri, Ana Karina; Rodríguez, Guadalupe; Abraham, Daniela; Vera, Yanina; Gasmann, Jésica. *Adultos mayores en establecimientos geriátricos en la Provincia de Córdoba. Apuntes para una reflexión preliminar*. Relatório elaborado no marco do Projecto UPAMI, SEU-UNC. Revista Interferencia, Derechos y Seguridad Humana. UNC Nº 3 (Vol. 0) 2013.

Código Civil Alemão. *Burgerliches Gesetzbuch* (BGB.). Ed. Beck, Munich, Alemanha, 2017.

DABOVE, María Isolina. *Derechos humanos de las personas mayores en la nueva Convención Americana y sus implicancias bioéticas*. Revista Latinoamericana de Bioética, 16 (1). http//dx.doi.org/10.18359/rlbi.1440

_______ *Autonomía y vulnerabilidad en la vejez: respuestas judiciales emblemáticas*. Revista de Derecho Privado, Nº 34. Março de 2018, p. 53 a 85. DOI: https:doi.org/10.18601/01234366.n34.03.

FANZOLATO, Eduardo Ignacio. *Protección de la libre voluntad del adulto mayor vulnerable*. Revista de Derecho de Familia y de las Personas. Ano 3 Número 4 – Maio de 2011. Ed. La Ley. Buenos Aires. Argentina.

_______ *Los ancianos y la solidaridad familiar en el siglo XXI*. Revista de la Facultad, Universidad Nacional de Córdoba. Facultad de Derecho y Ciencias Sociales. Instituto de Investigación y Formación Pública. Número 1996 – 4. Nueva serie (2 de Julio / Dic).

GUILARTE MARTÍN-CALERO, Cristina. *El derecho a la vida familiar de las personas con discapacidad. (El derecho español a la luz del artículo 23 de la Convención de Nueva York)*. Editorial REUS. Madrid, Espanha. 2019.

MONDÉJAR PEÑA, María Isabel: *La figura del cuidador no profesional en la ley 39/2006, de 14 de diciembre, de promoción de la autonomía personal y atención a las personas en situación de dependencia y su encuadre dentro de las instituciones de guarda*. Publicado em *Familia y Discapacidad*. Editorial Reus. Madrid, Espanha. 2010.

VAN BREEMEN, Piet (SJ). *El arte de envejecer. La ancianidad como tarea espiritual*. Ed. Sal Terrae. 01/04/2004. Espanha.

2
ANCIANOS: DERECHOS A LA SALUD, A LA IGUALDAD Y AL SEXO

Graciela Medina[1]

1. Introducción y objetivos

La Argentina, como muchos otros países se enfrenta al grave problema demográfico que presenta la tasa de natalidad relativamente baja, la alta tasa de desempleo y el envejecimiento de una parte de la población, que cada año aumenta su promedio de vida.

El envejecimiento de la población (es decir, el incremento del porcentaje de personas de edad avanzada en la población global) es la consecuencia de los considerables progresos realizados en los ámbitos económico, social y médico.

Este aumento del promedio de vida es muy beneficioso para el ser humano pero plantea problemas en términos de respeto de sus derechos humanos ya que a menudo en la edad avanzada los adultos mayores se encuentran en situación de vulnerabilidad y dependencia. Y también plantea desafíos en términos de financiación de las jubilaciones y de mantenimiento de los adultos mayores que hoy viven hasta los 80 y 90 años, y que a menudo en la ancianidad se encuentran en situación de fragilidad y dependencia.

El envejecimiento de la población por otra parte tiene repercusión en la protección social y las finanzas públicas.

[1] Ex Presidenta de la Asociación Argentina de Derecho Comparado. Profesora de Derecho de Familia y Sucesiones, Consejera de la Facultad de Derecho de la UBA, Académica de la Academia de Córdoba de Ciencias Jurídicas.Asociada honoraria de la ADFAS.

Con la política actual, el envejecimiento provoca una considerable presión al alza en los gastos públicos. Este déficits presupuestario pone en peligro el futuro equilibrio de los sistemas de jubilación, de protección social en general e incluso el potencial de crecimiento económico

Observando la situación demográfica del país advertimos el crecimiento de la expectativa de vida y el envejecimiento de la población, unido al desempleo que hace que cada día aumente el número de personas que tiene que ser mantenida por la población activa.

En nuestro país el camino hacia el envejecimiento poblacional se inició alrededor de 1920 y avanzó de manera intensa desde la segunda mitad del siglo XX hasta mediados de la década del 70. Entre 1914 y 1947 la tasa global de fecundidad pasó de 5,3 a 3,2 hijos por mujer y la esperanza de vida se incrementó en 12,6 años a causa de las mejoras relativas a la baja en la tasa de mortalidad. En el caso argentino, además de la caída en la fecundidad y de la mortalidad, el componente migratorio tuvo un impacto relevante en el comienzo de este proceso. Si bien el fuerte afluente de población migrante de ultramar de fines del siglo XIX era principalmente joven, al promediar el siglo XX el peso de los migrantes en la población de 65 años y más representaba casi el 60%. A partir de los años 70, el incremento de la población de mayor edad continuó con su tendencia creciente, pero a un ritmo mucho menor. Simultáneamente se produjo una reducción de la proporción de la población joven en un 30% de la población total.

A ello se le suma que en los últimos diez años se han agregado al sistema jubilatorio estatal 4.000.000 de personas que nunca realizaron aportes o que si los hicieron fueron hechos en forma incompleta y que deben ser sostenidos por el Estado Nacional, es decir por la clase activa.

El sistema Jubilatorio trasciende la garantía de percepción de ingresos monetarios, ya que conlleva además los beneficios del acceso a servicios de salud especializados y gratuitos, como los que proporcionan el PAMI, servicios turísticos, descuentos y promociones especiales.

Como vemos el tema de la ancianidad puede ser abordado desde distintas órbitas, en el presente artículo nos proponemos abordar el tratamiento específico del derecho a la igualdad y no discriminación en el derecho a la salud, incluida la sexual y a la autodeterminación de los adultos mayores.

Partimos de afirmar que las personas mayores, tienen derecho a una protección reforzada en materia de salud que exige la adopción de medidas diferenciadas. Sea en la esfera privada como en la pública, y que el Estado tiene el deber de asegurar todas las medidas necesarias a su alcance, a fin de garantizar el mayor nivel de salud posible, sin discriminación.

El tratamiento del derecho a la salud puede ser realizado de múltiples maneras, por nuestra parte pensamos realizarla desde lo establecido por la Convención Interamericana sobre la Protección de los Derechos Humanos[2], lo resuelto por la Corte Interamericana de Derechos Humanos, la Corte de Derechos Humanos de Europa, el Derecho y la Jurisprudencia Argentina.

2. Convención Interamericana sobre la protección de los derechos humanos de los adultos mayores

Los grupos más vulnerables en la sociedad contemporánea son los niños, las mujeres, los discapacitados y los ancianos. Los tres primeros tienen Convenciones Internacionales que los protegen mientras que los adultos mayores, carecen de ellas hasta el momento.

La Comunidad internacional trabaja activamente para su dictado con el convencimiento que en la lucha por los derechos humanos se obtienen mayores logros si el conjunto de naciones se pone de acuerdo en hacer efectivo los derechos de quienes más lo necesitan.

Hasta ahora no existe ninguna convención internacional vinculante, pero Los Estados Miembros de la Organización de los Estados Americanos (OEA) aprobaron el 15 de Junio del 2015 la primera Convención Interamericana sobre la Protección de los Derechos Humanos de las Personas Mayores en la Asamblea General de la institución, y de inmediato la firmaron los gobiernos de Argentina, Brasil, Chile, Costa Rica y Uruguay en la sede principal del organismo hemisférico en Washington DC.

La convención fue aprobada teniendo en cuenta lo establecido en los Principios de las Naciones Unidas en favor de las Personas de Edad (1991); la Proclamación sobre el Envejecimiento (1992); la Declaración Política y el Plan de Acción de Madrid sobre el Envejecimiento (2002), así como los instrumentos regionales tales como la Estrategia Regional de implementación para América Latina y el Caribe del Plan de Acción Internacional de Madrid sobre el Envejecimiento (2003); la Declaración de Brasilia para la región de América Latina y el Caribe (2007), la Declaración de Compromiso de Puerto España (2009) y la Carta de San José sobre los derechos de las personas mayores en América Latina y el Caribe (2012).

[2] En este análisis tendremos en cuenta las disposiciones de la Convención Internacional sobre los Derechos de las Personas con Discapacidad (CRPD) aprobada por ley 25.378 y que desde diciembre de 2014 cuenta con jerarquía constitucional (ley 27.044), y en especial la Observación General nro. 1 de 2014 del Comité sobre los Derechos de las Personas con Discapacidad de la ONU, que se refiere al derecho a planificar anticipadamente el ejercicio de la capacidad jurídica

El objeto de la Convención –el primer instrumento regional de su tipo en el mundo- es promover, proteger y asegurar el reconocimiento y el pleno goce del ejercicio, en condiciones de igualdad, de todos los derechos humanos y libertades fundamentales de la persona mayores, para contribuir a su plena inclusión, integración y participación en la sociedad. El punto de partida de la Convención es el reconocimiento de que todos los derechos humanos y las libertades fundamentales existentes se aplican a las personas mayores, y que deberían gozar plenamente de ellos en igualdad de condiciones con los demás.

En la actualidad, las personas con 60 o más años de las Américas representan el 14 por ciento del total de la población del hemisferio (más de 135 millones de personas). En 2030, cerca de dos de cada cinco personas tendrán 60 o más años, y en total habrá más de 215 millones de personas mayores en las Américas. La Convención permitirá reforzar las obligaciones jurídicas de respetar, promover y realizar esos derechos humanos de las personas mayores. Su ratificación obliga a los Estados a adoptar medidas, a fin garantizar a la persona mayor un trato diferenciado y preferencial en todos los ámbitos.

El texto de la Convención se estructura en un Preámbulo y VII Capítulos, que abordan: el primero, su objeto, ámbito de aplicación y definiciones, el Capítulo II y III se refiere a los principios generales y obligaciones de los Estados, el IV incluye los derechos protegidos, estos son: igualdad y no discriminación por razón de edad; derecho a la vida y dignidad en la vejez; independencia y autonomía; seguridad y a una vida sin violencia; a no ser sometido a tortura ni a penas o tratos crueles, inhumanos o degradantes; a brindar consentimiento libre e informado en el ámbito de la salud; derechos de las personas mayores que reciben servicios de largo plazo, libertad personal, de expresión, opinión y acceso a la información, nacionalidad y libertad de circulación, derecho a la privacidad e intimidad, seguridad social, trabajo, salud, educación, cultura, recreación, esparcimiento y deporte, derecho a la propiedad, vivienda, medio ambiente sano, accesibilidad y movilidad personal derechos políticos, y ante situaciones de riesgo y emergencia humanitarios y, finalmente, al igual reconocimiento como persona ante la ley. Existe un capítulo dedicado exclusivamente a la toma de conciencia y los últimos dos capítulos establecen los mecanismos de seguimiento, incluido un sistema de peticiones individuales y, finalmente, las disposiciones generales sobre entrada en vigor, reservas, denuncias, depósito y enmiendas.

La Convención sobre la protección de los derechos de las personas mayores se convierte en el nuevo estándar del continente americano, sentando de esta forma un precedente a nivel mundial.

Ella entró en vigencia en Octubre del año 2017 luego de que los Parlamentos de dos países del continente Argentina y Chile, la ratificaran.

Es importante señalar que para la Convención se es anciano a partir de los 60 años, salvo que la ley interna determine una edad base menor o mayor, siempre que ésta no sea superior a los 65 años.

2.1. Derecho a la salud

La Convención establece claramente que la persona mayor tiene derecho a su salud física y mental, sin ningún tipo de discriminación y correlativamente obliga a los Estados a diseñar e implementar políticas públicas intersectoriales de salud orientadas a una atención integral que incluya la promoción de la salud la prevención y la atención de la enfermedad en todas las etapas, y la rehabilitación y los cuidados paliativos de la persona mayor, a fin de propiciar el disfrute del más alto nivel de bienestar, físico, mental y social.

2.2. Derecho a brindar consentimiento, libre e informado en el ámbito de la salud

Correlativamente con el derecho a la salud la Convención reconoce a la persona mayor el derecho irrenunciable a manifestar su consentimiento libre e informado en el ámbito de la salud. La negación de este derecho constituye una forma de vulneración de los derechos humanos de la persona mayor.

Con la finalidad de garantizar el derecho de la persona mayor a manifestar su consentimiento informado de manera previa, voluntaria, libre y expresa; así como de ejercer su derecho de modificarlo o revocarlo, en relación a cualquier decisión, tratamiento, intervención o investigación, en el ámbito de la salud, la Convención obliga a los Estados elaborar y aplicar mecanismos adecuados y eficaces para impedir abusos y fortalecer la capacidad de la persona mayor de comprender plenamente las opciones de tratamiento existentes, sus riesgos y beneficios.

Dichos mecanismos deberán asegurar que la información que se brinde sea adecuada, clara y oportuna, disponible sobre bases no discriminatorias, de forma accesible y presentada de manera comprensible de acuerdo con la identidad cultural, nivel educativo y necesidades de comunicación de la persona mayor.

Las instituciones públicas o privadas y los profesionales de la salud no podrán administrar ningún tratamiento, intervención o investigación de carácter médico o quirúrgico, sin el consentimiento informado de la persona mayor.

En los casos de emergencia médica que ponga en riesgo la vida y cuando no resulte posible obtener el consentimiento informado, se podrán aplicar las excepciones establecidas de conformidad con la legislación nacional.

La persona mayor tiene derecho a aceptar, negarse a recibir o interrumpir voluntariamente tratamientos médicos o quirúrgicos, incluidos los de la medicina tradicional, alternativa y complementaria, investigación, experimentos médicos o científicos, ya sean de carácter físico o psíquico, y a recibir información clara y oportuna sobre las posibles consecuencias y los riesgos de dicha decisión.

Al adherir a la convención los Estados Parte se comprometen a establecer un proceso a través del cual la persona mayor, pueda manifestar de manera expresa su voluntad anticipada, e instrucciones respecto de las intervenciones en materia de atención de la salud, incluyendo los cuidados paliativos. En estos casos, esta voluntad anticipada podrá ser expresada, modificada o ampliada en cualquier momento solo por la persona mayor, a través de instrumentos jurídicamente vinculantes, de conformidad con la legislación nacional.

3. Corte Interamericana de Derechos Humanos Caso "Poblete Vilches y ots. vs. Chile"

A continuación, analizaremos el primer caso en el cual la Corte Interamericana de Derechos Humanos decidió sobre el derecho a la salud con respecto a los adultos mayores.

El conocimiento de la jurisprudencia de la Corte Interamericana es fundamental porque la Corte Suprema de Justicia de la Nación, ha precisado que las decisiones jurisprudenciales de la Corte IDH, deben servir de guía en el control de constitucionalidad, aun cuando la Argentina no sea parte[3].

Teniendo en cuenta lo anterior, creemos que es importante el conocimiento de este precedente, sobre todo teniendo en cuenta que en él, el Tribunal de Costa Rica, entendió que los Estados tienen un deber reforzado con respecto al derecho a la salud de los adultos mayores, y ello debe ser tenido especialmente en cuenta en un entorno con creciente población anciana.

La Corte IDH abordó en el caso "Poblete Vilches y otros vs. Chile" por primera vez el derecho a la salud como derecho autónomo, como así también el tema del consentimiento informado y la situación de las personas adultas mayores vinculado al derecho a la salud, teniendo en cuenta su situación de vulnerabilidad.

[3] Caso "Giroldi" Fallos 318:514.

En el fallo del 8 de marzo de 2018, la Corte declaró por unanimidad la responsabilidad internacional de Chile, por no garantizar al sr. Vinicio Antonio Poblete Vilches su derecho a la salud, sin discriminación, a través de servicios esenciales básicos y urgentes con relación a su situación de vulnerabilidad como persona mayor, produciéndose posteriormente su muerte. Declaró también que se vulneró el derecho a la vida e integridad personal, como el derecho de obtener el consentimiento informado y acceso a la información en materia de salud. Todo ello en perjuicio del sr. Poblete y de sus familiares, como el derecho al acceso a la justicia e integridad personal en perjuicio de sus familiares.

3.1. Los hechos. Contexto fáctico

Este caso se refiere a la atención médica del Sr. Poblete Vilches de 76 años de edad en el Hospital Público Sótero del Rio. La primera vez que Poblete Vilches ingresó al nosocomio lo hizo víctima de una afección respiratoria y fue intervenido estando inconsciente; sin haber prestado consentimiento informado personal y sin consentimiento de su familia, encontrándose en terapia intensiva, se falsificó su consentimiento informado.

El Sr. Poblete Vilches fue luego dado de alta de manera temprana sin mayores indicaciones, volviendo a ingresar al hospital donde se lo internó en terapia intermedia. Se requirió en ese momento de un respirador mecánico, que no fue suministrado, y no se lo trasladó a otro centro que tuviera el respirador que el paciente requería. Finalmente el paciente fallece a los pocos días.

3.2. Sobre las personas mayores y el derecho a la salud. Enfoque de derechos humanos. [4]

La sentencia de la Corte aborda el derecho a la salud de manera autónoma como parte de los derechos económicos, sociales, culturales y ambientales (DESCA), protegido por el art. 26 de la CADH y la situación de las personas mayores de edad en relación con el mencionado derecho a la salud.

La Corte incorporó en el catálogo de derechos protegidos, los DESCA y conforme una interpretación sistemática, teleológica y evolutiva, recurre al corpus juris internacional y nacional en la materia, para dar contenido a los derechos tutelados por la Convención y de este modo precisa el alcance de

[4] Medina, Graciela; Yuba, Gabriela. Las personas mayores y el derecho a la salud. Reflexiones a partir del caso "Poblete Vilches y otros vs. Chile" de la Corte IDH", *DFyP 2018 (octubre), 121*, TR LA LEY AR/DOC/1843/2018

las obligaciones específicas del derecho a la salud señalando que se trata de aquel derecho que se deriva de las normas económicas, sociales y sobre educación, ciencia y cultura contenidas en la Carta de la OEA, que implica las condiciones que hagan posible una vida sana, productiva y digna.

El Tribunal en el parágrafo 131 expresamente dice que

> [El] adulto mayor es un paciente vulnerable en general; es un paciente que va a necesitar no solamente del médico sino de la sociedad para llevarlo adelante. Ya no se habla más de expectativa de vida [...] [se habla de años de vida libre de enfermedad [...] por eso es que necesita el apoyo de todo el Estado. Nos tenemos que involucrar todos para que tengamos la mayor cantidad de años de vida [de calidad] [...] [todos vamos a envejecer si tenemos suerte [...]. Lo que tenemos que hacer es formar gente y formar el medio, la sociedad para que tengamos el lugar correcto para ser tratados.

La Corte IDH concretamente entiende que la salud es un derecho humano fundamental e indispensable para el ejercicio adecuado de los demás derechos humanos y que todo ser humano tiene derecho al disfrute del más alto nivel posible de salud que le permita vivir dignamente, entendida la salud, no sólo como la ausencia de afecciones o enfermedades, sino también a un estado completo de bien estar físico, mental y social, derivado de un estilo de vida que permita alcanzar a las personas un balance integral. (párr. 118).

La Corte Interamericana pone de relieve que es la primera vez que le toca expedirse sobre el derecho a la salud y las personas mayores, y en este sentido expone que los estados tienen un deber reforzado frente a ellos para garantizarles el derecho a la salud.

En este sentido, la Corte IDH

> destaca como un hecho ineludible que la población está Envejeciendo de manera constante y considerable. El cambio vertiginoso del escenario demográfico en los países de la región presenta retos y desafíos, por lo cual este impacto en los derechos humanos hace necesario que los Estados se involucren para dar respuesta[5] (párr. 130).

La Corte nota que, en muchas situaciones, se presenta una particular vulnerabilidad de las personas mayores frente al acceso a la salud. Sobre el particular, resalta la existencia de diversos factores como las limitaciones físicas, de

[5] Corte Europea de Derechos del Hombre, "Case of Carvalho Pinto de Sousa Morais vs. Portugal" (Application no. 17484/15) 25 de julio 2017

movilidad, la condición económica o la gravedad de la enfermedad y posibilidades de recuperación. Asimismo, en determinadas situaciones, dicha vulnerabilidad se encuentra incrementada en razón del desequilibrio de poder que existe en la relación médico – paciente, por lo que resulta indispensable que se garantice al paciente, de manera clara y accesible, la información necesaria y el entendimiento de su diagnóstico o situación particular, así como de las medidas o tratamientos para enfrentar tal situación.

Respecto de las acciones y omisiones acreditadas, del acervo probatorio, se desprende que durante el *primer ingreso* del señor Poblete Vilches al Hospital Sotéro del Río, existían signos que demostraban que la decisión de dar de alta en forma temprana, no era una medida pertinente; Lo anterior, resultó en una acción médica, al menos irresponsable, ya que de la prueba se desprende que no existían las condiciones médicas necesarias para declarar el alta temprana, especialmente frente a la posibilidad de contraer una infección intrahospitalaria. Así, el paciente fue externado afiebrado y emanando pus por las heridas. Tampoco se les brindó a los familiares indicación alguna de cómo cuidar al paciente en su domicilio, ni cuáles podrían ser las señales de alarma. Por lo cual, es claro para la Corte que las autoridades tenían conciencia de su situación crítica y frente a ello, el alta temprana tuvo una incidencia considerable, al menos, en el rápido deterioro que sufrió inmediatamente luego de su pronta salida del Hospital Sótero del Río, lo cual representó una negligencia médica.

Respecto de los elementos de *accesibilidad y aceptabilidad*, la Corte destaca que la edad del señor Poblete Vilches, resultó ser una limitante para recibir una atención médica oportuna, pues de los hechos del caso se desprende que no se le brindó el tratamiento médico adecuado, en parte, por su condición de persona mayor, razón por la cual no se priorizó su tratamiento médico a pesar de su condición crítica y su avanzada edad (párr. 52). Además, resulta inaceptable la falsificación del consentimiento de los familiares y la falta de información clara y accesible sobre la condición del paciente.

La Corte estima que el Estado negó al señor Poblete Vilches un tratamiento médico de urgencia, no obstante habría consciencia, por parte del personal médico, que su vida se encontraba en riesgo si no se dispensaba el soporte vital requerido, y particularmente frente a su situación de adulto mayor (párr. 137). Así, el Estado no adoptó las medidas necesarias, básicas y urgentes que razonablemente podrían haberse adoptado para garantizar su derecho a la vida (párr. 141 y 142). Asimismo, el Estado no aportó una justificación válida para haber negado los servicios básicos de urgencia.

3.3. El Caso Poblete Vilches y el consentimiento informado por substitución

Consentimiento por sustitución y acceso a la información en materia de salud a favor de los familiares

Respecto del derecho a obtener un consentimiento informado, la Corte reconoce en el fallo Poblete que el artículo 13 de la Convención Americana incluye el derecho a buscar, recibir y difundir informaciones e ideas de toda índole lo cual protege el derecho de acceso a la información, incluyendo información relacionada con la salud de las personas. En este sentido, se estableció que el consentimiento informado consiste

> [...] en una decisión previa de aceptar o someterse a un acto médico en sentido amplio, obtenida de manera libre, es decir sin amenazas ni coerción, inducción o alicientes impropios, manifestada con posterioridad a la obtención de información adecuada, completa, fidedigna, comprensible y accesible, siempre que esta información haya sido realmente comprendida, lo que permitirá el consentimiento pleno del individuo[6].

El problema se presenta cuando el consentimiento no puede ser prestado por el paciente y debe ser dado por los familiares, que fue el caso que se presentó en Poblete Vilches y que se puede presentar en muchos supuestos de ancianos que pierden su capacidad temporariamente.

En ese supuesto la Corte ha resaltado que la información debe ser brindada a los familiares, para que el consentimiento prestado por el adulto mayor sea válido, a saber

> [...] la Corte entiende que el consentimiento por representación o sustitución se actualiza cuando se ha comprobado que el paciente, por su especial condición, no se encuentra en la capacidad de tomar una decisión en relación a su salud, por lo cual esta potestad le es otorgada a su representante, autoridad, persona, familiar o institución designada por ley. Sin embargo, cualquier limitación en la toma de decisiones tiene que tener en cuenta las capacidades evolutivas del paciente, y su condición actual para brindar el consentimiento[7].

3.4. La dignidad y la autodeterminación

En cuanto al derecho a la dignidad consagrado en el artículo 11 de la Convención Americana, la Corte analiza que un aspecto central del reconocimiento

[6] Medina, Graciela "El valor del sexo para las mujeres después de los cincuenta años" DFyP 2018 (diciembre), 171 • TR LALEY AR/DOC/2424/2018

[7] CEDH, "Case of Konstantin Markin vs. Russia" (Application no. 30078/06), 22 marzo 2012.

de la dignidad constituye la posibilidad de todo ser humano de auto-determinarse y escoger libremente las opciones y circunstancias que le dan sentido a su existencia, conforme a sus propias opciones y convicciones.

De este modo, la existencia de una conexión entre el consentimiento informado con la autonomía personal y la libertad de tomar decisiones sobre el propio cuerpo y la salud exige, por un lado, que el Estado asegure y respete decisiones y elecciones hechas de forma libre y responsable y, por el otro, que se garantice el acceso a la información relevante para que las personas estén en condiciones de tomar decisiones informadas sobre el curso de acción respecto a su cuerpo y salud de acuerdo a su propio plan de existencia.

3.5. Conclusión al caso

En definitiva en el caso concreto, la Corte considera que el Estado de Chile no garantizó que los servicios de salud brindados al señor Poblete Vilches cumplieran con los estándares referidos por lo que incumplió en el otorgamiento de medidas básicas, es decir de sus obligaciones de carácter inmediato relacionadas con el derecho a la salud en situaciones de urgencia. Asimismo, el Estado incumplió con su deber de obtener el consentimiento informado por sustitución de los familiares frente a la intervención quirúrgica practicada, así como de brindar información clara y accesible para los familiares respecto del tratamiento y procedimientos practicados al paciente.

Las negligencias asumidas en el segundo ingreso, particularmente, al negarle un respirador, así como la posibilidad de ingresar a la unidad de cuidados requerida y no ser trasladado a otro centro que pudiera brindarle tales medidas, en parte por su condición de adulto mayor, redujo de manera considerable las posibilidades de recuperación y sobrevivencia del paciente, por lo que su fallecimiento resulta imputable al Estado. Asimismo, la Corte sostuvo que la edad del señor Poblete Vilches, como categoría protegida de la no discriminación, resultó ser una limitante para que recibiera la atención médica requerida.

4. La salud sexual

Dentro del concepto de salud, se encuentra incluido el de la salud sexual y del disfrute al derecho a la vida sexual, que debe ser igualitario tanto para hombres como para mujeres. A continuación vamos a analizar un fallo dictado por el Tribunal de Derechos Humanos de Europa, que reconoció que el derecho a la sexualidad exige que se permita la posibilidad de gozar del placer sexual sin discriminación por motivos de edad o sexo, al tiempo que reconoció el derecho a la libertad de gozar la sexualidad de las personas mayores, con independencia de su capacidad reproductiva y determinó que asociar el derecho a la sexualidad de la mujer con su capacidad reproductiva, constituía un atávico estereotipo, propio de una errada actitud patriarcal.

Evidentemente en la mayoría de los casos, la sociedad le sigue dando mayor valor a la vida sexual de los hombres después de cumplidos los 60 años, que a la sexualidad de las mujeres de igual edad. Esto constituye una clarísima y atávica forma de discriminación contra la mujer, por su condición de tal y de adulta.

Prueba de la diferente valoración del goce sexual de la mujer adulta a la del hombre adulto está dado por la sentencia de la Corte Administrativa de Portugal dictada en el caso de María Ivonne Carvalho Pinto de Sousa Morais[8], donde el máximo Tribunal Portugués muestra la existencia de prejuicios, basada en estereotipos erróneos de género y edad y condena a indemnizar la incapacidad de goce sexual de una mujer en forma hasta cuatro veces menor, que la de un hombre, además de atribuir a la mujer una capacidad meramente doméstica.

Esta discriminatoria condena obligó a María Ivonne Carvalho Pinto de Sousa Morais a recurrir a la Corte de Derechos humanos de Europa quien condenó a Portugal por tal violación.

4.1. Los hechos[9]

María Ivonne Carvalho Pinto de Sousa Morais a la edad de 50 años, sufrió una incorrecta cirugía ginecológica que le causó daños trascendentes para su vida, ya que le produjo un 73% de discapacidad, y específicamente le causó problemas de movilidad, incontinencia e imposibilidad para mantener relaciones sexuales. Por tales daños reclamó una indemnización equivalente a 325,050, euros (EUR), por daño físico y 249,399 EUR por daño moral.

4.2. Las sentencias de Portugal

La Corte Administrativa de Lisboa, hizo lugar a la pretensión resarcitoria y condenó a pagar a la actora EUR 80,000 por daño no patrimonial y EUR 92,000, por daño patrimonial dentro de ellos EUR 16,000 estaban destinados a pagar una empleada para que le ayudara en las tareas cotidianas.

[8] Corte Europea de Derechos del Hombre, "Case of Carvalho Pinto de Sousa Morais vs. Portugal" (Application no. 17484/15) 25 de julio 2017.

[9] Medina, Graciela "El valor del sexo para las mujeres después de los cincuenta años" DFyP 2018 (diciembre) , 171 • TR LALEY AR/DOC/2424/2018

El Tribunal Supremo administrativo redujo el importe de la indemnización en el daño moral por pérdida de goce sexual porque consideró

> (...) 3) teniendo en cuenta la edad de sus hijos, la demandante probablemente solo necesita cuidar de su marido, lo que implica que no necesitaba tener a una empleada a tiempo completo. 4) (...) no debemos olvidar que cuando tuvo lugar la operación, la demandante ya tenía 50 años y dos hijos, es decir, estaba en una edad en la que el sexo no es tan importante como en edades más tempranas, pues su importancia disminuye con la edad.

La indemnización fue reducida de de EUR 80,000 por daño moral a EUR 50,000.

En casos similares con respecto a hombres la Corte portuguesa había condenado a cifras muy superiores. En alguno caso al doble y en otros casos cuatro veces más.

Así p. ej., en un caso en que un hombre había sido sometido a una mala praxis en una cirugía de prostatectomía completa (prostatectomía radical) en el que al quitársele la glándula de la próstata le habían convertido en impotentes e incontinente. La Corte Suprema de justicia encontró que se había sido un error médico y otorgó a la demandante 224,459.05 euros en concepto de indemnización por daño moral. Para justificar el importe concedido el Tribunal declaró: "es irrefutable que el demandante ha sufrido daños morales por prostatectomía total que lo vuelve impotente e incontinente".

Es decir que la impotencia e incontinencia masculina fue valorada tres veces más que la impotencia e incontinencia femenina. Y al sentenciar a favor del hombre no se tuvo en cuenta que tener más de cincuenta años disminuye el goce sexual.

4.3. El recurso ante la Corte de Derechos Humanos de Europa

La demandante se quejó ante el TEDH, de que la decisión del Tribunal Supremo Administrativo de Portugal era discriminatoria por razón de sexo y de edad, y contraria al art. 14 del Convenio en relación con su art. 8º.

Concretamente María Carvalho planteó que la sentencia del Tribunal Supremo Administrativo en su caso le había discriminado en razón de su sexo y edad. Ella se quejó, en particular, que habían ignorado la importancia de una vida sexual para ella como una mujer adulta.

4.4. La sentencia del TEDH

El TEDH le dio la razón a la demandante. Consideró, en primer lugar, que el art. 14 era de aplicación al caso porque trataba del derecho a la vida privada de la demandante.

El TEDH recordó que deben darse razones de peso para justificar una diferencia de trato basada en el género (Sentencia "Konstantin Markin vs. Rusia [GC]"[10]), también puso de relevancia que una diferencia de trato basada en la edad precisa ser justificada, y encontró que no se trataba simplemente, que en la decisión del alto tribunal portugués, hubieran frases desafortunadas, sino que la edad y el sexo de la demandante habían sido decisivos para cuantificar los daños, no solo en cuanto a su vida sexual sino también, p. ej., cuando indicaba que probablemente solo necesitaba ya cuidar de su marido.

Por otra parte, el TEDH se fijó en la manera en que el Tribunal Supremo Portugués había tratado dos casos previos de negligencia médica o mala praxis en pacientes masculinos, de 55 y 59 años, que habían sufrido incontinencia e impotencia como consecuencia de sendas operaciones quirúrgicas de prostatectomía. Y puso de relieve la diferencia indemnizatoria con la mujer, señalando que el primero de los hombres recibió 100 000 euros de indemnización por daño moral y el segundo, 240 000 euros, mientras que la mujer de 50 años solo se indemnizo su daño inmaterial con la suma de Euros 50000.

En esos supuestos, el Alto Tribunal Portugués consideró que la imposibilidad para esos hombres de mantener relaciones sexuales normales había afectado a su autoestima y producido un "tremendo shock" y un "fuerte schock mental", mientras que la edad de ellos no se consideró, relevante en orden a valorar la incapacidad sexual.

Mientras que para cuantificar los daños y para reducirlos se valoró que la mujer ya "tenía 50 años" y en ningún momento se tuvo en cuenta como la falta de capacidad sexual influía en su autoestima.

El TEDH pone de relieve que la afirmación de que la sexualidad no es tan importante para una mujer de mas de 50 años y madre de dos hijos como podría serlo para una mujer más joven "refleja una idea tradicional de la sexualidad de la mujer como esencialmente ligada a fines reproductivos e ignora su importancia física y psicológica de la auto-realización de la mujer como persona".

La corte reconoce que al decidir el reclamo relacionado con daños morales en el marco del procedimiento de responsabilidad, los tribunales nacionales puedan ser llamados a tener en cuenta la edad de los reclamantes.

[10] CEDH, "Case of Konstantin Markin vs. Russia" (Application no. 30078/06), 22 marzo 2012.

El error de la sentencia portuguesa no está en considerar la edad o sexo para establecer la indemnización, sino en juzgar que la sexualidad no es tan importante para una mujer de cincuenta años de edad y madre de dos niños en cuanto a alguien de una edad más temprana.

Ese supuesto refleja una idea tradicional de la sexualidad femenina ligada esencialmente a fines procreacionales y así ignora su importancia física y psicológica para la autorrealización de las mujeres como personas. Aparte de ser, de una manera prejuiciosa, este razonamiento omite tomar en consideración otras dimensiones de la sexualidad de las mujeres.

Por nuestra parte queremos poner de relevancia, que no se pueden reducir indemnizaciones morales de la mujer adulta mayor señalando que el sexo no es tan importante como en años más jóvenes porque ella habría perdido la fertilidad, ya que ello implica no reconocer el derecho sexual de los adultos mayores, ni garantiza a la persona mayor el goce efectivo del derecho a vivir con dignidad.

5. Los adultos mayores en la legislación argentina

En la Argentina no hay una ley de protección integral para los ancianos, como si lo hay para las mujeres y para los niños, pero como nuestro país ha ratificado la Convención Interamericana sobre la protección de los Derechos Humanos de las Personas Mayores, existe una protección convencional para la tercera edad.

5.1. Protección constitucional

No obstante no existir una legislación específica para el adulto mayor, las políticas de estado en materia de vejez tienen antecedentes en la década de 1940, cuando se establecieron los "Derechos de la Ancianidad" por iniciativa de la Fundación de Ayuda Social, que reconocía el derecho de las personas que habían dado su esfuerzo en bien de la comunidad. Esta conquista, fue incorporada en la Constitución de 1949 que receptó el derecho a la asistencia, los alimentos, vestido, salud, recreación y trabajo del adulto mayor.

Derogada la Constitución de 1949, es recién en el año 1994 cuando la ancianidad recibe protección constitucional. En efecto con la reforma constitucional de 1994, se establecen en el artículo 75, inciso 23, las atribuciones del congreso para promover acciones positivas que garanticen el pleno goce de los derechos de los ancianos.

5.2. Falta de legislación específica

Por otra parte, si bien los adultos mayores son mencionados específicamente en algunas leyes referidas a salud o a previsión social, por ejemplo respecto de las jubilaciones o a violencia, como decíamos antes, no se ha logrado una ley nacional de protección integral de los derechos de las personas mayores, como si se ha alcanzado en los casos de otros grupos, mencionados en convenciones internacionales específicas, con lo cual para determinar el régimen que los rige hay que bucear en todo el ordenamiento

5.3. Código Civil y Comercial. Capacidad como regla y directivas anticipadas

Al respecto cabe señalar que en consonancia con la evolución de la temática de los adultos mayores, el Código Civil y Comercial del 2015, estableció como regla general la capacidad de las personas sin importar la mayor edad en orden a su determinación.

Por otra parte, las Cien Reglas de Brasilia para las Personas en Condición de Vulnerabilidad, consideró a la vejez como grupo vulnerable.

En relación con los adultos mayores en el ámbito penitenciario, tratándose de un grupo vulnerable, nuestro país considera que la práctica del encierro en unidades carcelarias constituye maltrato, se prioriza el cumplimiento de la prisión domiciliaria a partir de los setenta años.

Argentina sancionó un Código Civil y Comercial en 2015. Este Código reemplazó al Código Civil de 1869 y al Código de Comercio de 1862. El Código Civil y Comercial no regula específicamente a la "persona mayor" como grupo de edad a proteger, pero existen diversas normas que abordan indirectamente el tema. Ahora bien con respecto a la salud el sistema argentino permite dictar medidas voluntarias, permitiendo al propio adulto mayor designar representantes o personas de apoyo para el caso de su incapacidad o/y, dar instrucciones o expresar deseos sobre cuestiones que puedan surgir en caso de tal incapacidad.

Las directivas anticipadas son son una declaración escrita de los deseos de una persona con respecto al tratamiento médico, que a menudo incluye una designación de representante, hecha para garantizar que esos deseos se lleven a cabo en caso de que la persona no pueda comunicarlos a un médico.

Sin entrar en el debate de fondo sobre la naturaleza jurídica de las directivas anticipadas, consignamos que se ha señalado que "las Directivas Anticipadas son instrucciones precisas que toda persona capaz deja por escrito sobre qué tipo de cuidados desea recibir o no, cuando no pueda tomar decisiones o expresar su voluntad; esta práctica de la autonomía pone en conflicto la relación con el médico si éste pretende retomar el esquema paternalista e imponer su voluntad sobre la del enfermo."

El advenimiento de las Directivas Anticipadas aparece entonces como una consecuencia necesaria para garantizar la autonomía del individuo y hace visible el cambio de paradigma en la relación médico-paciente[11].

Por su parte, Ricardo Rabinovich-Berkman ubica a las directivas anticipadas como subgrupo dentro de las "Declaraciones Vitales de Voluntad" y las caracteriza como "manifestaciones que involucran una orden terapéutica, para ser cumplida en un escenario futuro en caso de hallarse su otorgante privado de la posibilidad de emitir una decisión jurídicamente respetable"[12].

Una de las ventajas de las directivas anticipadas es que brindan a las personas la comodidad de saber que sus preferencias han sido declaradas y están disponibles para sus familias y médicos, y la tranquilidad que proviene de saber que podrán comunicarse con sus familias y médicos a través de una directiva basada en su filosofía personal, para que las decisiones se puedan tomar con tranquilidad y de acuerdo a sus creencias

El Código Civil y Comercial de la Nación en su art. 60 se refiere a las Directivas Médicas Anticipadas, disponiendo que:

> La persona totalmente capaz puede anticiparse a las directivas y conferir un mandato con respecto a su salud y en previsión de su propia discapacidad. También podrá designar a la persona o personas que deban expresar su consentimiento a los actos médicos y ejercer su tutela. Las directivas que implican el desarrollo de prácticas de eutanasia se consideran no escritas. Esta declaración de voluntad puede ser revocada libremente en cualquier momento.

Entendemos que la regla Código Civil y Comercial de la Nación es muy valiosa porque no solo proporciona directivas médicas anticipadas, sino que también autoriza a dar un mandato para la discapacidad en sí. Este mandato, a diferencia de lo que ocurre con los mandatos ordinarios, no se extingue con la incapacidad del mandante, sino que asume efectividad cuando la persona es declarada incapaz o de capacidad restringida o se encuentra en tal condición que no puede expresar su voluntad.

[11] LAFFERRIERE, Jorge Nicolás – MUÑIZ, Carlos. *Directivas anticipadas en materia de capacidad en el nuevo Código Civil y Comercial Unificado* DFyP 2015 (junio), 08/06/2015, 147; LALEY AR/DOC/1411/2015FERRARI, Ma. Laura et al., *Directivas anticipadas: un progreso legislativo*, Pensar en Derecho, nro. 3, Facultad de Derecho UBA, 2013, p. 285.

[12] RABINOVICH-BERKMAN, Ricardo, *Actos jurídicos y documentos biomédicos*, La Ley, Buenos Aires, 2004, p. 345.

El adulto mayor tiene la posibilidad de dictar directivas anticipadas, pero para poder otorgarlas el artículo 60 exige que la persona sea una "persona plenamente capaz". Esta disposición plantea problemas interpretativos en lo que respecta a las personas con capacidad reducida o a las personas de edad avanzada. Si bien el artículo 60 exige "plena capacidad", los principios que rigen la materia no deben llevar a desconocer el derecho de un sujeto que está en condiciones de hacerlo y cuya capacidad no ha sido restringida en estos aspectos, a anticiparse a sus directivas sobre salud.

El envejecimiento es un proceso gradual que se desarrolla a lo largo de la vida e implica cambios biológicos, fisiológicos, psicosociales y funcionales con consecuencias variables, que se asocian a interacciones permanentes y dinámicas entre el individuo y su entorno. El envejecimiento representa un estado biológico normal inherente al propio proceso de la vida, en el que esa normalidad se traduce en disminuciones y cambios, tanto psíquicos como físicos, de carácter cuantitativo y armonioso que, siendo propios de ese estado, no pueden ser juzgados como síntomas patológicos.

Las limitaciones que se producen en esta etapa incluyen el pensamiento sensorial (visual y auditivo) y la conciencia, lógico y cognitivo (son escasamente impulsivas e iniciáticas); además, se exalta la autoafectividad. La senescencia aporta así un cuadro psicofísico de mutaciones que determinan manifestaciones de comportamiento sin precedentes, pero que son expresiones de un proceso biológico normal. Tanto es así que incluso se podría decir que lo anormal sería que tales cambios no se manifestaran.

En resumen, la senescencia no significa falta de salud, sino una salud con su propio significado, y en este orden de ideas se ha dictaminado con razón que los aspectos débiles de la psique de una persona mayor no son los indicios de desequilibrio mental, sino de la normalidad psíquica de un adulto mayor. Estas consideraciones nos llevan a advertir de que si se permitiera la restricción de la capacidad por el simple envejecimiento, la personalidad se vería seriamente afectada en un aspecto de tanta importancia como el de las medidas voluntarias. Así, las legítimas decisiones, conveniencias y preferencias de los ancianos estarían sujetas a la aprobación o censura de quienes pudieran emprender, o no, procesos de inhabilitación, en función de la docilidad o independencia de aquellos.

Dado que la Convención Interamericana sobre los Derechos Humanos de las Personas Mayores está vigente en Argentina, la autonomía de estas personas debe ser respetada en la medida establecida por ella.

En este sentido, cabe recordar que el artículo 11 de la Convención Interamericana alude específicamente a la obligación de los Estados Partes de establecer un procedimiento que permita a las personas mayores indicar expresamente por adelantado su voluntad e instrucciones con respecto a las intervenciones de atención de la salud, incluidos los cuidados paliativos. De acuerdo a ello creemos que en principio la persona mayor es plenamente capaz para dictar directivas anticipadas y que su mayor edad no puede restringir su capacidad.

Conclusiones

Para lograr concretar en la práctica los derechos de los adultos mayores, se necesitó que la comunidad de naciones interamericanas dictara convenciones regional, en las cual los Estados se comprometían a establecer mecanismos idóneos para convertir en realidad los derechos de los ancianos, mediante la adopción de medidas positivas tendientes a evitar que, por su vulnerabilidad, no alcanzaran a gozar de sus derechos humanos básicos.

Dictadas la Convención Interamericana y aggiornadas las leyes nacionales, los datos que muestran la realidad y que plasman las estadísticas, reflejan que los ancianos siguen siendo víctimas de violencia doméstica, sanitaria, y laboral en razón de su vulnerabilidad y que no gozan de igualdad con las demás personas en el ejercicio de sus derechos humanos básicos. Ello nos demuestra la necesidad de una ley de protección integral al adulto mayor y de campañas educativas para instalar el paradigma de su respeto.

Referencias

Caso "Giroldi" Fallos 318:514.

CEDH, "Case of Konstantin Markin vs. Russia" (Application no. 30078/06), 22 marzo 2012.

Corte Europea de Derechos del Hombre, "Case of Carvalho Pinto de Sousa Morais vs. Portugal" (Application no. 17484/15). 25 de julio 2017.

Lafferriere, Jorge Nicolás – MUÑIZ, Carlos. Directivas anticipadas en materia de capacidad en el nuevo Código Civil y Comercial Unificado DFyP 2015 (junio), 08/06/2015, 147; LALEY AR/DOC/1411/2015FERRARI, Ma. Laura et al., Directivas anticipadas: un progreso legislativo, Pensar en Derecho, nro. 3, Facultad de Derecho UBA, 2013.

Medina, Graciela "El valor del sexo para las mujeres después de los cincuenta años" DFyP 2018 (diciembre) , 171 • TR LALEY AR/DOC/2424/2018.

Medina, Graciela; Yuba, Gabriela. Las personas mayores y el derecho a la salud. Reflexiones a partir del caso "Poblete Vilches y otros vs. Chile" de la Corte IDH", DFyP 2018 (octubre) , 121, TR LALEY AR/DOC/1843/2018.

Rabinovich-Berkman, Ricardo, Actos jurídicos y documentos biomédicos, La Ley, Buenos Aires, 2004.

2
IDOSOS: DIREITOS À SAÚDE, IGUALDADE E SEXO

Graciela Medina[1]

1. Introdução e objetivos

A Argentina, tal como muitos outros países, enfrenta o grave problema demográfico de uma taxa de natalidade relativamente baixa, uma elevada taxa de desemprego e o envelhecimento de parte da população, que está aumentando a sua expectativa média de vida em todos os anos.

O envelhecimento da população (ou seja, o aumento da porcentagem de idosos na população total) é a consequência de progressos consideráveis nos domínios econômico, social e médico.

Este aumento da expectativa média de vida é muito benéfico para os seres humanos, mas coloca problemas em termos de respeito pelos seus direitos humanos, uma vez que na velhice os adultos mais velhos se encontram frequentemente numa situação de vulnerabilidade e dependência. Coloca também desafios em termos de financiamento das pensões e da manutenção dos idosos que hoje vivem até aos 80 e 90 anos, e que muitas vezes se encontram numa situação de fragilidade e dependência na velhice.

O envelhecimento da população tem também um impacto na proteção social e nas finanças públicas.

[1] Ex-presidente da Associação Argentina de Direito Comparado. Professora de Direito de Família e Sucessões, Conselheira da Faculdade de Direito da Universidade de Buenos Aires, Acadêmica da Academia de Ciências Jurídicas de Córdoba.

No âmbito da política atual, o envelhecimento coloca uma considerável pressão ascendente sobre a despesa pública. Este déficit orçamentário compromete o equilíbrio futuro dos sistemas de pensões, dos sistemas de proteção social em geral e mesmo o potencial de crescimento econômico.

Olhando para a situação demográfica do país, podemos ver o aumento da expectativa de vida e o envelhecimento da população, unidos ao desemprego, o que acaba aumentando o número de pessoas que têm de ser apoiadas pela população ativa.

No nosso país, o caminho para o envelhecimento da população começou por volta de 1920 e avançou intensamente desde a segunda metade do século XX até meados da década de 1970. Entre 1914 e 1947, a taxa de fertilidade total caiu de 5,3 para 3,2 crianças por mulher e a expectativa de vida aumentou em 12,6 anos devido a melhorias na taxa de mortalidade. No caso argentino, para além da queda da fertilidade e mortalidade, o componente migratório teve um impacto significativo no início deste processo. Embora o forte afluxo de imigrantes vindos do estrangeiro no final do século XIX fosse principalmente jovem, em meados do século XX o peso dos imigrantes na população com 65 anos ou mais representava quase 60%. A partir da década de 1970, o aumento da população mais velha continuou a sua tendência ascendente, mas a um ritmo muito mais lento. Ao mesmo tempo, a proporção da população jovem diminuiu 30 por cento da população total.

Além disso, nos últimos dez anos, foram acrescentadas 4.000.000 pessoas ao sistema de pensões do Estado que nunca fizeram contribuições ou que, se o fizeram, foi de forma incompleta, e que ainda assim devem ser apoiadas pelo Estado Nacional, ou seja, pela classe trabalhadora.

O Sistema de Pensões vai além da garantia de rendimento monetário, uma vez que também traz consigo os benefícios do acesso a serviços de saúde especializados gratuitos, tais como os prestados pelo PAMI, serviços turísticos, descontos e promoções especiais.

Como podemos ver, a questão do envelhecimento pode ser abordada a partir de diferentes órbitas; neste artigo propomos abordar o tratamento específico do direito à igualdade e à não discriminação no direito à saúde, incluindo a saúde sexual e a autodeterminação dos adultos mais velhos.

Começamos por afirmar que os idosos têm o direito a uma maior proteção da saúde, o que exige a adoção de medidas diferenciadas. Seja na esfera privada ou pública, e que o Estado tem o dever de assegurar todas as medidas necessárias ao seu alcance, a fim de garantir o mais alto nível de saúde possível, sem discriminação.

O tratamento do direito à saúde pode ser realizado de múltiplas formas, pela nossa parte pretendemos fazê-lo a partir das disposições da Convenção Interamericana sobre a Proteção dos Direitos Humanos[2], das decisões do Tribunal Interamericano dos Direitos Humanos, do Tribunal Europeu dos Direitos Humanos, do Direito Argentino e da Jurisprudência.

2. Convenção Interamericana para a proteção dos direitos humanos dos idosos

Os grupos mais vulneráveis da sociedade contemporânea são as crianças, as mulheres, as pessoas com deficiência e os idosos. Os três primeiros têm Convenções Internacionais que os protegem, enquanto os idosos não têm nenhuma até agora.

A Comunidade internacional está trabalhando ativamente para a sua adoção na convicção de que, na luta pelos direitos humanos, o maior sucesso pode ser alcançado se todas as nações concordarem em realizar os direitos daqueles que mais necessitam deles.

Até agora não existe nenhuma convenção internacional vinculativa, mas os Estados Membros da Organização dos Estados Americanos (OEA) aprovaram em 15 de Junho de 2015 a primeira Convenção Interamericana sobre a Proteção dos Direitos Humanos das Pessoas Idosas na Assembleia Geral da instituição, e foi imediatamente assinada pelos governos da Argentina, Brasil, Chile, Costa Rica e Uruguai na sede do órgão hemisférico em Washington DC.

A convenção foi adotada tendo em conta os Princípios das Nações Unidas para as Pessoas Idosas (1991); a Proclamação sobre o Envelhecimento (1992); a Declaração Política e o Plano de Ação de Madri sobre o Envelhecimento (2002), bem como instrumentos regionais tais como a Estratégia de Implementação Regional para a América Latina e o Caribe do Plano de Ação Internacional de Madri sobre o Envelhecimento (2003); a Declaração de Brasília para a região da América Latina e Caribe (2007), a Declaração de Compromisso do Porto de Espanha (2009) e a Carta de San José sobre os Direitos das Pessoas Idosas na América Latina e Caribe (2012).

O objetivo da Convenção – o primeiro instrumento regional deste tipo no mundo – é promover, proteger e assegurar o reconhecimento e o pleno gozo,

[2] Nesta análise teremos em conta as disposições da Convenção Internacional sobre os Direitos das Pessoas com Deficiência (CRPD) aprovada pela lei 25.378, e que desde Dezembro de 2014 têm hierarquia constitucional (lei 27.044), e especialmente o Comentário Geral nº 1 de 2014 do Comité dos Direitos das Pessoas com Deficiência das Nações Unidas, que se refere ao direito de planificar antecipadamente o exercício da capacidade legal.

em condições de igualdade, de todos os direitos humanos e liberdades fundamentais das pessoas idosas, a fim de contribuir para a sua plena inclusão, integração e participação na sociedade. O ponto de partida da Convenção é o reconhecimento de que todos os direitos humanos e liberdades fundamentais existentes se aplicam às pessoas idosas, e que estas devem usufruir plenamente dos mesmos numa base de igualdade com as outras pessoas.

Hoje em dia, as pessoas com 60 anos ou mais nas Américas representam 14% da população total do hemisfério (mais de 135 milhões de pessoas). Até 2030, quase duas em cada cinco pessoas terão 60 anos ou mais, e no total haverá mais de 215 milhões de pessoas idosas nas Américas. A Convenção irá reforçar as obrigações legais de respeitar, promover e cumprir esses direitos humanos das pessoas idosas. A sua ratificação obriga os Estados a adotarem medidas para assegurar que os idosos recebam um tratamento diferenciado e preferencial em todas as áreas.

O texto da Convenção está estruturado num Preâmbulo e VII Capítulos, que abordam: o primeiro, o seu objeto, âmbito de aplicação e definições; os Capítulos II e III referem-se aos princípios e obrigações gerais dos Estados; o Capítulo IV inclui os direitos protegidos, estes são: igualdade e não discriminação em razão da idade; direito à vida e dignidade na velhice; independência e autonomia; segurança e ausência de violência; direito de não ser submetido à tortura e tratamentos ou penas cruéis, desumanos ou degradantes; consentimento livre e informado no domínio da saúde; direitos das pessoas idosas que recebem serviços a longo prazo, liberdade pessoal, liberdade de expressão, opinião e acesso à informação, nacionalidade e liberdade de circulação, direito à privacidade e intimidade, segurança social, trabalho, saúde, educação, cultura, recreação, lazer e esporte, direito à propriedade, habitação, ambiente saudável, acessibilidade e mobilidade pessoal, direitos políticos, e em situações de risco e emergência humanitária e, finalmente, o igual reconhecimento como pessoa perante a lei. Há um capítulo dedicado exclusivamente à sensibilização e os dois últimos capítulos estabelecem os mecanismos de monitoramento, incluindo um sistema de petições individuais e, finalmente, as disposições gerais sobre a entrada em vigor, reservas, denúncias, depósito e emendas.

A Convenção sobre a Proteção dos Direitos das Pessoas Idosas torna-se o novo padrão nas Américas, estabelecendo assim um precedente a nível mundial.

Entrou em vigor em outubro de 2017 após os Parlamentos de dois países do continente, Argentina e Chile, o terem ratificado.

É importante notar que, para a Convenção, uma pessoa é idosa a partir dos 60 anos de idade, a menos que a lei nacional determine uma idade de base inferior ou superior, desde que não exceda os 65 anos de idade.

2.1. Direito à saúde

A Convenção estabelece claramente que a pessoa idosa tem direito à saúde física e mental, sem qualquer tipo de discriminação, e obriga também os Estados a conceberem e implementarem políticas intersetoriais de saúde pública destinadas a cuidados abrangentes que incluam a promoção da saúde, prevenção e cuidados de saúde em todas as fases, reabilitação e cuidados paliativos para a pessoa idosa, a fim de promover o gozo do mais alto nível de bem-estar físico, mental e social.

2.2. O direito ao consentimento livre e esclarecido no domínio dos cuidados de saúde

Correlativamente com o direito à saúde, a Convenção reconhece o direito inalienável das pessoas idosas de expressar o seu consentimento livre e informado no domínio da saúde. A negação deste direito constitui uma forma de violação dos direitos humanos da pessoa idosa.

A fim de garantir o direito das pessoas idosas de expressar o seu consentimento prévio, voluntário, livre e expresso, bem como a exercer o seu direito de modificá-lo ou revogar, em relação a qualquer decisão, tratamento, intervenção ou investigação no domínio da saúde, a Convenção obriga os Estados a desenvolver e implementar mecanismos adequados e eficazes para prevenir abusos e reforçar a capacidade das pessoas idosas de compreenderem plenamente as opções de tratamento existentes, os seus riscos e benefícios.

Tais mecanismos devem assegurar que a informação fornecida seja adequada, clara e oportuna, disponível numa base não discriminatória, acessível e apresentada de forma compreensível para a identidade cultural, nível educacional e necessidades de comunicação da pessoa idosa.

As instituições públicas ou privadas e os profissionais de saúde não devem administrar qualquer tratamento médico ou cirúrgico, intervenção ou investigação sem o consentimento informado da pessoa idosa.

Em casos de emergência médica com risco de vida e quando não for possível obter o consentimento informado, podem aplicar-se as excepções estabelecidas de acordo com a legislação nacional.

A pessoa idosa tem o direito de aceitar, recusar ou interromper voluntariamente tratamentos médicos ou cirúrgicos, incluindo medicina tradicional, alternativa e complementar, pesquisa, experimentação médica ou científica, física ou psicológica, e de receber informações claras e atempadas sobre as possíveis consequências e riscos de tal decisão.

Ao aderirem à convenção, os Estados Partes comprometem-se a estabelecer um processo através do qual a pessoa idosa possa declarar expressamente os seus desejos e instruções antecipadas relativamente a intervenções de cuidados de saúde, incluindo cuidados paliativos. Nesses casos, esta diretiva antecipada pode ser expressa, modificada ou alterada em qualquer altura apenas pela pessoa idosa, através de instrumentos juridicamente vinculativos, de acordo com a legislação nacional.

3. Caso "Poblete Vilches et al. v. Chile" do Tribunal Interamericano de Direitos Humanos.

Vamos agora analisar o primeiro caso em que o Tribunal Interamericano dos Direitos Humanos decidiu sobre o direito à saúde no que diz respeito aos idosos.

O conhecimento da jurisprudência do Tribunal Interamericano é fundamental porque o Supremo Tribunal de Justiça da Nação especificou que as decisões jurisprudenciais do Tribunal da Corte IDH devem servir de guia no controle da constitucionalidade, mesmo quando a Argentina não é parte[3].

Tendo em conta o acima exposto, acreditamos que é importante estar ciente deste precedente, especialmente considerando que nele o Tribunal da Costa Rica compreendeu que os Estados têm um dever reforçado no que diz respeito ao direito à saúde dos idosos, e isto deve ser tido em conta especialmente num ambiente com uma população idosa em crescimento.

No caso "Poblete Vilches e outros vs. Chile", o Tribunal da Corte IDH abordou pela primeira vez o direito à saúde como um direito autônomo, bem como a questão do consentimento informado e a situação dos adultos mais velhos ligados ao direito à saúde, tendo em conta a sua situação de vulnerabilidade.

Na sentença de 8 de março de 2018, o Tribunal declarou unanimemente a responsabilidade internacional do Chile por não garantir ao Sr. Vinicio Antonio Poblete Vilches o seu direito à saúde, sem discriminação, através de serviços essenciais básicos e urgentes em relação à sua situação de vulnerabilidade como pessoa idosa, o que posteriormente levou à sua morte. Declarou também que o direito à vida e à integridade pessoal tinha sido violado, bem como o direito de obter o consentimento informado e o acesso à informação sobre

[3] Caso "Giroldi", Sentenças 318:514.

saúde. Tudo isto em detrimento do Sr. Poblete e dos seus familiares, bem como o direito de acesso à justiça e à integridade pessoal em detrimento dos seus familiares.

3.1. Contexto factual

Este caso refere-se aos cuidados médicos do Sr. Poblete Vilches, 76 anos, no Hospital Público de Sótero del Rio. A primeira vez que Poblete Vilches foi internado no hospital, foi vítima de um problema respiratório e foi operado enquanto estava inconsciente; sem ter dado o seu consentimento pessoal e sem o consentimento da sua família, e enquanto estava nos cuidados intensivos, o seu consentimento foi falsificado.

O Sr. Poblete Vilches teve então alta antecipada sem mais instruções, e regressou ao hospital onde foi internado para cuidados intermédios. Nessa altura, foi necessário um respirador mecânico, que não foi fornecido, e ele não foi transferido para outro centro que tivesse o respirador de que o paciente necessitava. O paciente morreu finalmente alguns dias mais tarde.

3.2. Sobre os idosos e o direito à saúde. Abordagem dos direitos humanos[4]

O acórdão do Tribunal aborda autonomamente o direito à saúde como parte dos direitos econômicos, sociais, culturais e ambientais (DESCA), protegidos pelo artigo 26 da CADH, e a situação das pessoas idosas em relação ao referido direito à saúde.

O Tribunal incorporou o DESCA no catálogo dos direitos protegidos e, de acordo com uma interpretação sistemática, teleológica e evolutiva, recorreu ao corpus juris internacional e nacional sobre a matéria, para dar conteúdo aos direitos protegidos pela Convenção e assim especificar o alcance das obrigações específicas do direito à saúde, indicando que é um direito derivado das normas econômicas, sociais, educativas, científicas e culturais contidas na Carta da OEA, o que implica as condições que tornam possível uma vida saudável, produtiva e digna.

No parágrafo 131, o Tribunal declara expressamente que:

> [O] idoso é um paciente vulnerável em geral; ele ou ela é um paciente que precisará não só do médico, mas também da sociedade para levá-lo consigo. Já não estamos falando de expectativa de vida [...] [estamos falando de anos de vida sem

[4] Medina, Graciela; Yuba, Gabriela. As pessoas idosas e o direito à saúde. Reflexiones a partir del caso "Poblete Vilches y otros vs. Chile" de la Corte IDH", DFyP 2018 (octubre), 121, TR LA LEY AR/DOC/1843/2018

> doenças [...] e é por isso que precisam do apoio de todo o Estado. Todos temos de nos envolver para termos tantos anos de vida [de qualidade] quanto possível [...] [vamos todos envelhecer se tivermos sorte [...]. O que temos de fazer é formar as pessoas e formar o ambiente, a sociedade para que tenhamos o lugar certo para sermos tratados.

A Corte IDH compreende especificamente que a saúde é um direito humano fundamental e indispensável para o exercício adequado de outros direitos humanos e que todo o ser humano tem direito ao gozo do mais alto padrão de saúde alcançável conducente a uma vida digna, sendo a saúde entendida não só como a ausência de doença ou enfermidade, mas também como um estado de completo bem-estar físico, mental e social resultante de um estilo de vida que permita aos indivíduos alcançar um equilíbrio holístico. (par. 118).

O Tribunal Interamericano sublinha que esta é a primeira vez que tem de decidir sobre o direito à saúde e aos idosos, e neste sentido afirma que os Estados têm um dever reforçado de lhes garantir o direito à saúde.

Neste sentido, o Tribunal da IDH

> [...] destaca como um fato inescapável que a população está envelhecendo de forma constante e considerável. A mudança vertiginosa do cenário demográfico nos países da região apresenta desafios, e este impacto nos direitos humanos torna necessário o envolvimento dos Estados para responder[5] (par. 130).

O Tribunal observa que, em muitas situações, as pessoas idosas são particularmente vulneráveis em termos de acesso aos cuidados de saúde. A este respeito, destaca a existência de vários fatores, tais como limitações físicas, mobilidade, condição econômica ou a gravidade da doença e possibilidades de recuperação. Do mesmo modo, em certas situações, essa vulnerabilidade aumenta devido ao desequilíbrio de poder que existe na relação médico-paciente, razão pela qual é essencial garantir ao paciente, de forma clara e acessível, a informação e compreensão necessárias do seu diagnóstico ou situação particular, bem como as medidas ou tratamentos para lidar com tal situação.

No que diz respeito às ações e omissões acreditadas, fica claro, das provas, que durante a primeira admissão do Sr. Poblete Vilches no Hospital Sotéro del Río, houve sinais que mostram que a decisão de lhe dar alta antecipada

[5] Corte Europea de Derechos del Hombre, "Case of Carvalho Pinto de Sousa Morais vs. Portugal" (Application no. 17484/15) 25 de julio 2017

não era uma medida pertinente; isto resultou numa ação médica, pelo menos irresponsável, uma vez que as provas mostram que não existiam as condições médicas necessárias para declarar uma alta antecipada, especialmente dada a possibilidade de contrair uma infecção intra-hospitalar. Assim, o paciente recebeu alta febril e com pus que saía das suas feridas. Os familiares também não receberam quaisquer instruções sobre como cuidar do doente em casa, ou como identificar sinais de alerta. Portanto, é evidente para o Tribunal que as autoridades estavam conscientes da sua situação crítica e que a sua alta antecipada teve um impacto considerável, pelo menos na rápida deterioração que sofreu imediatamente após a sua saída do Hospital Sótero del Río, o que representou negligência médica.

Relativamente aos elementos de *acessibilidade e aceitabilidade*, o Tribunal salienta que a idade do Sr. Poblete Vilches provou ser uma limitação para receber cuidados médicos atempados, uma vez que é claro pelos fatos do caso que não lhe foi fornecido tratamento médico adequado, em parte, devido à sua condição de pessoa idosa, razão pela qual o seu tratamento médico não foi priorizado apesar da sua condição crítica e idade avançada (par. 52). Além disso, a falsificação do consentimento do parente mais próximo e a falta de informação clara e acessível sobre o estado do paciente é inaceitável.

O Tribunal considerou que o Estado negou ao Sr. Poblete Vilches tratamento médico de emergência, apesar de o pessoal médico estar ciente de que a sua vida estava em risco se não fosse prestado o necessário apoio à vida, particularmente tendo em conta a sua situação como pessoa idosa (parágrafo 137). Assim, o Estado não adotou as medidas necessárias, básicas e urgentes que poderiam razoavelmente ter sido adotadas para garantir o seu direito à vida (paras. 141 e 142). Além disso, o Estado não apresentou uma justificativa válida para a sua negação de serviços básicos de emergência.

3.3. O caso Poblete Vilches e o consentimento informado por substituição

Consentimento de substituição e acesso à informação sobre saúde para membros da família

Relativamente ao direito de obter consentimento informado, o Tribunal reconheceu no acórdão Poblete que o artigo 13 da Convenção Americana inclui o direito de procurar, receber e transmitir informações e ideias de todo o tipo, o que protege o direito de acesso à informação, incluindo a informação relacionada com a saúde dos indivíduos. Neste sentido, foi estabelecido que o consentimento informado consiste

> [...] numa decisão prévia de aceitar ou submeter-se a um procedimento médico em sentido amplo, obtido livremente, ou seja, sem ameaças ou coação, indução ou induções impróprias, e dado após a obtenção de informação adequada, completa, fiável, compreensível e acessível, desde que esta informação tenha sido verdadeiramente compreendida, o que permitirá o pleno consentimento do indivíduo[6].

O problema surge quando o consentimento não pode ser dado pelo paciente e deve ser dado pelos familiares, como foi o caso em Poblete Vilches e que pode ocorrer em muitos casos de pessoas idosas que perderam temporariamente a sua capacidade.

Neste caso, o Tribunal salientou que a informação deve ser dada aos familiares para que o consentimento dado pela pessoa idosa seja válido, como se segue:

> [...] o Tribunal entende que o consentimento por representação ou substituição é dado quando se provou que o paciente, devido à sua condição especial, não está na capacidade de tomar uma decisão sobre a sua saúde, e por isso este poder é concedido ao seu representante, autoridade, pessoa, parente ou instituição designada por lei. Contudo, quaisquer limitações na tomada de decisões devem ter em conta a evolução das capacidades do doente, e a sua condição atual para dar o seu consentimento[7].

3.4. Dignidade e autodeterminação

Relativamente ao direito à dignidade consagrado no Artigo 11 da Convenção Americana, o Tribunal analisa que um aspecto central do reconhecimento da dignidade é a possibilidade de cada ser humano se autodeterminar e escolher livremente as opções e circunstâncias que dão sentido à sua existência, de acordo com as suas próprias opções e convicções.

Assim, a existência de uma ligação entre o consentimento informado e a autonomia pessoal e a liberdade de tomar decisões sobre o próprio corpo e a própria saúde exige, por um lado, que o Estado garanta e respeite as decisões e escolhas feitas livre e responsavelmente e, por outro lado, que o acesso à informação relevante seja garantido para que as pessoas estejam em posição de tomar decisões informadas sobre o curso da ação relativa ao seu corpo e saúde, de acordo com o seu próprio plano de existência.

[6] MEDINA, Graciela "El valor del sexo para las mujeres después de los cincuenta años" DFyP 2018 (diciembre), 171 • TR LALEY AR/DOC/2424/2018.

[7] CEDH, "Case of Konstantin Markin vs. Russia" (Application no. 30078/06), 22 marzo 2012.

3.5. Conclusão do processo

Em última análise, no caso concreto, o Tribunal considera que o Estado do Chile não garantiu que os serviços de saúde prestados ao Sr. Poblete Vilches cumprissem os requisitos referidos, de modo que descumpriu as normas acima mencionadas e, por conseguinte, não forneceu medidas básicas, ou seja, suas obrigações imediatas relacionadas com o direito à saúde em situações de emergência. Do mesmo modo, o Estado não cumpriu o seu dever de obter o consentimento informado dos familiares para a intervenção cirúrgica realizada, bem como de fornecer informações claras e acessíveis aos familiares sobre o tratamento e os procedimentos ministrados ao paciente.

A negligência na segunda admissão, particularmente ao negar-lhe um respirador, bem como a possibilidade de entrar na unidade de cuidados requerida e não ser transferido para outro centro que pudesse proporcionar tais medidas, em parte devido à sua condição de idoso, reduziu consideravelmente as hipóteses de recuperação e sobrevivência do paciente, pelo que a sua morte é imputável ao Estado. O Tribunal decidiu também que a idade do Sr. Poblete Vilches, como categoria protegida de não discriminação, provou ser uma limitação para ele receber os cuidados médicos necessários.

4. Saúde sexual

Dentro do conceito de saúde inclui-se e de saúde sexual e o gozo do direito à vida sexual, que deve ser igual tanto para homens como para mulheres. Vamos agora analisar uma decisão do Tribunal Europeu dos Direitos Humanos, que reconheceu que o direito à sexualidade exige que a possibilidade de desfrutar do prazer sexual seja permitida sem discriminação com base na idade ou sexo, reconhecendo ao mesmo tempo o direito à liberdade de desfrutar da sexualidade para os idosos, independentemente da sua capacidade reprodutiva, e determinou que associar o direito da mulher à sexualidade à sua capacidade reprodutiva constituía um estereótipo atávico, típico de uma atitude patriarcal equivocada.

Evidentemente, na maioria dos casos, a sociedade continua dando mais valor à vida sexual dos homens após os 60 anos do que à sexualidade das mulheres da mesma idade. Isto constitui uma forma muito clara e atávica de discriminação contra a mulher, devido à sua condição de mulher e de adulta.

A prova da diferente avaliação do prazer sexual das mulheres adultas em comparação com o dos homens adultos pode ser encontrada na decisão do Tribunal Administrativo de Portugal ditada no caso de Maria Ivonne

Carvalho Pinto de Sousa Morais[8], onde o Supremo Tribunal Português mostra a existência de preconceitos, baseados em estereótipos errôneos de género e idade, e condena a indenizar a incapacidade de uma mulher desfrutar do prazer sexual até quatro vezes menos do que um homem, para além de atribuir às mulheres uma capacidade meramente doméstica.

Esta sentença discriminatória obrigou Maria Ivonne Carvalho Pinto de Sousa Morais a recorrer ao Tribunal Europeu dos Direitos Humanos, que condenou Portugal por esta violação.

4.1. Contexto fático[9]

Maria Ivonne Carvalho Pinto de Sousa Morais, aos 50 anos de idade, foi submetida a uma cirurgia ginecológica incorreta que lhe causou danos terríveis, uma vez que resultou numa deficiência de 73%, e causou especificamente problemas de mobilidade, incontinência e incapacidade de ter relações sexuais. Por estes danos, pediu uma indenização equivalente a 325.050 euros (EUR) por danos físicos e 249.399 euros (EUR) por danos não-pecuniários.

4.2. Os julgamentos de Portugal

O Tribunal Administrativo de Lisboa deferiu o pedido de indenização e condenou a queixosa a pagar 80.000 euros por danos não pecuniários e 92.000 euros por danos pecuniários, dos quais 16.000 euros se destinavam a pagar a uma funcionária para a ajudar nas suas tarefas diárias.

O Supremo Tribunal Administrativo reduziu o montante da indenização dos danos não-pecuniários por perda de gozo sexual porque considerou que

> (...) 3) tendo em conta a idade dos seus filhos, a requerente provavelmente só precisa tomar conta do seu marido, o que implica que não precisava de ter um empregado em tempo integral. 4) (...) não devemos esquecer que quando a operação teve lugar, a requerente já tinha 50 anos e tinha dois filhos, ou seja, estava numa idade em que o sexo não é tão importante como em idades mais jovens, uma vez que a sua importância diminui com a idade.

A indemnização foi reduzida de EUR 80.000 por danos não-pecuniários para EUR 50.000.

[8] Tribunal Europeu dos Direitos do Homem, "Processo Carvalho Pinto de Sousa Morais contra Portugal" (Requerimento nº 17484/15) 25 de Julho de 2017.

[9] Medina, Graciela "El valor del sexo para las mujeres después de los cincuenta años" DFyP 2018 (Dezembro), 171 – TR LALEY AR/DOC/2424/2018

Em casos semelhantes envolvendo homens, o Tribunal Português tinha atribuído montantes muito mais elevados. Em alguns casos duplicam e em outros quatro vezes mais.

Por exemplo, num caso em que um homem tinha sido submetido a uma má prática numa cirurgia de prostatectomía completa (prostatectomía radical) em que a remoção da sua glândula prostática o tinha tornado impotente e incontinente. O Supremo Tribunal de Justiça considerou que tinha havido um erro médico e atribuiu ao queixoso 224.459,05 euros de indenização por danos não-pecuniários. Para justificar o montante atribuído, o Tribunal declarou: "é irrefutável que o queixoso sofreu danos morais devido à prostatectomía total que o torna impotente e incontinente".

Em outras palavras, a impotência e incontinência masculina foi valorizada três vezes mais do que a impotência e incontinência feminina. E ao decidir a favor dos homens, não foi tido em conta o fato de que ter mais de cinquenta anos de idade diminui o prazer sexual.

4.3. O recurso para o Tribunal Europeu dos Direitos Humanos

O requerente queixou-se ao TEDH de que a decisão do Supremo Tribunal Administrativo Português era discriminatória em razão do sexo e da idade, e contrária ao artigo 14º da Convenção, em conjugação com o artigo 8º.

Especificamente, Maria Carvalho alegou que a decisão do Supremo Tribunal Administrativo no seu caso a tinha discriminado com base no seu sexo e idade. Ela queixou-se, em particular, de terem ignorado a importância de uma vida sexual para ela enquanto mulher adulta.

4.4. O julgamento do TEDH

O TEDH votou a favor do requerente. Considerou, em primeiro lugar, que o artigo 14º se aplica ao caso porque tratava do direito à privacidade do requerente.

O TEDH recordou que devem ser dadas razões imperiosas para justificar uma diferença de tratamento baseada no género (sentença "Konstantin Markin contra a Rússia [GC[10]]"), sublinhou também que uma diferença de tratamento baseada na idade deve ser justificada, e considerou que não se tratava simplesmente de frases infelizes na decisão do Supremo Tribunal português, mas que a idade e o sexo da recorrente tinham sido decisivos para quantificar os danos, não só em termos da sua vida sexual, mas também, por exemplo, quando indicou que ela provavelmente só precisava cuidar de seu marido.

[10] CEDH, "Caso de Konstantin Markin vs. Rússia" (Requerimento nº 30078/06), 22 março 2012.

Além disso, o TEDH analisou a forma como o Supremo Tribunal Português tinha tratado dois casos anteriores de negligência médica ou má prática em pacientes do sexo masculino, com 55 e 59 anos, que tinham sofrido incontinência e impotência como resultado de uma cirurgia de prostatectomía. Sublinhou a diferença na indenização entre os homens e as mulheres, notando que os primeiros receberam 100.000 euros de indenização por danos não pecuniários e os segundos 240.000 euros, enquanto a mulher de 50 anos de idade só foi indenizada por danos não pecuniários no montante de 50.000 euros.

Nestes casos, o Supremo Tribunal Português considerou que a impossibilidade destes homens terem relações sexuais normais tinha afetado a sua autoestima e produzido um "tremendo choque" e um "forte choque mental", enquanto a sua idade não era considerada relevante para avaliar a incapacidade sexual.

A fim de quantificar os danos e de os reduzir, considerou-se que a mulher já tinha "50 anos" e em nenhum momento foi tido em conta como a falta de capacidade sexual influenciou a sua autoestima.

O TEDH sublinha que a afirmação de que a sexualidade não é tão importante para uma mulher com mais de 50 anos e mãe de dois filhos como poderia ser para uma mulher mais jovem "reflete uma visão tradicional da sexualidade da mulher como essencialmente ligada a fins reprodutivos e ignora a sua importância física e psicológica para a autorrealização da mulher como pessoa".

O tribunal reconhece que ao decidir sobre pedidos de indenização por danos morais no âmbito de processos de responsabilidade, os tribunais nacionais podem ser chamados a ter em conta a idade dos requerentes.

O erro do julgamento português não está em considerar idade ou sexo para estabelecer uma compensação, mas em julgar que a sexualidade não é tão importante para uma mulher na casa dos cinquenta e mãe de dois filhos como alguém de uma idade mais jovem.

Tal pressuposto reflete uma ideia tradicional da sexualidade feminina essencialmente ligada a fins reprodutivos, ignorando assim a sua importância física e psicológica para a autorrealização da mulher enquanto pessoa. Para além de ser preconceituoso, este raciocínio omite a consideração de outras dimensões da sexualidade feminina.

Pela nossa parte, gostaríamos de salientar que não é possível reduzir a compensação moral das mulheres mais velhas, salientando que o sexo não é tão importante como nos anos mais jovens porque perderam a sua fertilidade, porque isto implica o não reconhecimento dos direitos sexuais das mulheres mais velhas, nem garante o gozo efetivo do direito a viver com dignidade para as pessoas idosas.

5. As pessoas idosas na legislação argentina

Na Argentina não existe uma lei de proteção abrangente para os idosos, como existe para as mulheres e crianças, mas como o nosso país ratificou a Convenção Interamericana sobre a Proteção dos Direitos Humanos das Pessoas Idosas, existe uma proteção convencional para as pessoas idosas.

5.1. Proteção constitucional

Embora não exista legislação específica para os idosos, as políticas estatais sobre a velhice têm antecedentes nos anos 40, quando os "Direitos dos Idosos" foram estabelecidos por iniciativa da Fundação de Ajuda Social, que reconheceu o direito das pessoas que tinham dado os seus esforços para o bem da comunidade. Esta conquista foi incorporada na Constituição de 1949, que incluía o direito à assistência, alimentação, vestuário, saúde, recreação e trabalho para os idosos.

Com a revogação da Constituição de 1949, foi apenas em 1994 que os idosos receberam proteção constitucional. De fato, com a reforma constitucional de 1994, o Artigo 75, parágrafo 23, estabelece os poderes do Congresso para promover ações positivas que garantam o pleno gozo dos direitos das pessoas idosas.

5.2. Falta de legislação específica

Por outro lado, embora os idosos sejam especificamente mencionados em algumas leis referentes à saúde ou à segurança social, por exemplo no que diz respeito às pensões ou à violência, como dissemos anteriormente, não foi alcançada uma lei nacional para a proteção integral dos direitos dos idosos, como foi alcançada nos casos de outros grupos, mencionados em convenções internacionais específicas, pelo que, para determinar o regime que os rege, é necessário mergulhar em todo o sistema jurídico.

5.3. Código Civil e Comercial. Capacidade como regra e diretivas antecipadas

A este respeito, é de notar que, em consonância com a evolução da questão dos adultos mais velhos, o Código Civil e Comercial de 2015 estabeleceu como regra geral a capacidade das pessoas independentemente da sua idade, a fim de determinar a sua idade.

Por outro lado, as Cem Regras de Brasília para Pessoas em Condições de Vulnerabilidade consideram a velhice como um grupo vulnerável.

Em relação aos idosos no ambiente penitenciário, sendo um grupo vulnerável, o nosso país considera que a prática do confinamento em prisões constitui maus tratos, e dá prioridade à prisão domiciliária a partir da idade de setenta anos.

A Argentina promulgou um Código Civil e Comercial em 2015. Este Código substituiu o Código Civil de 1869 e o Código Comercial de 1862. O Código Civil e Comercial não regula especificamente a "pessoa idosa" como um grupo etário a ser protegido, mas existem várias regras que indiretamente abordam a questão. Contudo, no que diz respeito à saúde, o sistema argentino permite medidas voluntárias, permitindo aos idosos nomear representantes ou pessoas de apoio em caso de incapacidade e/ou dar instruções ou desejos expressos sobre questões que possam surgir em caso de tal incapacidade.

As diretivas antecipadas são uma declaração escrita dos desejos de uma pessoa em relação ao tratamento médico, muitas vezes incluindo uma designação por procuração, feita para assegurar que esses desejos sejam realizados no caso de a pessoa não ser capaz de os comunicar a um médico.

Sem entrar no debate substantivo sobre a natureza jurídica das diretivas antecipadas, notamos que foi afirmado que "as diretivas antecipadas são instruções precisas que cada pessoa capaz deixar por escrito sobre o tipo de cuidados que deseja ou não receber, quando não consegue tomar decisões ou expressar a sua vontade; esta prática de autonomia coloca em conflito a relação com o médico se este pretender regressar ao esquema paternalista e impor a sua vontade à do paciente".

O advento das Diretivas Antecipadas surge então como uma consequência necessária para garantir a autonomia do indivíduo e torna visível a mudança de paradigma na relação médico-paciente[11].

Por sua parte, Ricardo Rabinovich-Berkman coloca diretivas antecipadas como um subgrupo dentro das "Declarações Vitais da Vontade" e caracteriza-as como "manifestações que envolvem uma ordem terapêutica, a cumprir-se num cenário futuro no caso de a parte concedente ser privada da possibilidade de emitir uma decisão legalmente respeitável"[12].

[11] Lafferriere, Jorge Nicolás – Muñiz, Carlos. *Directivas antecipadas em matéria de capacidade no novo Código Civil e Comercial Unificado* DFyP 2015 (Junho), 08/06/2015, 147; LALEY AR/DOC/1411/2015FERRARI, Ma. Laura et al., *Directivas antecipadas: un progreso legislativo, Pensar en Derecho*, nro. 3, Facultad de Derecho UBA, 2013, p. 285.

[12] Rabinovich-Berkman, Ricardo, *Actos jurídicos y documentos biomédicos*, La Ley, Buenos Aires, 2004, p. 345.

Uma das vantagens das diretivas antecipadas é que proporcionam aos indivíduos o conforto de saber que as suas preferências foram declaradas e estão disponíveis para as suas famílias e médicos, e a paz de espírito que advém de saberem que serão capazes de comunicar com as suas famílias e médicos através de uma diretiva baseada na sua filosofia pessoal, de modo a que as decisões possam ser tomadas com paz de espírito e de acordo com as suas crenças.

O artigo 60 do Código Civil e Comercial Nacional refere-se às Diretivas Médicas Antecipadas, afirmando que:

> A pessoa plenamente capaz pode antecipar diretivas e conferir um mandato no que diz respeito à sua saúde e em antecipação da sua própria deficiência. Pode também designar a pessoa ou as pessoas que devem expressar o consentimento a atos médicos e exercer a tutela sobre ele ou ela. As diretivas que envolvem o desempenho de práticas de eutanásia são consideradas não escritas. Esta declaração de vontade pode ser livremente revogada a qualquer momento.

Entendemos que a regra do Código Civil e Comercial Nacional é muito valiosa porque não só prevê diretivas médicas antecipadas, mas também autoriza um mandato para a própria deficiência. Este mandato, ao contrário do que acontece com os mandatos normais, não se extingue com a incapacidade da pessoa com uma deficiência.

A diretiva não só é eficaz quando a pessoa é declarada incapaz ou de capacidade restrita ou se encontra em tal estado que não é capaz de expressar a sua vontade.

A pessoa idosa tem a possibilidade de emitir diretivas antecipadas, mas o Artigo 60 exige que a pessoa seja uma “pessoa plenamente capaz”, a fim de poder conceder uma diretiva antecipada. Esta disposição levanta problemas de interpretação relativamente a pessoas com capacidade reduzida ou pessoas idosas. Embora o Artigo 60 exija “plena capacidade”, os princípios que regem a matéria não devem levar a ignorar o direito de uma pessoa capaz, e cuja capacidade não tenha sido restringida nestes aspectos, de antecipar as suas diretivas de saúde.

O envelhecimento é um processo gradual que se desenvolve ao longo da vida e envolve mudanças biológicas, fisiológicas, psicossociais e funcionais com consequências variáveis, que estão associadas a interação permanentes e dinâmicas entre o indivíduo e o seu ambiente. O envelhecimento representa um estado biológico normal inerente ao próprio processo de vida, no qual esta normalidade se traduz em declínios e mudanças, tanto psicológicas como físicas, de natureza quantitativa e harmoniosa que, sendo características deste estado, não podem ser julgadas como sintomas patológicos.

As limitações que ocorrem nesta fase incluem o pensamento sensorial (visual e auditivo) e a consciência, lógica e cognitiva (são pouco impulsivas e iniciáticas); além disso, a auto afetividade é exaltada. A senescência fornece assim um quadro psicofísico de mutações que determinam manifestações comportamentais sem precedentes, mas que são expressões de um processo biológico normal. Tanto que se poderia mesmo dizer que seria anormal se tais mudanças não se manifestassem.

Em suma, senescência não significa falta de saúde, mas sim saúde com o seu próprio significado, e nesta linha foi corretamente decidido que os aspectos fracos da psique de uma pessoa mais velha não são os sinais de desequilíbrio mental, mas da normalidade psíquica de um adulto mais velho. Estas considerações levam-nos a advertir que se a restrição da capacidade fosse permitida com base no mero envelhecimento, a personalidade seria seriamente afetada num aspecto tão importante como as medidas voluntárias. Assim, as decisões legítimas, conveniência e preferências dos idosos estariam sujeitas a aprovação ou censura daqueles que podem ou não empreender processos de desqualificação, dependendo da sua docilidade ou independência.

Dado que a Convenção Interamericana sobre os Direitos Humanos das Pessoas Idosas está em vigor na Argentina, a autonomia destas pessoas deve ser respeitada na medida em que esteja estabelecida.

A este respeito, convém recordar que o artigo 11º da Convenção Interamericana refere especificamente a obrigação dos Estados Partes de estabelecerem um procedimento que permita às pessoas idosas indicarem expressamente, com antecedência, os seus desejos e instruções relativamente às intervenções de cuidados de saúde, incluindo os cuidados paliativos. Consequentemente, acreditamos que, em princípio, a pessoa idosa é plenamente capaz de fazer diretivas antecipadas e que a sua idade mais avançada não pode restringir a sua capacidade.

Conclusões

A fim de alcançar a realização prática dos direitos dos idosos, foi necessário que a comunidade interamericana de nações emitisse convenções regionais, nas quais os Estados se comprometeram a estabelecer mecanismos adequados para tornar os direitos dos idosos uma realidade, através da adoção de medidas positivas para impedi-los, devido à sua vulnerabilidade, de não poderem usufruir dos seus direitos humanos básicos.

Uma vez aprovada a Convenção Interamericana e atualizadas as leis nacionais, a realidade da situação e as estatísticas mostram que os idosos continuam a ser vítimas de violência doméstica, sanitária e laboral devido à sua vulnerabilidade e que não gozam de igualdade com outras pessoas no exercício dos seus direitos humanos básicos. Isto demonstra a necessidade de uma lei para a proteção abrangente dos idosos e de campanhas educacionais para estabelecer um paradigma de respeito por eles.

Referências

Caso "Giroldi" Fallos 318:514.

CEDH, "Case of Konstantin Markin vs. Russia" (Application no. 30078/06), 22 marzo 2012.

Corte Europea de Derechos del Hombre, "Case of Carvalho Pinto de Sousa Morais vs. Portugal" (Application no. 17484/15) 25 de julio 2017.

Lafferriere, Jorge Nicolás – MUÑIZ, Carlos. Directivas anticipadas en materia de capacidad en el nuevo Código Civil y Comercial Unificado DFyP 2015 (junio), 08/06/2015, 147; LALEY AR/DOC/1411/2015FERRARI, Ma. Laura et al., Directivas anticipadas: un progreso legislativo, Pensar en Derecho, nro. 3, Facultad de Derecho UBA, 2013.

Medina, Graciela "El valor del sexo para las mujeres después de los cincuenta años" DFyP 2018 (diciembre) , 171 • TR LALEY AR/DOC/2424/2018.

Medina, Graciela; YUBA, Gabriela. Las personas mayores y el derecho a la salud. Reflexiones a partir del caso "Poblete Vilches y otros vs. Chile" de la Corte IDH", DFyP 2018 (octubre) , 121, TR LALEY AR/DOC/1843/2018.

Rabinovich-Berkman, Ricardo, Actos jurídicos y documentos biomédicos, La Ley, Buenos Aires, 2004.

BRASIL

1
O PAPEL DAS POLÍTICAS PÚBLICAS NA PROTEÇÃO E PROJEÇÃO DA MATURIDADE

Angela Vidal Gandra Martins[1]
Letizia Casaril[2]

1. Introdução

A proteção do que chamaríamos maturidade ou maioridade em um sentido mais positivo – similar à referência espanhola aos maiores, tendo em conta também que, em muitos casos há determinado desconforto com relação ao termo idoso, inserido ainda em uma triste discussão sobre o enquadramento desta etapa tão decisiva da vida como categoria patológica – é um sinal de saúde social.

Por outro lado, com a evolução científica e tecnológica, a longevidade é hoje uma realidade benéfica pelo incomensurável valor da vida, sendo a possibilidade de estendê-la uma conquista. Porém, preservar e promover sua qualidade exige um empenho sistêmico e transversal, já que abrange vertentes diversas, tais como a esfera jurídica, econômica, política, social, cultural e familiar.

[1] Bacharel em Direito pela Universidade de São Paulo (USP). Doutora em Filosofia do Direito pela Universidade Federal do Rio Grande do Sul (UFRGS). Visitante e Pesquisadora na Harvard University. Advanced Management Program IESE Business School (Universidade de Navarra). Ex-Sócia da Advocacia Gandra Martins. Professora do CEU LAW SCHOOL e da Universidade Mackenzie. Membro da Academia Brasileira de Filosofia e da Academia Paulista de Letras Jurídicas. Secretaria Nacional da Família do Ministério da Mulher, da Família e dos Direitos Humanos.

[2] Analista Judiciária do Ministério Público do Rio Grande do Sul cedida para a Secretaria Nacional da Família do Ministério da Mulher, da Família e dos Direitos Humanos (2019-2021), Especialista em Direito Constitucional, Bacharel em Direito pela Universidade Federal do Rio Grande do Sul.

Outro fato tangível é que a longevidade, no contexto atual, traz consigo também maior possibilidade de autonomia e de oferta de contribuição eficaz no mundo laboral, a partir da própria experiência.

Por fim, a exemplo do que nos ensina Sigmund Bauman, "vivemos tempos líquidos. Nada é para durar"[3]. Esse tempo em que vivemos, denominado e caracterizado como a pós modernidade, que se destaca pelas mencionadas relações líquidas, foi, de certa forma, abalado pela pandemia, que convocou o ser humano a sair de si mesmo e de seu ambiente rarefeito para uma necessária solidariedade familiar, social e também geracional. Pelo temor da perda, levantou questões fundamentais sobre o cuidado e o valor da existência daqueles que nos precederam, como parte da própria narrativa e fruto da gratidão.

Neste breve ensaio, desejamos focar especialmente em como temos procurado responder positivamente às demandas -, que envolvem tanto a proteção como a projeção de nossos caríssimos *seniors* – através das políticas públicas familiares.

2. Proteção e projeção da maturidade

Hoje é possível contar com diversos meios e recursos disponíveis para um melhor gozo dessa etapa da vida. Por outro lado, o próprio marco cronológico para a passagem na categoria tem sido bastante questionado.

Nesse sentido, entendemos que é preciso não só manter um nível elevado de proteção dos direitos da pessoa idosa, como bem têm garantido as ações promovidas pela Secretaria Nacional dos Direitos da Pessoa Idosa[4], mas também oferecer plataforma segura para que o idoso não se "aposente" precocemente, e, pelo contrário, possa seguir trabalhando, não como um prêmio de consolação, mas contando-se efetivamente com eles e elas. Essa atitude não só é, dentro de um espectro prudencial, fonte de vida e motivação, mas também benéfica para a previdência social a longo prazo, além de gerar autorrespeito e estima para as pessoas.

Para que a sociedade não compactue com uma cultura de "descarte", é preciso que a família cumpra primeiramente o seu papel, dando espaço, a partir da liberdade, para o desenvolvimento correto das capacidades, o que pode ser também um caminho para a saúde. Se, no seio da família, as diferentes gera-

[3] BAUMAN, Zygmunt. Modernidade Líquida. Rio de Janeiro: Zahar, 2001.

[4] https://www.gov.br/mdh/pt-br/acesso-a-informacao/acoes-e-programas/secretaria-nacional-de-promocao-e-defesa-dos-direitos-da-pessoa-idosa

ções cultivaram um bom relacionamento antes da situação de dependência do idoso, a relação tende a ser mais favorável e predisposta ao apoio mútuo[5].

Por essa razão, paralelamente à promoção e acompanhamento dos direitos e necessidades, e de um cuidado realmente amoroso, vemos importante fundamentar as políticas públicas familiares nesse sentido, não só com relação à solidariedade intergeracional, mas precisamente, em uma interação positiva entre ações e coração, através do fortalecimento de vínculos familiares.

Nos dois próximos tópicos, explicitaremos a prática.

3. Políticas públicas familiares como plataforma para o cuidado no âmbito familiar

Políticas públicas familiares são ações de iniciativa do Estado que visam promover o fortalecimento dos vínculos familiares, seja diretamente, seja por meio de parcerias com entidades privadas, associações, fundações, organizações da sociedade civil etc. O objetivo é um só: fortificar os relacionamentos intrafamiliares, revigorando as relações de confiança, colaboração e reciprocidade típicas da vida em família[6].

O que faz uma política pública ser classificada como familiar é o seu foco, isso é, estar orientada às relações familiares. Se uma política tem por fim auxiliar no desenvolvimento das relações entre os membros da família, então ela pode ser considerada uma política pública familiar. Seu objetivo constitui-se em fortalecer vínculos e dar suporte para que as famílias atinjam sua autonomia, enfrentem seus desafios com liberdade e vençam pelo seu esforço.

A família, célula fundamental da sociedade[7], é reconhecida como base de políticas públicas em diversos setores como, por exemplo, na área de saúde pública[8], combate à pobreza e assistência social[9], erradicação do trabalho infantil[10] e enfrentamento à violência contra a mulher[11] e outros membros da

[5] TARALLO, Roberta dos Santos (2015, Jun.). As relações intergeracionais e o cuidado do idoso. *Revista Kairós Gerontologia, 18* (Nº Especial 19), Temático: "Abordagem Multidisciplinar do Cuidado e Velhice), pp. 39-55. ISSNe 2176-901X. São Paulo (SP), Brasil: FACHS/NEPE/PEPGG/PUC-SP.

[6] https://www.gov.br/mdh/pt-br/navegue-por-temas/observatorio-nacional-da-familia/politicas-familiares-o-que-sao

[7] CONSTITUIÇÃO DA REPÚBLICA FEDERATIVA DO BRASIL de 1988. Art. 226. A família, base da sociedade, tem especial proteção do Estado.

[8] BRASIL. Lei nº 8.080/1990. Art. 2º, § 2º.

[9] BRASIL. Lei nº 8.742/1993. Art. 2º, I, a); II; art. 4º, III; art. 6º, § 1º; art. 6º-A, I, II, art. 24-A; art. 24-B.

[10] BRASIL. Lei nº 8.069/1990. Art. 60 a 69.

[11] BRASIL. Lei nº 11.340/2006.

família[12]. Por isso a grande importância em tê-la como meta, como um plano de governo, para promover o interesse público e o bem-estar social.

Na prática, isso já foi aferido. Uma pesquisa realizada com famílias brasileiras – sobre a prevenção ao uso de drogas no contexto da saúde e do serviço social – constatou que, quando as intervenções envolvem toda a família, seu impacto é, em média, nove vezes maior do que quando cingem-se às crianças e aos adolescentes[13]:

> Estudos de meta-análise indicam que as intervenções [para prevenção de comportamentos de risco] que envolvem os pais e/ou outros membros da família apresentam impacto, em média, nove vezes maior que as intervenções direcionadas apenas às crianças e aos adolescentes.

Diante disso, é possível perceber a eficácia de uma política pública que envolva, em seu escopo, todos os membros da família.

As políticas públicas familiares têm sido objeto de atenção de organismos internacionais. Demonstrando a importância do estudo do tema, e a necessidade de que nos aprofundemos no assunto, a Organização para a Cooperação e Desenvolvimento Econômico (OCDE) publicou, em 2012, relatório sobre o que é esperado para o futuro das famílias de seus países-membros em 2030 (OCDE, 2012). Por outro ângulo, mas também reforçando a importância do enfoque no assunto, a Organização das Nações Unidas decidiu, em 1994, que, no dia 15 de maio, é comemorado o dia internacional das famílias. Na resolução da Assembleia-Geral que assim determinou, foi reconhecido que a família – unidade básica da vida social – é o maior agente de desenvolvimento sustentável em todos os níveis da sociedade e que a sua contribuição para esse processo é crucial para se alcançar o sucesso[14]. No ano de 2019, o Secretário-Geral da ONU, Sr. António Guterres, afirmou que políticas familiares "contribuem para a redução da pobreza e para o desenvolvimento do capital humano" e que, por sua natureza, as famílias são "potencializadoras da proteção social"[15].

[12] BRASIL. Decreto-Lei nº 2.848/1940. Art. 129, § 9º.

[13] ROCHA, V.; ALÓ, C.; DAMASCENO, M.; et al. De SFP a PFF: Adaptação de um Programa de Prevenção ao Uso de Drogas para Famílias Brasileiras no Contexto da Saúde e do Serviço Social. In: BRASIL. Prevenção ao uso de drogas: implantação e avaliação de programas no Brasil. Brasília: Ministério da Saúde, 2018, p. 203. Disponível em: http://www.repositorio.unifesp.br/jspui/handle/11600/50961.

[14] ORGANIZAÇÃO DAS NAÇÕES UNIDAS – ONU. Resolution A/RES/47/237 adopted by the General Assembly at its 47th session. Disponível em: https://undocs.org/en/A/RES/47/237

[15] ORGANIZAÇÃO DAS NAÇÕES UNIDAS – ONU. Implementation of the objectives of the International Year of the Family and its follow-up processes. Conselho Econômico e Social das

Um dos grandes desafios do Estado, ao elaborar políticas públicas familiares, é implementar projetos que forneçam autonomia para que as famílias sejam responsáveis pelas suas próprias condições. O objetivo primário da ação é sempre fortalecer os vínculos com vistas a atingir um objetivo secundário de capacitar as famílias para que elas sejam protagonistas das suas escolhas, podendo atuar de modo livre e responsável. Políticas públicas de projeção econômica e social que desenvolvam a unidade familiar podem garantir que a família construa seus meios próprios de sustento e alcance maior bem-estar social com estabilidade a longo prazo. Dessa forma, o Estado passa a ter um papel subsidiário e as famílias passam a ter mais independência e liberdade. Erradicar verdadeiramente a pobreza e a marginalização e reduzir as desigualdades sociais e regionais passa necessariamente por fortalecer a família para que ela possa se projetar economicamente e ter independência, desenvolvendo meios próprios de sustento. Por isso, programas de fortalecimento de vínculos familiares para que a família supere suas dificuldades e construa um futuro exitoso mostram ser esse o caminho para solucionar efetivamente o problema.

Outra grande preocupação das políticas públicas familiares é a cooperação e a solidariedade intrafamiliar. A família exerce um forte impacto no comportamento dos indivíduos já que transmitirá crenças, valores e influenciará sua forma de enxergar e construir as relações sociais e a si mesma. Ao fim e ao cabo, uma sociedade reflete as famílias que a compõem. Não é difícil constatar que os principais problemas que se verificam no âmbito coletivo são originados em casos de violência, abandono, desequilíbrio ou vulnerabilidade no seio familiar. E aqui é que está a grande importância das políticas públicas familiares, pois é na família que aprendemos as formas de cooperação social, qual o nosso papel ao nos relacionarmos com outras pessoas, como orientar o nosso comportamento e nossas escolhas nos campos pessoal, social e profissional[16].

Daí a importância de envolver a família nas políticas públicas voltadas para a pessoa idosa, não só para humanizá-las, mas pra torná-las cem por cento eficazes.

4. Solidariedade intergeracional

O envelhecimento populacional é um fenômeno que tem se destacado nas últimas décadas. O Instituto Brasileiro de Geografia e Estatística (IBGE)

Nações Unidas, 75ª Sessão, Relatório do Secretário-Geral, 26 de novembro de 2019. Disponível em: https://undocs.org/A/75/61-E/2020/4

[16] Donati, P. *Família no Século XXI: abordagem Relacional*. São Paulo: Paulinas, 2008. p. 191.

afirma que a população brasileira manteve a tendência de envelhecimento nos últimos anos e ganhou 4,8 milhões de idosos de 2012 a 2017, o que representa um crescimento de 18% para essa faixa etária[17]. Tal fenômeno tem permitido que diversas gerações convivam.

Essas relações são chamadas "intergeracionalidade" e oportunizam grandes benefícios. Um estudo realizado pelo médico geriatra Emilio Hideyuki Moriguchi na cidade mais longeva do Brasil, Veranópolis/RS, demonstrou que o encurtamento dos telômeros (extremidade dos cromossomos) dos idosos que convivem mais com outras gerações da família é mais lento. Isso significa dizer que o relacionamento intergeracional adia o fenômeno do envelhecimento[18].

A relação entre distintas gerações é estabelecida inicialmente pela família, no convívio entre pais e filhos, netos e avós, bisnetos e bisavós. A solidariedade intergeracional contribui para a derrubada do preconceito contra os mais velhos. Ao compartilhar suas experiências com os mais jovens, os idosos se enriquecem e fazem enriquecer, facilitando a socialização e promovendo um efeito positivo para a sua saúde e bem-estar[19]. Eles ensinam, sobretudo, valores éticos, saberes práticos e experiências, servindo de modelo positivo ou negativo[20]. A Mestra em Gerontologia Roberta Tarallo afirma que

> [...] estudos revelam que os netos tendem a ter uma relação construtiva, gratificante, agradável e afetuosa co os seus avós e mostram um desejo de maior contato em termos de frequência e intensidade com o intuito de partilhar momentos comemorativos e do cotidiano. Por outro lado, ao alcançar certa idade, os netos tendem a afastar-se dos avós, cabendo, nesse momento, a educação para as relações intergeracionais[21].

[17] INSTITUTO BRASILEIRO DE GEOGRAFIA E ESTATÍSTICA. https://agenciadenoticias.ibge.gov.br/agencia-noticias/2012-agencia-de-noticias/noticias/20980-numero-de-idosos-cresce-18-em-5-anos-e-ultrapassa-30-milhoes-em-2017

[18] Disponível em <https://www.tena.com.br/sobre-a-incontinencia/cuidadores/veranopolis-exemplo-de-longevidade>.

[19] ANTONUCCI, T. (2007). Social relations: an examination of Social Networks, Social Support, and Sense of Control. I A. T. C. *Handbook of Psychology of Ageing. New York: Academic Press*; 427-453.

[20] FERRIGNO, José Carlos. O idoso como mestre e aluno das novas gerações. In: *Política nacional do idoso: velhas e novas questões*; Alexandre de Oliveira Alcântara, Ana Amélia Camarano, Karla Cristina Giacomin – Rio deJaneiro : Ipea, 2016. p. 218.

[21] TARALLO, Roberta dos Santos (2015, Jun.). As relações intergeracionais e o cuidado do idoso. Revista Kairós Gerontologia, 18 (Nº Especial 19), *Temático: Abordagem Multidisciplinar do Cuidado e Velhice*, p. 39-55. ISSNe 2176-901X. São Paulo (SP), Brasil: FACHS/NEPE/PEPGG/PUC-SP.

Nesse contexto, a promoção da solidariedade intergeracional por parte do Estado auxilia as famílias a efetivar o cuidado com seus membros mais frágeis, sejam eles idosos, crianças ou pessoas com deficiência. Essa prática, além de promover um crescimento humano – pois ensina compreensão, respeito mútuo, colaboração, paciência – , significa uma redução de custos ao poder público que não precisará tratar do problema do abandono de membros mais velhos do núcleo familiar, arcar com serviços de saúde, vagas em instituições de longa permanência de idosos, medicamentos, tratamentos, movimentação da máquina pública para responsabilização dos familiares (Ministério Público, Assistência Social, Poder Judiciário) etc.

Todos esses benefícios decorrem de um investimento de baixíssimo custo (políticas familiares requerem pouquíssimo investimento financeiro) que previne todos esses problemas, visto que, se a família cuida dos seus idosos e membros vulneráveis, não haverá a necessidade de o Estado realizar essa tarefa.

Diversas ações nesse sentido têm sido apresentadas em todo o mundo. O objetivo de unir gerações está previsto, no ordenamento jurídico brasileiro, na Política Nacional do Idoso que possui como uma de suas diretrizes a viabilização de formas alternativas de participação, ocupação e convívio do idoso, que proporcionem sua integração às demais gerações, além de prever a priorização do atendimento ao idoso através de suas próprias famílias, em detrimento do atendimento asilar[22].

Em que pese a previsão legal, a realidade tem se mostrado distante da teoria. Conflitos entre gerações e preconceito contra idosos (chamado de etarismo) ainda são recorrentes e deixam clara a necessidade de uma reorientação da compreensão da importância da solidariedade intergeracional.

Por essa razão, vemos fundamental promover o vínculo que encerra como alma da política pública. Esta tem sido a meta da Secretária Nacional da Família, através de campanhas, conscientização e ações em conjunto com a Secretaria Nacional dos Direitos da Pessoa Idosa

Conclusões

Esperamos que este governo possa efetivamente dar uma nova conotação às políticas públicas referentes à pessoa idosa, a partir da plataforma transversal da família, firmando-a permanentemente.

Família. Sociedade. Estado. De fato, é necessário fortalecer primeiramente esse cuidado humano, para que transcenda e se estenda. É um desafio, já que

22 BRASIL. Lei nº 8.842/1994, art. 4º, I e III.

significa ir além de dar ou proporcionar, oferecendo as condições para amar através do cuidado.

Essa mudança cultural não se opera de cima para baixo, mas deve ser fomentada como razão prática e coração da política.

Nesse sentido, dizemos: menos Brasília, mais Brasil, mais sociedade civil, mas muito em primeiro lugar, mais Família!

Referências

ANTONUCCI, T. (2007). Social relations: an examination of Social Networks, Social Support, and Sense of Control. I A. T. C. Handbook of Psychology of Ageing. New York: Academic Press; 427-453. Disponível em: https://www.e-publicacoes.uerj.br/index.php/revispsi/article/view/32760/23382.

BRASIL. Constituição da República Federativa do Brasil de 1988. Art. 226. A família, base da sociedade, tem especial proteção do Estado.

BRASIL. Decreto-Lei nº 2.848/1940.

BRASIL. Lei nº 8.080/1990.

BRASIL. Lei nº 8.742/1993.

BRASIL. Lei nº 8.069/1990.

BRASIL. Lei nº 11.340/2006.

DONATI, P. *Família no Século XXI: abordagem Relacional.* São Paulo: Paulinas, 2008.

FERRIGNO, José Carlos. O idoso como mestre e aluno das novas gerações. In: *Política nacional do idoso: velhas e novas questões.* Alexandre de Oliveira Alcântara, Ana Amélia Camarano, Karla Cristina Giacomin (Org). Rio de Janeiro : Ipea, 2016. Disponível em: https://www.ipea.gov.br/portal/images/stories/PDFs/livros/livros/161006_livro_politica_nacional_idosos_capitulo7.pdf.

OCDE – ORGANIZAÇÃO PARA A COOPERAÇÃO E DESENVOLVIMENTO ECONÔMICO. The Future of Families to 2030. Paris: OECD Publishing, 2012. 283 p. Disponível em: https:// espas.secure.europarl.europa.eu/orbis/sites/default/files/generated/document/en/future--of-Families.pdf.

ORGANIZAÇÃO DAS NAÇÕES UNIDAS – ONU. Implementation of the objectives of the International Year of the Family and its follow-up processes. Conselho Econômico e Social das Nações Unidas, 75ª Sessão, Relatório do Secretário-Geral, 26 de novembro de 2019. Disponível em: https://undocs.org/A/75/61-E/2020/4.

ORGANIZAÇÃO DAS NAÇÕES UNIDAS – ONU. Resolution A/RES/47/237 adopted by the General Assembly at its 47th session. Disponível em: https://undocs.org/en/A/RES/47/237.

ROCHA, V.; ALÓ, C.; DAMASCENO, M.; et al. De SFP a PFF: Adaptação de um Programa de Prevenção ao Uso de Drogas para Famílias Brasileiras no Contexto da Saúde e do Serviço Social. In: BRASIL. *Prevenção ao uso de drogas: implantação e avaliação de programas no Brasil. Brasília: Ministério da Saúde*, 2018, pp. 203-221. Disponível em: http://www.repositorio.unifesp.br/jspui/handle/11600/50961.

TARALLO, Roberta dos Santos (2015, Jun.). As relações intergeracionais e o cuidado do idoso. Revista Kairós Gerontologia, 18 (Nº Especial 19), Temático: *Abordagem Multidisciplinar do Cuidado e Velhice*, pp. 39-55. São Paulo (SP).

1
EL PAPEL DE LAS POLÍTICAS PÚBLICAS EN LA PROTECCIÓN Y PROYECCIÓN DE LA MADUREZ

Ángela Vidal Gandra Martins[1]
Letizia Casaril[2]

1. Introducción

La protección de lo que llamaríamos madurez en un sentido más positivo – similar a la referencia española a los mayores, teniendo en cuenta también que en muchos casos existe cierto malestar con el término anciano, todavía insertado en una triste discusión sobre el encuadre de esta etapa tan decisiva de la vida como categoría patológica- es un signo de salud social.

Por otro lado, con la evolución científica y tecnológica, la longevidad es hoy una realidad beneficiosa por el valor inconmensurable de la vida, y la posibilidad de extenderla es un logro. Sin embargo, preservar y promover su calidad requiere un compromiso sistémico y transversal, ya que abarca diversos aspectos, como los ámbitos jurídico, económico, político, social, cultural y familiar.

[1] Bacharel em Direito pela Universidade de São Paulo (USP). Doutora em Filosofia do Direito pela Universidade Federal do Rio Grande do Sul (UFRGS). Visitante e Pesquisadora na Harvard University. Advanced Management Program IESE Business School (Universidade de Navarra). Ex-Sócia da Advocacia Gandra Martins. Professora do CEU LAW SCHOOL e da Universidade Mackenzie. Membro da Academia Brasileira de Filosofia e da Academia Paulista de Letras Jurídicas. Secretaria Nacional da Família do Ministério da Mulher, da Família e dos Direitos Humanos.

[2] Analista Judiciária do Ministério Público do Rio Grande do Sul cedida para a Secretaria Nacional da Família do Ministério da Mulher, da Família e dos Direitos Humanos (2019-2021), Especialista em Direito Constitucional, Bacharel em Direito pela Universidade Federal do Rio Grande do Sul.

Otro hecho tangible es que la longevidad, en el contexto actual, también trae consigo una mayor posibilidad de autonomía y oferta de contribución efectiva en el mundo del trabajo, desde la propia experiencia.

Finalmente, como nos enseña Sigmund Bauman, "vivimos en tiempos líquidos. Nada va a durar"[3]. Esta época en la que vivimos, llamada y caracterizada como posmodernidad, que destaca por las mencionadas relaciones netas, fue, en cierto modo, sacudida por la pandemia, que llamó al ser humano a dejarse a sí mismo y a su entorno enrarecido por una necesaria solidaridad familiar, social y también generacional. Por el miedo a la pérdida, planteó preguntas fundamentales sobre el cuidado y el valor de la existencia de quienes nos precedieron, como parte de su propia narrativa y fruto de la gratitud.

En este breve ensayo, queremos enfocarnos especialmente en cómo hemos buscado responder positivamente a las demandas – que involucran tanto la protección como la proyección de nuestros *queridos adultos mayores* – a través de políticas públicas familiares.

2. Protección de la madurez

Hoy en día es posible contar con diversos medios y recursos disponibles para un mejor disfrute de esta etapa de la vida. Por otro lado, el marco cronológico para acceder a esta categoría ha sido muy cuestionado.

En este sentido, entendemos que es necesario no solo mantener un alto nivel de protección de los derechos de las personas mayores, así como las acciones impulsadas por la Secretaría Nacional de los Derechos de las Personas Mayores[4], sino también ofrecer una plataforma segura para que estas no se "jubilen" anticipadamente, y, por el contrario, puedan seguir trabajando, no como premio de consolación, sino contándose efectivamente con ellas y ellos. Esta actitud no solo es, dentro de un espectro prudencial, una fuente de vida y motivación, sino también beneficiosa para la seguridad social a largo plazo, además de generar autoestima y estima para las personas.

Para que la sociedad no forme parte de una cultura del "descarte", es necesario que la familia cumpla primero su papel, dando espacio, desde la libertad para el correcto desarrollo de las capacidades, que también puede ser un camino hacia la salud. Si, dentro de la familia, las diferentes generaciones

[3] BAUMAN, Zygmunt. Modernidade líquida. Rio de Janeiro: Zahar, 2001.

[4] Disponíble en: https://www.gov.br/mdh/pt-br/acesso-a-informacao/acoes-e-programas/secretaria-nacional-de-promocao-e-defesa-dos-direitos-da-pessoa-idosa.

cultivaron una buena relación ante la situación de dependencia de los ancianos, la relación tiende a ser más favorable y predispuesta al apoyo mutuo[5].

Por esta razón, paralelamente a la promoción y seguimiento de los derechos y necesidades, y un cuidado verdaderamente amoroso, vemos importante basar las políticas públicas familiares en este sentido, no solo en relación con la solidaridad intergeneracional, sino precisamente, en una interacción positiva entre las acciones y el corazón, a través del fortalecimiento de los vínculos familiares.

En los siguientes dos temas, explicaremos la práctica.

3. Las políticas públicas familiares como plataforma para el cuidado familiar

Las políticas públicas familiares son acciones de iniciativa estatal que tienen como objetivo promover el fortalecimiento de los vínculos familiares, ya sea directamente o a través de alianzas con entidades privadas, asociaciones, fundaciones, organizaciones de la sociedad civil, etc. El objetivo es uno: fortalecer las relaciones intrafamiliares, fortaleciendo las relaciones de confianza, colaboración y reciprocidad típicas de la vida familiar[6].

Lo que hace que una política pública sea clasificada como familiar es su enfoque, es decir, estar orientada a las relaciones familiares. Si una política tiene como objetivo ayudar en el desarrollo de las relaciones entre los miembros de la familia, entonces puede considerarse una política pública familiar. Su objetivo es fortalecer los lazos y apoyar a las familias para que logren su autonomía, enfrenten sus desafíos con libertad y ganen con sus esfuerzos.

La familia, célula fundamental de la sociedad[7], es reconocida como la base de las políticas públicas en diversos sectores, como, por ejemplo, en el ámbito de la salud pública[8], la lucha contra la pobreza y la asistencia social[9], la erradi-

[5] TARALLO, Roberta dos Santos (2015, Jun.). As relações intergeracionais e o cuidado do idoso. Revista Kairós Gerontologia, 18 (Nº Especial 19), Temático: "Abordagem Multidisciplinar do Cuidado e Velhice), pp. 39-55. ISSNe 2176-901X. São Paulo (SP), Brasil: FACHS/NEPE/PEPGG/PUC-SP.

[6] https://www.gov.br/mdh/pt-br/navegue-por-temas/observatorio-nacional-da-familia/politicas-familiares-o-que-sao

[7] CONSTITUCIÓN DE LA REPÚBLICA FEDERATIVA DEL BRASIL de 1988. Artículo 226. La familia, base de la sociedad, goza de una protección especial del Estado.

[8] BRASIL. Ley Nº 8.080/1990. Artículo 2, § 2.

[9] BRASIL. Ley Nº 8.742/1993. Art. 2º, I, a); II; Art. 4, III; Art. 6, § 1; Art. 6a, I, II, art. 24a; Artículo 24-B.

cación del trabajo infantil[10] y la lucha contra la violencia contra las mujeres[11] y otros miembros de la familia[12]. Por eso es importante tenerlo como objetivo, como plan de gobierno, para promover el interés público y el bienestar social.

En la práctica, esto ya se ha medido. Una encuesta realizada con familias brasileñas – sobre la prevención del consumo de drogas en el contexto de la salud y el trabajo social – encontró que, cuando las intervenciones involucran a toda la familia, su impacto es, en promedio, nueve veces mayor que cuando se limitan a niños y adolescentes[13]:

> Los estudios de metanálisis indican que las intervenciones [para prevenir comportamientos de riesgo] que involucran a los padres y / u otros miembros de la familia tienen un impacto, en promedio, nueve veces mayor que las intervenciones dirigidas solo a niños y adolescentes.

Por lo tanto, es posible percibir la efectividad de una política pública que involucra, en su alcance, a todos los miembros de la familia.

Las políticas públicas sobre la familia han sido objeto de atención por parte de los organismos internacionales. Demostrando la importancia de estudiar el tema, y la necesidad de profundizarlo, la Organización para la Cooperación y el Desarrollo Económico (OCDE) publicó un informe en 2012 sobre lo que se espera para el futuro de las familias de sus países miembros en 2030 (OCDE, 2012). Desde otro ángulo, pero también reforzando la importancia de centrarse en el tema, las Naciones Unidas decidieron en 1994 que, el 15 de mayo, se celebre el día internacional de las familias. En la resolución de la Asamblea General que así lo determinó, se reconoció que la familia, la unidad básica de la vida social, es el mayor agente de desarrollo sostenible en todos los niveles de la sociedad y que su contribución a este proceso es crucial para lograr el éxito[14]. En 2019, el secretario general de la ONU, António Guterres, dijo que las políticas familiares "contribuyen a la reducción de la pobreza y

[10] BRASIL. Ley Nº 8.069/1990. Artículos 60 a 69.

[11] BRASIL. Ley Nº 11.340/2006.

[12] BRASIL. Decreto-Ley Nº 2.848/1940. Artículo 129, § 9.

[13] Rocha, V.; Aló, C.; Damasceno, M.; et al. De SFP a PFF: Adaptação de um Programa de Prevenção ao Uso de Drogas para Famílias Brasileiras no Contexto da Saúde e do Serviço Social. In: BRASIL. Prevenção ao uso de drogas: implantação e avaliação de programas no Brasil. Brasília: Ministério da Saúde, p. 203. Disponible en: http://www.repositorio.unifesp.br/jspui/handle/11600/50961.

[14] NACIONES UNIDAS – ONU. Resolution A/RES/47/237 adopted by the General Assembly at its 47th session. Disponible en: https://undocs.org/en/A/RES/47/237

al desarrollo del capital humano" y que, por su naturaleza, las familias están "potenciando la protección social"[15].

Uno de los grandes desafíos del Estado, al desarrollar políticas públicas familiares, es implementar proyectos que brinden autonomía a las familias para que sean responsables de sus propias condiciones. El objetivo principal de la acción es siempre fortalecer los vínculos con el fin de lograr un objetivo secundario de empoderar a las familias para que puedan ser protagonistas de sus elecciones, pudiendo actuar libre y responsablemente. Las políticas públicas de proyección económica y social que desarrollan la unidad familiar pueden asegurar que la familia construya sus propios medios de sustento y logre un mayor bienestar social con estabilidad a largo plazo. Así, el Estado empieza a tener un papel fundamental y las familias empiezan a tener más independencia y libertad. Erradicar verdaderamente la pobreza y la marginación y reducir las desigualdades sociales y regionales implica necesariamente fortalecer a la familia para que pueda proyectarse económicamente y tener independencia, desarrollando sus propios medios de sustento. Por lo tanto, los programas para fortalecer los lazos familiares para que la familia supere sus dificultades y construya un futuro exitoso muestran que esta es la manera de resolver eficazmente el problema.

Otra preocupación importante de las políticas públicas familiares es la cooperación y la solidaridad intrafamiliar. La familia tiene un fuerte impacto en el comportamiento de los individuos ya que transmitirá creencias, valores e influirá en su forma de ver y construir relaciones sociales y de sí mismos. Al fin y al cabo, una sociedad refleja a las familias que la componen. No es difícil ver que los principales problemas que ocurren en el ámbito colectivo se originan en casos de violencia, abandono, desequilibrio o vulnerabilidad dentro de la familia. Y aquí está la gran importancia de las políticas públicas familiares, porque es en la familia donde aprendemos las formas de cooperación social, cuál es nuestro papel en la relación con otras personas, cómo guiar nuestro comportamiento y nuestras elecciones en los campos personal, social y profesional[16].

De ahí la importancia de involucrar a la familia en las políticas públicas dirigidas a los ancianos, no solo para humanizarlos, sino para hacerlos cien por ciento efectivos.

[15] NACIONES UNIDAS – ONU. Implementation of the objectives of the International Year of the Family and its follow-up processes. Conselho Econômico e Social das Nações Unidas, 75º período de sesiones, Informe del Secretario General, 26 de noviembre de 2019. Disponible en: https://undocs.org/A/75/61-E/2020/4

[16] DONATI, P. *Família no Século XXI: abordagem Relacional*. São Paulo: Paulinas, 2008. pág. 191.

4. Solidaridad intergeneracional

El envejecimiento de la población es un fenómeno que se ha destacado en las últimas décadas. El Instituto Brasileño de Geografía y Estadística (IBGE) afirma que la población brasileña ha mantenido la tendencia de envejecimiento en los últimos años y ganó 4,8 millones de personas mayores de 2012 a 2017, lo que representa un aumento del 18% para este grupo de edad[17]. Este fenómeno ha permitido que varias generaciones convivan.

Estas relaciones se denominan "intergeneracionales" y proporcionan grandes beneficios. Un estudio realizado por el médico geriátrico Emilio Hideyuki Moriguchi en la ciudad más longeva de Brasil, Veranópolis/RS, mostró que el acortamiento de los telómeros (final de los cromosomas) de los ancianos que viven más con otras generaciones de la familia es más lento. Esto significa que la relación intergeneracional desplaza el fenómeno del envejecimiento[18].

La relación entre las diferentes generaciones se establece inicialmente por la familia, en la convivencia entre padres e hijos, nietos y abuelos, bisnietos y bisabuelos. La solidaridad intergeneracional contribuye a la desaparición de los prejuicios contra las personas mayores. Al compartir sus experiencias con los más jóvenes, los ancianos se enriquecen y hacen enriquecer, facilitando la socialización y promoviendo un efecto positivo para su salud y bienestar[19]. Enseñan, sobre todo, valores éticos, conocimientos prácticos y experiencias, sirviendo como modelo positivo o negativo[20]. La maestra en Gerontología Roberta Tarallo afirma que

> Los estudios demuestran que los nietos tienden a tener una relación constructiva, gratificante, agradable y afectuosa con sus abuelos y muestran un deseo de mayor contacto en términos de frecuencia e intensidad para compartir momentos de celebración y cotidianos. Por otro lado, al llegar a cierta edad, los nietos

[17] INSTITUTO BRASILEÑO DE GEOGRAFÍA Y ESTADÍSTICA. https://agenciadenoticias.ibge.gov.br/agencia-noticias/2012-agencia-de-noticias/noticias/20980-numero-de-idosos-cresce-18-em-5-anos-e-ultrapassa-30-milhoes-em-2017

[18] Disponible en <https://www.tena.com.br/sobre-a-incontinencia/cuidadores/veranopolis-exemplo-de-longevidade>.

[19] Antonucci, T. (2007). Social relations: an examination of Social Networks, Social Support, and Sense of Control. I A. T. C. Handbook of Psychology of Ageing. New York: Academic Press; 427-453.

[20] Ferrigno, Carlos José. O idoso como mestre e aluno das novas gerações. In: Política nacional do idoso: velhas e novas questões; Alexandre de Oliveira Alcântara, Ana Amélia Camarano, Karla Cristina Giacomin – Rio Janeiro: Ipea, 2016. p. 218.

tienden a alejarse de sus abuelos, y en ese momento, le toca a la educación para las relaciones intergeneracionales[21].

En este contexto, la promoción de la solidaridad intergeneracional por parte del Estado ayuda a las familias a garantizar el cuidado de sus miembros más débiles, ya sean ancianos, niños o personas con discapacidad. Esta práctica, además de promover el crecimiento humano – porque enseña comprensión, respeto mutuo, colaboración, paciencia – significa una reducción en los costos para el gobierno que no necesitará abordar el problema del abandono de los miembros mayores del núcleo familiar para pagar los servicios de salud, vacantes en instituciones de largo plazo de ancianos, medicamentos, tratamientos, movimiento de la maquinaria pública para la rendición de cuentas de los miembros de la familia (Ministerio Público, Asistencia Social, Judicial), etc.

Todos estos beneficios provienen de una inversión de muy bajo costo (las políticas familiares requieren muy poca inversión financiera) que evita todos estos problemas, ya que, si la familia cuida a sus miembros mayores y vulnerables, no habrá necesidad de que el Estado realice esta tarea.

Varias acciones en este sentido se han presentado en todo el mundo. El objetivo de unir a las generaciones está previsto, en el sistema jurídico brasileño, en la Política Nacional de las Personas de Edad, que tiene como una de sus directrices la viabilidad de formas alternativas de participación, ocupación y convivencia de las personas mayores, que proporcionen su integración a otras generaciones, además de prever la priorización de la atención a las personas mayores a través de sus propias familias, en detrimento de los cuidados en asilos[22].

A pesar de la predicción legal, la realidad ha demostrado estar lejos de la teoría. Los conflictos entre generaciones y los prejuicios contra las personas mayores (llamados etarismo) siguen siendo recurrentes y ponen de manifiesto la necesidad de una reorientación de la comprensión de la importancia de la solidaridad intergeneracional.

Por esta razón, consideramos fundamental promover el vínculo que debe constituir el alma de las políticas públicas. Este ha sido el objetivo de la Secretaría Nacional de la Familia, a través de campañas, sensibilización y acciones en conjunto con la Secretaría Nacional de los Derechos de la Persona Mayor.

[21] TARALLO, Roberta dos Santos (2015, Jun.). As relações intergeracionais e o cuidado do idoso. Revista Kairós Gerontologia, 18 (Nº Especial 19), *Temático: Abordagem Multidisciplinar do Cuidado e Velhice*, p. 39-55. ISSNe 2176-901X. São Paulo (SP), Brasil: FACHS/NEPE/PEPGG/PUC-SP.

[22] BRASIL. Ley Nº 8.842/1994, art. 4, I y III.

Conclusiones

Esperamos que este gobierno pueda efectivamente dar una nueva connotación a las políticas públicas respecto a los adultos mayores, desde la multiplataforma de la familia, estableciéndola permanentemente.

Familia. Sociedad. Estado. De hecho, es necesario fortalecer primero este cuidado humano, para que trascienda y se extienda. Es un desafío, ya que significa ir más allá de dar o proporcionar, ofreciendo las condiciones para amar a través del cuidado.

Este cambio cultural no opera de arriba hacia abajo, sino que debe fomentarse como una razón práctica y un corazón de la política.

En este sentido, decimos: menos Brasilia, más Brasil, más sociedad civil, pero sobre todo, en primer lugar ¡Más Familia!

Referencias

ANTONUCCI, T. (2007). Social relations: an examination of Social Networks, Social Support, and Sense of Control. I A. T. C. Handbook of Psychology of Ageing. New York: Academic Press; 427-453. Disponible en <https://www.e-publicacoes.uerj.br/index.php/revispsi/article/view/32760/23382>

BRASIL. Constitución de la República Federativa del Brasil de 1988. Artículo 226. La familia, base de la sociedad, goza de una protección especial del Estado.

BRASIL. Decreto-Ley Nº 2.848/1940.

BRASIL. Ley Nº 8.080/1990.

BRASIL. Ley Nº 8.742/1993.

BRASIL. Ley Nº 8.069/1990.

BRASIL. Ley Nº 11.340/2006.

DONATI, P. "*Família no Século XXI: abordagem Relacional.* São Paulo: Paulinas, 2008.

FERRIGNO, Carlos José. "O idoso como mestre e aluno das novas gerações. In: *Política nacional do idoso: velhas e novas questões*". Alexandre de Oliveira Alcântara, Ana Amélia Camarano, Karla Cristina Giacomin (Org). Rio de Janeiro: Ipea, 2016. Disponible en <https://www.ipea.gov.br/portal/images/stories/PDFs/livros/livros/161006_livro_politica_nacional_idosos_capitulo7.pdf>

OCDE – ORGANIZACIÓN PARA LA COOPERACIÓN Y EL DESARROLLO ECONÓMICOS. The Future of Families to 2030. París: OECD Publishing, 2012. 283 p. Disponible en: https:// espas.secure.europarl.europa.eu/orbis/sites/default/files/generated/document/en/future--of-Families.pdf.

NACIONES UNIDAS – ONU. Implementation of the objectives of the International Year of the Family and its follow-up processes. Conselho Econômico e Social das Nações Unidas, 75º período de sesiones, Informe del Secretario General, 26 de noviembre de 2019. Disponible en: https://undocs.org/A/75/61-E/2020/4.

NACIONES UNIDAS – ONU. Resolution A/RES/47/237 adopted by the General Assembly at its 47th session. Disponible en: https://undocs.org/en/A/RES/47/237.

ROCHA, V.; ALÓ, C.; DAMASCENO, M.; et al. De SFP a PFF: Adaptação de um Programa de Prevenção ao Uso de Drogas para Famílias Brasileiras no Contexto da Saúde e do Serviço Social. In: BRASIL. *Prevenção ao uso de drogas: implantação e avaliação de programas no Brasil.* Brasília: Ministério da Saúde, 2018, pp. 203-221. Disponible en: http://www.repositorio.unifesp.br/jspui/handle/11600/50961.

TARALLO, Roberta dos Santos (2015, jun.). As relações intergeracionais e o cuidado do idoso. Revista Kairós Gerontologia, 18 (Nº Especial 19), Temático: *Abordagem Multidisciplinar do Cuidado e Velhice* p. 39-55. ISSNe 2176-901X. São Paulo (SP), Brasil: FACHS/NEPE/PEPGG/PUC-SP.

2
O CAMINHO DO ENVELHECIMENTO POR UMA POLÍTICA DE ESTADO E MUNICIPALISTA

Antonio Costa[1]

1. Introdução

Depois de uma longa caminhada pela vida pública com quase muitos anos de trabalhos prestados passando por várias vias de prestação de serviços técnicos me vejo diante de um novo desafio a partir de 2019, quando convidado assumo a Secretaria Nacional de Promoção e Defesa da Pessoa Idosa. No Ministério da Mulher, da Família e Direitos Humanos. Qual a minha surpresa já definido por Lei como idoso, como o tempo passou e a exemplo do nosso Brasil, não prestei atenção que estava envelhecendo.

Assim é o nosso Brasil, ainda não prestou a devida atenção que está envelhecendo. Quando já nos anos de 1982 a Organização das Nações Unidas já preconizava na Primeira Assembleia Mundial sobre o Envelhecimento, em Viena, produzindo um Plano Internacional de Ação e em 1991, esta Assembleia adotou os Princípios das Nações para os idosos estabelece um marco importante do envelhecimento no mundo.

O que fazer mediante um passado apenas comprometido de forma não efetiva para o enfretamento desta prenúncio instalado, que inicia com a Consti-

[1] Ex-Secretário Nacional de Promoção e Defesa dos Direitos da Pessoa Idosa no Ministério da Mulher, da Família e Direitos Humanos. Ex-Presidente do Conselho Nacional de Direitos da Pessoa Idosa. Especialista em Saúde Indígena pela UNIFESP. Presidente da Fundação Nacional do Índio (2017). Membro da Academia Internacional de Cultura – Brasília-DF. Especialista em Aconselhamento e Psicologia – Pastoral pela AVM Faculdade Integrada (2015); Bacharel em Teologia pela Faculdade Teológica Batista de Brasília.

tuição Federal em 1988 em citações dos artigos 229 e 230, a Lei em seguida 8.842 de 04 de janeiro de 1994 e o advento em 2003 do Estatuto do Idosa em 1º de Outubro de 2003. Contabilizando estes feitos legais na análise dos tempos de hoje, pouco avanços obtemos.

O Brasil esqueceu mesmo de se preparar para este envelhecimento. Houve investimentos consideráveis na questão Previdenciária, dados de 2021 apontam investimentos da ordem de R$ 784,91 bilhões na Previdência Social, incluindo os aposentados e os beneficiários do Benefício de Prestação Continuada -BPC (fonte: Portal da Transparência do Governo Federal). Porém deixamos a desejar em investimentos de inclusão da população idosa para o advento de uma vida saudável.

Vejo que este rápido envelhecimento no Brasil pode ser comparado ao processo de industrialização enfrentado pela Europa na escassez da mão de obra qualificada diante de um crescimento industrial não planejado. No nosso país estamos envelhecendo sem qualificar nossos idosos. A grande diferença que na Europa este envelhecimento concretizou em quase cem anos. No Brasil envelhecemos a cada mês. Outro aspecto a ser lembrado é que na Europa sua economia pode superar este enfrentamento de forma sustentável e rica. No nosso país estamos envelhecendo pobres.

Porém o envelhecer demográfico na Europa tornou-se um problema pela redução da População Economicamente Ativa (PEA), esta população é considerada na faixa de 15 a 60 anos inseridos no mercado de trabalho que são os atores que praticamente sustentam a economia. Aos idosos restam seus sistemas previdenciários e se tornam dependentes na visão Europeia aumento de gastos públicos. Em qualquer lugar do mundo do ponto de vista econômico a diminuição da PEA, irá ocasionar de forma imediata a diminuição de trabalhadores inseridos no mercado de trabalho.

Se por um lado o desafio é a balança entre gastos públicos e a elevação da renda, para o mundo empresarial global, não é interessante diminuir seus lucros, consequentemente fuga de capitais. Por tudo isto a necessidade de forma imediata a criação de uma Política de Estado Brasileiro, capaz de dar sustentabilidade a este crescimento considerável do envelhecimento no Brasil, como foco nos Municípios.

2. Desenvolvimento

As transformações desde o início do mundo se pautaram até de forma Bíblica, pela fecundidade dos povos primários, pela mortalidade, pelos processos migratórios que desde o início das civilizações foram e são até hoje elementos necessários pelas transformações, bem como os episódios de tantas guerras e epidemias registradas pelo mundo. Características estas que pouco tiveram mudanças. O globo continua dependendo das taxas de fecundidade, da mortalidade, da migração de idades e agora tudo se repete com o advento da Pandemia do Coronavírus que assola o mundo moderno, sempre lembrando que sempre estamos em guerra.

O envelhecimento da população brasileira não vem de forma devida tendo um olhar de Estado. Ao redigir o art. 230 da Constituição de 1988, o momento de sua redação também não previu a ordem cronológica dos deveres e na redação final ficou definido que a família, a sociedade e o Estado com o dever de amparar as pessoas idosas. Porém o que deparamos hoje que a família brasileira já não tem o suporte social nas camadas mais vulneráveis de cumprir como parte inicial do processo de envelhecimento esta atribuição.

É no seio familiar que os maiores indicadores de violência contra a pessoa idosa são registrados. É no seio familiar que ocorre de forma crescente o abandono efetivo. A família está perdendo a capacidade de cuidar. Do outro lado a sociedade só participa quando mobilizada ou quando se sensibiliza. Nesse contexto o Estado caminha em décadas de omissão no seu dever de participar de forma efetiva do processo do envelhecimento.

Quando a Constituição define o Estado fica preconizado a União, Estados Federativos e Municípios. Quando o Estado não tem a gestão das políticas públicas família e sociedade civil tomam um papel que nem sempre são capazes de executar. O diagnóstico realizado pela Secretaria de Promoção e Defesa dos Direitos da Pessoa Idosa tem mostrado esta triste realidade.

Um ponto principal do enfretamento efetivo na ausência do Estado é o financiamento público para a questão do envelhecimento. Dados do diagnóstico apontam que foram identificados somente 122 Instituições de Longa Permanência de Idosos, que são públicas. A maioria destas instituições pela ausência do Estado, são filantrópicas e de forma emergente pela necessidade crescem as entidades particulares com fins lucrativas.

No panorama geral destas instituições todas passam por problemas de ordem financeira, estrutural, estão com suas capacidades comprometidas e carecem de recursos humanos adequados para o processo de cuidar. Ressaltando que a fonte das que estão sendo financiadas pelo Sistema Único de Assistência Social (SUAS) permanecem em um modelo de financiamento que reporta aos anos 2007, totalmente defasado. Esses valores de referência do cofinanciamento federal do PAC I, foram estabelecidos na Portaria MDS nº 460/2007, o seu artigo 3º, estabelece os valores de referência para o PAC I, levando em consideração o porte dos municípios, sua capacidade instalada e o mínimo de vagas que devem ser garantidas.

Quadro -01

Valor	Porte do Município	Capacidade Mínima Instalada
R$ 1.460,00	Pequeno Porte I e II	20 vagas
R$ 3.400,00	Médio	40 vagas
R$ 9.000,00	Grande	100 vagas
R$ 18.000,00	Metrópoles e DF	200 vagas
R$ 9.000,00	Estados	100 vagas

Fonte: Ministério da Cidadania -2021.

Dados atuais apontam que 727 municípios recebem cofinanciamento federal para a oferta de Serviços de Acolhimento para Pessoa Idosa (rede histórica), no montante de R$ 3.140.146,10/mês, para manutenção de 35.180 vagas, e 11 Estados recebem o montante de R$ 496.635,08/mês, para manutenção de 1.100 vagas. (Fonte Ministério da Cidadania). Este valores estão atrelados aos índices de ajuste definidos na Portaria Ministério da Cidadania Número 2.362, de 20 de dezembro de 2019. Esta normatização é decorrente da execução financeira e orçamentária do Fundo Nacional de Assistência Social.

Esse modelo carece de revisão diante da precária situação em que se encontram estas entidades, além da necessidade de unificação do Cadastro Nacional, levando-se em conta os existentes na Secretaria Nacional de Promoção e Defesa da Pessoa Idosa – SNDPI, com quase cinco mil entidades, como o do Ministério da Cidadania em torno de 1913 e o Ministério da Saúde que segue os mesmos parâmetros.

A proposta inovadora para ser incluída em uma revisão no chamado "atendimento híbrido" é incluir como parte do atendimento de saúde as ILPIS que estão em municípios onde estão em funcionamento os Programas Melhor em Casa e o Programa Saúde da Família, como integrantes da rede de cuidados a serem incorporados ao binômio Saúde e Social, como forma de monitorar, cuidar e tratar da população vulnerável que se encontram nestas instituições.

Seguindo os dados obtidos do Diagnóstico realizado pela SNDPI[2] (Inseridos no Pacto Nacional de Implementação dos Direitos da Pessoa Idosa) no que

[2] Sigla para "Secretaria Nacional de Promoção e Defesa da Pessoa Idosa".

tange a situação dos Conselhos Municipais, os dados obtidos são desanimadores. Dos 5.570 municípios pouco mais de 1.900 a 2.200 estão organizados nos estados. Esses dados comprovam a ausência dos Estados da Federação e dos gestores municipais em defenderem esta pauta de organização de conselhos de idoso.

Percebe-se que a política da pessoa idosa ainda não tem o respaldo necessário em especial junto aos gestores municipais. Assim sendo a política da pessoa idosa não chega de forma efetiva aos municípios e a falta de vontade do gestor público em implantar e organizar os conselhos de direito é hoje o maior desafio. Diferente da política da criança que tem nos Conselhos Tutelares sua defesa e proteção o idoso é desprovido destas ações ficando a mercê da boa vontade de alguns.

O Brasil ainda não percebeu que o envelhecimento mediante a realidade demográfica já causa efeitos na economia, na saúde e impactos que virão nos orçamentos futuros. Os efeitos colaterais da falta de preparo do Estado brasileiro a partir dos municípios na implementação de políticas públicas pode levar ao caos na gestão em todas as esferas de governo.

Dados do diagnóstico levantados pela SNDPI mostram também que não houve em décadas passadas empenho por parte de Estados e Municípios para constituírem os Fundos Estaduais e Municipais da Pessoa Idosa. O fechamento do primeiro semestre de 2021 apontam que dos 26 Estados e o Distrito Federal, 14 Estados ainda não tem seus Fundos. Quanto aos 5.750 municípios 854 cadastros foram identificados na base da Receita Federal. (Inseridos no Pacto Nacional de Implementação dos Direitos da Pessoa Idosa).

A campanha deflagrada pela SNDPI em parceria com o Conselho Nacional dos Direitos da Pessoa Idosa – CNDPI a partir de 2019 com a elaboração da Cartilha dos Fundos, trouxe orientações de como doar aos Fundos através da Lei número 13.797 de 03 de janeiro de 2019. O quadro encontrado apresentou os seguintes dados:

Quadro 02

ANO	Número de Fundos Ativos
2018	203
2019	607
2020	694
2021	847 (primeiro semestre 2021)

Fonte -SNDPI-2021

Os resultados do trabalho começaram a surtir efeitos positivos com a divulgação em agosto de 2021 pela Receita Federal das arrecadações obtidas pelos Estados e Municípios que utilizaram da prerrogativa de buscar doadores através das deduções do imposto de Renda no seguinte quadro comparativo:

Quadro 03

Ano	Arrecadado	Número de Fundos
2019/2020	R$ 22.823.152,19	428
2020/2021	R$ 51.529.933,80	729

Fonte: Receita Federal -2021

Estados e municípios estão perdendo recursos memoráveis em não utilizar a Lei dos Fundos. Não basta ter o Fundo cadastrado e não promover campanhas para arrecadações. De acordo com os dados acima em 2021 somente 729 Fundos receberam doações, porém mais do que o dobro do ano anterior. A utilização de doações via Imposto de Renda abre possibilidades de municípios e estados obterem recursos próprios para investimentos em suas políticas públicas a favor da pessoa idosa.

O envelhecimento brasileiro a partir da inversão da pirâmide hereditária muda a cada dia as características da população idosa que com o advento da pandemia no ano 2020 passa a sofrer o fenômeno do aumento da violência em todos os sentidos. Estes dados que passaram a ter um olhar diferenciado com a nova estrutura dada ao Sistema disque 100 da Ouvidoria Nacional do Ministério da Mulher, da Família e Direitos Humanos – MMDH têm divulgado um novo cenário a ser enfrentado, pois a maioria das denúncias ocorrem no seio da família.

Visando este enfrentamento e mediante os dados do diagnóstico levantado pela SNDPI tomando como base a formação de Conselhos Municipais, organização dos Fundos Estaduais e Municipais e o enfrentamento da violência e por uma política de cuidados nos municípios, é lançado o Pacto Nacional de Implementação da Política do Idoso em busca do fortalecimento junto aos Estados para que os mesmos possam fomentar em seus municípios esta tão importante política.

Sou municipalista e defendo que somente através dos municípios poderá acontecer uma retomada de ações que venham promover e proteger a vida dos idosos. Na maioria destes municípios são os idosos que estão contribuindo para a economia local com suas aposentadorias e com os Benefícios de Prestação Continuada -BPCs. Além desta realidade embora não reconhecida pelos gestores públicos, são as vovós as principais cuidadoras para que filhos busquem o mercado de trabalho.

Há um outro parâmetro importante a ser observado. O fenômeno da expectativa de vida que já é uma realidade nacional. Com a população idosa feminina em maioria e pela busca mais costumas dos cuidados preventivos de saúde as mulheres já estão vivendo mais. Segundo dados do Instituto Brasileiro de Geografia e Estatística – IBGE as projeções apontam para uma vida até 90 a mais anos. Para os homens sempre uma diferença a menos de sete ano ou seja 80 a 83 anos.

Se confirmado estas projeções, com a aposentadoria do homem aos 65 anos e as mulheres aos 62 anos como pensar este tempo de vida concedido pela longevidade do brasileiro na ausência quase total de políticas públicas que venham conceder uma política de inclusão para que os idosos consigam viver de forma saudável e de forma ativa? Esse é um grande desafio a ser enfrentado.

Como combater a violência contra a pessoa idosa se não organizar nos Municípios a Rede de Proteção aprovada na Primeira Conferência Nacional dos Direitos da Pessoa Idosa e realizada em 23 a 26 de maio de 2006? Muito ainda temos que fazer pois a maioria das deliberações das Conferências ainda não saíram do papel. Não é resolutivo obter tantas denúncias pelo Disque 100 e não conseguir resolver as mesmas em cada ponto do país.

Para esta ação o Pacto propõe a criação da Rede de Proteção formada pelo Conselho Municipal da Pessoa Idosa, os sistemas sociais CRAS[3] E CREAS[4], Defensoria Pública, Ministério Público e as Polícias Civis e Militares, que estão implantadas em todos municípios do Brasil e carecem apenas de articulação para que o conjunto destas entidades formem e efetivem a rede. Quanto aos custos desta ação, praticamente zero, apenas iniciativas de articulação.

Na política de cuidados que está sendo elaborado pelo grupo de trabalho instituído pela Portaria Interministerial nº 1, de 12 de março de 2021, composto pelos Ministérios da Cidadania, Saúde, Educação, representantes da Previdência Social e o Ministério da Mulher, da Família e Direitos Humanos, por meio da SNDPI, defendo uma política de cuidados que vise também o cuidador, que vise o Cuidado Híbrido nas ILPIS, com o monitoramento de equipes de saúde dos municípios, o financiamento de vagas para as ILPIS particulares além da regulamentação da profissão do cuidador.

Sem financiamento público condizente com a realidade dificilmente conseguiremos reverter a situação de penumbra que passa a política a favor dos nossos idosos, nas três esferas de governo. Urge a necessidade de elaboração

[3] Sigla para "Centro de Referência de Assistência Social".

[4] Sigla para "Centro de Referência Especializado de Assistência Social".

de um Plano do Estado Brasileiro para o enfrentamento da nova realidade já vivida no país "grisalho", onde os jovens já não são mais o futuro.

O envelhecimento da população brasileira já está provocando novos estudos quanto ao processo de mobilidade e ao espaço urbano. Ao enfrentar estes novos desafios tornará aos municípios uma revisão do Plano Diretor Municipal já que temos um aumento considerável de habitantes urbanizados e dentre eles os idosos. Esta revolução provocada pelo envelhecimento levará mudanças nos conceitos da arquitetura, mobilidade urbana e novas diretrizes na urbanização. Está previsto o crescimento dentro deste contexto o número de idosos residentes nas áreas urbanas.

A discussão da acessibilidade já é preocupante em muitos municípios no nosso país. Estes não estão preparados para tal. Dados obtidos com o Programa Estratégia Brasil Amigo da Pessoa Idosa – EBAPI[5], hoje migrado do Ministério da Cidadania para o Ministério da Mulher, da Família e Direitos Humanos, tendo a SNDPI como gestora do mesmo, apresenta que dos 900 municípios que aderiram a Estratégia, pouco mais de 6 municípios conseguiram avançar da primeira fase. Isto prova que o mesmo carece de mudanças e que nova reflexão deve ser feita, pois não basta só aderir, é preciso de estímulos e sensibilização e investimentos para que estes municípios tenham condições de avançar na proposta.

Para se tornar um município amigo da pessoa idosa é preciso acima de tudo que os gestores da política local tenham sensibilidade a causa e possa planejar sua cidade para ser uma cidade onde é um bom lugar para se envelhecer. Alguns poucos municípios que aderiram ao tema tornaram suas cidade em municípios que proporcionam qualidade de vida para seus idosos e alavancam com isto o aumento do fluxo de aposentados que tem buscado esta vida saudável e alguns já tornaram referências para o turismo de temporadas trazendo assim novos rendimentos na economia local.

Todos esses aspectos levam a necessidade premente da construção de uma política de Estado que possa fomentar a Municipalização da Política da Pessoa Idosa, pois é no município que tudo acontece e que pouco tem sido feito. É preciso fazer chegar nos municípios a grande Lei do Idoso que é o Estatuto do Idoso (Lei nº 10.741, de 1º de outubro de 2003) que agora em 2021 completando sua maior idade, ainda é desconhecida da maioria da população brasileira inclusive a idosa.

De acordo com a *United Nations Population Division* (ONU,2015) as mudanças nas taxas de fecundidade e mortalidade estão relacionadas às transfor-

[5] Sigla para "Programa Estratégia Brasil Amigo da Pessoa Idosa".

mações econômicas e sociais. Dentro deste contexto em situações normais antes do momento da pandemia mundial o fator diminuição da taxa de fertilidade e mortalidade, criou o fenômeno mundial do aumento da expectativa de vida. E é este o fator chave que deve ser enfrentado no Brasil em relação a população de seus idosos.

Conclusões

Os desafios são enormes; o processo do envelhecimento brasileiro exige tratamento de uma Política de Estado e não de governos, que passam e deixam a grande ferida aberta. Já somos segundo dados do IBGE[6] 213 milhões de habitantes (DOU .27/08/21). Um crescimento de 0,7% em relação ao ano anterior. Dentro desta faixa estão os idosos entre 15 a 20% da população na projeção para 2060 de ser atingido 30% da população brasileira.

A política de Estado deve começar a ser definida pela realidade dos municípios pois conforme já descrito nestas instâncias são estes que carecem de organização e implementação de políticas públicas locais para a pessoa idosa. A política de Estado deve conter desde o sistema previdenciário, a política de cuidados, a política de inclusão, educação ao longo da vida, mobilidade, proteção, direitos e garantias, dentro de um diagnóstico real e dinâmico acompanhando a aceleração do envelhecimento.

Deve contemplar estudos da reversão do quadro desumano em que é colocado a pessoa idosa diante dos planos de saúde e suas tarifas abusivas que leva para o Sistema Único de Saúde -SUS cerca de 78% dos idosos brasileiros na busca de atendimentos. Se não fosse o SUS neste momento de pandemia as consequências seriam extremamente desfavoráveis.

Para que ocorra a construção de uma política de Estado e municipalizada o Congresso Nacional tem um papel relevante para que isto ocorra e nem sempre matérias a favor dos idosos são colocadas na pauta dos debates. A participação do Estado brasileiro é apenas pontual e com reduzida responsabilidades, quando comparada com as responsabilidades da família[7].

Por uma Política Nacional da Pessoa Idosa construída como Política do Estado Brasileiro com foco sua Municipalização, defendendo financiamentos garantidos de forma orçamentária pela União. Estados da Federação e Municípios, só assim o Brasil poderá pagar esta dívida com sua população idosa que

[6] Instituto Brasileiro de Geografia e Estatística.

[7] KÜCHEMANN, B. A. (2012). Envelhecimento populacional, cuidado e cidadania: velhos dilemas e novos desafios. Sociedade e Estado. Brasília. Disponível em: https://www.scielo.br/j/se/a/wvhWcGgZ6NTbXLpbmkf3ThC/?lang=pt. Acesso em: 30 de agosto de 2021.

ao longo da vida contribuiu para a construção deste país continente, mas que agora nos seus anos grisalhos apenas almejam um lugar digno para viver de forma ativa e saudável seus anos restantes, onde o respeito e solidariedade, o amor e a compreensão possam lhes rodear todos estes momentos merecidos e necessários para aquilho que nosso Deus nos concede que é o dom da vida.

Velhice não é doença, velhice é o complemento de uma existência, é dom de Deus.

Se velhice for doença basta não nascer, pois a velhice não é apenas um complemento do ciclo da vida, mas vida que precisa ser vivida de forma garantida pelo Estado, pela Sociedade e pela família.

Referências

BIANCHI, Paula. Brasil será país de maioria idosa em 2030, revela IBGE. Disponível em: http:noticias.terra.com.br/brasil/brasil-vai-se-tornar-um-pais-de-idosos-já-em-2030--diz-ibge-,91eb879aef2a2410VgnVCM10000098ccebOaRCRD.html. Acesso em 15 de agosto de 2021.

BRASIL. Lei nº 10.741, de 1º de outubro de 2003. Dispõe sobre o Estatuto do Idoso e dá outras providências. Presidência da República: Casa Civil: Subchefia para assuntos jurídicos. Disponível em: http://www.planalto.gov.br/ccivil_03/leis/2003/L10.741. Acesso em 15 de agosto de 2021.

______. Portaria nº 460, de 18 de Dezembro de 2007. Dispõe sobre os Pisos Básicos Fixo e de Transição, altera a Portaria MDS/GM nº 442, de 26 de agosto de 2005, e estabelece critérios e procedimentos relativos ao repasse de recursos financeiros referentes aos Pisos de Alta Complexidade I e Fixo de Média Complexidade, no âmbito do SUAS. Ministério do Desenvolvimento Social: Gabinete do Ministro. Disponível em: https://www.legisweb.com.br/legislacao/?id=202606. Acesso em 30 de agosto de 2021.

______. Conselho Nacional dos Direitos da Pessoa Idosa – CNDI, 2021. Disponível em: https://www.gov.br/participamaisbrasil/cndi. Acesso em 30 de agosto de 2021.

______. Pacto Nacional de Implementação dos Direitos da Pessoa Idosa. Governo Federal – Ministério da Mulher da Família e dos Direitos Humanos, 2021. Disponível em: https://www.gov.br/mdh/pt-br/navegue-por-temas/pessoa-idosa/pacto-nacional. Acesso em 30 de agosto de 2021.

______. BRASIL 2050: desafios de uma nação que envelhece / Câmara dos Deputados, Centro de Estudos e Debates Estratégicos, Consultoria Legislativa: relator Cristiane Brasil; consultores legislativos Alexandre Candido de Souza (coord.), Alberto Pinheiro ... [et al.]. – Brasília : Câmara dos Deputados, Edições Câmara, 2017.

GIAMBIAGI, Fábio. Demografia: a queda da PEA. Valor Econômico, São Paulo, 23 nov. 2013. Disponível em: http://www.valor.com.br. Acesso em 17 de agosto de 2021.

KÜCHEMANN, B. A. (2012). Envelhecimento populacional, cuidado e cidadania: velhos dilemas e novos desafios. Sociedade e Estado. Brasília. Disponível em: https://www.scielo.br/j/se/a/wvhWcGgZ6NTbXLpbmkf3ThC/?lang=pt. Acceso em 30 de agosto de 2021.

2
EL CAMINO DEL ENVEJECIMIENTO A TRAVÉS DE UNA POLÍTICA ESTATAL Y MUNICIPALISTA

ANTONIO COSTA[1]

1. Introducción

Después de un largo recorrido por la vida pública con casi muchos años de trabajo realizado pasando por diversas vías de prestación de servicios técnicos, me encuentro frente a un nuevo reto a partir del 2019, cuando me invitan a hacerme cargo de la Secretaría Nacional para la Promoción y Defensa del Anciano. En el Ministerio de la Mujer, la Familia y los Derechos Humanos. Cuál ha sido mi sorpresa al verme definido en la ley como un anciano, como ha pasado el tiempo y el ejemplo de nuestro Brasil, no le presté atención a que estaba envejeciendo.

Este es nuestro Brasil, aún no ha prestado la debida atención sobre su propio envejecimiento. Cuando ya en 1982 las Naciones Unidas ya abogaron en la Primera Asamblea Mundial sobre el Envejecimiento en Viena, produciendo un Plan de Acción Internacional y en 1991, esta Asamblea adoptó los Principios de Naciones para las personas mayores establece un hito importante del envejecimiento en el mundo.

[1] Ex-Secretario Nacional para la Promoción y Defensa de los Derechos de las Personas Mayores en el Ministerio de la Mujer, la Familia y los Derechos Humanos y también Ex-Presidente del Consejo Nacional de los Derechos de las Personas de Edad. Especialista en Salud Indígena por la UNIFESP. Presidente de la Fundación Nacional del Indio en 2017. Es miembro de la Academia Internacional de Cultura – Brasilia-DF. Especialista en Consejería y Psicología – Pastoral en AVM Integrated College – 2015; Licenciado en Teología por el Colegio Teológico Bautista de Brasilia.

Qué hacer a través de un pasado sólo comprometido con la constitución de este presagio instalado, que comienza con la Constitución Federal en 1988 en citas de los artículos 229 y 230, la ley después de 8.842 del 4 de enero de 1994 y el advenimiento en 2003 del Estatuto del Antiguo el 1 de octubre de 2003. Teniendo en cuenta estos logros legales en el análisis de los tiempos actuales, avanzamos poco.

Brasil realmente se ha olvidado de prepararse para este envejecimiento. Hubo inversiones considerables en el tema de la seguridad social; los datos de 2021 indican inversiones de alrededor de R$ 784,91 mil millones en Seguridad Social, incluidos jubilados y beneficiarios del Beneficio Continuo – BPC (fuente: Portal de Transparencia del Gobierno Federal). Sin embargo, dejamos de pensar en inversiones de inclusión de la población anciana para el advenimiento de una vida saludable.

Veo que este rápido envejecimiento en Brasil puede compararse con el proceso de industrialización que enfrenta Europa en la escasez de mano de obra cualificada frente al crecimiento industrial no planificado. En nuestro país estamos envejeciendo sin cualificar a nuestros ancianos. La gran diferencia que se ha hecho en Europa en casi 100 años. En Brasil envejecemos cada mes. Otro aspecto a recordar es que en Europa su economía puede superar esta confrontación de una manera sostenible y rica. En nuestro país, estamos envejeciendo pobres.

Sin embargo, el envejecimiento demográfico en Europa se ha convertido en un problema debido a la reducción de la Población Económicamente Activa (EPA – Encuesta de Población Activa), esta población se considera en la edad de 15 a 60 años incluida en el mercado laboral que son los actores que prácticamente sostienen la economía. Las personas mayores siguen teniendo sus sistemas de seguridad social y se vuelven dependientes de la visión europea de aumentar el gasto público. En cualquier parte del mundo desde un punto de vista económico, la disminución de la PEA conducirá inmediatamente a una disminución de los trabajadores insertos en el mercado laboral.

Si, por un lado, el desafío es el equilibrio entre el gasto público y el aumento de los ingresos, para el mundo empresarial global, no es interesante disminuir sus ganancias; en consecuencia, la fuga de capitales. Por todo esto, la necesidad inmediata de la creación de una Política de Estado brasileña, capaz de dar sostenibilidad a este considerable crecimiento del envejecimiento en Brasil, como un enfoque en los municipios.

2. Desarrollo

Las transformaciones desde el principio del mundo fueron guiadas incluso bíblicamente, por la fecundidad de los pueblos primarios, por la mortalidad, por los procesos migratorios que desde el comienzo de las civilizaciones han sido y siguen siendo elementos necesarios para las transformaciones, así como los episodios de tantas guerras y epidemias registradas por el mundo. Estas características han tenido pocos cambios. El globo sigue dependiendo de las tasas de fertilidad, mortalidad, migración de edad y ahora todo se repite con el advenimiento de la Pandemia de Coronavirus que azota el mundo moderno, recordando siempre que siempre estamos en guerra.

El envejecimiento de la población brasileña no está reflejada de la manera correcta en una visión estatal. Al redactar el artículo 230 de la Constitución de 1988, el momento de su redacción tampoco previó el orden cronológico de los deberes y en la redacción final se definió que la familia, la sociedad y el Estado tienen el deber de mantener a los ancianos. Sin embargo, lo que vemos hoy es que la familia brasileña ya no tiene apoyo social en las capas más vulnerables para cumplir con esta atribución como parte inicial del proceso de envejecimiento.

Es dentro de la familia donde se registran los mayores indicadores de violencia contra la persona mayor. Es en la familia donde el abandono efectivo se produce cada vez más. La familia está perdiendo la capacidad de cuidar. Por otro lado, la sociedad sólo participa cuando se moviliza o cuando se sensibiliza. En este contexto, el Estado avanza hacia décadas de omisión en su deber de participar efectivamente en el proceso de envejecimiento.

Cuando la Constitución define el Estado, se recomienda la Unión, los Estados Federativos y los Municipios. Cuando el Estado no tiene la gestión de las políticas públicas, la familia y la sociedad civil asumen un papel que no siempre son capaces de desempeñar. El diagnóstico realizado por la Secretaría de Promoción y Defensa de los Derechos de la Persona Mayor ha demostrado esta triste realidad.

Un aspecto importante que debe abordarse eficazmente en ausencia del Estado es la financiación pública para la cuestión del envejecimiento. Los datos diagnósticos indican que sólo 122 Instituciones de Atención de Enfermería de Larga Permanencia para los ancianos fueron identificadas, que son públicas. La mayoría de estas instituciones, debido a la ausencia del Estado, son filantrópicas y de manera emergente por necesidad crecen entidades privadas con fines lucrativos.

En el panorama general, todas estas instituciones atraviesan problemas financieros, estructurales, tienen sus capacidades comprometidas y carecen de recursos humanos adecuados para el proceso de atención. Destacando que la fuente de los que están siendo financiados por el Sistema Único de Asistencia Social (SUAS) permanecen en un modelo de financiamiento que se remonta a los años 2007, totalmente fuera de tiempo. Estos valores de referencia de la cofinanciación federal del PAC I fueron establecidos en la Ordenanza MDS Nº 460/2007, artículo 3, establece los valores de referencia para el PAC I, teniendo en cuenta el tamaño de los municipios, su capacidad instalada y el número mínimo de vacantes que deben garantizarse.

Cuadro -01

Valor	Tamaño del municipio	Capacidad mínima instalada
R$ 1.460,00	Tamaño pequeño I y II	20 vacantes
R$ 3.400,00	Medio	40 vacantes
R$ 9.000,00	Grande	100 vacantes
R$ 18.000,00	Metrópolis y DF	200 vacantes
R$ 9.000,00	Estados	100 vacantes

Fuente: Ministerio de Ciudadanía -2021.

Los datos actuales indican que 727 municipios reciben cofinanciación federal para la prestación de Servicios de Recepción para el Anciano (red histórica), por un monto de R$ 3.140.146,10/mes, para el mantenimiento de 35.180 vacantes, y 11 Estados reciben un total de R$ 496.635,08/mes, para el mantenimiento de 1.100 vacantes. (Fuente Ministerio de Ciudadanía). Estos valores están vinculados a las tasas de ajuste definidas en la Ordenanza Número 2.362 del Ministerio de Ciudadanía, del 20 de diciembre de 2019. Esta normalización se debe a la ejecución financiera y presupuestaria del Fondo Nacional de Asistencia Social.

Este modelo carece de revisión ante la precaria situación en la que se encuentran estas entidades, además de la necesidad de unificación del Registro Nacional, teniendo en cuenta las existentes en la Secretaría Nacional de Promoción y Defensa del Anciano – SNDPI[2], con casi cinco mil entidades, como el del Ministerio de Ciudadanía alrededor de 1913 y el Ministerio de Salud que sigue los mismos parámetros.

[2] Sigla para "Secretaria Nacional de Promoção e Defesa da Pessoa Idosa" (del original en portugués).

La propuesta innovadora a ser incluida en una revisión de la llamada "atención híbrida" es incluir como parte de la atención de salud a los ILPIS que se encuentran en los municipios donde están en funcionamiento los Programas Mejor en el Hogar y el Programa Salud de la Familia, como miembros de la red de atención para ser incorporados al binomio Salud y Social, como una forma de monitorear, atender y tratar a la población vulnerable en estas instituciones.

Siguiendo los datos obtenidos del Diagnóstico realizado por SNDPI (Insertado en el Pacto Nacional por la Implementación de los Derechos de la Persona Mayor) sobre la situación de los Concejos Municipales, los datos obtenidos son desalentadores. De los 5.570 municipios, poco más de 1.900 a 2.200 están organizados en los estados. Estos datos demuestran la ausencia de los Estados de la Federación y de los gestores municipales en la defensa de esta agenda de organización de los consejos de ancianos.

Se percibe que la política de la persona mayor aún no cuenta con el apoyo necesario especialmente con los gestores municipales. Así, la política del anciano no llega a los municipios de manera efectiva y la falta de voluntad del gestor público para implementar y organizar los consejos de ley es hoy el mayor desafío. A diferencia de la política de infancia que tiene en los Consejos Tutelares su defensa y protección, el anciano está desprovisto de que estas acciones estén a merced de la buena voluntad de algunos.

Brasil aún no se ha dado cuenta de que el envejecimiento a través de la realidad demográfica ya tiene efectos en la economía, la salud y los impactos que vendrán en futuros presupuestos. Los efectos secundarios de la falta de preparación del Estado brasileño por parte de los municipios en la implementación de políticas públicas pueden llevar al caos en la gestión en todas las esferas del gobierno.

Los datos de diagnóstico recopilados por SNDPI también muestran que no ha habido ningún esfuerzo en las últimas décadas por parte de los estados y municipios para constituir los Fondos Estatales y Municipales de la Persona Mayor. El cierre del primer semestre de 2021 indica que de los 26 estados y el Distrito Federal, 14 estados aún no cuentan con sus Fondos. En cuanto a los 5.750 municipios, se identificaron 854 registros en la base de ingresos federales. (Insertado en el Pacto Nacional para la Aplicación de los Derechos de la Persona Mayor).

La campaña lanzada por SNDPI en asociación con el Consejo Nacional de los Derechos de la Persona Mayor – CNDPI a partir de 2019 con la preparación del Folleto del Fondo, brindó orientación sobre cómo donar a los Fondos a través de la Ley número 13.797 del 3 de enero de 2019. La tabla encontrada presentó los siguientes datos:

Cuadro 02

AÑO	Número de fondos activos
2018	203
2019	607
2020	694
2021	847 (primer semestre 2021)

Fuente -SNDPI-2021

Los resultados del trabajo comenzaron a surtir efectos positivos con la divulgación en agosto de 2021 por parte del Servicio de Rentas Internas de las recaudaciones obtenidas por estados y municipios que utilizaron la prerrogativa de buscar donantes a través de deducciones del impuesto sobre la renta en la siguiente tabla comparativa:

Cuadro 03

Año	Elevado	Número de fondos
2019/2020	R$ 22.823.152,19	428
2020/2021	R$ 51.529.933,80	729

Fuente: Servicio de Impuestos Internos -2021

Los estados y municipios están perdiendo recursos memorables al no utilizar la Ley de Fondos. No basta con tener el Fondo registrado y no promover campañas de recaudación para estos fondos. Según los datos anteriores, en 2021 solo 729 Fondos recibieron donaciones, pero más del doble que el año anterior. El uso de donaciones a través del Impuesto sobre la Renta abre posibilidades para que los municipios y estados obtengan sus propios recursos para inversiones en sus políticas públicas a favor del adulto mayor.

El envejecimiento brasileño a partir de la inversión de la pirámide hereditaria cambia cada día las características de la población anciana que con el advenimiento de la pandemia en el año 2020 comienza a sufrir el fenómeno del aumento de la violencia en todas las direcciones. Estos datos, que comenzaron a tener un aspecto diferenciado con la nueva estructura dada al Sistema Disque 100 – el sistema de escucha telefónica de la Defensoría Nacional del Ministerio de la Mujer, la Familia y los Derechos Humanos – MMDH, han revelado un nuevo escenario a enfrentar, porque la mayoría de las denuncias ocurren dentro de la familia.

A propósito de esta confrontación y a través de los datos del diagnóstico planteado por el SNDPI basado en la formación de Consejos Municipales, organización de Fondos Estatales y Municipales y enfrentamiento a la violencia y una política de atención en los municipios, se lanza el Pacto Nacional para la Implementación de la Política del Adulto Mayor en busca de fortalecer con los Estados para que puedan impulsar esta importante política en sus municipios.

Soy municipalista y sostengo que solo a través de los municipios puede haber una reanudación de acciones que promuevan y protejan la vida de los ancianos. En la mayoría de estos municipios son los ancianos los que están contribuyendo a la economía local con sus jubilaciones y con los Beneficios de la Provisión Continua (BPC). Además de esta realidad, aunque no reconocida por los gestores públicos, las abuelas son las principales cuidadoras de los niños para buscar el mercado laboral.

Hay otro parámetro importante a tener en cuenta. El fenómeno de la esperanza de vida es ya una realidad nacional. Con la población femenina anciana en la mayoría y la búsqueda más común de atención médica preventiva, las mujeres ya viven más tiempo. Según datos del Instituto Brasileño de Geografía y Estadística – IBGE, las proyecciones apuntan a una vida de hasta 90 años o más. Para los hombres siempre una diferencia menor de siete años, es decir, 80 a 83 años.

Si se confirman estas proyecciones, con la jubilación de los hombres a los 65 años y de las mujeres a los 62 años, ¿cómo pensar esta esperanza de vida otorgada por la longevidad de los brasileños en la ausencia casi total de políticas públicas que otorguen una política de inclusión para que los ancianos puedan vivir sana y activamente? Ese es un gran desafío para enfrentar.

¿Cómo combatir la violencia contra las personas mayores si la Red de Protección no se organiza en los municipios aprobados en la Primera Conferencia Nacional sobre los Derechos de la Persona Mayor y celebrada del 23 al 26 de mayo de 2006? Todavía queda mucho por hacer porque la mayoría de las deliberaciones de la conferencia aún no han salido del documento. No es resolver, recibir tantas quejas por el "Disque 100" y no poder resolverlas en todos los puntos del país.

Para esta acción, el Pacto propone la creación de la Red de Protección formada por el Consejo Municipal de la Persona de la Tercera Edad, los sistemas sociales CRAS[3] y CREAS[4], Defensor Público, Ministerio Público y Policía

[3] Sigla para "Centro de Referência de Assistência Social"
[4] Sigla para "Centro de Referência Especializado de Assistência Social"

Civil y Militar, que se implementan en todos los municipios de Brasil y carecen solo de articulación para que todas estas entidades formen y realicen la red. En cuanto a los costos de esta acción, prácticamente cero, solo iniciativas de articulación.

En la política de atención que está elaborando el grupo de trabajo establecido por la Ordenanza Interministerial No. 1 del 12 de marzo de 2021, integrada por los Ministerios de Ciudadanía, Salud, Educación, representantes de la Seguridad Social y el Ministerio de la Mujer, la Familia y los Derechos Humanos, a través del SNDPI, abogo por una política de atención que también se dirija al cuidador, examinar la Atención Híbrida en ILPIS, con el monitoreo de los equipos municipales de salud, el financiamiento de vacantes para ILPIS privados además de la regulación de la profesión de cuidador.

Sin una financiación pública acorde con la realidad, difícilmente podremos revertir la situación de penumbra que la política pasa a favor de nuestros ancianos, en las tres esferas de gobierno. Hay una necesidad urgente de desarrollar un Plan de Estado brasileño para enfrentar la nueva realidad ya experimentada en el país "canoso", donde los jóvenes ya no son el futuro.

El envejecimiento de la población brasileña ya está provocando nuevos estudios sobre el proceso de movilidad y el espacio urbano. Afrontar estos nuevos retos hará de los municipios una revisión del Plan Director Municipal ya que tenemos un aumento considerable de habitantes urbanizados y entre ellos las personas mayores. Esta revolución provocada por el envejecimiento provocará cambios en los conceptos de arquitectura, movilidad urbana y nuevas directrices en la urbanización. Se espera que el número de residentes de edad avanzada en las zonas urbanas crezca en este contexto.

La discusión sobre accesibilidad ya es preocupante en muchos municipios de nuestro país. Estos no están preparados para esto. Los datos obtenidos con el Programa Estrategia Brasil Amigo de la Persona Mayor[5] – EBAPI, hoy migraron del Ministerio de Ciudadanía al Ministerio de la Mujer, la Familia y los Derechos Humanos, con el SNDPI como su gestor, muestran que de los 900 municipios que se adhirieron a la Estrategia, poco más de 6 municipios pudieron avanzar desde la primera fase. Esto demuestra que le falta cambio y que hay que seguir reflexionando, porque no basta con adherirse, es necesario estimular y sensibilizar e invertir para que estos municipios puedan avanzar en la propuesta.

[5] Sigla para "Programa Estratégia Brasil Amigo da Pessoa Idosa" (del original em portugués).

Para convertirse en un municipio amigable para la persona mayor, es necesario, sobre todo, que los gerentes de políticas locales tengan sensibilidad hacia la causa y puedan planificar su ciudad para que sea una ciudad donde sea un buen lugar para envejecer. Algunos municipios que se han sumado al tema han convertido a su ciudad en municipios que brindan calidad de vida a sus ancianos y aprovechan con esto el mayor flujo de jubilados que han buscado esta vida saludable y algunos ya han hecho referencias para el turismo de temporada trayendo así nuevos ingresos en la economía local.

Todos estos aspectos llevan a la urgente necesidad de construir una política de Estado que pueda promover la Municipalización de la Política de la Persona Mayor, porque es en el municipio donde todo sucede y que poco se ha hecho. Es necesario hacer llegar a los municipios la gran Ley del Anciano que es el Estatuto del Anciano (Ley Nº 10.741, del 1 de octubre de 2003) que ahora en 2021 completando su mayor edad, aún es desconocida para la mayoría de la población brasileña, incluidos los ancianos.

Según la División de Población de las Naciones Unidas (ONU, 2015), los cambios en las tasas de fertilidad y mortalidad están relacionados con las transformaciones económicas y sociales. En este contexto, en situaciones normales anteriores a la época de la pandemia mundial, el factor de disminución de la fecundidad y la mortalidad ha creado el fenómeno mundial de aumento de la esperanza de vida. Y este es el factor clave que debe ser enfrentado en Brasil en relación con la población de sus ancianos.

Conclusiones

Los desafíos son enormes. el proceso de envejecimiento brasileño requiere tratamiento de una Política de Estado y no de gobiernos, que pasan y dejan la gran herida abierta. Ya estamos, según datos del IBGE[6],en 213 millones de habitantes (DOU .27/08/21). Un aumento del 0,7% respecto al año anterior. Dentro de este rango están los ancianos, entre 15 y 20% de la población en la proyección para 2060 de alcanzar el 30% de la población brasileña.

La política de Estado debe comenzar a definirse por la realidad de los municipios porque como ya se describió en estas instancias son estos que carecen de organización e implementación de políticas públicas locales para los ancianos. La política estatal debe contener desde el sistema de seguridad social, la política de cuidados, la política de inclusión, la educación permanente, la movilidad, la protección, los derechos y garantías, dentro de un diagnóstico real y dinámico que acompañe a la aceleración del envejecimiento.

[6] Instituto Brasileiro de Geografia e Estatística

Debe incluir estudios de la reversión de la situación inhumana en la que el anciano es colocado ante los planes de salud y sus tasas abusivas que lleva al Sistema Único de Salud (SUS) cerca del 78% de los ancianos brasileños en la búsqueda de atención. Si no fuera por el SUS, en este momento de pandemia las consecuencias serían extremadamente desfavorables.

Para la construcción de una política estatal y municipalizada, el Congreso Nacional tiene un papel relevante para que esto ocurra y los asuntos a favor de los ancianos no siempre se colocan en la agenda de los debates. La participación del Estado brasileño es sólo puntual y con responsabilidades reducidas, en comparación con las responsabilidades de la familia[7].

Por una Política Nacional de la Persona Mayor construida como una Política de Estado brasileña con un enfoque en su Municipalización, defendiendo el financiamiento garantizado de manera presupuestaria por la Unión. Estados de la Federación y Municipios, sólo de esta manera Brasil podrá pagar esta deuda con su población anciana que a lo largo de la vida contribuyó a la construcción de este país continente, pero que ahora en sus años grises sólo anhelan un lugar digno para vivir activa y saludablemente sus años restantes, donde el respeto y la solidaridad, el amor y la comprensión pueden rodearlos de todos estos momentos merecidos y necesarios para el don que nuestro Dios nos concede, que es el don de la vida.

La vejez no es enfermedad, la vejez es el complemento de una existencia, es don de Dios. Si la vejez es una enfermedad, basta con no nacer, porque la vejez no es sólo un complemento del ciclo vital, sino una vida que necesita ser vivida de una manera garantizada por el Estado, la sociedad y la familia.

Referencias

BIANCHI, Paula. Brasil será país de maioria idosa em 2030, revela IBGE. Disponible en: http://noticias.terra.com.br/brasil/brasil-vai-se-um-pais-de-idosos-já-em-2030--diz-ibge-,91eb879aef2a2410VgnVCM10000098ccebOaRCRD.html. Último acceso: 15 de agosto de 2021.

BRASIL. Ley Nº 10.741 de 1 de octubre de 2003. Prevé el Estatuto de las Personas de Edad y otras medidas. Presidencia de la República: Casa Civil: Subdirector de Asuntos Jurídicos. Disponible en: http://www.planalto.gov.br/ccivil_03/leis/2003/L10.741. Último acceso: 15 de agosto de 2021.

[7] KÜCHEMANN, B. A. (2012). Envejecimiento de la población, cuidados y ciudadanía: viejos dilemas y nuevos retos. Sociedad y Estado. Brasilia. Disponible en: https://www.scielo.br/j/se/a/wvhWcGgZ6NTbXLpbmkf3ThC/?lang=pt. Último acceso: 30 de agosto de 2021.

______. Ordenanza Nº 460 de 18 de diciembre de 2007. Prevé pisos fijos y básicos de transición, modifica la Ordenanza MDS/GM No. 442 de 26 de agosto de 2005 y establece criterios y procedimientos relacionados con la transferencia de recursos financieros relacionados con los pisos de alta complejidad I y la complejidad media fija, en el ámbito de la SUAS. Ministerio de Desarrollo Social: Oficina del Ministro. Disponible en: https://www.legisweb.com.br/legislacao/?id=202606. Último acceso: 30 de agosto de 2021.

______. Conselho Nacional dos Direitos da Pessoa Idosa – CNDI, 2021. Disponible en: https://www.gov.br/participamaisbrasil/cndi. Último acceso: 30 de agosto de 2021.

______. Pacto Nacional de Implementação dos Direitos da Pessoa Idosa. Governo Federal – Ministério da Mulher da Família e dos Direitos Humanos, 2021. Disponible en: https://www.gov.br/mdh/pt-br/navegue-por-temas/pessoa-idosa/pacto-nacional. Último acceso: 30 de agosto de 2021.

______. BRASIL 2050: desafios de uma nação que envelhece / Câmara dos Deputados, Centro de Estudos e Debates Estratégicos, Consultoria Legislativa: relator Cristiane Brasil; consultores legislativos Alexandre Candido de Souza (coord.), Alberto Pinheiro ... [et al.]. – Brasília: Câmara dos Deputados, Edições Câmara, 2017.

Giambiagi, Fabio. Demografia: a queda da PEA. Valor Econômico, São Paulo, 23 de noviembre. 2013. Disponible en: http://www.valor.com.br. Último acceso: 17 de agosto de 2021.

Küchemann, B. A. (2012). Envelhecimento populacional, cuidado e cidadania: velhos dilemas e novos desafios. Sociedade e Estado. Brasília. Disponible en: https://www.scielo.br/j/se/a/wvhWcGgZ6NTbXLpbmkf3ThC/?lang=pt. Último acceso: 30 de agosto de 2021.

3
O DIREITO AO DESENVOLVIMENTO COMO FUNDAMENTO JURÍDICO DA SAÚDE E DA ASSISTÊNCIA SOCIAL À PESSOA IDOSA

Danilo de Oliveira[1]
Marcelo Lamy[2]

1. Introdução

O Direito ao Desenvolvimento tem retomado um prestígio que outrora já emergira há algumas décadas no mundo, inclusive no Brasil, depois de um período lacunoso em que, aparentemente, perdera força.

A sua retomada, impulsionada por uma certa autonomia acadêmica que tem conquistado em relação a outros direitos humanos (o direito ao desenvolvimento passa a ser enxergado como um objeto autônomo na seara dos direitos humanos), nos leva a correlacioná-lo aos temais mais relevantes da atualidade, como o da compreensão das pessoas idosas como sujeitos de direitos, como

[1] Doutorando e Mestre em Direitos Humanos pela PUC-SP. Especialista em Direito Público com ênfase em Direito Constitucional. Coordenador do Núcleo de Pesquisa e Produção Científicas da Universidade Santa Cecília (UNISANTA). Coordenador da Pós-Graduação Lato Sensu em Direito do Trabalho e Previdência Social da UNISANTA. Coordenador Regional da Escola Superior da Advocacia (ESA) da OAB-SP. Líder do polo da Baixada Santista da Comissão Estadual de Estágio e Exame de Ordem da OAB-SP. Presidente da Comissão de Temas Previdenciários da OAB, Subseção de Santos-SP (2013-2018). Advogado. Sócio fundador da Lamy, Oliveira e Santos Sociedade de Advogados.

[2] Doutor em Direito Constitucional (PUC/SP). Mestre em Direito Administrativo (USP). Bacharel em Direito (UFPR). Vice coordenador e Professor Permanente do Programa de Pós-Graduação Stricto Sensu Mestrado em Direito da Saúde (UNISANTA). Líder do Grupo de Pesquisa CNPq "Direitos Humanos, Desenvolvimento Sustentável e Tutela Jurídica da Saúde". Coordenador do Laboratório de Políticas Públicas (UNISANTA). Professor no Curso de Bacharelado em Direito (UNISANTA, ESAMC). Advogado. Sócio fundador da Lamy, Oliveira & Santos Sociedade de Advogados.

titulares de direitos humanos, de direitos fundamentais, principalmente os de caráter social, como a saúde e a assistência social. Por outro lado, também nos leva a pensar sobre o dever estatal correspondente.

A nossa abordagem seguirá a estrutura original, fruto da nossa conferência durante o 4º Congresso Internacional realizado pela Associação de Direito de Família e das Sucessões (ADFAS), na modalidade *online*, ao vivo, e disponível na rede mundial de computadores[3]. Na primeira seção, trataremos da necessária tutela jurídica das pessoas idosas para o desenvolvimento da humanidade. Na verdade, de como justificar a origem dessa tutela jurídica. Em seguida, na segunda seção, abordaremos o dever estatal de promoção dessa tutela para, por fim, na terceira seção, tratarmos da correlação entre o direito ao desenvolvimento e a tutela jurídica das pessoas idosas.

2. A tutela jurídica das pessoas idosas para o desenvolvimento da humanidade

Por que tutelar direitos das pessoas idosas? Há um fundamento que justifique a proteção que o Direito destina a essas pessoas? A resposta a essas perguntas que, na verdade, são a mesma em sua essência, pode desvelar lições que a humanidade jamais pode se olvidar.

Norberto Bobbio, autor da obra "A Era dos Direitos", compartilhou conosco importantes reflexões acerca daquilo que ele definiu como o problema do fundamento absoluto dos direitos do homem.

Ele nos guiou na busca de uma resposta para a pergunta: Qual é o fundamento absoluto dos direitos humanos? O que sustenta esses direitos desejáveis, esses direitos que gostaríamos de ter, embora não fossem ainda todos eles reconhecidos por toda a parte e em igual medida, principalmente, se e quando ainda não positivados?

Depois de refutar o jusnaturalismo como fundamento absoluto dos direitos humanos, Norberto Bobbio elegeu as experiências históricas como esse tal fundamento dos direitos humanos.

> Ardeu por muito tempo entre os jusnaturalistas a disputa acerca de qual das três soluções possíveis quanto à sucessão dos bens (o retorno à comunidade, a transmissão familiar de pai para filho ou a livre disposição pelo proprietário) era a mais natural e, portanto, deve ser preferida num sistema que aceitava como justo tudo o que se fundava na natureza. Podiam disputar por muito tempo: com efeito,

[3] http://adfas.org.br/2021/04/29/congresso-internacional-dos-direitos-da-pessoa-idosa-confira-os-videos-de-todos-os-dias/

> todas as três soluções são perfeitamente compatíveis com a natureza do homem, conforme se considere este último como membro de uma comunidade (da qual, em última instância, sua vida depende), como pai de família (voltado por instinto natural para a continuação da espécie) ou como pessoa livre e autônoma (única responsável pelas próprias ações e pelos próprios bens)[4].

Ele explicou que contextos histórico-sociais nos trazem consensos acerca daquilo que desejamos ter, consensos sobre aquilo que pretendemos nos seja reconhecido como essencialmente necessário.

É o que Miguel Reale denominava experiências fático-valorativas. A partir delas, Miguel Reale identificou valores universais, transcendentes e fixos, os quais denominou valores constantes ou invariantes axiológicas. Para Miguel Reale, há determinados valores que, se e quando reconhecidos racional e coletivamente, se tornam universais e, sobretudo, atemporais. Ou seja, há valores que, uma vez subjetivamente acolhidos e erigidos como tais pelo universo dos homens, se desprendem de um dado contexto histórico-cultural, transcendendo-o e, assim, tornam-se fixos[5]. Diante disso, podemos compreendê-los como valores fundamentais para a humanidade.

Os valores constantes ou invariantes axiológicas são valores pautados na pessoa humana, necessários para a sua convivência, imprescindíveis à justiça social. Nos escritos de Miguel Reale, encontramos como exemplos de valores constantes ou invariantes axiológicas, isto é, de valores pautados na pessoa humana e que devem sempre acompanhá-la, a vida, a liberdade, o meio ambiente[6].

A universalização desses consensos e, sobretudo, a sua formalização, é o que fundamenta os direitos humanos. Então, para Norberto Bobbio, a Declaração Universal dos Direitos Humanos (DUDH) formalizou o consenso em torno de direitos desejáveis de cada pessoa humana e de todas as pessoas humanas, universalizando a ideia de proteção a um sujeito central: a pessoa humana, generalizada.

A Declaração Universal dos Direitos Humanos não foi objetivamente imposta ao universo dos homens, mas, ao contrário, foi acolhida subjetivamente pela humanidade[7].

[4] Bobbio, Norberto. *A era dos direitos*. Tradução de Carlos Nelson Coutinho. Apresentação de Celso Lafer. Rio de Janeiro: LTC, 2020, p. 16-17.

[5] García, Angeles Mateos. *La teoría de los valores en Miguel Reale: fundamento de su pensamiento filosófico-jurídico*. Universidade Compultense de Madrid, 2001.

[6] *Ibidem*.

[7] Bobbio, Norberto. *A era dos direitos*. Tradução de Carlos Nelson Coutinho. Apresentação de Celso Lafer. Rio de Janeiro: LTC, 2020, p. 28.

Esse foi um importante passo, na verdade, o primeiro, para que, posteriormente, viesse o passo seguinte da multiplicação.

> [...] a passagem ocorreu do homem genérico – do homem enquanto homem – para o homem específico, ou tomado na diversidade de seus *status* sociais, com base em diferentes critérios de diferenciação (o sexo, a idade, as condições físicas), cada um dos quais revela diferenças específicas, que não permitem igual tratamento e igual proteção. A mulher é diferente do homem; a criança do adulto; o adulto, do velho; o sadio, do doente; o doente temporário, do doente crônico; o doente mental, dos outros doentes; os fisicamente normais, dos deficientes etc. Basta examinar as cartas de direitos que se sucederam no âmbito internacional, nestes últimos quarenta anos [agora, mais de quarenta] para perceber esse fenômeno: em 1952, a Convenção sobre os Direitos Políticos da Mulher; em 1959, a Declaração da Criança; em 1971, a Declaração dos Direitos do Deficiente Mental; em 1975, a Declaração dos Direitos dos Deficientes Físicos; em 1982, a primeira Assembleia Mundial, em Viena, sobre os direitos dos anciãos, que propôs um plano de ação aprovado por uma resolução da Assembleia da ONU, em 3 de dezembro[8].

A Declaração Universal dos Direitos Humanos foi a etapa inicialmente necessária para que, depois, a formalização doutros direitos humanos fosse multiplicada. Primeiro, universalizou-se o consenso formal em torno do reconhecimento de direitos humanos para que, depois, se multiplicassem consensos formais acerca de direitos de parcelas de pessoas humanas carecedoras de uma proteção especial de direitos desejáveis.

Percebemos desejável a proteção de pessoas humanas de grupos específicos, cujo traço que as distingue é o da vulnerabilidade verificada em dados contextos histórico-sociais.

Podemos, sem grande esforço, inventariar exemplificativamente alguns grupos vulneráveis: crianças, adolescentes e jovens; mulheres; pessoas com deficiência; migrantes (refugiados, apátridas etc.) e idosos.

É importante perceber e destacar que essas ditas "minorias", na verdade, correspondem a muitas pessoas em nosso Planeta. Então, ao termo "minoria" deve ser empregado um sentido qualitativo, jamais quantitativo. Sentido qualitativo que expressa a vulnerabilidade que marca esses grupos de pessoas humanas e que fundamenta a sua proteção especial.

[8] Bobbio, Norberto. *A era dos direitos*. Tradução de Carlos Nelson Coutinho. Apresentação de Celso Lafer. Rio de Janeiro: LTC, 2020, p. 64.

O desenvolvimento da humanidade passa inexoravelmente pelo reconhecimento desses direitos desejáveis de grupos determinados de pessoas humanas vulneráveis, dentre os quais estão as pessoas idosas. Esse movimento já se iniciou há décadas, desde o século passado.

Cabe a nós não o deixar parar.

3. Dever estatal de atendimento às necessidades básicas das pessoas idosas

Os períodos de Pós-Guerra, principalmente o período após a Segunda Guerra Mundial, impulsionaram, além da Declaração Universal dos Direitos Humanos de 1948, um movimento de proteção das pessoas humanas em estado de necessidade. É o que se denominou Estado do bem-estar social – *Welfare State* – que reconfigurou as bases dos Estados liberais, não-intervencionistas ou de intervenção mínima nas relações privadas, para o modelo estatal intervencionista, promotor do bem-estar e da justiça sociais. Hoje, podemos falar em Estados Sociais de Direito.

Destacamos o modelo alemão de seguro social de Otto Von Bismarck e o modelo inglês de seguridade social de William Beveridge, dos quais surgiu o ideal de amparo para aqueles que fossem vítimas de um risco social.

Inicialmente, a incapacidade para o trabalho, principalmente a decorrente de doenças e a da idade avançada, passaram a nortear as políticas públicas estatais de proteção social, de amparo social, destinadas apenas aos que trabalhavam, ante o risco de perderem a capacidade para o labor e, com isso, perderem a fonte de seu sustento digno e a de sua família. Posteriormente, a extrema vulnerabilidade econômica, a extrema pobreza, passou a integrar também essa pauta.

Inicialmente, o caráter contributivo, decorrente da ideia de seguro obrigatório, impulsionou as políticas públicas de proteção social, o que perdura até os dias de hoje no que diz respeito à previdência social no Brasil. Depois, percebeu-se que os modelos de proteção deveriam abranger também aquelas pessoas que à mercê da solidariedade dos seus pares, não têm condição de previamente contribuir para depois se socorrer do amparo estatal de tutela dos riscos sociais.

Atualmente, a saúde e a assistência social integram a chamada tridimensionalidade da seguridade social brasileira. Isso porque a Constituição Federal, de 05 de outubro de 1988, em seu artigo 194, *caput*, previu que o sistema de seguridade social brasileiro abrange, além da previdência social, a saúde e a assistência social.

> Art. 194. A seguridade social compreende um conjunto integrado de ações de iniciativa dos Poderes Públicos e da sociedade, destinadas a assegurar os direitos relativos à saúde, à previdência e à assistência social

Os riscos sociais doença e vulnerabilidade econômica são tão sérios que justificam a respectiva proteção social, dispensadas contribuições prévias. Ou seja, diferentemente da previdência social, os serviços públicos de saúde e de assistência social não têm caráter contributivo, assim não exigindo do usuário contrapartida prévia nem remuneração.

> Art. 196. A saúde é direito de todos e dever do Estado, garantido mediante políticas sociais e econômicas que visem à redução do risco de doença e de outros agravos e ao acesso universal e igualitário às ações e serviços para sua promoção, proteção e recuperação
>
> Art. 203. A assistência social será prestada a quem dela necessitar, independentemente de contribuição à seguridade social [...]

Dois avanços trazidos pela nossa atual Constituição em relação à saúde e à assistência social, legítimos direitos fundamentais sociais (direitos humanos sociais, no âmbito do direito internacional, direito "do" desenvolvimento), merecem ser por nós comentados.

Primeiro, o avanço de que a partir da Constituição Federal, de 05 de outubro de 1988, reconheceram-se cuidados preventivos como práticas de saúde e, ainda, em caráter prioritário. Antes, amesquinhando-se a amplitude do que realmente seja saúde, só se falava em práticas curativas.

> Art. 198. As ações e serviços públicos de saúde integram uma rede regionalizada e hierarquizada e constituem um sistema único, organizado de acordo com as seguintes diretrizes:
>
> [...].
>
> II – atendimento integral, com prioridade para as atividades preventivas, sem prejuízo dos serviços assistenciais.

Segundo, o avanço de que a assistência social não é devida apenas aos vulneráveis economicamente, mas, sim, a quem dela necessitar (são conceitos parecidos, porém distintos). É o que consta expressamente no artigo 203, *caput*, da nossa atual Constituição. Contudo, ainda são maioria os que desconhecem ou que não compreendem os reais destinatários da assistência social no Brasil: qualquer um de nós que venha a dela necessitar.

Art. 203. A assistência social será prestada a quem dela necessitar, independentemente de contribuição à seguridade social [...]

À guisa de encerramento dessa segunda seção, reforçamos que os direitos fundamentais sociais à saúde e à assistência social têm como fato gerador da respectiva proteção social os chamados riscos sociais: a falta de saneamento básico, a doença, a fome, a extrema pobreza etc. Ou seja, situações de estado de necessidade da pessoa humana, o que a coloca num estado de fragilidade, de desigualdade, em comparação com os seus semelhantes.

Em se tratando de pessoas idosas, já vulneráveis pela própria condição de terem idade avançada, as políticas públicas e a atenção social ganham relevância ainda maior. Por isso, contam as pessoas idosas com proteção especialmente reconhecida pelos ordenamentos jurídicos, inclusive no Estado brasileiro. Não poderia ser diferente. Contudo, é preciso efetivar juridicamente essa proteção, no Brasil e em todo o Planeta.

4. O direito ao desenvolvimento e à tutela jurídica das pessoas idosas

O desenvolvimento da humanidade, a sua própria existência, depende da proteção das pessoas humanas em situação de vulnerabilidade, dentre as quais estão as pessoas idosas.

O termo desenvolvimento passou por uma evolução que, infelizmente, poucos no Brasil acompanharam e, menos ainda, dela se apropriaram.

Na seara do direito internacional, previamente ao seu reconhecimento formal como um direito autônomo, historicamente, o desenvolvimento foi compreendido como uma espécie de condição fática para a efetividade dos direitos humanos declarados em 1948 (DUDH). A sua natureza, inicialmente, foi instrumental, isto é, um meio para um determinado fim. O desenvolvimento foi, num primeiro momento histórico, reconhecido como um instrumento voltado à finalidade de se dar proteção, de se dar efetividade, aos direitos humanos formalmente reconhecidos (DUDH).

> A discussão sobre o desenvolvimento ganhou corpo internacional por ocasião da Conferência Internacional de Direitos Humanos realizada em maio de 1968, momento em que a comunidade internacional examinou os progressos e as dificuldades de implementação dos Direitos Humanos nos transcorridos vinte anos da Declaração Universal. Nessa ocasião, a comunidade internacional conscientizou-se que uma das chaves da questão era tomar-se conta de que os direitos

humanos são indivisíveis e dependem uns dos outros e de políticas nacionais e internacionais de desenvolvimento econômico e social[9].

Em meio a um cenário global de preocupação com a efetividade dos direitos humanos declarados em 1948, o desenvolvimento foi primeiramente concebido como uma condição fática para esse fim. Isso se deu em 13 de maio de 1968, durante a Conferência Internacional sobre Direitos Humanos de Teerã, em cujo seio se produziu a Proclamação de Teerã. Passados vinte anos da Declaração Universal dos Direitos Humanos, ela exprimiu a consciência da comunidade internacional no sentido de que esses direitos são indivisíveis e interdependentes.

> Em razão disso, a Proclamação de Teerã, de 13 de Maio de 1968, produzida no seio dessa conferência afirmou: A Conferência Internacional de Direitos Humanos, [...] Declara solenemente que: [...] 13. Como os Direitos Humanos e as Liberdades Fundamentais são indivisíveis, a realização dos direitos civis e políticos sem o gozo dos direitos econômicos, sociais e culturais resulta impossível. A consecução de um progresso duradouro na aplicação dos Direitos Humanos depende de umas boas e eficazes políticas nacionais e internacionais de desenvolvimento econômico e social[10].

A sua unidade foi expressamente proclamada, enquanto a sua interdependência se depreendeu, pelo menos implicitamente, da proclamação de que a proteção dos direitos humanos depende de sólidas e eficazes políticas públicas nacionais e internacionais de desenvolvimento econômico e social (artigo 13).

> Numa fórmula feliz a Proclamação de Teerã põe por terra a divisão entre os direitos civis e políticos e os direitos econômicos sociais e culturais e lança as bases para o futuro dogma da indivisibilidade [ou da unidade] dos direitos humanos[11].

Desde a Proclamação de Teerã, formalizou-se o consenso acerca da imprescindibilidade de políticas públicas nacionais e internacionais voltadas para o desenvolvimento econômico e social, pautadas na impossibilidade da realiza-

[9] LAMY, Marcelo. OLIVEIRA, Danilo de. Incorporação e estatura hierárquica dos tratados internacionais no Brasil. P. 409/443. In: *Caderno de Relações Internacionais, vol. 11, n. 21, jul-dez. 2020*, p. 295.

[10] LAMY, Marcelo. OLIVEIRA, Danilo de. Incorporação e estatura hierárquica dos tratados internacionais no Brasil. P. 409/443. In: *Caderno de Relações Internacionais, vol. 11, n. 21, jul-dez. 2020*, p. 295.

[11] BALERA, Wagner. *Declaração sobre o Direito ao Desenvolvimento anotada*. Curitiba: Juruá, 2015, p. 13.

ção dos direitos civis e políticos sem o gozo dos direitos econômicos, sociais e culturais. Essa indivisibilidade de direitos humanos de dimensões diversas depende, então, do desenvolvimento, nesse cenário já não mais compreendido como um fenômeno econômico isoladamente considerado.

Em síntese, antes de se tornar um direito formalmente, o desenvolvimento, em seus múltiplos aspectos (econômico, social, ambiental, político etc.) consistiu num instrumento, numa condição fática para a efetividade dos direitos humanos, além de ter contribuído, pela sua característica multifacetária, para a unidade e interdependência dos direitos humanos.

Depois, no seio da própria ONU, o desenvolvimento foi formalmente reconhecido como um direito humano. Em 23 de novembro de 1979, a Assembleia Geral da Organização das Nações Unidas, por meio da Resolução n. 34/46, reconheceu formalmente o próprio desenvolvimento como um direito. Formalizou-se o reconhecimento do direito ao desenvolvimento como um direito humano, preconizando-se, desde então, a igualdade de oportunidade para o desenvolvimento como uma prerrogativa da pessoa humana e de toda a humanidade.

> O salto cultural de perceber o "direito" ao desenvolvimento deu-se mais recentemente (antes, o desenvolvimento era enunciado como condição fática para os outros direitos e não como um direito autônomo). Na Assembleia Geral da ONU, pela Res. 34/46 de 23 de novembro de 1979, deu-se o reconhecimento formal ao Direito ao Desenvolvimento como Direito Humano: "A Assembleia Geral, [...] 8. Sublinha que o direito ao desenvolvimento é um direito humano e que a igualdade de oportunidade para o desenvolvimento é uma prerrogativa tanto das nações como dos indivíduos que formam as nações[12]".

Como condição ou pressuposto fático, o desenvolvimento impunha a integração de fatos políticos, econômicos, sociais, culturais etc., que propiciassem a mais ampla proteção dos diversos direitos humanos. Enquanto condicionante ou fenômeno juridicizado, o direito ao desenvolvimento impõe a integração entre as diversas dimensões dos direitos humanos em prol de sua maior efetividade.

Hoje, o direito ao desenvolvimento está presente em todas as dimensões dos direitos humanos: nos direitos civis e políticos; nos direitos econômicos,

[12] LAMY, Marcelo. OLIVEIRA, Danilo de. Incorporação e estatura hierárquica dos tratados internacionais no Brasil. P. 409/443. In: *Caderno de Relações Internacionais*, vol. 11, n. 21, jul-dez. 2020, p. 296.

sociais e culturais etc. Assim, ele reforça a sua integração, a sua amplitude. Ele significa a totalidade desse amálgama protetivo da pessoa humana. O direito ao desenvolvimento é um direito humano interdimensional.

> [...] não é apenas uma espécie de umbrella rights ou a soma de determinados direitos, constituindo em verdade um direito a um processo que expanda as capacidades ou as liberdades das pessoas em melhorar seu bem-estar e perceber seu valor. O direito ao desenvolvimento, a seu ver, implica melhoria de um vetor de direitos humanos, o qual é composto de vários elementos que representam os diferentes direitos econômicos, sociais e culturais, bem como os direitos civis e políticos, todos interdependentes. O próprio vetor é um direito humano, pois o direito ao desenvolvimento é um todo integral destes direitos[13].

Isso justifica, no que para nós aqui interessa, a busca pela efetividade jurídica, em especial, dos direitos da pessoa idosa. Efetividade que pode ser representada pelo binômio do não-retrocesso e da progressividade, verdadeiras diretrizes duma hermenêutica jurídica desenvolvimentista.

Creio que dois breves exemplos nos ajudarão a compreender essa necessária efetividade dos direitos da pessoa idosa por meio do direito ao desenvolvimento, por meio desse binômio que ele carrega, do não-retrocesso e da progressividade.

A reforma da previdência pretendia, inicialmente, desvincular o valor do benefício de prestação continuada da Lei Orgânica da Assistência Social (BPC-LOAS) do salário-mínimo. Ocorre que esse direito das pessoas idosas (e das pessoas com deficiência), ambas em situação de vulnerabilidade econômica, desde a promulgação da nossa atual Constituição, isto é, desde a sua redação original, tem status constitucional. Trata-se, assim, de um amparo social já constitucionalizado e, por isso, não pode ser objeto de reforma que o diminua, menos ainda que o extinga. Esse é o não-retrocesso que o direito ao desenvolvimento impõe aos direitos humanos, principalmente aos sociais, máxime quando não há no mundo fenomênico, no mundo dos fatos ou empírico, justificativa para a minoração do alcance da proteção social, menos ainda para a sua extinção. A ausência de justa causa deve bloquear qualquer tentativa de adoção de política pública que prejudique a efetividade dos direitos humanos ou fundamentais de índole social. Mesmo os defensores da interpretação constitucional de que os direitos sociais são normas de eficácia limitada de conteúdo programático, cujo baluarte é ninguém menos que José

[13] Anjos Filho. Robério Nunes dos. *Direito ao Desenvolvimento*. São Paulo: Saraiva, 2013, p. 197-198.

Afonso da Silva, concordam que o não-retrocesso é decorrência deles, ainda que eventualmente o legislador infraconstitucional não tenha regulamentado o seu exercício.

Estamos na chamada Revolução 4.0 ou Quarta Revolução Industrial, marcada por rápidos e grandes avanços tecnológicos, a exemplo da inteligência artificial, dos algoritmos. Nesse contexto, a progressividade dos direitos da pessoa idosa significa, exatamente, que elas não podem ficar à margem dessas transformações. Não podem, ainda, as pessoas idosas ficar de fora dos benefícios decorrentes do avanço da tecnologia para a medicina, por exemplo.

Enfim, por todo o exposto, inobstante haver inúmeros direitos que se destinam às pessoas idosas, podemos concluir que a saúde e a assistência social em especial, hoje, devem ser fundamentadas juridicamente no direito ao desenvolvimento, cujas diretrizes hermenêutico-jurídicas mais importantes para a sua efetividade podem ser o não-retrocesso e a progressividade.

Conclusões

Parece-nos racional e logicamente possível a ilação de que, no contexto da afirmação histórica dos direitos humanos, a tutela jurídica das pessoas idosas decorre da percepção da necessidade de se efetivar a proteção de direitos humanos de grupos específicos de pessoas humanas marcadas por alguma vulnerabilidade que as tornem carecedoras de especial atenção.

Vimos que a atual compreensão da ideia de seguridade social, entre nós formalmente consagrada desde 05 de outubro de 1988, data da promulgação de nossa atual Constituição, reserva olhar atento às pessoas idosas[14], tanto no que diz respeito à saúde quanto à assistência social. Inclusive, independentemente de contribuições. O acesso à saúde é universalizado; a assistência social destina-se aos que dela necessitarem. E, exatamente nesse contexto da superação das necessidades básicas, é que o direito ao desenvolvimento serve como fundamento para a sua efetividade jurídica.

Contudo, o direito ao desenvolvimento como fundamento dos direitos das pessoas idosas nos leva a refletir além da concretude dos seus direitos básicos, além da saúde e da assistência social. Nos faz refletir acerca do dever estatal e comunitário de que todo o amálgama desenvolvimentista (direitos políticos, civis, econômicos, sociais, culturais, ambientais etc.) esteja disponível

[14] A título de exemplo, CF/1988, art. 230, *caput*. "A família, a sociedade e o Estado têm o dever de amparar as pessoas idosas, assegurando sua participação na comunidade, defendendo sua dignidade e bem-estar e garantindo-lhes o direito à vida."

para a fruição pelas pessoas idosas, enquanto categoria especial do gênero pessoas humanas.

Coube-nos, aqui, lançar os holofotes sobre esse tema e as provocações indispensáveis para que reflitamos e, principalmente, ajamos.

Encerramos parafraseando o imperativo ético da Agenda 2030, de que ninguém poderá ser deixado para trás, abandonado. Principalmente, as pessoas humanas potencialmente vulneráveis, como as idosas.

Referências

ANJOS FILHO. Robério Nunes dos. *Direito ao Desenvolvimento.* São Paulo: Saraiva, 2013.

BALERA, Wagner. *Declaração sobre o Direito ao Desenvolvimento anotada.* Curitiba: Juruá, 2015.

BRASIL. Assembleia Nacional Constituinte. *Constituição Federal,* de 05 de outubro de 1988. Disponível em: http://www.planalto.gov.br/ccivil_03/constituicao/constituicao.htm. Acesso em: 16.abr.2022.

BOBBIO, Norberto. *A era dos direitos.* Tradução de Carlos Nelson Coutinho. Apresentação de Celso Lafer. Rio de Janeiro: LTC, 2020.

BONAVIDES, Paulo. *Do Estado Liberal ao Estado Social.* 11ª ed. 2ª tiragem. São Paulo: Malheiros Editores, 2014.

GARCÍA, Ángeles Mateos. *La teoría de los valores en Miguel Reale, fundamento de su pensamiento filosófico-jurídico.* Tesis presentada para grado de Doctor. Universidad Complutense de Madrid. Facultad de Derecho.

GUERRA FILHO, Willis Santiago. CARNIO, Henrique Garbellini (colaborador). *Teoria da Ciência Jurídica.* 2ª ed. São Paulo: Saraiva, 2009.

Direitos Humanos. 4ª ed. Brasília: Senado Federal, Coordenação de Edições Técnicas, 2013.

LAMY, Marcelo. *Metodologia da Pesquisa*: técnicas de investigação, argumentação e redação. 2ª ed. rev. atual. e ampl. São Paulo: Matrioska Editora, 2020.

_____. *Direitos fundamentais de 3ª geração.* p. 288/320. In: BRANDÃO, Cláudio (coordenador). Direitos humanos e fundamentais em perspectiva. São Paulo: Atlas, 2014.

_____. SOUZA, Luciano Pereira de; OLIVEIRA, Danilo de. *Violação das Obrigações Estatais na Área da Saúde*: A Diferença entre as Obrigações Mínimas e as Esperadas. Caderno de Relações Internacionais Faculdade Damas. Volume 7, nº. 13, p. 297/316. 2016.

LAMY, Marcelo. OLIVEIRA, Danilo de. *Incorporação e estatura hierárquica dos tratados internacionais no Brasil.* p. 409/443. In: Caderno de Relações Internacionais, vol. 11, n. 21, jul-dez. 2020.

OLIVEIRA, Danilo de. *Direito ao desenvolvimento*: conteúdo, natureza jurídica, vinculações estatais e efetividade. Curitiba: Brazil Publishing, 2020.

_____. *Obrigações estatais mínimas, esperadas e ODS 3.* In: Unisanta Law and Social Science. Vol. 10, n. 02, 2021. Edição Especial: 3º CIDS "Vulnerabilidades sociais e Direito da Saúde".

3
EL DERECHO AL DESARROLLO COMO BASE JURÍDICA DE LA ASISTENCIA SANITARIA Y SOCIAL PARA LAS PERSONAS MAYORES

DANILO DE OLIVEIRA[1]
MARCELO LAMY[2]

1. Introducción

El derecho al desarrollo ha retomado un prestigio que una vez había surgido hace unas décadas en el mundo, incluido Brasil, después de un período de hueco en el que aparentemente perdió fuerza.

Su reanudación, impulsada por una cierta autonomía académica que ha ganado en relación con otros derechos humanos (el derecho al desarrollo es ahora visto como un objeto autónomo en el campo de los derechos humanos), nos lleva a correlacionarlo con los temores más relevantes de hoy, como la

[1] Estudiante de Doctorado y Magíster en Derechos Humanos de la PUC-SP. Especialista en Derecho Público con Énfasis en Derecho Constitucional. Coordinador del Centro de Investigación y Producción Científica de Universidad Santa Cecilia (UNISANTA). Coordinadora del Programa de Posgrado en Derecho Lato Sensu de Trabajo y Seguridad Social de la UNISANTA. Coordinador Regional de la Escuela Superior de Abogacía (ESA) de OAB-SP. Líder de la Sección Baixada Santista de la Comisión Estatal de Prácticas y Solicitar Examen de OAB-SP. Presidente de la Comisión de Asuntos de Seguridad Social de la OAB, Subsección de Santos-SP (2013-2018). Abogado. Socio fundador de Lamy, Oliveira e Santos Sociedade de Abogados.

[2] Doctorado en Derecho Constitucional (PUC/SP). Maestría en Derecho Administrativo (USP). Bachiller en Derecho (UFPR). Coordinador Adjunto y Profesor Titular del Programa de Posgrado Stricto Sensu Magíster en Derecho Sanitario (UNISANTA). Líder del Grupo de Investigación del CNPq "Derechos Humanos, Desarrollo Sostenible y Protección Jurídica de la Salud". Coordinador de laboratorio de Políticas Públicas (UNISANTA). Profesor del Curso de Licenciatura en Derecho (UNISANTA, ESAMC). Abogado. Socio fundador de Lamy, Oliveira & Santos Sociedade de Advogados.

comprensión de las personas mayores como sujetos de derechos, como titulares de derechos humanos, de derechos fundamentales, especialmente los de carácter social, como la salud y la asistencia social. Por otro lado, también nos lleva a pensar en el deber estatal correspondiente.

Nuestro enfoque seguirá la estructura original, resultado de nuestra conferencia durante el 4º Congreso Internacional celebrado por la Asociación de Derecho de Familia y Sucesiones (ADFAS), en *modalidad online*, en directo, y disponible en la red informática mundial.[3] En la primera sección, trataremos la protección legal necesaria de los ancianos para el desarrollo de la humanidad. De hecho, cómo justificar el origen de esa protección legal. Luego, en la segunda sección, abordaremos el deber estatal de promover esta protección para que, finalmente, en la tercera sección, tratemos la correlación entre el derecho al desarrollo y la protección legal de las personas mayores

2. La Tutela Legal de los Ancianos Para el Desarrollo de la Humanidad

¿Por qué proteger los derechos de los adultos mayores? ¿Existe alguna base que justifique la protección que la ley otorga a estas personas? La respuesta a estas preguntas, que en realidad son las mismas en esencia, puede revelar lecciones que la humanidad nunca podrá olvidar.

Norberto Bobbio, autor de "La Era de los Derechos", compartió con nosotros importantes reflexiones sobre lo que definió como el problema de la fundamentación absoluta de los derechos humanos.

Nos guió en la búsqueda de una respuesta a la pregunta: ¿Cuál es el fundamento absoluto de los derechos humanos? ¿Qué sostiene estos derechos deseables, estos derechos que nos gustaría tener, aunque todavía no todos fueran reconocidos en todas partes y en igual medida, especialmente si y cuando aún no son positivos?

Después de refutar el jusnaturalismo como fundamento absoluto de los derechos humanos, Norberto Bobbio eligió las experiencias históricas como fundamento de los derechos humanos.

> Por mucho tiempo se inflamó entre los jusnaturalistas la disputa sobre cuál de las tres soluciones posibles a la sucesión de bienes (el retorno a la comunidad, la transmisión familiar de padre a hijo o la libre disposición por parte del propietario) era la más natural y, por lo tanto, debía ser preferida en un sistema que aceptaba como justo todo lo que se basaba en la naturaleza. Podrían disputarse durante

[3] https://adfas.org.br/congresso-internacional-dos-direitos-da-pessoa-idosa-confira-os-videos-de-todos-os-dias/

> mucho tiempo: de hecho, las tres soluciones son perfectamente compatibles con la naturaleza del hombre, considerado este último como miembro de una comunidad (de la que, en última instancia, depende su vida), como padre de familia (dirigido por instinto natural para la continuación de la especie) o como persona libre y autónoma (única responsable de sus propias acciones y de su propia propiedad).[4]

Explicó que los contextos históricos y sociales nos traen consenso sobre lo que queremos tener, consenso sobre lo que queremos que se reconozca como esencialmente necesario.

Es lo que Miguel Reale llamó experiencias de valor fático. A partir de ellos, Miguel Reale identificó valores universales, trascendentes y fijos, a los que llamó valores constantes o invariantes axiológicos. Para Miguel Reale, hay ciertos valores que, si se reconocen racional y colectivamente, se vuelven universales y, sobre todo, atemporales. Es decir, hay valores que, una vez acogidos y erigidos subjetivamente como tales por el universo de los hombres, se desprenden de un contexto histórico-cultural dado, trascendiéndolo y así se vuelven fijos.[5] En vista de esto, podemos entenderlos como valores fundamentales para la humanidad.

Los valores constantes o invariantes axiológicos son valores basados en la persona humana, necesarios para su convivencia, esenciales para la justicia social. En Los Escritos de Miguel Reale, encontramos como ejemplos de valores constantes o valores invariantaxiológicos, es decir, de valores basados en la persona humana y que deben acompañarla siempre, la vida, la libertad, el medio ambiente.[6] La universalización de estos consensos y, sobre todo, su formalización, es lo que subyace a los derechos humanos. Luego, para Norberto Bobbio, la Declaración Universal de Derechos Humanos (DUDH) formalizó el consenso en torno a los derechos deseables de cada persona humana y de todas las personas humanas, universalizando la idea de protección a un sujeto central: la persona humana, generalizada.

La Declaración Universal de Derechos Humanos no se impuso objetivamente al universo de los hombres, sino que, por el contrario, fue acogida subjetivamente por la humanidad.[7]

[4] BOBBIO, Norberto. *A era dos direitos*. Traducción de Carlos Nelson Coutinho. Presentación de Celso Lafer. Rio de Janeiro: LTC, 2020, p. 16-17.

[5] GARCÍA, Angeles Mateos. *La teoría de los valores en Miguel Reale: fundamento de su pensamiento filosófico-jurídico*. Universidade Compultense de Madrid, 2001.

[6] *Ibidem*.

[7] BOBBIO, Norberto. *A era dos direitos*. Traducción de Carlos Nelson Coutinho. Presentación de Celso Lafer. Rio de Janeiro: LTC, 2020, p. 28.

Este fue un paso importante, de hecho, el primero, para que más tarde llegara el siguiente paso de multiplicación.

> [...] El paso se produjo del hombre genérico – del hombre como hombre – al hombre específico, o tomado en la diversidad de *su estatus social*, basado en diferentes criterios de diferenciación (sexo, edad, condiciones físicas), cada uno de los cuales revela diferencias específicas, que no permiten la igualdad de trato y la igual protección. La mujer es diferente del hombre; el niño del adulto; el adulto, de los viejos; los sanos, de los enfermos; el paciente temporal del paciente crónico; los enfermos mentales, de los otros pacientes; físicamente normal, del discapacitado, etc. Basta examinar las cartas de derechos que han seguido a nivel internacional en los últimos cuarenta años [ahora, más de cuarenta] para entender este fenómeno: en 1952, la Convención sobre los Derechos Políticos de la Mujer; en 1959, la Declaración de los Niños; en 1971, la Declaración sobre los derechos de los discapacitados mentales; en 1975, la Declaración sobre los derechos de las personas con discapacidad; en 1982, la primera Asamblea Mundial en Viena sobre los derechos de los ancianos, que propuso un plan de acción aprobado por una resolución de la Asamblea de las Naciones Unidas el 3 de diciembre.[8]

La Declaración Universal de Derechos Humanos es el primer paso necesario para multiplicar la formalización de otros derechos humanos. En primer lugar, se universalizó el consenso formal sobre el reconocimiento de los derechos humanos, de modo que se multiplicó el consenso formal sobre los derechos de algunas personas humanas que carecían de protección especial de los derechos deseables.

Percibimos deseable la protección de las personas humanas de grupos específicos, cuyo rasgo que los distingue es el de vulnerabilidad verificada en contextos histórico-sociales de datos.

Podemos, sin grandes esfuerzos, inventariar un ejemplo de algunos grupos vulnerables: niños, adolescentes y jóvenes; mujeres; personas con discapacidad; migrantes (refugiados, apátridas, etc.) y ancianos.

Es importante darse cuenta y destacar que estas llamadas "minorías", de hecho, corresponden a muchas personas en nuestro planeta. Por lo tanto, el término "minoría" debe usarse en un sentido cualitativo, nunca cuantitativo. Sentido cualitativo que expresa la vulnerabilidad que caracteriza a estos grupos de personas humanas y que subyace a su especial protección.

[8] Bobbio, Norberto. *A era dos direitos*. Traducción de Carlos Nelson Coutinho. Presentación de Celso Lafer. Rio de Janeiro: LTC, 2020, p. 64.

El desarrollo de la humanidad implica inexorablemente el reconocimiento de estos derechos deseables de ciertos grupos de personas humanas vulnerables, entre las que se encuentran los ancianos. Este movimiento se ha iniciado durante décadas, desde el siglo pasado.

Depende de nosotros no dejar que se detenga.

3. Deber del Estado de satisfacer las necesidades básicas de los ancianos

Los períodos de posguerra, especialmente el período posterior a la Segunda Guerra Mundial, estimularon, además de la Declaración Universal de Derechos Humanos de 1948, un movimiento para proteger a las personas humanas en estado de necesidad. A esto se le llama *Estado* de Bienestar, que reconfiguró los fundamentos de los estados liberales, no intervencionistas o de mínima intervención en las relaciones privadas, por el modelo estatal intervencionista, que promueve el bienestar social y la justicia. Hoy podemos hablar de Estados Sociales de Derecho.

Destacamos el modelo de seguridad social alemán de Otto Von Bismarck y el modelo de seguridad social inglés de William Beveridge, de donde surgió el ideal de apoyo a quienes fueron víctimas de un riesgo social.

Inicialmente, la incapacidad para trabajar, especialmente la resultante de enfermedades y la de edad avanzada, comenzó a orientar las políticas públicas estatales de protección social, de apoyo social, dirigidas solo a quienes trabajaban, ante el riesgo de perder la capacidad de trabajar y, con esto, perder la fuente de su digno sustento y el de su familia. Más tarde, la vulnerabilidad económica extrema, la pobreza extrema, también se convirtieron en parte de esta agenda.

Inicialmente, el carácter contributivo, resultante de la idea del seguro obligatorio, impulsó las políticas públicas de protección social, que persiste hasta el día de hoy con respecto a la seguridad social en Brasil. Entonces, se dio cuenta de que los modelos de protección también deben abarcar a aquellas personas que, a merced de la solidaridad de sus pares, no son capaces de contribuir de antemano para solo después busca el apoyo estatal de tutela de los riesgos sociales.

Actualmente, la salud y la asistencia social forman parte de la llamada tridimensionalidad de la seguridad social brasileña. Esto se debe a que la Constitución Federal, del 5 de octubre de 1988, en su artículo 194, *caput,* predijo que el sistema de seguridad social brasileño cubre, además de la seguridad social, la salud y la asistencia social.

> Artículo 194. La seguridad social comprende un conjunto integrado de acciones de iniciativa de las Administraciones Públicas y la sociedad, destinadas a garantizar los derechos relacionados con la salud, la seguridad social y la asistencia social.

Los riesgos sociales de enfermedad y vulnerabilidad económica son tan graves que justifican su protección social, prescindiendo de contribuciones anteriores. En otras palabras, a diferencia de la seguridad social, los servicios públicos de salud y asistencia social no tienen carácter contributivo, por lo que no requieren que el usuario pague una contraprestación o remuneración previa.

> Artículo 196. La salud es un derecho de todos y un deber del Estado, garantizado mediante políticas sociales y económicas encaminadas a reducir el riesgo de enfermedades y otras lesiones y el acceso universal e igualitario a las acciones y servicios para su promoción, protección y recuperación.
>
> Artículo 203. La asistencia social se prestará a quienes la necesiten, independientemente de su contribución a la seguridad social [...]

Dos avances aportados por nuestra actual Constitución en relación con la salud y con la asistencia social, derechos sociales fundamentales legítimos (derechos humanos sociales, en el ámbito del derecho internacional, el derecho "del" desarrollo), merecen ser comentados por nosotros.

En primer lugar, el avance de que a partir de la Constitución Federal del 5 de octubre de 1988, la atención preventiva fue reconocida como práctica de salud y también de manera prioritaria. Antes, amenazando la amplitud de lo que realmente es la salud, solo se hablaba de prácticas curativas.

> Artículo 198. Las acciones y servicios de salud pública forman parte de una red regionalizada y jerárquica y constituyen un sistema único, organizado de acuerdo con las siguientes directrices:
>
> [...].
>
> II – atención integral, con prioridad para las actividades preventivas, sin perjuicio de los servicios de atención.

En segundo lugar, el progreso de que la asistencia social no se debe solo a los económicamente vulnerables, sino a aquellos que la necesitan (son conceptos similares pero distintos). Esto es lo que está expresamente contenido en el artículo 203, *caput*, de nuestra actual Constitución. Sin embargo, todavía hay una mayoría que no conoce o no entiende a los verdaderos beneficiarios de la asistencia social en Brasil: cualquiera de nosotros que la necesitará.

> Artículo 203. La asistencia social se prestará a quienes la necesiten, independientemente de su contribución a la seguridad social [...]

En el proceso de cierre de esta segunda sección, reforzamos que los derechos sociales fundamentales a la salud y la asistencia social tienen como resultado de su protección social los llamados riesgos sociales: falta de saneamiento básico, enfermedades, hambre, pobreza extrema, etc. Es decir, situaciones de estado de necesidad de la persona humana, que la pone en un estado de fragilidad, de desigualdad, frente a sus semejantes.

En el caso de las personas mayores, ya vulnerables por su propia condición de avanzada edad, las políticas públicas y la atención social adquieren aún mayor relevancia. Por lo tanto, los ancianos tienen una protección especialmente reconocida por los sistemas jurídicos, incluso en el Estado brasileño. No podría ser diferente. Sin embargo, esta protección debe ser legalmente efectiva en Brasil y en todo el planeta.

4. El derecho al desarrollo y la protección jurídica de las personas mayores

El desarrollo de la humanidad, su existencia misma, depende de la protección de las personas humanas en situación de vulnerabilidad, entre las que se encuentran las ancianas.

El término desarrollo pasó por una evolución que, lamentablemente, pocos en Brasil siguieron y, menos aún, se apropiaron de ella.

En el ámbito del derecho internacional, antes de su reconocimiento formal como derecho autónomo, históricamente, el desarrollo se entendía como una especie de condición fática para la efectividad de los derechos humanos declarada en 1948 (DUDH). Su naturaleza fue inicialmente instrumental, es decir, un medio para un determinado propósito. El desarrollo fue, en un primer momento histórico, reconocido como un instrumento destinado al propósito de dar protección, de dar efectividad, a los derechos humanos formalmente reconocidos (DUDH).

> El debate sobre el desarrollo cobró impulso internacional en la Conferencia Internacional de Derechos Humanos celebrada en mayo de 1968, cuando la comu-

nidad internacional examinó los progresos y las dificultades de la aplicación de los derechos humanos en los veinte años de la Declaración Universal.

En esta ocasión, la comunidad internacional tomó conciencia de que una de las claves de la cuestión era cuidar que los derechos humanos sean indivisibles y dependan unos de otros y de las políticas nacionales e internacionales de desarrollo económico y social. [9]

En medio de un escenario global de preocupación por la efectividad de los derechos humanos declarado en 1948, el desarrollo fue concebido primero como una condición política para este propósito. Esto ocurrió el 13 de mayo de 1968, durante la Conferencia Internacional de Derechos Humanos en Teherán, en la que tuvo lugar la Proclamación de Teherán. Veinte años después de la Declaración Universal de Derechos Humanos, expresó la conciencia de la comunidad internacional de que estos derechos son indivisibles e interdependientes.

Como resultado, la Proclamación de Teherán del 13 de mayo de 1968, producida dentro de esta conferencia, declaró: La Conferencia Internacional de Derechos Humanos, [...] Declara solemnemente que: [...] 13. Como los derechos humanos y las libertades fundamentales son indivisibles, la realización de los derechos civiles y políticos sin el disfrute de los derechos económicos, sociales y culturales es imposible. El logro de progresos duraderos en la aplicación de los derechos humanos depende de políticas nacionales e internacionales buenas y eficaces para el desarrollo económico y social.[10]

Su unidad ha sido expresamente proclamada, mientras que su interdependencia se ha asumido, al menos implícitamente, de la proclamación de que la protección de los derechos humanos depende de políticas públicas nacionales e internacionales sólidas y eficaces sobre desarrollo económico y social (artículo 13).

En una fórmula feliz, *la Proclamación de Teherán* pone sobre el terreno la división entre los derechos civiles y políticos y los derechos económicos sociales y

[9] Lamy, Marcelo. Oliveira, Danilo de. Incorporação e estatura hierárquica dos tratados internacionais no Brasil. P. 409/443. In: *Caderno de Relações Internacionais,* vol. 11, n. 21, Jul-Dez. 2020, p. 295.

[10] Lamy, Marcelo. Oliveira, Danilo de. Incorporação e estatura hierárquica dos tratados internacionais no Brasil. P. 409/443. In: *Caderno de Relações Internacionais, vol. 11, n. 21, Jul-Dez. 2020,* p. 295.

culturales y sienta las bases para el futuro dogma de la indivisibilidad [o unidad] de los derechos humanos. (cursiva resaltada del original)[11]

Desde la Proclamación de Teherán, se ha formalizado el consenso sobre la imprescindibilidad de las políticas públicas nacionales e internacionales encaminadas al desarrollo económico y social, basadas en la imposibilidad de lograr los derechos civiles y políticos sin el disfrute de los derechos económicos, sociales y culturales. Esta indivisibilidad de los derechos humanos de diferentes dimensiones depende, entonces, del desarrollo, en este escenario ya no entendido como un fenómeno económico aislado considerado.

En resumen, antes de convertirse formalmente en un derecho, el desarrollo, en sus múltiples aspectos (económico, social, ambiental, político, etc.) consistió en un instrumento, una condición técnica para la efectividad de los derechos humanos, además de haber contribuido, por su característica multifacética, a la unidad e interdependencia de los derechos humanos.

Luego, dentro de la propia ONU, el desarrollo fue reconocido formalmente como un derecho humano. El 23 de noviembre de 1979, la Asamblea General de las Naciones Unidas, a través de la Resolución No. 34/46, reconoció formalmente el desarrollo mismo como un derecho. Se ha formalizado el reconocimiento del derecho al desarrollo como derecho humano y, desde entonces, se ha defendido la igualdad de oportunidades para el desarrollo como prerrogativa de la persona humana y de toda la humanidad.

> El salto cultural de percibir el "derecho" al desarrollo ocurrió más recientemente (antes, el desarrollo se enunciaba como una condición política para otros derechos y no como un derecho autónomo). En la Asamblea General de la ONU, mediante la Resolución 34/46 del 23 de noviembre de 1979, se reconoció formalmente el derecho al desarrollo como derecho humano: "La Asamblea General, [...] 8. Destaca que el derecho al desarrollo es un derecho humano y que la igualdad de oportunidades para el desarrollo es una prerrogativa tanto de las naciones como de las personas que las componen." (resaltados en negrita del original)[12]

Como condición o presuposición fática, el desarrollo requiere la integración de hechos políticos, económicos, sociales, culturales, etc., que proporcionen la más amplia protección de los diversos derechos humanos. Como

[11] Balera, Wagner. *Declaração sobre o Direito ao Desenvolvimento anotada*. Curitiba: Juruá, 2015, p. 13.

[12] Lamy, Marcelo. Oliveira, Danilo de. Incorporação e estatura hierárquica dos tratados internacionais no Brasil. P. 409/443. In: *Caderno de Relações Internacionais*, vol. 11, n. 21, Jul-Dez. 2020, p. 296.

condición o fenómeno juridicado, el derecho al desarrollo impone la integración entre las diversas dimensiones de los derechos humanos en favor de su mayor efectividad.

Hoy en día, el derecho al desarrollo está presente en todas las dimensiones de los derechos humanos: en los derechos civiles y políticos; derechos económicos, sociales y culturales, etc. Así, refuerza su integración, su amplitud. Significa la totalidad de esta amalgama protectora de la persona humana. El derecho al desarrollo es un derecho humano interdimensional.

> [...] No es solo una especie de derechos *generales* o la suma de ciertos derechos, que en realidad constituye un derecho a un proceso que expande las capacidades o libertades de las personas para mejorar su bienestar y realizar su valor. El derecho al desarrollo, en su opinión, implica la mejora de un vector de derechos humanos, que se compone de varios elementos que representan los diferentes derechos económicos, sociales y culturales, así como los derechos civiles y políticos, todos ellos interdependientes. El vector en sí es un derecho humano, porque el derecho al desarrollo es un todo integral de estos derechos[13]. (resaltados en negrita nuestros)

Esto justifica, en la medida en que nos ocupa, la búsqueda de eficacia jurídica, especialmente para los derechos de la persona mayor. Eficacia que puede ser representada por el binomio de no regresión y progresividad, verdaderas pautas de una hermenéutica jurídica desarrollista.

Creo que dos breves ejemplos nos ayudarán a entender esta necesaria efectividad de los derechos de la persona mayor a través del derecho al desarrollo, por medio de este binomio que lleva, del no retroceso y de la progresividad.

La reforma previsional inicialmente pretendía desvincular del salario mínimo el valor de la prestación continuada de la Ley Orgánica de Asistencia Social (BPC-LOAS). Sucede que este derecho de las personas mayores (y de las personas con discapacidad), las dos situaciones de vulnerabilidad económica, desde la promulgación de nuestra Constitución vigente, es decir, desde su redacción original, tiene rango constitucional. Se trata, por tanto, de un apoyo social que ya ha sido constitucionalizado y, por eso, no se puede reformar para reducirlo, menos aún de lo que lo extingue. Este es el no retroceso que el derecho al desarrollo impone a los derechos humanos, especialmente a los derechos sociales, cuando no existe tal cosa como en el mundo fenoménico, en el mundo de los hechos o empíricamente, justificación para la minoración del alcance de la protección social, menos aún para su extin-

[13] ÁNGELES HIJO. Robério Nunes dos. *Derecho al desarrollo.* São Paulo: Saraiva, 2013, p. 197-198.

ción. La ausencia de causa justa debe bloquear cualquier intento de adoptar políticas públicas que perjudiquen la efectividad de los derechos humanos o sociales fundamentales. Incluso los defensores de la interpretación constitucional de que los derechos sociales son normas de limitada efectividad de contenido programático, cuyo baluarte no es otro que José Afonso da Silva, coinciden en que la no regresión es resultado de ellos, aunque eventualmente la legislatura infraconstitucional no haya regulado su ejercicio.

Estamos en la llamada Revolución 4.0 o Cuarta Revolución Industrial, marcada por rápidos y grandes avances tecnológicos, como la inteligencia artificial, los algoritmos. En este contexto, la progresividad de los derechos de la persona mayor significa, exactamente, que no pueden quedar al margen de estas transformaciones. Incluso las personas mayores no pueden quedar fuera de los beneficios del avance de la tecnología en la medicina, por ejemplo.

Finalmente, por todo lo anterior, aunque existen numerosos derechos que están destinados a las personas mayores, podemos concluir que la salud y la asistencia social en particular, hoy en día, deben basarse legalmente en el derecho al desarrollo, cuyas pautas hermenéutico-legales más importantes para su efectividad pueden ser el no retroceso y la progresividad.

Conclusiones

Parece racional y lógicamente posible que, en el contexto de la afirmación histórica de los derechos humanos, la protección jurídica de los ancianos se deriva de la percepción de la necesidad de efectuar la protección de los derechos humanos de grupos específicos de personas humanas caracterizadas por cierta vulnerabilidad que las hace carentes de atención especial.

Hemos visto que la comprensión actual de la idea de seguridad social, entre nosotros consagrada formalmente desde el 5 de octubre de 1988, fecha de la promulgación de nuestra actual Constitución, reserva una estrecha vigilancia sobre las personas mayores, tanto en lo que respecta a la salud como a la asistencia social. Incluso independientemente de las contribuciones. El acceso a la salud está universalizado; la asistencia social está destinada a quienes la necesitan. Y, precisamente en este contexto de superación de las necesidades básicas, es que el derecho al desarrollo sirve de base para su eficacia jurídica.[14]

Sin embargo, el derecho al desarrollo como base de los derechos de los ancianos nos lleva a reflexionar más allá de lo concreto de sus derechos básicos,

[14] Por ejemplo, CF/1988, art. 230, *Caput*. "La familia, la sociedad y el Estado tienen el deber de apoyar a los ancianos, asegurando su participación en la comunidad, defendiendo su dignidad y bienestar y garantizándoles el derecho a la vida".

además de la salud y la asistencia social. Nos hace reflexionar sobre el deber estatal y comunitario de que todas las amalgamas de desarrollo (políticas, civiles, económicas, sociales, culturales, ambientales, etc.) estén disponibles para el disfrute de los ancianos, como una categoría especial del género de la persona humana.

Nos tocó a nosotros poner el foco en este tema y en las provocaciones necesarias para que reflexionemos y, sobre todo, actuemos.

Terminamos parafraseando el imperativo ético de la Agenda 2030, que nadie puede quedarse atrás, abandonado. Especialmente las personas humanas potencialmente vulnerables, como los adulto mayores.

Referencias

ÁNGELES HIJO. Robério Nunes dos. *Direito ao Desenvolvimento.* São Paulo: Saraiva, 2013.

BALERA, Wagner. *Declaração sobre o Direito ao Desenvolvimento anotada.* Curitiba: Juruá, 2015.

BRASIL. Asamblea Nacional Constituyente. *Constitución Federal del* 5 de octubre de 1988. Disponible en: http://www.planalto.gov.br/ccivil_03/constituicao/constituicao.htm. Acceso: 16.Abr. 2022.

BOBBIO, Norberto. *A Era dos direitos.* Traducción de Carlos Nelson Coutinho. Presentación de Celso Lafer. Río de Janeiro: LTC, 2020.

BONAVIDES, Pablo. *Do Estado liberal ao Estado social.* 11ª ed. 2ª tirada. São Paulo: Malheiros Editores, 2014.

GARCÍA, Ángeles Mateos (2009). *La teoría de los valores en Miguel Reale, fundamento de su pensamiento philosophical-legal.* Tesis presentada al grado de doctor. Universidad Complutense de Madrid. Facultad de Derecho.

GUERRA, Filho, Willis Santiago. CARNIO, Henrique Garbellini (colaborador). *Teoria da Ciência Jurídica.* 2ª ed. São Paulo: Saraiva, 2009.

Direitos Humanos. 4ª ed. Brasilia: Senado Federal, Coordinación de Ediciones Técnicas, 2013.

LAMY, Marcelo. *Metodologia da Pesquisa*: técnicas de investigação, argumentação e redação. 2ª ed. rev. atual. y ampl. São Paulo: Matrioska Editora, 2020.

______. *Direitos fundamentais de 3ª geração.* p. 288/320. In: BRANDÃO, Cláudio (coordenador). Direitos humanos e fundamentais em perspectiva. São Paulo: Atlas, 2014.

______. SOUZA, Luciano Pereira de; OLIVEIRA, Danilo de. *Violação das Obrigações Estatais na Área da Saúde*: A Diferença entre as Obrigações Mínimas e as Esperadas. Caderno de Relações Internacionais Faculdade Damas. Volumen 7, No. 13, pág. 297/316. Año 2016.

LAMY, Marcelo. OLIVEIRA, Danilo de. *Incorporação e estatura hierárquica dos tratados internacionais no Brasil.* p. 409/443. In: Caderno de Relações Internacionais, vol. 11, n. 21, Jul-Dez. 2020.

OLIVEIRA, Danilo de. *Direito ao desenvolvimento*: conteúdo, natureza jurídica, vinculações estatais e efetividade. Curitiba: Brasil Publishing, 2020.

______. *Obrigações estatais mínimas, esperadas e ODS 3.* In: Unisanta Law and Social Science. Vol. 10, n. 02, 2021. Edição Especial: 3º CIDS "Vulnerabilidades sociais e Direito da Saúde".

4
ENVELHECIMENTO E MEMÓRIA SAUDÁVEL: A IMPORTÂNCIA DA ESTIMULAÇÃO COGNITIVA

EVANY BETTINE DE ALMEIDA[1]

1. Introdução

Para algumas pessoas pode parecer estranho que um capítulo com um tema desta natureza esteja compondo uma obra cujo objetivo é trabalhar as questões relativas aos direitos das pessoas idosas, porém, é importante termos em mente que é nosso dever como pesquisadores na medida do possível contribuirmos para que o direito à saúde física e mental dessa população passa também pelas questões biológicas e psicológicas e por que não afirmar que ambas influenciam diretamente na vida social de todos nós.

Seguindo por essa lógica, consideramos de suma importância que a área da gerontologia, que se ocupa com o estudo do processo de envelhecimento humano, esteja presente com sua contribuição para a fase da velhice da maior parte da população seja bem preparada para que possamos ter uma existência cada vez mais longeva, mas com as nossas capacidades físicas e mentais preservadas, se possível até os nossos últimos momentos.

Neste capítulo a intenção é discorrer sobre as mudanças que podem ocorrer durante o processo de envelhecimento em relação à nossa cognição e quais as medidas que podemos adotar ao longo da nossa vida para que a nossa capacidade de aprender e de utilizar o que foi aprendido seja mantida e os conteúdos recuperados sempre que necessário.

[1] Gerontóloga pela Universidade de São Paulo, Mestra em Filosofia na modalidade Educação e Saúde e doutoranda em Ciências pela mesma universidade. Coordenadora e docente da Pós-graduação em Gerontologia da Faculdade Paulista de Serviço Social, presidente da Associação Brasileira de Gerontologia, docente da Universidade USP60+.

2. Desenvolvimento

Certamente é do conhecimento o evidente processo acelerado de envelhecimento da população brasileira e mundial. Os dados do Instituto Brasileiro de Geografia e Estatística (IBGE) apontam que a população idosa no Brasil tende a crescer muito mais nas próximas décadas, de modo que, no ano de 2043, 25% da população deverá ter mais de 60 anos, enquanto a proporção de jovens até 14 anos será de 16,3%[2]. Esse cenário nos apresenta vários desafios, mas nenhum que possa justificar a crença de que o envelhecimento é um problema social.

Sabemos que a evolução na área da saúde em termos de medicina e de medidas sanitárias nos permitiram reduzir a mortalidade infantil, principalmente por meio da descoberta das vacinas e que também conseguimos reduzir a mortalidade dos adultos, provocadas por doenças infectocontagiosas, por meio das descobertas de medicamentos como a penicilina e outras medidas preventivas. Como resultado conquistamos uma vida mais longeva, o que levou a que outras patologias começassem a acometer as pessoas, cronicamente. Estas são chamadas doenças crônicas não transmissíveis (DCNTs) e dentre elas, as demências figuram como as mais frequentes e se destacam como principais causas de comprometimento funcional e da qualidade de vida do idoso. Em 2012, mais de 35 milhões de pessoas no mundo apresentaram algum grau de demência, sendo que esse número poderá triplicar até o ano de 2050, atingindo mais de 115 milhões de indivíduos. A maior prevalência de demência será observada em países de média e baixa renda, que deverão apresentar cerca de 60% dos casos[3]. De acordo com os critérios de DSM-V (Diagnostic and Statistical Manual of Mental Disorders, [DSM-V], 2013), demência é conceituada como Transtorno Neurocognitivo caracterizado por declínio em habilidades cognitivas (ex.: memória, linguagem, funções executivas, aprendizagem) de forma evidente e suficiente para alterar a capacidade funcional, impactando na independência e na autonomia do indivíduo. Quando dizemos que essas capacidades são afetadas, estamos nos referindo às atividades de vida diária (AVDs), que incluem tanto as mais simples do dia-a-dia, quanto as mais complexas que dizem respeito a gerenciar a própria vida.

[2] IBGE, Instituto Brasileiro de Geografia e Estatística. Censo de 2010. Disponível em: https://www.ibge.gov.br/estatisticas/sociais/populacao/ 9662-censo-demografico-2010.html?=&t=resultados. Acesso em: 01/02/2020.

[3] Santos, Franklin Santana et al. *Estimulação cognitiva para idosos: ênfase em memória*. Rio de Janeiro: Editora Atheneu, 2017.

Um estudo de Pennix et al[4]. analisou o impacto da vitalidade emocional em idosas com desempenho limitado para duas ou mais AVDs que incluem, dentre outras, autocuidado, alimentar-se e vestir-se sozinho, cuidar das finanças, preparar refeições, usar tecnologia, gerenciar medicações. Os autores definiram vitalidade emocional como um construto que envolveu senso de domínio pessoal, senso de felicidade e baixos níveis de depressão e ansiedade. Os resultados encontrados revelaram que a maioria das idosas possuíam vitalidade emocional, sendo que a vitalidade emocional esteve significativamente associada à preservação das AVDs e manutenção do desempenho funcional. Além de recursos emocionais para manter a funcionalidade, os idosos se utilizariam de estratégias para a manutenção do desempenho pessoal nas tarefas que já eram desempenhadas e com isso conseguem compensar as perdas normativas do processo de envelhecimento, isto é, as mudanças esperadas. Os pesquisadores concluíram que os idosos tendem a realizar as tarefas que acreditam ter mais capacidade de desempenhar e evitam aquelas para nas quais têm mais dificuldades. A otimização indica a manutenção das habilidades que ainda estão preservadas, com adoção de medidas para aprimorá-las.

O declínio cognitivo é fator diretamente relacionado à vulnerabilidade psicológica do idoso, pois seus aspectos envolvem questões culturais, sociais, econômicas, de saúde, entre outros[5], o que nos sinaliza que atividades intelectuais devem ser mantidas e incentivadas ao longo da vida de todas as pessoas, visto que principalmente na velhice a sua rotina costuma quase não apresentar desafios.

Essas atividades intelectuais acima mencionadas estão presentes em programas destinados ao envelhecimento ativo, como os centros de convivência e Universidades Abertas à Terceira Idade (UNATI[6]). Estudos têm documentado que a participação em atividades lúdicas, sociais e intelectuais propiciam a manutenção da autonomia e trazem benefícios a saúde cognitiva, física e emocional dos idosos[7]. Segundo França[8] o sucesso dessas iniciativas depende

[4] Pennix at all (2000); Pennix, B.W.J.H., Guralnik, J.M., Bandeen-Roche, K. (2000). *The protective effect of emotional vitality on adverse health outcomes in disabled older women.* Journal of the American Geriatrics Society, 48(11), p. 1359-1366.

[5] Cantera, I.R.; Domingo, P.L. (1998). *Guias práticos de enfermagem.* Rio de Janeiro (RJ): McGraw Hill Interamericana do Brasil.

[6] Sigla para Universidades Abertas à Terceira Idade.

[7] Yassuda, M. S., & da Silva, H. S. (2010). I *Participation in programs for seniors: Impact on cognition, mood and life satisfaction. Estudos de Psicologia, 27*(2), 207–214.

[8] França, L. *Preparação para a aposentadoria: desafios a enfrentar.* In: Veras, F. (Ed.). Terceira Idade: Alternativas para uma sociedade em transição,11-34. Rio de Janeiro (RJ): Relume-Dumará/UnATI/UERJ.

de um diagnóstico inicial sobre os interesses da comunidade, a ponderação entre os recursos disponíveis e os objetivos e metas a serem cumpridos, com ênfase na documentação dos resultados e benefícios alcançados.

Nessa mesma linha, Franciulli, Ricci, Lemos, Cordeiro e Gazzola[9] em estudo com idosos participantes de um centro-dia geriátrico, tiveram como resultado que seis meses de participação em atividades de estimulação funcional trouxe melhorias na capacidade funcional global e no equilíbrio funcional em tarefas de transferências posturais. O centro-dia se caracteriza como uma modalidade assistencial que carece de investimento e que pode contribuir para manter a independência funcional do idoso e o bem-estar da família. Lembrando que o conceito de Centro-dia para Idosos, um equipamento destinado a pessoas com algum déficit cognitivo ou funcional, foi implantado para acolher os idosos que não teriam condições de frequentar um núcleo de convivência para idosos ou centro de convivência, os quais se destinam a idosos independentes e autônomos que têm possibilidade de se deslocar sozinhos até o local.

Conforme Schrödher, Butterfill e Mariantti[10], a vulnerabilidade na velhice é um processo construído ao longo do curso de vida e agenciado por múltiplos determinantes. As ações pautam-se na necessidade de integração das práticas sob a ótica de profissionais que possam gerir e dialogar com os idosos e os diferentes determinantes que afetam a velhice o curso de vida. Para isso é necessário o diálogo entre os diferentes profissionais que atuam com idosos, de modo que possam propor ações integradas e alinhadas às necessidades biopsicossociais do envelhecimento. Este diálogo interprofissional se aplica, inclusive, a quem atua na área jurídica, por isto é interessante essa aproximação entre as áreas da gerontologia e do direito. O objetivo final é a valorização do idoso como protagonista de seu processo de saúde e doença e bem-estar, propiciando com que formas singulares de gerir, agir e atuar na sociedade possam trazer respostas para diferentes setores da vida[11].

Passa a ser analisada a interseccionalidade entre a gerontologia e a área do direito.

[9] Franciulli, S.E., Ricci, N.A., Lemos, N.D., Cordeiro, R.C. & Gazzola, J.M. (2007). *A modalidade de assistência Centro-Dia Geriátrico: efeitos funcionais em seis meses de acompanhamento multiprofissional.* Ciência & Saúde Coletiva, 12(2), 373-380.

[10] Schrödher-Butterfill, E., Mariantti, R.A. *A framework to understanding old-age vulnerabilities,* Ageing Soc. V.26, n.1,p. 9-35, 2006. (2006).

[11] Alkema, G.E., Reyes, J.Y.; Wilber, K.H. (2006). *Characteristics Associated With Homeand Community- Based Service Utilization for Medicare Managed Care Consumers.* The Gerontologist, 46(2), 173-182.

Os profissionais do direito devem se engajar em propostas de políticas públicas para criar meios que propiciem à população em geral um envelhecimento saudável, mas também devem trabalhar para aprimorar as políticas atuais que visam à proteção das pessoas que já atingiram a fase da velhice e que, por falta de oportunidade, se encontram em situação de dependência, portanto, precisarão do amparo do estado. Nesse aspecto, os profissionais da saúde têm o papel de alertar para as mazelas que podem atingir as pessoas idosas e os operadores do direito poderão ter uma melhor visão das necessidades que se apresentam.

No entanto, cabe a nós, estudiosos da gerontologia, o compromisso de desmistificar a velhice associada a perdas e doenças, pois, eliminando essa crença do imaginário dos profissionais, facilitará que nos empenhemos com o afinco necessário na tanto na busca de intervenções em saúde, quanto na proposição de leis pautadas na proteção aos direitos das pessoas idosas. Trabalhando em conjunto podemos lutar para que o envelhecimento populacional seja tratado com a relevância do interesse público. Estamos convictos que um envelhecimento com o mínimo de prejuízos cognitivos é possível e que todos devemos acreditar na prevenção para diminuirmos a necessidade das ações curativas.

Para enfatizar essa tese de que o envelhecimento não pode ser associado somente a perdas é importante mencionarmos as importantes descobertas na área das neurociências que permitiram enorme contribuição para que as pesquisas tenham sido incentivadas e alavancadas nessa área. A plasticidade neuronal, é uma das descobertas primordiais. Segundos os estudos, a plasticidade neuronal é a capacidade que o cérebro tem de poder rearranjar funcionalmente as células nervosas, o que tornou possível a ocorrência de modificações no processamento da informação e, consequentemente, no desempenho da cognição[12]. Há alguns estudos de treino de memória que demonstram que os idosos têm capacidade de aprender e empregar estratégias mnemônicas, tornando a gravação e evocação de informações novas mais eficazes e assim aproximar seu desempenho atual do seu desempenho máximo possível, revelando plasticidade cognitiva[13].

[12] Kolb, B., Campbell G. and Gibb, R. Front. Hum. Neurosci., 02 November 2010. Acesso em 30-12-2021 pelo endereço: https://www.frontiersin.org/articles/10.3389/fnhum.2010.00204/full.

[13] Yassuda, et al., 2006; Verhaeghen, P., Marcoen, A. (1996). *On the mechanisms of plasticity in young and older adults after instruction in the method of loci: Evidence for an amplification model. Psychology and Aging, 11*(1), 164–178.

A memória está relacionada com o nosso convívio social, ou seja, a interação entre as pessoas e conhecimento de regras e leis, bem como fatos e acontecimentos; e possui fator importante do ponto de vista evolutivo, pois é essencial para a reprodução e sobrevivência como, por exemplo, lembrar onde procurar comida ou uma decisão de luta ou fuga iminente[14]. A busca por alimento ou a luta pela manutenção da vida são eventos geralmente, carregados de emoções que podem ser positivas ou negativas e são resultados de alterações neuroquímicas e interações com memórias prévias, o que aumenta a probabilidade de armazenamento destas informações[15].

Dentre as alterações fisiológicas do processo de envelhecimento, está o declínio de algumas capacidades cognitivas e, dentre estas, a memória[16]. Segundo Izquierdo[17], a memória pode ser definida como a aquisição, armazenamento e evocação de informações que nos são apresentadas ao longo de todo o curso de vida. Assim sendo, o conjunto de nossas memórias determina em última instância, nossa personalidade e possui implicações sociais, visto que características culturais como crenças e costumes marcam a identidade de um povo com memórias que são comuns aos seus membros[18].

Entrando especificamente no tema que originou o presente artigo, vamos comentar o papel da estimulação cognitiva na manutenção da memória saudável ao longo de toda a vida. Trata-se de uma intervenção, que tem por objetivo fornecer estímulos em sessões ou aulas, através de jogos de estratégias, exercícios para treinamento das habilidades de atenção, memória, linguagem, atividades escritas e atividades com músicas, dentre outras que em conjunto têm impacto na geração de novas conexões neurais, favorecendo uma rede com neurônios mais integrados e rápidos em seu funcionamento, resultando em um melhor

[14] Lent R. *Cem bilhões de neurônios? Conceitos fundamentais de neurociência.* Editora Atheneu. 2ed. 2010; Gazzaniga Ms, Heatherton TF. *Memória, Ciência Psicológica: Mente, Cérebro e Comportamento,* Porto Alegre, RS: Artmed, 2002..

[15] Squire, Lr, Kandel,ER. *Memória. Da mente às moléculas.* Artmed, 2003.

[16] Yassuda, M.S; Tavares-Batistoni, S.S.; Fortes, A.G.; Neri, A.L.. I: *Treino de memória no idoso saudável: Benefícios e mecanismos,* 2006. Yassuda MS. *Memória e envelhecimento saudável.* In: Freitas, EV, Py L, Cançado FAX. Tratado de geriatria e gerontologia. Rio de Janeiro: Guanabara Koogan, cap. 109; 2002: 914-919; Paulo, Dlv; Yassuda MS. *Queixas de memória de idosos e sua relação com escolaridade, desempenho cognitivo e sintomas de depressão e ansiedade.* Rev Psiq Clín. 2010; 37(1) :23-26; Souza, RR. *Alterações anatômicas do sistema nervoso central associadas ao envelhecimento.* In: Jacob Filho W, Carvalho Filho ET(eds.). Envelhecimentodo sistema nervoso e a dor no idoso – monografias em geriatria III. São Paulo: FMUSP, 1996; Lima-Silva, 2009

[17] Izquierdo I. Memória. Porto Alegre: Artmed, 2002.

[18] Lent R. Cem bilhões de neurônios? Conceitos fundamentais de neurociência. Editora Atheneu. 2ed. 2010.

desempenho em testes neuropsicológicos e psicotécnicos, e consequentemente em uma sensação de bem-estar na realização das tarefas cotidianas[19].

A estimulação cognitiva é uma estratégia não farmacológica indicada por profissionais da medicina quando atendem pacientes principalmente com queixas de memória. Além dessa intervenção, outros profissionais também atuam nas ações não farmacológicas visando à realização de atividade física, a adesão a uma dieta equilibrada (consumo de frutas, vegetais, legumes, cereais e ácidos graxos insaturados e moderado consumo de álcool, por exemplo) com controle da obesidade[20] cuidados que colaboram na reabilitação dos aspectos cognitivos. A saúde da nossa memória está intimamente ligada à qualidade do nosso sono, de forma que mantermos um bom ciclo vigília/sono é um excelente investimento na saúde do nosso cérebro, como por exemplo a da eliminação de toxinas do cérebro que se acumulam durante o dia. Enquanto dormimos, o espaço que existe entre os neurônios aumenta, facilitando sua limpeza e seu bom funcionamento. Dessa forma, manter um sono reparador favorece um envelhecimento mais saudável. Ainda dentro dessas considerações, segundo González[21] as pessoas com nível educacional mais alto ou que mantêm atividades intelectuais, como ler, estudar ou adquirir novas habilidades, têm uma menor predisposição a desenvolver demência, propiciando a formação de novas conexões entre os neurônios.

Conclusões

Conhecendo o conceito de envelhecimento ativo e saudável e trabalhando na busca por políticas públicas e projetos de grande alcance na área dos direitos dos idosos alcançaremos um novo patamar nas relações sociais e no reconhecimento do valor que as pessoas mais velhas representam para os demais estratos da população. Para que este novo patamar seja atingido depende do esforço e trabalho conjunto de muitos de nós, cada um dentro de sua especialidade e conhecimento, tanto da Gerontologia, quanto do Direito. Grandes mudanças serão necessárias para a conquista de um envelhecer saudável pleno, por outro lado, não podemos nos esquecer que a velhice com fragilidade deve ter toda a atenção e dignidade que o ser humano envelhecido merece.

[19] Lima-Silva, Tb, Yassuda MS. A relação entre a queixa de memória e a idade no envelhecimento normal. Dement. Neuropsychol. 3(2): 94-100, 2009.

[20] Brucki, S. M. D., Ferraz, A. C., Freitas, G. R., Massaro, A. R., Radanovic, M., Schultz, R. R. (2011). Tratamento da demência vascular. Dementia & Neuropsychologia, 5(1), 78-90. Acessado em 30 setembro, 2020, em: https://www.redalyc.org/pdf/3395/339529025007.pdf.

[21] González, I.M. Enfermedades degenerativas. Acesso em 01-02-2020, Disponível em: https://theconversation.com/profiles/ines-moreno-gonzalez-1132609

Referências

ALKEMA, G.E., REYES, J.Y.; WILBER, K.H. (2006). *Characteristics Associated With Home- and Community- Based Service Utilization for Medicare Managed Care Consumers.* The Gerontologist, 46(2), 173-182.

BRUCKI, S. M. D., FERRAZ, A. C., FREITAS, G. R., MASSARO, A. R., Radanovic, M., Schultz, R. R. (2011). *Tratamento da demência vascular.* Dementia & Neuropsychologia, 5(1), 78-90. Acessado em 30 setembro, 2020, em: https://www.redalyc.org/pdf/3395/339529025007.pdf.

CANTERA, I.R.; DOMINGO, P.L. (1998). *Guias práticos de enfermagem.* Rio de Janeiro (RJ): McGraw Hill Interamericana do Brasil.

FRANÇA, L. *Preparação para a aposentadoria: desafios a enfrentar.* In: VERAS, F. (Ed.). Terceira Idade: Alternativas para uma sociedade em transição,11-34. Rio de Janeiro (RJ): Relume-Dumará/UnATI/UERJ.

FRANCIULLI, S.E., Ricci, N.A., Lemos, N.D., Cordeiro, R.C. & Gazzola, J.M. (2007). *A modalidade de assistência Centro-Dia Geriátrico: efeitos funcionais em seis meses de acompanhamento multiprofissional.* Ciência & Saúde Coletiva, 12(2), 373-380.

FURTADO, M. T. S., Almeida, E. B., & Lima da Silva, T. B. (2021). *Reabilitação cognitiva na pessoa idosa diagnosticada com demência vascular: um estudo de caso de intervenção da Terapia Ocupacional.* Revista Kairós-Gerontologia, 24 (Especial 29, "Transdisciplinaridade: um modelo de trabalho em Gerontologia", 359-373. ISSNprint 1516-2567. ISSNe 2176-901X. São Paulo (SP), Brasil: FACHS/NEPE/PUC-S.

GAZZANIGA MS, HEATHERTON TF. *Memória, Ciência Psicológica: Mente, Cérebro e Comportamento,* Porto Alegre, RS: Artmed, 2002.

GONZÁLEZ, I.M. Enfermedades degenerativas. Acesso em 01-02-2020, Disponível em: https://theconversation.com/profiles/ines-moreno-gonzalez-1132609.

IBGE, Instituto Brasileiro de Geografia e Estatística. Censo de 2010. Disponível em: https://www.ibge.gov.br/estatisticas/sociais/populacao/9662-censo-demografico-2010.html?=&t=resultados. Acesso em: 01/02/2020.

IZQUIERDO I. *Memória.* Porto Alegre: Artmed, 2002.

KOLB, B., CAMPBELL G. and Gibb, R. Front. Hum. Neurosci., 02 November 2010. Acesso em 30-12-2021 pelo endereço: https://www.frontiersin.org/articles/10.3389/fnhum.2010.00204/full.

LENT R. *Neurociência da Mente e do Comportamento.* Rio de Janeiro: Guanabara Koogan, 2008.

LENT R. *Cem bilhões de neurônios? Conceitos fundamentais de neurociência.* Editora Atheneu. 2ed. 2010.

LIMA-SILVA, TB, YASSUDA MS. *A relação entre a queixa de memória e a idade no envelhecimento normal.* Dement. Neuropsychol. 3(2): 94-100, 2009.

PAULO, DLV; YASSUDA MS. *Queixas de memória de idosos e sua relação com escolaridade, desempenho cognitivo e sintomas de depressão e ansiedade.* Rev Psiq Clín. 2010; 37(1) :23-26.

PENNIX at all (2000); PENNIX, B.W.J.H., GURALNIK, J.M., BANDEEN-ROCHE, K. (2000). *The protective effect of emotional vitality on adverse health outcomes in disabled older women.* Journal of the American Geriatrics Society, 48(11), p. 1359-1366.

SALMAZO-SILVA et al *Vulnerabilidade na velhice: definição e intervenções no campo da Gerontologia.* Revista Temática Kairós Gerontologia,15(6), "Vulnerabilidade/Envelhecimento e Velhice: Aspectos Biopsicossociais", pp.97-116. Online ISSN 2176-901X. Print ISSN 1516-2567. São Paulo (SP), Brasil: FACHS/NEPE/PEPGG/PUC-SP.

SANTOS, Franklin Santana et al. *Estimulação cognitiva para idosos: ênfase em memória.* Rio de Janeiro: Editora Atheneu, 2017.

SCHRÖDHER-BUTTERFILL, E., MARIANTTI, R.A. *A framework to understanding old-age vulnerabilities,* Ageing Soc. V.26, n.1,p. 9-35, 2006. (2006).

SILVA, Thais Bento Lima da et al. *Treino cognitivo para idosos baseado em estratégias de categorização e cálculos semelhantes a tarefas do cotidiano.* Rev. bras. geriatr. gerontol, p. 65-74, 2011.

SOUZA, RR. *Alterações anatômicas do sistema nervoso central associadas ao envelhecimento.* In: Jacob Filho W, Carvalho Filho ET (eds.). Envelhecimento do sistema nervoso e a dor no idoso – monografias em geriatria III. São Paulo: FMUSP, 1996.

SQUIRE, LR, KANDEL,ER. *Memória. Da mente às moléculas.* Artmed, 2003.

VERHAEGHEN, P., MARCOEN, A. (1996). *On the mechanisms of plasticity in young and older adults after instruction in the method of loci: Evidence for an amplification model. Psychology and Aging, 11*(1), 164–178.

YASSUDA, M. S., & da Silva, H. S. (2010). I *Participation in programs for seniors: Impact on cognition, mood and life satisfaction. Estudos de Psicologia, 27*(2), 207–214.

YASSUDA, M.S; TAVARES-BATISTONI, S.S.; FORTES, A.G.; NERI, A.L. I: *Treino de memória no idoso saudável: Benefícios e mecanismos,* 2006. Yassuda MS. *Memória e envelhecimento saudável.* In: FREITAS, EV, Py L, Cançado FAX. Tratado de geriatria e gerontologia. Rio de Janeiro: Guanabara Koogan, cap. 109; 2002: 914-919.

4
ENVEJECIMIENTO Y MEMORIA SALUDABLE: LA IMPORTANCIA DE LA ESTIMULACIÓN COGNITIVA

EVANY BETTINE DE ALMEIDA[1]

1. Introducción

Para algunas personas puede parecer extraño que un capítulo con un tema de esta naturaleza esté componiendo una obra cuyo objetivo es trabajar temas relacionados con los derechos de las personas mayores; sin embargo, es importante tener en cuenta que es nuestro deber como investigadores en la medida de lo posible contribuir al derecho a la salud física y mental de esta población también pasa por cuestiones biológicas y psicológicas y por qué no afirmar que ambos influyen directamente en la vida social de todos nosotros.

Siguiendo esta lógica, consideramos extremadamente importante que el área de la gerontología, que se ocupa del estudio del proceso de envejecimiento humano, esté presente con su contribución a la fase de vejez para que la mayoría de la población esté bien preparada y podamos tener una existencia cada vez más longeva, pero con nuestras capacidades físicas y mentales preservadas, si es posible hasta nuestros últimos momentos.

En este capítulo la intención es discutir los cambios que pueden ocurrir durante el proceso de envejecimiento en relación con nuestra cognición y qué medidas podemos tomar a lo largo de nuestra vida para que nuestra capaci-

[1] Gerontóloga de la Universidad de São Paulo, Máster en Filosofía en educación y salud y estudiante de doctorado en ciencias de la misma universidad. Coordinadora y profesora del Programa de Posgrado en Gerontología de la Facultad Paulista de Trabajo Social, presidente de la Asociación Brasileña de Gerontología, profesora de la Universidad USP60+.

dad de aprender y utilizar lo aprendido se mantenga y el contenido se recupere siempre que sea necesario.

2. Desarrollo

Ciertamente, el evidente proceso acelerado de envejecimiento de la población brasileña y mundial es bien conocido. Datos del Instituto Brasileño de Geografía y Estadística (IBGE) indican que la población anciana en Brasil tiende a crecer mucho más en las próximas décadas, por lo que, en 2043, el 25% de la población debería tener más de 60 años, mientras que la proporción de jóvenes de hasta 14 años será del 16,3%.[2] Este escenario nos presenta varios desafíos, pero ninguno que pueda justificar la creencia de que el envejecimiento es un problema social.

Sabemos que la evolución en el área de la salud en términos de medicina y medidas sanitarias nos ha permitido reducir la mortalidad infantil, principalmente a través del descubrimiento de vacunas y que también hemos logrado reducir la mortalidad de adultos causada por enfermedades infecciosas, a través de los hallazgos de medicamentos como la penicilina y otras medidas preventivas. Como resultado logramos una vida más larga, lo que llevó a que otras patologías comenzaran a afectar a las personas de forma crónica. Estas se denominan enfermedades crónicas no transmisibles (ECNT) y entre ellas, las demencias son las más frecuentes y destacan como las principales causas de deterioro funcional y calidad de vida de las personas mayores. En 2012, más de 35 millones de personas en todo el mundo tenían algún grado de demencia, y este número podría triplicarse para el año 2050, llegando a más de 115 millones de personas. La mayor prevalencia de demencia se observará en los países de ingresos medios y bajos, que se espera que presenten alrededor del 60% de los casos[3]. De acuerdo con los Criterios del DSM-V (Manual Diagnóstico y Estadístico de los Trastornos Mentales, [DSM-V], 2013), la demencia se conceptualiza como un trastorno neurocognitivo caracterizado por la disminución de las capacidades cognitivas (por ejemplo, memoria, lenguaje, funciones ejecutivas, aprendizaje) de manera evidente y suficiente para alterar la capacidad funcional, impactando en la independencia y autonomía del individuo. Cuando decimos que estas capacidades se ven afectadas, nos refe-

[2] IBGE, Instituto Brasileño de Geografía y Estadística. Censo 2010. Disponible en: https://www.ibge.gov.br/estatisticas/sociais/populacao/ 9662-census-demografico-2010.html? =&t=results. Consulta: 01/02/2020.

[3] Santos, Franklin Santana et al. *Estimulação cognitiva para idosos: ênfase em memória*. Río de Janeiro: Editora Atheneu, 2017.

rimos a las actividades de la vida diaria (AVD), que incluyen tanto las más simples de la vida cotidiana como las más complejas que se relacionan con la gestión de la propia vida.

Un estudio de Pennix et al.[4] ha analizado el impacto de la vitalidad emocional en mujeres mayores con rendimiento limitado para dos o más AVD que incluyen, entre otros, autocuidado, comer y vestirse solas, cuidar las finanzas, preparar comidas, usar tecnología, administrar medicamentos. Los autores definieron la vitalidad emocional como una construcción que implicaba un sentido de dominio personal, un sentido de felicidad y bajos niveles de depresión y ansiedad. Los resultados revelaron que la mayoría de las ancianas tenían vitalidad emocional, y la vitalidad emocional se asoció significativamente con la preservación de las AVD y el mantenimiento del rendimiento funcional. Además de los recursos emocionales para mantener la funcionalidad, los ancianos utilizarían estrategias para mantener el desempeño personal en tareas que ya se realizaban y con esto pueden compensar las pérdidas normativas del proceso de envejecimiento, es decir, los cambios esperados. Los investigadores concluyeron que los ancianos tienden a realizar tareas que creen que tienen más capacidad para realizar y evitan aquellas en las que tienen más dificultades. La optimización indica el mantenimiento de habilidades que aún se conservan, con la adopción de medidas para mejorarlas.

El deterioro cognitivo es un factor directamente relacionado con la vulnerabilidad psicológica de los ancianos, porque sus aspectos involucran cuestiones culturales, sociales, económicas, de salud, entre otros,[5] lo que indica que las actividades intelectuales deben mantenerse y fomentarse durante toda la vida de todas las personas, ya que especialmente en la vejez su rutina tiende a no presentar retos.

Estas actividades intelectuales mencionadas anteriormente están presentes en programas dirigidos al envejecimiento activo, como los centros de convivencia y las Universidades Abiertas a la Tercera Edad (UNATI)[6]. Los estudios han documentado que la participación en actividades recreativas, sociales e intelectuales proporciona el mantenimiento de la autonomía y trae

[4] PENNIX at all (2000); PENNIX, B.W.J.H., GURALNIK, J.M., BANDEEN-ROCHE, K. (2000). *The protective effect of emotional vitality on adverse health outcomes in disabled older women.* Journal of the American Geriatrics Society, 48(11), p. 1359-1366.

[5] CANTERA, I.R.; DOMINGO, P.L. (1998). *Guias práticos de enfermagem.* Rio de Janeiro (RJ): McGraw Hill Interamericana do Brasil.

[6] Sigla para Universidades Abertas à Terceira Idade, del original en portugués.

beneficios a la salud cognitiva, física y emocional de los ancianos[7]. Segundo França[8], el éxito de estas iniciativas depende de un diagnóstico inicial de los intereses de la comunidad, la ponderación entre los recursos disponibles y los objetivos y metas a cumplir, con énfasis en la documentación de los resultados y beneficios alcanzados.

En la misma línea, Franciulli, Ricci, Lemos, Cordeiro y Gazzola,[9] en un estudio con participantes ancianos en un centro de día geriátrico, dieron como resultado que seis meses de participación en actividades de estimulación funcional trajeron mejoras en la capacidad funcional general y el equilibrio funcional en las tareas de transferencia postural. El centro de día se caracteriza por ser una modalidad de cuidado que carece de inversión y que puede contribuir a mantener la independencia funcional de las personas mayores y el bienestar de la familia. Recordando que el concepto de Centro de Día para Personas Mayores, un equipamiento destinado a personas con algún déficit cognitivo o funcional, fue implementado para acoger a las personas mayores que no podrían asistir a un centro de vida para personas mayores o centro de vivienda, que están destinados a ancianos independientes y autónomos que tienen la posibilidad de desplazarse solos al lugar.

Según Schrödher, Butterfill y Mariantti,[10] la vulnerabilidad en la vejez es un proceso construido a lo largo del curso de la vida y mediado por múltiples determinantes. Las acciones se basan en la necesidad de integrar las prácticas desde la perspectiva de los profesionales que puedan gestionar y dialogar con las personas mayores y los diferentes determinantes que afectan a la vejez el curso de la vida. Para ello, es necesario acuerdo entre los diferentes profesionales que trabajan con las personas mayores, para que puedan proponer acciones integradas alineadas con las necesidades biopsicosociales del envejecimiento. Este diálogo interprofesional se aplica incluso a aquellos que trabajan en el área legal, por lo que esta aproximación entre las áreas de gerontología y derecho es interesante. El objetivo final es poner en valor a las

[7] YASSUDA, M. S., & da Silva, H. S. (2010). I *Participation in programs for seniors: Impact on cognition, mood and life satisfaction. Estudos de Psicologia, 27* (2), 207–214.

[8] FRANCIA, L. *Preparação para a aposentadoria: desafios a enfrentar.* In: VERAS, F. (Ed.). Terceira Idade: Alternativas para uma sociedade em transição,11-34. Rio de Janeiro (RJ): Relume-Dumará/ UnATI/UERJ.

[9] FRANCIULLI, S.E., Ricci, N.A., Lemos, N.D., Cordeiro, R.C. & Gazzola, J.M. (2007). *A modalidade de assistência Centro-Dia Geriátrico: efeitos funcionais em seis meses de acompanhamento multiprofissional.* Ciência & Saúde Coletiva, 12(2), 373-380.

[10] SCHRÖDHER-BUTTERFILL, E., MARIANTTI, R.A. *A framework to understanding old-age vulnerabilities,* Ageing Soc. V.26, n.1,p. 9-35, 2006. (2006).

personas mayores como protagonistas de su proceso de salud, enfermedad y bienestar, así que formas únicas de gestionar, actuar y actuar en sociedad puedan aportar respuestas a diferentes sectores de la vida.[11]

Se analiza ahora la interseccionalidad entre la gerontología y la área del derecho.

Los profesionales del derecho deben participar en propuestas de políticas públicas para crear medios que proporcionen a la población en general un envejecimiento saludable, pero también deben trabajar para mejorar las políticas actuales destinadas a proteger a las personas que ya han alcanzado la etapa de vejez y que, debido a la falta de oportunidades, se encuentran en una situación de dependencia. Por lo tanto, necesitarán la ayuda del Estado. En este sentido, los profesionales de la salud tienen el papel de alertar sobre los problemas que pueden afectar a las personas mayores y los operadores de la ley pueden tener una mejor visión de las necesidades que se presentan.

Sin embargo, nos corresponde a nosotros, estudiosos de la gerontología, comprometernos a desmitificar la vejez asociada a pérdidas y enfermedades, porque, eliminando esta creencia en el imaginario de los profesionales, facilitará que nos comprometamos con el esfuerzo necesario tanto en la búsqueda de intervenciones sanitarias como en la proposición de leyes basadas en la protección de los derechos de los ancianos. Trabajando juntos podemos luchar para que una población que envejece sea tratada con la relevancia del interés público. Estamos convencidos de que un envejecimiento con un deterioro cognitivo mínimo es posible y que todos debemos creer en la prevención para reducir la necesidad de acciones curativas.

Para enfatizar esta tesis de que el envejecimiento no puede asociarse solo con pérdidas, es importante mencionar los importantes descubrimientos en el área de las neurociencias que han permitido una enorme contribución al hecho de que la investigación ha sido alentada y aprovechada en esta área. La plasticidad neuronal es uno de los principales descubrimientos. Según los estudios, la plasticidad neuronal es la capacidad del cerebro para poder reorganizar funcionalmente las células nerviosas, lo que hizo posible que se produjeran cambios en el procesamiento de la información y, en consecuencia, en el rendimiento de la cognición[12]. Existen algunos estudios de entrena-

[11] ALKEMA, G.E., REYES, J.Y.; WILBER, K.H. (2006). *Characteristics Associated With Homeand Community- Based Service Utilization for Medicare Managed Care Consumers.* The Gerontologist, 46(2), 173-182.

[12] KOLB, B., CAMPBELL G. and Gibb, R. Front. Hum. Neurosci., 02 November de 2010. Acceso el 30-12-2021 por dirección: https://www.frontiersin.org/articles/10.3389/fnhum.2010.00204/full.

miento de la memoria que demuestran que los ancianos tienen la capacidad de aprender y emplear estrategias mnemotécnicas, haciendo que el registro y el recuerdo de nueva información sean más efectivos y, por lo tanto, acerquen su rendimiento actual a su máximo rendimiento posible, revelando plasticidad cognitiva[13].

La memoria está relacionada con nuestra interacción social, es decir, la interacción entre las personas y el conocimiento de las reglas y leyes, así como de los hechos y eventos; y tiene un factor importante desde un punto de vista evolutivo, ya que es esencial para la reproducción y la supervivencia, como recordar dónde buscar comida o una inminente lucha o decisión de escape[14]. La búsqueda de alimento o la lucha por el mantenimiento de la vida son eventos por lo general, cargados de emociones que pueden ser positivas o negativas y son el resultado de cambios neuroquímicos e interacciones con recuerdos previos, lo que aumenta la probabilidad de almacenamiento de esta información[15].

Entre los cambios fisiológicos del proceso de envejecimiento se encuentra la disminución de algunas capacidades cognitivas y, entre ellas, la memoria[16]. Según Izquierdo[17], la memoria se puede definir como la adquisición, almacenamiento y recuperación de información que se nos presenta a lo largo de la vida. Por lo tanto, el conjunto de nuestros recuerdos determina en última instancia nuestra personalidad y tiene implicaciones sociales, ya que características culturales como creencias y costumbres marcan la identidad de un pueblo con recuerdos que son comunes a sus miembros[18].

[13] Yassuda, et al., 2006; Verhaeghen, P., Marcoen, A. (1996). *On the mechanisms of plasticity in young and older adults after instruction in the method of loci: Evidence for an amplification model. Psychology and Aging, 11*(1), 164–178.

[14] Lent R. *¿Cien mil millones de neuronas? Conceptos fundamentales de la neurociencia.* Editorial Atheneu. 2º 2010; Gazzaniga Ms, Tf Heatherton. *Cem bilhões de neurônios? Conceitos fundamentais de neurociência.* Editora Atheneu. 2ed. 2010; Gazzaniga Ms, Heatherton TF. *Memória, Ciência Psicológica: Mente, Cérebro e Comportamento.* Porto Alegre, RS: Artmed, 2002.

[15] Squire, Lr, Kandel,ER. *Memória. Da mente às moléculas.* Artmed, 2003.

[16] Yassuda, M.S; Tavares-Batistoni, S.S.; Fortes, A.G.; Neri, A.L.. I: *Treino de memória no idoso saudável: Benefícios e mecanismos,* 2006. Yassuda MS. *Memória e envelhecimento saudável.* In: Freitas, EV, Py L, Cançado FAX. Tratado de geriatria e gerontologia. Rio de Janeiro: Guanabara Koogan, cap. 109; 2002: 914-919; Paulo, Dlv; Yassuda MS. *Queixas de memória de idosos e sua relação com escolaridade, desempenho cognitivo e sintomas de depressão e ansiedade.* Rev Psiq Clín. 2010; 37(1) :23-26; SOUZA, RR. *Alterações anatômicas do sistema nervoso central associadas ao envelhecimento.* In: Jacob Filho W, Carvalho Filho ET(eds.). Envelhecimentodo sistema nervoso e a dor no idoso – monografias em geriatria III. São Paulo: FMUSP, 1996; Lima-Silva, 2009.

[17] Izquierdo I. Memoria. Porto Alegre: Artmed, 2002.

[18] Lent R. Cem bilhões de neurônios? Conceitos fundamentais de neurociência. Editora Atheneu, 2º 2010.

Entrando específicamente en el tema que originó este artículo, comentaremos el papel de la estimulación cognitiva en el mantenimiento de una memoria saludable durante toda la vida. Se trata de una intervención, que tiene como objetivo proporcionar estímulos en sesiones o clases, a través de juegos de estrategias, ejercicios para entrenar habilidades de atención, memoria, lenguaje, actividades escritas y actividades con música, entre otras que en conjunto tienen un impacto en la generación de nuevas conexiones neuronales, favoreciendo una red con neuronas más integradas y rápidas en su funcionamiento, resultando en un mejor desempeño en las pruebas neuropsicológicas y psicotécnicas, y consecuentemente en una sensación de bienestar en la realización de las tareas cotidianas[19].

La estimulación cognitiva es una estrategia no farmacológica indicada por los profesionales médicos cuando atienden a pacientes, principalmente, con problemas de memoria. Además de esta intervención, otros profesionales también actúan en acciones no farmacológicas dirigidas a la realización de actividad física, adhiriéndose a una dieta equilibrada (consumo de frutas, legumbres, verduras, cereales y ácidos grasos insaturados y consumo moderado de alcohol, por ejemplo) con cuidados de control de obesidad[20] que colaboran en la rehabilitación de aspectos cognitivos. La salud de nuestra memoria está estrechamente ligada a la calidad de nuestro sueño, por lo que mantener un buen ciclo de vigilia/sueño es una excelente inversión en la salud de nuestro cerebro, como la eliminación de toxinas del cerebro que se acumulan durante el día. Mientras dormimos, el espacio que existe entre las neuronas aumenta, facilitando su limpieza y su buen funcionamiento. Así, mantener un sueño reparador favorece un envejecimiento más saludable. Aún dentro de estas consideraciones, según González[21], las personas con un nivel educativo superior o que mantienen actividades intelectuales, como leer, estudiar o adquirir nuevas habilidades, tienen una menor predisposición a desarrollar demencia, proporcionando la formación de nuevas conexiones entre neuronas.

[19] LIMA-SILVA, TB, YASSUDA MS. A relação entre a queixa de memória e a idade no envelhecimento normal. Dement. Neuropsychol. 3(2): 94-100, 2009.

[20] BRUCKI, S. M. D., FERRAZ, A. C., FREITAS, G. R., MASSARO, A. R., Radanovic, M., Schultz, R. R. (2011). Tratamento da demência vascular. Dementia & Neuropsychologia, 5(1), 78-90. Último acceso: 30 de septiembre de 2020, en: https://www.redalyc.org/pdf/3395/339529025007.pdf.

[21] GONZÁLEZ, I.M. Enfermedades degenerativas. Acesso em 01-02-2020, disponible en: https://theconversation.com/profiles/ines-moreno-gonzalez-1132609

Conclusiones

Conociendo el concepto de envejecimiento activo y saludable y trabajando en la búsqueda de políticas públicas y proyectos de gran envergadura en el área de los derechos de las personas mayores alcanzaremos un nuevo nivel en las relaciones sociales y en el reconocimiento del valor que las personas mayores representan para los otros estratos de la población. Para que se alcance este nuevo nivel depende del esfuerzo y trabajo conjunto de muchos de nosotros, cada uno dentro de su especialidad y conocimiento, tanto gerontología como derecho. Serán necesarios grandes cambios para lograr un envejecimiento pleno y saludable, y por otro lado, no debemos olvidar que la vejez con fragilidad debe tener toda la atención y dignidad que el anciano, como ser humano, se merece.

Referencias

ALKEMA, G.E., REYES, J.Y.; WILBER, K.H. (2006). *Characteristics Associated With Home- and Community- Based Service Utilization for Medicare Managed Care Consumers.* The Gerontologist, 46(2), 173-182.

BRUCKI, S. M. D., FERRAZ, A. C., FREITAS, G. R., MASSARO, A. R., Radanovic, M., Schultz, R. R. (2011). *Tratamento da demência vascular.* Dementia & Neuropsychologia, 5(1), 78-90. Último acceso: 30 de septiembre de 2020 en: https://www.redalyc.org/pdf/3395/339529025007.pdf.

CANTERA, I.R.; DOMINGO, P.L. (1998). *Guias práticos de enfermagem.* Río de Janeiro (RJ): McGraw Hill Interamericana do Brasil.

FRANCIA, L. *Preparação para a aposentadoria: desafios a enfrentar.* In: VERAS, F. (Ed.). Terceira Idade: Alternativas para uma sociedade em transição, 11-34. Río de Janeiro (RJ): Relume-Dumará/UnATI/UERJ.

FRANCIULLI, S.E., Ricci, N.A., Lemos, N.D., Cordeiro, R.C. & Gazzola, J.M. (2007). *A modalidade de assistência Centro-Dia Geriátrico: efeitos funcionais em seis meses de acompanhamento multiprofissional.* Ciência & Saúde Coletiva, 12(2), 373-380.

FURTADO, M. T. S., Almeida, E. B. y Lima da Silva, T. B. (2021). *Reabilitação cognitiva na pessoa idosa diagnosticada com demência vascular: um estudo de caso de intervenção da Terapia Ocupacional.* Revista Kairós-Gerontologia, 24 (Especial 29, "Transdisciplinaridade: um modelo de trabalho em Gerontologia", 359-373. ISSNprint 1516-2567. ISSNe 2176-901X. São Paulo (SP), Brasil: FACHS/NEPE/PUC-S.

GAZZANIGA MS, TF HEATHERTON. *Memória, Ciência Psicológica: Mente, Cérebro e Comportamento,* Porto Alegre, RS: Artmed, 2002.

GONZÁLEZ, I.M. Enfermedades degenerativas. Acceso el 01-02-2020, disponible en: https://theconversation.com/profiles/ines-moreno-gonzalez-1132609.

IBGE, Instituto Brasileño de Geografía y Estadística. Censo 2010. Disponible en: https://www.ibge.gov.br/estatisticas/sociais/populacao/9662-census-demografico-2010.html?=&t=results. Consulta: 01/02/2020.

Izquierdo I. *Memória*. Porto Alegre: Artmed, 2002.

Kolb, B., Campbell G. y Gibb, R. Frente. Micrómetro. Neurosci., 02 de noviembre de 2010. Acceso el 30-12-2021 en: https://www.frontiersin.org/articles/10.3389/fnhum.2010.00204/full.

Lent R. *Neurociência da Mente e do Comportamento*. Río de Janeiro: Guanabara Koogan, 2008.

Lent R. *¿ Cem bilhões de neurônios? Conceitos fundamentais de neurociência*. Editorial Atheneu. 2º 2010.

Lima-Silva, TB, Yassuda MS. *A relação entre a queixa de memória e a idade no envelhecimento normal*. Dement. Neuropsicol. 3(2): 94-100, 2009.

Pablo, DLV; Yassuda MS. *Queixas de memória de idosos e sua relação com escolaridade, desempenho cognitivo e sintomas de depressão e ansiedade*. Rev. Psiq Clín. 2010; 37(1) :23-26.

Pennix at all (2000); Pennix, B.W.J.H., Guralnik, J.M., Bandeen-Roche, K. (2000). *The protective effect of emotional vitality on adverse health outcomes in disabled older women*. Journal of the American Geriatrics Society, 48(11), p. 1359-1366.

Salmazo-Silva et al *Vulnerabilidade na velhice: definição e intervenções no campo da Gerontologia*. Revista Temática Kairós Gerontologia,15(6), "Vulnerabilidade/Envelhecimento e Velhice: Aspectos Biopsicossociais", pp.97-116. ISSN 2176-901X en línea. ISSN 1516-2567 versión impresa. São Paulo (SP), Brasil: FACHS/NEPE/PEPGG/PUC-SP.

Santos, Franklin Santana et al. *Estimulação cognitiva para idosos: ênfase em memória*. Río de Janeiro: Editora Atheneu, 2017.

Schrödher-Butterfill, E., Mariantti, R.A. *A framework to understanding old-age vulnerabilities*, Ageing Soc. V.26, n.1, p. 9-35, 2006.

Silva, Thais Bento Lima da et al. *Treino cognitivo para idosos baseado em estratégias de categorização e cálculos semelhantes a tarefas do cotidiano*. Rev. bras. geriatr. gerontol, p. 65-74, 2011.

Souza, RR. *Alterações anatômicas do sistema nervoso central associadas ao envelhecimento*. In: Jacob Filho W, Carvalho Filho ET (eds.). Envelhecimento do sistema nervoso e a dor no idoso – monografias em geriatria III. São Paulo: FMUSP, 1996.

Escudero, LR, Kandel, ER. *Memória. Da mente às moléculas*. Artmed, 2003.

Verhaeghen, P., Marcoen, A. (1996). *On the mechanisms of plasticity in young and older adults after instruction in the method of loci: Evidence for an amplification model. Psychology and Aging, 11*(1), 164–178.

Yassuda, M. S., & da Silva, H. S. (2010). I *Participation in programs for seniors: Impact on cognition, mood and life satisfaction. Estudos de Psicologia, 27*(2), 207–214.

Yassuda, M.S; Tavares-Batistoni, S.S.; Fortes, A.G.; Neri, A.L. I: *Treino de memória no idoso saudável: Benefícios e mecanismos*, 2006. Yassuda MS. *Memória e envelhecimento saudável*. In: Freitas, EV, Py L, Cançado FAX. Tratado de geriatria e gerontologia. Rio de Janeiro: Guanabara Koogan, cap. 109; 2002: 914-919.

5
O PAPEL DO MINISTÉRIO PÚBLICO NA TUTELA DOS DIREITOS DA PESSOA IDOSA

Jaime Meira do Nascimento Junior[1]

1. Introdução

A pessoa idosa, ou seja, toda aquela com idade igual ou superior a 60 anos, faz jus a uma série de direitos estabelecidos pela legislação constitucional e infraconstitucional brasileira.

Ocorre que não basta que tais direitos e interesses sejam catalogados na letra fria dos dispositivos normativos se não houver meios e entes legitimados a fazer com que se tornem realidade.

Também é fato que a fase tardia da vida humana, muitas vezes, é marcada pela fragilidade tanto física como psíquica, colocando a pessoa idosa em uma situação de vulnerabilidade[2] que reclama do Estado e da Sociedade a adoção de medidas com vistas a garantir a ela o direito de permanecer incluída no seio social de forma digna.

O Direito brasileiro, para essa finalidade, conta com um Órgão de Estado, desvinculado de qualquer dos Poderes da República (Executivo, Legislativo e Judiciário), cuja função precípua estabelecida pela Constituição Federal

[1] Doutor em Direito Civil pela Universidade de São Paulo (2006), Mestre em História do Direito (DEA en Histoire du Droit) pela Université Paris II – Panthéon-Assas (2003). Bacharel em Direito pela Universidade de São Paulo (1996) e em Administração Pública pela Escola de Administração de Empresas de São Paulo da Fundação Getúlio Vargas (1995) e Promotor de Justiça do Ministério Público do Estado de São Paulo desde 2007.

[2] A respeito da vulnerabilidade da pessoa idosa, cf. Barbosa, Heloisa Helena. O princípio do melhor interesse da pessoa idosa: efetividade e desafios. In: Barbeta, Fabiana Rodrigues, Almeida, Vitor (coord.). *A Tutela Jurídica da Pessoa idosa*. Indaiatuba: Foco, 2020, p. 10-16.

de 1988 lhe permite a total independência e autonomia para a defesa, dentre outros, dos direitos e interesses da pessoa idosa que se encontre em situação de risco.

Trata-se do Ministério Público brasileiro.

O objetivo do presente estudo é apresentar, em linhas gerais, quais são esses direitos e interesses da pessoa idosa defendidos por este Ente independente e autônomo que, no Brasil, possui um enquadramento jurídico peculiar o qual não se limita, tal como sói ocorrer em outros ordenamentos jurídicos, à esfera criminal.

Assim, nas próximas laudas será feito um apanhado geral a respeito dos direitos da pessoa idosa consagrados no Direito brasileiro, do perfil constitucional do Ministério Público brasileiro e sua atuação para a tutela destes.

2. A pessoa idosa, natureza e tutela de seus direitos no ordenamento jurídico brasileiro

O primeiro aspecto a ser ressaltado reside no fato de que o direito das pessoas idosas se encontra inserido no contexto dos Direitos Humanos e na luta constante no sentido de se combater toda e qualquer atitude discriminatória ou que implique a negativa de todo e qualquer direito que afeta diretamente a esse grupo específico.

A partir dessa premissa, verifica-se que, ao lado de diversos acontecimentos que, sob prismas diversos, demonstraram a defesa e preocupação com a salvaguarda do Ser Humano, tais como a Revolução Francesa, o Humanismo, o Abolicionismo do século XIX, o Iluminismo, como movimento filosófico de valorização do Ser Humano, é a partir do século XX, com a Declaração Universal dos Direitos Humanos, que foram fortalecidos princípios que abriram as portas para que fossem elaborados e especificados novos direitos que elevassem o grau civilizatório da Humanidade, embora o fator "idade" ainda não estivesse presente dentre as características nomeadas dentre aquelas apontadas como não passíveis de discriminação.

Conforme se observa da Declaração Universal dos Direitos Humanos, apenas em seu artigo 25, item 1 a velhice é mencionada.

Nesse sentido:

> Art. 25 ...
>
> 1. Todo ser humano tem direito a um padrão de vida capaz de assegurar a si e à sua família saúde, bem-estar, inclusive alimentação, vestuário, habitação, cuidados médicos e os serviços sociais indispensáveis e direito à segurança em caso

de desemprego, doença, invalidez, viuvez, velhice ou outros casos de perda dos meios de subsistência em circunstâncias fora de seu controle.

O primeiro documento internacional que tratou do tema do idoso foi a Assembleia Mundial sobre o Envelhecimento, ocorrida em Viena, em 1982, tendo esta sido considerada o marco inicial para a concretização de uma agenda internacional de políticas públicas voltadas à população idosa.

O objetivo de referida Assembleia era servir de espaço para "para iniciar um programa internacional de ação que visa a garantir a segurança econômica e social das pessoas de idade, assim como oportunidades para que essas pessoas contribuam para o desenvolvimento de seus países[3]."

A partir de referida Assembleia, surgiu o Plano Internacional para Idosos, o qual foi constituído por 66 recomendações a todos os estados-membros em sete áreas com a finalidade de promoção da independência econômico-social do idoso.

Para a Organização das Nações Unidas o intuito do Plano de Ação Internacional sobre o Envelhecimento de 1982 foi:

> (...) fortalecer a capacidade dos países para abordar de maneira efetiva o envelhecimento de sua população e atender às preocupações e necessidades especiais das pessoas de mais idade, e fomentar uma resposta internacional adequada aos problemas do envelhecimento com medidas para o estabelecimento da nova ordem econômica internacional e o aumento das atividades internacionais de cooperação técnica, em particular entre os próprios países em desenvolvimento.

Além disso, outros temas específicos foram abordados, tais como "saúde e nutrição, proteção de consumidores idosos, habitação e meio ambiente, família e bem-estar social, segurança de renda e emprego, educação e a coleta e análise de dados de pesquisa[4]".

Nos anos 90, a Assembleia Geral das Nações Unidas, por meio da Resolução n. 46, de 16 de dezembro de 1991, enumerou 18 direitos das pessoas idosas referentes aos princípios da independência, participação, assistência, autorrealização e independência.

Entre 15 e 16 de outubro de 1992, realizou-se a Conferência Internacional sobre o Envelhecimento, na qual foi adotado um documento intitulado – Proclamação do Envelhecimento (GA res. 47/5, 47 UN GAOR Supp. (Nº

[3] ONU, 1982.
[4] ONU, 1982.

49) às 13, Doc. A / 47/49 (1992) – com o intuito de dar seguimento ao Plano de Ação Internacional, além de conscientizar de que o "envelhecimento da população mundial representa um desafio sem precedentes, mas urgente, de política e de programas para governos, organizações não governamentais e grupos privados" com a intenção de garantir que as necessidades dos idosos e seus recursos humanos sejam adequadamente abordados.[5]

Dentre as ações preconizadas pela ONU à comunidade internacional pela Proclamação do Envelhecimento estão:

> (A) Promover a implementação do Plano de Ação Internacional sobre o Envelhecimento; (B) Divulgar amplamente os Princípios das Nações Unidas para Pessoas Idosas; (C) Apoiar as estratégias práticas para alcançar os objetivos globais em matéria de envelhecimento para o ano de 2001; (D) Apoiar os esforços contínuos da Secretaria para esclarecer as opções políticas, melhorando a coleta de dados, pesquisa, treinamento, cooperação técnica e troca de informações sobre o envelhecimento; (E) Garantir que o envelhecimento das populações seja abordado adequadamente nos programas regulares de organizações e órgãos competentes das Nações Unidas e que recursos adequados sejam atribuídos por meio da redistribuição; (F) Apoiar parcerias amplas e práticas no âmbito do programa das Nações Unidas sobre envelhecimento, incluindo parcerias entre governos, agências especializadas e órgãos das Nações Unidas, organizações não governamentais e setor privado; (G) Fortalecer o Fundo Fiduciário para o Envelhecimento como forma de apoiar os países em desenvolvimento na adaptação ao envelhecimento das populações; (H) Incentivar os países doadores e receptores a incluir pessoas idosas em seus programas de desenvolvimento; (I) Destacar o envelhecimento nos principais eventos futuros, incluindo, no futuro próximo, eventos nas áreas dos direitos humanos, da família, da população, do avanço da mulher, da prevenção do crime, da juventude e da cúpula mundial proposta para o desenvolvimento social; (J) Incentivar a imprensa e a mídia a desempenhar um papel central na criação de conscientização sobre o envelhecimento da população e questões relacionadas, incluindo a celebração do Dia Internacional para Idosos em 1 de outubro e a divulgação dos Princípios das Nações Unidas para os idosos Pessoas; (K) Promover a cooperação e o intercâmbio intrarregional e inter-regional de recursos para programas e projetos sobre envelhecimento, incluindo aqueles para envelhecimento saudável ao longo da vida, geração de renda e novas formas de envelhecimento produtivo; (L) Fornecer os imensos recursos humanos e materiais agora urgentemente necessários para ajustes na vinda da humanidade,

[5] ONU, 1982.

o que pode ser entendido como um fenômeno demográfico, mas também como uma questão social, econômica e cultural de grande promessa[6].

No início do Século XXI, foi realizada a segunda Assembleia Mundial das Nações Unidas sobre o envelhecimento entre 8 e 12 de abril de 2002 em Madri, Espanha, a qual teve como tema: "Uma sociedade para todas as idades". Seu objetivo foi avaliar os resultados alcançados a partir das primeiras recomendações da Primeira Assembleia Mundial ocorrida em 1982.

Em referida Assembleia, foram aprovados dois documentos de grande relevância, a saber, uma Declaração Política e em um Plano de Ação Internacional sobre o Envelhecimento (2002), ambos aprovados pela Assembleia Geral da ONU por meio da Resolução 57/167 (ONU, 2002), em que os estados-membros assumiam o compromisso de executar um novo "plano de ação" para os 25 anos seguintes, reafirmando o consenso em torno da necessidade premente de uma agenda sobre o envelhecimento.

Segundo a Organização das Nações Unidas (2002):

> A Declaração Política e o Plano de Ação Mundial para o Envelhecimento constituem importante referencial para o direcionamento das ações da Secretaria Especial dos Direitos Humanos que, juntamente como a Subsecretaria de Promoção e Defesa dos Direitos Humanos e o Conselho Nacional dos Direitos do Idoso têm promovido o combate à discriminação, à negligência, ao abuso e aos maus tratos à velhice. O desafio de viver com dignidade, uma vida socialmente ativa durante todo o percurso do envelhecimento, é uma realidade que envolve a todos nós.

A Declaração Política, composta por 19 artigos inicia-se da seguinte forma:

> Nós, representantes dos Governos, reunidos na II Assembleia Mundial sobre o Envelhecimento, celebrada em Madri, decidimos adotar um Plano de Ação Internacional sobre o Envelhecimento para responder às oportunidades que oferece e aos desafios feitos pelo envelhecimento da população no século XXI e para promover o desenvolvimento de uma sociedade para todas as idades. (Parte Inicial do Art. 1º da Declaração Política).

O Plano de ação, por sua vez, buscou trazer mudanças de atitudes políticas e práticas em todos os níveis, com o objetivo de promoção e proteção de direitos da população idosa, em razão do enorme potencial de envelhecimento populacional, dada a tendência de incremento de sua longevidade no século XXI.

[6] ONU, 1982.

Na visão de Pessini[7], verifica-se, desse modo, que as recomendações para a adoção de medidas organizaram-se em três vertentes prioritárias: os idosos e o desenvolvimento; a promoção da saúde e do bem-estar na velhice; e a criação de ambientes propícios e favoráveis à vida das pessoas idosas.

Adentrando o Direito brasileiro, considerando-se que a questão do direito da pessoa idosa é intrinsicamente ligada à dignidade da pessoa humana, o primeiro fundamento jurídico para sua tutela reside no artigo 1º, inciso III, que estabelece:

> Art. 1º A República Federativa do Brasil, formada pela união indissolúvel dos Estados e Municípios e do Distrito Federal, constitui-se em Estado Democrático de Direito e tem como fundamentos:
>
> (...)
>
> III – a dignidade da pessoa humana; (...)

Além disso, a Constituição Cidadã também preconiza como um de seus objetivos fundamentais o bem-estar de todos, vedando qualquer tipo de preconceito pautado, dentre outras coisas, na idade.

Nesse sentido:

> Art. 3º Constituem objetivos fundamentais da República Federativa do Brasil:
>
> (...)
>
> IV – promover o bem de todos, sem preconceitos de origem, raça, sexo, cor, idade e quaisquer outras formas de discriminação.

Barbosa[8] alerta que a Constituição Federal brasileira consagrou o ser humano como valor maior do ordenamento jurídico pátrio, garantindo-lhe tutela integral e privilegiada em suas relações existências, a partir da consagração da dignidade da pessoa humana com princípio fundamental, verdadeira cláusula geral de tutela da pessoa humana.

Em relação à pessoa idosa, ainda no século XX, no âmbito infraconstitucional, a Lei 8.842, de 4 de janeiro de 1994, dispôs sobre a Política Nacional do Idoso, tendo por objetivo assegurar seus direitos sociais, criando condições para sua

[7] Pessini, Leo. Envelhecer com saúde Ecos da II Assembleia Mundial sobre o Envelhecimento. 2003. Disponível em: https://www.vidapastoral.com.br/artigos/bioetica/envelhecer-com-saude-ecos-da-ii-assembleia-mundial-sobre-o-envelhecimento. Acesso em 25 de julho de 2022.

[8] Barbosa, Heloisa Helena. O princípio do melhor interesse da pessoa idosa: efetividade e desafios. In: Barbeta, Fabiana Rodrigues, Almeida, Vitor (coord.). A Tutela Jurídica da Pessoa idosa. Indaiatuba: Foco, 2020, p. 4-5.

autonomia, integração e participação efetiva na sociedade. Em referido diploma normativo, foram consideradas idosas a pessoa maior de 70 (setenta) anos.

Ainda merece destaque a Lei 10.048, de 8 de novembro de 2000, a qual estabeleceu a prioridade de atendimento a pessoas que especifica, dentre as quais, os idosos com idade igual ou superior a 60 anos.

Segundo referido diploma legal, o qual não é exclusivamente destinado às pessoas idosas, mas delas também trata, as repartições públicas, empresas concessionárias de serviços públicos e instituições financeiras estão obrigadas a dispensar atendimento prioritário, por meio de serviços individualizados que assegurem tratamento diferenciado e atendimento imediato às pessoas a que se refere (artigo 2º, *caput* e parágrafo único).

Posteriormente, em 1º de outubro de 2003, entrou em vigor no Brasil a Lei 10.741, o qual instituiu o Estatuto da Pessoa Idosa[9], com o objetivo de instituir um microssistema[10] que regulasse os direitos assegurados às pessoas com idade igual ou superior a 60 (sessenta) anos.

O Estatuto da Pessoa Idosa consiste em um microssistema que se preocupa de forma ampla em defendê-las, adotando uma série de princípios e cláusulas abertas de natureza protetiva diante da vulnerabilidade dessa população.

Referido diploma normativo, além de proclamar diversos direitos, prevê sanções administrativas, crimes e, em especial, medidas de proteção previstas em seu artigo 45, as quais têm por escopo materializar os valores consagrados por aquele microssistema.

A lei estabelece ser obrigação da família, da comunidade, da sociedade e do poder público assegurar à pessoa idosa, com absoluta prioridade, a efetivação do direito à vida, à saúde, à alimentação, à educação, à cultura, ao esporte, ao lazer, ao trabalho, à cidadania, à liberdade, à dignidade, ao respeito e à convivência familiar e comunitária (artigo 3º).

Também estabelece aos maiores de 80 anos, prioridade especial em relação às demais pessoas idosas (§2º, do artigo 3º).

[9] Com o advento da Lei 14.423, de 22 de julho de 2022, a Lei 10.741/2003, originalmente intitulada de Estatuto do Idoso, foi alterada para substituir, em toda a Lei, as expressões "idoso" e "idosos" pelas expressões "pessoa idosa" e "pessoas idosas". A respeito, cf. JUNIOR, Janeiro. *Estatuto do Idoso passa a se chamar Estatuto da Pessoa Idosa*. Brasília: 25/07/2022. Disponível em https://www.camara.leg.br/noticias/899519-estatuto-do-idoso-passa-a-se-chamar-estatuto-da-pessoa-idosa/. Acessado em 27-07-2022.

[10] Conforme esclarece Bretas (2020, p. 29-31), os elementos que constituem um microssistema são a descodificação, a inclusão de cláusulas gerais e a flexibilização da legalidade, abrindo-se, com isso, um espaço de um maior espaço axiológico, valorando-se, com isso, uma multiplicidade de fontes do direito com vistas a se atingir de uma forma mais sensível o espírito dessa lei.

Dentre os direitos fundamentais previstos em referido Estatuto, vale mencionar a proteção à vida à liberdade, ao respeito e à dignidade, sendo obrigação do Estado e da sociedade assegurar à pessoa idosa a liberdade, o respeito e a dignidade, como pessoa humana e sujeito de direitos civis, políticos, individuais e sociais, garantidos na Constituição e nas leis (artigos 8º, 9, 10).

Conforme observa Barbosa[11], o Estatuto da Pessoa Idosa estabelece o princípio da proteção integral devida a esse grupo.

Nesse sentido:

> O Estatuto do Idoso (Lei 10.741/2003) ao regular os direitos assegurados às pessoas idosas, estabeleceu um elenco de prioridades e de direitos fundamentais. Os estudiosos do tema têm se debruçado sobre essas leis e feito valioso esforço interpretativo para sua melhor compreensão e aplicação. Como resultado desse trabalho proclamou-se o princípio da prioridade do idoso, que lhe assegura o 'atendimento em primeiro plano das garantias fundamentais, dada sua condição fragilidade que a vida reserva para todos nós.
>
> (...)
>
> Procura-se desse modo efetivar a proteção integral devida ao idoso, em razão da sua situação de vulnerabilidade potencializada pelas contingências existenciais, especializando a cláusula geral de tutela da pessoa humana, na linha já adotada para a criança e o adolescente e o consumidor. Constata-se implícito no preceito constitucional o princípio do melhor interesse do idoso, como expressão da proteção integral que lhe é devida com absoluta prioridade. Tal princípio, de inegável valia como critério hermenêutico, diante da complexidade da situação existencial do idoso, revela-se instrumento hábil na efetivação da tutela da dignidade das pessoas que se encontram em um estágio mais avançado da existência humana.

Notadamente, no tocante ao direito à saúde, é reservado o Capítulo IV do Estatuto da Pessoa Idosa (EPI), o artigo 15 que estabelece a atenção integral à saúde da pessoa idosa por intermédio do Sistema Único de Saúde (SUS), abrangendo tanto a prevenção, como promoção, proteção e recuperação da saúde, com especial atenção às doenças que afetam preferencialmente os maiores de 60 anos.

Assim, por exemplo, nos termos do artigo 15, §2º, do Estatuto da Pessoa Idosa, incumbe ao poder público fornecer às pessoas idosas, gratuitamente,

[11] Barbosa, Heloisa Helena. O princípio do melhor interesse da pessoa idosa: efetividade e desafios. In: Barbeta, Fabiana Rodrigues, Almeida, Vitor (coord.). A Tutela Jurídica da Pessoa idosa. Indaiatuba: Foco, 2020, p. 15-20.

medicamentos, especialmente os de uso continuado, assim como próteses, órteses e outros recursos relativos ao tratamento, habilitação ou reabilitação.

Interessante observar que o artigo 16 estabelece o direito de a pessoa idosa internada ter assegurado um acompanhante, devendo o órgão de saúde proporcionar as condições adequadas para a sua permanência em tempo integral, segundo o critério médico.

Por outro lado, a autonomia da vontade da pessoa idosa, em especial, a que goza de suas faculdades mentais[12] deverá ser respeitada em relação à opção pelo tratamento de saúde que lhe for reputado mais favorável (artigo 17, *caput*), ficando tal opção reservada ao curador, familiares ou pelo médico quando for interditada, nos seguintes termos:

> Art. 17. (...)
> Parágrafo único. Não estando a pessoa idosa em condições de proceder à opção, esta será feita:
> I – pelo curador, quando a pessoa idosa for interditada;
> II – pelos familiares, quando a pessoa idosa não tiver curador ou este não puder ser contactado em tempo hábil;
> III – pelo médico, quando ocorrer iminente risco de vida e não houver tempo hábil para consulta a curador ou familiar;
> IV – pelo próprio médico, quando não houver curador ou familiar conhecido, caso em que deverá comunicar o fato ao Ministério Público.

Outro ponto a ser ressaltado é a determinação legal no sentido de que, em caso de suspeita ou confirmação de violência praticada contra pessoas idosas, os serviços públicos de saúde públicos e privados deverão compulsoriamente notificar à autoridade sanitária, bem como comunicar, dentre outros órgãos, ao Ministério Público (artigo 19, inciso II).

O Capítulo I do Título III do Estatuto da Pessoa Idosa estabelece as assim chamadas Medidas Específicas de Proteção, as quais tem por objetivo amparar aqueles que se encontrarem em situação de risco pelo fato de terem os direitos reconhecidos pelo diploma legal ameaçados ou violados (art. 43).

Importante, nesse sentido, observar o relevante papel atribuído ao Ministério Público como único legitimado para o manejo perante a Justiça dessas medidas de proteção, o que será aprofundado na sequência.

12 A respeito, cf. SOUSA, Ana Maria Viola de. Tutela Jurídica do Idoso – a assistência e a convivência familiar. Campinas: Alínea, 2004, p. 115.

3. Perfil constitucional do Ministério Público brasileiro

Para que se possa bem compreender o contexto em que se insere o Ministério Público na defesa dos direitos dos idosos, mostra-se importante entender o perfil constitucional a ele atribuído após a Constituição de 1988.

O Ministério Público brasileiro encontra-se constitucionalmente previsto na Seção I do Capítulo IV, da Lei Maior, como instituição permanente, essencial à função jurisdicional do Estado (CF, artigo 127).

Trata-se de um Órgão de Estado, o qual não está atrelado a nenhum dos Poderes da República (Executivo, Legislativo e Judiciário), sendo dotado de autonomia funcional e administrativa (CF, §2º do artigo 127).

O Ministério Público brasileiro abrange, de um lado, o Ministério Público da União (este compreendendo o Ministério Público Federal, do Trabalho, Militar, do Distrito Federal e Território), e de outro o Ministério Público dos Estados (CF, artigo 128).

Sendo o Brasil uma República Federativa, da mesma forma que não existe hierarquia entre seus entes federativos, a saber, União, Estados e Municípios, mas apenas uma divisão de competências entre eles, tampouco há que se falar em relação hierárquica entre o Ministério Público da União e o dos Estados. Entre eles, há apenas atribuições distintas.

Analisando-se o perfil de referida Instituição no cenário político constitucional brasileiro, conforme bem observa Böttcher[13], o seu grau de independência e autonomia em relação aos demais Poderes, historicamente, poderia ser comparado à figura do Tribuno da Plebe romano.

Trata-se da Instituição que tem por função, quando necessário, questionar os próprios Poderes constituídos, em nome da sociedade, incumbindo-lhe a defesa da ordem jurídica, do regime democrático e dos interesses sociais e individuais indisponíveis (CF, artigo 127).

Tradicional e historicamente, ao Ministério Público brasileiro, em situação similar à de outros países, fica reservada a promoção da ação penal de iniciativa pública. Contudo, a ele não se limita a *persecutio criminis*, estando suas funções institucionais estendidas a funções também de natureza cível e administrativa, tudo com o escopo de atendimento às suas incumbências constitucionais.

[13] BÖTTCHER, Carlos Alexandre. (2012). Il tribunato della Plebe e il Ministerio Publico del Brasile. Revista Da Faculdade De Direito, Universidade De São Paulo (106-107), jan. 2012, pp. 49-63. Disponível em https://www.revistas.usp.br/rfdusp/article/view/67937. Acesso em 1º de agosto de 2022, p. 61.

Nesse sentido, para tanto, o artigo 129 da Lei Maior estabelece uma série de funções institucionais à Instituição.

Nesse sentido:

> Art. 129. São funções institucionais do Ministério Público:
>
> I – promover, privativamente, a ação penal pública, na forma da lei;
>
> II – zelar pelo efetivo respeito dos Poderes Públicos e dos serviços de relevância pública aos direitos assegurados nesta Constituição, promovendo as medidas necessárias a sua garantia;
>
> III – promover o inquérito civil e a ação civil pública, para a proteção do patrimônio público e social, do meio ambiente e de outros interesses difusos e coletivos;
>
> IV – promover a ação de inconstitucionalidade ou representação para fins de intervenção da União e dos Estados, nos casos previstos nesta Constituição;
>
> V – defender judicialmente os direitos e interesses das populações indígenas;
>
> VI – expedir notificações nos procedimentos administrativos de sua competência, requisitando informações e documentos para instruí-los, na forma da lei complementar respectiva;
>
> VII – exercer o controle externo da atividade policial, na forma da lei complementar mencionada no artigo anterior;
>
> VIII – requisitar diligências investigatórias e a instauração de inquérito policial, indicados os fundamentos jurídicos de suas manifestações processuais;
>
> IX – exercer outras funções que lhe forem conferidas, desde que compatíveis com sua finalidade, sendo-lhe vedada a representação judicial e a consultoria jurídica de entidades públicas.

Fica evidenciada da leitura do artigo 129 acima transcrito que é vedado ao Ministério Público a representação judicial e a consultoria jurídica de entidades públicas, ficando tais atribuições reservadas à Advocacia Pública, cujos preceitos constitucionais estão previstos na Seção II do mesmo Capítulo IV (artigos 131 a 136).

Contudo, é plenamente possível que o Ministério Público adote as medidas necessárias, incluindo a propositura de ações para a defesa de interesses individuais indisponíveis, até mesmo em detrimento do Poder Público (artigo 129, inciso II)[14].

[14] RODRIGUES, Oswaldo Peregrina. Direitos do Idoso. In: NUNES JR, Vidal Serrano (coord.). *Manual de Direitos Difusos*. São Paulo: Verbatim. 2009, p. 525, sustenta que a atuação do Ministério Público em prol do idoso pode abarcar até mesmo direitos disponíveis, desde que tenham repercussão social.

E para garantir que os membros do Ministério Público ajam com total independência e imparcialidade frente aos demais Poderes constituídos, diversas garantias e vedações lhes são previstas, as quais são praticamente idênticas às impostas aos membros do Poder Judiciário[15] (artigo 128, §5º, incisos I e II).

Nesse sentido:

> § 5º Leis complementares da União e dos Estados, cuja iniciativa é facultada aos respectivos Procuradores-Gerais, estabelecerão a organização, as atribuições e o estatuto de cada Ministério Público, observadas, relativamente a seus membros:
>
> I – as seguintes garantias:
>
> a) vitaliciedade, após dois anos de exercício, não podendo perder o cargo senão por sentença judicial transitada em julgado;
>
> b) inamovibilidade, salvo por motivo de interesse público, mediante decisão do órgão colegiado competente do Ministério Público, pelo voto da maioria absoluta de seus membros, assegurada ampla defesa;
>
> c) irredutibilidade de subsídio, fixado na forma do art. 39, § 4º, e ressalvado o disposto nos arts. 37, X e XI, 150, II, 153, III, 153, § 2º, I;
>
> II – as seguintes vedações:
>
> a) receber, a qualquer título e sob qualquer pretexto, honorários, percentagens ou custas processuais;
>
> b) exercer a advocacia;
>
> c) participar de sociedade comercial, na forma da lei;
>
> d) exercer, ainda que em disponibilidade, qualquer outra função pública, salvo uma de magistério;
>
> e) exercer atividade político-partidária;
>
> f) receber, a qualquer título ou pretexto, auxílios ou contribuições de pessoas físicas, entidades públicas ou privadas, ressalvadas as exceções previstas em lei.

Da mesma forma que em relação aos do Poder Judiciário, é vedado aos membros do Ministério Público exercer a advocacia no juízo ou tribunal do qual se afastou, antes de decorridos três anos do afastamento do cargo por aposentadoria ou exoneração (Artigo 128, §6º, da Constituição Federal).

Outra característica marcante na Constituição Federal para garantir a total independência do Ministério Público é o fato de esta lhe conferir iniciativa legislativa em matéria de criação e extinção de seus cargos e serviços auxilia-

[15] Em relação aos membros do Poder Judiciário, cf. artigo 95 da Constituição Federal.

res, bem como proposta orçamentária, sendo certo ainda que seus membros[16] serão nomeados por meio de concurso público de provas ou de provas e títulos (Artigo 127, §§2º a 5º).

Finalmente, dentro da preocupação constante na Lei Maior em garantir a lisura e independência do Ministério Público, a Emenda Constitucional n. 45, de 30 de dezembro de 2004, criou o Conselho Nacional do Ministério Público (artigo 130-A da Constituição Federal), que tem por competência o controle da atuação administrativa e financeira do Ministério Público e do cumprimento dos deveres funcionais de seus membros.

A este órgão externo compete:

> Art. 130-A. (...)
> §2º. (...)
> I zelar pela autonomia funcional e administrativa do Ministério Público, podendo expedir atos regulamentares, no âmbito de sua competência, ou recomendar providências;
> II zelar pela observância do art. 37 e apreciar, de ofício ou mediante provocação, a legalidade dos atos administrativos praticados por membros ou órgãos do Ministério Público da União e dos Estados, podendo desconstituí-los, revê-los ou fixar prazo para que se adotem as providências necessárias ao exato cumprimento da lei, sem prejuízo da competência dos Tribunais de Contas;
> III – receber e conhecer das reclamações contra membros ou órgãos do Ministério Público da União ou dos Estados, inclusive contra seus serviços auxiliares, sem prejuízo da competência disciplinar e correicional da instituição, podendo avocar processos disciplinares em curso, determinar a remoção ou a disponibilidade e aplicar outras sanções administrativas, assegurada ampla defesa;
> IV rever, de ofício ou mediante provocação, os processos disciplinares de membros do Ministério Público da União ou dos Estados julgados há menos de um ano;
> V elaborar relatório anual, propondo as providências que julgar necessárias sobre a situação do Ministério Público no País e as atividades do Conselho, o qual deve integrar a mensagem prevista no art. 84, XI.

[16] A respeito da denominação dos cargos, tem-se, em linhas gerais, que, no Ministério Público Federal, seus membros que atuam em primeira instância são denominados de Procuradores da República. No Ministério Público Estadual, os membros que atuam em primeira instância são denominados de Promotores de Justiça. Em segunda instância, ou seja, perante os Tribunais, o membro do Ministério Público Federal é denominado de Procurador Regional da República, ao passo que no Ministério Público Estadual é o Procurador de Justiça. Para mais detalhes, cf. PINTO, Luiz Antonio Francisco. *Nomenclatura de cargos do Ministério Público Estadual e Federal*. JUSBRASIL. 2014. https://luizantoniofp.jusbrasil.com.br/artigos/128027482/nomenclatura-de-cargos-do-ministerio-publico-estadual-e-federal. Acessado em 10 de agosto de 2022.

Conforme se observa, a Constituição Federal estabelece um conjunto de regras e princípios, incluindo um órgão externo de natureza fiscalizatória e correcional, com vistas a que o Ministério Público brasileiro seja um Órgão de Estado, desvinculado de qualquer um dos Poderes da República, instrumentalizando assim sua função máxima de defesa da ordem jurídica, do regime democrático e dos interesses sociais e individuais indisponíveis (CF, artigo 127).

4. A defesa dos direitos da pessoa idosa pelo Ministério Público

A defesa dos direitos da pessoa idosa pelo Ministério Público é realizada no contexto do perfil constitucional desse órgão de Estado.

Conforme anteriormente explicitado, sua atuação não se limita à esfera criminal[17], abarcando a possibilidade de ajuizar no âmbito cível ações judiciais para a defesa dos assim denominados interesses metaindividuais (difusos, coletivos[18] e individuais homogêneos), assim como para os individuais, sejam eles indisponíveis[19] ou disponíveis (nesse caso, desde que presente o interesse pessoal)[20].

Nesse sentido, dispõe o Estatuto da Pessoa Idosa:

> Art. 81. Para as ações cíveis fundadas em interesses difusos, coletivos, individuais indisponíveis ou homogêneos, consideram-se legitimados, concorrentemente:

[17] Não se pode olvidar que, no sistema processual penal brasileiro, o qual consagrou constitucionalmente o princípio acusatório, o Ministério Público brasileiro é o titular exclusivo da ação penal de iniciativa pública. Nesse sentido dispõe a Lei Maior de 1988: Art. 129. *São funções institucionais do Ministério Público: I – promover, privativamente, a ação penal pública, na forma da lei.*

[18] O Código de Defesa do Consumidor (Lei 8.078, de 1990), em seus artigos 81 e 82, estabeleceu a legitimidade do Ministério Público para a defesa dos assim chamados interesses ou direitos difusos, coletivos e individuais homogêneos. A lei em questão estabelece uma definição legal nos seguintes termos: difusos são os interesses ou direitos transindividuais, de natureza indivisível, de que sejam titulares pessoas indeterminadas e ligadas por circunstâncias de fato. Coletivos, são os interesses ou direitos os transindividuais, de natureza indivisível de que seja titular grupo, categoria ou classe de pessoas ligadas entre si ou com a parte contrária por uma relação jurídica base. Por fim, a lei também apresenta os chamados direitos ou interesses individuais homogêneos são os de origem comum.

[19] Conforme explica Mazzilli, Hugo Nigro. *Introdução ao Ministério Público.* 9ª ed., São Paulo: Saraiva, 2015, p. 312: "*Há interesses indisponíveis, independentemente de quem seja seu titular (indisponibilidade objetiva, como na improbidade administrativa); outros interesses por si sós não seriam indisponíveis, mas a indisponibilidade pode decorrer de condições pessoais de seu titular (indisponibilidade subjetiva, como no interesse do incapaz). (...) nas ações que versem interesses subjetivamente indisponíveis, o Ministério Público assistirá à parte, zelando para que seus interesses não sejam pretéritos (intervenção pela qualidade da parte).*

[20] A respeito, cf. Rodrigues, Oswaldo Peregrina. Direitos do Idoso. In: Nunes Jr, Vidal Serrano (coord.). *Manual de Direitos Difusos.* São Paulo: Verbatim. 2009, p. 525.

> I – o Ministério Público;
>
> (...)
>
> Art. 82. Para defesa dos interesses e direitos protegidos por esta Lei, são admissíveis todas as espécies de ação pertinentes.
>
> Parágrafo único. Contra atos ilegais ou abusivos de autoridade pública ou agente de pessoa jurídica no exercício de atribuições de Poder Público, que lesem direito líquido e certo previsto nesta Lei, caberá ação mandamental, que se regerá pelas normas da lei do mandado de segurança.

Em tais interesses se enquadram também os das pessoas idosas mesmo nos casos individuais, quando se verifica situação de risco; na defesa de interesses de caráter geral como em casos de cobrança de políticas públicas em prol dessas pessoas (exemplo: exigência de transporte público gratuito nos termos legais, atendimento prioritário, demarcação de vagas reservadas etc.); e a fiscalização de serviços destinados a eles, em especial, as chamadas instituições de longa permanência para idosos (ILPIs).

Essas entidades, a seu turno, estão abarcadas pelo Estatuto em seu artigo 47, inciso III, dentro do contexto da política de atendimento ao idoso, devendo obedecer aos princípios estabelecidos no artigo 49, a saber:

> I – preservação dos vínculos familiares;
>
> II – atendimento personalizado e em pequenos grupos;
>
> III – manutenção da pessoa idosa na mesma instituição, salvo em caso de força maior;
>
> IV – participação da pessoa idosa nas atividades comunitárias, de caráter interno e externo;
>
> V – observância dos direitos e garantias das pessoas idosas;
>
> VI – preservação da identidade da pessoa idosa e oferecimento de ambiente de respeito e dignidade.

O Estatuto estabelece a responsabilidade administrativa, civil e criminal do dirigente de tais instituições quando praticarem atos em detrimento da pessoa idosa (art. 49, parágrafo único), bem como uma série de obrigações em seu artigo 50, dentre as quais, providenciar ou solicitar que o Ministério Público requisite os documentos necessários ao exercício da cidadania àqueles que não os tiverem, na forma da lei.

No âmbito individual, quando verificado que um idoso se encontra em situação de risco, ou seja, quando existe violação a algum dos direitos estabelecidos no Estatuto, o artigo 43 da Lei 10.741/2003 prevê as assim denominadas medidas de proteção.

Nesse sentido, o Estatuto indica um rol exemplificativo das medidas de proteção:

> Art. 45. Verificada qualquer das hipóteses previstas no art. 43, o Ministério Público ou o Poder Judiciário, a requerimento daquele, poderá determinar, dentre outras, as seguintes medidas:
>
> I – encaminhamento à família ou curador, mediante termo de responsabilidade;
>
> II – orientação, apoio e acompanhamento temporários;
>
> III – requisição para tratamento de sua saúde, em regime ambulatorial, hospitalar ou domiciliar;
>
> IV – inclusão em programa oficial ou comunitário de auxílio, orientação e tratamento a usuários dependentes de drogas lícitas ou ilícitas, à própria pessoa idosa ou à pessoa de sua convivência que lhe cause perturbação;
>
> V – abrigo em entidade;
>
> VI – abrigo temporário

Um exemplo disso é o caso da pessoa idosa que não possui registro de nascimento e não conta com apoio, em especial, de seu núcleo familiar. Nesses casos, o Ministério Público é colegitimado a ingressar com pedido de registro tardio perante o Poder Judiciário.

Assim, é possível ao Ministério Público a atuação em defesa até mesmo de interesses individuais, quando verificada a violação a um direito indisponível, tal como vida, saúde, cidadania. Admite-se também a atuação do *Parquet* na condição de substituto processual na defesa de direitos individuais disponíveis quando implique interesse social, nos termos dos artigos 43 e 74, inciso III, do Estatuto da Pessoa Idosa[21].

Importante ainda destacar que a amplitude das medidas possíveis não se limita à atuação judicial, pois abarca também medidas administrativas (tais como a expedição de recomendações ministeriais[22] e assinatura de termo de

[21] Rodrigues, Oswaldo Peregrina. Direitos do Idoso. In: Nunes Jr, Vidal Serrano (coord.). *Manual de Direitos Difusos.* São Paulo: Verbatim. 2009, p. 525.

[22] A recomendação consiste em ato administrativo pelo qual o Ministério Público insta o seu destinatário a adotar providências para prevenir a repetição ou fazer cessar eventuais violações de direitos. Não possui caráter impositivo, conforme observa Ribeiro (2011, pp. 68-70), mas sim um instrumento de orientação, auxílio e consenso, cujo descumprimento importará, como regra, o ajuizamento de ação civil pública, na qual estará comprovado, em especial, o dolo do infrator

ajustamento de conduta[23]), conforme se verifica já no âmbito constitucional, notadamente no artigo 129, inciso III, da Lei Maior.

Em consonância com o mandamento constitucional, o Estatuto da Pessoa Idosa avaliza a atuação do Ministério Público de forma ampla para garantir os direitos e interesses, ainda que individuais, das pessoas idosas que sejam vítimas de negligência por parte da sociedade ou Estado, por falta, omissão ou abuso da família, curador ou entidade de atendimento ou em razão de sua condição pessoal (artigo 43).

Outrossim, compete ao Ministério Público fiscalizar e exigir que o Poder Público garanta à pessoa idosa atendimento prioritário em matéria de saúde pública, dentre outros.

Para instrumentalizar essa atribuição fiscalizatória do Ministério Público, a legislação brasileira prevê, no caso de direitos transindividuais de natureza difusa e coletiva, a figura do inquérito civil, ao passo que, para interesses individuais, o procedimento administrativo[24].

Ressalte-se que, no âmbito de tais procedimentos, o membro do Ministério Público possui o poder de requisição sempre com vistas à obtenção dos subsídios necessários para formação de seu convencimento sobre o caso analisado, o que viabiliza a solução de situações de risco ainda em uma fase não judicial.

que não acatou a recomendação. Atua assim como um mecanismo extrajudicial para solução de conflitos. Ela encontra-se prevista no artigo 27, parágrafo único, inciso IV, da Lei Orgânica do Ministério Público (Lei 8.625/1993) e no artigo 6º, inciso XX, da Lei Complementar 75/93. No Estado de São Paulo, sua previsão encontra-se no artigo 113, §1º, da Lei complementar estadual 734/93 (Lei Orgânica do Ministério Público do Estado de São Paulo).

[23] Conforme relembra MAZZILI, Hugo Nigro. Compromisso de Ajustamento de Conduta: evolução e fragilidades e atuação do Ministério Público. *Revista de Direito Ambiental 41, Jan. 2006*, p. 93/111. Disponível em http://www.mazzilli.com.br/pages/artigos/evolcac.pdf. Acessado em 13 de agosto de 2022. (2006, pp. 93 e ss.), o compromisso de ajustamento de conduta, surgido inicialmente no Estatuto da Criança e do Adolescente (Lei 8.069/90) e depois reiterado na Lei 8.069/90, consiste em um título executivo extrajudicial que tem por escopo fazer com que um violador de algum direito transindividual adeque sua conduta às exigências da lei, sob pena de incorrer em multa civil. O compromisso é tomado mediante termo, o qual, nos meios forenses é conhecido como termo de ajustamento de conduta (TAC). Esse compromisso pode ser tomado apenas pelos órgãos públicos legitimados à propositura de ação civil pública (como o Ministério Público, a União, Estados, Municípios e o Distrito Federal e a Defensoria Pública); desta forma, associações civis, sindicatos ou fundações privadas não podem tomá-lo, ainda que também sejam colegitimados.
para propor as ações civis públicas ou coletivas (Lei n. 7.347/85, art. 5º; CDC, art. 82).

[24] O Conselho Nacional do Ministério Público disciplina no âmbito administrativo a instauração e tramitação da notícia de fato e do procedimento administrativo por meio da Resolução n. 174, de 4 de julho de 2017. Disponível em https://www.cnmp.mp.br/portal/images/Resolucoes/Resoluo-174-2.pdf. Acessado em 11 de agosto de 2022.

A título exemplificativo, merece destaque o importante papel que exerce o Ministério Público na fiscalização das instituições de longa permanência para idosos (ILPIs).

A fiscalização das entidades de atendimento será feita, ao lado de outros colegitimados, pelo Ministério Público (artigo 52 do Estatuto), o qual poderá adotar todas as medidas extrajudiciais e judiciais para que a lesão a direitos das pessoas idosas seja reparada e as violações cessadas.

Isso tudo, por óbvio, sem prejuízo das medidas cabíveis no âmbito criminal. Nesse sentido:

> Art. 73. As funções do Ministério Público, previstas nesta Lei, serão exercidas nos termos da respectiva Lei Orgânica[25].
>
> Art. 74. Compete ao Ministério Público:
>
> I – instaurar o inquérito civil e a ação civil pública para a proteção dos direitos e interesses difusos ou coletivos, individuais indisponíveis e individuais homogêneos da pessoa idosa;
>
> (...)
>
> V – instaurar procedimento administrativo e, para instruí-lo:
>
> a) expedir notificações, colher depoimentos ou esclarecimentos e, em caso de não comparecimento injustificado da pessoa notificada, requisitar condução coercitiva, inclusive pela Polícia Civil ou Militar;
>
> b) requisitar informações, exames, perícias e documentos de autoridades municipais, estaduais e federais, da administração direta e indireta, bem como promover inspeções e diligências investigatórias;
>
> c) requisitar informações e documentos particulares de instituições privadas;
>
> VI – instaurar sindicâncias, requisitar diligências investigatórias e a instauração de inquérito policial, para a apuração de ilícitos ou infrações às normas de proteção à pessoa idosa;

[25] Impende ressaltar, conforme já abordado no item 2 deste capítulo, que, nos termos do artigo 128 da Constituição Federal, o Ministério Público brasileiro abrange o Ministério Público da União, este compreendendo, o Ministério Público Federal, do Trabalho e Militar, bem como o Ministério Público do Distrito Federal e Territórios e os Ministérios Públicos do Estados. No âmbito infraconstitucional Federal, a Lei 8.625, de 12 de fevereiro de 1993 instituiu a Lei Orgânica Nacional do Ministério Público brasileiro, a qual dispõe sobre normas gerais para a organização do Ministério Público dos Estados. O Ministério Público da União (assim como o do Distrito Federal e Territórios) é, por sua vez, regulamentado organicamente pela Lei Complementar n. 75, de 20 de maio de 1993. Dentro do sistema federativo brasileiro, em cada um dos estados-membros da Federação brasileira, existe um Ministério Público estadual, com sua respectiva Lei Orgânica Estadual. No Estado de São Paulo, por exemplo, a Lei Complementar Estadual, n. 734, de 26 de novembro de 1993 instituiu e regulamentou o Ministério Público do Estado de São Paulo.

> VII – zelar pelo efetivo respeito aos direitos e garantias legais assegurados à pessoa idosa, promovendo as medidas judiciais e extrajudiciais cabíveis;
>
> VIII – inspecionar as entidades públicas e particulares de atendimento e os programas de que trata esta Lei, adotando de pronto as medidas administrativas ou judiciais necessárias à remoção de irregularidades porventura verificadas;
>
> IX – requisitar força policial, bem como a colaboração dos serviços de saúde, educacionais e de assistência social, públicos, para o desempenho de suas atribuições;
>
> X – referendar transações envolvendo interesses e direitos das pessoas idosas previstos nesta Lei.

Conforme relembra Fabre[26], o Ministério Público, ao lado da Defensoria Pública, tem promovido ações coletivas na defesa dos interesses das pessoas idosas, o que tem resultado até mesmo no reconhecimento de danos morais coletivos[27].

No âmbito individual, por sua vez, deve ser destacado o papel do fundamental do Ministério Público como único legitimado para a propositura das medidas de proteção previstas no Estatuto (artigo 45).

Nesse sentido, é papel do Ministério Público tanto no âmbito individual como transindividual, exigir que Estado, Sociedade e família atendam a todos os interesses e diretores previstos no Estatuto da Pessoa Idosa sem quaisquer empecilhos, seja pela via administrativa, por intermédio de ação judicial, prevenindo, fazendo cessar qualquer tipo de violação de direitos e buscando a integral reparação dos danos causados aos maiores de 60 (sessenta) anos.

Conclusões

Conforme se depreende do sistema jurídico brasileiro, os direitos e interesses da pessoa idosa estão inseridos no contexto da consagração da dignidade da pessoa humana como um dos fundamentos da República Federativa do Brasil (art. 1º, III, da Constituição Federal de 1988).

O principal instrumento infraconstitucional que versa sobre o tema é o Estatuto da Pessoa Idosa (Lei 10.741, de 1º de outubro de 2003), recentemente

[26] Fabre, Bibiana Graeff Chagas Pinto. Fundamentos e evolução dos direitos da pessoa idosa no Brasil: breve panorama. In: Barbeta, Fabiana Rodrigues, Almeida, Vitor (coord.). *A Tutela Jurídica da Pessoa idosa*. Indaiatuba: Foco, 2020, p. 45.

[27] Fundamentos e evolução dos direitos da pessoa idosa no Brasil: breve panorama. In: Barbeta, Fabiana Rodrigues, Almeida, Vitor (coord.). *A Tutela Jurídica da Pessoa idosa*. Indaiatuba: Foco, 2020, p. 45.

revisto pela Lei 14.423, de 22 de julho de 2022, o qual, além de estabelecer um catálogo não exaustivo dos direitos e interesses consagrados, também indica, de uma forma ampla, quais os meios para que sejam estes tutelados.

No âmbito da legitimação para a propositura de medidas extrajudiciais e judiciais em favor da pessoa idosa, merece destaque o papel conferido pelo Estatuto ao Ministério Público tanto no âmbito dos direitos metaindividuais (difusos, coletivos e individuais homogêneos), como até mesmo em se tratando de direitos individuais indisponíveis, tais como vida, saúde, bem-estar etc.

Embora haja outros colegitimados para a tutela de tais interesses, ao Ministério Público é reservada posição de destaque, sobretudo, no caso de situação de risco, para a propositura das assim denominadas medidas de proteção, para a qual é o único legitimado, conforme claramente se observa dos artigos 43 e 45 do Estatuto.

Chama atenção que a atuação ministerial decorre de sua peculiar conformação constitucional, o qual garante a seus membros uma atuação independente, podendo inclusive insurgir-se contra o próprio Poder Público se for constatada, por exemplo, alguma violação institucional a direitos e interesses da pessoa idosa.

Também merece destaque o fato de que a atuação do Ministério Público na defesa da pessoa idosa não se limita à via judicial, visto que o Órgão de Estado conta com instrumentos tais como o termo de ajustamento de conduta e recomendação administrativa, os quais, muitas vezes, logram a resolução dos problemas sem a necessidade de ajuizamento de demandas perante o Judiciário.

Com isso, a defesa da pessoa idosa ocorre tanto sob o aspecto preventivo, por intermédio da constante fiscalização do Ministério Público, como resolutivo, por meio das recomendações administrativa e compromissos de ajustamento de conduta, e repressivo via ações judiciais cíveis e criminais.

Referências

BARBOSA, Heloisa Helena. *O princípio do melhor interesse da pessoa idosa: efetividade e desafios.* In: BARBETA, Fabiana Rodrigues, ALMEIDA, Vitor (coord.). *A Tutela Jurídica da Pessoa idosa.* Indaiatuba: Foco, 2020, pp. 3-20.

BÖTTCHER, Carlos Alexandre. (2012). *Il tribunato della Plebe e il Ministerio Publico del Brasile.* Revista Da Faculdade De Direito, Universidade De São Paulo 106 (106-107), jan. 2012, pp. 49-63. Disponível em https://www.revistas.usp.br/rfdusp/article/view/67937. Acesso em 1º de agosto de 2022.

BRETAS, Hugo de Rios. *O Idoso no Sistema Jurídico.* Belo Horizonte: Editora Dialética, 2020.

FABRE, Bibiana Graeff Chagas Pinto. *Fundamentos e evolução dos direitos da pessoa idosa no Brasil: breve panorama.* In: BARBETA, Fabiana Rodrigues, ALMEIDA, Vitor (coord.). *A Tutela Jurídica da Pessoa idosa.* Indaiatuba: Foco, 2020.

MAZZILLI, Hugo Nigro. *Introdução ao Ministério Público.* 9ª ed., São Paulo: Saraiva, 2015.

______. *Compromisso de Ajustamento de Conduta: evolução e fragilidades e atuação do Ministério Público.* Revista de Direito Ambiental 41, Jan. 2006, p. 93/111. Disponível em http://www.mazzilli.com.br/pages/artigos/evolcac.pdf. Acessado em 13 de agosto de 2022.

PESSINI, Leo. *Envelhecer com saúde Ecos da II Assembleia Mundial sobre o Envelhecimento.* 2003. Disponível em: https://www.vidapastoral.com.br/artigos/bioetica/envelhecer-com-saude-ecos-da-ii-assembleia-mundial-sobre-o-envelhecimento. Acesso em 25 de julho de 2022.

RIBEIRO, Caio Vinicius Alves, *As funções extrajudiciais do Ministério Público: natureza jurídica, discricionariedade e limites.* Dissertação (Mestrado) São Paulo: Faculdade de Direito, Universidade de São Paulo, 2011. Disponível em: https://www.teses.usp.br/teses/disponiveis/2/2134/tde-12042013-164208/publico/Dissertacao_Carlos_Vinicius_Alves_Ribeiro_Funcoes_extrajudiciais_do_Ministerio_Publico.pdf. Acesso em 13 de agosto de 2022.

RODRIGUES, Oswaldo Peregrina. *Direitos do Idoso.* In: NUNES JR, Vidal Serrano (coord.). *Manual de Direitos Difusos.* São Paulo: Verbatim. 2009, pp. 433-549.

SOUSA, Ana Maria Viola de. *Tutela Jurídica do Idoso – a assistência e a convivência familiar.* Campinas: Alínea, 2004.

5
EL PAPEL DEL MINISTERIO PÚBLICO EN LA PROTECCIÓN DE LOS DERECHOS DE LA PERSONA MAYOR

JAIME MEIRA DE NASCIMENTO JUNIOR[1]

1. Introducción

La persona mayor, es decir, todas las personas de 60 años o más, viven a la altura de una serie de derechos establecidos por la legislación constitucional e infra constitucional brasileña.

Sucede que no basta con que tales derechos e intereses se cataloguen en la fría letra de los dispositivos normativos si no existen medios y entidades legítimas para hacerlos realidad.

También es un hecho que la fase tardía de la vida humana a menudo está marcada por la fragilidad física y psíquica, colocando al anciano en una situación de vulnerabilidad[2] que exige del Estado y de la sociedad la adopción de medidas con objetivo de garantizarle el derecho a permanecer incluido en el beneficio social de manera digna.

La legislación brasileña, para este fin, tiene un Órgano del Estado, no vinculado a ninguno de los Poderes de la República (Ejecutivo, Legislativo y Judicial), cuya función primaria establecida por la Constitución Federal de 1988

[1] Doctorado en Derecho Civil por la Universidad de São Paulo (2006), Máster en Historia del Derecho (DEA en Histoire du Droit) por la Université Paris II – Panthéon-Assas (2003). Licenciado en Derecho por la Universidad de São Paulo (1996) y en Administración Pública por la Escuela de Administración de Empresas de São Paulo de la Fundación Getúlio Vargas (1995) y Fiscal Público del Ministerio Público del Estado de São Paulo desde 2007.

[2] En cuanto a la vulnerabilidad de la persona mayor, cf. Barbosa, Helena Heloisa. O princípio do melhor interesse da pessoa idosa: efetividade e desafios. In: BARBETA, Fabiana Rodrigues, ALMEIDA, Vitor (coord.). *A Tutela Jurídica da Pessoa idosa*. Indaiatuba: Enfoque, 2020, p. 10-16.

le permite plena independencia y autonomía para la defensa, entre otros, de los derechos e intereses de la persona mayor que está en riesgo.

Esta es el Ministerio Público de Brasil.

El objetivo de este estudio es presentar, en términos generales, cuáles son estos derechos e intereses de la persona mayor defendidos por esta Entidad independiente y autónoma que, en Brasil, tiene un marco legal peculiar que no se limita, como ocurre en otros sistemas legales, a la esfera penal.

Así, en los próximos informes se hará una visión general sobre los derechos de la persona mayor consagrados en la legislación brasileña, el perfil constitucional del Ministerio Público brasileño y su desempeño para la protección de los mismos.

2. La persona mayor, la naturaleza y la tutela de sus derechos en el sistema jurídico brasileño

El primer aspecto a destacar es el hecho de que el derecho de las personas mayores se inserta en el contexto de los Derechos Humanos y en la lucha constante para combatir cualquier actitud discriminatoria o que implique la negativa de todos y cada uno de los derechos que afectan directamente a este grupo específico.

A partir de esta premisa, se verifica que, junto a varios acontecimientos que, desde diferentes perspectivas, demostraron la defensa y la preocupación por la protección del ser humano, tales como como la Revolución Francesa, el Humanismo, el abolicionismo del siglo XIX, el Iluminismo, como movimiento filosófico de valorización del Ser Humano, es a partir del siglo XX, con la Declaración Universal de los Derechos Humanos, que se fortalecieron principios que abrieron las puertas para que fueran elaborados y especificados nuevos derechos que elevaron el grado civilizatorio de la humanidad, aunque el factor "edad" aún no estaba presente entre las características nombradas entre las señaladas como no sujetas a discriminación.

Como se observa en la Declaración Universal de Derechos Humanos, sólo en el artículo 25, punto 1, se menciona la vejez.

En este sentido:

> Artículo 25 ...
>
> A. Todo ser humano tiene derecho a un nivel de vida capaz de garantizarse a sí mismo y a su familia la salud, el bienestar, incluidos la alimentación, la vestimenta, la vivienda, la atención médica y los servicios sociales indispensables, así como el derecho a la seguridad en caso de desempleo, enfermedad, invalidez,

viudez, vejez u otros casos de pérdida de medios de subsistencia en circunstancias ajenas a su voluntad.

El primer documento internacional que abordó la cuestión de la población de edad mayor fue la Asamblea Mundial sobre el Envejecimiento, celebrada en Viena en 1982, que se consideró el hito inicial para la aplicación de un programa internacional de política pública dirigido a la población de edad mayor.

El propósito de esta Asamblea fue servir como un espacio para "iniciar un programa de acción internacional dirigido a garantizar la seguridad económica y social de las personas mayores, así como oportunidades para que estas personas contribuyan al desarrollo de sus países"[3].

De esta Asamblea surgió el Plan Internacional para las Personas de Edad, que consistió en 66 recomendaciones a todos los Estados Miembros en siete áreas con el propósito de promover la independencia económica y social de las personas mayores.

Para las Naciones Unidas, el propósito del Plan de Acción Internacional sobre el Envejecimiento de 1982 era:

> (...) fortalecer la capacidad de los países para hacer frente eficazmente al envejecimiento de su población y abordar las preocupaciones y necesidades especiales de las personas de edad, y fomentar una respuesta internacional adecuada a los problemas del envejecimiento con medidas para establecer el nuevo orden económico internacional y aumentar las actividades de cooperación técnica internacional, en particular entre los propios países en desarrollo.

Además, se abordaron otros temas específicos, como "salud y nutrición, protección de los consumidores de edad avanzada, vivienda y medio ambiente, bienestar social y familiar, seguridad de ingresos y empleo, educación y recopilación y análisis de datos de investigación"[4].

En la década de 1990, la Asamblea General de las Naciones Unidas, a través de la Resolución No. 46 del 16 de diciembre de 1991, enumeró 18 derechos de las personas mayores con respecto a los principios de independencia, participación, asistencia, autorrealización e independencia.

Entre el 15 y el 16 de octubre de 1992 se celebró la Conferencia Internacional sobre el Envejecimiento, en la que se aprobó un documento titulado – Proclamación del envejecimiento (resolución 47/5 de la Asamblea Gene-

[3] ONU, 1982.
[4] ONU, 1982.

ral, 47 AG GAOR Supp. (No. 49) en 13, Doc. A/47/49 (1992) – con el fin de dar seguimiento al Plan de Acción Internacional, además de crear conciencia de que "*el* envejecimiento de la población mundial representa un desafío sin precedentes, pero urgente de políticas y programas para los gobiernos, las organizaciones no gubernamentales y los grupos privados" con la intención de garantizar que las necesidades de las personas"de edad y sus recursos humanos se atiendan adecuadamente[5].

Entre las acciones recomendadas por la ONU a la comunidad internacional para la Proclamación del Envejecimiento se encuentran:

> (A) Promover la aplicación del Plan de Acción Internacional sobre el Envejecimiento; (B) Difundir ampliamente los Principios de las Naciones Unidas para Personas Mayores; (C) Apoyar estrategias prácticas para alcanzar los objetivos generales de envejecimiento para 2001; (D) Apoyar los esfuerzos en curso de la Secretaría para aclarar las opciones normativas, mejorando la reunión de datos, la investigación, la capacitación, la cooperación técnica y el intercambio de información sobre el envejecimiento; (E) velar por que el envejecimiento de la población se aborde adecuadamente en los programas ordinarios de las organizaciones y órganos pertinentes de las Naciones Unidas y por qué se asignen recursos adecuados mediante la redistribución; (F) apoyar asociaciones amplias y prácticas en el marco del programa de las Naciones Unidas sobre el envejecimiento, incluidas las asociaciones entre gobiernos, organismos especializados y órganos de las Naciones Unidas, organizaciones no gubernamentales y el sector privado; (G) Fortalecer el Fondo Fiduciario sobre el Envejecimiento como medio de ayudar a los países en desarrollo a adaptarse al envejecimiento de la población; (H) Alentar a los países donantes y receptores a que incluyan a las personas de edad en sus programas de desarrollo; (I) Poner de relieve el envejecimiento en los principales acontecimientos futuros, incluidos, en un futuro próximo, los acontecimientos en las esferas de los derechos humanos, la familia, la población, el adelanto de la mujer, la prevención del delito, la juventud y la cumbre mundial sobre desarrollo social propuesta; (J) Alentar a la prensa y a los medios de comunicación a que desempeñen un papel central en la sensibilización sobre el envejecimiento de la población y las cuestiones conexas, incluida la celebración del Día Internacional de las Personas de Edad el 1º de octubre y la difusión de los Principios de las Naciones Unidas en favor de las personas de edad; (K) Promover la cooperación intrarregional e interregional y el intercambio de recursos para programas y proyectos sobre el envejecimiento, incluidos los relativos al enveje-

[5] ONU, 1982.

cimiento saludable a lo largo de toda la vida, la generación de ingresos y nuevas formas de envejecimiento productivo; (L) Proporcionar los inmensos recursos humanos y materiales que ahora se necesitan urgentemente para los ajustes en la llegada de la humanidad, que puede entenderse como un fenómeno demográfico, pero también como una cuestión social, económica y cultural de gran promesa[6].

A principios del siglo XXI, la segunda Asamblea Mundial de las Naciones Unidas sobre el envejecimiento se celebró entre el 8 y el 12 de abril de 2002 en Madrid, España, que recibió el tema: "Una sociedad para todas las edades". Su objetivo era evaluar los resultados obtenidos a partir de las primeras recomendaciones de la Primera Asamblea Mundial en 1982.

En esta Asamblea, se adoptaron dos documentos principales, a saber, una Declaración Política y un Plan de Acción Internacional sobre el Envejecimiento (2002), ambos aprobados por la Asamblea General de las Naciones Unidas mediante la Resolución 57/167 (ONU, 2002), en la que los Estados miembros se comprometieron a implementar un nuevo "plan de acción" para los próximos 25 años, reafirmando el consenso en torno a la necesidad apremiante de un programa sobre el envejecimiento.

Según las Naciones Unidas (2002):

> La Declaración Política y el Plan de Acción Mundial para el Envejecimiento son una referencia importante para la dirección de las acciones de la Secretaría Especial de Derechos Humanos, que, junto con la Subsecretaría de Promoción y Defensa de los Derechos Humanos y el Consejo Nacional de los Derechos del Adulto Mayor, han promovido la lucha contra la discriminación, el abandono, el abuso y el maltrato de la vejez. El desafío de vivir con dignidad, una vida socialmente activa a lo largo del envejecimiento es una realidad que nos involucra a todos.

La Declaración Política, compuesta por 19 artículos, comienza así:

> Nosotros, representantes de los gobiernos, reunidos en la Segunda Asamblea Mundial sobre el Envejecimiento, celebrada en Madrid, hemos decidido adoptar un Plan de Acción Internacional sobre el Envejecimiento para responder a las oportunidades que ofrece y a los desafíos que plantea el envejecimiento de la población en el siglo 21 y promover el desarrollo de una sociedad para todas las edades. (Parte inicial del art. 1 de la Declaración Política).

[6] ONU, 1982.

El Plan de Acción, a su vez, buscó traer cambios en las actitudes políticas y prácticas a todos los niveles, con el objetivo de promover y proteger los derechos de la población anciana, debido al enorme potencial del envejecimiento de la población, dada la tendencia a aumentar su longevidad en el siglo XXI.

En la mirada de Pessini[7], se verifica, así, que las recomendaciones para la adopción de medidas se organizaron en tres aspectos prioritarios: el anciano y el desarrollo; la promoción de la salud y el bienestar en la vejez; y la creación de ambientes propicios y favorables para la vida de los ancianos.

Además de la legislación brasileña, considerando que la cuestión del derecho de la persona mayor está intrínsecamente vinculada a la dignidad de la persona humana, la primera base jurídica para su tutela se encuentra en el artículo 1, punto III, que establece:

> Art. 1º La República Federativa de Brasil, formada por la unión indisoluble de estados y municipios y el Distrito Federal, constituye un Estado Democrático de Derecho y tiene como fundamentos:
> (...)
> III – la dignidad de la persona humana; (...)

Además, la Constitución Ciudadana también aboga como uno de sus objetivos fundamentales por el bienestar de todos, prohibiendo cualquier tipo de prejuicio basado, entre otras cosas, en la edad.

En este sentido:

> Art. 3 Son objetivos fundamentales de la República Federativa del Brasil:
> (...)
> IV – promover el bien de todos, sin prejuicios de origen, raza, sexo, color, edad y cualquier otra forma de discriminación.

Barbosa advierte que la Constitución Federal brasileña consagró al ser humano como el mayor valor del sistema jurídico nacional, garantizándole una protección plena y privilegiada en sus relaciones, a partir de la consagración de la dignidad de la persona humana con principio fundamental, una verdadera cláusula general de protección de la persona humana[8].

[7] PESSINI, Leo. Envelhecer com saúde Ecos da II Assembleia Mundial sobre o Envelhecimento. 2003. Disponible en: https://www.vidapastoral.com.br/artigos/bioetica/envelhecer-com-saude-ecos-da-ii-assembleia-mundial-sobre-o-envelhecimento. Último acceso: 25 de julio de 2022.

[8] Barbosa, Helena Heloisa. O princípio do melhor interesse da pessoa idosa: efetividade e desafios. En: BARBETA, Fabiana Rodrigues, ALMEIDA, Vitor (coord.). A Tutela Jurídica da Pessoa idosa. Indaiatuba: Focus, 2020, p. 4-5.

En relación con los ancianos, todavía en el siglo XX, en la esfera infra constitucional, la Ley 8.842 del 4 de enero de 1994, estableció la Política Nacional de la Tercera Edad, con el objetivo de garantizar sus derechos sociales, creando condiciones para su autonomía, integración y participación efectiva en la sociedad. En dicha legislación normativa, se consideró anciana a la persona mayor de 70 (setenta) años.

Ley 10.048 de 8 de noviembre de 2000, que estableció la prioridad de atención a las personas que especifica, entre las que se destacan los ancianos de 60 años o más.

De acuerdo con dicha ley legal, que no está destinada exclusivamente a las personas mayores, sino que también se ocupa de ellas, las oficinas públicas, las concesionarias de servicios públicos y las instituciones financieras están obligadas a brindar atención prioritaria, a través de servicios individualizados que garanticen un trato diferenciado y atención inmediata a las personas a las que se refiere (artículo 2, *caput* y párrafo único).

Posteriormente, el 1º de octubre de 2003, entró en vigor en Brasil la Ley 10.741, que instituyó el Estatuto de la Persona Mayor[9], con el objetivo de establecer un microsistema[10] que regulara los derechos otorgados a las personas de 60 años o más.

El Estatuto del Adulto Mayor consiste en un microsistema que se preocupa ampliamente por defenderlos, adoptando una serie de principios abiertos y cláusulas de carácter protector ante la vulnerabilidad de esta población.

Esta legislación normativa, además de proclamar diversos derechos, prevé sanciones administrativas, delitos y, en particular, medidas de protección previstas en el artículo 45, que tienen el alcance de materializar los valores consagrados por ese microsistema.

La ley establece la obligación de la familia, la comunidad, la sociedad y el poder público de garantizar que el anciano, con prioridad absoluta, tenga derecho a la vida, la salud, la alimentación, la educación, la cultura, el deporte,

[9] Con el advenimiento de la Ley 14.423 del 22 de julio de 2022, la Ley 10.741/2003, originalmente titulada el Estatuto do Idoso, fue modificada para reemplazar, en toda la Ley, las expresiones "idoso" y "idosos" por las expresiones "pessoa idosa" y *"pessoas idosas". Sobre eso, cf. JUNIOR, Enero. *Estatuto do Idoso passa a se chamar Estatuto da Pessoa Idosa*. Brasilia: 25/07/2022. Disponible en https://www.camara.leg.br/noticias/899519-estatuto-do-idoso-passa-a-se-chamar-estatuto-da-pessoa-idosa/. Consultado el 27-07-2022. *(adultos mayores – N.T.)

[10] Como explica Bretas (2020, p. 29-31), los elementos que constituyen un microsistema son la decodificación, la inclusión de cláusulas generales y la flexibilización de la legalidad, abriendo así un espacio de un mayor espacio axiológico, valorado así en una multiplicidad de fuentes de derecho con objetivo de lograr el espíritu de esta ley de una manera más sensible.

el esparcimiento, el trabajo, la ciudadanía, la libertad, la dignidad, el respeto y la convivencia familiar y comunitaria (artículo 3).

También establece una prioridad especial para los mayores de 80 años en relación con otras personas mayores (artículo 3, apartado 2).

Entre los derechos fundamentales previstos en estos Estatutos, cabe mencionar la protección de la vida a la libertad, el respeto y la dignidad, y es obligación del Estado y de la sociedad garantizar la libertad, el respeto y la dignidad del anciano, como persona humana y sujeto de derechos civiles, políticos, individuales y sociales, garantizados en la Constitución y en las leyes (artículos 8, 9, 10).

Según Barbosa,[11] el Estatuto de la Persona Mayor establece el principio de protección integral debida a este colectivo.

En este sentido:

> El Estatuto de la Tercera Edad (Ley 10.741/2003), al regular los derechos otorgados a las personas mayores, estableció una lista de prioridades y derechos fundamentales. Los estudiosos del tema se han centrado en estas leyes y han hecho un valioso esfuerzo interpretativo para su mejor comprensión y aplicación. Como resultado de este trabajo, se proclamó el principio de la prioridad de los ancianos, que les asegura el "cuidado en primer plano de las garantías fundamentales, dada su condición de fragilidad que la vida nos reserva a todos.
>
> (...)
>
> Así, busca efectuar la protección integral debida a los ancianos, debido a su situación de vulnerabilidad potenciada por contingencias existenciales, especializándose en la cláusula general de protección de la persona humana, en la línea ya adoptada para el niño, adolescente y el consumidor. Está implícito en el precepto constitucional el principio del interés superior de las personas mayores, como expresión de la protección integral que se les debe con absoluta prioridad. Este principio, de innegable valor como criterio hermenéutico, dada la complejidad de la situación existencial de los ancianos, resulta ser un instrumento hábil en la protección efectiva de la dignidad de las personas que se encuentran en una etapa más avanzada de la existencia humana.

Notificado, en relación con el derecho a la salud, se reserva el Capítulo IV del Estatuto de la Persona Mayor (EPP), artículo 15, que establece la aten-

[11] Barbosa, Helena Heloisa. O princípio do melhor interesse da pessoa idosa: efetividade e desafios. En: Barbeta, Fabiana Rodrigues, Almeida, Vitor (coord.). A Tutela Jurídica da Pessoa idosa. Indaiatuba: Focus, 2020, p. 15-20.

ción integral de salud a la persona mayor a través del Sistema Único de Salud (SUS), abarcando tanto la prevención, como la promoción, protección y recuperación de la salud, con especial atención a las enfermedades que afectan preferentemente a los mayores de 60 años.

Así, por ejemplo, de conformidad con el párrafo 2 del artículo 15 del Estatuto de las personas de edad, corresponde a las autoridades públicas proporcionar gratuitamente a las personas de edad medicamentos de uso continuado, así como prótesis, aparatos ortopédicos y otros recursos relacionados con el tratamiento, la cualificación o la rehabilitación.

Es interesante observar que el artículo 16 establece el derecho del anciano hospitalizado a tener asegurado un acompañante, y la agencia de salud debe proporcionar las condiciones adecuadas para su estadía a tiempo completo, de acuerdo con el criterio médico.

Por otra parte, debe respetarse la autonomía de la voluntad de la persona mayor, en particular, a la que goza de sus facultades mentales en relación con la opción por el tratamiento de salud que se considere más favorable para ella (artículo 17, *caput*), reservándose tal opción al curador, a los familiares o al médico cuando esté prohibida, en los siguientes términos[12]:

> Artículo 17. (...)
>
> Párrafo único. Si la persona mayor no está en condiciones de hacer la opción, esto se hará:
>
> I – por el curador, cuando la persona mayor está prohibida;
>
> II – por miembros de la familia, cuando la persona mayor no tiene fideicomisario o este no puede ser contactado de manera oportuna;
>
> III – por el médico, cuando se produce un riesgo inminente de vida y no hay tiempo para consultar al curador o familiar;
>
> IV – por el propio médico, cuando no exista curador o familiar conocido, en cuyo caso deberá comunicar el hecho al Ministerio Público.

Otro punto para destacar es la determinación legal de que, en caso de sospecha o confirmación de violencia cometida contra el anciano, los servicios públicos de salud públicos y privados deben notificar obligatoriamente a la autoridad sanitaria, así como comunicar, entre otros organismos, al Ministerio Público (artículo 19, inciso II).

[12] Sobre eso, cf. Sousa, Ana Maria Viola de. Tutela Jurídica do Idoso – a assistência e a convivência familiar. Campinas: Point, 2004, p. 115.

El Capítulo I del Título III del Estatuto de la Persona Mayor establece las denominadas Medidas Específicas de Protección, que tienen por objeto apoyar a quienes se encuentran en situación de riesgo por tener amenazados o vulnerados los derechos reconocidos por el título jurídico (art. 43).

Es importante, en este sentido, observar el relevante papel atribuido al Ministerio Público como única persona legitimada para la gestión ante la Justicia de estas medidas de protección, que se profundizará en la secuencia.

3. Perfil constitucional del Ministerio Público de Brasil

Para comprender el contexto en el que se incluye al Ministerio Público en la defensa de los derechos de las personas mayores, es importante comprender el perfil constitucional que se le atribuye después de la Constitución de 1988.

El Ministerio Público brasileño está previsto constitucionalmente en la Sección I del Capítulo IV de la Ley Mayor como una institución permanente, esencial para la función judicial del Estado (CF, artículo 127).

Es un órgano del Estado, que no está vinculado a ninguno de los poderes de la República (ejecutivo, legislativo y judicial), y está dotado de autonomía funcional y administrativa (CF, § 2 del artículo 127).

El Ministerio Público brasileño abarca, por una parte, el Ministerio Público Federal (que comprende la Fiscalía Federal, Laboral, Militar, del Distrito Federal y del Territorio) y, por otra, el Ministerio Público del Estado (CF, artículo 128).

Dado que Brasil es una República Federal, así como no existe una jerarquía entre sus entidades federativas, es decir, la Unión, los estados y los municipios, sino sólo una división de competencias entre ellos, tampoco hay necesidad de hablar en una relación jerárquica entre el Ministerio Público de la Unión y el de los Estados. Entre ellos, solo hay asignaciones distintas.

Analizando el perfil de esta institución en el escenario político constitucional brasileño, como observa Böttcher,[13] su grado de independencia y autonomía en relación con las otras potencias, históricamente, podría compararse con la figura del Tribuno de la Plebe Romano.

Es la institución cuya función, en su caso, de cuestionar los poderes constituidos, en nombre de la sociedad, confiándole la defensa del ordenamiento jurídico, del régimen democrático y de los intereses sociales e individuales no disponibles (véase el artículo 127).

[13] Böttcher, Carlos Alexandre. (2012). Il tribunato della Plebe e il Ministerio Publico del Brasile. Revista Da Faculdade De Direito, Universidade De São Paulo (106-107), ene. 2012, págs. 49-63. Disponible en https://www.revistas.usp.br/rfdusp/article/view/67937. Último acceso: 1 de agosto de 2022, p. 61.

Tradicional e históricamente, el Ministerio Público brasileño, en una situación similar a la de otros países, está reservado para la promoción de la persecución de oficio. Sin embargo, no se *limita a la persecutio criminis*, y sus funciones institucionales se extienden a funciones también de naturaleza civil y administrativa, todas ellas con el alcance de atender a sus tareas constitucionales.

En este sentido, el artículo 129 de la Ley Mayor establece una serie de funciones institucionales para la Institución.

En este sentido:

> Artículo 129. Las funciones institucionales del Ministerio Público son:
>
> I – promover, en privado, el ministerio público, en forma de ley;
>
> II – velar por el respeto efectivo de los Poderes Públicos y de los servicios de relevancia pública a los derechos garantizados en esta Constitución, promoviendo las medidas necesarias para garantizarlos;
>
> III – promover la investigación civil y la acción civil pública, para la protección del patrimonio público y social, el medio ambiente y otros intereses difusos y colectivos;
>
> IV – promover la acción de inconstitucionalidad o representación para efectos de intervención de la Unión y de los Estados, en los casos previstos en esta Constitución;
>
> V – defender los derechos e intereses de los pueblos indígenas ante los tribunales;
>
> VI – enviar notificaciones en los procedimientos administrativos de su competencia, solicitando información y documentos para instruirlos, en la forma de la ley complementaria respectiva;
>
> VII – ejercer el control externo de la actividad policial, en la forma de la ley complementaria mencionada en el artículo anterior;
>
> VIII – solicitar actuaciones investigativas y el establecimiento de una investigación policial, en la que se indiquen los fundamentos jurídicos de sus manifestaciones procesales;
>
> IX – Desempeñar las demás funciones que le sean conferidas, siempre que sean compatibles con su objeto, siendo vedada la representación judicial y asesoramiento jurídico de entidades públicas.

De la lectura del artículo 129 supra transcrito se desprende que al ministerio público es vedada la representación judicial y el asesoramiento jurídico de las entidades públicas, y tales atribuciones están reservadas al derecho público, cuyos preceptos constitucionales están previstos en la sección II del capítulo IV (artículos 131 a 136).

Sin embargo, es totalmente posible que el Ministerio Público tome las medidas necesarias, incluido la proposición de defender intereses individuales no disponibles, incluso en detrimento de las autoridades públicas (artículo 129, punto II)[14].

Y para asegurar que los miembros del Ministerio Público actúen con total independencia e imparcialidad frente a los demás poderes constituidos, se les prevén diversas garantías y vallas, que son prácticamente idénticas a las impuestas a los miembros del Poder Judicial[15] (artículo 128, §5, incisos I y II).

En este sentido:

> § 5 – Las leyes complementarias de la Unión y de los Estados, cuya iniciativa se ponga a disposición de los respectivos Procuradores Generales, establecerán la organización, atribuciones y condición de cada Ministerio Público, observada en relación con sus miembros:
>
> I – las siguientes garantías:
>
> a) aspecto vitalicio, después de dos años de ejercicio, y no puede perder el cargo sólo por un juicio firme;
>
> b) inmovilidad , salvo por razones de interés público, por decisión del órgano colegiado competente del Ministerio Público, por el voto de la mayoría absoluta de sus miembros, asegurando una amplia defensa;
>
> c) irreductibilidad de la indemnización, fijada en la forma del art. 39, § 4, y con la reserva de las disposiciones de los arts. 37, X y XI, 150, II, 153, III, 153, § 2º, I;
>
> II – los siguientes sellos:
>
> a) percibir, de cualquier forma y bajo cualquier pretexto, honorarios, porcentajes o costas procesales;
>
> b) ejercer la abogacía;
>
> c) participar en una sociedad mercantil, en la forma de la ley;
>
> d) ejercer, incluso si está disponible, cualquier otra función pública, excepto la de magisterio;
>
> e) participar en actividades político-partidarias;
>
> f) recibir, en cualquier calidad o pretexto, ayuda o contribuciones de particulares, entidades públicas o privadas, salvo las excepciones previstas en la ley.

[14] RODRIGUES, Oswaldo Peregrina. Direitos do Idoso. In: NUNES JR, Vidal Serrano (coord.). *Manual de Direitos Difusos.* São Paulo: Palabra por palabra. 2009, p. 525, argumenta que la acción del fiscal en favor de las personas mayores puede incluso incluir derechos disponibles, siempre que tengan repercusiones sociales.

[15] En relación con los miembros del Poder Judicial, cf. artículo 95 de la Constitución Federal.

Al igual que los del poder judicial, es vedado a los miembros del Ministerio Público ejercer la abogacía en el tribunal del que se apartó, antes de tres años después de la destitución por jubilación o exoneración (artículo 128, §6, de la Constitución Federal).

Otra característica marcante de la Constitución Federal para garantizar la total independencia del Ministerio Público es el hecho de que le da iniciativa legislativa en materia de creación y extinción de sus cargos y servicios auxiliares, así como un proyecto de presupuesto, y también es seguro que sus miembros[16] serán nombrados a través de un concurso público de pruebas o títulos (artículo 127, §2 a 5º).

Por último, dentro de la preocupación constante de la Ley Mayor por garantizar la fluidez e independencia del Ministerio Público, la Enmienda Constitucional Nº 45, de 30 de diciembre de 2004, creó el Consejo Nacional del Ministerio Público (artículo 130A de la Constitución Federal), que tiene por competencia controlar el desempeño administrativo y financiero del Ministerio Público y el cumplimiento de los deberes funcionales de sus miembros.

A ese organismo externo le compete:

> Art. 130-A. (...)
>
> §2. (...)
>
> Garantizar la autonomía funcional y administrativa del Ministerio Público, pudiendo ordenar actos reglamentarios, en el ámbito de su competencia, o recomendar medidas;
>
> II garantizar el cumplimiento del artículo 37 y evaluar, por carta o provocación, la legalidad de los actos administrativos realizados por miembros u órganos del Ministerio Fiscal de la Unión y de los Estados, y podrá desconstituirlos, revisarlos o fijar un plazo para la adopción de las medidas oportunas para el exacto cumplimiento de la ley, sin perjuicio de la competencia de los Tribunales de Cuentas;
>
> III – recibir y conocer de denuncias contra miembros u órganos del Ministerio Público de la Unión o Estados, incluso contra sus servicios auxiliares, sin perjuicio

[16] En cuanto al nombre de los cargos, generalmente se dice que, en el Ministerio Público Federal, sus miembros que actúan en primera instancia se denominan Fiscales de la República. En la Fiscalía del Estado, los miembros que actúan en primera instancia se denominan Fiscales. En segunda instancia, es decir, ante los Tribunales, el miembro del Ministerio Público Federal se denomina Fiscal Regional de la República, mientras que en el Ministerio Público del Estado es el Fiscal de Justicia. Para más detalles, cf. PINTO, Luiz Antonio Francisco *Nomenclatura de cargos do Ministério Público Estadual e Federal*. JUSBRASIL. 2014. https://luizantoniofp.jusbrasil.com.br/artigos/128027482/nomenclatura-de-cargos-do-ministerio-publico-estadual-e-federal. Último acceso: 10 de agosto de 2022.

de la competencia disciplinaria y correccional de la institución, y podrá invocar procedimientos disciplinarios en curso, determinar la remoción o disponibilidad y aplicar otras sanciones administrativas, asegurando una amplia defensa;

IV revisar, por carta o por provocación, los procedimientos disciplinarios de los miembros del Ministerio Público de la Unión o de los Estados juzgados hace menos de un año;

V elaborar un informe anual, proponiendo las medidas que estime necesarias sobre la situación del Ministerio Público en el país y las actividades del Consejo, que integre el mensaje previsto en el art. 84, XI.

Como se ha señalado, la Constitución Federal establece un conjunto de normas y principios, incluido un órgano externo de carácter supervisor y correccional, con miras a que el Ministerio Público brasileño sea un órgano estatal, no vinculado a ninguno de los poderes de la República, instrumentalizando así su máxima función de defensa del orden jurídico, el régimen democrático y los intereses sociales e individuales no disponibles (CF, artículo 127).

4. La defensa de los derechos de la persona mayor por el Ministerio Público

La defensa de los derechos del anciano por parte del Ministerio Público se realiza en el contexto del perfil constitucional de este órgano estatal.

Como se ha explicado anteriormente, su actuación no se limita al ámbito penal[17], incluyendo la posibilidad de perseguir en el ámbito civil demandas por la defensa de los llamados intereses meta individuales (individuales difusos, colectivos[18] y homogéneos), así como por particulares, ya sean no dis-

[17] No se puede pasar por alto que, en el sistema procesal penal brasileño, que consagra constitucionalmente el principio acusatorio, el Ministerio Público brasileño es el titular exclusivo de los procedimientos penales de iniciativa pública. En este sentido, dispone la Ley Mayor de 1988, Art. 129. *Las funciones institucionales del Ministerio Público son: I – promover, a título privado, el ministerio público, en la forma de ley.*

[18] El Código de Protección al Consumidor (Ley 8.078, 1990), en sus artículos 81 y 82, estableció la legitimidad del Ministerio Público para la defensa de los llamados intereses difusos, colectivos e individuales o derechos homogéneos. La ley en cuestión establece una definición jurídica en los siguientes términos: difusos son los intereses o derechos transindividuales, de naturaleza indivisible, de los cuales son titulares personas indeterminadas y vinculados por circunstancias de hecho. Colectivos, son los intereses o derechos del transindividuo, de naturaleza indivisible de los cuales el grupo, categoría o clase de personas conectadas entre sí o con la parte contraria por una relación jurídica básica. Por último, la ley también presenta los llamados derechos o intereses individuales homogéneos que son los de origen común.

ponibles[19] o disponibles (en este caso, siempre que el interés personal esté presente)[20].

En este sentido, el Estatuto de la Persona Mayor dispone:

> Artículo 81. Para las acciones civiles basadas en intereses difusos, colectivos, individuales no disponibles u homogéneos, se consideran legítimas, concurrentemente:
>
> I – el Ministerio Público;
>
> (...)
>
> Artículo 82. En la defensa de los intereses y derechos protegidos por esta Ley, son admisibles todas las especies de acción pertinentes.
>
> Párrafo único. Contra actos ilegales o abusivos de la autoridad pública o del agente de la persona jurídica en el ejercicio de los poderes públicos, que lesionen el derecho líquido y cierto previsto en esta Ley, será conveniente la acción obligatoria, que se regirá por las normas de la ley del mandamiento de seguridad.

En tales intereses también recaen en los de las personas mayores incluso en casos individuales, cuando existe una situación de riesgo; en la defensa de intereses generales como en casos de recogida de políticas públicas para estas personas (por ejemplo: exigencia de transporte público gratuito en términos legales, atención prioritaria, demarcación de vacantes reservadas, etc.); y la supervisión de los servicios para ellos, en particular, las llamadas instituciones de larga estancia para ancianos (ILPI).

Estas entidades, a su vez, están amparadas por el Estatuto en el artículo 47, inciso III, en el contexto de la política de atención al adulto mayor, y deben cumplir con los principios establecidos en el artículo 49, a saber:

> I – preservación de los lazos familiares;
>
> II – atención personalizada y en grupos pequeños;
>
> III – mantenimiento de la persona mayor en la misma institución, excepto en caso de mayoría de fuerza;

[19] Como explica MAZZILLI, Hugo Nigro. *Introdução ao Ministério Público*. 9ª ed., São Paulo: Saraiva, 2015, p. 312: *"Hay intereses no disponibles, independientemente de quién sea el titular (indisponibilidad objetiva, como en la mala conducta administrativa); otros intereses por sí solos no serían inaccesibles, pero la indisponibilidad puede derivarse de las condiciones personales de su titular (indisponibilidad subjetiva, como en interés del incapaz). (...) en acciones que vean intereses subjetivamente indisponibles, el Ministerio Público asistirá al público, asegurando que sus intereses no sean tomados (intervención por la calidad de la parte).*

[20] Sobre eso, cf. RODRIGUES, Oswaldo Peregrina. Direitos do Idoso. In: NUNES JR, Vidal Serrano (coord.). *Manual de Direitos Difusos*. São Paulo: Palabra por palabra. 2009, 525.

IV – participación del anciano en actividades comunitarias, de carácter interno y externo;

V – observancia de los derechos y garantías de las personas mayores;

VI – conservación de la identidad de la persona mayor y ofrecimiento de un ambiente de respeto y dignidad.

El Estatuto establece la responsabilidad administrativa, civil y penal del titular de dichas instituciones cuando realicen actos en perjuicio del anciano (art. 49, párrafo único), así como una serie de obligaciones en el artículo 50, entre las cuales, proporcionar o solicitar que el Ministerio Público solicite los documentos necesarios para el ejercicio de la ciudadanía a quienes no los tengan, en la forma de la ley.

En el contexto individual, cuando se verifica que una persona mayor está en riesgo, es decir, cuando existe una violación de alguno de los derechos establecidos en el Estatuto, el artículo 43 de la Ley 10.741/2003 prevé las llamadas medidas de protección.

En este sentido, el Estatuto indica un ejemplo de lista de medidas de protección:

> Artículo 45. Una vez que alguna de las hipótesis previstas en el artículo 43, el Ministerio Público o el Poder Judicial, a su solicitud, podrán determinar, entre otras, las siguientes medidas:
>
> I – remisión a la familia o curador, por medio de un término de responsabilidad;
>
> II – orientación, apoyo y seguimiento temporales;
>
> III – solicitud de tratamiento de su salud, en pacientes ambulatorios, hospitalarios o domiciliarios;
>
> IV – inclusión en un programa oficial o comunitario de asistencia, orientación y tratamiento de usuarios dependientes de drogas lícitas o ilícitas, de la propia persona mayor o de la persona de su convivencia que cause perturbación;
>
> V – abrigo en entidad;
>
> VI -abrigo temporal

Un ejemplo de esto es el caso de la persona mayor que no tiene registro de nacimiento y no cuenta con apoyo, especialmente de su núcleo familiar. En estos casos, el Ministerio Público está legitimado para presentar una solicitud de registro tardío ante el Poder Judicial.

Por lo tanto, es posible que el Ministerio Público actúe en defensa incluso de intereses individuales, cuando se verifica la violación de un derecho no disponible, como la vida, la salud, la ciudadanía. También se mantiene *el papel del Parquet* como sustituto procesal en la defensa de los derechos individuales disponibles cuando implica interés social, de conformidad con los artículos 43 y 74, punto III, del Estatuto de la Persona Mayor[21].

También es importante destacar que el alcance de las posibles medidas no se limita a la acción judicial, ya que también incluye medidas administrativas (como el envío de recomendaciones ministeriales[22] y la firma de un término de ajuste de conducta[23]), como ya se verificó en el ámbito constitucional, destacado en el Art. 129 inciso III de la Ley mayor.

En línea con el mandamiento constitucional, el Estatuto del Adulto Mayor evalúa el desempeño del Ministerio Público de manera amplia para garantizar los derechos e intereses, aunque sean individuales, de las personas mayores que son víctimas de negligencia por parte de la sociedad o del Estado, por falta, omisión o abuso de la familia, fideicomisario o entidad de cuidado o debido a su condición personal (artículo 43).

[21] Rodrigues, Oswaldo Peregrina. Direitos do Idoso. In: Nunes Jr, Vidal Serrano (coord.). *Manual de Direitos Difusos*. São Paulo: Verbatim. 2009, 525.

[22] La recomendación consiste en un acto administrativo mediante el cual el Ministerio Público insta a su destinatario a tomar medidas para evitar la repetición o cesar cualquier violación de derechos. No es un carácter imponente, como señala Ribeiro (2011, pp. 68-70), sino más bien un instrumento de orientación, asistencia y consenso, cuyo incumplimiento importará, por regla general, el tribunal de acción civil pública, en el que se probará, en particular, el delito del infractor que no cumplió con la recomendación. Actúa como un mecanismo extrajudicial para la resolución de conflictos. Está previsto en el artículo 27, párrafo único, inciso IV, de la Ley Orgánica del Ministerio Público (Ley 8.625/1993) y en el artículo 6, inciso XX, de la Ley Complementaria 75/93. En el Estado de São Paulo, su previsión se encuentra en el artículo 113, §1, de la Ley Estatal Complementaria 734/93 (Ley Orgánica del Ministerio Público del Estado de São Paulo).

[23] Como recuerda Mazzili, Hugo Nigro. Compromisso de Ajustamento de Conduta: evolução e fragilidades e atuação do Ministério Público. *Revista de Direito Ambiental 41, Ene. 2006*, p. 93/111. Disponible en http://www.mazzilli.com.br/pages/artigos/evolcac.pdf. Último acceso: 13 de agosto de 2022. (2006, pp. 93 es.), el compromiso de ajustar la conducta, inicialmente surgido en el Estatuto del Niño y del Adolescente (Ley 8.069/90) y luego reiterado en la Ley 8.069/90, consiste en una orden de ejecución extrajudicial que tiene como objetivo hacer que un violador de algún derecho transindividual adecue su conducta a los requisitos de la ley, bajo pena de incurrir en una multa civil. El compromiso se toma por medio de un término, que, en medios forenses, se conoce como término de ajuste de conducta (TAC). Este compromiso sólo puede ser asumido por los organismos públicos habilitados para la acción civil pública (como el Ministerio Público, la Unión, los Estados, los Municipios y el Distrito Federal y la Defensoría Pública); Por lo tanto, las asociaciones civiles, los sindicatos o las fundaciones privadas no pueden aceptarlo, aunque también estén colegitimados.
proponer acciones civiles públicas o colectivas (Ley nº 7.347/85, art. 5; CDC, art. 82).

Además, corresponde al Ministerio Público vigilar y exigir a las Autoridades Públicas que garanticen la atención prioritaria respecto a la salud pública, entre otros.

Para instrumentalizar esta atribución supervisora del Ministerio Público, la legislación brasileña dispone, en el caso de los derechos transindividuales de carácter difuso y colectivo, la figura de la investigación civil, y para intereses individuales[24], está previsto el procedimiento administrativo.

Cabe destacar que, en el marco de dichos procedimientos, el miembro del Ministerio Público siempre tiene la facultad de solicitar los subsidios necesarios para formar su condena sobre el caso analizado, lo que permite la solución de situaciones de riesgo aún en fase no judicial.

A modo de ejemplo, cabe mencionar el importante papel que desempeña el Ministerio Público en la supervisión de las instituciones de atención a largo plazo para personas mayores (ILPI)[25].

La supervisión de las entidades de servicio se realizará, junto con otras controladas, por el Ministerio Público (artículo 52 del Estatuto), que podrá adoptar todas las medidas extrajudiciales y judiciales para que se repare la lesión de los derechos de los adultos mayores y cesen las violaciones.

Todo esto, por supuesto, sin perjuicio de las medidas penales apropiadas. En este sentido:

> Artículo 73. Las funciones del Ministerio Público, previstas en esta Ley, se ejercerán de conformidad con la Ley Orgánica respectiva[26].
>
> Artículo 74. Es responsabilidad del Ministerio Público:

[24] El Consejo Nacional de Ministerios Públicos disciplina en el ámbito administrativo el establecimiento y tramitación de las noticias de facto y el procedimiento administrativo mediante la Resolución No. 174 del 4 de julio de 2017. Disponible en https://www.cnmp.mp.br/portal/images/Resolucoes/Resoluo-174-2.pdf. Último acceso: 11 de agosto de 2022.

[25] Sigla para "instituições de longa permanência para idosos" (del original en portugués).

[26] Es importante señalar, como ya se ha abordado en el punto 2 de este capítulo, que, de conformidad con el artículo 128 de la Constitución Federal, el Ministerio Público brasileño abarca el Ministerio Público Federal, los fiscales laborales y militares, así como el Ministerio Público del Distrito Federal y los Territorios y los Fiscales del Estado. En el ámbito de la infraestructura federal, la Ley 8.625 del 12 de febrero de 1993 instituyó la Ley Orgánica Nacional del Ministerio Público del Brasil, que establece normas generales para la organización del Ministerio Público de los Estados. El Ministerio Público del Gobierno Federal (así como el del Distrito Federal y Territorios) está, a su vez, regulado orgánicamente por la Ley Complementaria No. 75 de 20 de mayo de 1993. Dentro del sistema federativo brasileño, en cada uno de los estados miembros de la Federación Brasileña, existe una fiscalía estatal, con su respectiva Ley Orgánica del Estado. En el Estado de São Paulo, por ejemplo, la Ley Estatal Complementaria, nº 734, de 26 de noviembre de 1993, instituyó y reglamentó el Ministerio Público del Estado de São Paulo.

I – iniciar una investigación civil y una acción civil pública para la protección de los derechos e intereses individuales difusos o colectivos, individuales, individuales y homogéneos de la persona mayor;

(...)

V – iniciar un procedimiento administrativo y, para instruirlo:

a) enviar notificaciones, recabar declaraciones o aclaraciones y, en caso de inasistencia injustificada de la persona notificada, solicitar conductas coercitivas, incluso por parte de la Policía Civil o Militar;

b) solicitar información, exámenes, peritajes y documentos a las autoridades municipales, estatales y federales, a la administración directa e indirecta, así como promover inspecciones e investigación de diligencia debida;

c) solicitar información y documentos privados a instituciones privadas;

VI – iniciar investigaciones, solicitar procedimientos de investigación e iniciar una investigación policial, para la investigación de ilícito o infracciones de las normas de protección de la persona mayor;

VII – asegurar el respeto efectivo de los derechos y garantías legales garantizados al anciano, promoviendo las medidas judiciales y extrajudiciales apropiadas;

VIII – inspeccionar las entidades de servicio público y privado y los programas de esta Ley, adoptando prontamente las medidas administrativas o judiciales necesarias para la remoción de irregularidades que puedan ser verificadas;

IX – solicitar una fuerza policial, así como la colaboración de los servicios de salud pública, educación y asistencia social para el desempeño de sus funciones;

X – referirse a las transacciones que involucren intereses y derechos de las personas destinatarias de esta Ley.

Como recuerda Fabre[27], el Ministerio Público, junto con la Defensoría Pública, ha impulsado acciones colectivas para defender los intereses de los ancianos, lo que incluso ha resultado en el reconocimiento de daños morales colectivos[28].

En el ámbito individual, a su vez, debe destacarse el papel del Ministerio Fiscal como único legitimado a efectos de las medidas de protección previstas en el Estatuto (artículo 45).

[27] FABRE, Bibiana Graeff Chagas Pinto. Fundamentos e evolução dos direitos da pessoa idosa no Brasil: breve panorama. In: BARBETA, Fabiana Rodrigues, ALMEIDA, Vitor (coord.). *A Tutela Jurídica da Pessoa idosa.* Indaiatuba: Foco, 2020, p. 45

[28] Fundamentos e evolução dos direitos da pessoa idosa no Brasil: breve panorama. In: BARBETA, Fabiana Rodrigues, ALMEIDA, Vitor (coord.). *A Tutela Jurídica da Pessoa idosa.* Indaiatuba: Foco, 2020, p. 45.

En este sentido, es función del Ministerio Público tanto en el ámbito individual como transindividuales, exigir al Estado, a la Sociedad y a la familia que satisfagan todos los intereses y directores previstos en el Estatuto de la Persona Mayor sin ningún obstáculo, ya sea por vía administrativa, a través de acciones legales, previniendo, deteniendo cualquier tipo de violación de derechos y buscando la reparación integral de los daños causados a los mayores de 60 (sesenta) años.

Conclusiones

Como se desprende del ordenamiento jurídico brasileño, los derechos e intereses de la persona mayor se insertan en el contexto de la consagración de la dignidad de la persona humana como uno de los fundamentos de la República Federativa del Brasil (art. 1º, III, de la Constitución Federal de 1988).

El principal instrumento Infra constitucional sobre la materia es el Estatuto de la Persona Mayor (Ley 10.741 del 1 de octubre de 2003), recientemente revisado por la Ley 14.423 del 22 de julio de 2022, que, además de establecer un catálogo no exhaustivo de derechos e intereses consagrados, también indica, de manera amplia, los medios para protegerlos.

En el contexto de la legitimación a efectos de medidas extrajudiciales y judiciales a favor del anciano, cabe mencionar el papel que el Estatuto confiere al Ministerio Público tanto en el contexto de los derechos meta individuos (difusos, colectivos y homogéneos individuales), como incluso en el caso de derechos individuales no disponibles, como la vida, la salud, el bienestar, etc.

Si bien existen otros legitimados para la protección de tales intereses, el Ministerio Público se reserva un puesto destacado, especialmente en el caso de una situación de riesgo, a los efectos de las llamadas medidas de protección, para las cuales es el único legitimado, como se observa claramente en los artículos 43 y 45 del Estatuto.

Llama la atención que la acción ministerial resulta de su peculiar conformación constitucional, que garantiza a sus miembros una acción independiente, e incluso puede levantarse contra el propio poder público si se encuentra, por ejemplo, alguna violación institucional de los derechos e intereses de los ancianos.

También cabe mencionar el hecho de que el desempeño del Ministerio Público en la defensa del anciano no se limita a la vía judicial, ya que la Agencia Estatal cuenta con instrumentos como el plazo de ajuste de conducta y recomendación administrativa, que muchas veces logran la resolución de problemas sin necesidad de presentar reclamos ante el Poder Judicial.

Con esto, la defensa del anciano se da tanto bajo el aspecto preventivo, a través de la supervisión constante del Ministerio Público, como resolutivo, a través de recomendaciones administrativas y compromisos de ajuste de conducta, y represivo a través de juicios civiles y penales.

Referencias

BARBOSA, Heloisa Helena. *O princípio do melhor interesse da pessoa idosa: efetividade e desafios.* In: BARBETA, Fabiana Rodrigues, ALMEIDA, Vitor (coord.). *A Tutela Jurídica da Pessoa idosa.* Indaiatuba: Foco, 2020, pp. 3-20.

BÖTTCHER, Carlos Alexandre. *Il tribunato della Plebe e il Ministerio Publico del Brasile.* Revista Da Faculdade De Direito, Universidade De São Paulo 106 (106-107), enero de 2012, pp. 49-63. Disponible en https://www.revistas.usp.br/rfdusp/article/view/67937. Último acceso: 1 de agosto de 2022.

BRETAS, Hugo de Ríos. *O Idoso no Sistema Jurídico.* Belo Horizonte: Editorial Dialéctica, 2020.

FABRE, Bibiana Graeff Chagas Pinto. *Fundamentos e evolução dos direitos da pessoa idosa no Brasil: breve panorama.* In: BARBETA, Fabiana Rodrigues, ALMEIDA, Vitor (coord.). *A Tutela Jurídica da Pessoa idosa.* Indaiatuba: Enfoque, 2020.

MAZZILLI, Hugo Nigro. *Introdução ao Ministério Público.* 9ª ed., São Paulo: Saraiva, 2015.

______. *Compromisso de Ajustamento de Conduta: evolução e fragilidades e atuação do Ministério Público.* Revista de Direito Ambiental 41, enero de 2006, pág. 93/111. Disponible en http://www.mazzilli.com.br/pages/artigos/evolcac.pdf. Último acceso: 13 de agosto de 2022.

PESSINI, Leo. *Envelhecer com saúde Ecos da II Assembleia Mundial sobre o Envelhecimento.* 2003. Disponible en: https://www.vidapastoral.com.br/artigos/bioetica/envelhecer-com-saude-ecos-da-ii-assembleia-mundial-sobre-o-envelhecimento. Último acceso: 25 de julio de 2022.

RIBEIRO, Caio Vinicius Alves, *As funções extrajudiciais do Ministério Público: natureza jurídica, discricionariedade e limites.* Dissertação (Mestrado) São Paulo: Faculdade de Direito, Universidade de São Paulo, 2011. Disponible en: https://www.teses.usp.br/teses/disponiveis/2/2134/tde-12042013-164208/publico/Dissertacao_Carlos_Vinicius_Alves_Ribeiro_Funcoes_extrajudiciais_do_Ministerio_Publico.pdf. Último acceso: 13 de agosto de 2022.

RODRIGUES, Oswaldo Peregrina. *Direitos do Idoso.* In: NUNES JR, Vidal Serrano (coord.). *Manual de Direitos Difusos.* São Paulo: Verbatim. 2009, págs. 433 a 549.

SOUSA, Ana Maria Viola de. *Tutela Jurídica do Idoso – a assistência e a convivência familiar.* Campinas: Punto, 2004.

6
O IDOSO E A PREVIDÊNCIA SOCIAL: VELHICE DESAMPARADA OU VELHICE DOS DIREITOS?

José Roberto Sodero Victório[1]

1. Introdução

Antes de entrar no assunto dos direitos previdenciários dos idosos, para uma maior compreensão do tema se torna oportuno iniciar esse texto com a conceituação de idoso. Afinal, quem é considerado idoso? Como o envelhecimento já foi e é visto pelas diversas culturas? Qual lugar o idoso ocupa na nossa sociedade atualmente? Quando uma pessoa se tornar velha? Aos 55, 60, 70 ou 75 anos?

Nada flutua mais do que os limites da velhice em termo de complexidade fisiológica, psicológica e social.

Conforme nos ensinam Cruz e Hatem[2] o avanço nos estudos médicos e científicos voltado ao combate às doenças e a melhora da qualidade de vida, assim como o acesso ao tratamento de esgoto e à água potável tem aumen-

[1] Advogado, Pós-Doutor em Saúde, Bioética, Meio Ambiente do Trabalho e Direitos Humanos pela Universidade de Salerno (Itália), Doutor em Ciências Jurídicas e Sociais pela UMSA (Argentina), Mestre em Ciências Ambientais pela Universidade de Taubaté, Pós-Graduado em Direito Empresarial pela Universidade de Taubaté, Professor de Pós-graduação da Faculdade de Direito de Franca, da Faculdade de Direito de Passo Fundo, da Faculdade de Direito de São Bernardo do Campo, da Escola Superior da Advocacia – ESA-OAB, da UNOESTE, da ATAME e do IEPREV, ex-Diretor de Acompanhamento de Acidentes Coletivos do Trabalho do Instituto de Estudos Previdenciários – IEPREV. Presidente da Comissão de Direito Previdenciário da Associação de Família e das Sucessões (ADFAS).

[2] Cruz, Clarisse Aparecida da Cunha Viana; Hatem, Daniela Soares. Direitos do idoso: um estudo sobre a legislação brasileira e sua eficácia no que tange ao combate à violência contra o idoso no país. *Revista de Direito Privado. vol. 110. ano 22. p. 203-220.* São Paulo: Ed. RT, out.-dez./2021. Disponível em: <http://revistadostribunais.com.br/maf/app/document?stid=st-rql&marg=DTR-2021-47790>. Acesso em: 18/04/2022.

tado a expectativa de vida em todos os lugares no mundo. Esse fenômeno não é diferente no Brasil, pois há mais pessoas com idade acima 60 anos o que torna importante a verificação das garantias e das proteções aos direitos.

Quanto à proteção ao idoso em âmbito internacional, destaca-se que passou a ser uma preocupação política a partir do fim da Segunda Guerra Mundial, quando a Organização das Nações Unidas (ONU) proclamou o direito à segurança na velhice no artigo XXV, 1, da Declaração Universal dos Direitos Humanos de 1948[3].

Em 1982, ocorreu a I Assembleia Mundial sobre o Envelhecimento (ONU, 1982), resultando no Plano de Ação Internacional de Viena. Importante observar que foi nesse evento que houve a definição da idade de 60 anos como o início da velhice para uma pessoa nos países em desenvolvimento e de 65 anos, nos países desenvolvidos[4].

Em 2002, a Organização Mundial da Saúde publicou a Declaração de Toronto, que traz orientações sobre a garantia de direitos e não discriminação, em especial à evolução tecnológica, traz um debate que inclui a manutenção de qualidade de vida do idoso, englobando as necessidades físicas e emocionais, tendo como intuito a preservação de sua autonomia[5].

No mesmo ano, ocorreu a II Assembleia sobre o Envelhecimento (ONU, 2002), abrangendo um maior número de países e instituições não governamentais, em que foi revisto o Plano de Ação de Viena, tendo em vista que se constatou um crescimento mundial mais rápido da população idosa do que foi previsto, destacando a importância da inserção do envelhecimento no contexto das estratégias para a erradicação da pobreza nos países em desenvolvimento[6].

O Brasil sediou a Segunda Conferência Regional Intergovernamental sobre Envelhecimento na América Latina e o Caribe resultando no documento Declaração de Brasília (BRASIL, 2007) em que se concluiu que o envelhecimento na América Latina cresce rapidamente e que varia de um país para o

[3] ORGANIZAÇÃO DAS NAÇÕES UNIDAS. *Declaração Universal dos Direitos do Homem e do Cidadão*, 1948. Disponível em: [https://nacoesunidas.org/wp-content/uploads/2018/10/DUDH.pdf&gt]. Acesso em 18/04/2022.

[4] ORGANIZAÇÃO DAS NAÇÕES UNIDAS. *Plano de Ação Internacional de Viena sobre o envelhecimento*. Viena: ONU, 1982. Disponível em: [www.un.org/en/development/devagenda/ageing.shtml&gt]. Acesso em: 18.04.2022.

[5] ORGANIZAÇÃO MUNDIAL DA SAÚDE. *Declaração de Toronto*. Toronto: 2002. Disponível em: [www.accessnow.org/the-toronto-declaration-protecting-the-rights-to-equality-and-non-discrimination-in-machine-learning-systems/]. Acesso em: 18/04/2022.

[6] ORGANIZAÇÃO DAS NAÇÕES UNIDAS. *Plano de ação internacional contra o envelhecimento*, 2002. Trad. Arlene Santos. Brasília: Secretaria Especial dos Direitos Humanos, 2003. Disponível em: [www.observatorionacionaldoidoso.fiocruz.br/biblioteca/_manual/5.pdf]. Acesso em: 18.04.2022.

outro, mas que devem-se construir sociedades mais inclusivas e que rejeitem todo tipo de discriminação, em especial a vinculada com a idade, reforçando a solidariedade entre gerações e a necessidade de programas de integração e proteção dos mais velhos nesses países[7].

A Organização dos Estados Americanos (OEA), em sua XLV Assembleia Geral, realizada no dia 15 de junho de 2015, em Washington, aprovou e abriu para assinatura a Convenção Interamericana sobre os Direitos das Pessoas Idosas[8]. O Brasil foi um dos primeiros signatários da Convenção.

Esse é o primeiro instrumento internacional juridicamente vinculante voltado para a proteção e promoção dos direitos das pessoas idosas. Sua aprovação constitui avanço nos esforços para assegurar, em caráter permanente, os direitos desse grupo populacional. A Convenção reconhece as pessoas idosas como sujeitos de direitos, empoderando-as e garantindo a sua plena inclusão, integração e participação na sociedade.

O ano de 2018, no Brasil, passou a ser considerado o Ano de Valorização e Defesa dos Direitos Humanos da Pessoa Idosa, de acordo com a Lei 13.646/2018 de abril de 2018. A escolha do ano de 2018 se deu em razão da Convenção Interamericana sobre a Proteção dos Direitos Humanos dos Idosos, celebrada pela OEA, em 2015. O Brasil está atualmente em processo de ratificação dessa convenção.

Ainda no Brasil importante observar que os direitos dos idosos foram destacados a partir da Constituição da República Federativa do Brasil de 1988 e de leis ordinárias, como a Lei 8.842, de 1994 (Política Nacional do Idoso), e a Lei 10.741, de 2003 (Estatuto do Idoso). Nesses dispositivos legais foram definidos quais seriam esses direitos, como seriam efetivados, qual a punição em caso de sua violação e a quem incumbia o dever de resguardá-los e cumpri-los, dando tal função ao Estado e à família.

Os direitos do idoso à seguridade social no Brasil, estabelecida no tripé dos direitos à saúde, à assistência e à previdência social, foram dimensionados no Estatuto do Idoso em seus artigos 26 a 34, assim se expressando:

> Art. 26. O idoso tem direito ao exercício de atividade profissional, respeitadas suas condições físicas, intelectuais e psíquicas.

[7] ORGANIZAÇÃO DAS NAÇÕES UNIDAS. *Segunda Conferência regional intergovernamental sobre envelhecimento na América Latina e no Caribe: uma sociedade para todas as idades e de proteção social baseada em direitos*. Brasília: 2007. Disponível em: [www.rcdh.ufes.br/sites/default/files/Declara%C3%A7%C3%A3o%20de%20Bras%C3%ADlia%20 2008.pdf]. Acesso em: 18.04.2022.

[8] ORGANIZATION OF AMERICAN STATES. *Convenção Interamericana sobre os Direitos das Pessoas Idosa*. Disponível em: [https://www.oas.org/en/sare/documents/CIPM_POR.pdf]. Acesso em 18.04.2022.

Art. 27. Na admissão do idoso em qualquer trabalho ou emprego, é vedada a discriminação e a fixação de limite máximo de idade, inclusive para concursos, ressalvados os casos em que a natureza do cargo o exigir.

Parágrafo único. O primeiro critério de desempate em concurso público será a idade, dando-se preferência ao de idade mais elevada. Art. 28. O Poder Público criará e estimulará programas de:

I – profissionalização especializada para os idosos, aproveitando seus potenciais e habilidades para atividades regulares e remuneradas;

II – preparação dos trabalhadores para a aposentadoria, com antecedência mínima de 1 (um) ano, por meio de estímulo a novos projetos sociais, conforme seus interesses, e de esclarecimento sobre os direitos sociais e de cidadania;

III – estímulo às empresas privadas para admissão de idosos ao trabalho.

Art. 29. Os benefícios de aposentadoria e pensão do Regime Geral da Previdência Social observarão, na sua concessão, critérios de cálculo que preservem o valor real dos salários sobre os quais incidiram contribuição, nos termos da legislação vigente.

Parágrafo único. Os valores dos benefícios em manutenção serão reajustados na mesma data de reajuste do salário-mínimo, pro rata, de acordo com suas respectivas datas de início ou do seu último reajustamento, com base em percentual definido em regulamento, observados os critérios estabelecidos pela Lei no 8.213, de 24 de julho de 1991.

Art.32. O Dia Mundial do Trabalho,1 de Maio, é a data-base dos aposentados e pensionistas.

Art. 33. A assistência social aos idosos será prestada, de forma articulada, conforme os princípios e diretrizes previstos na Lei Orgânica da Assistência Social, na Política Nacional do Idoso, no Sistema Único de Saúde e demais normas pertinentes.

Art. 34. Aos idosos, a partir de 65 (sessenta e cinco) anos, que não possuam meios para prover sua subsistência, nem de tê-la provida por sua família, é assegurado o benefício mensal de 1 (um) salário-mínimo, nos termos da Lei Orgânica da Assistência Social – Loas.

Na realidade, a legislação de proteção ao idoso no Brasil deriva da Constituição Federal de 1988 que traz como essencial a garantia dos direitos fundamentais do homem, incorporando direitos reconhecidos mundialmente como essenciais para assegurar a dignidade da pessoa humana[9].

[9] Ramos, Paulo Roberto. *Proteção Constitucional da Pessoa Idosa. Revista de Direito Constitucional e Internacional.* vol. 45/2003. p. 157 – 174. São Paulo: Ed. RT. Out – Dez / 2003.

O direito previdenciário brasileiro, em busca da proteção do idoso, trouxe como regulamentação da Constituição Federal a Lei 8.213/91 a denominada aposentadoria por idade, antes chamada de aposentadoria por velhice. Originariamente a aposentadoria por idade prevista na norma infraconstitucional garantia aposentadoria ao homem com 65 anos de idade e à mulher com 60 anos de idade. O trabalhador e a trabalhadora rural tinham uma diminuição de 5 anos de idade para aposentar-se.

A última reforma previdenciária trazida pela Emenda Constitucional 103, de 13 de novembro de 2019, traz indistintamente, para os benefícios voluntários a imposição de uma idade mínima para a concessão da aposentadoria, sendo para homens 65 anos e para mulheres 62 anos, mantendo uma redução de 5 anos para os trabalhadores rurais.

Não se pode esquecer que um direito importante para o idoso é o direito à pensão por morte e também ao benefício assistencial criado pela Lei Orgânica da Assistência Social – LOAS[10].

2. Quem é o idoso no Brasil?

Indaga-se se a pessoa é tão velha quanto as suas artérias, quanto seu cérebro, quanto seu coração, quanto seu moral ou quanto sua situação civil? Ou é a maneira pela qual outras pessoas passam a encarar as características que classificam as pessoas com velhas?[11]

Como se vê é difícil estabelecer o início da velhice, pois são múltiplos os fatores que contribuem para o envelhecimento e esses fatores se alteram de acordo com as diferenças sociais e fisiológicas que cada um carrega. Assim, podemos dar um exemplo de uma pessoa que teve um alto padrão de vida ter um atraso das consequências trazidas com a idade, e ao revés, outra que envelheceu de forma precoce devido à exposição excessiva ao sol, aos agentes insalubres à saúde, aos aspectos psicossociais, aos aspectos biopsicossociais que afetam cada ser humano.

Logo, esses aspectos deveriam ser levados em conta, em especial quando se debate os direitos previdenciários do idoso ou mesmo com a instituição de uma idade mínima de aposentadoria. Em um país de dimensões continentais como o Brasil, não é difícil entender que as taxas de expectativa de vida não podem ser unificadas, sem que fatores biopsicossociais sejam observados, sob pena de ferir os princípios da igualdade e o da isonomia.

[10] BRASIL, Lei 8.742, de 7 de dezembro de 1.993. Dispõe sobre a organização da Assistência Social e dá outras providências.

[11] VERAS, R. (Org.). *Velhice numa perspectiva de futuro saudável*. Rio de Janeiro, UERJ/UNATI, 2001.

Em nosso país, artigo 1º da Lei 10.741 de outubro de 2003, denominada "Estatuto do Idoso", traz o conceito jurídico de idoso. Vejamos:

> Art. 1º É instituído como sendo idosa a pessoa com idade igual ou superior a 60 (sessenta) anos.

Segundo o Instituto Brasileiro de Geografia e Estatística – IBGE uma pessoa nascida no Brasil em 2019 tinha expectativa de viver, em média, até os 76,6 anos. Desde 1940, a esperança de vida aumentou 31,1 anos. E a longevidade feminina é, em média, sete anos acima da dos homens.

Essas são algumas informações das Tábuas Completas de Mortalidade para o Brasil referente a 2019, divulgadas em novembro de 2020 pelo IBGE[12]. A expectativa de vida fornecida pelo estudo é um dos parâmetros para determinar o fator previdenciário, no cálculo das aposentadorias do Regime Geral de Previdência Social.

Em 1940, uma pessoa ao completar 50 anos, por exemplo, tinha uma expectativa de viver mais 19,1 anos. Já em 2019, a esperança de vida para uma pessoa nessa faixa etária seria de 30,8 anos. Ou seja, atualmente vive-se, em média, quase 12 anos mais.

No entanto, a expectativa de vida muda conforme a idade da pessoa e o sexo, sendo que a taxa de mortalidade dos homens é sempre superior à das mulheres. E é aos 20 anos que essa chamada "sobremortalidade masculina" atinge seu pico. Em 2019, um homem de 20 anos tinha 4,6 vezes mais chance de não completar os 25 anos do que uma mulher do mesmo grupo de idade.

Há de se observar que Estados como os do Maranhão, Piauí e Rondônia a expectativa média de sobrevida não chega aos 72 anos. Da mesma forma, nos Estados de Amazonas, Pará e Roraima a expectativa média de sobrevida não chega aos 72 anos.

Essa disparidade da taxa de sobrevida pode ser verificada com muita atenção nas cidades brasileiras. A maior cidade do Brasil, São Paulo, traz claramente os reflexos das desigualdades sociais nesse espectro da taxa de sobrevida.

O Mapa da Desigualdade 2021, realizado pela Rede Nossa São Paulo[13], lançado no final do mês de outubro de 2021 apresenta dados que retratam a rea-

[12] Instituto Brasileiro de Geografia e Estatística – IBGE – [https://agenciadenoticias.ibge.gov.br/agencia-noticias/2012-agencia-de-noticias/noticias/29505-expectativa-de-vida-dos-brasileiros-aumenta-3-meses-e-chega-a-76-6-anos-em-2019]. Acessado em 18/04/2022

[13] A Rede Nossa São Paulo (RNSP) é uma organização da sociedade civil que tem por missão mobilizar diversos segmentos da sociedade para, em parceria com instituições públicas e privadas,

lidade dos distritos da capital paulista, a partir de fontes públicas e oficiais[14]. Assim, identifica prioridades e necessidades da população e pode auxiliar na gestão e no planejamento municipal.

Com dados sobre os 96 distritos, a edição de 2021 conta com indicadores dos seguintes temas: população; meio ambiente; mobilidade; direitos humanos; habitação; saúde; educação; cultura; esporte; trabalho e renda; e infraestrutura.

Alguns dados desse Mapa sobre a capital paulista são importantes para esse trabalho. Vejamos:

a) A maioria da população reside nos extremos das zonas leste, sul, norte e oeste da cidade de São Paulo.
b) A maioria da população preta e parda reside nos extremos das zonas leste, sul, norte e oeste da cidade de São Paulo.
c) A oferta de emprego formal tem seus piores números para aqueles que residem nos extremos das zonas leste, sul, norte e oeste da cidade de São Paulo.
d) A remuneração média mensal do emprego formal é menor para os que residem nos extremos das zonas leste, sul, norte e oeste da cidade de São Paulo. Os valores médios vão de R$ 1.990,00 a R$ 2.260,00.
e) O acesso ao transporte de massa é pior para os que residem nos extremos das zonas leste, sul, norte e oeste da cidade de São Paulo.
f) São os moradores que residem nos extremos das zonas leste, sul, norte e oeste da cidade de São Paulo, que têm o menor nível de acesso à internet móvel.
g) São as mulheres que residem nos extremos das zonas leste, sul, norte e oeste da cidade de São Paulo, que têm os maiores números coeficiente de vítimas de violência, inclusive feminicídio.
h) É nos extremos das zonas leste, sul, norte e oeste da cidade de São Paulo, em que há maior coeficiente de homicídios de jovens.
i) A gravidez na adolescência, também é recorde para as moradoras que residem nos extremos das zonas leste, sul, norte e oeste da cidade de São Paulo. A maternidade precoce faz com que mães adolescentes passem a ter baixa perspectiva em relação à escolaridade e à futura inserção no mercado de trabalho.

construir e se comprometer com uma agenda e um conjunto de metas, articular e promover ações, visando a uma cidade de São Paulo justa, democrática e sustentável.

[14] Rede Nossa São Paulo. [https://www.nossasaopaulo.org.br/wp-content/uploads/2021/10/Mapa-Da-Desigualdade-2021_Tabelas.pdf]. Acessado em 18/04/2022.

j) São os moradores que residem nos extremos das zonas leste, sul, norte e oeste da cidade de São Paulo, que têm a menor média de idade ao morrer. Nos distritos de Perus, Jardim Ângela, Lajeado, Jaraguá, Grajaú, São Rafael, Iguatemi, Parelheiros, Anhanguera e Cidade Tiradentes, a média de idade ao morrer varia de 58,3 a 61,4.

Fica muito evidente com os dados acimas coletados, que os extremos das periferias da cidade de São Paulo trazem uma desigualdade social extrema. E mais, a média salarial é muito baixa e a idade ao morrer não alcança o mínimo necessário para se aposentar (62 Anos para mulheres e 65 anos para homens) nem mesmo para receber o Benefício de Prestação Continuada – BPC/LOAS (65 anos de idade).

A tendência é que o histórico de São Paulo possa se refletir em todas as cidades do Brasil, até mesmo para pior, haja vista se tratar da maior potência brasileira.

Por outro lado, fica claro que o idoso não é o mesmo na cidade de São Paulo e obviamente no Brasil e que há uma incapacidade social do idoso antes do 62 ou 65 anos em algumas regiões das cidades, do Estado e do País.

3. O idoso e a previdência social: velhice desamparada ou velhice dos direitos? A incapacidade social do idoso.

Quando o legislador debate determinados projetos de lei que trazem como parâmetros ou dados de outros países como a idade mínima foi apresentada no Congresso Nacional, quando se discutia a então Proposta de Emenda à Constituição de número 6 e que gerou a Emenda Constitucional 103/2019, deveria antes de tomar decisões, "tropicalizar" as informações extraídas para efetivamente transformá-la em conhecimento econômico, geográfico e social do seu povo, da sua gente, antes de impor restrições absurdas a direitos, impedindo o seu gozo para parcelas importe da população.

O sistema previdenciário brasileiro é construído sob o formato contributivo-retributivo, ou seja, a aplicação do princípio da reciprocidade contributiva. Assim, somente tem direito aos benefícios previdenciários aqueles que contribuem para o sistema.

Durante o período contributivo eventuais percalços podem ocorrer, dentre eles o acontecimento das incapacidades.

Em uma primeira análise os benefícios por incapacidade previstos na Lei previdenciária induzem a uma avaliação orientada na existência de um mal, uma doença que aflige o segurado.

O benefício de auxílio-acidente, cuja natureza é indenizatória, tem em sua definição legal palavras como lesões decorrentes de acidente e sequelas. Parece-nos claro aqui que o que se deseja indenizar é uma incapacidade decorrente de um mal causado à saúde do segurado.

No benefício de incapacidade provisória (antigo auxílio-doença) a nova denominação trazida pela EC 103, resolve sua definição legal que não se restringe a existência de uma doença, mas incapacidade para o seu trabalho ou para a atividade habitual do segurado.

Quando da definição legal de aposentadoria por incapacidade permanente (antiga aposentadoria por invalidez) o que se observa é o que o núcleo é a incapacidade do segurado para o exercício de atividade que lhe garanta a subsistência, e ser-lhe-á paga enquanto permanecer nesta condição. Veja-se que o benefício aposentadoria por incapacidade permanente (antiga aposentadoria por invalidez) não necessita do gozo prévio do benefício de incapacidade provisória (antigo auxílio-doença)[15].

A incapacidade, portanto, não necessariamente precisa derivar de um mal à saúde do segurado, mas pode advir de todas as possibilidades de incapacidade. A incapacidade é definida como "qualidade de incapaz; falta de capacidade física ou intelectual; ausência de capacidade legal; insuficiência ou nulidade de qualificação, incompetência, inaptidão"[16].

A impossibilidade do exercício da atividade laboral que garanta o sustento do segurado, portanto, deve partir da análise da incapacidade inserida no conceito do biopsicossocial, isto é, a falta de capacidade deve ser medida ante a interação dos elementos biológicos, psíquicos e sociais de forma sistematizada.

Nesta linha de raciocínio o idoso, reconhecido nesta condição, pela Lei 10.741/2003, pode ter direito aos benefícios por incapacidade, não porque necessariamente tenha alguma doença que o incapacite para o trabalho, mas também no caso da chamada invalidez ou incapacidade social, dentro do conceito e de uma análise do estado biopsicossocial do segurado.

O Estatuto do Idoso (Lei 10.741/2003) ao cuidar das obrigações da sociedade para com o idoso estabelece em seu art. 3º, dentre outras, aquelas relacionadas ao estabelecimento de mecanismos que favoreçam a divulgação de informações de caráter educativo sobre os aspectos biopsicossociais de envelhecimento.

[15] Art. 42, da Lei 8213/91.

[16] Houaiss, Antonio e outro. *Dicionário Houaiss da Língua Portuguesa*, Ed. Objetiva, 2001, p. 1592.

Marco Aurélio Serau Júnior[17] ao analisar direitos do idoso em seu Estatuto, aponta as obrigações acima determinadas como direitos fundamentais.

O Conselho Federal de Medicina ao se referir ao ato profissional médico faz atenção especial ao que denomina complexidade dos seres humanos, como expressão mais completa dos fenômenos vivos de natureza biopsicossocial[18].

O direito à Previdência Social como direito social que é previsto na Carta Magna de 88, não se isola do respeitável preâmbulo da Constituição ao afirmar categoricamente que se institui um "*...Estado Democrático, destinado a assegurar o exercício dos direitos sociais e individuais, a liberdade, a segurança, o bem-estar, o desenvolvimento, a igualdade e a justiça como valores supremos de uma sociedade fraterna, pluralista e sem preconceitos, fundada na harmonia social..*". Ademais, o bem-estar biopsicossocial está inserido no princípio da dignidade da pessoa humana, princípio fundamental garantido na Constituição Federal.

Alguns segurados da Previdência Social que até determinada época da vida conseguiam auferir empregos capazes de garantir a sua subsistência, não encontram guarida quando idosos, o que os colocam em uma condição de invalidez/incapacidade social.

Márcio Pochmann[19] demonstra que o crescimento econômico por si só não gera emprego para todos. O problema do emprego não é exclusivamente de ordem econômica, mas também, um problema político. Segundo Pochmann[20] "no período de 2000 e 2020, estima-se que o aumento médio do contingente mais idoso seja de 585 mil pessoas ao ano. Com isso, o Brasil deveria deter, em 2020, aproximadamente 13% do total de sua população situada na faixa etária de 60 anos e mais – ante 6% em 1980 e menos de 9% em 2000".

Outras situações como, por exemplo, o próprio crescimento da população idosa ou a necessidade de inserção do mercado de trabalho do jovem certamente impedem ou ainda impedirão o segurado idoso de estar em condições de exercer tarefa laboral que lhe garanta a subsistência.

Neste sentido[21], Wanjnman, Oliveira e Oliveira ao explicarem a inserção de trabalhadores idosos no mercado de trabalho futuro, dizem:

17 SERAU JÚNIOR, Marco Aurélio. *O Estatuto do Idoso e os Direitos Fundamentais*. Juris Síntese. Vol. 92. Nov-Dez/2011.

18 RES CFM 167 de 2001.

19 POCHMANN, Márcio. *O Mundo Do Trabalho em Mudança". In Relações de Trabalho Contemporâneas*. Belo Horizonte: IRT, PUC/MG, 1999, pag. 21.

20 POCHMANN, Márcio e outro. Mercado do Trabalho e Previdência Social no Brasil, in *CESIT – Carta Social e do Trabalho, n. 7 – set./dez. 2007.*

21 WAJNMAN, S.; OLIVEIRA, Ana Maria Hermeto Camilo de; OLIVEIRA, Elzira Lúcia de. Os Idosos no Mercado de Trabalho: Tendências e Consequências. In: Ana Amélia Camarano. (Org.). *Os Novos Idosos Brasileiros Muito Além dos 60?*. Rio de Janeiro: IPEA, 2004, v., p. 453-480.

> Tal tendência de crescimento da oferta de trabalhadores idosos, tomada às precárias perspectivas de ampliação da cobertura do sistema previdenciário, estabelece a importância de se planejar cuidadosamente políticas específicas para esse segmento de potenciais trabalhadores.

E mais, há enorme heterogeneidade da participação dos trabalhadores idosos no mercado de trabalho "mostrando diferenciais importantes segundo atributo tais como região de residência, raça, escolaridade, e de formas de ocupação"[22].

Pode-se observar isso pelos dados fornecidos pelo Mapa de Desigualdade da cidade de São Paulo.

Importante frisar que a Lei quando se fala em impossibilidade de manter a subsistência, para obtenção do benefício por incapacidade, está por objetivar garantir subsistência, independência e dignidade a qualquer segurado e obviamente o segurado idoso.

4. O momento de análise da concessão da incapacidade do idoso

Demonstra-se por esse artigo que boa parte da população brasileira que atingir os 60 anos de idade, estabelecida como idade mínima a se considerar idoso no Brasil por construção legislativa, não gozará de benefício previdenciário, contrariando o sistema contributivo-retributivo construído para o sistema de Previdência Social. Para esses segurados, nem mesmo o acesso ao benefício assistencial será garantido. Ou seja, o segurado passará boa parte de sua vida contribuindo para o sistema sem ter a garantia da retribuição.

Assim, com a chegada da fase de vida estabelecida no Estatuto do Idoso, tratando-se a aposentadoria por incapacidade espécie de benefício não voluntário, de caráter compulsória, deveria o Instituto Nacional do Seguro Social – INSS, convocar todos os idosos para uma análise biopsicossocial (perícia), onde verificaria de forma sistemática, individualizada e inter-relacionada todos os aspectos de natureza biológica, psíquica e social a situação previdenciária e específica do segurado.

Caso a perícia avaliasse os aspectos mencionados de forma individualizada e/ou coletivizada e chegasse à conclusão que o segurado idoso fosse considerado incapaz e insusceptível de reabilitação para o exercício de atividade que lhe garanta a subsistência, deveria aposentá-lo por invalidez/incapacidade social.

[22] Idem.

É verdade que a avaliação médica do segurado em todos os seus aspectos, inclusive, o psíquico, tem suas particularidades já definidas pelo INSS, embora os métodos utilizados nem sempre pareçam estabelecer com clareza os níveis de incapacidade, o período da incapacidade ou mesmo as condições de alta.

E do ponto de vista social o que se analisaria? A resposta inicial parece-nos simples: se o segurado, do ponto de vista social e econômico, fosse considerado incapaz e insusceptível de reabilitação para o exercício de atividade que lhe garanta a subsistência. Na prática algumas situações poderiam servir de exemplo. Senão vejamos:

a) O segurado idoso que vinha exercendo e contribuindo há vários anos em uma atividade que lhe garantia a subsistência e por motivos da própria idade ou mesmo da não mais inserção da atividade como economicamente viável, ficasse impedido de exercê-la;
b) o segurado idoso que há algum tempo teve que deixar de trabalhar para cuidar de pais ou parentes idosos ou com doença degenerativa ou situação similar e que após anos tenta retornar ao mercado de trabalho, para exercer a atividade que lhe garantia subsistência e não consegue inserção no mercado de trabalho;
c) aquele idoso que tendo perdido a qualidade de segurado retorna ao trabalho, mas que não garante a sua subsistência nos mesmos moldes anteriores.

5. A discussão pós-positivista aplicada

A questão em discussão além de estabelecer avaliação individual do segurado idoso, em condição de incapacidade/invalidez social, traz a inclusão social daquele que por motivos alheios à sua vontade está incapaz de exercer aquela atividade laboral que lhe garantiu e que lhe garanta subsistência, dentro dos princípios insertos na Constituição Federal de 1988 ante uma visão pós-positivista.

O idoso tem garantia constitucional de respeito à sua condição. A Previdência Social é direito social e como tal direito fundamental a ser respeitado pelo Estado. Os benefícios por incapacidade são garantidos pela Lei 8.213/91. A definição desses benefícios, embora inicialmente traga uma conotação de incapacidade por doença, traz em seu núcleo a ideia de incapacidade que deve ser analisada sob o prisma da avaliação biopsicossocial do segurado na sua individualidade.

É verdade que o Instituto Nacional do Seguro Social – INSS, autarquia previdenciária, responsável pelo pagamento dos benefícios previdenciários, não concederá administrativamente benefícios de aposentadoria por incapacidade/invalidez social lastreado no comportamento usual de que somente se dará no caso de doença.

Há na presente situação aquilo que Alexy[23] denomina "questões valorativas deixadas em aberto pelo material normativo existente" e, portanto, a construção deste direito é necessariamente jurisprudencial. Neste sentido, o próprio autor citado explica que as decisões efetivadas no processo judicial podem ser analisadas com base em uma argumentação prática racional.

Na mesma linha de raciocínio pós-positivista, Dworkin[24] propõe a análise do texto legal de acordo com o seu correto ou verdadeiro sentido, que deve produzir-se interpretativamente, através de uma prática específica, cuja finalidade é deduzir os princípios de Justiça, equidade e devido processo.

No presente caso como enfatiza Alexy[25], há um discurso jurídico que surge da debilidade das regras e formas, e é certo que as normas jurídicas surgidas do processo de legislação não solucionam todos os problemas.

Assim é que se apresenta a possibilidade de análise das situações fáticas, socialmente relevantes, como é o caso da aposentadoria por incapacidade/invalidez social, estabelecida ante uma interpretação pós-positivista da norma previdenciária dentro de um contexto importante social do idoso em face da sua incapacidade para exercer uma atividade laboral que lhe garanta a subsistência digna.

Conclusões

O idoso deve ter garantido o tratamento que a Constituição Federal determina, em especial a garantia da sua dignidade humana.

A Previdência Social como direito social constitucional que é, tem como núcleo tratar-se de direito fundamental que não pode ser obstaculizado sob pena de ofensa ao Estado Democrático de Direito.

O sistema previdenciário brasileiro traz como princípio ser contributivo-retributivo. Trabalhadores e segurados com 60 anos ou mais, considerados idosos, pela legislação brasileira, não gozarão de benefícios previdenciários voluntários, pois não conseguem chegar na idade mínima exigida de 62 anos para mulheres e 65 anos para homens. O Mapa de Desigualdades da cidade de São Paulo traz um apontamento importante nesse sentido.

[23] ALEXY, Robert. *Teoria dos Direitos Fundamentais*. MALHEIROS. 2008. p.551.

[24] GUEST, Sthefen, "Ronald Dworkin", Prefácio e Cap. I in *Revista de Ciências Sociais da Universidade de Valparaíso*, Edeval, Valparaíso, 1993, n. 38, p. 595.

[25] ALEXY, Robert. *Una Teoria de la argumentación jurídica*. Centro de Estudios Politicos y Constitucionales: 2007, p.273.

Além disso, há desemprego nas faixas etárias acima de 60 anos, o que incapacita o trabalhador, de forma biopsicossocial, para exercer atividade que lhe garanta subsistência.

Os benefícios previdenciários por incapacidade foram criados para as contingências existentes entre o período de contribuição e o de aposentadoria voluntária. Os segurados que não conseguem atingir o mínimo de idade para aposentação ou socialmente são excluídos do sistema de emprego e possuem mais de 60 anos, ou seja, idosos na forma da lei, têm o direito de ver o INSS compelido a conceder esses benefícios. A análise deve ser biopsicossocial.

A legislação deve cumprir seu papel finalístico, sob pena do sistema criar o enriquecimento ilícito quando somente o custeio da Previdência passa a ter papel importante para o Estado, deixando de lado os segurados e a retribuição da contribuição previdenciária compulsória.

Referências

Alexy, Robert. *Teoria dos Direitos Fundamentais.* Malheiros. 2008.

______. *Una Teoria de la argumentación jurídica.* Centro de Estudios Politicos y Constitucionales: 2007.

Cruz, Clarisse Aparecida da Cunha Viana; Hatem, Daniela Soares. Direitos do idoso: um estudo sobre a legislação brasileira e sua eficácia no que tange ao combate à violência contra o idoso no país. *Revista de Direito Privado. vol. 110. ano 22. p. 203-220. São Paulo: Ed. RT, out.-dez./2021.* Disponível em: <http://revistadostribunais.com.br/maf/app/document?stid=st-rql&marg=DTR-2021-47790>. Acesso em: 18/04/2022.

Guest, Sthefen, "Ronald Dworkin", Prefácio e Cap. I in *Revista de Ciências Sociais da Universidade de Valparaíso,* Edeval, Valparaíso, 1993, n. 38.

Houaiss, Antonio e outro. *Dicionário Houaiss da Língua Portuguesa,* Ed. Objetiva, 2001.

Pochmann, Márcio e outro. Mercado do Trabalho e Previdência Social no Brasil, in *CESIT – Carta Social e do Trabalho, n. 7 – set./dez.* 2007.

______. O Mundo Do Trabalho em Mudança. In *Relações de Trabalho Contemporâneas.* Belo Horizonte: IRT, PUC/MG, 1999.

Ramos, Paulo Roberto. Proteção Constitucional da Pessoa Idosa. *Revista de Direito Constitucional e Internacional. vol. 45/2003. p. 157 – 174.* São Paulo: Ed. RT. Out-Dez/2003.

Serau Júnior, Marco Aurélio. *O Estatuto do Idoso e os Direitos Fundamentais.* Juris Síntese. Vol. 92. Nov-Dez/2011.

Veras, R. (Org.). *Velhice numa perspectiva de futuro saudável.* Rio de Janeiro, UERJ/UNATI, 2001.

Wajnman, S.; Oliveira, Ana Maria Hermeto Camilo de; Oliveira, Elzira Lúcia de. Os Idosos no Mercado de Trabalho: Tendências e Consequências. In: Ana Amélia Camarano. (Org.). *Os Novos Idosos Brasileiros Muito Além dos 60?* Rio de Janeiro: IPEA, 2004.

6
LOS ANCIANOS Y LA SEGURIDAD SOCIAL: ¿VEJEZ DESAMPARADA O VEJEZ DE DERECHOS?

José Roberto Sodero[1]

1. Introducción

Antes de entrar en el tema de los derechos de seguridad social de las personas mayores, para una mayor comprensión del tema es conveniente comenzar este texto con el concepto de las personas mayores. Después de todo, ¿quién se considera persona mayor? ¿Cómo ha sido y es visto por diferentes culturas? ¿Qué lugar ocupan los mayores en nuestra sociedad actual? ¿Cuándo una persona envejece? ¿A los 55, 60, 70 o 75?

Nada es más cambiante que los límites de la vejez en términos de complejidad fisiológica, psicológica y social.

Como nos enseñan Cruz y Hatem[2], los avances en los estudios médicos y científicos destinados a combatir enfermedades y mejorar la calidad de vida,

[1] Abogado, Post-Doctor en Salud, Bioética, Medio Ambiente Laboral y Derechos Humanos por la Universidad de Salerno (Italia), Doctor en Ciencias Jurídicas y Sociales por la UMSA (Argentina), Máster en Ciencias Ambientales por la Universidad de Taubaté, Postgrado en Derecho Empresarial por la Universidad de Taubaté, Profesor de Postgrado de la Facultad de Derecho de Franca, Facultad de Derecho Fondo, de la Facultad de Derecho de São Bernardo do Campo, de la Escuela Superior de Abogacía – ESA-OAB, UNOESTE, ATAME e IEPREV, ex Director de Seguimiento de Accidentes Colectivos de Trabajo del Instituto de Estudios de Seguridad Social – IEPREV. Presidente de la Comisión de Derecho de la Seguridad Social de la Asociación de Familia y Sucesiones (ADFAS).

[2] Cruz, Clarisse Aparecida da Cunha Viana; Hatem, Daniela Soares. Direitos do idoso: um estudo sobre a legislação brasileira e sua eficácia no que tange ao combate à violência contra o idoso no país. *Revista de Direito Privado. vol. 110. Año 22. págs. 203-220.* São Paulo: Ed. RT, Oct.-Dic./2021. Disponible en: <http://revistadostribunais.com.br/maf/app/document?stid=st-rql&marg=DTR-2021-47790>. Consulta: 18/04/2022.

así como el acceso al tratamiento de aguas residuales y al agua potable han aumentado la esperanza de vida en todo el mundo. Este fenómeno no es diferente en Brasil, ya que hay más personas mayores de 60 años, lo que hace que sea importante verificar las garantías y protecciones de los derechos.

En cuanto a la protección de las personas mayores a nivel internacional, cabe destacar que se convirtió en una preocupación política desde el final de la Segunda Guerra Mundial, cuando la Organización de las Naciones Unidas (ONU) proclamó el derecho a la seguridad en la vejez en el artículo XXV, 1, de la Declaración Universal de Derechos Humanos de 1948[3].

En 1982 se celebró la Primera Asamblea Mundial sobre el Envejecimiento (ONU, 1982), que dio lugar al Plan de Acción Internacional de Viena. Es importante señalar que fue en este evento que se definió la edad de 60 años como el comienzo de la vejez para una persona en los países en desarrollo y de 65 años en los países desarrollados[4].

En 2002, la Organización Mundial de la Salud publicó la Declaración de Toronto, que proporciona orientación sobre la garantía de los derechos y la no discriminación, especialmente al desarrollo tecnológico, trae un debate que incluye el mantenimiento de la calidad de vida de las personas mayores, abarcando las necesidades físicas y emocionales, con el objetivo de preservar su autonomía[5].

Ese mismo año se celebró la Segunda Asamblea sobre el Envejecimiento (ONU, 2002), que abarcó un mayor número de países e instituciones no gubernamentales, en la que se revisó el Plan de Acción de Viena, en vista del crecimiento mundial de la población de edad superior al previsto, en vista del crecimiento mundial de la población de edad superior al previsto, destacando la importancia de la inserción del envejecimiento en el contexto de las estrategias de erradicación de la pobreza en los países en desarrollo[6].

[3] ORGANIZACIÓN DE LAS NACIONES UNIDAS. *Declaración Universal de Derechos Humanos y del Ciudadano*, 1948. Disponible en: [https://nacoesunidas.org/wp-content/uploads/2018/10/DUDH.pdf&gt]. Consultado el 18/04/2022.

[4] ORGANIZACIÓN DE LAS NACIONES UNIDAS. *Plan de Acción Internacional de Viena sobre el Envejecimiento*. Viena: ONU, 1982. Disponible en: [www.un.org/en/desarrollo/devagenda/envejecimiento.shtml&gt]. Acceso: 18.04.2022.

[5] ORGANIZACIÓN MUNDIAL DE LA SALUD. *Declaración de Toronto*. Toronto: 2002. Disponible en: [www.accessnow.org/the-toronto-declaration-protecting-the-rights-to-equality-and-non-discrimination-in-machine-learning-systems/]. Consulta: 18/04/2022.

[6] ORGANIZAÇÃO DAS NAÇÕES UNIDAS. *Plano de ação internacional contra o envelhecimento*, 2002. Trad. Arlene Santos. Brasília: Secretaria Especial dos Direitos Humanos, 2003. Disponible en: [www.observatorionacionaldoidoso.fiocruz.br/biblioteca/_manual/5.pdf]. Acceso: 18.04.2022.

Brasil fue sede de la Segunda Conferencia Regional Intergubernamental sobre el Envejecimiento en América Latina y el Caribe que resultó en el Documento Declaración de Brasilia (BRASIL, 2007) en el que se concluyó que el envejecimiento en América Latina crece rápidamente y varía de un país a otro, pero que se deben construir sociedades más inclusivas y que rechacen todo tipo de discriminación. especialmente la relacionada con la edad, reforzando la solidaridad entre generaciones y la necesidad de programas para la integración y protección de las personas mayores en estos países[7].

La Organización de los Estados Americanos (OEA), en su XLV Asamblea General, celebrada el 15 de junio de 2015 en Washington, aprobó y abrió a la firma la Convención Interamericana sobre los Derechos de las Personas Idosas[8]. El Brasil fue uno de los primeros signatarios de la Convención.

Este es el primer instrumento internacional jurídicamente vinculante destinado a la protección y promoción de los derechos de los mayores. Su aprobación constituye un avance en los esfuerzos para garantizar, de manera permanente, los derechos de este grupo poblacional. La Convención reconoce a las personas mayores como sujetos de derechos, empoderándolas y asegurando su plena inclusión, integración y participación en la sociedad.

El año 2018, en Brasil, llegó a ser considerado el Año de la Valorización y Defensa de los Derechos Humanos de la Persona Mayor, según la Ley 13.646/2018 de abril de 2018. La elección del año 2018 se basó en la Convención Interamericana sobre la Protección de los Derechos Humanos de las Personas Mayores, concluida por la OEA en 2015. Brasil se encuentra actualmente en proceso de ratificación de esta convención.

Todavía en Brasil es importante señalar que los derechos de las personas mayores fueron destacados por la Constitución de la República Federativa del Brasil de 1988 y las leyes ordinarias, como la Ley 8.842 de 1994 (Política Nacional del Mayor) y la Ley 10.741, de 2003 (Estatuto de la Persona Mayor). En estas disposiciones legales se definía cuáles serían estos derechos, cómo se efectuarían, cuál sería el castigo en caso de violación de estos y a quienes se les encomendara el deber de salvaguardarlos y cumplirlos, dando esta función al Estado y a la familia.

[7] ORGANIZAÇÃO DAS NAÇÕES UNIDAS. *Segunda Conferência regional intergovernamental sobre envelhecimento na América Latina e no Caribe: uma sociedade para todas as idades e de proteção social baseada em direitos.* Brasília: 2007. Disponible en: [www.rcdh.ufes.br/sites/default/files/Declara%C3%A7%C3%A3o%20de%20Bras%C3%ADlia%20 2008.pdf]. Acceso: 18.04.2022.

[8] ORGANIZACIÓN DE LOS ESTADOS AMERICANOS. *Convención Interamericana sobre los Derechos de las Personas de los Estados Unidos.* Disponible en: [https://www.oas.org/en/sare/Documentos/CIPM_POR.pdf]. Acceso el 18.04.2022.

Los derechos de las personas mayores a la seguridad social en el Brasil, establecidos en el trípode de los derechos a la salud, la atención y la seguridad social, se plasmaron en el Estatuto de las Personas de Edad en los artículos 26 a 34, expresándose:

> Artículo 26. Los ancianos tienen derecho al ejercicio de la actividad profesional, respetando sus condiciones físicas, intelectuales y psíquicas.
>
> Artículo 27. Cuando se permite a las personas mayores trabajo o empleo, se deniega la discriminación y el establecimiento de un límite máximo de edad, incluso para concursos, excepto en caso de que la naturaleza del puesto lo exija.
>
> Párrafo único. El primer criterio de desempate en una licitación pública será la edad, dando preferencia a la edad mayor. Artículo 28. El Gobierno creará y estimulará programas de:
>
> I – profesionalización especializada para ancianos, aprovechando sus potencialidades y habilidades para actividades regulares y remuneradas;
>
> II – preparación de los trabajadores para la jubilación, con al menos un (1) año de anticipación, mediante el fomento de nuevos proyectos sociales, de acuerdo con sus intereses, y la aclaración de los derechos sociales y de ciudadanía;
>
> III – Fomento a las empresas privadas para la admisión de personas mayores al trabajo.
>
> Artículo 29. Las prestaciones de jubilación y pensión del Sistema General de la Seguridad Social observarán, en su concesión, criterios de cálculo que preserven el valor real de los salarios sobre los que se pagó la cotización, de acuerdo con la legislación vigente.
>
> Párrafo único. Los valores de las prestaciones alimenticias se ajustarán en la misma fecha de ajuste del salario mínimo, *pro rata*, de acuerdo con sus respectivas fechas de inicio o su último reajuste, con base en el porcentaje definido en la reglamentación, cumpliendo los criterios establecidos por la Ley Nº 8.213, de 24 de julio de 1991.
>
> Art.32. El Día Mundial del Trabajo, 1 de mayo, es la fecha base de jubilados y pensionados.
>
> Artículo 33. La asistencia social a las personas mayores se prestará de manera articulada, de acuerdo con los principios y directrices previstos en la Ley Orgánica de Asistencia Social, la Política Nacional del Adulto Mayor, el Sistema Único de Salud y demás normas pertinentes.
>
> Artículo 34. Los ancianos, a partir de 65 (sesenta y cinco) años de edad, que no tienen los medios para proporcionar su subsistencia, ni para que sea proporcionada por su familia, tienen garantizada la prestación mensual de 1 (un) salario mínimo, bajo la Ley Orgánica de Asistencia Social – Loas.

De hecho, la legislación para la protección de los mayores en Brasil deriva de la Constitución Federal de 1988, que trae como esencial la garantía de los derechos fundamentales del hombre, incorporando derechos reconocidos mundialmente como esenciales para asegurar la dignidad de la persona humana[9].

La ley brasileña de seguridad social, en busca de la protección de los mayores, introdujo como regulación de la Ley de la Constitución Federal 8.213/91 la llamada jubilación por edad, anteriormente llamada jubilación por vejez. Originalmente la jubilación por edad prevista en la norma de reforma de la garantía infraconstitucional para un hombre de 65 años y una mujer de 60 años. El trabajador y la trabajadora rural tuvieron una disminución de 5 años para jubilarse.

La última reforma previsional traída por la Enmienda Constitucional 103, del 13 de noviembre de 2019, trae indistintamente, para los beneficios voluntarios la imposición de una edad mínima para el otorgamiento de la jubilación, siendo para los hombres de 65 años y para las mujeres de 62 años, manteniendo una reducción de 5 años para los trabajadores rurales.

No hay que olvidar que un derecho importante para las personas mayores es el derecho a la pensión por fallecimiento y también a la prestación social creada por la Ley Orgánica de Asistencia Social – LOAS.[10]

2. ¿Quién es el adulto mayor en Brasil?

Hay dudas; ¿la persona es tan vieja como sus arterias, como su cerebro, como su corazón, como su moral o cuánto su situación civil? ¿O es la forma en que otras personas llegan a enfrentar las características que clasifican a las personas como mayores?[11]

Como se puede observar, es difícil establecer el inicio de la edad de un mayor, pues existen múltiples factores que contribuyen al envejecimiento y estos factores cambian según las diferencias sociales y fisiológicas que cada uno lleva. Así, podemos dar un ejemplo de una persona que tenía un alto nivel de vida que tiene un retraso de las consecuencias que trae consigo la edad, y el retroceso, otra que envejeció temprano debido a la exposición excesiva al sol, agentes poco saludables para la salud, aspectos psicosociales, aspectos biopsicosociales que afectan a cada ser humano.

[9] RAMOS, Roberto Paulo. *Proteção Constitucional da Pessoa Idosa. Revista de Direito Constitucional e Internacional.* vol. 45/2003. págs. 157 y 174. São Paulo: Ed. RT. Oct – Dic / 2003.

[10] BRASIL, Ley 8.742, de 7 de diciembre de 1993. Prevé la organización de la asistencia social y otras disposiciones.

[11] VERAS, R. (Org.). *Velhice numa perspectiva de futuro saudável.* Río de Janeiro, UERJ/UNATI, 2001.

Por lo tanto, estos aspectos deben tenerse en cuenta, especialmente cuando se discuten los derechos de seguridad social de las personas mayores o incluso con la institución de una edad mínima de jubilación. En un país de dimensiones continentales como Brasil, no es difícil entender que las tasas de esperanza de vida no pueden unificarse sin observar factores biopsicosociales, sob pena de lesionar los principios de igualdad e isonomía.

En nuestro país, el artículo 1 de la Ley 10.741 de octubre de 2003, denominado "Estatuto del Adulto Mayor", trae el concepto jurídico del adulto mayor. A ver:

> Art. 1º. Se instituye como mayor la persona con edad igual o superior a 60 (sesenta) años.

Según el Instituto Brasileño de Geografía y Estadística – IBGE, una persona nacida en Brasil en 2019 esperaba vivir, en promedio, hasta 76,6 años. Desde 1940, la esperanza de vida ha aumentado en 31,1 años. Y la longevidad femenina es, en promedio, siete años superior a la de los hombres.

Esta es una información de las Tablas Completas de Mortalidad para Brasil para 2019, publicadas en noviembre de 2020 por el IBGE[12]. La esperanza de vida proporcionada por el estudio es uno de los parámetros para determinar el factor de seguridad social en el cálculo de las pensiones del Sistema General de la Seguridad Social.

En 1940, una persona a la edad de 50 años, por ejemplo, tenía la expectativa de vivir otros 19,1 años. En 2019, la esperanza de vida para una persona en este grupo de edad sería de 30,8 años. Es decir, actualmente vivimos, de media, casi 12 años más.

Sin embargo, la esperanza de vida cambia según la edad y el sexo de la persona, y la tasa de mortalidad de los hombres es siempre más alta que la de las mujeres. Y es a la edad de 20 años que esta llamada "sobremortalidad masculina" alcanza su punto máximo. En 2019, un hombre de 20 años tenía 4.6 veces más probabilidades de no llegar a los 25 años que una mujer en el mismo grupo de edad.

Cabe señalar que en estados como Maranhão, Piauí y Rondônia la esperanza de supervivencia promedio no llega a 72 años. Lo mismo en los estados de Amazonas, Pará y Roraima, donde la esperanza media de supervivencia tampoco llega a los 72 años.

[12] Instituto Brasileño de Geografía y Estadística – IBGE – [https://agenciadenoticias.ibge.gov.br/agencia-noticias/2012-agencia-de-noticias/noticias/29505-expectativa-de-vida-dos-brasileiros-aumenta-3-meses-e-chega-a-76-6-anos-em-2019]. Consultado el 18/04/2022

Esta disparidad en la tasa de supervivencia puede ser verificada con gran atención en las ciudades brasileñas. La ciudad más grande de Brasil, São Paulo, trae claramente los reflejos de las desigualdades sociales en este espectro de tasa de supervivencia.

El Mapa de la Desigualdad 2021, realizado por la *Rede Nossa São Paulo*[13], publicado a finales de octubre de 2021, presenta datos que retratan la realidad de los distritos de la capital del estado, de fuentes públicas y oficiales[14]. Por lo tanto, identifica las prioridades y necesidades de la población y puede ayudar en la gestión y planificación municipal.

Con datos sobre los 96 distritos, la edición 2021 tiene indicadores de los siguientes temas: población; medio ambiente; movilidad; derechos humanos; vivienda; salud; educación; cultura; deporte; trabajo e ingresos; infraestructura.

Algunos datos de este mapa sobre la capital del estado son importantes para este trabajo. A ver:

a) La mayor parte de la población reside en los extremos de las zonas este, sur, norte y oeste de la ciudad de São Paulo.
b) La mayor parte de la población negra y marrón reside en los extremos de las zonas este, sur, norte y oeste de la ciudad de São Paulo.
c) La oferta formal de trabajo tiene sus peores números para aquellos que residen en los extremos de las zonas este, sur, norte y oeste de la ciudad de São Paulo.
d) La remuneración mensual promedio del empleo formal es menor para quienes viven en los extremos este, sur, norte y oeste de la ciudad de São Paulo. Los valores medios oscilan entre R$ 1.990,00 y R$ 2.260,00.
e) El acceso al transporte masivo es peor para quienes viven en los extremos de las áreas este, sur, norte y oeste de la ciudad de São Paulo.
f) Son los residentes que viven en los extremos de las zonas este, sur, norte y oeste de la ciudad de São Paulo, los que tienen el nivel más bajo de acceso a Internet móvil.
g) Son las mujeres que viven en los extremos de las zonas este, sur, norte y oeste de la ciudad de São Paulo, las que tienen las tasas más altas de víctimas de violencia, incluido el feminicidio.

[13] La *Rede Nossa São Paulo* (RNSP) es una organización de la sociedad civil que tiene la misión de movilizar a diversos segmentos de la sociedad para, en asociación con instituciones públicas y privadas, construir y comprometerse con una agenda y un conjunto de objetivos, articular y promover acciones, con el objetivo de una ciudad de São Paulo justa, democrática y sostenible.

[14] Rede Nossa São Paulo. [https://www.nossasaopaulo.org.br/wp-content/uploads/2021/10/Mapa-Da-Desigualdade-2021_Tabelas.pdf]. Consultado el 18/04/2022.

h) Es en los extremos este, sur, norte y oeste de la ciudad de São Paulo, donde hay un mayor coeficiente de homicidios de jóvenes.
i) El embarazo adolescente también es un récord para los residentes que viven en los extremos del este, sur, norte y oeste de la ciudad de São Paulo. La maternidad precoz hace que las madres adolescentes tengan una perspectiva baja con respecto a la escolaridad y la inserción futura en el mercado laboral.
j) Son los residentes que viven en los extremos de las zonas este, sur, norte y oeste de la ciudad de São Paulo, los que tienen la edad promedio más baja al morir. En los distritos de Perus, Jardim Ângela, Lajeado, Jaraguá, Grajaú, São Rafael, Iguatemi, Parelheiros, Anhanguera y Cidade Tiradentes, la edad promedio para morir oscila entre 58,3 y 61,4 años.

Es muy evidente con los datos anteriores recogidos, que los extremos de las periferias de la ciudad de São Paulo traen desigualdad social extrema. Además, el salario promedio es muy bajo y la edad a la que se muere no alcanza el mínimo requerido para jubilarse (62 años para las mujeres y 65 años para los hombres) ni siquiera para recibir el Beneficio Continuado – BPC / LOAS (65 años).

La tendencia es que la historia de São Paulo puede reflejarse en todas las ciudades de Brasil, incluso para peor, dado que es la mayor potencia brasileña.

Por otro lado, es evidente que los mayores no son los mismos en la ciudad de São Paulo y obviamente en Brasil y que hay una incapacidad social de los mayores antes de los 62 o 65 años en algunas regiones de las ciudades, el Estado y el país.

3. Las personas mayores y la seguridad social: ¿Abandono de los mayores o vejez de los derechos? La Incapacidad social de las personas mayores

Cuando el legislador debate ciertos proyectos de ley que traen como parámetros o datos de otros países como la edad mínima fue presentada en el Congreso Nacional, al discutir la entonces Propuesta de Enmienda a la Constitución número 6 y que generó la enmienda constitucional 103/2019, debe antes de tomar decisiones, "tropicalizar" la información extraída para transformarla efectivamente en conocimiento económico, geográfico y social de su gente, de su gente, antes de imponer restricciones absurdas a los derechos, impidiendo su disfrute a porciones importadas de la población.

El sistema de seguridad social brasileño se construye bajo el formato contributivo-retributivo, es decir, la aplicación del principio de reciprocidad contributiva. Por lo tanto, sólo aquellos que contribuyen al sistema tienen derecho a las prestaciones de la seguridad social.

Durante el período contributivo, puede ocurrir cualquier contratiempo, incluido el caso de discapacidad.

En un primer análisis, las prestaciones por invalidez previstas en la Ley de Seguridad Social inducen a una evaluación selectiva de la existencia de un mal, una enfermedad que aflige al asegurado.

El beneficio de la ayuda en caso de accidente, cuya naturaleza es la indemnización, tiene en su definición jurídica palabras como lesiones resultantes de accidentes y secuelas. Nos parece claro aquí que lo que debe compensarse es una incapacidad resultante de un daño causado a la salud del asegurado.

En la prestación de incapacidad provisional (antigua prestación de enfermedad) la nueva denominación traída por EC 103, resuelve su definición legal de que no se limita a la existencia de una enfermedad, sino a la incapacidad para su trabajo o para la actividad habitual del asegurado.

Cuando la definición legal de jubilación por incapacidad permanente (antigua pensión de invalidez) lo que se observa es lo que es fundamental es la incapacidad del asegurado para ejercer la actividad que le garantiza la subsistencia, y se le pagará mientras permanezca en esta condición. Debe saberse que la prestación de jubilación por incapacidad permanente (jubilación por invalidez anterior) no exige el disfrute previo de la prestación provisional por discapacidad (antigua prestación por enfermedad).[15]

La incapacidad, por lo tanto, no necesariamente tiene que derivar de un mal para la salud del asegurado, sino que puede resultar de todas las posibilidades de discapacidad. La discapacidad se define como "calidad incapaz; falta de capacidad física o intelectual; ausencia de capacidad jurídica; insuficiencia o nulidad de calificación, incompetencia, ineptitud[16]".

La imposibilidad del ejercicio de la actividad laboral que garantice el sostenimiento del asegurado, por lo tanto, debe partir del análisis de la discapacidad insertada en el concepto de biopsicosocial, es decir, la falta de capacidad debe medirse antes de la interacción de elementos biológicos, psicológicos y sociales de manera sistematizada.

En esta línea de razonamiento, los ancianos, reconocidos en esta condición, por la Ley 10.741/2003, pueden tener derecho a prestaciones por discapacidad, no porque necesariamente tengan alguna enfermedad que los

[15] Art. 42, de la Ley 8213/91.

[16] Houaiss, Antonio e otros. *Dicionário Houaiss da Língua Portuguesa*, Ed. Objetivo, 2001, p. 1592.

incapacite para el trabajo, sino también en el caso de la llamada discapacidad o discapacidad social, dentro del concepto y un análisis del estado biopsicosocial del asegurado.

El Estatuto del Adulto Mayor (Ley 10.741/2003) al atender las obligaciones de la sociedad para con las personas mayores establece en su artículo 3, entre otros, los relacionados con el establecimiento de mecanismos que favorezcan la difusión de información educativa sobre los aspectos biopsicosociales del envejecimiento.

Marco Aurélio Serau Júnior[17] al analizar los derechos de las personas mayores en su Estatuto, señala las obligaciones establecidas anteriormente como derechos fundamentales.

El Consejo Federal de Medicina, al referirse al acto profesional médico, presta especial atención a lo que llama la complejidad de los seres humanos, como una expresión más completa de fenómenos vivos de naturaleza biopsicosocial[18].

El derecho a la Seguridad Social como derecho social previsto en la Carta Magna del 88, no se aísla del respetable preámbulo de la Constitución al afirmar categóricamente que un "... *Estado democrático, destinado a garantizar el ejercicio de los derechos sociales e individuales, la libertad, la seguridad, el bienestar, el desarrollo, la igualdad y la justicia como valores supremos de una sociedad fraterna, pluralista y sin prejuicios, fundada en* la armonía social". Además, el bienestar biopsicosocial se inserta en el principio de la dignidad de la persona humana, un principio fundamental garantizado en la Constitución Federal.

Algunos asegurados de la seguridad social que hasta cierto momento de la vida podían obtener empleos capaces de garantizar su sustento, no encuentran refugio cuando son mayores, lo que los coloca en una condición de discapacidad / discapacidad social.

Márcio Pochmann[19] demuestra que el crecimiento económico por sí solo no crea empleos para todos. El problema del empleo no es sólo de orden económico, sino también de un problema político. Según Pochmann[20] "en el período de 2000 y 2020, se estima que el aumento promedio en el contingente

[17] SERAU JUNIOR, Marco Aurelio. *O Estatuto do Idoso e os Direitos Fundamentais.* Juris Síntese. Tomo 92. Nov-Dic/2011.

[18] RES CFM 167 2001.

[19] POCHMANN, Márcio. *O Mundo Do Trabalho em Mudança". In Relações de Trabalho Contemporâneas.* Belo Horizonte: IRT, PUC/MG, 1999, pag. 21.

[20] POCHMANN, Márcio e outro. Mercado do Trabalho e Previdência Social no Brasil, in *CESIT – Carta Social e do Trabalho, núm. 7 – Sep./Dec. 2007.*

de mayor edad es de 585 mil personas por año. En conjunto, Brasil debería tener, en 2020, aproximadamente el 13% de su población grupo de edad de 60 años o más – en comparación con el 6% en 1980 y menos del 9% en 2000".

Otras situaciones, como el crecimiento de la propia población anciana o la necesidad de insertarse en el mercado laboral de los jóvenes, ciertamente impiden o impedirán que los asegurados mayores puedan realizar una tarea laboral que garantice su sustento.

En este [21]sentido, Wanjnman, Oliveira y Oliveira, al explicar la inserción de los trabajadores mayores en el futuro mercado laboral, dicen:

> Esta tendencia de crecimiento de la oferta de trabajadores de edad avanzada, ante la precaria perspectiva de ampliar la cobertura del sistema de seguridad social, establece la importancia de planificar cuidadosamente políticas específicas para este segmento de trabajadores potenciales.

Además, existe una enorme heterogeneidad de la participación de los trabajadores mayores en el mercado laboral "mostrando diferencias importantes según atributos como región de residencia, raza, escolaridad y formas de ocupación[22]".

Esto se puede observar a partir de los datos proporcionados por el Mapa de Desigualdad de la ciudad de São Paulo.

Es importante destacar que la Ley, cuando se trata de la imposibilidad de mantener la subsistencia, para obtener prestaciones por invalidez, es para garantizar la subsistencia, independencia y dignidad de cualquier asegurado y obviamente de los ancianos asegurados.

4. El momento de análisis de la concesión de discapacidad de las personas mayores

Se demuestra por este artículo que una gran parte de la población brasileña que alcanza los 60 años, establecida como edad mínima para ser considerado persona mayor en Brasil por construcción legislativa, no disfrutará de la prestación de la seguridad social, contrariamente al sistema contributivo--retributivo construido para el sistema de Seguridad Social. Para estos asegurados, ni siquiera se garantizará el acceso a la prestación asistencial. Es decir,

[21] WAJNMAN, S.; OLIVEIRA, Ana Maria Hermeto Camilo de; OLIVO Elzira Lucia De. Os Idosos no Mercado de Trabalho: Tendências e Consequências. In: Ana Amélia Camarano. (Org.). *Os Novos Idosos Brasileiros Muito Além dos 60?*. Rio de Janeiro: IPEA, 2004, v., págs. 453 a 480.

[22] Ídem.

el asegurado pasará gran parte de su vida contribuyendo al sistema sin tener la garantía de retribución.

Así, con la llegada de la fase vital establecida en el Estatuto de las Personas Mayores, ya que la jubilación por invalidez es beneficio de prestación no voluntaria, de carácter obligatorio, es el caso de que el Instituto Nacional de la Seguridad Social – INSS, convocara a todas las personas mayores para un análisis biopsicosocial (pericia), donde verificaría sistemáticamente, individualizaría e interrelacionaría todos los aspectos de naturaleza biológica, la situación de la seguridad social y la situación específica del asegurado.

Si el perito evaluó los aspectos mencionados individualmente y/o colectivizados y llegó a la conclusión de que el asegurado mayor era considerado incapaz e inelegible a rehabilitación para el ejercicio de una actividad que le garantice su subsistencia, debería jubilarse por discapacidad/incapacidad social.

Es cierto que la evaluación médica del asegurado en todos sus aspectos, incluido el psíquico, tiene sus particularidades ya definidas por el INSS, aunque los métodos utilizados no siempre parecen establecer claramente los niveles de discapacidad, el período de discapacidad o incluso las condiciones de alta.

Y desde un punto de vista social, ¿qué se analizaría? La respuesta inicial nos parece sencilla: si el asegurado, desde el punto de vista social y económico, fuera considerado incapaz e inelegible a rehabilitación para el ejercicio de la actividad que le garantice la subsistencia. En la práctica, algunas situaciones podrían servir de ejemplo. Si no, a ver:

a) El asegurado de edad avanzada que había estado ejerciendo y cotizando durante varios años en una actividad que le garantizaba la subsistencia y por razones de su propia edad o incluso la no inserción de la actividad como económicamente viable, se vio impedido de ejercerla;
b) el mayor asegurado que durante algún tiempo tuvo que dejar de trabajar para cuidar a padres o familiares mayores o con una enfermedad degenerativa o situación similar y que después de años intenta regresar al mercado laboral, para realizar la actividad que le garantiza la subsistencia y no puede ingresar al mercado laboral;
c) Esa persona mayor que ha perdido la calidad de asegurado regresa al trabajo, pero que no garantiza su sustento de la misma manera que antes.

5. La discusión post-positivista aplicada

El tema en discusión, además de establecer una evaluación individual del mayor asegurado, en una condición de discapacidad/discapacidad social, trae la inclusión social de quien, por razones ajenas a su voluntad, no puede realizar esa actividad laboral que le garantizaba y que le garantiza la subsistencia, dentro de los principios insertados en la Constitución Federal de 1988 ante una visión post-positivista.

Los mayores tienen una garantía constitucional de respeto a su condición. La Seguridad Social es un derecho social y, como tal, un derecho fundamental que debe ser respetado por el Estado. Las prestaciones por discapacidad están garantizadas por la Ley 8.213/91. La definición de estos beneficios, aunque inicialmente trae una connotación de discapacidad por enfermedad, trae a su núcleo la idea de discapacidad que debe ser analizada desde la perspectiva de la evaluación biopsicosocial del asegurado en su individualidad.

Es cierto que el Instituto Nacional de la Seguridad Social – INSS, autoridad de seguridad social, responsable del pago de las prestaciones de la seguridad social, no otorgará administrativamente prestaciones de jubilación por invalidez/incapacidad social en base al comportamiento habitual que solo se producirá en caso de enfermedad.

Existe en esta situación lo que Alexy[23] llama "cuestiones de valor dejadas abiertas por el material normativo existente" y, por lo tanto, la construcción de este derecho es necesariamente jurisprudencial. En este sentido, el propio autor explica que las decisiones tomadas en el proceso judicial pueden ser analizadas en base a una argumentación práctica racional.

En la misma línea del razonamiento post-positivista, Dworkin[24] propone el análisis del texto legal según su significado correcto o verdadero, que debe ser producido interpretativamente, a través de una práctica específica, cuyo propósito es deducir los principios de Justicia, equidad y debido proceso.

En este caso, como enfatiza Alexy[25] hay un discurso jurídico que surge de la debilidad de las reglas y las formas, y es cierto que las normas jurídicas que surgen del proceso legislativo no resuelven todos los problemas.

Es así como se presenta la posibilidad de analizar las situaciones políticas socialmente relevantes, como la jubilación por discapacidad/discapaci-

[23] ALEXY, Roberto. *Teoria dos Direitos Fundamentais.* MALHEIROS. 2008. pág. 551.

[24] GUEST, Sthefen, "Ronald Dworkin", Prefácio e Cap. I in *Revista de Ciências Sociais da Universidade de Valparaíso*, Edeval, Valparaíso, 1993, n. 38, p. 595.

[25] ALEXY, Roberto. *Una Teoría de la argumentación jurídica.* Centro Estudios Políticos y Constitucionales: 2007, pág. 273.

dad social, establecida ante una interpretación post-positivista de la norma de seguridad social dentro de un contexto social importante de los ancianos frente a su incapacidad para realizar una actividad laboral que les garantice una subsistencia digna.

Conclusiones

Los mayores deben tener garantizado el trato que determina la Constitución Federal, especialmente la garantía de su dignidad humana.

La Seguridad Social como un derecho social constitucional, es decir, su núcleo es un derecho fundamental que no puede ser impedido bajo pena de ofensa al Estado Democrático de Derecho.

El sistema de seguridad social brasileño tiene como principio ser contributivo-retributivo. Los trabajadores y asegurados de 60 años o más, considerados mayores, por la legislación brasileña, no disfrutarán de beneficios voluntarios de seguridad social, porque no pueden alcanzar la edad mínima requerida de 62 años para las mujeres y 65 años para los hombres. El Mapa de Desigualdades de la ciudad de São Paulo proporciona una nota importante en este sentido.

Además, existe desempleo en los grupos de edad mayores de 60 años, lo que incapacita al trabajador, de forma biopsicosocial, para realizar una actividad que le garantice la subsistencia.

Las prestaciones de la Seguridad Social por invalidez se crearon para las contingencias existentes entre el período de cotización y el período de jubilación voluntaria. Los asegurados que no puedan alcanzar la edad mínima de jubilación o socialmente están excluidos del sistema laboral y son mayores de 60 años, es decir, Personas Mayores en la forma de la ley, tienen derecho a que el INSS se vea obligado a conceder estas prestaciones. El análisis debe ser biopsicosocial.

La legislación debe cumplir su papel final, bajo pena de que el sistema cree enriquecimiento ilícito cuando solo el costo de la Seguridad Social se convierte en un papel importante para el Estado, dejando de lado al asegurado y la retribución de la contribución obligatoria a la seguridad social.

Referencias

ALEXY, Roberto. *Teoria dos Direitos Fundamentais.* MALHEIROS. Año 2008.

______. *Una Teoria de la argumentación jurídica.* Centro de Estudios Políticos y Constitucionales: 2007.

CRUZ, Clarisse Aparecida da Cunha Viana; HATEM, Daniela Soares. Direitos do idoso: um estudo sobre a legislação brasileira e sua eficácia no que tange ao combate à violência contra o idoso no país. *Revista de Direito Privado. vol. 110. Año 22. p. 203-220. Sao Paulo: Ed. RT, Oct.-Dic./2021.* Disponible en: http://revistadostribunais.com.br/maf/app/document?stid=st-rql&marg=DTR-2021-47790. Consulta: 18/04/2022.

GUEST, Sthefen, "Ronald Dworkin", Prefácio e Cap. I in *Revista de Ciências Sociais da Universidade de Valparaíso,* Edeval, Valparaíso, 1993, n. 38.

HOUAISS, Antonio e outro. *Dicionário Houaiss da Língua Portuguesa,* Ed. Objetiva, 2001.

POCHMANN, Márcio e outro. Mercado do Trabalho e Previdência Social no Brasil, in *CESIT – Carta Social e do Trabalho , n. 7 – Sep./Dic.* Año 2007.

______. O Mundo Do Trabalho em Mudança. In *Relações de Trabalho Contemporâneas.* Belo Horizonte: IRT, PUC/MG, 1999.

RAMOS, Roberto Paulo. Proteção Constitucional da Pessoa Idosa. *Revista de Direito Constitucional e Internacional. vol. 45/2003. págs. 157 y 174.* São Paulo: Ed. RT. Oct-Dic/2003.

SERAU JÚNIOR, Marco Aurelio. *O Estatuto do Idoso e os Direitos Fundamentais.* Juris Síntese. Tomo 92. Nov-Dic/2011.

VERAS, R. (Org.). *Velhice numa perspectiva de futuro saudável.* Rio de Janeiro, UERJ/UNATI, 2001.

WAJNMAN, S.; OLIVEIRA, Ana Maria Hermeto Camilo de; OLIVEIRA, Elzira Lúcia de. Os Idosos no Mercado de Trabalho: Tendências e Consequências. In: Ana Amélia Camarano. (Org.). *Os Novos Idosos Brasileiros Muito Além dos 60?* Rio de Janeiro: IPEA, 2004.

7
VELHICE E DIGNIDADE COMO DIREITO FUNDAMENTAL: UM ESTUDO SOBRE O SISTEMA PROTETIVO À PESSOA IDOSA NO BRASIL

Marcos Neemias Negrão Reis[1]

1. Introdução

Conforme aponta o IBGE, o Brasil poderá ter em 2022 uma população de cerca de 215 milhões de habitantes, espalhados em todas as regiões, porém concentrados naquelas de maior índice populacional, em especial a região sudeste. Neste quantitativo, aponta-se que pelo menos 10,49% da população estará na faixa etária de 65 anos ou mais, sendo, desta forma, considerados como idosos, na forma da lei vigente. Em números mais específicos, isto representaria cerca de 22,5 milhões de habitantes.

Não é de hoje, contudo, que se percebe o aumento da presença de idosos em todos os contextos da nação brasileira, despertando maior atenção às demandas desta parcela da sociedade e exigindo-se, do Estado, ações proativas e que contemplem de modo legítimo aos seus interesses e necessidades precípuas, a fim de assegurar-lhe de modo pleno e efetivo exercício de seus direitos e garantias. No entanto, foi só em 1994, a partir da Política Nacional do Idoso, que o Estado passou a discutir de modo mais específico, as diretrizes para as ações e políticas públicas em favor da população idosa no Brasil. Neste particular, há que se considerar que em 1991, o Instituto Brasileiro de Geografia e Estatística registrava uma população de 119.002.706 habitantes, dos quais, ao menos 7,3% eram idosos, ou seja, representavam nada menos que 8.687.197 cidadãos e cidadãs brasileiros.

[1] Professor Universitário, Advogado, Jornalista, Historiador e Escritor; Mestrando em Direitos Fundamentais e Bacharel em Direito pela Universidade da Amazônia (Belém/PA). Presidente da Seção Estadual da ADFAS no Estado de Tocantins/Brasil.

Tomando como marcos temporais desta análise a Política Nacional do Idoso (Lei 8.842/94) e o Estatuto da Pessoa Idosa (Lei 10.741/03), e tendo a Constituição Federal, a doutrina e a jurisprudência como fundamentos e contextos, observaremos a aplicação das diretrizes implementadas nas leis em questão em comparação aos dados apontados pelos órgãos oficiais. Não somente isso, mas também a compreensão jurídica dos instrumentos normativos voltados à suprir as principais demandas identificadas e necessárias à população idosa, assim como seus desdobramentos em outros instrumentos legais.

Nesta discussão, merece destaque a análise das razões pelas quais houve um aumento populacional de idosos no Brasil, a eficácia das políticas de proteção e inclusão, assim como elementos que favoreceram o aumento da expectativa de vida e longevidade. De igual modo, a percepção do crescimento da população idosa do Brasil em comparação a países desenvolvidos e os principais desafios que se apontam para o futuro.

Há que se observar, da mesma forma, o alcance das políticas protetivas ao idoso, assim como sua eficácia e assertividade no sentido de assegurar a esta população crescente, o exercício da cidadania e a garantia de seus direitos fundamentais, considerando suas peculiaridades. Por derradeiro, a absorção da ideia de proteção aliada aos princípios e objetivos constitucionais vigentes, nos mostrarão os direcionamentos a serem tomados pelo Brasil para os próximos anos, considerando os principais desafios identificados a serem enfrentados a fim de que se assegure à população idosa o bem-estar e a qualidade de vida.

No que consiste aos aspectos relacionados à saúde e previdência, verificaremos a atenção designada pelo Estado a assegurar aos utentes classificados nesta faixa etária, no sentido de proporcionar acesso aos serviços e produtos. No tocante à segurança e proteção, observaremos os instrumentos normativos recentemente inseridos no bojo da legislação pátria, que versa sobre o tema, bem como suas aplicações.

2. Velhice como direito da pessoa humana, direito do cidadão e direito fundamental

O presente capítulo precisa, antes de tudo, realizar a distinção entre direitos fundamentais e direitos do homem. Conforme bem preleciona Canotilho[2], direitos do homem são aqueles que podem ser atribuídos à todos os povos e em todos os tempos, ao que os direitos fundamentais seriam os direitos do homem "*juridico-institucionalmente garantidos e limitados espacio-temporalmente*".

[2] CANOTILHO, J.J. Gomes. *Direito Constitucional e Teoria da Constituição.* Coimbra, Almedina, 2017.

À luz da interpretação do doutrinador lusitano, é da própria natureza humana que decorrem os direitos do homem, de modo que adquirem caráter inviolável. A seu turno, os direitos fundamentais revestem-se de vigência tão somente em uma ordem jurídica concreta. Ainda na trilha interpretativa, Canotilho[3] nos traz a compreensão de direito do cidadão englobando nestes, todos os que pertençam-lhe, enquanto ser social, incluído em uma sociedade e ali os exercendo.

Com arrimo nestas definições e trazendo a Constituição da República Brasileira como instrumento normativo referencial, podemos de imediato admitir que a velhice apresenta-se como evidência da aplicação minimamente eficaz destas três bases elementares no sistema jurídico-normativo, uma vez que, não obstante tratar-se de um processo biológico natural, o ser humano dependerá também de outros elementos que assegurem o exercício pleno de seus direitos e garantias fundamentais, para que se permita desfrutar de longevidade.

2.1. Dignidade da pessoa humana e pessoa idosa

Ao examinarmos a Constituição da República Brasileira, nos deparamos em seus dispositivos iniciais com a manifestação inequívoca dos propósitos da nação a partir daquele instrumento constitutivo, atribuindo-se destaque especial à dignidade da pessoa humana, como fundamento do estado democrático de direito.

Nesta esteira, há que se considerar que, em face desta especial atenção, a Constituição Federal promoveu, como desdobramento principal, a criação de uma ampla esfera de direitos fundamentais exigíveis para que se materialize a garantia constitucional da dignidade da pessoa humana em todos os aspectos onde for aplicável. Dela decorrem os direitos sociais, conforme expõe Santin[4], que "*para que sejam efetivados, exigem prestações positivas*".

A pessoa idosa, embora pertencente ao contexto da igualdade preconizado no art. 5º da Carta Magna, desfruta de especial atenção no que consiste ao acesso aos direitos e garantias fundamentais específicos, além daqueles diretamente relacionados à sua condição peculiar. Seria, por assim dizer, cidadãos que gozam (ou pelo menos deveriam gozar) de maior atenção e amparo das políticas públicas do Estado. Neste aspecto, cientes de que os direitos sociais, para sua efetivação, muitas vezes acabam por exigir a intervenção estatal na

[3] CANOTILHO, J.J. Gomes. *Direito Constitucional e Teoria da Constituição*. Coimbra, Almedina, 2017.

[4] SANTIN, J., & BOROWSKI, M. (2008). O idoso e o princípio constitucional da dignidade humana. Revista Brasileira De Ciências Do Envelhecimento Humano, 5 (1). https://doi.org/10.5335/rbceh.2012.261. Disponível em seer.upf.br, acesso em abril de 2022.

sociedade, o sistema protetivo à pessoa idosa teria por viés a redução, a correção e, quiçá, a eliminação destas desigualdades.

A Constituição da República, a seu turno, elenca capítulo especial que aborda de maneira pontual e exclusiva a proteção da família, da criança, do adolescente, do jovem e do idoso, de onde se extrai a observação de que a família possui especial proteção do Estado por ser reconhecida como base da sociedade. Por conseguinte, reserva à família, sociedade e Estado a incumbência da proteção e amparo, bem como o exercício da cidadania aos idosos. É o que se vê no art. 230 da CR/88:

> Art. 230. A família, a sociedade e o Estado têm o dever de amparar as pessoas idosas, assegurando sua participação na comunidade, defendendo sua dignidade e bem-estar e garantindo-lhes o direito à vida

No que consiste a essa especial proteção, o Estado buscou através da Lei, implementar políticas públicas que viessem a atender as demandas essenciais, individuais, difusas e coletivas de interesse da pessoa idosa. Sem sombra de dúvidas, era necessário peculiar salvaguarda do Estado a fim de que os objetivos constitucionais, não somente ao idoso, mas potencialmente aos cidadãos em processo de envelhecimento, pudessem ser plenamente alcançados.

3. A política nacional do idoso

3.1. Síntese geral da norma

A Política Nacional do Idoso, estabelecida através da Lei nº 8.842 de 4 de janeiro de 1994, foi o primeiro instrumento normativo estabelecido para esta finalidade. Em seu bojo, além do estabelecimento do propósito de "*assegurar os direitos sociais do idoso, criando condições para promover sua autonomia, integração e participação efetiva na sociedade*", observa-se a delimitação legal para a idade em que já se considera pessoa idosa, a saber, a maior de sessenta anos.

Nesta lei, verifica-se claramente o papel essencial da família, da sociedade e do estado, recebendo ali a incumbência de assegurar à pessoa idosa, entre outros, os direitos de cidadania, igualdade, acesso e proteção. É nesta política que se reconhece que o processo de envelhecimento diz respeito a toda a sociedade, devendo ser objeto de conhecimento e informação a todos, considerando todas as peculiaridades e particularidades econômicas, sociais e regionais com vistas à melhor aplicação das estratégias e ações governamentais em favor da pessoa idosa.

Assim, a Política Nacional do Idoso sintetiza a importância de uma conjugação de forças a partir do papel desempenhado, como dito anteriormente, pela família, pela sociedade e pelo estado, no sentido de promover a igualdade, a não discriminação de qualquer natureza, e a implantação assertiva das medidas direcionadas à pessoa idosa no contexto desta política.

Merece destaque, de semelhante modo, as diretrizes que se constituem na espinha dorsal da Política Nacional do Idoso, onde se verifica a disposição do Estado em viabilizar todas as formas de convívio e integração do idoso com as demais gerações, assim como a participação deste, através de suas associações representativas, na formulação de planejamentos e ações voltadas aos seus pleitos. Além disso, observa-se especial referência à responsabilidade da família com relação aos cuidados e atendimento, desestimulando a prática de internação em asilos, ressalvadas as situações justificáveis em razão da sobrevivência e do sustento.

De igual modo, a Política Nacional do Idoso direciona a priorização dos atendimentos em órgãos públicos e privados, assim como a implementação de sistemas de informações que permitam a divulgação das medidas e diretrizes para todas as esferas de governo e estabelece apoio a estudos e pesquisas sobre a temática.

A gestão ficará a cargo de pasta ministerial, que atualmente é o Ministério da Mulher, da Família e dos Direitos Humanos, mas que se capilariza em todas as esferas governamentais da União, dos Estados, do Distrito Federal e dos Municípios, recebendo estes, as incumbências precípuas para sua especial atuação. Vale ressaltar que, na forma da Política Nacional do Idoso, todos os Ministérios da área de saúde, educação, trabalho e previdência social, cultura, esporte e lazer, precisam atuar em conjunto conforme as suas competências para que promovam o financiamento de programas nacionais que atendam as diretrizes que sejam compatíveis com esta política.

3.2. Ações e estratégias

A norma ainda prevê a implementação de ações e medidas de prevenção atribuídas à todos os órgãos e entidades públicas que busquem entre outras, a prestar serviços que atendam as necessidades básicas do idoso, sempre com a participação das famílias, da sociedade e das entidades públicas e privadas, bem como o estímulo à criação de incentivos e alternativas para o atendimento ao idoso, às pesquisas e estudos que promovam uma visão mais clara dos desafios a serem enfrentados assim como a capacitação de todos os que atuarão nesta frente.

Neste mesmo viés, a Política Nacional do Idoso preocupa-se em assegurar que o Sistema Único de Saúde atue de maneira completa, isto é, em todos os seus mais diversos níveis de atendimento, sempre atento à prevenção, promoção e proteção da saúde do idoso, através de programas e medidas pontuais. Vale destacar que esta política ainda preconiza o desenvolvimento de cooperação entre as Secretarias de Saúde dos Estados Federados, Distrito Federal e Municípios, para a preparação e qualificação das equipes que atuarão na demanda.

No âmbito da educação, a dinâmica busca atender não somente às demandas específicas desta parcela da população, mas promover ampla discussão e conhecimento das realidades da pessoa idosa no Brasil. Exemplo disto é a inclusão da Gerontologia e a Geriatria como disciplinas nas matrizes curriculares do ensino superior, assim como iniciativas para a inclusão educacional como o estímulo à programas que utilizem a modalidade de educação à distância e ainda a criação de universidade aberta para a terceira idade, com foco na universalização do acesso ao saber.

No contexto do trabalho e da previdência social, os principais desafios residem no acesso aos campos de empregabilidade, buscando extirpar todas as formas de discriminação da pessoa idosa no mercado de trabalho, assim como criar e estimular programas voltados à aposentadoria nos setores público e privado com antecedência mínima de dois anos antes do afastamento.

A acessibilidade, de igual modo, recebeu especial atenção uma vez que, entre outras, é a garantia que mais se adequa à evidência do exercício da liberdade de locomoção, com segurança e proteção, considerando os aspectos particulares da pessoa idosa. A política prevê a aplicação de medidas de melhoria e adaptação voltadas à habitabilidade, assim como a diminuição de barreiras arquitetônicas e urbanas que prejudiquem ou impeçam o livre acesso da pessoa idosa.

No que consiste à justiça e à cultura, a Política Nacional do Idoso coloca-se de maneira taxativa no sentido de promover e defender os direitos da pessoa idosa, assim como fazer-se cumprir as ações, normas e medidas que atendam a esta parcela da população. Conquanto à cultura, ocupa-se em assegurar que a pessoa idosa possa ter acesso à movimentos culturais promovidos para ou por idosos, valorizar o registro das memórias e transmissão das mesmas às novas gerações como maneira de assegurar proteção à identidade cultural assim como a realização de programas de lazer, esportes e atividades físicas que busquem melhoria em sua qualidade de vida.

4. O Estatuto da Pessoa Idosa

4.1. Orientações gerais

A Lei nº 10.741 de 10 de outubro de 2003 instituiu o Estatuto da Pessoa Idosa, anteriormente denominado de Estatuto do Idoso, em cumprimento às estratégias e diretrizes da Política Nacional do Idoso, já observadas. É um texto que estabelece, entre outras medidas, a idade em que a pessoa passa a ser considerada idosa, a saber, 60 (sessenta) anos, além de reiterar as garantias fundamentais e todos os direitos inerentes à pessoa humana, sem prejuízo da proteção integral abordado pelo dispositivo.

O Estatuto da Pessoa Idosa, em seu bojo, contempla as medidas preconizadas pela Política Nacional do Idoso, indo mais além ao pontuar circunstâncias em que sua ação é necessária. No texto, a legislação reitera a obrigação da família, da sociedade e do estado a fim de assegurar à pessoa idosa o acesso aos direitos mais elementares, tais como a vida, saúde, alimentação, cidadania, liberdade entre outros, com absoluta prioridade.

Neste particular, inovou a legislação protetiva ao estabelecer garantia de prioridade à pessoa idosa, compreendendo desde a prestação de serviços até a elaboração de políticas públicas e destinação de recursos para a viabilização do exercício de seus direitos, assim como a previsão de capacitação e reciclagem de recursos humanos, para os cuidados especiais à esta parcela da população brasileira. Nesta mesma esteira, estabeleceu a prioridade especial às pessoas maiores de 80 (oitenta) anos, colocando-as sempre em preferência em relação às demais pessoas idosas.

No que se refere às estratégias de prevenção e proteção, a lei estabeleceu o dever aos cidadãos de comunicar à autoridade competente qualquer violação das garantias estabelecidas pelo termo, assim como reiterou a responsabilização tanto à pessoa física, quanto à pessoa jurídica pela inobservância de tais normas de proteção.

4.2. O envelhecimento como direito personalíssimo e obrigações reflexas

A consolidação do envelhecimento como direito personalíssimo decorre da própria norma, sendo um direito social a sua proteção. Neste sentido, a legislação, para fins de efetivação das estratégias elencadas na Política Nacional do Idoso, reitera a proteção aos demais direitos fundamentais, mormente aqueles assegurados pelo próprio art. 5º da Carta Magna, a saber, vida, liberdade, igualdade, segurança e propriedade, além de outros específicos na norma.

Ao lado dos direitos de liberdade, dignidade, e vida, encontra-se previsto o direito ao respeito, que consiste, como bem exprime a lei "*na inviolabilidade da integridade física, psíquica e moral, abrangendo a preservação da imagem, da identidade, da autonomia, de valores, ideias e crenças, dos espaços e dos objetos pessoais*". Além disto, a lei ainda estabeleceu o dever ao zelo da dignidade da pessoa idosa, protegendo-a de qualquer tratamento desumano, aterrorizante, violento e constrangedor.

Como corolário destas obrigações, a legislação destaca especial atenção à prestação alimentícia, na forma da legislação em vigor. Sabe-se que o dever de alimentar torna-se obrigação aos descendentes, em relação aos ascendentes, sempre que venha a surgir a hipossuficiência e a necessidade, para fins de subsistência. No entanto, a norma protetiva estabeleceu a solidariedade na obrigação alimentícia, atribuindo à pessoa idosa o direito de optar pelos prestadores dos alimentos, desde que já se encontre na idade referencial.

Neste particular é relevante a pontual lição de Silva[5] (2016), ao referir-se à solidariedade alimentícia, onde afirma que "*na prestação de alimentos dos descendentes aos ascendentes, se o ascendente não tiver atingido a idade em que, no ordenamento jurídico, é considerado idoso, ou seja, 60 anos, também não se aplica a solidariedade*". Este cuidado é ainda reafirmado pela autora quando expõe:

> Antes da lei especial e protetiva do idoso, chamado Estatuto do Idoso – Lei 10.147 de 1º-10-2003 – não se aplicava a solidariedade nem mesmo para casos em que o ascendente credor de alimentos tivesse mais de 60 anos. Com o advento desta lei, chamada Estatuto do Idoso, em razão do disposto expressamente em seu art. 12, pelo qual "A obrigação alimentar é solidária, podendo o idoso optar entre os prestadores", passou a ser aplicada a solidariedade nos moldes do art. 275 do Código Civil.

Na hipótese de a pessoa idosa ou seus familiares não possuírem condições de subsistência, recairá sobre o poder público o dever de prover o sustento, no âmbito da assistência social. Neste sentido, a legislação estabelece o provimento de 1 (um) salário-mínimo mensal, nos termos da Lei Orgânica da Assistência Social, à pessoa idosa a partir de 65 (sessenta e cinco anos), que não disponha de meios para prover sua subsistência ou nem de tê-la provida por sua família. Igual política se dá no que tange ao fornecimento gratuito de medicação, sobretudo as de uso continuado, além de próteses, órteses e outros recursos para fins de tratamento, habilitação ou reabilitação.

Ainda entre as medidas específicas de proteção, merece realce o estabelecimento da notificação compulsória por parte dos serviços de saúde pública, na suspeita ou confirmação de violência, considerando-se, neste sentido, qualquer ação ou omissão praticada no âmbito público ou privado, contra a pessoa

[5] MONTEIRO, Washington de Barros e TAVARES DA SILVA, Regina Beatriz. Curso de Direito Civil, 2: direito de família. 43 ed. São Paulo: Saraiva, 2016.

idosa, que lhe provoque a morte, dano ou sofrimento físico ou psicológico, sendo ainda, na forma da Lei 11.340/06, a Lei Maria da Penha, estendidas as medidas protetivas de urgência para resguardar a vítima.

Neste aspecto, as recentes atualizações implementadas no Estatuto da Pessoa Idosa fizeram-se refletir em outros instrumentos normativos, promovendo o ajustamento de legislação para que houvesse a integração destes às diretrizes da Política Nacional do Idoso. Entre eles, os exemplos mais eloquentes serão percebidos no Código Penal, quando da inserção de novas circunstâncias de agravamento de pena ou qualificadoras em delitos como o estelionato, as lesões corporais e o próprio homicídio.

No que consiste ao crime de homicídio, a legislação atribuiu nova redação ao §4º do art. 121, inserindo aumento de pena para o autor de homicídio doloso quando a vítima for pessoa maior de 60 anos de idade, com igual aplicação no art. 129, §7º ao se atribuir aumento de pena pela lesão corporal praticada dolosamente contra pessoa idosa.

Igual tratamento foi dado na nova redação atribuída ao crime de abandono de incapaz, na forma do art. 133, com aumento de pena caso a vítima seja maior de 60 anos de idade, assim como aplicou nova extensão ao crime de injúria racial, na forma do art. 140, §3º, quando a injúria consiste na condição de pessoa idosa. De semelhante modo, o crime de abandono material, tipificado no art. 244 do Código Penal, atualizou sua redação para punir aquele que deixar, sem justa causa, de prover subsistência ao ascendente maior de 60 anos. Além destas medidas, a própria legislação protetiva elenca condutas delitivas específicas conforme se observa nos dispositivos inseridos no art. 95 ao art. 108 do Estatuto da Pessoa Idosa, sem prejuízo ainda das sanções civis da espécie.

Por derradeiro e não de somenos importância, merece especial atenção as ferramentas que a legislação dispôs no sentido de assegurar a defesa de direitos difusos, coletivos e individuais homogêneos a partir da proposição de ação civil pública em relação à proteção aos direitos individuais indisponíveis da pessoa idosa, ainda que seja para fins de defesa de idoso único.

Conclusões

A breve análise dos instrumentos normativos que compõem a espinha dorsal do sistema protetivo à pessoa idosa no Brasil nos conduz à duas constatações: a preocupação tardia do Estado em promover a efetividade dos direitos e garantias fundamentais desta parcela sempre crescente da população brasileira e a busca em suprir tais lacunas a partir de políticas públicas articuladas e que envolvem a todas as frentes setoriais do poder público.

Resta evidente que as articulações, a partir das diretrizes estabelecidas pela Política Nacional do Idoso buscam contemplar todas eventuais necessidades, preenchendo os espaços onde anteriormente deixavam de ser atendidos pela maioria dos programas e ações do poder público, desde as iniciativas de prevenção até as medidas judiciais para a proteção de direitos difusos. No entanto, ainda é necessário maior aporte financeiro para que as ações preconizadas consigam atender às principais demandas.

Este contexto, contudo, demonstra a atenção que se tem dado para as ações que ensejam resultados a longo prazo, eis que, em virtude do aumento da expectativa de vida do brasileiro, aliado à políticas públicas que focam em ações que garantam não somente a longevidade, mas a qualidade de vida e a garantia da dignidade, vislumbra-se para a nação a necessidade de preparação em todos os segmentos interessados para o enfrentamento de tais desafios, assim como a necessidade de mudança da cultura política em atuar mais de forma preventiva e planejada, que no sentido de suprir circunstâncias emergenciais.

Referências

BRASIL. *Constituição da República Federativa do Brasil.* Brasília, DF: Senado Federal: Centro Gráfico, 1988.

BRASIL. *Código Civil. Brasília,* DF: Senado Federal: Centro Gráfico, 2002.

BRASIL. Lei nº 8.842 de 4 de janeiro de 1994.

BRASIL. Lei nº 10.741 de 1º de Janeiro de 2003.

BRASIL. Lei 11.340 de 7 de agosto de 2006.

BARROSO, Luís R. *Curso de Direito Constitucional Contemporâneo – Os conceitos Fundamentais.* Disponível em: Minha Biblioteca, (10th edição). Editora Saraiva, 2022.

CANOTILHO, J.J. Gomes. Direito Constitucional e Teoria da Constituição. Coimbra, Almedina, 2017.

CAVALCANTI, Ana Elizabeth Lapa, W. et al. *Direitos da infância, juventude, idoso e pessoas com deficiência.* Disponível em: Minha Biblioteca, Grupo GEN, 2014.

MENDES, Gilmar F. Série IDP – *Manual dos direitos da pessoa idosa* – DIG. Disponível em: Minha Biblioteca, Editora Saraiva, 2017.

MONTEIRO, Washington de Barros e TAVARES DA SILVA, Regina Beatriz. Curso de Direito Civil, 2: direito de família. 43 ed. – São Paulo: Saraiva, 2016.

SANTIN, J., & BOROWSKI, M. (2008). O idoso e o princípio constitucional da dignidade humana. Revista Brasileira De Ciências Do Envelhecimento Humano, 5(1). https://doi.org/10.5335/rbceh.2012.261. Disponível em seer.upf.br, acesso em abril de 2022.

TAVARES DA SILVA, Regina Beatriz. Guarda Compartilhada na legislação vigente projetada. in. *RIDB, ano 1, n.4,* 2012.

PELUSO, Cezar. *Código civil comentado: doutrina e jurisprudência.* Disponível em: Minha Biblioteca, (16th edição). Editora Manole, 2022.

VERAS, et. all. Crescimento da população idosa no Brasil: transformações e consequências na sociedade. *Rev. Saúde Pública 21 (3) • Jun 1987.* São Paulo – SP, 1987.

7
VEJEZ Y DIGNIDAD COMO DERECHO FUNDAMENTAL: UN ESTUDIO SOBRE EL SISTEMA DE PROTECCIÓN DE LA PERSONA MAYOR EN BRASIL

MARCOS NEEMIAS NEGRÃO REIS[1]

1. Introducción

Como señala el IBGE, Brasil puede tener en 2022 una población de aproximadamente 215 millones de habitantes, distribuidos en todas las regiones, pero concentrados en aquellas con el índice de población más alto, especialmente la región sudeste. En esta cantidad, se señala que al menos el 10,49% de la población estará en el grupo de edad de 65 años o más, siendo así considerado como anciano, en la forma de la ley vigente. En cifras más concretas, esto representaría unos 22,5 millones de habitantes.

Sin embargo, no es hoy que percibimos la creciente presencia de los ancianos en todos los contextos de la nación brasileña, atrayendo mayor atención a las demandas de esta parte de la sociedad y exigiendo acciones proactivas del Estado que contemplen legítimamente sus intereses y necesidades primarias, para asegurar que ejerza plena y efectivamente sus derechos y garantías. Sin embargo, fue sólo en 1994, a partir de la Política Nacional de la Persona Mayor, que el Estado comenzó a discutir más específicamente las directrices para las acciones públicas y las políticas a favor de la población anciana en Brasil. A este respecto, cabe considerar que, en 1991, el Instituto Brasileño de Geografía y Estadística registró una población de 119.002.706 habitantes, de los cuales, al menos el 7,3% eran ancianos, es decir, representaban no menos de 8.687.197 ciudadanas y ciudadanos brasileños.

[1] Profesor Universitario, Abogado, Periodista, Historiador y Escritor; Estudiante de maestría en Derechos Fundamentales y Licenciado en Derecho por la Universidad de Amazonia (Belém/PA). Presidente de la Sección Estadual de ADFAS en Tocantins.

Tomando como hitos temporales de este análisis la Política Nacional de las Personas Mayores (Ley 8.842/94) y el Estatuto de la Tercera Edad (Ley 10.741/03), y teniendo como fundamentos y contextos la Constitución Federal, la doctrina y la jurisprudencia, observaremos la aplicación de las directrices implementadas en las leyes en cuestión en comparación con los datos señalados por los organismos oficiales. No solo esto, sino también la comprensión legal de los instrumentos normativos destinados a satisfacer las principales demandas identificadas y necesarias para la población anciana, así como sus consecuencias en otros instrumentos legales.

En esta discusión, vale la pena mencionar el análisis de las razones por las cuales hubo un aumento en la población de ancianos en Brasil, la efectividad de las políticas de protección e inclusión, así como los elementos que favorecieron el aumento de la esperanza de vida y la longevidad. Asimismo, la percepción del crecimiento de la población anciana de Brasil en comparación con los países desarrollados y los principales desafíos que apuntan al futuro.

Es necesario observar, aún, el alcance de las políticas de protección a las personas mayores, así como su eficacia y asertividad para asegurar a esta creciente población, el ejercicio de la ciudadanía y la garantía de sus derechos fundamentales, considerando sus peculiaridades. Finalmente, la absorción de la idea de protección aliada a los principios y objetivos constitucionales actuales nos mostrará las direcciones a seguir por Brasil para los próximos años, considerando los principales desafíos identificados para garantizar a la población anciana el bienestar y la calidad de vida.

En cuanto a los aspectos relacionados con la salud y la seguridad social, comprobaremos la atención que el Estado designe a los usuarios clasificados en este grupo de edad, con el fin de facilitar el acceso a los servicios y productos. Con respecto a la seguridad y la protección, observaremos los instrumentos normativos recientemente insertados en el contexto de la legislación nacional, que se ocupa del tema, así como de sus aplicaciones.

2. La vejez como derecho humano, derecho ciudadano y derecho fundamental

En primer lugar, este capítulo debe distinguir entre derechos fundamentales y derechos humanos. Como bien lesiona Canotilho[2] los derechos humanos son aquellos que pueden atribuirse a todos los pueblos y en todo momento, a los que los derechos fundamentales serían los derechos del hombre "*jurídica--institucionalmente* garantizados *y limitados en espacio-tiempo*".

[2] Canotilho, J.J. Gomes. *Direito Constitucional e Teoria da Constituição*. Coimbra, Almedina, 2017.

A la luz de la interpretación del adoctrinador lusitano, es desde la naturaleza humana misma que los derechos humanos tienen lugar, de modo que adquieren un carácter inviolable. A su vez, los derechos fundamentales sólo son válidos en un orden jurídico concreto. Todavía en el camino interpretativo, Canotilho[3] nos trae la comprensión del derecho del ciudadano que abarca en estos, todos los que le pertenecen, como un ser social, incluidos en una sociedad y ejerciéndolos allí.

Con un riesgo en estas definiciones y trayendo la Constitución de la República Brasileña como instrumento normativo de referencia, podemos admitir inmediatamente que la vejez se presenta como evidencia de la aplicación mínimamente efectiva de estas tres bases elementales en el sistema jurídico-normativo, ya que, a pesar de ser un proceso biológico natural, el ser humano también dependerá de otros elementos que aseguren el pleno ejercicio de sus derechos y garantías fundamentales, para permitirse disfrutar de la longevidad.

2.1. Dignidad de la persona humana y de la persona mayor

Cuando examinamos la Constitución de la República Brasileña, nos encontramos en sus dispositivos iniciales con la manifestación inequívoca de los propósitos de la nación a partir de ese instrumento constitutivo, dando especial énfasis a la dignidad de la persona humana, como fundamento del estado democrático de derecho.

En este sentido, debe considerarse que, en vista de esta atención especial, la Constitución Federal promovió, como el desarrollo principal, la creación de una amplia esfera de derechos fundamentales necesarios para materializar la garantía constitucional de la dignidad de la persona humana en todos los aspectos cuando corresponda. De ella surgen los derechos sociales, como explica Santín[4], de que "para que *sean efectivos, requieren beneficios positivos*".

La persona mayor, aunque pertenezca al contexto de igualdad defendido en el art. 5 de la Carta Magna, goza de especial atención con lo que es el acceso a derechos y garantías fundamentales específicas, además de aquellos directamente relacionados con su condición peculiar. Serían, por así decirlo, los ciudadanos los que gozan (o al menos deberían gozar) de una mayor atención y de la política pública del Estado. En este sentido, conscientes de que los derechos sociales, por su efectividad, a menudo terminan exigiendo la inter-

[3] Canotilho, J.J. Gomes. *Direito Constitucional e Teoria da Constituição.* Coimbra, Almedina, 2017.

[4] Santin, J. y Borowski, M. (2008). O idoso e o princípio constitucional da dignidade humana. Revista Brasileira De Ciências Do Envelhecimento Humano, 5 (1). Disponible en https://doi.org/10.5335/rbceh.2012.261. Disponible en seer.upf.br, consultado en abril de 2022.

vención del Estado en la sociedad, el sistema de protección para los ancianos tendría como sesgo la reducción, corrección y, quizás, la eliminación de estas desigualdades.

La Constitución de la República, a su vez, enumera un capítulo especial que trata de manera oportuna y exclusiva la protección de la familia, el niño, el adolescente, el joven y el adulto mayor, del cual se extrae la observación de que la familia tiene protección especial del Estado porque se reconoce como la base de la sociedad. Por lo tanto, reserva la tarea de protección y apoyo a la familia, la sociedad y el estado, así como el ejercicio de la ciudadanía para los ancianos. Esto es lo que se ve en el art. 230 del CR/88:

> Artículo 230. La familia, la sociedad y el Estado tienen el deber de apoyar a los ancianos, asegurando su participación en la comunidad, defendiendo su dignidad y bienestar y garantizándoles el derecho a la vida.

En lo que es esta protección especial, el Estado buscó a través de la Ley implementar políticas públicas que satisfagan las demandas esenciales, individuales, difusas y colectivas de interés de la persona mayor. Sin lugar a duda, era necesario proporcionar una salvaguardia peculiar del Estado para que los objetivos constitucionales, no solo para las personas mayores, sino potencialmente para los ciudadanos en proceso de envejecimiento, pudieran alcanzarse plenamente.

3. La política nacional para las personas mayores

3.1. Resumen general de la norma

La Política Nacional de Adultos Mayores, establecida mediante Ley Nº 8.842 de 4 de enero de 1994, fue el primer instrumento normativo establecido para tal fin. En su bulto, además de establecer el propósito de "*garantizar los derechos sociales de las personas mayores, creando condiciones para promover su autonomía, integración y participación efectiva* en la sociedad", observamos la delimitación legal para la edad en la que uno ya se considera una persona mayor, es decir, la mayor de sesenta años.

En esta ley se verifica claramente el papel esencial de la familia, la sociedad y el Estado, y se tiene la tarea de garantizar los derechos de ciudadanía, igualdad, acceso y protección a la persona mayor, entre otros. Es en esta política que se reconoce que el proceso de envejecimiento concierne a toda la sociedad, y debe ser objeto de conocimiento e información para todos, considerando todas las peculiaridades y particularidades económicas, sociales y regionales con miras a una mejor aplicación de las estrategias y acciones gubernamentales a favor de la persona mayor.

Así, la Política Nacional de las Personas Mayores resume la importancia de una combinación de fuerzas basada en el papel desempeñado, como ya se ha dicho, por la familia, la sociedad y el Estado, a fin de promover la igualdad, la no discriminación de ningún tipo y la aplicación asertiva de medidas dirigidas a las personas de edad en el contexto de esta política.

Cabe destacar, de manera similar, las directrices que constituyen la columna vertebral de la Política Nacional de Adultos Mayores, donde destaca la voluntad del Estado de hacer posible todas las formas de convivencia e integración de los ancianos con las demás generaciones, así como la participación de los ancianos, a través de sus asociaciones representativas, en la formulación de la planificación y acciones dirigidas a sus reivindicaciones. Además, se observa especial referencia a la responsabilidad de la familia en relación con el cuidado y la atención, desestimulando la práctica de la hospitalización en hogares de ancianos, con la excepción de situaciones justificables debido a la supervivencia y el sustento.

De igual manera, la Política Nacional para el Adulto Mayor dirige la priorización de la atención en organismos públicos y privados, así como la implementación de sistemas de información que permitan la difusión de medidas y directrices para todas las esferas de gobierno y establece el apoyo a estudios e investigaciones sobre el tema.

La gerencia estará a cargo de la cartera ministerial, que actualmente es la Secretaría de la Mujer, la Familia y los Derechos Humanos, pero que se capilariza en todas las esferas gubernamentales de la Unión, estados, el Distrito Federal y municipios, recibiendo estas, las tareas para su desempeño especial. Cabe destacar que, en la forma de la Política Nacional de la Tercera Edad, todos los Ministerios de Salud, Educación, Trabajo y Seguridad Social, Cultura, Deportes y Esparcimiento, deben actuar conjuntamente de acuerdo con sus competencias para promover el financiamiento de programas nacionales que cumplan con los lineamientos que sean compatibles con esta política.

3.2. Acciones y estrategias

La norma también prevé la implementación de acciones y medidas de prevención atribuidas a todos los organismos y entidades públicas que busquen, entre otros, brindar servicios que satisfagan las necesidades básicas de las personas mayores, siempre con la participación de las familias, la sociedad y las entidades públicas y privadas, así como fomentar la creación de incentivos y alternativas para el cuidado de las personas mayores, a investigaciones y estudios que promuevan una visión más clara de los desafíos a enfrentar, así como la capacitación de todos los que actuarán en este frente.

En este mismo sesgo, la Política Nacional del Adulto Mayor se preocupa por asegurar que el Sistema Único de Salud actúe de manera completa, es decir, en todos sus más diversos niveles de atención, siempre atento a la prevención, promoción y protección de la salud de los ancianos, a través de programas y medidas específicas. Cabe destacar que esta política aún aboga por el desarrollo de la cooperación entre los Departamentos de Salud de los Estados Federales, Distrito Federal y Municipios, para la preparación y calificación de los equipos que actuarán en la demanda.

En el campo de la educación, la dinámica busca no sólo satisfacer las demandas específicas de esta porción de la población, sino promover una amplia discusión y conocimiento de las realidades de la persona mayor en Brasil. Un ejemplo de ello es la inclusión de la Gerontología y la Geriatría como disciplinas en las matrices curriculares de la educación superior, así como iniciativas de inclusión educativa, como el fomento de programas que utilicen la modalidad de educación a distancia y también la creación de una universidad abierta a las personas mayores, centrada en la universalización del acceso al conocimiento.

En el contexto del trabajo y la seguridad social, los principales desafíos radican en el acceso a los campos de empleabilidad, buscando excluir todas las formas de discriminación contra la persona mayor en el mercado laboral, así como crear y estimular programas dirigidos a la jubilación en los sectores público y privado al menos dos años antes de la licencia.

La accesibilidad, asimismo, recibió especial atención ya que, entre otras, es la garantía que mejor se ajusta a la evidencia del ejercicio de la libertad de movimiento, con seguridad y protección, considerando los aspectos particulares de la persona mayor. La política prevé la aplicación de medidas de mejora y adecuación dirigidas a la habitabilidad, así como la reducción de las barreras arquitectónicas y urbanas que perjudiquen o impidan el libre acceso de la persona mayor.

Con respecto a la justicia y la cultura, la Política Nacional de las Personas de Edad se coloca de manera gravosa con el fin de promover y defender los derechos de las personas mayores, así como para hacer cumplir las acciones, normas y medidas que satisfacen a esta parte de la población. En lo que respecta a la cultura de garantizar que las personas mayores puedan tener acceso a los movimientos culturales promovidos para o por las personas mayores, valorar el registro de recuerdos y la transmisión de los mismos a las nuevas generaciones como una forma de garantizar la protección de la identidad cultural, así como la realización de programas de ocio, deportes y actividades físicas que buscan mejorar su calidad de vida.

4. El Estatuto de la Persona Mayor

4.1. Orientaciones generales

La Ley Nº 10.741 de 10 de octubre de 2003 instituyó el Estatuto de la Persona Mayor, anteriormente el Estatuto del Anciano, en cumplimiento de las estrategias y directrices de la Política Nacional para las Personas de Edad, ya observadas. Se trata de un texto que establece, entre otras medidas, la edad a la que la persona pasa a ser considerada anciana, es decir, 60 (sesenta) años, además de reiterar las garantías fundamentales y todos los derechos inherentes a la persona humana, sin perjuicio de la protección integral que contempla el dispositivo.

El Estatuto de La Persona Mayor, en su abultamiento, contempla las medidas recomendadas por la Política Nacional de Adultos Mayores, yendo más allá al puntuar las circunstancias en las que su actuación es necesaria. En el texto, la legislación reitera la obligación de la familia, la sociedad y el Estado de garantizar que la persona mayor tenga acceso a los derechos más básicos, como la vida, la salud, la alimentación, la ciudadanía, la libertad, entre otros, con absoluta prioridad.

En este contexto, ha introducido legislación protectora estableciendo una garantía de prioridad para los ancianos, que abarca desde la prestación de servicios hasta el desarrollo de políticas públicas y la asignación de recursos para la viabilidad del ejercicio de sus derechos, así como la provisión de capacitación y reciclaje de recursos humanos, para una atención especial a esta porción de la población brasileña. En esta misma línea, estableció especial prioridad para las personas mayores de 80 (ochenta) años, siempre poniéndolas en preferencia sobre otras personas mayores.

Con respecto a las estrategias de prevención y protección, la ley estableció el deber de los ciudadanos de comunicar a la autoridad competente cualquier violación de las garantías establecidas por el término, así como reiteró la responsabilidad tanto de la persona natural como de la persona jurídica por el incumplimiento de tales estándares de protección.

4.2. El envejecimiento como derecho personal y obligaciones reflejas

La consolidación del envejecimiento como un derecho personal se deriva de la norma misma, y un derecho social es su protección. En este sentido, la legislación, con el propósito de implementar las estrategias enumeradas en la Política Nacional de las Personas de Edad, reitera la protección de otros derechos fundamentales, especialmente los garantizados por el propio Art. 5 de la propia Carta Magna, a saber, la vida, la libertad, la igualdad, la seguridad y la propiedad, además de otros específicos en la norma.

Junto a los derechos a la libertad, la dignidad y la vida, se prevé el derecho al respeto, que consiste, como también expresa la ley, "*en la inviolabilidad de la integridad física, psíquica y moral, abarcando la preservación de la imagen, la identidad, la autonomía, los valores, las ideas y creencias, los espacios y los objetos personales*". Además, la ley también establece un deber para el celo de la dignidad de la persona mayor, protegiéndola de cualquier trato inhumano, aterrador, violento y vergonzoso.

Como corolario de estas obligaciones, la legislación presta especial atención al cuidado de los alimentos en la forma de la legislación vigente. Se sabe que el deber de alimentar se convierte en una obligación para con los descendientes, en relación con los ascendientes, siempre que surja la hiposuficiencia y la necesidad, con fines de subsistencia. Sin embargo, el estándar protector estableció la solidaridad en la obligación alimentaria, otorgando a la persona mayor el derecho a elegir proveedores de alimentos, siempre que ya esté en la edad de referencia.

En este particular es relevante la lección puntual de Silva (2016),[5] refiriéndose a la solidaridad alimentaria, donde afirma que "en la *provisión de alimentos de descendientes a ascendientes, si el ascendiente no ha alcanzado la edad en la que, en el sistema legal, se le considera anciano, es decir, 60 años, la solidaridad tampoco se aplica*". Este cuidado es reafirmado aún más por la autora cuando explica:

> Antes de la ley especial y protectora de las personas mayores, llamada Estatuto de la Tercera Edad – Ley 10.147 de 1-10-2003 – la solidaridad no se aplicaba ni siquiera a los casos en que el acreedor de alimentos ascendente tenía más de 60 años. Con el advenimiento de esta ley, llamada Estatuto del Anciano, debido a las disposiciones expresas del artículo 12, por el cual "La obligación de alimentos es solidaria, y los ancianos pueden elegir entre los proveedores", la solidaridad comenzó a aplicarse de acuerdo con el art. 275 del Código Civil.

En caso de que el anciano o los miembros de su familia no tengan condiciones de subsistencia, el deber de proveer al público recaerá en las auto-

[5] MONTEIRO, Washington de Barros e TAVARES DA SILVA, Regina Beatriz. Curso de Direito Civil, 2: direito de família. 43 ed. São Paulo: Saraiva, 2016.

ridades, en el contexto de la asistencia social. En este sentido, la legislación establece la provisión de un (1) salario mínimo mensual, de conformidad con la Ley Orgánica de Asistencia Social, a la persona mayor a partir de 65 (sesenta y cinco años), que no cuente con los medios para proveer su subsistencia o para que la provea su familia. La misma política se aplica al suministro gratuito de medicamentos, especialmente los de uso continuado, además de prótesis, aparatos ortopédicos y otros recursos para fines de tratamiento, calificación o rehabilitación.

También entre las medidas específicas de protección, cabe mencionar el establecimiento de la notificación obligatoria por parte de los servicios públicos de salud, en la sospecha o confirmación de violencia, considerando, en este sentido, cualquier acción u omisión cometida en el ámbito público o privado, contra el anciano, que cause la muerte, daño o sufrimiento físico o psicológico, y también, en la forma de la Ley 11.340/06, la Ley Maria da Penha, amplió las medidas de protección de emergencia para proteger a la víctima.

En este sentido, las recientes actualizaciones implementadas en el Estatuto del Adulto Mayor se reflejaron en otros instrumentos normativos, promoviendo el ajuste de la legislación para que estos instrumentos normativos pudieran integrarse en los lineamientos de la Política Nacional de Adultos Mayores. Entre ellos, los ejemplos más elocuentes se percibirán en el Código Penal, cuando se inserte nuevas circunstancias de agravación de pena o calificativos en delitos como estafa, lesiones corporales y homicidio propiamente dicho.

Con el delito de asesinato, la legislación asignó una nueva redacción al §4 del artículo 121, insertando un aumento de la pena para el autor de homicidio intencional cuando la víctima es una persona mayor de 60 años, con igual aplicación en el art. 129, §7 al atribuir un aumento en la pena por lesiones corporales cometidas intencionalmente contra una persona mayor.

El mismo tratamiento se dio en el nuevo ensayo atribuido al delito de abandono de los incapacitados, en la forma del art. 133, con un aumento de la pena si la víctima es mayor de 60 años, así como se aplicó una nueva extensión al delito de lesiones raciales, en la forma del art. 140, §3, cuando la lesión consiste en la condición de una persona mayor. Del mismo modo, el delito de abandono material, tipificado en el art. 244 del Código Penal, actualizó su redacción para castigar a quienes salgan, sin justa causa, para proporcionar subsistencia al ascendiente mayor de 60 años. Además de estas medidas, la propia legislación protectora enumera conductas delictivas específicas como se observa en las disposiciones insertadas en el art. 95 al art. 108 del Estatuto de la Persona Mayor, sin perjuicio de las sanciones civiles de la especie.

Finalmente, pero no de menos importancia, merece especial atención las herramientas que la legislación ha proporcionado para garantizar la defensa de derechos difusos, colectivos e individuales homogéneos de la proposición de la acción civil pública en relación con la protección de los derechos individuales no disponibles de los ancianos, incluso si es con el propósito de defender a los ancianos solteros.

Conclusiones

El breve análisis de los instrumentos normativos que constituyen la columna vertebral del sistema protetivo para los ancianos en Brasil nos lleva a dos hallazgos: la preocupación tardía del Estado por promover la efectividad de los derechos y garantías fundamentales de esta porción cada vez mayor de la población brasileña y la búsqueda de llenar estos vacíos a partir de políticas públicas articuladas que involucren a todos los frentes sectoriales del sector público.

Queda evidente que las articulaciones, basadas en los lineamientos establecidos por la Política Nacional de Adultos Mayores buscan contemplar todas las necesidades posibles, llenando los espacios donde antes ya no eran atendidos por la mayoría de los programas y acciones de las autoridades, desde iniciativas de prevención hasta medidas judiciales para la protección de derechos difusos. Sin embargo, sigue siendo necesaria una mayor contribución financiera para que las acciones recomendadas puedan satisfacer las principales demandas.

Este contexto, sin embargo, demuestra la atención que se ha prestado a las acciones que logran resultados a largo plazo, y es por eso por lo que, debido al aumento de la esperanza de vida de los brasileños, combinado con políticas públicas que se centran en acciones que garantizan no solo la longevidad, sino la calidad de vida y la garantía de la dignidad, se prevé para la nación la necesidad de preparación en todos los segmentos interesados para enfrentar tales desafíos, así como la necesidad de cambiar la cultura política para actuar de manera más preventiva y planificada, que para enfrentar circunstancias de emergencia.

Referencias

BRASIL. Constituição da República Federativa do Brasil. Brasília, DF: Senado Federal: Centro Gráfico, 1988.

BRASIL. Código Civil. Brasília, DF: Senado Federal: Centro Gráfico, 2002.

BRASIL. Ley Nº 8.842 de 4 de enero de 1994.

BRASIL. Ley Nº 10.741 de 1º de enero de 2003.

BRASIL. Ley 11.340 de 7 de agosto de 2006.

BARROSO, Luís R. *Curso de Direito Constitucional Contemporâneo – Os conceitos Fundamentais.* 10ª ed. São Paulo: Saraiva, 2022.

CANOTILHO, J.J. Gomes Direito Constitucional e Teoria da Constituição, Almedina, 2017.

CAVALCANTI, Ana Elizabeth Lapa, W. et al. Direitos da infância, juventude, idoso e pessoas com deficiência. GEN Group, 2014.

MENDES, Gilmar F. IDP Series – *Manual dos direitos da pessoa idosa.* São Paulo: Saraiva, 2017.

MONTEIRO, Washington de Barros e TAVARES DA SILVA, Regina Beatriz. Curso de Direito Civil, 2: direito de família. 43 ed. São Paulo: Saraiva, 2016.

SANTIN, J. Y BOROWSKI, M. (2008). O idoso e o princípio constitucional da dignidade humana. Revista Brasileira De Ciências Do Envelhecimento Humano, 5(1). https://doi.org/10.5335/rbceh.2012.261. Disponible en seer.upf.br , consultado en abril de 2022.

TAVARES DA SILVA, Regina Beatriz. Guarda Compartilhada na legislação vigente projetada. in. RIDB, año 1, n.4, 2012.

PELUSO, Cezar. *Código civil comentado: doutrina e jurisprudência.* 16ª ed. Manole, 2022.

VERAS, et. all. *Crescimento da população idosa no Brasil: transformações e consequências na sociedade. Rev. Saúde Pública 21 (3) Jun 1987.* São Paulo, 1987.

8
A VULNERABILIDADE DO CONSUMIDOR IDOSO E A NECESSIDADE DE PROTEÇÃO ESPECIAL

Paulo R. Roque A. Khouri[1]

1. Introdução

No Brasil o consumidor idoso tem sua vulnerabilidade reconhecida, tanto pela legislação, quanto pela jurisprudência. Contudo o reconhecimento dessa situação de vulnerabilidade por diversas vezes não se demostra suficiente, no sentido de promover uma proteção especial a esse grupo de consumidores.

Os entraves são os mais diversos, e como o envelhecimento da população é uma realidade cada vez mais latente os problemas e as violações e práticas abusivas nas relações de consumo crescem em velocidade superior a expectativa de vida e ao envelhecimento da população.

Os consumidores idosos são os mais atingidos por altos índices de violações de direitos em relações de consumos, as situações são as mais variadas; entre as mais recorrentes estão: a falta de cobertura ou aumentos abusivos em planos de saúde, cobranças indevidas, abusivas e superendividamento por bancos e financeiras e situações de venda casada.

Cerca de mais de 40% dos consumidores atendidos pelo Procon em todo o Brasil tem a partir de 61 anos, e as principais reclamações se tratam de: venda casada nos seguros; empréstimos e consignações de pagamentos irregulares, cobranças indevidas e alteração contratual unilateral promovida pelo fornecedor.

[1] Advogado, Professor. Doutor em Direito Público pelo Instituto Brasiliense de Direito Público (IDP), Mestre em Direito Privado pela Universidade de Lisboa. Vice-presidente da Seção Estadual-DF da Associação de Direito de Família e das Sucessões-ADFAS.

A partir de tais situações constata-se o desrespeito ao consumidor, principalmente na questão da informação. O consumidor idoso de boa-fé, e com sua vulnerabilidade aumentada por sua situação são os principais afetados por fornecedores que desrespeitam a proteção ao consumidor.

Os fornecedores usam frequentemente artifícios, violando sobretudo o direito que todo consumidor tem à informação clara e completa de todos os detalhes dos produtos contratados. O que ocorre é que muitos consumidores, contratam na grande maioria das vezes sem receber do fornecedor a atenção ao direito a informação.

O Código de Defesa do Consumidor é muito claro, a informação deve ser viabilizada ao contratante, este deve estar munido de todas as informações antes da contratação. O consumidor deve receber a minuta do contrato e explicação sobre todas as cláusulas e taxas, antes da contratação, e deve receber para que ele possa analisar e decidir a contratação de forma refletida.

O que se observa hoje é que os consumidores idosos por já terem na maioria das vezes uma aposentadoria, são mais vulneráveis ao crédito consignado, um empréstimo literalmente sem risco para o agente financeiro.

Essa situação de exposição dos idosos se dá de duas formas: primeiro através de ofertas massivas e agressivas dos bancos como o crédito consignado, muitas vezes sem observar a necessidade dos idosos desses empréstimos, os bancos têm a prática de insistir no oferecimento de crédito através de ligações telefônicas, mensagens no *whatsapp* e abordagens insistentes nas agências bancárias por gerências nos bancos.

A segunda frente onde se dá esse desrespeito é através de procurações falsas, utilização de dados dos idosos de forma fraudulenta, situação na qual muitas vezes são contraídas dívidas sem o conhecimento dos idosos.

Outra violação constante que põe em risco a população idosa são os planos de saúde, a falta de oferta de planos individuais, e falta de cobertura de vários exames e consultas. O idoso é constantemente abordado para migrar do plano de saúde individual para o coletivo.

Quanto a contratação de novos planos tem tornando-se cada vez mais impraticável, pois os preços ultrapassam em um grande escalonamento, dificultando o acesso da maior parte da população idosa.

Dar uma proteção especial ao consumidor idoso, não se significa tratá-lo com paternalismo. Essa proteção se faz necessária nas situações em que por si só, o consumidor diante das vulnerabilidades ele sofre, seja devido a sua idade, vulnerabilidade cultural, social ou econômica ele faça jus a essa proteção. Principalmente para evitar situações que violem os direitos dos idoso, ou seja, nesses casos se não houvesse os abusos nenhuma proteção seria necessária.

O fato é que a harmonia entre fornecedores e consumidores no mercado não pode prosperar com situações reiterados abusos; nesse sentido, pelo direito à informação e o reconhecimento da vulnerabilidade especial do idoso, que a proteção se impõe, não para dar ao idoso uma proteção paternalista, mas para garantir a igualdade e a liberdade entre consumidores e fornecedores.

Desta forma, com o envelhecimento de grande parte da população, nota-se a falta do direito à informação e com parte dos fornecedores agindo de forma a abusar do consumidor pela vulnerabilidade devido a sua idade.

2. A vulnerabilidade do consumidor idoso

Nas últimas décadas ocorreu um grande crescimento da população idosa, desta forma o número de pessoas idosas aumentou substancialmente. A tendência é que a população idosa do país continue aumentando junto com suas necessidades.

Também é perceptível que houve um considerável aumento do consumo dessa população, considerando que até o ano de 1971 não existia a aposentadoria rural, a expectativa de vida e envelhecimento também eram reduzidos. Com o surgimento da aposentaria rural e o aumento da expectativa de vida, a população idosa economicamente ativa, aumentou consideravelmente.

Junto com o surgimento e aumento desse mercado consumidor também surgiram novas necessidades e peculiaridades desse público específico. Uma das questões mais relevantes quando se trata das relações de consumo é a vulnerabilidade dessa população, resta-se necessário esclarecer que vulnerabilidade nas relações de consumo não deve ser confundida com hipossuficiência e ou ignorância.

> A vulnerabilidade do consumidor não se confunde com a hipossuficiência que é característica restrita aos consumidores que além de presumivelmente vulneráveis, veem-se agravados nessa situação por sua individual condição de carência cultural, material ou como ocorre com frequência, ambas. [...] A vulnerabilidade é um traço universal de todos os consumidores, ricos ou pobres, educadores ou ignorantes, crédulos ou espertos. Já a hipossuficiência é marca pessoal, limitada a alguns – até mesmo a uma coletividade – mas nunca a todos os consumidores[2].

Nesse sentido, percebe-se que o direito do consumidor trata a vulnerabilidade como a presunção de que na maioria das vezes nas relações de consumo, o consumidor possui mais fragilidades que o fornecedor.

[2] Bonatto, Cláudio; Moraes, Paulo Valério dal Pai. *Questões controvertidas no Código de Defesa do Consumidor: principiologia, conceitos, contratos atuais*. Livraria do Advogado Editora, 2003.

Essa vulnerabilidade é aumentada em algumas situações específicas, como nos casos de consumidores idosos, tendo em vista que muitas vezes esse público possui limitações de acesso à informação, dificuldades de locomoção, problemas de saúdes e outras fragilidades que fazem com que essa população tenha mais dificuldade em obter as condições ideias para a contratação de um serviço ou produto.

O advento do Estatuto do Idoso proporcionou um tratamento mais digno e uma maior proteção aqueles que chegam em uma idade avançada, essa proteção perpassa várias aéreas do direito e das relações humanas, dentre elas o direito do consumidor.

Neste diapasão, os idosos possuem proteção não apena pelo próprio estatuto, na Lei 10.7441/2003[3], que possui o objetivo de resguardar pessoas com idade igual ou superior a 60 anos, além de salvaguardar todos os direitos inerentes a estes. Em conjunto com o Código de Defesa do Consumidor[4] é possível constatar que os idosos possuem proteção especial, tendo em vista as peculiaridades e necessidades desse grupo. Nesse sentido assevera Grinover:

> (...) entre todos os que são vulneráveis, há outros cuja vulnerabilidade é superior à média. São os consumidores ignorantes e de pouco conhecimento, de idade pequena ou avançada, de saúde frágil, bem como aqueles cuja posição social não lhes permite avaliar com adequação o produto ou serviço que estão adquirindo[5].

A vulnerabilidade do idoso em relação aos consumidores em geral, destaca-se principalmente em algumas situações como como são facilmente atraídos por planos de saúde, empréstimos consignados e publicidades abusivas e/ou enganosas.

Parte da doutrina, não só reconhece essa maior vulnerabilidade denominando essa situação como vulnerabilidade agravada ou (hiper)vulnerabilidade, como também defende que a situação dos idosos preconiza um aumento no cuidado e na proteção nas relações de consumo.

Muitas decisões judiciais têm reconhecido a vulnerabilidade agravada do consumidor idoso nas relações de consumo, principalmente nos casos mais frequentes de violações sofridas pelo consumidor idosos, entre elas o aumento do endividamento perante instituição financeiras e a dificuldade do pleno acesso a saúde que serão abordadas a seguir.

[3] FEDERAL, Senado. Estatuto do idoso. Brasília (DF): Senado Federal, 2003.

[4] FEDERAL, Senado. Código de Defesa do Consumidor. Senado Federal. 1990.

[5] GRINOVER, Ada Pellegrini, et al. Código brasileiro de defesa do consumidor comentado pelos autores do anteprojeto. 5 edição, Editora Forense Universitária, 2000.

3. O acesso ao crédito e o superendividamento do consumidor idoso

Como visto anteriormente, o consumidor idoso necessita de proteção especial tendo em vista a sua vulnerabilidade agravada, contudo essa necessidade não se trata apenas de uma circunstância condicionada à idade do consumidor, mas também ao comportamento de parte dos fornecedores.

Os tribunais têm reconhecido a vulnerabilidade agravada do consumidor idoso em casos de cobranças abusivas e de excessos pelos fornecedores. Uma das situações mais recorrentes encaradas pelo consumido idoso são os contratos abusivos com juros exorbitantes. E a situação ainda é mais agravada quando se trata de situações de fraudes, onde por muitas vezes as dívidas são contraídas sem sequer o conhecimento dos idosos.

Um dos motivos que faz com que a população idosa seja a maior parcela da população vítima de golpes e sofra com a escassez de informações, é que o acesso é dificultado por diversos fatores; os mais comuns são a linguagem ser inacessível e técnica, ou por essas informações estarem disponíveis apenas em ambientes digitais, o que contribuiu para o aumento de casos na pandemia, tendo em vista que os idosos precisaram acessar meios digitais que não estavam familiarizados[6].

Essa falta de acesso à informação completa contribui diretamente para o aumento do desequilíbrio nas relações de consumo, e exige novos aparatos para compensar essa desigualdade expressiva como salienta Schimtt;

> Um intenso fator de desequilíbrio, nesse caso, atinge o consumidor, que tem o *minus* da informação, o que impõe ao fornecedor, o *expert* da cadeia de consumo, a adoção de aparatos que compensem esse novo fator de risco para a sociedade, em especial, aos consumidores. Assim, é dever do fornecedor compartilhar aquilo que somente ele sabe acerca do produto ou serviço, desde os primórdios deum processo de elaboração de bens, até a definição de elementos negociais inseridos nos contratos entabulados com os consumidores[7]

Desta forma essa situação poderia ser mitigada com a propagação massiva de informação, tendo como intuito conscientizar e orientar o consumidor. A implementação de formas mais acessíveis e práticas de cuidados e normas de segurança aos consumidores idosos, contribuiria para a redução do número de idosos, que são vítimas de golpes e fraudes.

[6] Dos Anjos, Láisa Junqueira. Eu me importo com a influência da pandemia no aumento dos crimes contra idosos. *Revista Direito no Cinema* 4.1 (2022): p.10-18.

[7] Schmitt, Cristiano Heineck. *Consumidores hipervulneráveis: a proteção do idoso no mercado de consumo.* Editora Atlas SA, 2014.

Um dos fatores que contribuem diretamente para que os consumidores com idade avançada sejam as vítimas mais afetadas por alguns tipos específicos de golpes, como clonagem de cartões, vazamento de senhas e dívidas contraídas com procurações falsas é o justamente por não terem conhecimento de medidas de segurança ou a informações simples.

Nesse sentido o Tribunal de Justiça de São Paulo entendeu que é um dever das intuições financeiras, proporcionarem maior acesso à informação para os consumidores idosos.

> CONTRATO. CARTÃO BANCÁRIO. CONTA CORRENTE. DÉBITO E CRÉDITO. GOLPE. CONSUMIDOR IDOSO. VULNERABILIDADE AGRAVADA. 1. Cumpre aos bancos, diante dos inúmeros golpes perpetrados contra idosos, realizar campanha maciça de informação, conscientização e orientação. 2. Operações realizadas por terceiros meliantes devem ser suportadas pelo banco, porquanto é quem deve arcar com os riscos do negócio. 3. Deve-se afastar o dano moral, pois o autor informou sua senha via e-mail para site supostamente do banco, mas que se apurou não pertencer a ele. Com isso, as partes retornam ao "*status quo ante*". 4. Cabe manter multa diária para eventual cobrança relativa às operações sabidamente efetuadas por meliantes. Basta ao banco cumprir com a determinação judicial para evitar incidência dessa pena. 5. Recurso parcialmente provido[8].

Outra situação abusiva frequentemente enfrentada pelo consumidor idoso é a venda casada, que não é incomum na contração de empréstimos ou na aquisição de um bem. Os fornecedores em diversas ocasiões inserem diversos produtos como a contratação de seguros, capitalizações e outros produtos que não são de interesse do consumidor ou que podem ser contratados em outras instituições.

A venda casada, os juros e taxas abusivas, o envio sem pedido de múltiplos cartões de crédito com limites superiores a renda e/ou aposentadoria dos idosos, facilidade e o constante incentivo para que os idosos contratem empréstimos, são alguns dos fatores que contribuem ativamente para o superendividamento da população idosa.

A oferta massiva e insistente de alguns fornecedores também contribui para o aumento exacerbado do endividamento dos idosos, junto com a falta de informações sobre as ofertas de crédito. Desse modo, "*o direito à informa-*

[8] TJ-SP – AC: 10572007320178260576 SP 1057200-73.2017.8.26.0576, Relator: Melo Colombi, Data de Julgamento: 09/05/2019, 14ª Câmara de Direito Privado, Data de Publicação: 09/05/2019.

ção busca evitar que essa persuasão se dê de modo abusivo, aproveitando-se da debilidade natural do consumidor"[9]

Cumpre salientar que a gravidade da situação financeira da população idosa causou grande preocupação ao legislador frente, o que ocasionou a promulgação da Lei 14.181/21[10] que além de trazer essas alterações significativas ao Código de Defesa do Consumidor também alterou o próprio Estatuto do Idoso[11] (Lei 10.741/2003) incluindo o §3º no art.96 do Estatuto do Idoso prevendo a possibilidade do banco ou financeira negar o empréstimo pessoal ou consignado a pessoa maior de 60 anos, sem tal conduta se configurar como crime de discriminação ao idoso.

Desta forma a saúde financeira do consumidor idoso tem motivado diversos debates nas mais variadas áreas: legislativo, judiciário e no meio acadêmico, e algumas constatações sobre como a vulnerabilidade agravada do consumidor e a falta da informação são fatores que influenciam diretamente nas queixas e violações recorrentes.

As principais delas são que a falta de informação, a propaganda e oferta massiva de créditos indiscriminados e facilitação ao acesso ao crédito contribuem diretamente para o aumento do endividamento de pessoas com idades avançadas. Apenas o reconhecimento da vulnerabilidade agravada e a proteção especial do CDC e do Estatuto do Idoso não são suficientes para mitigar o número de idosos que possuem um alto índice de endividamento.

4. Planos de saúde e o acesso à saúde pelo consumidor idoso

No que tange a saúde física os planos de saúde exercem um papel de protagonismos nas dificuldades enfrentadas pelos consumidores idosos na busca ao pleno acesso á saúde como preconiza o art. 5º da Constituição Federal. Também são as operadoras dos planos uma das maiores responsáveis pelas reclamações dos consumidores acima de 60 anos no Procon, liderando também a lista de ações judiciais de consumidores idosos.

Na medida que a população envelhece é uma prática comum das operadoras dos planos de saúde de reajustarem suas tarifas de acordo com a faixa

[9] KHOURI, Paulo R. Roque. Direito do consumidor: contratos, responsabilidade civil e defesa do consumidor em juízo. 7ª Ed. Atlas, Editora, 2021.

[10] BRASIL. [Regulamenta o Superendividamento (2021)]. Lei n. 14.181, de 01 de julho de 2021. Altera a Lei nº 8.078, de 11 de setembro de 1990 (Código de Defesa do Consumidor), e a Lei nº 10.741, de 1º de outubro de 2003 (Estatuto do Idoso), para aperfeiçoar a disciplina do crédito ao consumidor e dispor sobre a prevenção e o tratamento do superendividamento. Brasília, DF, 2021.

[11] Federal, Senado. "Estatuto do idoso." *Brasília (DF): Senado Federal* (2003).

estaria dos consumidores, ocorre que quanto maior a idade do consumidor mais alta a tarifa.

> Sobre o tema abordado, chama-nos a atenção a tentativa de exclusão de pessoas idosas de planos de saúde. Esta situação prejudica severamente aquele indivíduo que, durante boa parte de sua vida, contribuiu com mensalidades para com a empresa administradora de planos e de seguros de saúde, e, ao alcançar uma faixa etária de maior risco, quando presumidamente utiliza-se com mais frequência dos serviços garantidos pelo seu contrato, é afastado ilicitamente da contratação[12].

O aumento expansivo das tarifas afeta diretamente a diminuição da oferta de planos individuais para consumidores acima dos 60 anos, são quase inexistentes esse tipo de produto no mercado atualmente. E nos casos de consumidores que são clientes de longa data, existe um assédio constante das operadoras dos planos de saúde para que esses migrem do plano individual para o empresarial, que muitas vezes possuem cobertura reduzida.

Ocorre que uma parte das operadoras dos planos de saúde não fornecem todas as informações no ato da migração ou da contratação, mesmo sendo o direito à informação um dever decorrente da proteção ao consumidor, conforme asseverado:

> O direito à informação decorre do dever de proteção constitucional ao consumidor ou o que a doutrina denomina deveres de proteção a parte mais vulnerável. Nesse contexto, é importante compreender como se insere o dever de proteção do consumidor no ordenamento e os instrumentos utilizados para a efetivação dessa proteção. [13]

A escassez da oferta não é o único problema enfrentado perante os planos de saúde, mas também os aumentos abusivos. Nesse sentido, a legislação criou uma linha de proteção do consumidor idoso. O Estatuto do Idoso, em seu artigo 14 trata diretamente da questão: "*Em razão da idade do consumidor, ou da condição de pessoa portadora de deficiência, ninguém pode ser impedido de participar de planos privados de assistência à saúde*".

O Supremo Tribunal Federal tem como entendimento que essa proteção só se estende para as contratações posteriores a advento do Estatuto do idoso:

[12] SCHMITT, Cristiano Heineck. A "hipervulnerabilidade" do consumidor idoso. *Revista Direito e Justiça: Reflexões Sociojurídicas* 10.14 (2012): 47-76.

[13] KHOURI, Paulo R. Roque. *O direito do consumidor na sociedade da informação:* Coimbra: Almedina, 2022.

> EMENTA DIREITO CIVIL. RELAÇÃO CONTRATUAL. ADESÃO CONTRATUAL POSTERIOR AO ADVENTO DO ESTATUTO DO IDOSO. PLANO DE SAÚDE. CLÁUSULA DE REAJUSTE DE MENSALIDADE POR MUDANÇA DE FAIXA ETÁRIA. LEGALIDADE. CONSUMIDOR IDOSO. INOBSERVÂNCIA DOS PARÂMETROS LEGAIS. ABUSIVIDADE DO AUMENTO. RESTAURAÇÃO DO EQUILÍBRIO CONTRATUAL. EVENTUAL OFENSA REFLEXA NÃO VIABILIZA O MANEJO DO RECURSO EXTRAORDINÁRIO. ART. 102 DA LEI MAIOR. ACÓRDÃO RECORRIDO PUBLICADO EM 19.5.2015. 1. A controvérsia, a teor do já asseverado na decisão guerreada, não alcança estatura constitucional. Não há falar em afronta aos preceitos constitucionais indicados nas razões recursais. Compreender de modo diverso exigiria a análise da legislação infraconstitucional encampada na decisão da Corte de origem, a tornar oblíqua e reflexa eventual ofensa, insuscetível, como tal, de viabilizar o conhecimento do recurso extraordinário. Desatendida a exigência do art. 102, III, "a", da Lei Maior, nos termos da remansosa jurisprudência desta Suprema Corte. 2. As razões do agravo regimental não se mostram aptas a infirmar os fundamentos que lastrearam a decisão agravada. 3. Agravo regimental conhecido e não provido[14].

Observa-se que tanto o legislador quanto o judiciário têm compreendido a vulnerabilidade agravada dos consumidores idosos e criado mecanismos de proteção. Contudo, no mundo fático, não é que se constata, tendo em vista que os preços praticados por grande parte das operadoras de planos de saúde, torna a contratação individual consideravelmente impraticável. A insistência para a migração e a falta de informação dos consumidores faz com que muitas situações ainda que judicializadas não altere de fato essas práticas abusivas.

A situação é ainda mais preocupante ao se analisar o número de idosos que precisaram acessar o sistema de saúde na pandemia, ou que desenvolveram alguma sequela ou necessidade de tratamentos especiais por sequelas do Covid-19.

Com o aumento da expectativa de vida e do envelhecimento da população, medidas que facilitem o acesso a saúde e reduza o número de judicializações são cada vez mais urgentes, considerando que muitas vezes no ato da contratação o consumidor não possui pleno acesso a informações referentes a coberturas dos planos, ou os valores de reembolso e participação, o que ocasiona uma grave violação de seus direitos.

[14] STF – AgR ARE: 916069 MG – MINAS GERAIS 9078916-92.2014.8.13.0024, Relator: Min. ROSA WEBER, Data de Julgamento: 01/03/2016, Primeira Turma, Data de Publicação: DJe-050 17-03-2016

Conclusões

Por todo o aqui exposto, resta demostrado que, a vulnerabilidade agravada ou (hiper) vulnerabilidade do consumidor tem sido motivo de preocupação e pautado inciativas tanto do poder judiciário quanto do legislativo, contudo a simples constatação que os consumidores de idade mais avançada possuem um desequilíbrio maior nas relações de consumo e necessitam de uma proteção especial perante os fornecedores não são de fato ações efetivas para mitigar os abusos e danos sofridos por essa população.

Ainda que a legislação possua ferramentas que visem proteger o consumidor idosos e que reconheça a necessidade de adequação da lei para garantir a proteção da população, alguns fatores alheios a vontade ou inciativa do legislativo são responsáveis pela alta incidência de violações ao direito do consumidor idoso dentre eles um que é fundamentalmente importante para diminuir algumas situações abusivas e a disseminação ampla e de forma acessível do máximo de informação.

Os fornecedores e ou prestadores de serviços em diversos casos são os primeiros a ocultarem do consumidor idosos as informações necessárias para uma contratação adequada e consciente, e as informações não fornecidas variam desde o índice da taxa de juros, multas contratais ou elementos de venda casada.

Sem o pleno acesso à informação, os consumidores não possuem condições adequadas para se precaverem de golpes ou realizarem contratações cientes de todos os encargos e risco, o que foi gravemente aumentado no período da pandemia diante da necessidade de isolamento e utilização de tecnologia que muitas vezes não são acessíveis e familiares a parte dessa população.

A população idosa caracteristicamente possui mais fragilidades de saúde, e são mais sensíveis a doenças. Devido a isso também são o público que mais depende dos planos de saúde para garantir o seu acesso pleno a saúde.

Um fator que também está presente na dificuldade enfrentada pelo consumidor idoso na contratação e manutenção de um plano de saúde que atenda suas necessidades é a falta de plena informação no ato da contratação ou migração de plano, que faz com que muitos consumidores ainda tenham que judicializar muitas demandadas contra as operadoras de planos de saúde.

Desse modo, é compreensível que um dos fatores que corrobora para que o consumidor idoso com a sua vulnerabilidade agravada ou (hiper)vulnerabilidade seja constantemente vítima de situação lesivas é o óbice a informação completa, plena e acessível de forma didática no ato da contratação de um produto ou serviço, contudo a falta de informação não é uma exclusividade do consumidor idoso.

Melhorar o acesso à informação deve ser uma conduta não apenas dos prestadores de serviços e fornecedores, como também de vários setores da sociedade, incluindo o legislativo, judiciário e órgãos de proteção ao consumidor.

Por fim, compreende-se que o acesso a informação poderá de alguma forma reduzir no futuro a necessidade de proteção especial do consumidor idoso, tendo em vista que esta não é uma proteção paternalista do estado, sendo apenas uma reação do legislativo e do judiciário perante o número recorrente de violações ao consumidor idoso.

A igualdade e a liberdade nas contratações são pressupostos essenciais para a manutenção da harmonia e da boa-fé na relação de consumo; quando a liberdade da escolha e/ou contratação de um produto pode ser viciada por falta de informação ou por vulnerabilidades especiais, cabe ao estado agir, para proporcionar a restauração da equidade nas relações de consumo.

Referências

Bonatto, Cláudio; Moraes, Paulo Valério dal Pai. *Questões controvertidas no Código de Defesa do Consumidor: principiologia, conceitos, contratos atuais.* Livraria do Advogado Editora, 2003.

Dos Anjos, Láisa Junqueira. Eu me importo com a influência da pandemia no aumento dos crimes contra idosos, *Revista Direito no Cinema* 4.1 (2022): 10-18.

FEDERAL, Senado. Estatuto do idoso. Brasília (DF): Senado Federal, 2003.

FEDERAL, Senado. Código de Defesa do Consumidor. Senado Federal. 1990.

Grinover, Ada Pellegrini, et al. *Código brasileiro de defesa do consumidor comentado pelos autores do anteprojeto.* 5ª edição, Editora Forense Universitária, 2000.

Khouri, Paulo R. Roque. *Direito do consumidor: contratos, responsabilidade civil e defesa do consumidor em juízo.* 7ª Ed. Atlas, Editora, 2021.

Khouri, Paulo R. Roque. *O direito do consumidor na sociedade da informação*: Coimbra: Almedina, 2022.

Schmitt, Cristiano Heineck. A "hipervulnerabiliade" do consumidor idoso. *Revista Direito e Justiça: Reflexões Sociojurídicas* 10.14 (2012): 47-76.

Schmitt, Cristiano Heineck. *Consumidores hipervulneráveis: a proteção do idoso no mercado de consumo.* Editora Atlas SA, 2014.

BRASIL. [Regulamenta o Superendividamento (2021)]. Lei n. 14.181, de 01 de julho de 2021. Altera a Lei nº 8.078, de 11 de setembro de 1990 (Código de Defesa do Consumidor), e a Lei nº 10.741, de 1º de outubro de 2003 (Estatuto do Idoso), para aperfeiçoar a disciplina do crédito ao consumidor e dispor sobre a prevenção e o tratamento do superendividamento.Brasília, DF, 2021.

8
LA VULNERABILIDAD DEL CONSUMIDOR DE EDAD AVANZADA Y LA NECESIDAD DE UNA PROTECCIÓN ESPECIAL

Paulo R. Roque A. Khouri[1]

1. Introducción

En Brasil, el consumidor anciano tiene su vulnerabilidad reconocida, tanto por la legislación como por la jurisprudencia. Sin embargo, el reconocimiento de esta situación de vulnerabilidad en varias ocasiones no es suficiente para promover una protección especial para este grupo de consumidores.

Los obstáculos son los más diversos, y como el envejecimiento de la población es una realidad cada vez más latente los problemas y violaciones y prácticas abusivas en las relaciones de consumo crecen a una velocidad superior a la esperanza de vida y el envejecimiento de la población.

Los consumidores mayores son los más afectados por los altos índices de violaciones de derechos en las relaciones de consumo, las situaciones son las más variadas; entre las más recurrentes están: la falta de cobertura o aumentos abusivos en los planes de salud, cobros indebidos, abusivos y sobreendeudamiento por parte de los bancos y financieros y situaciones de ventas casadas.

Cerca del 40% de los consumidores atendidos por Procon en todo Brasil tienen 61 años, y las principales quejas son: venta con seguros obligatorios incluidos, llamada en Brasil *venda casada*; préstamos y envíos de pagos irregulares, cobros indebidos y cambio contractual unilateral promovido por el proveedor.

[1] Abogado, Profesor. Doctor en Derecho Público por el Instituto Brasiliense de Direito Público (IDP), Máster en Derecho Privado por la Universidad de Lisboa. Vicepresidente de la Sección Estado-DF de la Asociación de Derecho de Familia y Sucesiones-ADFAS.

A partir de tales situaciones, hay falta de respeto por el consumidor, especialmente en la cuestión de la información. Los consumidores mayores de buena fe, y con su vulnerabilidad aumentada por su situación, son los principales afectados por los proveedores que no respetan la protección del consumidor.

Los proveedores a menudo utilizan trucos, violando principalmente el derecho que tiene todo consumidor a una información clara y completa de todos los detalles de los productos contratados. Lo que ocurre es que muchos consumidores, contratan en la gran mayoría de las veces sin recibir del proveedor la atención al derecho a la información.

El Código de Protección al Consumidor es muy claro: la información debe ser factible para el contratista, se le debe proporcionar toda la información antes de contratar. El consumidor debe recibir el borrador del contrato y la explicación de todas las cláusulas y honorarios, antes de contratar, y debe recibir para que pueda analizar y decidir el contrato de manera reflejada.

Lo que se observa hoy en día es que los consumidores mayores porque ya tienen una jubilación con mayor frecuencia, son más vulnerables al crédito de nómina, un préstamo literalmente sin riesgo para el agente financiero.

Esta situación de exposición de los ancianos se da de dos maneras: primero a través de ofertas masivas y agresivas de los bancos como los préstamos de nómina, muchas veces sin observar la necesidad de los ancianos de estos préstamos, los bancos tienen la práctica de insistir en la oferta de crédito a través de *llamadas telefónicas, mensajes de WhatsApp* y planteamientos insistentes en las sucursales bancarias por parte de los gerentes en los bancos.

El segundo frente donde se produce esta falta de respeto es a través de falsos poderes notariales, uso fraudulento de datos de personas mayores, situación en la que las deudas a menudo se inscriben sin el conocimiento de los ancianos.

Otra violación constante que pone en riesgo a la población adulta mayor son los planes de salud, la falta de provisión de planes individuales y la falta de cobertura de diversos exámenes y consultas. Los ancianos son constantemente abordados para migrar del plan de salud individual al colectivo.

En cuanto a la contratación de nuevos planes, se ha vuelto cada vez menos práctica, ya que los precios superan a gran escala, dificultando el acceso de la mayoría de la población de edad avanzada.

Dar una protección especial al consumidor de edad avanzada no pretende tratarlo con paternalismo. Esta protección es necesaria en situaciones en las que por sí mismo, el consumidor ante las vulnerabilidades que sufre ya sea por su edad, vulnerabilidad cultural, social o económica está a la altura de esta protección. Principalmente para evitar situaciones que vulneren los derechos de las personas mayores, es decir, en estos casos si no hubiera abusos no sería necesaria ninguna protección.

El hecho es que la armonía entre proveedores y consumidores en el mercado no puede prosperar con abusos repetidos; en este sentido, por el derecho a la información y el reconocimiento de la vulnerabilidad especial de los ancianos, que se impone protección, no para dar a los ancianos una protección paternalista, sino para garantizar la igualdad y la libertad entre consumidores y proveedores.

Así, con el envejecimiento de gran parte de la población, se hace notable la falta del derecho a la información y con parte de los proveedores actuando de tal manera que abusan del consumidor por la vulnerabilidad debido a su edad.

2. La vulnerabilidad del consumidor de mayor edad

En las últimas décadas ha habido un gran crecimiento de la población de edad avanzada, por lo que el número de personas mayores ha aumentado sustancialmente. La tendencia es que la población anciana del país continúe aumentando junto con sus necesidades.

También se nota que hubo un aumento considerable en el consumo de esta población, considerando que hasta el año 1971 no existía jubilación rural, la esperanza de vida y el envejecimiento también eran reducidos. Con la aparición de la jubilación rural y el aumento de la esperanza de vida, la población de ancianos económicamente activa aumentó considerablemente.

Junto con la aparición y el aumento de este mercado de consumo, también surgieron nuevas necesidades y peculiaridades de este público específico. Uno de los temas más relevantes cuando se trata de relaciones de consumo es la vulnerabilidad de esta población. Pero es necesario aclarar que la vulnerabilidad en las relaciones de consumo no debe confundirse con hipo suficiencia y/o ignorancia.

> La vulnerabilidad del consumidor no se confunde con la hipo suficiencia que es una característica restringida a los consumidores que, además de ser presuntamente vulnerables, se ven agravados en esta situación por su condición individual de carencia cultural, material o como ocurre a menudo, ambas. [...] La vulnerabilidad es un rasgo universal de todos los consumidores, ricos o pobres, educados o ignorantes, crédulos o inteligentes. Por otro lado, la hipo suficiencia

es una marca personal, limitada a algunos – incluso a un colectivo – pero nunca a todos los consumidores[2].

En este sentido, se percibe que el derecho del consumidor trata la vulnerabilidad como la presunción de que la mayoría de las veces, en las relaciones de consumo, el consumidor tiene más debilidades que el proveedor.

Esta vulnerabilidad se incrementa en algunas situaciones específicas, como en los casos de los consumidores de edad avanzada, considerando que este público muchas veces tiene limitaciones de acceso a la información, dificultades en la locomoción, problemas de salud y otras debilidades que hacen que esta población tenga más dificultades para obtener las condiciones ideales para contratar un servicio o producto.

El advenimiento del Estatuto de la Persona Mayor brindó un trato más digno y una mayor protección para quienes llegan a una edad avanzada, esta protección pasa por varias áreas del derecho y las relaciones humanas, entre ellas el derecho del consumidor.

En este camino de sintonía, los ancianos tienen una protección no solo por su propio estatuto, en la Ley 10.7441/2003[3], que tiene el objetivo de salvaguardar a las personas de 60 años o más, además de salvaguardar todos los derechos inherentes a ellos. Junto con el Código de Protección al Consumidor[4], es posible observar que los ancianos tienen una protección especial, en vista de las peculiaridades y necesidades de este grupo. En este sentido, Grinover afirma:

> Entre todos los que son vulnerables, hay otros cuya vulnerabilidad es mayor que el promedio. Son los consumidores ignorantes y de poco conocimiento, de edad pequeña o avanzada, de salud frágil, así como aquellos cuya posición social no les permite evaluar adecuadamente el producto o servicio que están adquiriendo[5].

La vulnerabilidad de las personas mayores en relación con los consumidores en general se destaca principalmente en algunas situaciones, como la facilidad con que se sienten atraídos por los planes de salud, los préstamos de nómina y los anuncios abusivos y / o engañosos.

[2] Bonatto, Cláudio; Moraes, Paulo Valério dal Pai. *Questões controvertidas no Código de Defesa do Consumidor: principiologia, conceitos, contratos atuais*. Livraria do Advogado Editora, 2003.
[3] FEDERAL, Senado. Estatuto do idoso. Brasília (DF): Senado Federal, 2003.
[4] FEDERAL, Senado. Código de Defesa do Consumidor. Senado Federal. 1990.
[5] Grinover, Ada Pellegrini, et al. Código brasileiro de defesa do consumidor comentado pelos autores do anteprojeto. 5 edição, Editora Forense Universitária, 2000.

Parte de la doctrina no solo reconoce esta mayor vulnerabilidad al calificar esta situación como vulnerabilidad agravada o (hiper)vulnerabilidad, sino que también sostiene que la situación de las personas mayores aboga por un aumento del cuidado y la protección en las relaciones de consumo.

Muchas decisiones judiciales han reconocido la vulnerabilidad agravada del consumidor anciano en las relaciones de consumo, especialmente en los casos más frecuentes de violaciones sufridas por el consumidor anciano, incluido el aumento del endeudamiento con las instituciones financieras y la dificultad de acceso pleno a la salud que se abordará en los próximos capítulos.

3. Acceso al crédito y sobreendeudamiento del consumidor de edad avanzada

Como se ha visto anteriormente, el consumidor anciano necesita una protección especial en vista de su vulnerabilidad agravada, sin embargo, esta necesidad no es solo una conjuntura condicionada a la edad del consumidor, sino también al comportamiento de los proveedores.

Los tribunales han reconocido la vulnerabilidad agravada del consumidor anciano en casos de cobros abusivos y excesos por parte de los proveedores. Una de las situaciones más recurrentes a las que se enfrentan las personas mayores consumidoras son los contratos abusivos con intereses desorbitados. Y la situación se agrava aún más cuando se trata de situaciones de fraude, donde a menudo las deudas son invisibles sin siquiera el conocimiento de las personas mayores.

Una de las razones que hace que la población de edad avanzada sea la mayor porción de la población víctima de estafas y escasez de información es que el acceso se ve obstaculizado por varios factores; los más comunes son el lenguaje inaccesible y técnico, o porque esta información está disponible solo en entornos digitales, lo que contribuyó al aumento de casos en la pandemia, ya que los ancianos tenían que acceder a medios digitales con los que no estaban familiarizados[6].

Esta falta de acceso a la información completa contribuye directamente al aumento del desequilibrio en las relaciones de consumo, y requiere nuevos equipos para compensar esta importante desigualdad, como señala Schimtt;

> Un factor de desequilibrio intenso, en este caso, afecta al consumidor, que *tiene el minus* de la información, lo que *impone al* proveedor, el experto en la cadena

[6] Dos Anjos, Láisa Junqueira. Eu me importo com a influência da pandemia no aumento dos crimes contra idosos. *Revista Direito no Cinema* 4.1 (2022): p.10-18.

de consumo, la adopción de equipos que compensen este nuevo factor de riesgo para la sociedad, especialmente los consumidores. Por lo tanto, es deber del proveedor compartir lo que solo él sabe sobre el producto o servicio, desde el inicio de un proceso de preparación de bienes, hasta la definición de los elementos de negociación insertados en los contratos con los consumidores.[7]

De esta manera esta situación podría mitigarse con la difusión masiva de información, con el objetivo de concienciar y orientar al consumidor. La aplicación de formularios y prácticas de atención más accesibles y normas de seguridad para los consumidores de edad avanzada contribuiría a reducir el número de personas mayores que son víctimas de estafas y fraudes.

Uno de los factores que contribuyen directamente a que los consumidores de edad avanzada sean las víctimas más afectadas por algunos tipos específicos de estafas, como la clonación de tarjetas, la fuga de contraseñas y las deudas contraídas con falsos protegidos es precisamente porque no conocen las medidas de seguridad o la simple información.

En este sentido, el Tribunal de Justicia de São Paulo consideró que es un deber de las intuiciones financieras proporcionar un mayor acceso a la información para los consumidores de edad avanzada.

> CONTRATO. BANKCARD. CUENTA CORRIENTE. DEBITO Y CRÉDITO. GOLPE. CONSUMIDOR MAYOR DE EDAD. VULNERABILIDAD AGRAVADA. 1. Los bancos, ante los numerosos golpes perpetrados contra las personas mayores, llevan a cabo una campaña masiva de información, sensibilización y orientación. 2. Las transacciones realizadas por terceros malhechores deben ser asumidas por el banco, porque es quien debe asumir los riesgos del negocio. 3. El daño moral debe ser rechazado, porque el autor informó su contraseña por correo electrónico al supuesto sitio web del banco, pero que se encontró que no le pertenecía. Con esto, las partes vuelven al «*status quo ante*». 4. Es necesario mantener una multa diaria por cualquier cobro por transacciones que se sepa que realizan malhechores. Basta con que el banco cumpla con la determinación judicial para evitar la incidencia de esta sanción. 5. Recurso parcialmente previsto.[8]

Otra situación abusiva que a menudo enfrenta el consumidor anciano es la venta con seguros obligatorios incluidos, que no es infrecuente en el préstamo

[7] SCHMITT, Cristiano Heineck. *Consumidores hipervulneráveis: a proteção do idoso no mercado de consumo.* Editora Atlas SA, 2014.

[8] TJ-SP – AC: 10572007320178260576 SP 1057200-73.2017.8.26.0576, Ponente: Melo Colombi, Fecha de juicio: 09/05/2019, Sala 14ª de Derecho Privado, Fecha de publicación: 09/05/2019.

o en la adquisición de un bien. Los proveedores en varias ocasiones insertan diversos productos como la contratación de seguros, capitalizaciones y otros productos que no son de interés para el consumidor o que pueden ser contratados en otras instituciones.

La *venda casada*, los intereses y las cuotas abusivas, el envío sin solicitud de múltiples tarjetas de crédito con límites superiores a los ingresos y/o jubilación de las personas mayores, la facilidad y el incentivo constante para que las personas mayores se endeuden, son algunos de los factores que contribuyen activamente al sobreendeudamiento de la población anciana.

La oferta masiva e insistente de algunos proveedores también contribuye al aumento exacerbado del endeudamiento de las personas mayores, junto con la falta de información sobre las ofertas de crédito. Así, «el *derecho a la información busca evitar que esta persuasión se produzca de forma abusiva, aprovechándose de la debilidad natural del consumidor*»[9]

Cabe señalar que la gravedad de la situación financiera de la población de edad avanzada causó gran preocupación al frente legislativo, lo que provocó la promulgación de la Ley 14.181/21[10], que además de introducir estos cambios significativos en el Código de Protección al Consumidor, también cambió el Estatuto de las Personas Mayores[11] (Ley 10.741/2003) incluyendo el §3 en el art.96 del Estatuto de la Tercera Edad que prevé la posibilidad de que el banco o financiero niegue el préstamo personal o consignado a Persona mayor de 60 años, sin que dicha conducta se configure como delito de discriminación contra las personas mayores.

Así, la salud financiera del consumidor anciano ha motivado varios debates en los más variados ámbitos: legislativo, judicial y académico, y algunos hallazgos sobre cómo la vulnerabilidad agravada del consumidor y la falta de información son factores que influyen directamente en las denuncias y violaciones recurrentes.

Las principales son que la falta de información, la publicidad y la oferta masiva de créditos indiscriminados y la facilitación del acceso al crédito contribuyen directamente al aumento del endeudamiento de las personas de

9 KHOURI, Paulo R. Roque. Direito do consumidor: contratos, responsabilidade civil e defesa do consumidor em juízo. 7ª Ed. Atlas, Editora, 2021.

10 BRASIL. [Regulamenta o Superendividamento (2021)]. Lei n. 14.181, de 01 de julho de 2021. Altera a Lei nº 8.078, de 11 de setembro de 1990 (Código de Defesa do Consumidor), e a Lei nº 10.741, de 1º de outubro de 2003 (Estatuto do Idoso), para aperfeiçoar a disciplina do crédito ao consumidor e dispor sobre a prevenção e o tratamento do superendividamento. Brasília, DF, 2021.

11 Federal, Senado. "Estatuto do idoso." *Brasília (DF): Senado Federal* (2003).

edades avanzadas. Sólo el reconocimiento de la vulnerabilidad agravada y la protección especial del CDC y el Estatuto de las Personas Mayores no son suficientes para mitigar el número de personas mayores con una alta tasa de endeudamiento.

4. Planes de salud y acceso a la salud por parte del consumidor de edad avanzada

Con respecto a la salud física, los planes de salud desempeñan un papel principal en las dificultades que enfrentan los consumidores de edad avanzada en la búsqueda del pleno acceso a la salud, como lo recomienda el artículo 5 de la Constitución Federal. También los operadores de los planes son uno de los mayores responsables de las quejas de los consumidores mayores de 60 años en Procon, liderando también la lista de demandas de consumidores de edad avanzada.

A medida que la población envejece, es una práctica común de los operadores de planes de salud reajustar sus tarifas de acuerdo con el rango de consumidores; ocurre que cuanto mayor es la edad del consumidor, mayor es la tarifa.

> Sobre el tema abordado, nos atrae el intento de excluir a las personas mayores de los planes de salud. Esta situación perjudica gravemente a aquel individuo que, durante la mayor parte de su vida, aportó cuotas mensuales a la empresa de los administradores de planes de salud y seguros, y, al alcanzar un grupo de edad de mayor riesgo, cuando presumiblemente utiliza con mayor frecuencia los servicios garantizados por su contrato, es retirado ilegalmente de la contratación[12].

El aumento expansivo de las tarifas afecta directamente a la disminución de la oferta de planes individuales para los consumidores mayores de 60 años, son casi inexistentes este tipo de producto en el mercado actual. Y en los casos de consumidores que son clientes de larga data, hay un acoso constante a los operadores de planes de salud para que migren del plan individual al plan de negocios, que a menudo tiene una cobertura reducida.

Sucede que una parte de los operadores de planes de salud no proporcionan toda la información al momento de la migración o contratación, a pesar de que el derecho a la información es un deber derivado de la protección del consumidor, como se expresa:

[12] Schmitt, Cristiano Heineck. hipervulnerabilidade" do consumidor idoso. *Revista Direito e Justiça: Reflexões Sociojurídicas* 10.14 (2012): 47-76.

El derecho a la información se deriva del deber de protección constitucional hacia el consumidor o lo que la doctrina llama deberes de protección de la parte más vulnerable. En este contexto, es importante comprender cómo se incluye el deber de protección del consumidor en la planificación y los instrumentos utilizados para la realización de esta protección. [13]

La escasez de la oferta no es el único problema al que se enfrentan ante los planes de salud, sino también los aumentos abusivos. En este sentido, la legislación ha creado una línea de protección para el consumidor de edad avanzada. El Estatuto de la Persona Mayor, en su artículo 14 trata directamente el tema: «*Debido a la edad del consumidor, o la condición de una persona con discapacidad, no se puede impedir que nadie participe en planes privados de atención médica*».

El Supremo Tribunal Federal entiende que esta protección sólo se extiende a la contratación posterior al advenimiento del Estatuto de la Persona Mayor:

> EMENTA DERECHO CIVIL. RELACIÓN CONTRACTUAL. MEMBRESÍA CONTRACTUAL DESPUÉS DEL ADVENIMIENTO DEL ESTATUTO DE LA PERSONA MAYOR. SEGURO DE ENFERMEDAD. CLÁUSULA DE AJUSTE MENSUAL POR CAMBIO DE GRUPO DE EDAD. LEGALIDAD. CONSUMIDOR ANCIANO. INCUMPLIMIENTO DE PARÁMETROS LEGALES. ABUSIVIDAD DEL AUMENTO. RESTABLECIMIENTO DEL EQUILIBRIO CONTRACTUAL. CUALQUIER OFENSA REFLEJA NO PERMITE LA GESTIÓN DE RECURSOS EXTRAORDINARIOS. ART. 102 DE LA LEY MAYOR. SENTENCIA PUBLICADA EL 19.5.2015. 1. La controversia, el contenido de lo ya afirmado en la decisión guerreada, no alcanza la estatura constitucional. No se habla de afrenta a los preceptos constitucionales indicados en las razones recursivas. Entenderse de otra manera requeriría el análisis de la legislación infraconstitucional acampada en la decisión del Tribunal de origen, para hacer oblicuo y reflejo cualquier delito, insusceptible, como tal, para permitir el conocimiento del recurso extraordinario. No se ha cumplido el requisito del art. 102, III, «a» de la Ley Mayor, de acuerdo con la jurisprudencia de reabastecimiento de esta Corte Suprema. 2. Los motivos de la lesión del regimiento no son adecuados para fundamentar los motivos en los que se basó la decisión agravada. 3. Queja del regimiento conocida y no proporcionada.[14]

[13] Khouri, Paulo R. Roque. *O direito do consumidor na sociedade da informação:* Coimbra: Almedina, 2022.

[14] Corte suprema- Agr SON: 916069 MG – MINAS GERAIS 9078916-92.2014.8.13.0024, Ponente: Min. Rosa Weber, Fecha de prueba: 01/03/2016, Primera clase, Fecha de publicación: DJe-050 17-03-2016

Se observa que tanto el legislador como el poder judicial han comprendido la vulnerabilidad agravada de los consumidores mayores y han creado mecanismos de protección. Sin embargo, en el mundo fático, no es que se observe, dado que los precios cobrados por la mayoría de los operadores de planes de salud hacen que la contratación individual sea considerablemente poco práctica. La insistencia en la migración y la falta de información de los consumidores significa que muchas situaciones, incluso si están judicializadas, en realidad no alteran estas prácticas abusivas.

La situación es aún más preocupante cuando se analiza el número de Personas Mayores que necesitaron acceso al sistema de salud en la pandemia, o que desarrollaron alguna secuela o necesidad de tratamientos especiales debido a secuelas de Covid-19.

Con el aumento de la esperanza de vida y el envejecimiento de la población, las medidas que faciliten el acceso a la salud y reduzcan el número de judicializaciones son cada vez más urgentes, considerando que muchas veces al momento de contratar el consumidor no tiene pleno acceso a la información relacionada con la cobertura de los planes, o los montos de reembolso y participación, lo que provoca una grave violación de sus derechos.

Conclusiones

Por todo lo anterior, queda por demostrar que la vulnerabilidad agravada o (hiper) vulnerabilidad del consumidor ha sido motivo de preocupación y basada tanto en el poder judicial como en el legislativo; sin embargo, la simple constatación de que los consumidores de mayor edad tienen un mayor desequilibrio en las relaciones de consumo y requieren una protección especial ante los proveedores no son en realidad acciones efectivas para mitigar los abusos y daños que sufre esta población.

Aunque la legislación cuenta con herramientas dirigidas a proteger al consumidor Mayor de Edad y reconocer la necesidad de que la ley se adapte para garantizar la protección de la población, algunos factores ajenos a la voluntad o iniciativa del legislador son responsables de la alta incidencia de violaciones de la ley del consumidor de edad avanzada, entre ellos uno que es fundamentalmente importante para reducir algunas situaciones abusivas y la difusión amplia y accesible de la máxima información.

En varios casos, los proveedores y/o prestadores de servicios son los primeros en ocultar al consumidor de edad avanzada la información necesaria para una contratación adecuada y consciente, y la información no proporcionada varía del índice de tipos de interés, las multas contractuales o los elementos de ventas casadas.

Sin pleno acceso a la información, los consumidores no cuentan con condiciones adecuadas para evitar estafas o para concienciar a los contratos de toda la carga y riesgo, que se incrementó severamente en el período de la pandemia ante la necesidad de aislamiento y uso de tecnología que muchas veces no son accesibles y familiares para parte de esta población.

La población de edad avanzada característicamente tiene más debilidades de salud y es más sensible a las enfermedades. Debido a esto también son el público que más depende de los planes de salud para garantizar su pleno acceso a la salud.

Un factor que también está presente en la dificultad que enfrenta el consumidor de edad avanzada para contratar y mantener un plan de salud que satisfaga sus necesidades es la falta de información completa en el acto de contratación o migración del plan, lo que provoca que muchos consumidores aún tengan que judicializar a muchos acusados contra los operadores del plan de salud.

Así, es comprensible que uno de los factores que corrobora que el consumidor anciano con su vulnerabilidad agravada o (hiper)vulnerabilidad sea constantemente víctima de situación dañina sea el obstáculo para obtener información completa, plena y accesible de manera didáctica al momento de contratar un producto o servicio; sin embargo, la falta de información no es una exclusividad del consumidor anciano.

Mejorar el acceso a la información debe ser la conducta no solo de los proveedores de servicios y proveedores, sino también de diversos sectores de la sociedad, incluidos los poderes legislativos, judicial y de protección del consumidor.

Finalmente, se entiende que el acceso a la información puede reducir de alguna manera en el futuro la necesidad de una protección especial del consumidor Mayor, ya que esta no es una protección paternalista del Estado, siendo solo una reacción del legislador y el poder judicial al número recurrente de violaciones al consumidor de edad avanzada.

La igualdad y la libertad en la contratación son requisitos previos esenciales para mantener la armonía y la buena fe en la relación del consumidor; cuando la libertad de elegir y/o contratar un producto puede ser adicta por falta de información o vulnerabilidades especiales, corresponde al Estado actuar, proporcionar la restauración de la equidad en las relaciones de consumo.

Referencias

BONATTO, Cláudio; MORAES, Paulo Valério dal Pai. *Questões controvertidas no Código de Defesa do Consumidor: principiologia, conceitos, contratos atuais*. Livraria do Advogado Editora, 2003.

DOS ANJOS, Láisa Junqueira. Eu me importo com a influência da pandemia no aumento dos crimes contra idosos, *Revista Direito no Cinema* 4.1 (2022): 10-18.

FEDERAL, Senado. Estatuto do idoso. Brasília (DF): Senado Federal, 2003.

FEDERAL, Senado. Código de Defesa do Consumidor. Senado Federal. 1990.

GRINOVER, Ada Pellegrini, et al. *Código brasileiro de defesa do consumidor comentado pelos autores do anteprojeto*. 5ª ed., Editora Forense Universitária, 2000.

KHOURI, Paulo R. Roque. *Direito do consumidor: contratos, responsabilidade civil e defesa do consumidor em juízo*. 7ª ed. Atlas, Editora, 2021.

KHOURI, Paulo R. Roque. *O direito do consumidor na sociedade da informação*: Coimbra: Almedina, 2022.

SCHMITT, Cristiano Heineck. A "hipervulnerabiliade" do consumidor idoso. *Revista Direito e Justiça: Reflexões Sociojurídicas* 10.14 (2012): 47-76.

SCHMITT, Cristiano Heineck. *Consumidores hipervulneráveis: a proteção do idoso no mercado de consumo*. Editora Atlas, 2014.

BRASIL. [Regulamenta o Superendividamento (2021)]. Lei n. 14.181, de 01 de julho de 2021. Altera a Lei nº 8.078, de 11 de setembro de 1990 (Código de Defesa do Consumidor), e a Lei nº 10.741, de 1º de outubro de 2003 (Estatuto do Idoso), para aperfeiçoar a disciplina do crédito ao consumidor e dispor sobre a prevenção e o tratamento do superendividamento. Brasília, DF, 2021.

9
A PROTEÇÃO DA PESSOA IDOSA NA IMPOSIÇÃO LEGAL DO REGIME DA SEPARAÇÃO DE BENS NO CASAMENTO E NA UNIÃO ESTÁVEL

Regina Beatriz Tavares da Silva[1]

1. Considerações iniciais

Muito se debate sobre o regime da separação obrigatória de bens, chamado de regime forçoso de separação de bens em outros países, para as pessoas que se casam em idade mais avançada, ou seja, na atualidade legislativa brasileira, além dos 70 anos, conforme sua previsão no Código Civil brasileiro, em seu art. 1.641, II.

Os debates vão desde a proteção da dignidade e da liberdade da pessoa idosa nessa obrigatoriedade legal da separação de bens até os efeitos desse regime para quem se casa com maior idade.

Analiso esta temática desde os idos da década de 1990, quando elaborei um parecer jurídico, a pedido do advogado da causa em que uma mulher, sua cliente, casada pelo regime da separação obrigatória por sua maior idade, defendia-se das investidas do marido mais jovem, em ação de separação judi-

[1] Pós-Doutora em Direito da Bioética pela Faculdade de Direito da Universidade de Lisboa – FDUL. Doutora em Direito e Mestre em Direito Civil pela Faculdade de Direito da Universidade de São Paulo – USP. Graduada em Direito pela Universidade Presbiteriana Mackenzie. Diretora de Relações Institucionais da União dos Juristas Católicos de São Paulo – UJUCASP. Coordenadora e Palestrante em vários Cursos, Congressos e Jornadas realizados no Brasil e em outros países. Titular da Cadeira 39 da Academia Paulista de Letras Jurídicas – APLJ. Foi membro da Comissão Especial de Assessoria à Relatoria Geral do Projeto do atual Código Civil, na Câmara dos Deputados. Participou de outros projetos legislativos, como o Projeto de Lei do atual Código de Processo Civil. Advogada inscrita na Ordem dos Advogados do Brasil e na Ordem dos Advogados de Portugal. Sócia fundadora e titular de Regina Beatriz Tavares da Silva Sociedade de Advogados. Fundadora e Presidente da Associação de Direito de Família e das Sucessões – ADFAS.

cial cumulada com pedido do cônjuge masculino de partilha de todos os bens adquiridos no curso do casamento, inclusive os frutos civis de bens que ela já possuía, como se estivessem casados pelo regime da comunhão parcial de bens. Após maltratar a esposa durante o casamento, aproveitando-se de sua vulnerabilidade decorrente da diferença de idade entre os cônjuges, o marido queria receber a meação em todo o crescimento patrimonial daquela senhora, incluindo as cabeças de gado e os investimentos realizados com a venda desses semoventes que sua fazenda produziu no período do casamento. A injustiça era evidente na pretensão do marido, o que me fez realizar pesquisa ampla, desde a introdução jurisprudencial do regime da separação obrigatória de bens no ordenamento jurídico brasileiro.

Um pouco desta pesquisa realizada como parecerista trago para este artigo. Em 2004 publiquei texto intitulado *Regime da separação de bens convencional e obrigatória*, em que reproduzi parte do referido parecer, ampliando a análise do tema[2]. Continuei com interesse pela matéria e em 2011 publiquei outro artigo na obra Grandes Temas de Direito de Família, intitulado *Sucessão do cônjuge no regime da separação de bens*[3].

Também um pouco da experiência vivenciada em minha advocacia ao largo dos 42 anos em que milito na área do direito de família e das sucessões norteia os estudos agora apresentados.

Mas o que mais analiso no presente textoé a fundamentação legal, doutrinária e jurisprudencial que apoia a manutenção do regime da separação obrigatória no casamento e estende sua aplicação à união estável de pessoas com maior idade.

Por essas razões escolhi este tema para publicação na obra Tratado da Pessoa Idosa. Não há dúvida de que assegurar o patrimônio ou os direitos reais do idoso é uma das principais formas de protegê-lo.

2. A proteção da dignidade do idoso na obrigatoriedade do regime da separação de bens

A proteção da dignidade da pessoa humana, que é um dos princípios mais comentados no Direito Brasileiro, previsto no art. 1º, inciso III da Constitui-

[2] Tavares da Silva, Regina Beatriz: Regime da separação de bens convencional e obrigatória, in *Questões Controvertidas no novo Código Civil*, Delgado, Mário Luiz e Figueirêdo Alves, Jones (coordenação). Editora Método: São Paulo, 2004, v. 2.

[3] Tavares da Silva, Regina Beatriz e Lima e Brito, Laura Souza: Sucessão do cônjuge e do companheiro no regime da separação de bens, in *Grandes Temas de Direito de Família e das Sucessões*, Tavares da Silva e Almeida Camargo, Theodureto (coordenação). São Paulo: Saraiva, 2011.

ção Federal (CF), não pode ter desvios interpretativos, sob pena de desproteger o idoso.

Verifiquemos o que significa dignidade da pessoa humana. Seria atender sempre aos desejos da pessoa? Seria fazer com que o Direito acobertasse todas as suas vontades? Seria desprezar os limites impostos pelo Direito na salvaguarda da pessoa humana?

O que se lê nos escritos dos que defendem que o regime de separação obrigatória de bens no casamento de idoso importaria em ofensa à sua dignidade importa em respostas positivas para todas aquelas perguntas. No entanto, a tentativa de impregnar o Direito de conceitos psicanalíticos, como o de que a pessoa humana é um "ser desejante", é a raiz da perda da segurança jurídica e não da defesa da dignidade da pessoa humana.

Obviamente que a dignidade da pessoa humana tem o sentido de cláusula geral da tutela da personalidade. É não há dúvida de que os direitos da personalidade são protegidos em favor da pessoa humana e não simplesmente para satisfazer os seus desejos.

O pensamento de que a obrigatoriedade do regime da separação de bens é restrição atentatória à dignidade da pessoa humana encontra argumentos como este:

> uma das vantagens da fortuna consiste em aumentar os atrativos matrimoniais de quem a detém", e ainda que "não há inconveniente social de qualquer espécie em permitir que um sexagenário ou uma sexagenária ricos se casem pelo regime da comunhão, se assim lhe prouver[4].

Obviamente que o argumento por si só mostra a fragilidade do idoso e a necessidade jurídica de sua proteção para que aquela cláusula constitucional de tutela da sua personalidade seja efetivamente acatada na legislação infraconstitucional.

Afinal, o direito à liberdade, um dos direitos da personalidade, não é ilimitado, em proteção da pessoa humana.

A doutrina que oferece apoio ao regime da separação obrigatória enfatiza que o direito à liberdade, tutelado pela CF em vários dos incisos de seu art. 5º, concede:

> (...) o poder de fazer tudo o que se quer, nos limites resultantes do ordenamento jurídico, [de modo que] os limites à liberdade individual existem em

[4] V. RODRIGUES, Silvio. *Direito Civil: direito da família*. 27. ed. atual. por Francisco José Cahali, São Paulo, Saraiva, 2002, p.183 – leia-se *septuagenário* e *septuagenária*.

várias regras desse ordenamento, especialmente no direito de família, que vão dos impedimentos matrimoniais (art. 1.521, I a VII), que vedam o casamento de certas pessoas, até a fidelidade, que limita a liberdade sexual fora do casamento (art. 1.566, I). É ainda de salientar-se que não pode o direito de família aceitar que, se reconhecidos os maiores atrativos de quem tem fortuna, um casamento seja realizado por meros interesses financeiros, em prejuízo do cônjuge idoso e de seus familiares de sangue[5].

Efetivamente, como bem justificou o Senador Josaphat Marinho, Relator do Projeto de Código Civil, na fase senatorial, a redação do art. 1.641, II da Lei 10.406 de 10 de janeiro de 2002 é uma prudência legislativa em favor das pessoas e de suas famílias, considerando a idade dos nubentes, "não em razão de suspeita de casamento por interesse, nem de espírito patrimonialista, mas de prudência legislativa em favor das pessoas e de suas famílias, considerando a idade do nubente." [6].

No entanto, em que pese a elegância do saudoso Senador, é de lembrar que, conforme os anos passam, a idade avançada acarreta maiores carências afetivas e, portanto, riscos maiores corre aquele que tem mais de setenta anos de sujeitar-se a um casamento em que o outro nubente tenha em vista vantagens financeiras.

Possibilitar, por exemplo, a adoção do regime da comunhão universal de bens, num casamento assim celebrado, pode acarretar consequências desastrosas ao cônjuge idoso, numa dissolução *intervivos* de sua sociedade ou de seu vínculo conjugal, ou mesmo a seus filhos, numa dissolução *causa mortis* do casamento.

Acentue-se que nessa fase da vida presumivelmente o patrimônio de um ou de ambos os nubentes ou conviventes já está estabilizado e o consórcio não se dá no início ou durante a atividade laborativa quando, aqui, sim, a construção patrimonial ocorre.

Também na conformidade da boa doutrina:

> Por mais que a regra geral na fixação do regime patrimonial seja a autonomia privada, o CC, no caso do art. 1.641, II, esta é afastada para impor a adoção de regime de separação de bens. Na verdade, pretende o legislador tutelar não a pessoa do nubente, mas o patrimônio da família, evitando sua dispersão em

[5] V. Monteiro, Washington de Barros e Tavares da Silva, Regina Beatriz. *Curso de Direito Civil*, 43ª ed., São Paulo: Saraiva, 2016, p. 320.

[6] V. Tavares da Silva, Regina Beatriz e Fiuza, Ricardo (coordenadores). *Código Civil Comentado* 10ª ed., São Paulo: Saraiva, 2016, p. 1705.

benefício de terceiros e em detrimento dos integrantes do núcleo familiar, pois o casamento é permitido, não pode é haver a comunicação dos bens dos cônjuges[7].

Cite-se, em continuidade da doutrina que apoia a constitucionalidade do dispositivo legal em tela estas palavras, como sempre, contundentes por parte do respectivo autor e doutrinador, em que as idades citadas – 50 anos para a mulher e 60 anos para o homem – podem ser lidas na atualidade como 70 anos para os dois gêneros:

> De nossa parte, advogamos, para o tema, uma solução intermediária. Embora reconheçamos que as pessoas de idade alta ou avançada não estão destituídas de impulsos afetivos e da possibilidade de sentirem amor, ternura, pretendendo, desinteressadamente, unir-se matrimonialmente com outrem, devemos também concordar que, na prática, será muito difícil acreditar-se que uma jovem de 18, 20 anos, esteja sinceramente apaixonada por um homem maior de 60 anos, nem, muito menos, que um rapaz de 20 anos venha a sentir amor e pura ou verdadeira atração por uma senhora de mais de 50 anos. Tirando as honrosas exceções de praxe, na maioria dos casos, é razoável suspeitar-se de um casamento por interesse. [...] Achamos, porém, que a regra protetiva – o casamento sob o regime imperativo da separação – deve ser mantida. Os amores crepusculares tornam as pessoas presas fáceis de gente esperta, que quer enriquecer por via de um casamento de conveniência, o que na linguagem popular se conhece por "golpe do baú"[8].

Observe-se que a Lei 12.344/2010 elevou a idade limite prevista no Código Civil, em sua origem, em 60 anos, para "pessoa maior de setenta anos" (art. 1.641, II). Essa majoração atende à contemporaneidade, tendo em vista novos padrões de longevidade e saúde.

Portanto, no dispositivo em tela, não há vedação legal discriminatória, mas, sim, protetiva à pessoa do idoso, em tutela de sua dignidade, com a preservação de sua autonomia da vontade em casar-se ou constituir união estável, por meio do regime da separação obrigatória de bens.

Não há violação na norma infraconstitucional em tela do artigo 1º, III da Constituição Federal, não se tratando de preconceito em razão de idade ou outra forma de discriminação o regime de separação obrigatória estabelecido pelo art. 1641, II do CC aos maiores de 70 anos que se casam ou constituem união estável.

[7] Maia Junior, Mairan Gonçalves. *Do Regime da Comunhão Parcial de Bens no Casamento e na União Estável*. São Paulo: Revista dos Tribunais, 2010, p. 279.

[8] Veloso, Zeno. *Regime matrimoniais de bens*. Belo Horizonte: Del Rey, 1997.

Além disso, é de recordar que o idoso, com mais do que setenta anos, pode celebrar negócios jurídicos e testamento. O fundamento de legitimidade dos negócios jurídicos privados é a autonomia privada, sendo que o idoso pode doar, vender e ceder parte de seu patrimônio ao seu consorte, por ato de vontade. Sua autonomia da vontade está preservada, evidentemente. Não há a tal "interdição parcial" alegada por quem é contrário ao regime da separação absoluta de bens no casamento do idoso maior de 70 anos.

Algo muito diferente é possibilitar ao idoso que, num momento de domínio da paixão e sem a devida reflexão, se case em regime de comunhão de bens, ou mesmo passe a viver em união de fato ou união estável a partir dos 70 anos, regime esse que não poderá modificar se não tiver a concordância do outro cônjuge[9].

Vê-se, assim, que a dignidade do idoso está preservada, na conformidade do art. 1º, III da CF:

> A dignidade é um valor espiritual e moral inerente à pessoa, que se manifesta singularmente na autodeterminação consciente e responsável da própria vida e que traz consigo a pretensão ao respeito por parte das demais pessoas, constituindo-se em um mínimo invulnerável que todo estatuto jurídico deve assegurar, de modo que, somente excepcionalmente, possam ser feitas limitações ao exercício dos direitos fundamentais, mas, sempre sem menosprezar a necessária estima que merecem todas as pessoas enquanto seres humanos[10]

3. A laicidade do Estado apoia o regime da separação obrigatória

A autonomia da vontade que existia no passado, muito remoto, em relação à escolha do regime de bens pelo idoso decorria da "crença católica", em que se presumia que homem e mulher, pelo casamento, se transformavam numa única carne (*carneo una*), ou seja, assumiam uma total união física e espiritual.

Assim, no passado, não havia imposição do regime da separação obrigatória aos que se casavam em maior idade, citando-se o seguinte pensamento, adequado àqueles tempos de forte influência religiosa nas normas legais: "seja

[9] Na conformidade do Código Civil, a modificação do regime de bens somente ocorre se houver concordância de ambos os cônjuges, por meio de pedido judicial motivado e desde que não prejudique terceiros (art. 1.639, § 2º: É admissível alteração do regime de bens, mediante autorização judicial em pedido motivado de ambos os cônjuges, apurada a procedência das razões invocadas e ressalvados os direitos de terceiros.)

[10] Moraes, Alexandre de. *Constituição do Brasil Interpretada*. 5ª ed. São Paulo: Atlas, 2005. p. 129.

qual for o regime, isto é, a fórma, porque se regule a fortuna dos cônjuges; porque não tem com ella relação senão indirecta e mui remota"[11].

Ficção ou não, este era o pensamento dominante antigamente: as pessoas se casavam não por interesses patrimoniais, de modo que a relação do regime de bens com o casamento seria somente indireta.

Assim, a antiga legislação conferia aos cônjuges ampla liberdade para decidirem a respeito de seus bens, como dispunha o Título XLVI do Livro 4 das Ordenações Filipinas:

> Como marido e mulher são meeiros em seus bens. Todos os casamentos feitos em nossos Reinos e senhorios se entendem feitos por Carta de ametade; salvo quando entre as partes outra cousa fòr acordada e contractada, porque então se guardará o que entre elles fòr contractado... então coherente com o princípio da igualdade, estabelece a communhão ou communicação, que não é outra coisa, senão a sociedade dos bens entre os conjuges.

No Código Civil de 1916, foi estabelecida norma protetiva ao casamento do maior de idade, inobstante a influência religiosa ainda existisse nas normas legais àquela época, de modo que o seu art. 258, parágrafo único, III, previu que é obrigatório o regime da separação de bens no casamento dos homens maiores de sessenta e das mulheres maiores de cinquenta anos.

No entanto, a influência religiosa ainda persistia no regime legal da comunhão universal de bens, na conformidade do art. 258, *caput* do Código Civil de 1916.

Até que fosse possibilitado o divórcio por meio da Emenda Constitucional (EC) 9 de 28 de junho de 1977, quando, a seguir, veio a Lei 6.515 de 26 de dezembro de 1977, vigorou o regime legal, ou seja, a regra geral, do regime da comunhão universal de bens, em que todo o patrimônio se comunica entre os cônjuges, apropriado àquela plena comunhão de vidas que o catolicismo recomenda aos que se casam. Somente no ano de 1977 esse regime foi substituído pelo regime legal da comunhão parcial de bens, em que os bens adquiridos onerosamente durante o casamento são comuns, ou seja, aqueles em que se presume o esforço de ambos os consortes[12].

[11] ROCHA, Manuel António Coelho da. *Instituições de Direito Civil Portuguez* – Tomo I. 3 ed. Coimbra: Imprensa da Universidade, 1852, p. 164.

[12] CC, art. 1.667: O regime de comunhão universal importa a comunicação de todos os bens presentes e futuros dos cônjuges e suas dívidas passivas (...). CC, art. 1.658: No regime de comunhão parcial, comunicam-se os bens que sobrevierem ao casal, na constância do casamento (...). Art.

Obviamente que, sem o divórcio, os casamentos não terminavam antes da morte, havendo, até o advento da EC 9 de 1977 e da Lei 6.515/1977, somente a possibilidade de desquite, atual separação judicial, que dissolvia a sociedade e não o vínculo conjugal, mas com requisitos que hoje não mais existem: para que um dos cônjuges pedisse o desquite tinha de provar que o outro cônjuge teria praticado adultério, ou injúria grave, ou lesão corporal contra o autor da demanda. Por outras palavras, o casamento era celebrado para durar para sempre.

A laicidade do Estado reforça, na atualidade, a necessidade de garantia à individualidade patrimonial, de modo que o regime de separação de bens, até mesmo por escolha livre de quem não é idoso, tem sido muito utilizado no casamento hoje em dia.

Portanto, inobstante a reação do Código Civil de 1916, a própria história denota que a imposição legal do regime de separação obrigatória veio da mudança de costumes, ou da quebra de uma ficção que havia no passado sobre a pureza das intenções de quem se casa, a escolha de uma dessas hipóteses cabe somente ao leitor, mas qualquer uma delas denota que o regime da separação obrigatória protege a pessoa idosa.

Aliás, por meio desse regime da separação obrigatória se assegura a autonomia aos indivíduos em maior idade e não o contrário, como possa parecer numa primeira e rasa vista, o que será demonstrado a seguir.

4. Preservação da autonomia da vontade da pessoa idosa

Os septuagenários têm preservada a autonomia de suas vontades no que diz respeito à livre disposição de seus bens.

Assim como todas as pessoas que se casam em menor idade, os maiores de 70 anos podem realizar doações a seus cônjuges (CC, art. 544), ou podem celebrar testamento com atribuição de livre escolha a quem quiserem de sua cota disponível, ou seja, de metade de seu patrimônio, inclusive ao seu cônjuge (CC, art. 1.846), ou podem, mais ainda do que os que se casam em comunhão de bens, optar por celebrar com o outro cônjuge contrato de compra e venda (CC, art. 499).

Por outro lado, a pessoa casada no regime da comunhão de bens, seja total, seja parcial, não pode celebrar certos negócios jurídicos sem o consentimento de seu cônjuge. Somente no regime da separação de bens existe a plena autonomia na alienação do patrimônio (CC, art. 1.647). Em razão da adoção do regime da separação de bens, os bens permanecerão sob a administração

1.660. Entram na comunhão: I – os bens adquiridos na constância do casamento por título oneroso, ainda que só em nome de um dos cônjuges (...).

exclusiva de cada um dos cônjuges, que poderá livremente os gravar de ônus real ou alienar (CC, art. 1.687).

Além disso, somente os cônjuges casados sob o regime da separação não precisarão do consentimento do outro para propor ações que versem sobre direitos reais imobiliários (Código de Processo Civil – CPC, art. 73); bem como poderão realizar validamente confissão em juízo nas ações que versarem sobre bens imóveis ou direitos reais sobre imóveis alheios sem a necessidade de igual confissão do outro cônjuge (CPC, art. 391).

Ademais, recaindo penhora sobre bem imóvel ou direito real sobre imóvel de pessoa casada, não se fará necessária a intimação do cônjuge que se casou sob o regime da separação de bens (CPC, art. 842).

Se a pessoa maior de 70 anos tivesse de obter a outorga uxória e não pudesse livremente dispor de seus bens em atos de vontade negocial, como doações e compra e venda de bens, ou praticar livremente atos de ordem processual, assim como se lhe fosse vedada a celebração de testamento com disposição de sua cota disponível a quem bem entender, aí sim estaria violada sua liberdade.

Em suma, a adoção do regime da separação obrigatória para o casamento das pessoas maiores de 70 anos, termina por assegurar maior liberdade na administração, na alienação e na oneração dos seus bens, ante a dispensa da outorga uxória para a prática de diversos atos jurídicos.

Neste passo é de lembrar que a função do direito privado é de preservar o idoso, inclusive se tiver que realizar o devido "filtro" em seus direitos fundamentais[13].

Privação da liberdade ou dos bens do idoso haveria, isto sim, se não lhe fosse permitida a livre disposição de seu patrimônio, em negócios jurídicos, em atos processuais e na celebração de testamento, de modo que não há violação ao seu direito à liberdade, assegurado pelo art. 5º da Constituição Federal em vários de seus incisos, muito ao contrário, há a preservação de sua autonomia da vontade da pessoa maior de 70 anos pelo ordenamento legal brasileiro.

5. Os efeitos do regime da separação obrigatória na dissolução do casamento

O Código Civil de 1916 estabeleceu esse regime, na época com diferenciação de idade entre o homem (60 anos) e a mulher (55 anos). O Código Civil de 2002 igualou as idades e estabeleceu, na sua redação original, os 60 anos no

[13] Rodrigues Jr, Otávio Luiz. *Direito Civil Contemporâneo: estatuto epistemológico, constituição e direitos fundamentais*. 2ª ed. Rio de Janeiro: Forense Universitária, 2019, § 65, C (e-book).

art. 1.641, inciso II. Após a Lei nº 12.344, de 2010, que modificou essa redação original, a idade limite para a livre escolha do regime de bens no casamento passou a ser a dos 70 anos.

Logo introdutoriamente parece de evidência solar que se o legislador desejasse o regime da comunhão parcial nos casamentos celebrados por pessoas além do limite legal de idade teria assim estatuído[14]; no entanto, o Código Civil de 1916, no art. 258, parágrafo único, inciso II, e o Código Civil de 2002, no art. 1.641, inciso II estabeleceu o regime da separação de bens.

Em 03.04.1964 foi editada a Súmula 377 no Supremo Tribunal Federal (STF), como o pensamento uniforme dessa instância judicial: "No regime da separação legal de bens comunicam-se os adquiridos na constância do casamento".

Mediante a edição da Súmula 377 pelo STF, a divergência jurisprudencial se estabeleceu no Brasil, havendo interpretações equivocadas de que esta súmula indicaria a aplicação do regime da comunhão parcial de bens.

Por estas razões, a análise histórica no âmbito jurisprudencial brasileiro é feita a seguir.

No regime da separação obrigatória de bens é preciso realizar a análise de entendimentos jurisprudenciais que se realizaram no Brasil e chegaram a transformar-se em súmula da Instância Suprema que, diante de seu enunciado, induziu em erro durante muitos e muitos anos os julgadores das Instâncias inferiores.

Numa primeira vista dessa súmula, sem a devida atenção aos seus precedentes, citados expressamente em sua edição e, também, de todos os que a originaram, concluiu-se, nas instâncias judiciais inferiores que o regime da separação legal ou obrigatória de bens equivaleria ao regime da comunhão parcial de bens, com a comunicação entre os cônjuges dos bens adquiridos durante o casamento, por mera presunção do esforço de ambos nessas aquisições.

No entanto, basta a leitura dos precedentes expressos na Súmula 377 para que se conclua que a comunicação de bens no regime da separação obrigatória nunca teve em vista, antes de sua edição, à mera aplicação das regras do regime da comunhão de bens, sendo no sentido, isto sim, de comunicação do patrimônio adquirido pelo esforço comum, com prova deste esforço, em capital ou trabalho, e sem a presunção desse esforço que somente existe no regime da comunhão parcial de bens.

Assim, são citados a seguir os precedentes citados expressamente na referida súmula.

[14] V. Silvio Rodrigues, *Direito civil*, 27ª ed., ob. citada, p. 185/190.

O Recurso Extraordinário 7.243, 1ª Turma do STF, Relator Ministro Filadelfo Azevedo contém ementa que exprime o pensamento neste julgado adotado: "Reconhece-se a comunhão acerca dos bens adquiridos pelo esforço comum dos cônjuges sujeitos a regime matrimonial diverso do comum"[15]. Note-se aqui a expressa referência ao esforço comum, ou seja, à contribuição por meio de entrega de capital ou de trabalho, na aquisição dos bens durante o casamento.

No Recurso Extraordinário 9.128, da 2ª Turma do STF, Relator Ministro Edgar Costa, que também é citado como precedente da Súmula 377 do STF, ficou consignada a incomunicabilidade dos bens adquiridos no curso de casamento celebrado pelo regime da separação obrigatória de bens em razão da idade do nubente, constando da respectiva ementa que "No regime da separação obrigatória dos bens do casal não se admite a comunhão dos adquiridos, pois esta pressupõe a existência de contrato nupcial, mesmo porque a comunhão dos adquiridos seria, em tal caso, um meio de burlar a lei. A lei quer, em determinados casos, a separação de bens e não a mera comunhão". Este v. acórdão, ao analisar o dispositivo que impõe o regime da separação de bens quando um dos nubentes tem idade superior àquela prevista em lei, aponta, no voto do Ministro Hahnemann Guimarães, a ausência de caráter punitivo da norma, que, na verdade, tem em vista proteger o cônjuge que se casa com idade superior àquela prevista em lei[16].

O Recurso Extraordinário 10.951, da 1ª Turma do STF, Relator Ministro Castro Nunes, sem votação unânime, aplicou os princípios da comunhão dos bens adquiridos na constância de casamento em que é obrigatório o regime da separação de bens, mas deixou expresso que esta aplicação se deveu à inexistência de separação dos cônjuges até a morte do marido[17].

O último precedente apontado na Súmula 377 do STF é o Recurso Extraordinário nº 8.984, da 1ª Turma do STF, Relator Ministro Orozimbo Nonato, contendo a seguinte ementa: "O regime legal da separação patrimonial não proíbe que os cônjuges se associem, e reúnam os bens adquiridos por sua atividade comum". Este acórdão faz referência expressa à sociedade de fato existente naquele casamento, de modo que recusá-la seria causar lesão injusta aos cônjuges, que, com esforços e indústria comuns, obtiveram bens, que devem formar uma "caixa social". Neste julgado foi oferecida proteção à mulher,

[15] Revista Forense – abril, 1944 – p. 75.
[16] Revista Forense, agosto/1948, p. 104.
[17] Revista Forense, dezembro/1949, p. 116.

atribuindo-lhe o direito de participar dos "frutos das economias do casal" para as quais concorrera com o seu esforço[18].

Após a análise daqueles quatro precedentes, verifica-se que um acórdão se posicionou contrariamente à comunicação dos aquestos, outros dois acórdãos aceitaram a comunicabilidade diante do esforço comum, e somente um deles, não unânime, considerou aplicável a regra do então vigente art. 259 do Código Civil a casamento celebrado pelo regime da separação de bens obrigatória, deixando expresso que referido casamento havia se dissolvido pela morte.

Portanto, a interpretação da Súmula 377 do STF deveria ter sido sempre realizada em consonância com os respectivos precedentes, que, em sua maioria, não aceitaram a aplicação pura e simples do regime da comunhão parcial em casamentos contraídos pelo regime da separação obrigatória de bens, considerando comunicável somente o patrimônio adquirido pelo esforço comum, ou seja, mediante a existência de sociedade de fato entre os cônjuges.

Quanto aos precedentes não citados expressamente nessa Súmula, em análise minudente de todos, denota-se que em razão das inúmeras questões que surgiram entre imigrantes, especialmente italianos, que colonizaram a zona rural do Rio Grande do Sul e grande parte de São Paulo, cujo regime legal do país de origem era o da separação absoluta de bens, com a incomunicabilidade de todos os bens, sendo que o regime legal que vigorava àquela época no Brasil era o da comunhão universal de bens, portanto, em face das diversidades marcantes entre a situação dos imigrantes domiciliados no Brasil e os brasileiros, firmou-se jurisprudência que reconheceu àqueles imigrantes a aplicação dos princípios do regime da comunhão de bens. Portanto, algo muito diferente do regime da separação obrigatória de bens em razão da maior idade[19].

[18] Archivo Judiciario, 20/11/1949, p. 203

[19] A jurisprudência daquela época, anterior ao advento da Súmula 377 do STF, editada em 03.04.1964, era representada pelos seguintes acórdãos: "Nos casais de imigrantes que aqui chegaram pobres e se enriqueceram pelo trabalho comum, há uma sociedade de fato em que cada um dos cônjuges tem uma metade ideal." (1ª Câmara, TJSP, Rel. Des. Paulo Colombo, 24.07.1952 – RT 204/313); "Embora a lei italiana não conceda à viúva a meação nos bens deixados pelo marido, a jurisprudência pátria reconhece-lhe esse direito, com base em uma comunhão societária, quando se trata de casal que, com o trabalho de ambos os cônjuges, fez fortuna... Se assim não se entender, far-se-á revoltante injustiça, esbulhando um dos cônjuges do produto de seu trabalho e criando para o outro o enriquecimento ilícito." (6ª Câmara, TJSP, Rel. Des. Rel. Minhôto Junior, 15.03.1957 – RT 265/382); "CASAMENTO- Marido italiano e mulher brasileira – Matrimônio realizado em data anterior à atual Lei de Introdução ao Código Civil – Aplicação da lei nacional do cônjuge varão – Separação de bens consequentemente – Comunicação, todavia, dos adquiridos na constância da

Verifica-se, ainda, que aqueles casais chegavam ao Brasil sem recursos e, em razão da vida em comum prolongada por longos anos, era formado o seu patrimônio mediante esforço comum, em verdadeira sociedade de fato[20]. O casamento, via de regra, se dissolvia pela morte.

No que se refere aos julgados anteriores à Súmula 377, não citados expressamente em sua edição e que efetivamente analisaram o regime da separação obrigatória de bens a quem alcançou a maior idade, a posição jurisprudencial era de incomunicabilidade dos bens adquiridos no curso do casamento, aceitando a comunicabilidade, em caráter de exceção, somente diante de prova do esforço comum[21].

sociedade conjugal – Inteligência do art. 259 do Código Civil." (4ª Câmara, TJSP, Rel. Des. João P. Cavalcante, 20.08.1957 – RT 269/226).

[20] V. Silvio Rodrigues, *Direito civil*, ob. citada, p. 188; e Luís Antônio da Gama e Silva, Parecer *in* RT 257/86.

[21] "Regime de bens no casamento. Se a separação é obrigatória, imposta pela lei como pena, não se comunicam os bens adquiridos na constância do casamento. Em um, cuida-se de mera convenção firmada entre os cônjuges, sem qualquer empecilho à adoção deste ou daquele regime de bens; em outro, porém, o regime da separação é imposto por força de um dispositivo expresso de lei. Permitir, neste último caso, que se institua o regime da comunhão quanto aos aquestos, representará verdadeira burla à disposição de lei, que estabeleceu como obrigatório o regime da separação." (Recurso Extraordinário n. 43.295, 1ª Turma, STF, Rel. Des. Luiz Galotti, 30.07.1959); "Regime de bens – Aquestos – Comunicabilidade – Idade – Prova – Os bens adquiridos por um dos cônjuges, na constância do casamento, são de sua exclusiva propriedade, e não de ambos, porque inexiste comunhão de aquestos se o regime de separação é imperativo legal." (Apelação Cível n. 19.420, 3ª Câmara, Rel. Des. Ferreira de Oliveira, 27.10.1961); "O art. 259 do Código Civil só se aplica aos casos de regime de separação de bens estipulado pelas partes, jamais no legal e obrigatório". (Recurso de Revista n. 93.372, Câmaras Civis Reunidas, Rel. Des. A. de Oliveira Lima, 28.09.1970); "Quando o regime da separação resulta de imposição da lei, quando ele é obrigatório por haver ocorrido um dos casos previstos no art.258, em hipótese alguma os bens dos cônjuges se comunicarão." (Apelação Cível n. 113.459, 1ª Câmara, TJSP, Rel. Des. Carvalho Pinto, 26.06.1962); "A adoção da tese da comunicabilidade dos bens adquiridos após o casamento importa em tornar irrisório e ridículo o caráter coercitivo que emana das medidas consignadas no art. 258, parágrafo único, do Código Civil." (Embargos Infringentes n. 113.459, 1º Grupo de Câmaras, TJSP, Rel. Des. Paulo Otaviano, 12.02.1963); "Quando o regime matrimonial de bens é o da separação obrigatória, por força do art. 258 do Código Civil, não se comunicam os bens adquiridos na constância do casamento. O disposto no art. 259 somente se aplica aos casos em que há contrato antenupcial." (7ª Câmara, TJGB, Rel. Des. Marcelo Santiago Costa, 28.05.1963 – RT 359/478); "Nos casos de separação "ex vi legis", entram na comunhão do casal os bens adquiridos na constância do casamento se ficar provada a existência da sociedade com a combinação de esforços ou de recursos."(STF, Rel. Min. Hahnemann Guimarães, 14.10.1949 – RT 201/572); "Regime obrigatório de separação de bens – Comunhão dos adquiridos na constância do casamento, por esforço conjunto, sempre admitida pela jurisprudência – Pedido de exclusão da filha do "de cujus", inicialmente indicada herdeira da meação – Indeferimento – Remessa do cônjuge supérstite às

Em suma, a jurisprudência anterior ao advento da Súmula 377 do STF era pacífica somente no que se refere à comunhão de bens em casamentos de estrangeiros cujo regime legal era o da separação; a jurisprudência existente sobre regime da separação obrigatória de bens exigia a prova do esforço comum para admitir a comunicação do patrimônio, sendo que o fazia especialmente para proteger o cônjuge sobrevivente[22].

Portanto, ocorreu um desvio dessa Súmula 377 do STF após a sua edição, por leitura rasa de seu enunciado, por sinal, muito mal redigido por não refletir a jurisprudência que a apoiou.

É relevante lembrar que a Súmula 377 do Supremo Tribunal Federal foi editada sob a égide da Constituição Federal de 1.969, antes da introdução do divórcio pela Emenda Constitucional 9 de 1977 e antes da Lei 6.515 de 26/12/1977, que alterou o regime advindo da lei, como norma geral, da comunhão universal para a comunhão parcial de bens.

Também é preciso recordar que se chegava a afirmar na primeira metade do século passado que o regime da separação de bens conduzia à desarmonia matrimonial e ocasionava os rompimentos dos casamentos, já que enfraquecia a posição do marido, dando direitos à mulher, o que, segundo pensamento

vias ordinárias". (3º Grupo de Câmaras, TJSP, Rel. Des. Joaquim de Sylos Cintra, 10.11.1950 - RT 190/253); "Regime de bens - Separação obrigatória - Comunicação dos adquiridos na constância do matrimônio, mediante esforço comum dos cônjuges." (2ª Câmara, TJSP, Rel. Des. J. M. Gonzaga, 03.06.1952 - RT 203/270); "A melhor doutrina quanto aos aquestos é aquela segundo a qual a imposição do art. 258, parágrafo único, n. II, do Código Civil, não impede que se comuniquem os bens adquiridos na constância do casamento, cujo regime é o da separação obrigatória, se a aquisição se operou pelo esforço comum dos cônjuges." (1º Grupo de Câmaras, TJSP, Rel. Des. Alceu Cordeiro Fernandes, 03.11.1953 - RT 222/158); "Regime de bens - Separação legal - Presunção contra a comunicação dos aquestos - Inexistência de prova do esforço comum na aquisição do imóvel - Ação Improcedente - Interpretação dos arts. 258 e 259 do Código Civil. A comunicação dos bens adquiridos na constância do matrimônio realizado sob o regime de separação, imposto pela lei, não pode ser admitida, pura e simplesmente, pela só presunção determinada no art. 259 do Código Civil." (Embargos Infringentes n. 44.284, 2º Grupo de Câmaras, TACSP, Rel. Des. Nelson Franco, 04.12.1960); "Regime de bens - Separação obrigatória- Aquestos - Meação reclamada pela viúva no inventário de seu marido - Inadmissibilidade - Necessidade da prova da contribuição societária - Possibilidade de reclamação, apenas, pelas vias ordinárias - Não provimento do recurso - Aplicação dos arts. 259 do Código Civil e 466 do Código de Processo Civil. Somente pelas vias ordinárias, pode a viúva demandar o seu direito à meação, por contribuição societária, nos bens adquiridos durante o regime de separação obrigatória. (Apelação Cível n. 109.804, 3ª Câmara, TJSP, Rel. Des. R. F. Ferraz de Sampaio, 30.05.1962).

22 V. Silvio Rodrigues, "Súmula 377 do STF: necessidade de sua revogação", *in O direito na década de 80. Estudos Jurídicos em homenagem a Hely Lopes Meirelles*, coord. Arnoldo Wald, São Paulo, Revista dos Tribunais, 1985, p. 181.

daquela época, afrouxava a sociedade conjugal[23]. Enfim, o regime da comunhão de bens, segundo entendimento da primeira metade do século passado, era o que mais se adequava à natureza do casamento, de modo a propiciar a harmonia matrimonial, fazendo do marido e da mulher uma única pessoa[24].

Encontra-se no Tribunal de Justiça de São Paulo um primeiro acórdão reagente ao falho entendimento da jurisprudência então dominante pela aplicação do regime de bens da comunhão parcial ao casamento celebrado em maior idade. No acórdão relatado pelo Desembargador Renan Lotufo, proferido pela Primeira Câmara Civil do Tribunal de Justiça de São Paulo em 27.09.1.994, nos autos da Apelação Cível nº 214.397-1/0, constou que

> Tendo sobrevindo a introdução do divórcio e posteriormente a Constituição de 1.988... e firmado que o regime comum, ou legal, é o da comunhão de aqüestos, não se pode pretender prevalecentes os dizeres da Súmula 377, que alude à comunicação dos bens adquiridos na constância do casamento, sem fazer qualquer alusão à origem das aquisições.

No Superior Tribunal de Justiça, destaca-se julgado pioneiro na devida interpretação da Súmula 377, proferido pela 4ª Turma, em 09.06.1992, tendo como Relator o Ministro Sálvio de Figueiredo Teixeira, REsp 9.938-0-SP, que deixou consignado:

> 1. Em se tratando de regime da separação obrigatória (CC, art. 258), comunicam-se os bens adquiridos na constância do casamento pelo esforço comum. 2. O enunciado n. 377 da Súmula do STF deve restringir-se aos aqüestos resultantes da conjugação de esforços do casal, em exegese que se afeiçoa à evolução do pensamento jurídico e repudia o enriquecimento sem causa[25].

[23] V. Americo Mendes de Oliveira Castro, *Regimens matrimoniaes*, Rio de Janeiro, O Social, 1927, p. 287.

[24] V. Clovis Bevilaqua, *Direito de família*, Rio de Janeiro: Freitas Bastos, 1933, p. 198 e 199.

[25] RT 691/194. Antes deste acórdão, o Supremo Tribunal Federal já demonstrava os rumos que deveria ter tomado há tempos a aplicação da Súmula 377 do STF: Na 1ª Turma, em 18.10.1983, tendo como Relator o Ministro Néri da Silveira, RExt 93.168-RJ, o STF já reconhecera que "A Súmula 377 refere-se à comunicação de aqüestos, no regime da separação legal. Não é invocável, quando se cuida de bens adquiridos, na constância do matrimônio, não pela cooperação de ambos os cônjuges" (RTJ 118/546); também no Supremo Tribunal Federal, acórdão proferido em 26.08.1981, em Sessão Plenária, tendo como Relator o Ministro Decio Miranda, deixou assentado que "Estão sujeitos à comunhão apenas os bens adquiridos por esforço comum na constância do casamento" (RTJ 100/1121). Também no Supremo Tribunal Federal foi proferido acórdão em 13.03.1981, pela 2ª Turma, Relator Ministro Cordeiro Guerra, REsp 91.059-0, que deixou assentado: "A Súmula 377 se aplica aos bens adquiridos pelo esforço comum dos cônjuges" (RT 553/280). Ainda no Supremo

Inobstante houvesse nos Tribunais estaduais pensamento incorreto na aplicação da Súmula 377, havia também acórdãos nessas instâncias que bem aplicavam essa súmula, no sentido de que somente com a prova do esforço comum poderia haver a comunicação de bens no regime da separação obrigatória[26].

Tribunal Federal, cite-se v. julgado proferido em 19.10.1979, pela Primeira Turma, Relator Ministro Xavier Albuquerque, REsp 89.480-2, segundo o qual "Tratando-se de comunhão de aqüestos no regime de separação legal, não diverge da Súmula 377 a decisão que a limita aos bens adquiridos graças ao esforço comum dos cônjuges" (RT 535/230).

Relevante, também, v. acórdão da 2ª Turma do Supremo Tribunal Federal, proferido em 01.10.1968, Relator Ministro Adalício Nogueira, RExt 64.236, que fornece preciosos esclarecimentos: "A Súmula em apreço, nos termos vagos em que se elaborou, não podia abranger todas as hipóteses que a vida prática oferece. Ela só pode partir do pressuposto do que normalmente acontece. As relações jurídicas apresentam facetas imprevisíveis. O enunciado da Súmula teve em mira, sem dúvida, a existência de aqüestos, que procedessem do esforço conjugado dos nubentes, da sua colaboração comum, do seu trabalho harmônico... O esforço comum, é, pois, o traço que imprime aos aqüestos a força de sua comunicabilidade" (RTJ 47/337).

26 No Tribunal de Justiça de São Paulo são destacados os seguintes vv. acórdãos: "Comunicação dos bens adquiridos pelo esforço comum, mesmo na constância do casamento celebrado no regime da separação obrigatória (Súmula 377 do STF)" (3ª Câmara de Direito Privado, Embargos Infringentes 079.569.4/7-02, Relator Desembargador Carlos Roberto Gonçalves, 21.03.2000); "...O enunciado n. 377 da Súmula do Supremo Tribunal Federal deve restringir-se aos aqüestos resultantes da conjugação de esforços do casamento, em exegese que se afeiçoa à evolução do pensamento jurídico e repudia o enriquecimento sem causa." (6ª Câmara de Direito Privado, Relator Desembargador Antonio Carlos Marcato, 06.08.1998, JTJ 210/22); "...a referida Súmula foi editada sob a égide da Constituição de 1.969, e antes da emenda nº 09, que introduziu o divórcio, e alterou o regime legal de bens. Imperante até então o regime da comunhão universal, e diante de quadro sociológico diverso, a jurisprudência buscou salvaguardar principalmente as mulheres estrangeiras, que chegaram ao Brasil já casadas sob a legislação do País de origem. Tendo sobrevindo a introdução do divórcio e posteriormente a Constituição de 1988, em que o casamento já não é mais o centro do Direito de Família, e firmado que o regime comum, ou legal, é o da comunhão de aqüestos, não se pode pretender prevalecentes os dizeres da Súmula 377, que alude à comunicação dos bens adquiridos na constância do casamento, sem fazer qualquer alusão à origem das aquisições... Tem-se claro, pois, que mesmo os acórdãos que deram base à Súmula referiam o esforço comum, não à comunicação pura e simples...Se assim se decidiu à luz do sistema constitucional e legal anterior, com muito maior razão se há de admitir que sem a prova do esforço comum não há como determinar a partilha, por presunção de comunhão total dos bens adquiridos pós-casamento sob o regime da separação obrigatória. Seria clara infringência ao disposto não só no parágrafo único do art. 258, como ao art. 269 do Código Civil" (1ª Câmara Civil de Apelação Cível nº 214.397-1/0, Relator Desembargador Renan Lotufo, 27.12.1994); "... 'os bens adquiridos posteriormente ao casamento, só se tornam comuns se se provar o esforço comum conjunto dos cônjuges na aquisição deles.' A comunicação se dá em razão da sociedade de fato entre cônjuges. O art. 259, assim, diz respeito somente à separação por convenção. Assim, resumiu-se a 'quaestio' no fato de que no regime da separação obrigatória de bens, apenas estão sujeitos à comunhão os bens adquiridos pelo esforço comum dos cônjuges, ajustando-se na mais hodierna jurisprudência, quando tais esforços se apresentam

Nos Tribunais de outros Estados, também já eram encontrados acórdãos que reconheciam a necessidade de prova do esforço conjunto na aquisição de bens para sua comunicabilidade, em casamento celebrado pelo regime da separação obrigatória de bem[27].

No entanto, ainda oscilava a jurisprudência do Superior Tribunal de Justiça, havendo julgados que entendiam a Súmula 377 no sentido equivocado de aplicação do regime da comunhão parcial de bens aos cônjuges de maior idade[28].

Mas o Superior Tribunal de Justiça, desde a década de 2010, passou a posicionar-se uniformemente no sentido de que vigora o regime da separação obrigatória nos casamentos da maior idade, e não o regime da comunhão de aquestos, citando-se acórdão paradigma, que faz referência a outros tantos julgados proferidos nessa superior instância e com o mesmo posicionamento[29].

nos autos devida e convincentemente comprovados" (2ª Câmara Civil, Relator Desembargador Munhoz Soares, Apelação Cível nº 97.892-1, 06.12.1988).

27 "...no regime compulsório da separação de bens...não se comunicam os aqüestos, máxime se o processo não positiva que o cônjuge mulher colaborou, de qualquer modo, na aquisição de patrimônio pelo marido..." (TJRJ, RT 502/216); "...Tal comunicabilidade de bens depende de comprovação do esforço comum na aquisição dos aqüestos..." (TJRS, 8ª CC, Rel. Des. Elisei gomes Torres, 16.02.95); "... ambos os cônjuges envidaram esforços para a constituição do patrimônio do casal... Comprovado o esforço da autora...injusto seria alijá-la do direito a parte do patrimônio do casal." (TJPA, RT 763/328); "Só se justifica a comunhão de aqüestos, no casamento realizado pelo regime legal da separação de bens, se adquiridos com o esforço conjunto dos cônjuges." (TJDFT, DJU 05.11.1997, p. 26.827).

28 V. STJ, 4ª Turma do Superior Tribunal de Justiça, Relator Ministro Ruy Rosado de Aguiar, j. em 05/07/2002, REsp. 442165/RS e acórdão da 3ª Turma do STJ, Relator Ministro Eduardo Ribeiro, j. 13/02/1990, REsp. 1651/GO.

29 RECURSO ESPECIAL. UNIÃO ESTÁVEL SOB O REGIME DA SEPARAÇÃO OBRIGATÓRIA DE BENS. COMPANHEIRO MAIOR DE 70 ANOS NA OCASIÃO EM QUE FIRMOU ESCRITURA PÚBLICA. PACTO ANTENUPCIAL AFASTANDO A INCIDÊNCIA DA SÚMULA N. 377 DO STF, IMPEDINDO A COMUNHÃO DOS AQUESTOS ADQUIRIDOS ONEROSAMENTE NA CONSTÂNCIA DA CONVIVÊNCIA. POSSIBILIDADE. MEAÇÃO DE BENS DA COMPANHEIRA. INOCORRÊNCIA. SUCESSÃO DE BENS. COMPANHEIRA NA CONDIÇÃO DE HERDEIRA. IMPOSSIBILIDADE. NECESSIDADE DE REMOÇÃO DELA DA INVENTARIANÇA. 1. O pacto antenupcial e o contrato de convivência definem as regras econômicas que irão reger o patrimônio daquela unidade familiar, formando o estatuto patrimonial – regime de bens – do casamento ou da união estável, cuja regência se iniciará, sucessivamente, na data da celebração do matrimônio ou no momento da demonstração empírica do preenchimento dos requisitos da união estável (CC, art. 1.723). 2. O Código Civil, em exceção à autonomia privada, também restringe a liberdade de escolha do regime patrimonial aos nubentes em certas circunstâncias, reputadas pelo legislador como essenciais à proteção de determinadas pessoas ou situações e que foram dispostas no art. 1.641 do Código Civil, como sói ser o regime da separação obrigatória da pessoa maior de setenta antos (inciso II). 3. "*A ratio legis* foi a de proteger o idoso e seus herdeiros necessários dos casamentos realizados por interesse estritamente econômico,

Conforme entende o STJ, o regime da separação obrigatória somente pode ser rechaçado na hipótese de longa união estável existente anteriormente ao matrimônio, porque haveria uma contaminação no casamento do regime da comunhão parcial que vigora na união estável conforme estabelece o Código Civil em seu art. 1.725 e já estabelecia anteriormente a Lei 9.278 de 1996[30].

evitando que este seja o principal fator a mover o consorte para o enlace" (REsp 1689152/SC, Rel. Ministro Luis Felipe Salomão, Quarta Turma, julgado em 24/10/2017, DJe 22/11/2017).4. Firmou o STJ o entendimento de que, "por força do art. 258, § único, inciso II, do Código Civil de 1916 (equivalente, em parte, ao art. 1.641, inciso II, do Código Civil de 2002), ao casamento de sexagenário, se homem, ou cinquentenária, se mulher, é imposto o regime de separação obrigatória de bens. Por esse motivo, às uniões estáveis é aplicável a mesma regra, impondo-se seja observado o regime de separação obrigatória, sendo o homem maior de sessenta anos ou mulher maior de cinquenta" (REsp 646.259/RS, Rel. Ministro Luis Felipe Salomão, Quarta Turma, julgado em 22/06/2010, DJe 24/08/2010).5. A Segunda Seção do STJ, em releitura da antiga Súmula n. 377/STF, decidiu que, "no regime de separação legal de bens, comunicam-se os adquiridos na constância do casamento, desde que comprovado o esforço comum para sua aquisição" EREsp 1.623.858/MG, Rel. Ministro Lázaro Guimarães (Desembargador convocado do TRF 5ª região), Segunda Seção, julgado em 23/05/2018, DJe 30/05/2018), ratificando anterior entendimento da Seção com relação à união estável (EREsp 1171820/PR, Rel. Ministro Raul Araújo, Segunda Seção, julgado em 26/08/2015, DJe 21/09/2015). 6. No casamento ou na união estável regidos pelo regime da separação obrigatória de bens, é possível que os nubentes/companheiros, em exercício da autonomia privada, estipulando o que melhor lhes aprouver em relação aos bens futuros, pactuem cláusula mais protetiva ao regime legal, com o afastamento da Súmula n. 377 do STF, impedindo a comunhão dos aquestos. 7. A *mens legis* do art. 1.641, II, do Código Civil é justamente conferir proteção ao patrimônio do idoso que está casando-se e aos interesses de sua prole, impedindo a comunicação dos aquestos. Por uma interpretação teleológica da norma, é possível que o pacto antenupcial venha a estabelecer cláusula ainda mais protetiva aos bens do nubente septuagenário, preservando o espírito do Código Civil de impedir a comunhão dos bens do ancião. O que não se mostra possível é a vulneração dos ditames do regime restritivo e protetivo, seja afastando a incidência do regime da separação obrigatória, seja adotando pacto que o torne regime mais ampliativo e comunitário em relação aos bens. 8. Na hipótese, o de cujus e a sua companheira celebraram escritura pública de união estável quando o primeiro contava com 77 anos de idade – com observância, portanto, do regime da separação obrigatória de bens -, oportunidade em que as partes, de livre e espontânea vontade, realizaram pacto antenupcial estipulando termos ainda mais protetivos ao enlace, demonstrando o claro intento de não terem os seus bens comunicados, com o afastamento da incidência da Súmula n. 377 do STF. Portanto, não há falar em meação de bens nem em sucessão da companheira (CC, art. 1.829, I). 9. Recurso especial da filha do de cujus a que se dá provimento. Recurso da ex-companheira desprovido. (REsp 1922347/PR, 4ª T., Rel. Min. Luís Felipe Salomão, 4ª T., j. 07-12-2021).

[30] Recurso especial. Direito civil. Família. Matrimônio contraído por pessoa com mais de 60 anos. Regime de separação obrigatória de bens. Casamento precedido de longa união estável iniciada antes de tal idade. Recurso especial não provido.1. O artigo 258, parágrafo único, II, do Código Civil de 1916, vigente à época dos fatos, previa como sendo obrigatório o regime de separação total de bens entre os cônjuges quando o casamento envolver noivo maior de 60 anos ou noiva com mais de 50 anos. 2. Afasta-se a obrigatoriedade do regime de separação de bens quando o matrimônio é precedido de longo relacionamento em união estável, iniciado quando os cônjuges não tinham

Tamanha a uniformidade do posicionamento na Superior Instância que foi editada em 09/11/2022 a Súmula 655 pelo STJ, firmando que somente pode haver a comunicação de bens no casamento celebrado pelo regime da separação obrigatória mediante a prova do esforço comum: Aplica-se à união estável contraída por septuagenário o regime da separação obrigatória de bens, comunicando-se os adquiridos na constância, quando comprovado o esforço comum.

No entanto, ainda há interpretações divergentes, para não dizer equivocadas, levando a tamanha insegurança jurídica que causam as interpretações divergentes à realização de pacto antenupcial em casamento de pessoa maior do que 70 anos para reforçar a exclusividade do patrimônio de cada um dos cônjuges, o que resultou no Enunciado 634 da VIII Jornada de Direito Civil do Conselho da Justiça Federal, segundo a qual:

> É lícito aos que se enquadrem no rol de pessoas sujeitas ao regime da separação obrigatória de bens (art. 1.641 do Código Civil) estipular, por pacto antenupcial ou contrato de convivência, o regime da separação de bens, a fim de assegurar os efeitos de tal regime e afastar a incidência da Súmula 377 do STF.

Esta é outra anomalia interpretativa, já que os efeitos da Súmula 377 do STF são exatamente os de impedir a comunicação do patrimônio do idoso ao outro cônjuge, salvo os casos de sociedade de fato em que o princípio da vedação ao enriquecimento ilícito prevalecerá em toda e qualquer hipótese. Portanto, não convém realizar pactos antenupciais com tal cláusula, sob pena de ter o efeito contrário, causando a comunhão de bens. Se houver interesse na realização do pacto, a sua redação efetivamente tem de ser muito diferente daquele enunciado das Jornadas de Direito Civil. Deste modo, o pacto antenupcial é permitido, inclusive reconhecido pelo STJ em termos de sua validade, desde que seja para reforçar a separação de bens no casamento, com redação adequada a essa manifestação de vontade dos nubentes[31].

restrição legal à escolha do regime de bens, visto que não há que se falar na necessidade de proteção do idoso em relação a relacionamentos fugazes por interesse exclusivamente econômico. 3. Interpretação da legislação ordinária que melhor a compatibiliza com o sentido do art. 226, §3º, da CF, segundo o qual a lei deve facilitar a conversão da união estável em casamento.4. Recurso especial a que se nega provimento. (STJ, REsp 1318281/PE, 4ª T., Rel. Min. Maria Isabela Gallotti, j. 01-12-2016).

[31] V. STJ, REsp 1.922.347-PR, 4ª Turma, Rel. Min. Luis Felipe Salomão, j. em 07/12/2021: No casamento ou na união estável regidos pelo regime da separação obrigatória de bens, é possível que os nubentes/companheiros, em exercício da autonomia privada, estipulando o que melhor

Observe-se, ainda, que o art. 258, parágrafo único do Código Civil de 1916 e o art. 1641 do atual Código Civil, ao estabelecerem o regime da separação obrigatória não distinguem entre bens anteriores e posteriores ao casamento, de modo que a separação é total, relembrando que *ubi lex non distinguit nec non distinguere debemus.*

A única razão de eventual comunicabilidade de bens em regime da separação obrigatória reside na vedação ao enriquecimento ilícito, mas, para tanto, é indispensável a prova do esforço conjunto, de verdadeira sociedade de fato entre os cônjuges.

Como já estabelecia o art. 1.363 do Código Civil de 1916, "Celebram contrato de sociedade as pessoas que mutuamente se obrigam a combinar seus esforços ou recursos, para lograr fins comuns". E dispõe o art. 981 do Código Civil de 2002 que "Celebram contrato de sociedade as pessoas que reciprocamente se obrigam a contribuir, com bens ou serviços, para o exercício de atividade econômica e a partilha, entre si, dos resultados", sendo que seu parágrafo único estatui que "A atividade pode restringir-se à realização de um ou mais negócios determinados".

Ainda, cabe citar os artigos 986 e seguintes do atual Código Civil, que regulam a sociedade não personificada, dispondo que são aplicáveis, no que forem com ela compatíveis, as normas da sociedade simples. No art. 988 é estabelecida uma relevante regra, já que preserva o patrimônio dos sócios de fato, bem como os seus credores, nos seguintes termos: "Os bens e dívidas sociais constituem patrimônio especial, do qual os sócios são titulares em comum". Também o art. 989 tem em vista a preservação dos interesses de terceiros, dispondo que os bens sociais respondem pelos atos de gestão praticados por qualquer dos sócios.

Assim, para que haja comunicação patrimonial, em regime da separação obrigatória de bens, é indispensável a prova da sociedade de fato, ou seja, a comprovação do ingresso de bens pertencentes ao outro cônjuge, com seu uso e gozo ou cessão de direitos, ou da prestação efetiva de serviços não remunerados[32].

O argumento de que bastaria a incomunicabilidade dos bens preexistentes ao casamento para alcançar a proteção ao cônjuge, nas hipóteses previstas no art. 1641, também não condiz com a realidade. Saliente-se que especialmente quando há patrimônio anterior ao casamento, tal proteção somente pode ser

lhes aprouver em relação aos bens futuros, pactuem cláusula mais protetiva ao regime legal, com o afastamento da Súmula n. 377 do STF, impedindo a comunhão dos aquestos.

[32] V. Monteiro, Washington de Barros e Tavares da Silva, Regina Beatriz. *Curso de Direito Civil,* 2: Direito de Família, 43ª ed., São Paulo: Saraiva, 2016, p. 318 a 325.

eficaz se a separação de bens vigorar quanto ao patrimônio adquirido antes e após a sua celebração, em razão da natural confusão entre os bens preexistentes e pós-existentes. Isto porque é comum a transformação patrimonial, sendo por meio de rendas ou produto da venda de bens anteriores que ocorrem as aquisições no curso do casamento, observando-se as dificuldades probatórias atinentes à sub-rogação.

Na dissolução por morte, é de chamar a atenção a nova ordem de vocação hereditária estabelecida pelo Código Civil de 2002.

No Código Civil de 1916 se estabelecia a seguinte ordem de vocação hereditária, em seu art. 1.603: A sucessão legítima defere-se na ordem seguinte: I – Aos descendentes. II – Aos ascendentes. III – Ao cônjuge sobrevivente. IV – Aos colaterais. V – Aos Estados, ao Distrito Federal ou a União. V – aos Municípios, ao Distrito Federal ou à União.

No Código Civil de 2002, a ordem de vocação hereditária passou a ser a seguinte, no seu art. 1.829:

> A sucessão legítima defere-se na ordem seguinte: I – aos descendentes, em concorrência com o cônjuge sobrevivente, salvo se casado este com o falecido no regime da comunhão universal, ou no da separação obrigatória de bens (art. 1.640, parágrafo único); ou se, no regime da comunhão parcial, o autor da herança não houver deixado bens particulares; II – aos ascendentes, em concorrência com o cônjuge; III – ao cônjuge sobrevivente; IV – aos colaterais.

Vê-se que no diploma civil em vigor o cônjuge sobrevivente passou a concorrer com os descendentes do falecido nos regimes da comunhão parcial de bens e da separação eletiva de bens, excetuada esta concorrência somente nos regimes da separação obrigatória de bens e da comunhão universal de bens. No regime da comunhão universal de bens, as razões da inexistência de direito à herança residem na meação do consorte sobrevivente que se refere a todo o patrimônio que compõe a herança, salvo raríssimas exclusões[33]. No regime da separação obrigatória, denota-se claramente que a intenção legis-

[33] CC, art. 1.668. São excluídos da comunhão: I – os bens doados ou herdados com a cláusula de incomunicabilidade e os sub-rogados em seu lugar; II – os bens gravados de fideicomisso e o direito do herdeiro fideicomissário, antes de realizada a condição suspensiva; III – as dívidas anteriores ao casamento, salvo se provierem de despesas com seus aprestos, ou reverterem em proveito comum; IV – as doações antenupciais feitas por um dos cônjuges ao outro com a cláusula de incomunicabilidade; V – Os bens referidos nos incisos V a VII do art. 1.659. CC, art. 1.669. A incomunicabilidade dos bens enumerados no artigo antecedente não se estende aos frutos, quando se percebam ou vençam durante o casamento.

lativa foi de reforçar este regime também em caso de morte, o que é mais uma demonstração do cuidado do Código Civil de 2002 para com a pessoa idosa.

Em suma, se à época da Súmula 377 já havia necessidade de demonstração da existência de sociedade de fato, para que fosse considerada a comunicação de bens, com muito mais razão em nossos dias, sob a égide do Código Civil de 2002, a prova do esforço comum deve ser exigida[34].

6. Aplicabilidade do regime de bens da separação obrigatória à união estável

O regime de bens, decorrente de lei, na união estável era regulado pela Lei nº 9.278/96, que em seu artigo 5º dispunha que:

> Os bens móveis e imóveis adquiridos por um ou por ambos os conviventes, na constância da união estável e a título oneroso, são considerados fruto do trabalho e da colaboração comum, passando a pertencer a ambos, em condomínio e em partes iguais, salvo estipulação contrária em contrato escrito.

Com a edição do CC/2002, o legislador aprimorou a regulamentação do regime de bens na união estável, passando a dispor no art. 1.725 que: "*Na união estável, salvo contrato escrito entre os companheiros, aplica-se às relações patrimoniais, no que couber, o regime da comunhão parcial de bens*".

Com isso, a união estável equipara-se ao casamento nos efeitos patrimoniais, estabelecendo o regime legal da comunhão parcial (art. 1.725), e nos efeitos pessoais, como no dever de assistência material que pode resultar em dever de prestar alimentos na dissolução dessa entidade familiar (CC, art. 1.724).

É de convir que, o Código Civil, ao estabelecer no seu art. 1.725 que se aplicam à união estável, no que couberem, as regras da comunhão parcial, aponta para a aplicação das regras do mesmo diploma legal nas suas disposições especiais (CC, artigos 1.658 a 1.666) e nas disposições gerais (CC, artigos 1.639 e seguintes) sobre o regime de bens[35].

Afinal, nada haveria de regulamentação patrimonial sobre a união estável no citado art. 1.725, se não fossem aplicadas as disposições gerais e as especiais

[34] Tavares da Silva, Regina Beatriz e Fiuza, Ricardo (coordenação). *Novo Código Civil Comentado*, 10ª ed., ob. citada, p. 1.705 a 1.707.

[35] Monteiro, Washington de Barros e Tavares da Silva, Regina Beatriz. *Curso de Direito Civil*, 2: Direito de Família, 43ª edição, São Paulo: Saraiva, 2016, p. 92 a 95. Tavares da Silva, Regina Beatriz: "A frouxidão dos requisitos da união estável e a equiparação de seus efeitos aos do casamento no Direito Brasileiro". In *Tratado da União de Fato* (Coordenadores: Correia, Atalá; Solavagione, Alicia Garcia de (coordenadores). São Paulo: Almedina, 2021, p. 419 a 448.

sobre esse regime legal da comunhão parcial que estão dispostas para o casamento no Código Civil. Seria o art. 1.725 um dispositivo vazio de conteúdo.

Entre as disposições gerais dos regimes de bens do casamento no Código Civil está o art. 1.641, II.

Assim, esse dispositivo que determina ser obrigatório o regime da separação de bens no casamento da pessoa maior de setenta anos aplica-se à união estável, como reconhece o Superior Tribunal de Justiça (STJ) em jurisprudência inaugurada pelo Excelentíssimo Ministro Luis Felipe Salomão:

> Direito de família. União estável. Companheiro sexagenário. Separação obrigatória de bens. Art. 258, § único, inciso II, do Código Civil de 1916. 1. Por força do art. 258, § único, inciso II, do Código Civil de 1916 (equivalente, em parte, ao art. 1.641, inciso II, do Código Civil de 2002), ao casamento de sexagenário, se homem, ou cinquentenária, se mulher, é imposto o regime de separação obrigatória de bens. Por esse motivo, às uniões estáveis é aplicável a mesma regra, impondo-se seja observado o regime de separação obrigatória, sendo o homem maior de sessenta anos ou mulher maior de cinquenta. 2. Nesse passo, apenas os bens adquiridos na constância da união estável, e desde que comprovado o esforço comum, devem ser amealhados pela companheira, nos termos da Súmula nº 377 do STF. Recurso Especial provido (STJ, REsp 646.259/RS, 4ª T., Rel. Min. Luis Felipe Salomão, j. 22-06-10).

A jurisprudência inaugurada em 2010 se mantém no STJ, conforme se depreende da leitura de outro v. acórdão de relatoria do mesmo Ministro:

> 1. Por força do art. 258, parágrafo único, inciso II, do Código Civil de 1916 (equivalente, em parte, ao art. 1.641, inciso II, do Código Civil de 2002), ao casamento de sexagenário, se homem, ou cinquentenária, se mulher, é imposto o regime de separação obrigatória de bens (recentemente, a Lei 12.344/2010 alterou a redação do art. 1.641, II, do CC, modificando a idade protetiva de 60 para 70 anos). Por esse motivo, às uniões estáveis é aplicável a mesma regra, impondo-se seja observado o regime de separação obrigatória, sendo o homem maior de sessenta anos ou a mulher maior de cinquenta. Precedentes. 2. A ratio legis foi a de proteger o idoso e seus herdeiros necessários dos casamentos realizados por interesse estritamente econômico, evitando que este seja o principal fator a mover o consorte para o enlace. 3. A Segunda Seção do STJ, seguindo a linha da Súmula nº 377 do STF, pacificou o entendimento de que "apenas os bens adquiridos onerosamente na constância da união estável, e desde que comprovado o esforço comum na sua aquisição, devem ser objeto de partilha" (EREsp 1171820/PR, Rel.

Ministro Raul Araújo, Segunda Seção, julgado em 26/08/2015, DJe 21/09/2015) (REsp 1.689.152/SC, relator Ministro Luis Felipe Salomão, Quarta Turma, julgado em 24/10/2017, DJe de 22/11/2017).

No mesmo sentido, o v. acórdão proferido pelo Ministro Raul Araújo, que cita outro v. acórdão da lavra do Ministro Lázaro Guimarães, reconhecendo a obrigatoriedade do regime da separação obrigatória de bens ao companheiro sexagenário (atualmente, septuagenário):

> Agravo Interno no Recurso Especial. Direito de Família. Reconhecimento e dissolução de união estável. Companheiro sexagenário. Redação original do art. 1.641, II, do CC/2002. Aplicação. Regime de separação obrigatória de bens. Partilha. Bens adquiridos onerosamente. Necessidade de prova do esforço comum. Agravo Interno não provido. 1. De acordo com a redação originária do art. 1.641, II, do Código Civil de 2002, vigente à época do início da união estável, impõe-se ao nubente ou companheiro sexagenário o regime de separação obrigatória de bens. 2. "No regime de separação legal de bens, comunicam-se os adquiridos na constância do casamento, desde que comprovado o esforço comum para sua aquisição" (EREsp 1.623.858/MG, Rel. Ministro Lázaro Guimarães – Desembargador convocado do TRF 5ª Região -, Segunda Seção, julgado em 23/05/2018, DJe de 30/05/2018)." (STJ, AgInt no REsp 1.637.695/MG, 4ª T., Rel. Min. Raul Araújo, j. 10-10-2019).

Desta forma, diante da interpretação sistemática do Código Civil, verifica-se a aplicação na união estável do regime da separação obrigatória de bens aos maiores de 70 anos, como forma de preservar o patrimônio econômico-financeiro do idoso.

7. O lastimável projeto de lei que propõe a revogação da norma sobre o regime da separação obrigatória ao idoso maior do que 70 anos

Por falta de melhor conhecimento sobre o tema em tela, tramita, na data da última revisão deste artigo, projeto de lei no Senado Federal que propõe a revogação da norma constante do art. 1.641, inciso II do Código Civil (PLS 760/2015).

Para que se tenha uma ideia da irresponsabilidade do proponente desse PLS, a justificativa desse projeto de lei vai na contramão do que propõe, pois que é ali dito que a maior longevidade, com uma nova, melhor e mais longa condição de vida, seria a motivação da proposta legislativa.

Ora, é exatamente o contrário, já que essa longevidade deveria acarretar a preocupação do legislador com a manutenção do regime da separação obrigatória e a preservação do patrimônio do idoso, mesmo em caso de divórcio.

A não ser que o Congresso Nacional pense que o idoso com mais de 70 anos, para casar-se, deveria sujeitar-se a golpes, como o do chamado "golpe do baú", para ser feliz em companhia de alguém mais jovem, aquela justificativa faria algum sentido. Acredito que não, mas a proposta leva a esta ilação.

Não se trata de existência de discernimento do idoso, que não se discute, em termos de capacidade civil, trata-se, isto sim, de proteção ao idoso a imposição legal do regime da separação obrigatória.

E nem se argumente, espero, mediante a proposta de revogação da norma vigente, que o idoso poderia escolher o regime da separação de bens, a chamada separação eletiva, porque neste caso passaria a ter o consorte como seu herdeiro necessário, em concorrência até mesmo com seus filhos de anteriores relações, por força do disposto nos artigos 1.829, I e 1.845 do Código Civil. Aí, sim, se vingar essa malfadada proposta legislativa, o idoso perderá a autonomia da vontade em dispor de seu patrimônio em testamento.

8. O debate no STF sobre a constitucionalidade do regime de separação obrigatória no casamento e na união estável de pessoa idosa

Chegou ao Supremo Tribunal Federal um Recurso Extraordinário, que depois do respectivo Agravo (ARE 1309642-SP), foi havido pelo respectivo relator, Min. Luís Roberto Barroso, como tema de repercussão geral sobre a (in)constitucionalidade o regime da separação obrigatória.

Foi atribuído a esse recurso repercussão geral, formando-se o tema 1236: *Regime de bens aplicável no casamento e na união estável de maiores de setenta anos.*

O tema em debate é a (in)constitucionalidade do art. 1.641, II, do Código Civil (CC), nesta norma sobre o casamento e, também, diante de sua aplicação à união estável, nesta entidade familiar.

A repercussão geral foi reconhecida a partir de acórdão do proferido pelo Tribunal de Justiça de São Paulo (AI 2094514-81.2018.8.26.0000), em que foi alegada a inconstitucionalidade do art. 1.641, II do Código Civil (CC), sob o argumento de afronta à autonomia de vontade dos companheiros na escolha do regime de bens, cuja ementa é a seguinte:

> Agravo de instrumento. Inventário. Decisão que determinou a apresentação de plano de partilha pela inventariante, com observância da sistemática introduzida pelo RE nº 646.721/RS, e declarou a inconstitucionalidade do art. 1.641, II do CC. Irresignação. Regime da separação obrigatória de bens que, ao restringir a autonomia de vontade dos nubentes, busca proteger a pessoa idosa de casamentos realizados com exclusiva finalidade patrimonial. Inconstitucionalidade não configurada. Restrição legal que se aplica igualmente ao casamento e à união estável.

Precedentes do STJ e desta Corte. Companheira que, no entanto, tem direito à metade dos bens adquiridos durante a união estável. Incidência da Súmula nº 377 do STF. Decisão reformada. Agravo provido (TJSP, 3ª Câmara de Direito Privado, AI 2094514-81.2018.8.26.0000, Rel. Des. Alexandre Marcondes, j. 25.06.2019).

Como se denota na ementa do acórdão do Tribunal Estadual de São Paulo foi reconhecida a constitucionalidade do art. 1.641, II do CC, que estabelece o regime da separação obrigatória em casamento celebrado por pessoa maior de 70 anos, assim como sua aplicação à união estável. Destacou-se que a limitação da autonomia da vontade tem por objetivo proteger a pessoa idosa.

O *leading case* extraído do ARE 1309642 está descrito pelo respectivo relator no Supremo Tribunal Federal, Ministro Luis Roberto Barroso, nos termos a seguir:

> Recurso extraordinário em que se discute, à luz dos artigos 1º, III, 3º, IV, 5º, I, X e LIV, 226, § 3º e 230 da Constituição Federal, a constitucionalidade do artigo 1.641, II, do Código Civil, que estabelece ser obrigatório o regime da separação de bens no casamento da pessoa maior de setenta anos, e a aplicação dessa regra às uniões estáveis, considerando o respeito à autonomia e à dignidade humana, a vedação à discriminação contra idosos e a proteção às uniões estáveis.

O princípio da presunção de constitucionalidade traduz-se na convicção de que a violação da Constituição da República Federativa do Brasil (CF) na declaração de inconstitucionalidade de um dispositivo legal há de ser manifesta, flagrante e incontestável, o que não se vislumbra nesse tema de repercussão geral[36].

Para que uma norma seja havida como inconstitucional a violação à lei maior precisa ser irrefutável, ou seja, notória e irrefutável, vez que se trata de intervenção do Poder Judiciário nas atribuições do Poder Legislativo. Por outras palavras, o ordenamento jurídico deve ser interpretado no sentido de conformar diferentes disposições sem criar artificialmente inconstitucionalidades.

A interpretação da Constituição Federal com desapego ao texto constitucional, a argumentação supostamente inconstitucional sem apego à legisla-

[36] Barroso, Luís Roberto. *Interpretação e aplicação da Constituição: fundamentos de uma dogmática constitucional transformadora.* 7ª ed., São Paulo: Saraiva, 2009, p. 193: "O princípio da presunção de constitucionalidade dos atos do Poder Público, notadamente das leis, é uma decorrência do princípio geral da separação dos Poderes e funciona como fator de autolimitação da atividade do Judiciário, que, em reverência à atuação dos demais Poderes, somente deve invalidar-lhes os atos diante de casos de inconstitucionalidade flagrante e incontestável".

ção constituída acarreta uma espécie de *law-making*, de modo a afirmar-se ser inconstitucional o que o recorrente gostaria que assim fosse e confundindo o direito constitucional com seus desejos ou interesses pessoais.

Se a porta do STF pudesse ser aberta a pretensões pessoais, sem manifesta inconstitucionalidade da norma impugnada, as leis infraconstitucionais seriam ignoradas por meio de argumentos amparados em uma "constituição imaginária". Ignorar-se-ia o espaço de conformação conferido pela própria Constituição à legislação ordinária.

Assim, o controle da constitucionalidade de uma disposição legal deve sempre ter em vista o exame da legislação ordinária, se a norma está ou não dentro da moldura que lhe foi conferida como espaço de conformação jurídica pelo documento constitucional e se o legislador agiu em conformidade com as competências constitucionais.

Efetivamente, nesse tema de repercussão geral não há mandamento constitucional que suporte a declaração de inconstitucionalidade do art. 1641, II, do Código Civil.

Na data da última revisão deste texto antes de sua publicação, o referido processo está em sua fase inicial, com decisão de 06/03/2023 do órgão colegiado do STF sobre a repercussão geral do tema, sem que tenha sido formada a tese que venha, no futuro, aplicar-se "erga omnes".

Conclusões

A especial proteção às pessoas idosas leva à convicção a norma prevista no art. 1.641, II do CC está em perfeita consonância com a Lei Maior.

Conforme estabelece o art. 226, *caput* da CF: "A família, base da sociedade, tem especial proteção do Estado."

E o art. 230 da CF, dispõe que: "A família, a sociedade e o Estado têm o dever de amparar as pessoas idosas, assegurando sua participação na comunidade, defendendo sua dignidade e bem-estar e garantindo-lhes o direito à vida."

Efetivamente, o regime da separação obrigatória de bens oferece especial proteção à família e privilegia a tutela à pessoa maior de 70 anos, em defesa de seu patrimônio, sua dignidade e seu bem-estar.

A evolução jurisprudencial, com análise efetiva da Súmula 377 do Supremo Tribunal Federal, levou o Superior Tribunal de Justiça ao convencimento de que o regime da separação obrigatória impõe a exclusividade de bens à pessoa que se casa ou passa a viver em união estável com mais do que 70 anos na atualidade, cabendo, no entanto, para que se evite o enriquecimento sem causa, a prova do esforço do outro consorte na construção desse patrimônio, com entrega de capital ou de trabalho efetivo na atividade do cônjuge de maior idade, por meio da chamada sociedade de fato, caso em que haverá, na proporção desse esforço, a garantia ao outro cônjuge de obtenção de parcela desses bens, na proporção de sua contribuição.

Mas, diante de falta de devida interpretação da referida súmula, havendo interpretações divergentes, abriu-se o caminho a muitos recursos, que chegaram às instâncias superiores e daí ao Supremo Tribunal Federal para a análise da constitucionalidade da norma legal sobre o regime da separação obrigatória no casamento e sua extensão à união estável.

Esperamos que o ativismo judicial crescente no Brasil não leve a decisão equivocada sobre esse regime de bens, dando-se continuidade à proteção do idoso por meio do reconhecimento da constitucionalidade da norma vigente até a última revisão deste artigo antes de sua edição.

Esperemos também que propostas legislativas de desproteção ao idoso, como aquela analisada neste artigo não vinguem no respeitável Congresso Nacional brasileiro.

Referências

BEVILAQUA, Clovis, *Direito de família*, Rio de Janeiro, Freitas Bastos, 1933.

BARROSO, Luís Roberto. *Interpretação e aplicação da Constituição: fundamentos de uma dogmática constitucional transformadora.* 7ª ed., São Paulo: Saraiva, 2009.

CASTRO, Americo Mendes de Oliveira, *Regimens matrimoniaes*, Rio de Janeiro: O Social, 1927.

GAMA E SILVA, Luís Antônio da, Parecer *in RT 257/86.*

MAIA JUNIOR, Mairan Gonçalves. *Do Regime da Comunhão Parcial de Bens no Casamento e na União Estável.* São Paulo: Revista dos Tribunais, 2010.

MONTEIRO, Washington de Barros e TAVARES DA SILVA, Regina Beatriz. *Curso de Direito Civil*, 2: Direito de Família, 43ª edição, São Paulo: Saraiva, 2016.

MORAES, Alexandre de. *Constituição do Brasil Interpretada.* 5ª ed. São Paulo: Atlas, 2005.

ROCHA, Manuel António Coelho da. *Instituições de Direito Civil Portuguez* – Tomo I. 3 ed. Coimbra: Imprensa da Universidade, 1852.

RODRIGUES, Silvio. *Direito Civil: direito da família.* 27. ed. atual. por Francisco José Cahali, São Paulo: Saraiva, 2002.

______ Súmula 377 do STF: necessidade de sua revogação, *in O direito na década de 80. Estudos Jurídicos em homenagem a Hely Lopes Meirelles*, coord. Arnoldo Wald, São Paulo: Revista dos Tribunais, 1985.

RODRIGUES JR, Otávio Luiz. *Direito Civil Contemporâneo: estatuto epistemológico, constituição e direitos fundamentais.* 2ª ed. Rio de Janeiro: Forense Universitária, 2019.

TAVARES DA SILVA, Regina Beatriz. Regime da separação de bens convencional e obrigatória, in *Questões Controvertidas no novo Código Civil*, DELGADO, Mário Luiz e FIGUEIRÊDO ALVES, Jones (coordenação). São Paulo: Editora Método, 2004, v. 2.

______ e Lima e Brito, Laura Souza: Sucessão do cônjuge e do companheiro no regime da separação de bens, in *Grandes Temas de Direito de Família e das Sucessões*, Tavares da Silva e Almeida Camargo, Theodureto (coordenação). São Paulo: Saraiva, 2011.

______ e Fiuza, Ricardo (coordenadores). *Código Civil Comentado*, 10ª ed., São Paulo: Saraiva, 2016.

______ A frouxidão dos requisitos da união estável e a equiparação de seus efeitos aos do casamento no Direito Brasileiro. In *Tratado da União de Fato* (Coordenadores: Correia, Atalá; Solavagione, Alicia Garcia de (coordenadores). São Paulo: Almedina, 2021.

Veloso, Zeno. *Regime matrimoniais de bens*. Belo Horizonte: Del Rey, 1997.

9
PROTECCIÓN DE LOS ADULTOS MAYORES EN LA IMPOSICIÓN LEGAL DEL RÉGIMEN DE SEPARACIÓN DE BIENES EN EL MATRIMONIO Y EN LA UNIÓN DE HECHO

REGINA BEATRIZ TAVARES DA SILVA[1]

1. Consideraciones iniciales

Mucho se debate sobre el régimen forzoso de separación de bienes, llamado en Brasil *regime de separação obrigatória de bens*, para las personas que se casan a una edad más avanzada, es decir, en la actualidad legislativa brasileña, más allá de los 70 años, según su predicción en el Código Civil brasileño de 2002, actualmente vigente, en su art. 1.641, II.

Los debates van desde la protección de la dignidad y la libertad del adulto o persona mayor en esta forzosa separación de bienes hasta los efectos de este régimen para quienes contraen matrimonio con edad más avanzada.

He estado analizando este tema desde la década de 1990, cuando preparé un dictamen jurídico, a petición del abogado del caso en el que una mujer, su

[1] Post-Doctora en Derecho de la Bioética, por la Facultad de Derecho de la Universidad de Lisboa – FDUL. Doctora en Derecho y Máster en Derecho Civil por la Facultad de Derecho de la Universidad de São Paulo – USP. Graduada en Derecho por la Universidad Presbiteriana Mackenzie. Directora de Relaciones Institucionales de la Unión de Juristas Católicos de São Paulo – UJUCASP. Coordinadora y Conferencista en varios Cursos, Congresos y Jornadas celebrados en Brasil y otros países. Titular de la Cátedra No. 39 de la Academia Paulista de Letras Jurídicas – APLJ. Miembro de la Comisión Asesora Especial de la Relatoría General del Proyecto del Código Civil vigente, en la Cámara de Diputados. Participó en otros proyectos legislativos, como el Proyecto de Ley del actual Código de Procedimiento Civil. Miembro efectivo del Instituto de Abogados de São Paulo – IASP. Abogada registrada en el Orden de Abogados de Brasil y en el Orden de Abogados de Portugal. Socia fundadora y titular de Regina Beatriz Tavares da Silva, Sociedad de Abogados. Fundadora y Presidente de la Asociación de Derecho de Familia y Sucesiones – ADFAS.

cliente, casada por el régimen forzoso de separación de bienes en razón de su edad avanzada, se defendió contra los ataques del esposo más joven, en una demanda de separación acumulada con la solicitud del cónyuge masculino de compartir todos los bienes adquiridos en el curso del matrimonio, incluyendo los frutos civiles de los bienes que ella ya poseía, como si estuvieran casados por el régimen de comunión parcial de bienes. Después de maltratar a la esposa durante el matrimonio, aprovechándose de su vulnerabilidad derivada de la diferencia de edad entre los cónyuges, el marido quiso recibir el reparto en todo el crecimiento de la riqueza de aquella señora, incluyendo las cabezas de ganado y las inversiones realizadas con la venta de estas que su hacienda produjo durante la vigencia del matrimonio. La injusticia era evidente en la pretensión del marido, lo que me animó realizar una extensa investigación, desde la introducción jurisprudencial del régimen forzoso de separación de bienes en el sistema jurídico brasileño.

Algunas de estas investigaciones llevadas a cabo en aquel dictamen jurídico las traigo a este texto. En 2004 publiqué otro texto titulado *Regime da separação de bens convencional e obrigatória*, en el que reproduje parte de esa *legal opinión*, ampliando el análisis del tema[2]. Seguí interesada por el tema y en 2011 publiqué más un texto en la obra *Grandes Temas de Direito de Família*, titulado *Sucessão do cônjuge no regime da separação de bens*[3].

También algo de la experiencia vivenciada en mi abogacía a lo largo de los 42 años en los que he trabajado en el área de derecho de familia y sucesiones guía los estudios ahora presentados.

Pero lo que más analizo en los presentes estudios es el razonamiento jurídico, doctrinal y jurisprudencial que sustenta el mantenimiento del régimen forzoso de separación de bienes en el matrimonio y extiende su aplicación a la unión de hecho de las personas mayores.

Por esas razones he elegido este tema para publicarlo en la obra Tratado de la Persona Mayor. No hay duda de que garantizar el patrimonio o los derechos reales de las personas mayores es una de las principales formas de protegerlos.

[2] Tavares da Silva, Regina Beatriz: Regime da separação de bens convencional e obrigatória, in *Questões Controvertidas no novo Código Civil*, Delgado, Mário Luiz e Figueirêdo Alves, Jones (coordenación). Editora Método: São Paulo, 2004, v. 2.

[3] Tavares da Silva, Regina Beatriz e Lima e Brito, Laura Souza: Sucessão do cônjuge e do companheiro no regime da separação de bens, in *Grandes Temas de Direito de Família e das Sucessões*, Tavares da Silva e Almeida Camargo, Theodureto (coordenación). São Paulo: Saraiva, 2011.

2. La protección de la dignidad de las personas mayores en la separación forzosa de bienes

La protección de la dignidad de la persona humana, que es uno de los principios más comentados en la legislación brasileña, prevista en el artículo 1º, inciso III de la Constitución Federal (CF), no puede tener desviaciones interpretativas, bajo riesgo de desproteger al adulto mayor.

Examinemos qué significa la dignidad de la persona humana. ¿Sería siempre satisfacer los deseos de la persona? ¿Sería hacer que la ley cubriera todas sus voluntades? ¿Sería ignorar los límites impuestos por la ley en la salvaguardia de la persona humana?

Lo que se lee en los escritos de quienes defienden que el régimen forzoso de separación de bienes en el matrimonio de las personas mayores ofendería su dignidad importa en respuestas positivas a todos esos interrogantes. Pero el intento de impregnar el Derecho de conceptos psicoanalíticos, como el de que la persona humana es un "ser deseante", es la raíz de la pérdida de la seguridad jurídica y no de la defensa de la dignidad de la persona humana. Obviamente, la dignidad de la persona humana tiene el sentido general de la cláusula de protección de la personalidad. Y no hay duda de que los derechos de la personalidad se protegen en favor de la persona humana y no simplemente para satisfacer sus deseos.

La idea de que el régimen forzoso de separación de bienes es una restricción que atenta a la dignidad de la persona humana encuentra argumentos como este:

> Una de las ventajas de la fortuna es aumentar las atracciones matrimoniales de quienes la poseen", y que "no hay ningún inconveniente social de ningún tipo en permitir que un sexagenario rico o sexagenario se case bajo el régimen de comunión, si así se le antoja[4].

Obviamente, el argumento por sí solo muestra la fragilidad de los adultos mayores y la necesidad de su protección legal para que la cláusula constitucional de protección de su personalidad sea efectivamente aceptada en la legislación que está bajo la Constitución Federal.

Así que, el derecho a la libertad, uno de los derechos de la personalidad, no es ilimitado, en protección de la persona humana.

[4] V. RODRIGUES, Silvio. *Direito Civil: direito da família*. 27. ed. atual. por Francisco José Cahali, São Paulo, Saraiva, 2002, p.183 – leer *septuagenario* y *septuagenaria*.

La doctrina que sustenta el régimen forzoso de separación de bienes enfatiza que el derecho a la libertad, protegido por la CF en varios de los ítems de su artículo 5º, otorga:

> [...] el poder de hacer todo lo que uno quiera, dentro de los límites resultantes del sistema legal, [de modo que] los límites a la libertad individual existen en varias reglas de este orden, especialmente en el derecho de familia, que van desde los impedimentos matrimoniales (art. 1.521, I a VII), que impiden el matrimonio de ciertas personas, hasta la fidelidad, que limita la libertad sexual fuera del matrimonio (art. 1.566, I). También debe tenerse en cuenta que el derecho de familia no puede aceptar que, si se reconocen los mayores atractivos de quienes tienen una fortuna, un matrimonio se lleve a cabo por meros intereses financieros, en detrimento del cónyuge anciano y sus parientes consanguíneos.[5].

En efecto, como bien justificó el Senador Josaphat Marinho, Relator del Proyecto de Código Civil, en la fase senatorial, la redacción del art.1.641, II de la Ley 10.406 de 10 de janeiro de 2002 es una prudencia legislativa en favor de las personas y sus familias, considerando la edad de los contrayentes, "no por sospecha de matrimonio por interés o de espíritu patrimonialista, sino de prudencia legislativa en favor de las personas y sus familias, considerando la edad del contrayente"[6].

Sin embargo, a pesar de la elegancia del inolvidable senador, vale la pena recordar que, a medida que pasan los años, la edad avanzada provoca mayores necesidades afectivas y, por lo tanto, mayores riesgos corre el que tiene más de setenta años de someterse a un matrimonio en el que el otro contrayente tiene en mente ventajas financieras.

Permitir, por ejemplo, la adopción del régimen de comunión universal de bienes, en un matrimonio así celebrado, puede tener consecuencias desastrosas para el cónyuge anciano, en una disolución *inter vivos* de su sociedad o de su vínculo matrimonial, o incluso para sus hijos, en una disolución *causa mortis* del matrimonio.

Cabe agregar que en esta etapa de la vida presumiblemente el patrimonio de uno o ambos de los contrayentes o convivientes ya está estabilizado y el consorcio no tiene lugar al inicio o durante la actividad laboral cuando, aquí, sí, se produce la construcción de activos.

[5] V. Monteiro, Washington de Barros e Tavares da Silva, Regina Beatriz. *Curso de Direito Civil*, 43ª ed., São Paulo: Saraiva, 2016, p. 320.

[6] V. Tavares da Silva, Regina Beatriz e Fiuza, Ricardo (coordinadores). *Código Civil Comentado* 10ª ed., São Paulo: Saraiva, 2016, p. 1705.

También en la conformidad de la buena doctrina:

> Por más que la regla general en el establecimiento del régimen de propiedad es la autonomía privada, el CC, en el caso del Art. 1.641, II, se elimina para imponer la adopción de un régimen para la separación de bienes. De hecho, el legislador pretende proteger no a la persona del contrayente, sino al patrimonio de la familia, evitando su dispersión en beneficio de terceros y en detrimento de los miembros del núcleo familiar, porque el matrimonio está permitido, no puede haber comunicación de los bienes de los cónyuges.[7].

Citamos, en continuidad de la doctrina que apoya la constitucionalidad de la norma legal en pantalla, estas palabras, como siempre, llamativas por el respectivo autor y adoctrinador, en las que las edades citadas – 50 años para la mujer y 60 años para el hombre – pueden leerse hoy como 70 años para los dos géneros:

> Por nuestra parte, propugnamos, para el tema, una solución intermedia. Aunque reconocemos que las personas de edad alta o avanzada no están desprovistas de impulsos afectivos y de la posibilidad de sentir amor, ternura, pretendiendo, desinteresadamente, unirse matrimonialmente con los demás, también debemos estar de acuerdo en que, en la práctica, será muy difícil creer que una joven de 18, 20 años esté sinceramente enamorada de un hombre mayor de 60 años, ni, mucho menos, que un joven de 20 años sienta amor y atracción pura o verdadera hacia una dama mayor de 50 años. Aparte de las honrosas excepciones de la práctica, en la mayoría de los casos, es razonable sospechar un matrimonio por interés. [...] Sin embargo, creemos que debe mantenerse la norma protectora – el matrimonio en régimen obligatorio de separación. Los amores crepusculares hacen que las personas sean presa fácil de personas astutas, que quieren enriquecerse a través de un matrimonio de conveniencia, que en lenguaje popular se conoce como "cazafortunas"[8].

Se nota que la Ley 12.344/2010 elevó el límite de edad previsto en el Código Civil, en su origen, en 60 años, a "persona mayor de setenta años" (artículo 1.641, II). Este aumento cumple con la contemporaneidad, en vista de los nuevos estándares de longevidad y salud.

[7] MAIA JUNIOR, Mairan Gonçalves. *Do Regime da Comunhão Parcial de Bens no Casamento e na União Estável*. São Paulo: Revista dos Tribunais, 2010, p. 279.

[8] VELOSO, Zeno. *Regime matrimoniais de bens*. Belo Horizonte: Del Rey, 1997.

Por lo tanto, en la disposición en cuestión, no hay impedimento legal discriminatorio, sino más bien protector para la persona del adulto mayor, en tutela de su dignidad, con la preservación de su autonomía de la voluntad de casarse o constituir una unión de hecho, a través del régimen forzoso de separación de bienes.

No hay violación de la norma bajo análisis del artículo 1º, III de la Constitución Federal, no siendo prejuicio por motivos de edad u otra forma de discriminación el régimen forzoso de separación de bienes establecido por el artículo 1641, II del Código Civil a los mayores de 70 años que contraigan matrimonio o constituyan una unión de hecho.

Además, vale la pena recordar que los adultos, mayores de setenta años, pueden entrar en negocios legales y testamentos. La base de la legitimidad de los negocios legales privados es la autonomía privada, y los ancianos pueden donar, vender y ceder parte de sus activos a su consorte, por acto de voluntad. Su autonomía de voluntad se conserva, por supuesto. No existe tal "prohibición parcial" alegada por aquellos que se oponen al régimen forzoso de separación de bienes en el matrimonio de los ancianos mayores de 70 años.

Algo muy diferente es permitir a los adultos mayores, en un momento de dominio de la pasión y sin la debida reflexión, casarse en un régimen de comunión de bienes, o incluso vivir en una unión de hecho o unión estable a partir de los 70 años, un régimen que no puede cambiar si no cuenta con el acuerdo del otro cónyuge.[9].

Por lo tanto, se ve que la dignidad de los adultos mayores se preserva, de acuerdo con el artículo 1º, III de la CF:

> La dignidad es un valor espiritual y moral inherente a la persona, que se manifiesta singularmente en la autodeterminación consciente y responsable de la propia vida y que trae consigo la pretensión de respeto por parte de los demás pueblos, constituyendo un mínimo invulnerable que todo estatuto jurídico debe garantizar, de forma que, excepcionalmente, se puedan hacer limitaciones al ejercicio de los derechos fundamentales, pero, siempre sin subestimar la necesaria estima que merecen todas las personas como seres humanos[10].

[9] De acuerdo con el Código Civil, la modificación del régimen de bienes solo se produce si existe acuerdo de ambos cónyuges, a través de una solicitud judicial motivada y siempre que no perjudique a terceros. (art. 1.639, § 2º: Se permite un cambio en el régimen de la propiedad, con el consentimiento por escrito de ambos cónyuges, según el fondo de las razones invocadas y los derechos de terceros.).

[10] MORAES, Alexandre de. *Constituição do Brasil Interpretada*. 5ª ed. São Paulo: Atlas, 2005. p. 129.

3. La laicidad del Estado apoya el régimen forzoso de separación de bienes

La autonomía de la voluntad que existía en el pasado, muy remoto, en la elección del régimen de bienes por parte de los ancianos se debió a la "creencia católica", en la que se suponía que el hombre y la mujer, por matrimonio, se convertían en una sola carne (carneo una), es decir, asumían una unión física y espiritual total..

Así, en el pasado, no se imponía el régimen forzoso de separación de bienes a quienes se casaban a una edad más avanzada, citando el siguiente pensamiento, apropiado para aquellos tiempos de fuerte influencia religiosa en las normas legales: "cualquiera que sea el régimen, es decir, la forma, porque la fortuna de los cónyuges está regulada; porque no tiene nada que ver con su relación sino indirecta y muy remota"[11].

Ficción o no, este era el pensamiento dominante en los viejos tiempos: las personas se casaban no por intereses de propiedad, por lo que la relación del régimen de bienes con el matrimonio solo sería indirecta.

Por lo tanto, la antigua legislación daba a los cónyuges amplia libertad para decidir sobre sus bienes, según lo dispuesto en el Título XLVI del Libro 4 de las Ordenaciones Filipinas:

> Como marido y mujer, son dueños en igual parte de sus posesiones. Se entiende que todos los matrimonios hechos en nuestros Reinos y señoríos se hacen por Carta de amedio; excepto cuando entre las partes otra cosa sea pactada y contractada, porque entonces se mantendrá lo que entre ellos se contrae... Entonces coherente con el principio de igualdad, establece la comunión o comunicación, que no es otra cosa que la sociedad de bienes entre los conjugados.

En el Código Civil de 1916, se estableció una norma protectora para el matrimonio del adulto, aunque la influencia religiosa todavía existía en las normas legales de la época, por lo que su artículo 258, párrafo único, III, disponía que el régimen de separación de bienes en el matrimonio de hombres mayores de sesenta años y mujeres mayores de cincuenta años es obligatorio.

Sin embargo, la influencia religiosa aún persistía en el régimen jurídico de la comunión universal de bienes, de conformidad con el artículo 258, *caput* del Código Civil de 1916.

[11] ROCHA, Manuel António Coelho da. *Instituições de Direito Civil Portuguez* – Tomo I. 3 ed. Coimbra: Imprensa da Universidade, 1852, p. 164.

Hasta que el divorcio fue posible a través de la Enmienda Constitucional (EC) 9 del 28 de junio de 1977, cuando entró en vigor la ley 6.515 del 26 de diciembre de 1977, prevaleció el régimen legal, es decir, la regla general del régimen de comunión universal de bienes, en el que todos los bienes se comunican entre los cónyuges, apropiado para esa plena comunión de vidas que el catolicismo recomienda a los que se casan. Sólo en 1977 este régimen fue sustituido por el régimen jurídico de la comunión parcial de bienes, en el que son comunes los bienes adquiridos costosos durante el matrimonio, es decir, aquellos en los que se presume el esfuerzo de ambos los consortes.[12].

Obviamente, sin el divorcio, los matrimonios no terminaban antes de la muerte, y hasta el advenimiento de la EC 9 de 1977 y la Ley 6.515/1977, solo la posibilidad de desquite, actual separación judicial, que disolvía la sociedad y no la relación matrimonial, pero con requisitos que ya no existen: para que uno de los cónyuges pidiera al desquite tenía que probar que el otro cónyuge habría cometido adulterio, insulto grave o lesiones corporales contra el demandante. En otras palabras, el matrimonio se celebraba para durar para siempre.

La laicidad del Estado refuerza, actualmente, la necesidad de garantizar la individualidad de la propiedad, por lo que el régimen de separación de bienes, incluso por libre elección de los que no son ancianos, ha sido ampliamente utilizado en el matrimonio hoy en día.

Por lo tanto, independientemente de la reacción del Código Civil de 1916, la historia misma denota que la imposición legal del régimen forzoso de separación de bienes provino del cambio de costumbres, o de la ruptura de una ficción que había en el pasado sobre la pureza de las intenciones de quienes se casan, la elección de una de estas hipótesis recae solo en el lector, pero cualquiera de ellos denota que el régimen de separación impuesto por la ley protege al adulto mayor.

Es más, a través de este régimen forzoso de separación de bienes, se garantiza la autonomía a las personas mayores y no al revés, como puede parecer en una primera vista superficial, que se mostrará a continuación.

[12] CC, art. 1.667: O regime de comunhão universal importa a comunicação de todos os bens presentes e futuros dos cônjuges e suas dívidas passivas (...). CC, art. 1.658: No regime de comunhão parcial, comunicam-se os bens que sobrevierem ao casal, na constância do casamento (...). Art. 1.660. Entram na comunhão: I – os bens adquiridos na constância do casamento por título oneroso, ainda que só em nome de um dos cônjuges (...).

4. La preservación de la autonomía de la voluntad de la persona mayor

Los septuagenarios tienen preservada la autonomía de sus voluntades con respecto a la libre disposición de sus bienes.

Como todas las personas que se casan antes de los 70 años, pueden hacer donaciones a sus cónyuges (CC, artículo 544), o pueden celebrar un testamento con una asignación de libre elección a aquellos que desean que su parte esté disponible, es decir, la mitad de sus bienes, incluido su cónyuge (CC, artículo 1.846), o pueden, incluso más que aquellos que se casan en comunión de bienes, optar por celebrar un contrato de compra y venta con el otro cónyuge (CC, artículo 499).

Por otra parte, la persona casada en régimen de comunión patrimonial ya sea total, ya sea parcial, no puede entrar en determinados negocios jurídicos sin el consentimiento de su cónyuge. Sólo en el régimen de separación de bienes existe plena autonomía en la enajenación de bienes (CC, artículo 1.647). Debido a la adopción del régimen de separación de bienes, los bienes permanecerán bajo la administración exclusiva de cada uno de los cónyuges, quienes podrán registrarlos libremente como una carga real o disponer de ellos (CC, artículo 1.687). Además, solo los cónyuges casados bajo el régimen de separación no necesitarán el consentimiento del otro para proponer acciones que traten de derechos inmobiliarios reales (Código de Procedimiento Civil - CPC, artículo 73); así como puede válidamente hacer una confesión en el tribunal en acciones que se refieren a bienes inmuebles o derechos sobre bienes inmuebles sobre la propiedad de otras personas sin la necesidad de una confesión igual del otro cónyuge (CPC, artículo 391).

Además, con el embargo sobre bienes inmuebles o el derecho real sobre bienes de una persona casada, no será necesario citar al cónyuge que contrajo matrimonio en régimen de separación de bienes. (CPC, artículo 842).

Si la persona mayor de 70 años tuviera que obtener *otorga uxoria* y no pudiera disponer libremente de sus bienes en actos de voluntad comercial, como donaciones y compra y venta de bienes, o realizar libremente actos procesales, así como si estuviera prohibida la celebración de un testamento con disposición de su cuota a disponible a quienes le antoja, entonces sí sería violada su libertad.

En resumen, la adopción del régimen forzoso de separación de bienes para el matrimonio de personas mayores de 70 años termina garantizando una mayor libertad en la administración, disposición y exención de sus bienes, ante la dispensa del consentimiento del cónyuge para la práctica de diversos actos jurídicos.

En este paso es de recordar que la función del derecho privado es preservar a las personas mayores, incluso si tienen que realizar el "filtro" adecuado en sus derechos fundamentales[13].

La privación de libertad o de bienes del anciano sería, eso sí, si no se le permitiera la libre disposición de sus bienes, en asuntos jurídicos, en actos procesales y en la celebración de la voluntad, de modo que no se viola su derecho a la libertad, garantizado por el artículo 5º de la Constitución Federal en varios de sus puntos, muy por el contrario, existe la preservación de su autonomía de la voluntad de la persona mayor de 70 años por el sistema legal brasileño.

5. Los efectos del régimen forzoso de separación de bienes en la disolución del matrimonio

El Código Civil de 1916 estableció este régimen, en la época con la diferenciación de edad entre hombre (60 años) y mujer (55 años). El Código Civil de 2002 igualó las edades y estableció, en su redacción original, los 60 años en el artículo 1.641, inciso II. Después de la Ley 12.344, de 2010, que modificó esta redacción original, el límite de edad para la libre elección del régimen de bienes en el matrimonio pasó a ser de 70 años.

De esta manera, parece ser una prueba solar que si el legislador deseaba el régimen de comunión parcial en los matrimonios celebrados por personas que superan el límite de edad legal, lo habría establecido[14]; sin embargo, el Código Civil de 1916, en el artículo 258, párrafo único, punto II, y el Código Civil de 2002, en el artículo 1641, punto II establecieron el régimen de la separación de bienes.

El 03.04.1964 se dictó en el Supremo Tribunal Federal (STF) la *Súmula* 377, como el pensamiento uniforme de ese órgano judicial: "En el régimen de separación legal de bienes se comunican los adquiridos en la constancia del matrimonio".

A través de la edición de la *Súmula* 377 por el STF, se estableció la divergencia jurisprudencial en Brasil, con interpretaciones erróneas de que este resumen indicaría la aplicación del régimen de comunión parcial de la propiedad.

Por estas razones, a continuación se realiza el análisis histórico en el marco jurisprudencial brasileño.

En el régimen forzoso de la separación de bienes es necesario llevar a cabo el análisis de entendimientos jurisprudenciales que tuvieron lugar en Brasil

[13] Rodrigues Jr, Otávio Luiz. *Direito Civil Contemporâneo: estatuto epistemológico, constituição e direitos fundamentais.* 2ª ed. Rio de Janeiro: Forense Universitária, 2019, § 65, C (e-book).

[14] V. Silvio Rodrigues, *Direito civil*, 27ª ed., ob. citada, p. 185/190.

y llegaron a convertirse en una *Súmula* de la Instancia Suprema que, ante su declaración, indujo en error durante muchos y muchos años a los jueces de las instancias inferiores.

A primera vista de esta *Súmula* 377, sin prestar la debida atención a sus precedentes, citados expresamente en su edición y también de todos los que lo originaron, se concluyó, en las instancias judiciales inferiores que el régimen de separación legal u forzosa de bienes sería equivalente al régimen de comunión parcial de bienes, con la comunicación entre los cónyuges de los bienes adquiridos durante el matrimonio, por simple presunción de sus esfuerzos en estas adquisiciones.

Sin embargo, basta con leer los precedentes expresados en la *Súmula* 377 para concluir que la comunicación de bienes en el régimen forzoso de separación de bienes jamás tuvo como objetivo, antes de su emisión, la mera aplicación de las reglas del régimen de la comunión de bienes, siendo en el sentido, esto sí, de comunicación de los bienes adquiridos por el esfuerzo común, con prueba de este esfuerzo, en capital o trabajo, y sin la presunción de tal esfuerzo que existe sólo en el régimen de comunión parcial de bienes.

Así pues, se citan adelante las previsiones expresamente citadas en dicha *Súmula*.

El Recurso Extraordinario 7.243, Turma 1ª del STF, Relator Magistrado Filadelfo Azevedo contiene una enmienda que expresa el pensamiento en esta sentencia adoptada: "Reconocemos la comunión sobre los bienes adquiridos por el esfuerzo conjunto de los cónyuges sujetos a régimen matrimonial diferente al común"[15]. Nótese aquí la referencia expresa al esfuerzo común, es decir, a la contribución por medio del capital o del trabajo, en la adquisición de bienes durante el matrimonio.

En el Recurso Extraordinario 9.128, de la 2ª Turma de la Corte Suprema, el Relator Magistrado Edgar Costa, a quien también se cita como precedente del Sumario 377 STF, se hizo constar la incomunicación de los bienes adquiridos en el curso matrimonial concluido por el régimen forzoso de separación de bienes debido a la edad avanzada del contrayente, quedando incluido en la respectiva enmienda que "En el régimen forzoso de separación de bienes de la pareja no se admite la comunión de lo adquirido, ya que presupone la existencia de un contrato matrimonial, hasta porque la comunión de los adquiridos sería, en tal caso, un medio de engañar la ley. La ley quiere, en ciertos casos, la separación de bienes y no la mera comunión". Esta v. sentencia, al examinar

[15] Revista Forense – abril, 1944 – p. 75.

la disposición que impone el régimen de separación de bienes cuando uno de los contrayentes tiene edad superior a la prevista por la ley, señala, en el voto del Magistrado Hahnemann Guimarães, la inexistencia de carácter punitivo de la norma, que, de hecho, tiene por objeto proteger al cónyuge que tiene más edad que la prevista por la ley.[16].

El Recurso Extraordinario 10.951, de la 1ª Turma del STF, Relator Magistrado Castro Nunes, sin voto unánime, aplicó los principios de la comunión de bienes adquiridos en la constancia del matrimonio en el que el régimen de separación de bienes es obligatorio, pero hizo constar que esta solicitud se debía a la ausencia de separación de los cónyuges hasta el fallecimiento del marido.[17].

El último precedente señalado en la *Súmula* 377 de STF es la Apelación Extraordinaria 8.984, de la 1ª Turma del STF, Relator Magistrado Orozimbo Nonato, que contiene la siguiente enmienda: "El régimen jurídico de la separación de bienes no prohíbe a los cónyuges asociarse y reunir los bienes adquiridos por su actividad común". Esta sentencia se refiere expresamente a la sociedad de hecho existente en ese matrimonio, por lo que negarse a ella causaría un perjuicio injusto a los cónyuges, quienes, con esfuerzos comunes e industria, obtuvieron bienes, que deben formar una "caja social". En este juicio se ofreció protección a la mujer, dándole el derecho a participar en los "frutos de los ahorros de la pareja" por los que había competido con su esfuerzo[18].

Tras el análisis de esos cuatro precedentes, resulta que una sentencia se posicionó contraria a la comunicación de los bienes adquiridos en la constancia del matrimonio, otras dos sentencias aceptaron la comunicabilidad ante el esfuerzo común, y sólo una de ellas, no unánime, consideró aplicable la norma del entonces vigente artículo 259 del Código Civil al matrimonio celebrado por el régimen de separación de bienes obligatorio, dejando expreso que dicho matrimonio se había disuelto por fallecimiento.

Por lo tanto, la interpretación de la Súmula 377 del STF debió realizarse siempre en línea con los precedentes respectivos, que, en su mayoría, no aceptaron la aplicación pura y simple del régimen de comunión parcial en los matrimonios contraídos por el régimen de separación forzosa de bienes, considerando únicamente los bienes adquiridos por el esfuerzo común, es decir, por la existencia de una sociedad de hecho entre los cónyuges.

16 Revista Forense, agosto/1948, p. 104.

17 Revista Forense, dezembro/1949, p. 116.

18 Archivo Judiciario, 20/11/1949, p. 203

En cuanto a los precedentes no mencionados expresamente en esta *Súmula*, en un análisis detallado de todos, se denota que debido a los numerosos problemas que surgieron entre los inmigrantes, especialmente italianos, que colonizaron el área rural de Rio Grande do Sul y gran parte de São Paulo, cuyo régimen legal del país de origen era la separación absoluta de bienes, con la incomunicabilidad de todos los bienes, y el régimen jurídico que prevalecía en ese momento en Brasil era el de la comunión universal de bienes, por lo tanto, en vista de las notables diversidades entre la situación de los inmigrantes domiciliados en Brasil y los brasileños, se estableció una jurisprudencia que reconocía a esos inmigrantes la aplicación de los principios del régimen de comunión de bienes. Por lo tanto, algo muy diferente de la separación forzosa de bienes debido a la edad más avanzada[19].

También se verifica que estas parejas llegaron a Brasil sin recursos y, debido a su vida común a largo plazo, su patrimonio se formó a través de un esfuerzo común, en una verdadera sociedad de hecho[20]. El matrimonio, por regla general, era disuelto por la muerte.

En cuanto a las sentencias consideradas antes de la *Súmula* 377, no mencionadas expresamente en su edición y que analizaron efectivamente el régimen forzoso de separación de bienes a quienes alcanzaron la mayor edad, la posición jurisprudencial era de incomunicabilidad de los bienes adquiridos en el curso del matrimonio, aceptando la comunicación, como excepción, sólo ante la prueba del esfuerzo común.[21].

[19] La jurisprudencia de entonces, anterior al advenimiento del Sumario 377 de la Corte Suprema, emitido el 04.03.1964, estaba representada por las siguientes sentencias: "En las parejas de inmigrantes que llegaron aquí pobres y se enriquecieron con el trabajo común, hay una sociedad de hecho en la que cada uno de los cónyuges tiene una mitad ideal". (Cámara 1ª, TJSP, Rel. Paulo Colombo, 24.07.1952 – RT 204/313); "Aunque la ley italiana no otorga a la viuda derecho a la mitad en la propiedad dejada por su esposo, la jurisprudencia de la patria reconoce este derecho, basado en una comunión societaria, cuando se trata de una pareja que, con el trabajo de ambos cónyuges, hizo fortuna ... Si esto no se entiende, la injusticia se volverá repugnante, privando a uno de los cónyuges de las ganancias de su trabajo y creando enriquecimiento ilícito para el otro". (Cámara 6, TJSP, Rel. Des. Rel. Minhôto Junior, 15.03.1957 – RT 265/382); "MATRIMONIO – Marido italiano y mujer brasileña – Matrimonio celebrado en una fecha anterior a la actual Ley de introducción al Código Civil – Aplicación de la ley nacional del cónyuge masculino – Separación de bienes en consecuencia – Comunicación, sin embargo, de los adquiridos en la constancia de la sociedad conyugal – Inteligencia del art. 259 del Código Civil." (4ª Cámara, TJSP, Rel. João P. Cavalcante, 20.08.1957 – RT 269/226).

[20] V. Silvio Rodrigues, *Direito civil*, ob. citada, p. 188; e Luís Antônio da Gama e Silva, Parecer *in* RT 257/86.

[21] "Régimen de bienes en matrimonio. Si la separación es forzosa, impuesta por la ley como pena, no se comunican los bienes adquiridos en la constancia del matrimonio. En uno, se ocupa de un mero

acuerdo firmado entre los cónyuges, sin ningún obstáculo para la adopción de tal o cual régimen de bienes; en otro, sin embargo, el régimen de separación se impone en virtud de una disposición expresa de la ley. Permitir, en este último caso, que se establezca el régimen de comunión en relación con los bienes adquiridos en la constancia del matrimonio, representará una verdadera estafa a la disposición de la ley, que ha establecido como obligatorio el régimen de separación". (Apelación Extraordinaria Nº. 43.295, 1ª Turma, STF, Rel. Luiz Galotti, 30.07.1959); "Régimen de bienes – Bienes adquiridos en la constancia del matrimonio – Transmisibilidad – Edad – Prueba – Los bienes adquiridos por uno de los cónyuges, en la constancia del matrimonio, son de su propiedad exclusiva, y no de ambos, porque no hay comunión de tales bienes si el régimen de separación es un imperativo legal". (Apelación Civil Nº. 19.420, Cámara 3ª, Rel. Ferreira de Oliveira, 27.10.1961); "El artículo 259 del Código Civil sólo se aplica a los supuestos de régimen de separación de bienes estipulado por las partes, nunca en el legal y obligatorio". (Recurso de Apelación nº 93.372, Cámara Civil Reunificada, Rel. Des. A. de Oliveira Lima, 28.09.1970); "Cuando el régimen de separación resulte de la imposición de la ley, cuando sea obligatorio porque concurrió alguno de los supuestos previstos en el art.258, en ningún caso se comunicarán los bienes de los cónyuges." (Apelación Civil nº. 113.459, Cámara 1ª, TJSP, Rel. Des. Carvalho Pinto, 26.06.1962); "La adopción de la tesis de la comunicabilidad de los bienes adquiridos después del matrimonio debe hacer irrisorio y ridículo el carácter coercitivo que emana de las medidas contenidas en el artículo 258, párrafo único, del Código Civil". (Embargos infractores 113.459, 1º Grupo de Cámara, TJSP, Rel. Paul Octavian, 12.02.1963); "Cuando el régimen de bienes matrimonial es el de separación forzosa, en virtud del art. 258 del Código Civil, no se comunican los bienes adquiridos en la constancia del matrimonio. Las disposiciones del artículo 259 sólo se aplican a los casos en que exista un contrato matrimonial". (7ª Sala, TJGB, Rel. Marcelo Santiago Costa, 28.05.1963 – RT 359/478); "En los casos de separación '*ex vi legis*', los bienes adquiridos en la constancia del matrimonio entran en la comunión de la pareja si se demuestra la existencia de la sociedad con la combinación de esfuerzos o recursos". (STF, Rel. Min. Hahnemann Guimarães, 14.10.1949 – RT 201/572); "Régimen obligatorio de separación de bienes – Comunión de los adquiridos en la constancia del matrimonio, por esfuerzo conjunto, siempre aceptados por la jurisprudencia – Solicitud de exclusión de la hija del '*de cujus*', inicialmente indicada heredera de la división por mitad – Rechazo – Remisión del cónyuge superfluo a las vías ordinarias". (3º Grupo de Cámara, TJSP, Rel. Joaquim de Sylos Cintra, 10.11.1950 – RT 190/253); "Régimen patrimonial – Separación obligaroria – Comunicación de los adquiridos en la constancia del matrimonio, mediante el esfuerzo conjunto de los cónyuges." (2ª Cámara, TJSP, Rel. Des. J. M. Gonzaga, 03.06.1952 – RT 203/270); "La mejor doctrina con respecto a los bienes adquiridos en la constancia del matrimonio es aquella según la cual la imposición del art. 258, párrafo único, II, del Código Civil, no impide la comunicación de los bienes adquiridos en la constancia del matrimonio, cuyo régimen sea la separación forzosa, si la adquisición fue realizada por el esfuerzo conjunto de los cónyuges." (1º Grupo de Cámaras, TJSP, Rel. Des. Alceu Cordeiro Fernandes, 03.11.1953 – RT 222/158); "Régimen de bienes – Separación legal – Presunción contra la comunicación de los bienes adquiridos en la constancia del matrimonio – Falta de prueba del esfuerzo común en la adquisición de la propiedad – Acción infundada – Interpretación de los artículos. 258 y 259 del Código Civil. La comunicación de los bienes adquiridos en la constancia del matrimonio realizado bajo el régimen de separación, impuesto por la ley, no puede admitirse, pura y simplemente, por la simple presunción determinada en el art. 259 del Código Civil." (Embargos infractores 44.284, 2º Grupo de Cámara, TACSP, Rel. Nelson Franco, 04.12.1960); "Régimen patrimonial – Separación forzosa – Bienes adquiridos en la constancia del matrimonio – División por mitad reclamada por la viuda en el inventario de su marido – Inadmisibilidad – Necesidad de prueba de contribución

En resumen, la jurisprudencia anterior al advenimiento de la *Súmula* 377 del STF era pacífica sólo con respecto a la comunión de bienes en los matrimonios de extranjeros cuyo régimen jurídico era el de separación; la jurisprudencia existente sobre el régimen forzoso de separación de bienes exigía la prueba del esfuerzo común para admitir la comunicación de bienes, y lo hacía especialmente para proteger al cónyuge supérstite.[22].

Por lo tanto, hubo una desviación de esta *Súmula* 377 del STF después de su edición, por una lectura de su declaración, por cierto, muy mal escrita porque no reflejaba la jurisprudencia que la respaldaba.

Es importante recordar que la *Súmula* 377 del STF se emitió bajo los auspicios de la Constitución Federal de 1969, antes de la introducción del divorcio por la Enmienda Constitucional Nº 9 de 1977 y antes de la Ley 6.515 del 26/12/1977, que cambió el régimen derivado de la ley, como regla general, de la comunión universal a la comunión parcial de bienes.

También es necesario recordar que se llegaba a afirmar en la primera mitad del siglo pasado que el régimen de separación de bienes conducía a la desarmonía matrimonial y provocaba la ruptura de los matrimonios, ya que debilitaba la posición del marido, dando derechos a la mujer, lo que, según el pensamiento de la época, aflojó la sociedad conyugal.[23]. Finalmente, el régimen de comunión de bienes, según el entendimiento de la primera mitad del siglo pasado, era lo que mejor se adaptaba a la naturaleza del matrimonio, para fomentar la armonía matrimonial, haciendo del marido y la mujer una sola persona.[24].

Se dicta una primera sentencia en el Tribunal de Justicia de São Paulo para declarar la falta de comprensión de la jurisprudencia entonces dominante por la aplicación del sistema de bienes de comunión parcial al matrimonio celebrado a la tercera edad. En la sentencia comunicada por el juez Renan Lotufo, dictada por la Primera Cámara Civil del Tribunal de Justi-

corporativa – Posibilidad de reclamación, únicamente, por medios ordinarios – No provisión del recurso – Aplicación de los art. 259 del Código Civil y 466 del Código de Procedimiento Civil. Sólo por la vía ordinaria, la viuda podrá exigir su derecho a la participación, mediante aportación societaria, de los bienes adquiridos durante el régimen de separación forzosa. (Apelación Civil Nº 109.804, 3ª Cámara, TJSP, Rel. Des. R. F. Ferraz de Sampaio, 30.05.1962).

[22] V. Silvio Rodrigues, "Súmula 377 do STF: necessidade de sua revogação", *in O direito na década de 80. Estudos Jurídicos em homenagem a Hely Lopes Meirelles*, coord. Arnoldo Wald, São Paulo, Revista dos Tribunais, 1985, p. 181.

[23] V. Americo Mendes de Oliveira Castro, *Regimens matrimoniaes*, Rio de Janeiro, O Social, 1927, p. 287.

[24] V. Clovis Bevilaqua, *Direito de família*, Rio de Janeiro: Freitas Bastos, 1933, p. 198 e 199.

cia de São Paulo el 27.09.1994, en el caso de la apelación civil 214.397-1/0, se determinó que

> Habiendo sobrevenido la introducción del divorcio y más tarde a la Constitución de 1.988... Y establecido que el régimen común, o jurídico, es el de la comunión de bienes adquiridos en la constancia del matrimonio, no se puede pretender prevalecer el dicho de la *Súmula* 377, que alude a la comunicación de los bienes adquiridos en la constancia del matrimonio, sin aludir al origen de las adquisiciones.

En el Tribunal Superior de Justicia, se considera pionero en la correcta interpretación del *Súmula* 377, entregado por la 4ª Turma, el 06.09.1992, teniendo como Relator al Magistrado Sálvio de Figueiredo Teixeira, REsp 9.938-0-SP, que dejó consignado:

> 1. En el caso del régimen forzoso de separación de bienes (CC, artículo 258), se comunicarán los bienes adquiridos en la constancia del matrimonio por el esfuerzo común. 2. La *Súmula* nº 377 del Tribunal Supremo se limitará a los bienes resultantes de la combinación de los esfuerzos de la pareja, en exégesis que se solidariza a la evolución del pensamiento jurídico y repudia el enriquecimiento injusto.[25].

[25] RT 691/194. Antes de esta sentencia, el Tribunal Supremo ya demostró las instrucciones que debió haber tomado hace mucho tiempo la aplicación del Sumario 377 del STF: En la 1ª Turma, el 18.10.1983, teniendo como Relator al Magistrado Néri da Silveira, RExt 93.168-RJ, el Tribunal Supremo ya había reconocido que "El Sumario 377 se refiere a la comunicación de bienes adquiridos en la constancia del matrimonio, en el régimen de separación legal. No se lo invoca cuando se cuidan los bienes adquiridos, en la constancia del matrimonio, no por la cooperación de ambos cónyuges" (RTJ 118/546); también en el Tribunal Supremo, sentencia dictada el 26.08.1981, en sesión plenaria, teniendo como relator al Magistrado Decio Miranda, dejó sentado que "Sólo los bienes adquiridos por el esfuerzo común en la constancia del matrimonio están sujetos a la comunión" (RTJ 100/1121). También en la Corte Suprema se dictó sentencia el 13.03.1981, por la 2ª Turma, Magistrado Relator Cordeiro Guerra, REsp 91.059-0, que dejó sentado: "El resumen 377 se aplica a los bienes adquiridos por el esfuerzo conjunto de los cónyuges" (RT 553/280). También en la Corte Suprema, se menciona v. juzgado el 19.10.1979, por el Magistrado de Primera Turma, Relator Xavier Albuquerque, REsp 89.480-2, según el cual "En el caso de comunión de bienes adquiridos en la constancia del matrimonio en el régimen de separación legal, no difiere del Resumen 377 la decisión que lo limita a los bienes adquiridos gracias al esfuerzo común de los cónyuges" (RT 535/230).
Relevante, también, ver sentencia de la Cámara 2 de la Corte Suprema, emitida el 01.10.1968, Magistrado Relator Adalício Nogueira, RExt 64.236, que proporciona valiosas aclaraciones: "El Resumen en cuestión, en los términos vagos en que fue elaborado, no podría cubrir todas las hipótesis que ofrece la vida práctica. Solo puede partir de la suposición de lo que suele suceder. Las

Aunque hubo en los Tribunales del Estado un pensamiento erróneo en la aplicación de la *Súmula* 377, también hubo sentencias en aquellas instancias que aplicaron bien esa *súmula*, en el sentido de que sólo con prueba del esfuerzo común podría existir la comunicación de bienes en régimen forzoso de separación de bienes[26].

En los tribunales de otros Estados, también se encontraron sentencias que reconocían la necesidad de probar el esfuerzo conjunto en la adquisición de

relaciones legales tienen facetas impredecibles. La expresión de la suma estaba indudablemente dirigida a la existencia de bienes adquiridos en la constancia del matrimonio, que procedían del esfuerzo combinado de los contrayentes, su colaboración común, su trabajo armónico... El esfuerzo común es, por lo tanto, el rasgo que imprime en los bienes la fuerza de su comunicabilidad." (RTJ 47/337).

[26] Las siguientes sentencias vv se destacan en el Tribunal de Justicia de São Paulo: "Comunicación de bienes adquiridos por el esfuerzo común, incluso en la constancia del matrimonio celebrado en régimen de separación forzosa (Sumario 377 del Tribunal Supremo)" (Sala 3ª de Derecho Privado, Embargos Infractores 079.569.4/7-02, Juez Relator Carlos Roberto Gonçalves, 21.03.2000); "... La declaración nº 377 del Sumario del Tribunal Supremo debe limitarse a los bienes adquiridos en la constancia del matrimonio resultantes de la combinación de esfuerzos matrimoniales, en exégesis que es solidaria a la evolución del pensamiento jurídico y repudia el enriquecimiento sin causa". (6ª Cámara de Derecho Privado, Juez Ponente Antonio Carlos Marcato, 06.08.1998, JTJ 210/22); "...el mencionado Resumen se publicó bajo los auspicios de la Constitución de 1969, y antes de la Enmienda Nº 09, que introdujo el divorcio y modificó el régimen jurídico de los bienes. El régimen de comunión universal, y frente a un marco sociológico diferente, la jurisprudencia buscó salvaguardar principalmente a las mujeres extranjeras, que llegaron a Brasil ya casadas bajo la legislación del país de origen. Habiendo sobrevenido a la introducción del divorcio y posteriormente a la Constitución de 1988, en la que el matrimonio ya no es el centro del Derecho de Familia, y establecido que el régimen común o jurídico es el de la comunión de bienes adquiridos en la constancia del matrimonio, no se pueden pretender los dichos del Resumen 377, que alude a la comunicación de los bienes adquiridos en la constancia del matrimonio, sin aludir al origen de las adquisiciones... Está claro, por lo tanto, que incluso las sentencias que dieron lugar al Resumen se referían al esfuerzo común, no a la comunicación pura y simple... Si esto se decidió a la luz del sistema constitucional y legal anterior, con mucha mayor razón debe aceptarse que sin prueba del esfuerzo común no hay forma de determinar la división, por presunción de plena comunión, de los bienes adquiridos después del matrimonio bajo el régimen forzoso de separación. Sería claro que infringiría las disposiciones no sólo del párrafo único del artículo 258, sino también del art. 269 del Código Civil" (1ª Cámara Civil, Apelación Civil Nº 214.397-1/0, Juez Relator Renan Lotufo, 27.12.1994); "... 'Los bienes adquiridos después del matrimonio sólo se vuelven comunes si se demuestra el esfuerzo conjunto de los cónyuges para adquirirlos." La comunicación tiene lugar sobre la base de la sociedad de hecho entre los cónyuges. Así pues, el artículo 259 se refiere únicamente a la separación por convención. Así, la '*quaestio*' se resumió en el hecho de que en el régimen forzoso de separación de bienes, sólo los bienes adquiridos por el esfuerzo común de los cónyuges están sujetos a comunión, ajustándose a la jurisprudencia más actual, cuando tales esfuerzos se presentan en el caso debida y convincentemente probados" (Sala Civil 2ª, Juez Relator Munhoz Soares, Apelación Civil nº 97.892-1, 06.12.1988).

bienes por su carácter comunicativo, en matrimonio celebrado por el régimen forzoso de separación de bienes[27].

Sin embargo, la jurisprudencia del Tribunal Superior de Justicia seguía oscilando, y hubo sentencias que entendieron la *Súmula* 377 en el sentido erróneo de aplicar el régimen de comunión parcial de bienes a los cónyuges de mayor edad[28].

Pero el Tribunal Superior de Justicia, desde la década de 2010, comenzó a posicionarse de manera uniforme en el sentido de que prevalece el régimen forzoso de separación de bienes en matrimonios de la mayor edad, y no el régimen de la comunión de bienes, citando un juicio paradigmático, que se refiere a muchos otros jueces dados en esta instancia superior y con la misma posición.[29].

[27] "... en el régimen obligatorio de separación de bienes... aquellos adquiridos en la constancia del matrimonio no se comunican, si el proceso no comprueba que la mujer esposa cooperó, en todo caso, en la adquisición de bienes por el marido..." (TJRJ, RT 502/216); "... Tal comunicabilidad de los bienes depende de la prueba del esfuerzo común en su adquisición..." (TJRS, 8º CC, Rel. Elisei gomes Torres, 16.02.95); "... ambos cónyuges hicieron esfuerzos para establecer el patrimonio de la pareja ... Comprobado el esfuerzo del autor... Sería injusto eximirlo del derecho a parte del patrimonio de la pareja". (TJPA, RT 763/328); "Sólo se justifica la comunión de aquies, en el matrimonio celebrado por el régimen jurídico de separación de bienes, si se adquiere con el esfuerzo conjunto de los cónyuges." (TJDFT, DJU 05.11.1997, p. 26.827).

[28] V. STJ, 4ª Turma del Superior Tribunal de Justicia, Relator Magistrado Ruy Rosado de Aguiar, j. em 05/07/2002, REsp. 442165/RS y sentencia de la 3ª Turma do STJ, Relator Magistrado Eduardo Ribeiro, j. 13/02/1990, REsp. 1651/GO.

[29] RECURSO ESPECIAL. UNIÓN ESTABLE EN RÉGIMEN FORZOSO DE SEPARACIÓN DE BIENES. COMPAÑERO DE MÁS DE 70 AÑOS EN EL MOMENTO EN QUE FIRMÓ UNA ESCRITURA PÚBLICA. PACTO ANTENUPCIAL AFASTANDO LA INCIDENCIA DEL SUMARIO Nº 377 DEL STF, QUE IMPIDE LA COMUNIÓN DE LOS BIENES ADQUIRIDOS EN LA CONSTANCIA DEL MATRIMONIO ONERAMENTE EN LA CONSTANCIA DE LA CONVIVENCIA. POSIBILIDAD. DIVISIÓN POR MITAD DE LOS BIENES DE LA COMPAÑERA. INOCURRENCIA. SUCESIÓN DE BIENES. COMPAÑERA EN CONDICIÓN DE HEREDERA. IMPOSIBILIDAD. NECESIDAD DE ELIMINARLA DEL INVENTARIO. 1. El pacto antenupcial y el contrato de convivencia definen las reglas económicas que regirán el patrimonio de esa unidad familiar, formando el estatus patrimonial – régimen patrimonial – de matrimonio o unión estable, cuya regencia comenzará, sucesivamente, en la fecha de la celebración del matrimonio o en el momento de la demostración empírica del cumplimiento de los requisitos de la unión estable. (CC, art. 1.723). 2. El Código Civil, con excepción de la autonomía privada, también restringe la libertad de elección del régimen patrimonial a los miembros en determinadas circunstancias, consideradas por el legislador como esenciales para la protección de determinadas personas o situaciones y que fueron recogidas en el art. 1.641 del Código Civil, como régimen forzoso de separación de bienes de personas mayores de setenta años (punto II). 3. "La *ratio legis* fue la de proteger a los ancianos y a sus herederos necesarios de los matrimonios celebrados por interés estrictamente económico, evitando que este fuera el factor principal para mover al consorte

Según entiende el STJ, el régimen forzoso de separación de bienes sólo puede ser rechazado en caso de que exista una unión de hecho larga antes del matrimonio, porque habría una contaminación en el matrimonio del régimen de comunión parcial que prevalece en la unión estable según lo establecido por el Código Civil en su artículo 1.725 y ya establecido antes de la Ley 9.278 de 1996[30].

al vínculo" (REsp 1689152/SC, Rel. Magistrado Luis Felipe Salomão, Cuarta Turma, juzgado el 24/10/2017, DJe 22/11/2017).4. El STJ afirmó el entendimiento de que, "en virtud del artículo 258, § único, ítem II, del Código Civil de 1916 (equivalente, en parte, al art. 1.641, punto II, del Código Civil de 2002), al matrimonio de sexagenario, ya sea hombre, o de cincuenta años, si es mujer, se impone el régimen obligatorio de separación de bienes. Por esta razón, la misma regla se aplica a las uniones estables, y se observa el régimen forzoso de separación, con un hombre mayor de sesenta años o una mujer mayor de 50 años de edad." (REsp 646.259/RS, Rel. Magistrado Luis Felipe Salomão, Quarta Turma, juzgado em 22/06/2010, DJe 24/08/2010). 5. La Sección Segunda del STJ, en relectura del antiguo Resumen n. 377/STF, decidió que, "en el régimen de separación legal de bienes, lo adquirido en la constancia del matrimonio, siempre que se acredite el esfuerzo común para su adquisición" EREsp 1.623.858/MG, Rel. Magistrado Lázaro Guimarães (Juez convocado de la 5ª región del TRF), Sección Segunda, juzgado el 23/05/2018, DJe 30/05/2018), ratificando el entendimiento previo de la Sección con respecto a la unión estable (EREsp 1171820/PR, Rel. Magistrado Raul Araújo, Sección Segunda, juzgado el 26/08/2015, DJe 21/09/2015). 6. En el matrimonio o unión estable regido por el régimen forzoso de separación de bienes, es posible que los contrayentes/compañeros, en ejercicio de autonomía privada, estipulando lo que más les corresponda en relación con bienes futuros, acuerden cláusula más protectora al régimen jurídico, con la supresión de la *Súmula* 377 del Tribunal Supremo, impidiendo la comunión de los bienes adquiridos en la constancia del matrimonio. 7. La *mens legis* del art. 1.641, II, del Código Civil es precisamente dar protección al patrimonio de los adultos mayores que se casan y a los intereses de sus hijos, impidiendo la comunicación de los bienes. Por una interpretación teleológica de la norma, es posible que el pacto antenupcial establezca una cláusula aún más protectora para los bienes del septuagenario contrayente, preservando el espíritu del Código Civil para impedir la comunión de la propiedad del adulto mayor. Lo que no es posible es la vulneración de los dictados del régimen restrictivo y protector, ya sea alejando la incidencia del régimen forzoso de separación, o adoptando un pacto que lo convierta en un régimen más restrictivo y comunitario en relación con los activos. 8. En la hipótesis, el *de cujus* y su compañera celebraron una escritura pública de unión estable cuando el primero tenía 77 años – con observancia, por lo tanto, del régimen forzoso de separación de la propiedad – una oportunidad en la que las partes, por su propia voluntad, hicieron un pacto antenupcial estipulando términos aún más protectores al vínculo, demostrando la clara intención de que sus bienes no fueran comunicados, con la eliminación de la incidencia del Resumen No. 377 de la Corte Suprema. Por lo tanto, no se habla de medios de bienes o en sucesión del compañero (CC, art. 1829, I). 9. Llamamiento especial de la hija del *de cujus* al que se proporciona. Apelación de la antigua compañera desprovisto. (REsp 1922347/PR, 4ª T., Rel. Min. Luís Felipe Salomão, 4ª T., j. 07-12-2021).

30 Recurso especial. Derecho civil. Familia. Matrimonio contraído por una persona mayor de 60 años. Separación forzosa de bienes. Matrimonio precedido por una unión estable larga iniciada antes de esa edad. Apelación especial no prevista. 1. El artículo 258, párrafo único, II, del Código

Tal es la uniformidad de la posición en la Instancia Superior que se emitió el 11/09/2022 el Resumen 655 por el STJ, fijando que solo puede existir la comunicación de bienes en matrimonio celebrado por el régimen forzoso de separación de bienes por prueba del esfuerzo común: "Se aplica a la unión estable contraída por septuagenario el régimen de la forzoso de separación de bienes, comunicando los adquiridos en constancia, cuando se acredite el esfuerzo común.".

Sin embargo, aún existen interpretaciones divergentes, por no decir erróneas, que conducen a tal inseguridad jurídica que provocan interpretaciones divergentes a la realización de pacto antenupcial en el matrimonio de una persona mayor de 70 años para reforzar la exclusividad de los bienes de cada uno de los cónyuges, lo que dio lugar al Enunciado 634 de la *VIII Jornada de Direito Civil do Conselho da Justiça Federal*, según la cual:

> Es lícito que quienes se ajusten a la lista de personas sujetas al régimen de separación forzosa de bienes (artículo 1.641 del Código Civil) estipulen, mediante un acuerdo nupcial o contrato de convivencia, el régimen de separación de bienes, a fin de garantizar los efectos de dicho régimen y eliminar la incidencia de la *Súmula* 377 del Tribunal Supremo.

Esta es otra anomalía interpretativa, ya que los efectos del Sumario 377 del STF son exactamente los de impedir la comunicación del patrimonio del adulto mayor al otro cónyuge, salvo los casos de sociedad de hecho en los que prevalecerá el principio del impedimento del enriquecimiento ilícito en todos y cada uno de los casos. Por lo tanto, no es apropiado hacer acuerdos prenupciales con tal cláusula, con el riesgo de que tenga el efecto contrario, causando la comunión de bienes. Si hay interés en la realización del pacto, su redacción efectivamente tiene que ser muy diferente de la de las Jornadas de Derecho Civil. Así que se permite el pacto antenupcial, incluso reconocido

Civil de 1916, vigente en el momento de los hechos, disponía que el régimen de separación total de bienes entre los cónyuges es obligatorio cuando el matrimonio involucre a un novio mayor de 60 años o a una novia mayor de 50 años. 2. Se aleje el régimen imperativo de separación de bienes cuando el matrimonio está precedido por una larga relación en una unión estable, iniciada cuando los cónyuges no tenían restricciones legales a la elección del régimen patrimonial, ya que no es necesario hablar de la necesidad de protección de los ancianos en relación con las relaciones fugaces por interés exclusivamente económico. 3. Interpretación de la legislación ordinaria que mejor lo compatibilice con el sentido del art. 226, §3, del CF, según el cual la ley debe facilitar la conversión de la unión estable en matrimonio.4. Recurso especial al que se niega proveimiento. (STJ, REsp 1318281/PE, 4º T., Rel. Min. Maria Isabela Gallotti, j. 01-12-2016).

por el Tribunal Supremo en cuanto a su validez, siempre que sea para reforzar la separación de bienes en el matrimonio, con la redacción adecuada a esta manifestación de voluntad de los contrayentes.[31].

Cabe señalar también que el artículo 258, párrafo único del Código Civil de 1916 y el artículo 1641 del vigente Código Civil, al establecer el régimen forzoso de separación no distinguen entre bienes antes y después del matrimonio, por lo que la separación es total, recordando que *ubi lex non distinguit nec non distinguere debemus.*

La única razón para la posible comunicabilidad de los bienes bajo régimen de separación forzosa es el sellado del enriquecimiento ilícito, pero, para hacerlo, es indispensable demostrar el esfuerzo conjunto de una verdadera asociación entre los cónyuges.

Como ya establecía el artículo 1.363 del Código Civil de 1916, "Las personas que se comprometen mutuamente a combinar sus esfuerzos o recursos para lograr fines comunes" celebran un acuerdo de asociación. Y el artículo 981 del Código Civil de 2002 establece que "Celebran contracto de sociedad las personas que se comprometan recíprocamente a contribuir, con bienes o servicios, al ejercicio de la actividad económica y al reparto de resultados entre sí", siendo que su párrafo único establece que "La actividad podrá restringirse al desempeño de uno o más negocios determinados".

Aun, cabe mencionar los artículos 986 y siguientes del actual Código Civil, que regulan la sociedad no personificada, disponiendo que son aplicables, en lo que con ellas sean compatibles, las normas de la sociedad simple. En el artículo 988 se establece una regla relevante, ya que preserva los bienes de los socios de hecho, así como de sus acreedores, en los siguientes términos: "Los bienes y deudas sociales constituyen patrimonios especiales, de los cuales los socios son cotitulares". El artículo 989 también tiene por objeto preservar los intereses de terceros, disponiendo que los bienes sociales sean responsables de los actos de gestión practicados por cualquiera de los socios.

Así, para que haya una comunicación, bajo el régimen de la separación forzosa de bienes, es indispensable probar la sociedad de hecho, es decir, acre-

[31] V. STJ, REsp 1.922.347-PR, 4ª Turma, Rel. Min. Luis Felipe Salomão, j. el 07/12/2021: En el matrimonio o unión estable regido por el régimen forzoso de separación de bienes, es posible que los contrayentes/compañeros, en ejercicio de autonomía privada, estipulando lo que más les corresponda en relación con bienes futuros, acuerden cláusula más protectora al régimen jurídico, con la supresión de la *Súmula* 377 del STF, impidiendo la comunión de los bienes adquiridos en la constancia del matrimonio.

ditar la entrada de bienes pertenecientes al otro cónyuge, con su uso y goce o cesión de derechos, o la prestación efectiva de servicios no remunerados[32].

El argumento de que la incomunicación de los bienes preexistentes al matrimonio bastaría para lograr la protección del cónyuge, en los casos previstos en el artículo 1641, tampoco es coherente con la realidad. Cabe señalar que, especialmente cuando hay bienes anteriores al matrimonio, esa protección sólo puede ser efectiva si la separación de bienes surte efecto en cuanto a los bienes adquiridos antes y después de su celebración, debido a la confusión natural entre bienes preexistentes y postexistentes. Esto se debe a que es común transformar la propiedad, ya sea a través de ingresos o productos de la venta de activos anteriores que se producen las adquisiciones en el curso del matrimonio, observando las dificultades probatorias relacionadas con la gestación subrogada.

En la disolución por fallecimiento, se señala el nuevo orden de vocación hereditaria establecido por el Código Civil de 2002.

En el Código Civil de 1916 el siguiente orden de vocación hereditaria estaba en su artículo 1.603: "La sucesión legítima se difiere en el siguiente orden: I – A los descendientes. II – A los ascendentes. III – Al cónyuge supérstite. IV – A los colaterales. V – A los Estados, al Distrito Federal o a la Unión. V – a los municipios, al Distrito Federal o a la Unión."

En el Código Civil de 2002, el orden de vocación hereditaria se convirtió en el siguiente, en su artículo 1.829:

> La sucesión legítima se difiere en el siguiente orden: I – a los descendientes, en competencia con el cónyuge supérstite, a menos que estén casados con el difunto en el régimen de comunión universal, o en el de la separación forzosa de bienes (artículo 1640, párrafo único); o si, en régimen de comunión parcial, el autor de la herencia no ha dejado la propiedad privada; II – los ascendientes, en competencia con el cónyuge; III – al cónyuge supérstite; IV – colateral.

Se puede observar que, en el derecho civil brasileño vigente, después del Código Civil de 2002, el cónyuge supérstite comenzó a concurrir con los descendientes del fallecido en los regímenes de gananciales y de separación electiva de bienes, pero no tiene derecho a la herencia en los regímenes de separación forzosa de bienes y de comunidad universal de bienes. En el régimen de comunidad universal de bienes, las razones de la inexistencia de dere-

[32] V. Monteiro, Washington de Barros e Tavares da Silva, Regina Beatriz. *Curso de Direito Civil*, 2: Direito de Família, 43ª ed., São Paulo: Saraiva, 2016, p. 318 a 325.

chos sucesorios residen en la división de bienes con el consorte superviviente que se refiere a todo el patrimonio que compone la herencia, salvo exclusiones muy raras[33]. Bajo el régimen de separación forzosa, se denota claramente que la intención legislativa fue fortalecer este régimen también en caso de muerte, lo que es otra demostración del cuidado del Código Civil de 2002 para la persona mayor.

En resumen, si a la época de la *Súmula* 377 ya existía la necesidad de demostrar la existencia de una sociedad de hecho, para considerar la comunicación de bienes, con mucha más razón en nuestros días, bajo la égida del Código Civil de 2002, se debe exigir prueba del esfuerzo común[34].

6. Aplicabilidad del régimen de separación forzosa de bienes en la unión de hecho

El régimen de la propiedad, derivado de la ley, en la unión estable fue regulado por la Ley 9.278/96, que en su artículo 5 establecía que:

> Los bienes muebles e inmuebles adquiridos por una o ambas partes vivas, en constancia de la unión estable y a título oneroso, se consideran el resultado del trabajo conjunto y la colaboración, y pertenecen a ambos, en condominio y en partes iguales, a menos que se estipule lo contrario en un contrato escrito.

Con la edición de CC/2002, el legislador mejoró la regulación del régimen de bienes en la unión de hecho, y se dispuso en el artículo 1.725 que: "En la unión estable, salvo contrato escrito entre los compañeros, el régimen de suministro parcial de bienes se aplicará a las relaciones patrimoniales, según proceda, en el régimen de comunión parcial de bienes.".

Así, la unión de hecho o unión convivencial equivale al matrimonio en los efectos patrimoniales, estableciendo el régimen jurídico de la comunión parcial (artículo 1.725), y en los efectos personales, como el deber de asistencia

[33] CC, art. 1.668. Quedan excluidos de la comunión: I – los bienes donados o heredados con la cláusula de incomunicación y los subrogados en su lugar; II – los activos registrados del fideicomiso y el derecho del heredero fiduciario, antes de que se lleve a cabo la condición suspensiva; III – deudas anteriores al matrimonio, a menos que provengan de gastos con sus aprestos, o reviertan a ganancia común; IV – donaciones antenupciales hechas por uno de los cónyuges al otro con la cláusula de incomunicabilidad; V – Los bienes a que se refieren los incisos V a VII del artículo 1659. CC, art. 1.669. La incomunicabilidad de los bienes enumerados en el artículo anterior no se extiende a los frutos, cuando se perciben o ganan durante el matrimonio.

[34] Tavares da Silva, Regina Beatriz e Fiuza, Ricardo (coordenação). *Novo Código Civil Comentado*, 10ª ed., ob. citada, p. 1.705 a 1.707.

material que puede dar lugar al deber de proporcionar alimentos en la disolución de esa entidad familiar. (CC, artículo 1.724).

Es conveniente que el Código Civil, al dictar en su artículo 1.725 que las reglas de comunión parcial se aplican a la unión de hecho, según corresponda, señale la aplicación de las normas de la misma ley en sus disposiciones especiales (CC, artículos 1.658 a 1.666) y en las disposiciones generales (CC, artículos 1.639 y siguientes) sobre el régimen patrimonial[35].

Ya que no habría nada de regulación patrimonial sobre la unión de hecho en el mencionado artículo 1725, si no se aplicaran las disposiciones generales y especiales sobre este régimen jurídico de comunión parcial que se arreglan para el matrimonio en el Código Civil. ¿Sería el artículo 1.725 un dispositivo vacío de contenido?

Entre las disposiciones generales de los regímenes económicos matrimoniales del Código Civil figura la artículo 1.641, II.

Así, esta disposición que determina que ser obligatorio el régimen de separación de bienes en el matrimonio de la persona mayor de setenta años se aplica a la unión de hecho o unión convivencial, como lo reconoce el Tribunal Superior de Justicia (STJ) en la jurisprudencia inaugurada por el Honorable Magistrado Luis Felipe Salomão:

> Derecho de familia. Unión estable. Compañero sexagenario. Separación forzosa de activos. Artículo 258, § único, punto II, del Código Civil de 1916. 1. En virtud del artículo 258, § único, punto II, del Código Civil de 1916 (equivalente, en parte, al artículo 1.641, punto II, del Código Civil de 2002), al matrimonio de sexagenario, ya sea varón, o cincuentenario, si es mujer, se impone el régimen obligatorio de separación de bienes. Por esta razón, la misma regla se aplica a las uniones estables, y se observa el régimen forzoso de separación, con un hombre mayor de sesenta años o una mujer mayor de 50 años de edad. 2. En este paso, sólo los bienes adquiridos en la constancia de la unión estable, y siempre que se pruebe el esfuerzo común, deben ser recaudados por el compañero, de acuerdo con la *Súmula* 377 de la Corte Suprema. Recurso especial proporcionado (STJ, REsp 646.259/RS, 4ª T., Rel. Min. Luis Felipe Salomão, j. 22-06-10).

[35] Monteiro, Washington de Barros e Tavares da Silva, Regina Beatriz. *Curso de Direito Civil*, 2: Direito de Família, 43ª edição, São Paulo: Saraiva, 2016, p. 92 a 95. Tavares da Silva, Regina Beatriz: "A frouxidão dos requisitos da união estável e a equiparação de seus efeitos aos do casamento no Direito Brasileiro". In *Tratado da União de Fato* (Coordenadores: Correia, Atalá; Solavagione, Alicia Garcia de (coordenadores). São Paulo: Almedina, 2021, p. 419 a 448.

La jurisprudencia inaugurada en 2010 permanece en el STJ, como se desprende de la lectura de otra v. sentencia de relatoría del mismo Magistrado:

> 1. En virtud del artículo 258, párrafo único, inciso II, del Código Civil de 1916 (equivalente, en parte, al artículo 1.641, inciso II del Código Civil de 2002), al matrimonio del sexagenario, ya sea varón, o quincuagenaria, si es mujer, se impone el régimen obligatorio de separación de bienes (recientemente, la Ley 12.344/2010 cambió la redacción del artículo 1.641, II, CC, modificando la edad protectora de 60 a 70 años). Por esta razón, la misma regla se aplica a las uniones estables, y se observa el régimen forzoso de separación de bienes, con un hombre mayor de sesenta años o una mujer mayor de 50. Precedentes. 2. La *ratio legis* fue la de proteger a los ancianos y a sus herederos necesarios de los matrimonios celebrados por interés estrictamente económico, evitando que este fuera el factor principal para motivar al consorte al enlace. 3. La Sección Segunda del STJ, siguiendo la línea del Sumario Nº 377 del STF, pacificó el entendimiento de que "sólo los bienes adquiridos costosos en la constancia de la unión estable, y siempre que se acredite el esfuerzo común en su adquisición, deben ser objeto de participación" (EREsp 1171820/PR, Rel. Magistrado Raul Araújo, Segunda Sección, juzgado el 26/08/2015, DJe 21/09/2015) (REsp 1.689.152/SC, relator Magistrado Luis Felipe Salomão, Cuarta Turma, juzgado el 24/10/2017, DJe de 22/11/2017).

En el mismo sentido, la v. sentencia dictada por el Magistrado Raúl Araújo, que cita otra v. sentencia de la redacción del Magistrado Lázaro Guimarães, reconociendo el régimen forzoso de la separación de bienes a la pareja sexagenaria (actualmente septuagenaria):

> Daño interno en la apelación especial. Derecho de familia. Reconocimiento y disolución de la unión estable. Compañero sexagenario. Redacción original del artículo 1.641, II, del CC/2002. Aplicación. Separación forzosa de bienes. Reparto. Bienes adquiridos costosamente. Necesidad de prueba de esfuerzo común. Lesión interna no proporcionada. 1. Según la redacción original del artículo 1.641, II, del Código Civil de 2002, vigente en el momento del inicio de la unión estable, el régimen de separación forzosa de bienes se impone al compañero o contrayente sexagenario. 2. "En el régimen de separación legal de bienes, los adquiridos se comunican en la constancia del matrimonio, siempre que se acredite el esfuerzo común para su adquisición" (EREsp 1.623.858/MG, Rel. Magistrado Lázaro Guimarães – Juez convocado de la 5ª Región del TRF -, Sección Segunda, juzgado el 23/05/2018, DJe de 30/05/2018)." (STJ, AgInt no REsp 1.637.695/MG, 4ª T., Rel. Min. Raul Araújo, j. 10-10-2019).

Así, dada la interpretación sistemática del Código Civil, se aplica en la unión de hecho el régimen de separación forzosa de bienes a los mayores de 70 años, como forma de preservar los bienes económicos y financieros de las personas mayores.

7. El lamentable proyecto de ley que propone la derogación de la norma sobre la separación forzosa de bienes para los mayores de 70 Años

Por falta de mejor conocimiento sobre el tema en pantalla, se tramita, a la fecha de la última revisión de este artículo, un proyecto de ley en el Senado Federal que propone la derogación de la norma contenida en el artículo 1.641, inciso II del Código Civil (PLS 760/2015).

En hacerse una idea de la irresponsabilidad del proponente de este PLS, la justificación de este proyecto de ley va en contra de lo que propone, porque allí se dice que la mayor longevidad, con una nueva, mejor y más larga condición de vida, sería la motivación de la propuesta legislativa.

Sin embargo, es exactamente lo contrario, ya que esta longevidad debería causar la preocupación del legislador con el mantenimiento del régimen de separación forzosa de bienes y la preservación de la propiedad de los ancianos, incluso en caso de divorcio.

A menos que el Congreso Nacional piense que los ancianos mayores de 70 años, para casarse, deben someterse a golpes, como el llamado “cazafortunas”, para ser felices en compañía de alguien más joven, esa justificación tendría algún sentido. No lo creo, pero la propuesta conduce a esto.

No se trata de existencia de discernimiento de las personas mayores, que eso no se discute, en términos de capacidad civil; se trata, esto sí, de la protección de las personas mayores la imposición legal del régimen de separación de bienes.

Y que no se argumente, espero, a través de la propuesta de derogación de la norma actual, que los ancianos podrían optar por el régimen de separación de bienes, la llamada separación electiva, porque en este caso tendrían como heredera necesaria a la consorte, en competencia incluso con sus hijos de relaciones anteriores, en virtud de lo dispuesto en los artículos 1.829, I y 1.845 del Código Civil. Entonces, si viene esta nefasta propuesta legislativa, los ancianos perderán la autonomía de la voluntad de disponer de sus bienes en testamento.

8. El debate en el Tribunal Supremo sobre la constitucionalidad del régimen forzoso de separación de bienes en el matrimonio y en la unión de hecho de la persona mayor

Una apelación extraordinaria llegó al Tribunal Supremo Federal, que después del respectivo Agravo (ARE 1309642-SP), se convirtió en un tema de repercusión general en el régimen forzoso de separación de bienes.

Se atribuyó a esa apelación repercusión general, formando el tema 1236: *Régimen patrimonial aplicable en el matrimonio y en la unión estable de más de setenta años.*

El tema en discusión es la (in)constitucionalidad del Artículo 1.641, II, del Código Civil (CC), en esta norma sobre el matrimonio y también, antes de su aplicación a la unión estable, en esta entidad familiar.

La repercusión general fue reconocida por la sentencia del Tribunal de Justicia de São Paulo (AI 2094514-81.2018.8.26.0000), en la que se alegó la inconstitucionalidad del artículo 1.641, II del Código Civil (CC), por afrenta a la autonomía de la voluntad de los compañeros en la elección del régimen de propiedad, siendo:

> Lesión del instrumento. Inventario. Acuerdo que determinó la presentación de un plan de reparto por parte del inventario, en cumplimiento del sistema introducido por el Nº 646.721/RS, y declaró la inconstitucionalidad del Artículo 1.641, II CC. Irresignación. Régimen forzoso de separación de bienes que, al restringir la autonomía de voluntad de los contrayentes, busca proteger al anciano de matrimonios celebrados con fines patrimoniales exclusivos. Inconstitucionalidad no configurada. Restricción legal que también se aplica al matrimonio y a la unión estable. Precedentes de la Corte Suprema y de esta Corte. Compañera que, sin embargo, tiene derecho a la mitad de los bienes adquiridos durante la unión estable. Incidencia de la *Súmula* 377 de la Corte Suprema. Decisión reformada. Agravo concedido (TJSP, 3ª Cámara de Derecho Privado, AI 2094514-81.2018.8.26.0000, Rel. Des. Alexandre Marcondes, j. 25.06.2019).

Como se puede ver en el resumen de la sentencia del Tribunal del Estado de São Paulo, se reconoció la constitucionalidad del artículo 1.641, II del CC, que establece el régimen forzoso de separación de bienes en el matrimonio celebrado por una persona mayor de 70 años, así como su aplicación a la unión estable. Se destacó que la limitación de la autonomía del testamento tiene como objetivo proteger a la persona mayor.

El *leading case* extraído de ARE 1309642 es descrito por el respectivo relator en el Supremo Tribunal Federal, Magistrado Luis Roberto Barroso, en los términos que siguen:

Recurso extraordinario en el que se discute, a la luz de los artículos 1º, III, 3º, IV, 5º, I, X y LIV, 226, § 3º y 230 de la Constitución Federal, la constitucionalidad del artículo 1.641, II, del Código Civil, que establece que el régimen de separación de bienes en el matrimonio de una persona mayor de setenta años de edad es obligatorio, y la aplicación de esta regla a las uniones estables, considerando el respeto de la autonomía y la dignidad humana, el sellado de la discriminación contra las personas mayores y la protección de las uniones estables.

El principio de la presunción de constitucionalidad se traduce en la convicción de que la violación de la Constitución de la República Federativa del Brasil (CF) en la declaración de inconstitucionalidad de una disposición legal debe ser manifiesta, flagrante e incontestable, lo que no se ve en este tema de repercusión general.[36].

Para que una norma sea considerada inconstitucional la violación de la ley mayor debe ser irrefutable, es decir, notoria e irrefutable, ya que es la intervención del Poder Judicial en las atribuciones del Poder Legislativo. En otras palabras, el sistema legal debe interpretarse en el sentido de que conforma disposiciones diferentes sin crear inconstitucionalidades artificiales.

La interpretación de la Constitución Federal con despego del texto constitucional, la argumentación supuestamente inconstitucional sin apego a la legislación constituida implica una especie de *law-making*, para pretender que sea inconstitucional lo que el demandante quisiera que fuera así y confundir el derecho constitucional con sus deseos o intereses personales.

Si se pudiera abrir la puerta del STF a demandas personales, sin la inconstitucionalidad manifiesta de la norma impugnada, las leyes infraconstitucionales serían ignoradas a través de argumentos basados en una "constitución imaginaria". Se ignoraría el espacio de conformación conferido por la propia Constitución a la legislación ordinaria.

Así, el control de la constitucionalidad de una disposición legal debe tener siempre en cuenta el examen de la legislación ordinaria, si la norma se encuentra o no dentro del marco que le fue conferido como espacio de conformación

[36] BARROSO, Luís Roberto. *Interpretação e aplicação da Constituição: fundamentos de uma dogmática constitucional transformadora*. 7ª ed., São Paulo: Saraiva, 2009, p. 193: "El principio de presunción de constitucionalidad de los actos del Poder Público, nítidamente de las leyes, es consecuencia del principio general de separación de Poderes y funciones como factor de autolimitación de la actividad del Poder Judicial, el cual, en reverencia a las acciones de los demás Poderes, sólo les debe invalidar los actos en casos de inconstitucionalidad flagrante e indiscutible.".

jurídica por el documento constitucional y si el legislador actuó de conformidad con las facultades constitucionales.

En efecto, en este tema de repercusión general no existe ningún mandamiento constitucional que sustente la declaración de inconstitucionalidad del artículo 1641, II, del Código Civil.

En la fecha de la última revisión de este texto antes de su publicación, el caso referido se encuentra en su fase inicial, aún sin su fallo, sin la formación de una tesis de repercusión general.

Conclusiones

La protección especial de la persona mayor conduce a la convicción de que la norma prevista en el artículo 1.641, II del CC está en perfecta línea con la Ley Mayor.

Como se establece en el artículo 226, *caput* de la CF, "La familia, base de la sociedad, tiene una protección especial del Estado".

Y el artículo 230 de la CF, dispone que: La familia, la sociedad y el Estado tienen el deber de apoyar a los ancianos, asegurando su participación en la comunidad, defendiendo su dignidad y bienestar y garantizándoles el derecho a la vida.

Efectivamente, el régimen de separación forzosa de bienes ofrece una protección especial a la familia y privilegia la protección de la persona mayor de 70 años, en defensa de su propiedad, su dignidad y su bienestar.

La evolución jurisprudencial, con análisis efectivo de la *Súmula* 377 del Tribunal Supremo Federal, llevó al Tribunal Superior de Justicia a la convicción de que el régimen forzosa de bienes impone la exclusividad de bienes a la persona que contrae matrimonio o comienza a vivir en unión estable con más de 70 años en la actualidad, y, sin embargo, exigiendo, para que se evite el enriquecimiento injusto, prueba del esfuerzo del otro consorte en la construcción de este patrimonio, con la entrega de capital o trabajo efectivo en la actividad del cónyuge de mayor edad, a través de la denominada sociedad de hecho, en cuyo caso existirá, en proporción a este esfuerzo, la garantía al otro cónyuge de obtener una parte de estos bienes, en proporción a su aportación.

Pero, ante la falta de interpretación adecuada de este resumen, con interpretaciones divergentes, se abrió camino a muchos recursos, que llegaron a los tribunales superiores y de ahí al STF para el análisis de la constitucionalidad de la norma jurídica sobre el régimen forzoso de separación de bienes en el matrimonio y su extensión a la unión estable.

Esperamos que el creciente activismo judicial en Brasil no conduzca a la decisión equivocada sobre este régimen de propiedad, continuando la protección de los ancianos a través del reconocimiento de la constitucionalidad de la norma actual hasta la última revisión de este artículo antes de su edición.

Esperemos también que las propuestas legislativas para la protección de los ancianos, como la analizada en este artículo, no se lleven a cabo en el respetable Congreso Nacional Brasileño.

Referencias

BEVILAQUA, Clovis, *Direito de família*, Rio de Janeiro, Freitas Bastos, 1933.

BARROSO, Luís Roberto. *Interpretação e aplicação da Constituição: fundamentos de uma dogmática constitucional transformadora*. 7ª ed., São Paulo: Saraiva, 2009.

CASTRO, Americo Mendes de Oliveira, *Regimens matrimoniaes*, Rio de Janeiro: O Social, 1927.

GAMA E SILVA, Luís Antônio da, Parecer *in RT 257/86*.

MAIA JUNIOR, Mairan Gonçalves. *Do Regime da Comunhão Parcial de Bens no Casamento e na União Estável*. São Paulo: Revista dos Tribunais, 2010.

MONTEIRO, Washington de Barros e TAVARES DA SILVA, Regina Beatriz. *Curso de Direito Civil*, 2: Direito de Família, 43ª edição, São Paulo: Saraiva, 2016.

MORAES, Alexandre de. *Constituição do Brasil Interpretada*. 5ª ed. São Paulo: Atlas, 2005.

ROCHA, Manuel António Coelho da. *Instituições de Direito Civil Portuguez* – Tomo I. 3 ed. Coimbra: Imprensa da Universidade, 1852.

RODRIGUES, Silvio. *Direito Civil: direito da família*. 27. ed. atual. por Francisco José Cahali, São Paulo: Saraiva, 2002.

______ Súmula 377 do STF: necessidade de sua revogação, *in O direito na década de 80. Estudos Jurídicos em homenagem a Hely Lopes Meirelles*, coord. Arnoldo Wald, São Paulo: Revista dos Tribunais, 1985.

RODRIGUES JR, Otávio Luiz. *Direito Civil Contemporâneo: estatuto epistemológico, constituição e direitos fundamentais*. 2ª ed. Rio de Janeiro: Forense Universitária, 2019.

TAVARES DA SILVA, Regina Beatriz. Regime da separação de bens convencional e obrigatória, in *Questões Controvertidas no novo Código Civil*, DELGADO, Mário Luiz e FIGUEIRÊDO ALVES, Jones (coordinación). São Paulo: Editora Método, 2004, v. 2.

______ e LIMA E BRITO, Laura Souza: Sucessão do cônjuge e do companheiro no regime da separação de bens, in *Grandes Temas de Direito de Família e das Sucessões*, TAVARES DA SILVA e ALMEIDA CAMARGO, Theodureto (coordenação). São Paulo: Saraiva, 2011.

______ e FIUZA, Ricardo (coordinadores). *Código Civil Comentado*, 10ª ed., São Paulo: Saraiva, 2016.

______ A frouxidão dos requisitos da união estável e a equiparação de seus efeitos aos do casamento no Direito Brasileiro. In *Tratado da União de Fato* (Coordenadores: Correia, Atalá; Solavagione, Alicia Garcia de (coordinadores). São Paulo: Almedina, 2021.

VELOSO, Zeno. *Regime matrimoniais de bens*. Belo Horizonte: Del Rey, 1997.

10
RESPONSABILIDADE DA DOUTRINA E DA JURISPRUDÊNCIA DIANTE DO TEMA: "IDOSO EM ESTADO DE VULNERABILIDADE"

ROSA MARIA BARRETO BORRIELLO DE ANDRADE NERY[1]

1. O idoso e sua vulnerabilidade: um problema de direito civil

O sistema jurídico – ainda – vigente no Brasil orienta-se pela lei e não pelos casos já decididos, embora se deva reconhecer que a apreciação judicial dos casos tem hoje, entre nós e em outros países do chamado "*civil law*", um estatuto algo diferente do que tinha há algum tempo e a jurisprudência tem emprestado à abertura do sistema jurídico coordenadas de atualização de grande importância.

O Código de Processo Civil de 2015, mais novo, não revogou o Código Civil de 2002, que continua regendo a vida e o patrimônio das pessoas e deve ser interpretado segundo conexão ética que seu texto mantém com princípios, formando um sistema, que o CPC/2015, também, não revogou.

Formas novas de compreender o sistema jurídico, em convívio com novas práticas sociais, impõem a necessidade de perquirir sobre a efetividade da

[1] Professora Associada de Direito Civil da Faculdade de Direito da Pontifícia Universidade Católica de São Paulo – PUC SP. Professora Livre-Docente nos Programas de Graduação e de Pós-Graduação (Especialização, Mestrado e Doutorado) da Faculdade de Direito da PUC-SP, onde ministra a disciplina de Direito Civil. Desembargadora aposentada do Tribunal de Justiça do Estado de São Paulo. Foi Procuradora de Justiça do Ministério Público do Estado de São Paulo. Advogada, Parecerista e Consultora Jurídica da Banca de Advocacia Nery Advogados. Membro do Corpo de Árbitros da Câmara de Arbitragem e Mediação da Federação das Indústrias do Estado de São Paulo – FIESP e da Câmara de Arbitragem e Mediação da Câmara de Comércio Brasil Canadá – CAM-CCBC. Associada Fundadora e Membro do Conselho Científico da Associação de Direito de Família e das Sucessões - ADFAS.

segurança jurídica para bem resolver questões que brotam da experiência humana de nosso tempo.

Uma questão que deve ser vista com atenção e viva preocupação – entre tantas outras – conecta-se com as novidades com que a experiência jurídica atual tem convivido com o tema "*idosos em estado de vulnerabilidade*".

Têm-se inicialmente a impressão de que o tema deva ser enfrentado na seara de outras ciências, como a medicina, a psicologia, a psiquiatria, o serviço social, a ética-política. Sem dúvida, o tema "idosos" dá espaço para considerações pertinentes a todas essas províncias do conhecimento, mas o campo onde o tema também deveria ser bem enfrentado – e não tem sido – é o jurídico, do direito civil e do direito penal, e isto tem custado muito, a muitos idosos.

O enfrentamento penal de certas práticas prejudiciais aos idosos tem sido preocupação, cada vez maior, do Ministério Público e da Defensoria Pública, que, contudo, não tem sido suficientemente eficaz para conter o atrevimento cada vez crescente de práticas criminosas sofisticadas, que têm colocado idosos como vítimas.

Na área do direito civil, especificamente, tanto da proteção da individualidade do idoso, quanto de seu patrimônio, o direito civil tem sido atropelado por leis, decretos e armadilhas financeiras, cada vez mais agressivas à política de proteção dos idosos e do seu patrimônio, principalmente do idoso consumidor-aposentado, que, segundo a lei, é duas vezes mais vulnerável, mas não tem sido tratado com o respeito que as leis visaram lhes garantir.

Impõe-se, por isso, refletir sobre os contornos dos fatos jurídicos que se mostram no cotidiano, sob a rubrica "idosos em estado de vulnerabilidade", bem como sobre o papel e a aplicabilidade da lei civil, para bem compreender a necessidade, a justificação e os limites da interpretação da lei e dos princípios de direito, em torno do tema "idoso", de maneira responsável e efetiva, diante das muitas novidades que impactam a vida de todos os idosos – e muitas vezes, de sua família – e do grande número de pessoas idosas que vivem sozinhas, em aparente estado de independência, nesses tempos de longevidade, de inteligência digital e de facilidade de acesso à comunicação e a mecanismos eletrônicos que dão acesso a informações e facilitam a formação de vínculos contratuais que – muitas vezes – têm escravizado as pessoas idosas.

Somado a esses aspectos, o fato social da existência, cada vez maior, de pessoas em idade avançada, que vivem sozinhas, desfrutando de saúde física e mental, mas distante da presença de membro da família que possa assisti-las de perto, ou conviver amiúde com suas atividades habituais, pessoais e sociais, ou – ao contrário e frequentemente, também – que estão submetidas a estado de submissão a parentes inescrupulosos ou a "amigos" interesseiros, têm revelado um lado sombrio da experiência cotidiana de idosos, entre nós, nestes novos tempos, pois muitos deles passaram a ser vítimas de abusos de toda a ordem, abusos que repercutem fortemente em aspectos de sua saúde física e mental e em efetivas perdas e prejuízos patrimoniais.

O problema desperta atenção de muitas áreas do direito, de políticas públicas e de vivo interesse social, mas encontra no direito civil mecanismos que permitem que se dê melhor suporte a estruturas de segurança que efetivamente contribuam para prevenir danos e evitar consequências desastrosas irreversíveis para a vida e o patrimônio de idosos.

A pergunta que aqui queremos formular, para compreendê-la no sistema jurídico de direito civil e a ela dar a resposta consentânea com a segurança jurídica para os idosos, é a seguinte: o sistema do CC tem sido suficiente para resguardar a pessoa e o patrimônio dos idosos nessa quadra de nossa experiência jurídica?

Afinal, não se deve considerar o Estatuto do Idoso como continente da legislação bastante para resolver todos os seus problemas, porque o idoso não é um outro ser, tratado somente pelo estatuto dos idosos: ele é o mesmo sujeito de direito do Código Civil, com direitos e deveres, obrigações e poderes, ônus e faculdades e com responsabilidade civil e, bem por isso, com pretensões e direito de ação.

Se por alguma razão ele se vê privado de algumas das qualidades que o tornam pessoa plenamente capaz para o exercício de direitos e de obrigações sobre sua pessoa e bens, esse fato demanda a busca do sistema jurídico seguro para se saber quais as limitações e garantias que se impõem a alguém (o sujeito idoso), que quer celebrar contratos; assumir dívidas, fazer testamento; comprar imóveis; exercer poderes de proprietário; direito e deveres de família; exercer posição de herdeiro, ou organizar sua sucessão.

2. A ciência jurídica orientada pela lei

As leis têm a tarefa de direção no seio da comunidade e devem ser interpretadas para confirmar aquilo que o legislador de modo racional e ético pretendeu dizer. Quando se está diante de um fato que deva ser analisado sob os critérios éticos do "sistema jurídico", as palavras de ordem são coerência e harmonia, para que a autoridade da lei produza o efeito positivo que – espera-se – inspirou sua produção.

O CC é o estatuto da pessoa e de seu patrimônio e mantém um sistema seguro de proteção do patrimônio mínimo, pois embora o CC celebre o princípio da imputação civil dos danos, para a satisfação do credor vítima do inadimplemento do devedor (CC 391), ele não desconsidera os limites da impenhorabilidade de certos bens, que estão conectados com instrumentos básicos de garantia da vida e da subsistência das pessoas: nesse sentido, o instituto civil do bem de família, aperfeiçoado por leis esparsas; o sistema de impenhorabilidade de certos bens que põe limites ao poder de excussão do credor e a garantia do patrimônio mínimo, como baliza ética, dão os contornos desse sistema de freios e contrapesos, de maneira clara, simples e eficaz.

Afinal, a vulnerabilidade que ultrapassa os limites naturais de dificuldade de ambulação e de limitações de algumas práticas sociais não são fatores – por si sós – autorizadores da existência de vulnerabilidade jurídica que autorize a interdição e a nomeação de curador ao idoso. Porém, algumas situações de vulnerabilidade podem brotar em idosos em condições de higidez física e mental, eis que também são causas de vulnerabilidade a penúria, a pobreza e a indigência, que não justificam interdição, na maioria das vezes, mas impõem à pessoa idoso uma limitação imensa, que pode levá-los à doença e à morte.

Isto é de ser detectado, por primeiro, em família. A responsabilidade primeira da proteção das pessoas em estado de vulnerabilidade é da Família:

> Não nos damos conta de que isolar os idosos e abandoná-los à responsabilidade de outros sem um acompanhamento familiar adequado e amoroso mutila e empobrece a própria família. Além disso, acaba por privar os jovens daquele contacto que lhes é necessário com as suas raízes e com uma sabedoria que a juventude, sozinha, não pode alcançar.[2]

Mas, na falta do suporte da família e do abandono do idoso pelo Estado, impõe-se provocar o Poder Judiciário, última trincheira do cidadão.

Raselli, considerando a função judicial de decidir, segundo o Direito, os casos concretos, se propõe a estudar as diversas atividades que podem ser consideradas como de interpretação, ou seja, como de fixação do conteúdo das leis ou do conteúdo de qualquer outra espécie de fonte do direito, ressaltando que teorias sobre a interpretação jurídica ultrapassam a mera atividade lógica do intérprete para buscar atingir a perfeita compreensão cultural, histórica, econômica e social do fenômeno sob análise.[3]

[2] Carta Encíclica *Fratelli Tutti*, Do Santo Padre Francisco, sobre a fraternidade e a amizade social 3.10.2020, 19.

[3] Raselli, Alesssandro, *Studi sul potere discrezionale del giudice civile*, v. I, Giuffré Editore, Milão, 1975 (reimpressão), p. 104.

Apresenta três métodos de interpretação:

a) o método lógico tradicional;
b) o método da jurisprudência dos interesses ou do direito livre;
c) o método histórico evolutivo.

Pelo primeiro método, constata-se o direito escrito e elabora-se raciocínio lógico sobre seu conteúdo. Na falta do texto posto para o caso, busca-se o sentimento de justiça da consciência coletiva e elabora-se a jurisprudência, mas o juiz é jungido à lei, porque não lhe é dado invadir o campo reservado ao legislador. No máximo, poder-se-ia permitir que o juiz, diante de evidente injustiça, temperasse a dedução lógica do resultado a que chegou.

Pelo segundo método, o Direito vive e se transforma continuamente em torno de nós, como produto da vida social: não há completude na legislação e o juiz pode modificar a lei, segundo a exigência da utilidade e da evolução social. O juiz é criador do Direito e pode julgar *contra legem.*

Pelo terceiro método, a lei, a jurisprudência e o costume são apenas alguns meios que evidenciam a relevância da consciência coletiva e, no caso, a função do intérprete é recompor o conjunto orgânico do direito. É um *quid medium* entre a interpretação tradicional e o direito livre.[4]

Pode-se acrescentar, aqui, a necessidade de se dar atenção à doutrina.

Calamandrei diz que por trás dessa inspiração que domina o segundo método de interpretação, ou seja, a doutrina do direito livre e da justiça do caso concreto, está a *crisi della fiducia nella legge* e observa que com isso se põe em questionamento o princípio mesmo da legalidade, que é o instrumento lógico que a civilização ocidental inventou para exprimir o Direito de forma geral e abstrata. Menciona o fato de que os filósofos não consideram a vontade enunciada de forma geral e hipotética como verdade real, e questionam, por isso, a realidade da lei.[5]

Ao ensejo da escolha e da aplicação do método de interpretação jurídica e, de acordo, ao menos, com aquele *quid medium,* da delimitação da função do juiz de "recompor o conjunto orgânico do direito", um outro fenômeno jurídico se verifica, a desafiar a Ciência do Direito: o direito processual enfrenta um ponto de grande dificuldade inserido no cerne dessa questão que é o de delimitar a natureza jurídica das sentenças determinativas, pelas quais os juízes

[4] Raselli, Alesssandro, *Studi sul potere discrezionale del giudice civile,* v. I, Giuffré Editore, Milão, 1975 (reimpressão), pp. 106/130.

[5] Calamandrei, Piero, *La certezza del diritto e la responsabilità della dottrina, in Opera giuridiche,* v. IV, Napoli: Morano, 1970, p. 505.

exercem função criadora de direito, consubstanciada na efetiva participação do magistrado no negócio jurídico litigioso (função integrativa da jurisdição).

Compreendem-se como determinativas as sentenças que completam ou mudam alguns elementos de uma relação jurídica já constituída.[6] Raselli lembra, citando Donati, que uma parte da doutrina entende que as sentenças determinativas são constitutivas não do negócio, mas da norma jurídica.[7]

Impõe-se entre nós, na defesa dos idosos, considerados vulneráveis pela lei, que sejam relidas as normas que afrouxam o rigor do sistema legal de impenhorabilidade do patrimônio mínimo, em que se localizam sua casa de morada e os seus proventos de aposentadoria: esses bens são impenhoráveis e cabe ao Poder Judiciário por cobro aos argumentos que desfazem o sentido da técnica jurídica que garantem a impenhorabilidade de certos bens, principalmente da casa de morada e do salário-mínimo.

3. A excussão do patrimônio do devedor pelo credor: há limites

O credor tem um limite para avançar sobre o patrimônio do devedor, embora seja esse patrimônio a sua garantia de satisfação (CC 391).

Porém, nem todo o patrimônio do devedor é penhorável: no processo judicial o juiz tem um limite para a constrição judicial, limite este aposto com todas as letras, no CPC 833, ao comando judicial. Alguns itens do patrimônio do devedor – nessa parte incluído os proventos de aposentadoria (CPC 833 IV) – são impenhoráveis.

É certo que tanto o Poder Judiciário (como ocorreu no julgamento do RE 1.307.334, de relatoria do Min. Alexandre de Moraes, j. em 8.3.2022, que ensejou o julgamento pelo STF do tema n. 1127 – É constitucional a penhora do bem de Família pertencente a fiador de contrato de locação, seja residencial, seja comercial –), bem como o Poder Legislativo, pelo PL 4188/2021, não dão a importância devida aos instrumentos de proteção do patrimônio mínimo da pessoa.

Talvez não compreendam a importância que esses institutos têm, como salvaguarda da dignidade humana e da família.

[6] CHIOVENDA, Giuseppe, *Principii di Diritto processuale civile,* reimpressão da 3.ª ed., Napoli: Casa Editrice Dott Eugenio Jovene, 1980, segunda parte, § 8.º, VI, p. 195.

[7] RASELLI, Alesssandro, *Studi sul potere discrezionale del giudice civile,* v. I, Giuffré Editore, Milão, 1975 (reimpressão), p. 329. A sentença determinativa (*festsetzendes Urteil*) já era identificada e estudada pela doutrina alemã há muito tempo (*v.g.* Wilhelm Kisch *Beiträge zur Urteilslehre,* Leipzig: Verlag von C.L.Hirschfeld, 1903, § 5º, p. 110 *et seq.*).

Agora, também o Poder Executivo segue a mesma cadência, de total desatenção às razões jurídicas pelas quais alguns bens o legislador os considera impenhoráveis.

Entre nós, já há algum tempo, o poder público autoriza o desconto do salário do aposentado-devedor para cumprimento de obrigações financeiras (fato que ficou conhecido como desconto de prestações do "empréstimo consignado").

Sem haver necessidade de nenhuma intervenção judicial, para constrição de montante devido pelo mutuário, ao mutuante, o serviço nacional da previdência social – ousando desempenhar função de poder constritivo que nem ao menos o juiz em processo judicial tem, por impeditivo legal (CPC 833 e incisos) – destina fabulosa soma mensal, grande parte retirada de proventos mínimos de aposentadoria que lhe incumbe pagar a aposentados e a incapazes – repita-se a grande maioria proventos originariamente no valor máximo de um salário-mínimo – diretamente para os bancos, credores desses mútuos concedidos a incapazes-aposentados-idosos.

Não é preciso muito cálculo aritmético para concluir-se pela absoluta ilegalidade desses empréstimos e pelo atrevimento com que submetem os aposentados à força de excussão de financeiras, com o *placet*, do poder público, obrigando-os a sobreviver com valores muito menores que os do salário-mínimo.

Entretanto e lamentavelmente, aquilo que já era escandaloso, recentemente recebeu um adjutório singular para aumentar a estupefacção de todos!

Pela Secretaria Geral da Presidência da República, com a chancela da Subchefia para assuntos jurídicos, foi expedido o Decreto 14.181, de 26.7.2022, que cuida do superendividamento e organiza soluções para o devedor (na maioria idosos aposentados) da seguinte maneira:

> Art. 3º: No âmbito da prevenção, do tratamento e da conciliação administrativa ou judicial das situações de superendividamento, considera-se mínimo existencial a renda mensal do consumidor pessoa natural equivalente a vinte e cinco por cento do salário-mínimo vigente na data de publicação deste Decreto.
>
> § 1º: A apuração da preservação ou do não comprometimento do mínimo existencial de que trata o caput será realizada considerando a base mensal, por meio da contraposição entre a renda total mensal do consumidor e as parcelas das suas dívidas vencidas e a vencer no mesmo mês.
>
> § 2º: O reajustamento anual do salário-mínimo não implicará a atualização do valor de que trata o caput.
>
> § 3º: Compete ao Conselho Monetário Nacional a atualização do valor de que trata o caput.

Isto significa que aquele que recebe proventos de aposentadoria no valor de um salário-mínimo pode vir a ficar despojado de ¾ desse valor mínimo e passar a receber, à guisa de aposentadoria, tão somente R$ 303,05, assim considerado pela Presidência da República "como o mínimo existencial" para a sobrevida do aposentado, tudo isso para facilitar que a previdência social – serviço público à serviço dos mais necessitados – derrame nos bolsos dos credores desses infelizes aposentados, que a lei diz que são vulneráveis, valores que podem chegar a 2/3 de proventos mínimos de aposentadoria.

4. As pessoas são o princípio e o fim do Direito

O exercício do poder pela confiança e com base em regras imutáveis, de intransigente defesa da vida, da liberdade e da dignidade do ser humano é motivo de busca constante da sociedade e clama pela responsabilidade da doutrina que está obrigada, por dever de ética, a apontar o descalabro dessa prática, deletéria e aviltante.

A dignidade humana, foi a inspiração mais marcante do pós-guerra que gerou a Declaração Universal dos Direitos do Homem e era a esperança da comunidade político-jurídica internacional: *oggi più que mai l'ordine giuridico internazionale è la speranza dell'umanità.*[8]

O espírito do código napoleônico, que permeia a lei civil de todas as nações que buscam a liberdade, está no discurso de Portalis, ainda atual: No "*Discurso introdutório ao projeto do Código Civil*" apresentado no Ano 1801 ele fala sobre as leis civis: as leis civis bem elaboradas são o bem mais precioso que os homens possam dar e receber; elas são o fundamento dos costumes, a salvaguarda da prosperidade, a garantia da paz pública e privada; ainda que não sejam a base do governo, as leis o conservam; controlam o poder e contribuem para que seja respeitado, como se tratasse da própria justiça. As leis se referem a todos os indivíduos, combinam os principais atos da vida e a seguem por todos os lugares; elas são frequentemente a única moral do povo, e fazem sempre parte da sua liberdade: finalmente, confortam o cidadão dos sacrifícios que a política exige para a coletividade, protegendo-o quando necessário, na sua pessoa e nos seus bens, como se ele somente representasse toda a coletividade. E no "*Discurso de apresentação do Código Civil*" se lê: "*As pessoas são o princípio e o fim do direito, pois os fatos não seriam nada para o legislador sem a utilidade que infere das pessoas*".

[8] Kabes, Vladmir M., *L'ordine giuridico nel momento storico attuale, in* Turano, La funzione del diritto nell'atualle momento storico, Roma, 1969, p. 34.

Conclusões

O contrato, dentro do sistema de direito privado, por ser fruto da autonomia privada, convive nele em conexão ética (essa expressão é de Canaris: *ethische Bindung*) com outros princípios e com outros valores do mesmo sistema.[9]

Ou seja: a verdadeira liberdade não é arbítrio, mas movimento que não dispensa conexão com valores. A autonomia privada não é absoluta, pois isso desnaturaria seu conteúdo: ela convive, por exemplo, com bons costumes (um valor), com segurança jurídica (outro valor), com preservação dos meios de subsistência da família (outro valor).

Ao admitir o legislador que alguém possa contratar mútuo em valor que compromete 2/3 de seu salário-mínimo, ou de seus proventos mínimos de aposentadoria, em favor do credor-mutuante que reduz o mutuário, meses a fio, à total indigência, valendo-se de estranha parceria com o sistema de previdência privada do Estado, que responde pela garantia da sobrevivência de seus dependentes, a lei corrompe a dignidade humana e se vale de um tecnicismo cruel, desmente o sentido da segurança jurídica que ela se põe a preservar e nega à juridicidade a conexão ética que justifica o poder e evita a anarquia.

Referências

CALAMANDREI, Piero, *La certezza del diritto e la responsabilità della dottrina, in Opera giuridiche,* v. IV, Napoli: Morano, 1970.

CANARIS, Claus- Wilhelm Canaris, *Systemdenken und Systembegriff in der Jurisprudenz,* 2.a Edição retrabalhada, Berlin: Duncker & Humbolt, 1983.

CHIOVENDA, Giuseppe. *Principii di Diritto processuale civile,* reimpressão da 3.ª ed., Napoli: Casa Editrice Dott Eugenio Jovene, 1980, segunda parte, § 8.º, VI, p. 195.

KABES, Vladmir M. *L'ordine giuridico nel momento storico attuale, in* Turano, La funzione del diritto nell'atualle momento storico, Roma, 1969, p. 34.

KISCH, Wilhelm. *Beiträge zur Urteilslehre,* Leipzig: Verlag von C.L.Hirschfeld, 1903

PAPA FRANCISCO, Carta Encíclica *Fratelli Tutti,* sobre a fraternidade e a amizade social 3.10.2020.

RASELLI, Alesssandro. *Studi sul potere discrezionale del giudice civile,* v. I, Milão: Giuffré Editore, 1975 (reimpressão).

9 Claus- Wilhelm Canaris, *Systemdenken und Systembegriff in der Jurisprudenz,* 2.a Edição retrabalhada, Berlin: Duncker & Humbolt, 1983, p. 55. Canaris é claro: *Die Freiheit, die echte Freiheit, und nicht Willkür ist, die ethische Bindung einschliesst, so wonht auch der Privatautonomie die Schranke der guten Sitten von vornherein inne.*

10
RESPONSABILIDAD DE LA DOCTRINA Y LA JURISPRUDENCIA ANTE EL TEMA: "ANCIANOS EN ESTADO DE VULNERABILIDAD"

Rosa María Barreto Borriello de Andrade Nery[1]

1. Las personas mayores y su vulnerabilidad: un problema de derecho civil

El sistema legal – todavía – vigente en Brasil está guiado por la ley y no por los casos ya decididos, aunque debe reconocerse que la evaluación judicial de los casos tiene hoy, entre nosotros y en otros países del llamado *"derecho civil"*, un estatuto algo diferente del que tuvo durante algún tiempo y la jurisprudencia ha tomado prestada la apertura del sistema legal coordenadas de gran importancia.

El Código de Procedimiento Civil de 2015, más reciente, no derogó el Código Civil de 2002, que sigue controlando la vida y los bienes de las personas y debe interpretarse de acuerdo con la conexión ética que su texto mantiene con los principios, formando un sistema, que el CPC/2015 tampoco ha derogado.

[1] Profesor Asociado de Derecho Civil en la Facultad de Derecho de la Pontificia Universidad Católica de São Paulo – PUC SP. Profesora Asociada en los Programas de Graduación y Posgrado (Especialización, Maestría y Doctorado) de la Facultad de Derecho de la PUC-SP, donde enseña Derecho Civil. Juez jubilado del Tribunal de Justicia del Estado de São Paulo. Fue Fiscal del Ministerio Público del Estado de São Paulo. Abogado, Opinista y Consultor Jurídico de Banca de Advocacia Nery Advogados. Miembro de la Junta de Árbitros de la Cámara de Arbitraje y Mediación de la Federación de Industrias del Estado de São Paulo – FIESP y de la Cámara de Arbitraje y Mediación de la Cámara de Comercio Brasil Canadá – CAM-CCBC. Socio Fundador y Miembro del Consejo Científico de la Asociación de Derecho de Familia y Sucesiones – ADFAS.

Nuevas formas de entender el sistema jurídico, en convivencia con las nuevas prácticas sociales, imponen la necesidad de indagar sobre la eficacia de la seguridad jurídica para resolver cuestiones que surgen de la experiencia humana de nuestro tiempo.

Un tema que debe ser visto con atención y preocupación viva, entre muchos otros, se conecta con las noticias con las que se ha vivido la experiencia jurídica actual con el tema *"mayores en estado de vulnerabilidad"*.

Inicialmente, la impresión es que el tema debe abordarse en el campo de otras ciencias, como la medicina, la psicología, la psiquiatría, el trabajo social, la ética-política. Sin duda, el tema "ancianos" da espacio para consideraciones relevantes para todas estas áreas del conocimiento, pero el campo donde el tema también debería estar bien enfrentado – y no lo ha sido – es el derecho legal, el derecho civil y el derecho penal, y esto ha costado mucho a muchas personas mayores.

El enfrentamiento criminal de ciertas prácticas perjudiciales para las personas mayores ha sido una preocupación creciente del Ministerio Público y de la Defensoría del Pueblo, que, sin embargo, no han sido lo suficientemente eficaces para contener la creciente audacia de las prácticas delictivas sofisticadas, que han colocado a los adultos mayores como víctimas.

En el ámbito del derecho civil, específicamente, tanto la protección de la individualidad de los mayores como de sus bienes, el derecho civil se ha visto afectado por leyes, decretos y dificultades financieras, cada vez más agresivo con la política de protección de los adultos mayores y sus bienes, especialmente los mayores jubilados, quienes, según la ley, son dos veces más vulnerables, pero no ha sido tratado con el respeto que las leyes han tenido como objetivo garantizarlos.

Por lo tanto, es necesario reflexionar sobre los contornos de los hechos jurídicos que se muestran en la vida cotidiana, bajo el título "mayores en estado de vulnerabilidad", así como sobre el papel y la aplicabilidad del derecho civil, para comprender la necesidad, la justificación y los límites de la interpretación de la ley y los principios del derecho, en torno al tema "adulto mayor", de manera responsable y eficaz, dadas las muchas novedades que impactan en la vida de todos los mayores – y a menudo, en sus familias – y la gran cantidad de personas mayores que viven solas, en un aparente estado de independencia, en estos tiempos de longevidad, inteligencia digital y facilidad de acceso a la comunicación y mecanismos electrónicos que dan acceso a la información y facilitan la formación de vínculos contractuales que – a menudo – han esclavizado a las personas mayores.

Añadido a estos aspectos, el hecho social de la creciente existencia de personas de edad avanzada, que viven solas, disfrutando de salud física y mental, pero distantes de la presencia de un miembro de la familia que puede observarlas de cerca, o a menudo vivir con sus actividades habituales, personales y sociales, o – por el contrario y a menudo, también – que están sometidas a un estado de sumisión a parientes sin escrúpulos o "amigos" interesados, han revelado un lado oscuro de la experiencia cotidiana de los mayores, entre nosotros, en estos nuevos tiempos, porque muchos de ellos han llegado a ser víctimas de abusos de todo orden, abusos que tienen un fuerte impacto en aspectos de su salud física y mental y en pérdidas efectivas y daños materiales.

El problema atrae la atención de muchas áreas del derecho, las políticas públicas y el interés social vivo, pero se encuentra en mecanismos de derecho civil que permiten un mejor apoyo a las estructuras de seguridad que contribuyen eficazmente a prevenir daños y evitar consecuencias desastrosas irreversibles para la vida y el patrimonio de los mayores.

La pregunta que queremos hacer aquí, para entenderlo en el sistema jurídico del derecho civil y darle la respuesta en línea con la seguridad jurídica para las personas mayores, es la siguiente: ¿ha sido suficiente el sistema CC para salvaguardar la persona y la propiedad de los mayores en este tribunal de nuestra experiencia jurídica?

Después de todo, no se debe considerar el Estatuto de la Persona Mayor como un continente de legislación suficiente para resolver todos sus problemas, porque el adulto mayor no es otro ser, tratado solo por el estatuto: es el mismo sujeto de la ley del código civil, con derechos y deberes, obligaciones y poderes, cargas y facultades y con responsabilidad civil y, pues bien, con pretensiones y derecho de acción.

Si por alguna razón se encuentra privado de algunas de las cualidades que lo convierten en una persona plenamente capaz para el ejercicio de derechos y obligaciones sobre su persona y propiedad, este hecho exige la búsqueda del sistema legal seguro para saber qué limitaciones y garantías se imponen a alguien (el sujeto mayor), quién quiere celebrar contratos; asumir deudas, hacer testamento; comprar bienes raíces; ejercer los poderes del propietario; derechos y deberes de la familia; posición de heredero, u organizar su sucesión.

2. Ciencia jurídica guiada por el Derecho

Las leyes tienen la tarea de dirigir dentro de la comunidad y deben interpretarse para confirmar lo que el legislador racional y éticamente pretendía decir. Ante un hecho que debe ser analizado bajo los criterios éticos del "ordenamiento jurídico", las palabras de orden son coherencia y armonía, para que la autoridad del derecho produzca el efecto positivo que – se espera – inspiró su producción.

El CC es el estatuto de la persona y sus bienes y mantiene un sistema seguro de protección de la propiedad mínima, porque aunque el CC celebra el principio de imputación civil de daños y perjuicios, a satisfacción del acreedor víctima del incumplimiento del deudor (CC 391), no descuenta los límites de lo inabarcable de ciertos bienes, que están relacionados con instrumentos básicos de garantía de la vida y la subsistencia de las personas: en este sentido, el Instituto Civil del Bien de Familia, perfeccionado por leyes dispersas; el sistema de inembargabilidad de ciertos bienes que limita el poder de excusación del acreedor y la garantía de bienes mínimos, como faro ético, dan los contornos de este sistema de pesos y contrapesos, de una manera clara, simple y efectiva.

Después de todo, la vulnerabilidad que va más allá de los límites naturales de dificultad para caminar y las limitaciones de algunas prácticas sociales no son factores -en sí mismos – que autoricen la existencia de una vulnerabilidad legal que autorice la prohibición y el nombramiento de un fideicomisario para los mayores. Sin embargo, algunas situaciones de vulnerabilidad pueden surgir en los ancianos en condiciones de higiene física y mental, y son también causas de vulnerabilidad la penuria, la pobreza y la indigencia, que no justifican la interdicción, en la mayoría de los casos, pero imponen a la persona mayor una inmensa limitación, que puede llevarla a la enfermedad y la muerte.

Esto debe ser detectado, primero, como una familia. La responsabilidad primordial de la protección de las personas en situación de vulnerabilidad es la Familia:

> No nos damos cuenta de que aislar a los mayores y abandonarlos a la responsabilidad de los demás sin un acompañamiento familiar adecuado y amoroso mutila y empobrece a sus propias familias. Además, termina privando a los jóvenes de ese contacto que es necesario para ellos con sus raíces y con una sabiduría que la juventud sola no puede lograr.[2]

Pero, ante la ausencia de apoyo familiar y el abandono de los mayores por parte del Estado, es necesario provocar al Poder Judicial, la última trinchera del ciudadano.

[2] Carta Encíclica *Fratelli Tutti*, del Santo Padre Francisco, sobre la fraternidad y la amistad social 3.10.2020, 19.

Raselli, considerando la función judicial de decidir, según la ley, los casos específicos, propone estudiar las diversas actividades que pueden considerarse como interpretación, es decir, a partir de fijar el contenido de las leyes o el contenido de cualquier otro tipo de fuente de derecho, enfatizando que las teorías sobre la interpretación legal van más allá de la mera actividad lógica del intérprete para buscar lograr una perfecta comprensión cultural, histórica, económica y social del fenómeno analizado.[3]

Presenta tres métodos de interpretación:

a) el método lógico tradicional;
b) el método de la jurisprudencia de intereses o de la ley libre;
c) El método histórico evolutivo.

Por el primer método, se verifica la ley escrita y se elabora un razonamiento lógico sobre su contenido. A falta del texto puesto al caso, buscamos el sentimiento de justicia de la conciencia colectiva y se elabora la jurisprudencia, pero el juez se limita a la ley, porque no se da a invadir el campo reservado para el legislador. Por lo máximo, se podría permitir al juez, ante una injusticia obvia, moderar la deducción lógica del resultado al que llegó.

Por el segundo método, la ley vive y se transforma continuamente a nuestro alrededor como un producto de la vida social: no hay integridad en la legislación y el juez puede modificar la ley, de acuerdo con el requisito de utilidad y evolución social. El juez es el creador de la ley y puede *juzgar contra legem*.

Por el tercer método, el derecho, la jurisprudencia y la costumbre son sólo algunos medios que resaltan la relevancia de la conciencia colectiva y, en este caso, la función del intérprete es rehacer el conjunto orgánico del derecho. Es *un medio entre* la interpretación tradicional y la ley libre.[4]

Se puede agregar aquí la necesidad de prestar atención a la doctrina.

Calamandrei dice que detrás de esta inspiración que domina el segundo método de interpretación, es decir, la doctrina de la ley libre y la justicia del caso concreto, está la *crisi della fiducia nella legge* y señala que con esto se cuestiona el principio mismo de legalidad, que es el instrumento lógico que la civilización occidental inventó para expresar la ley en términos generales y abstractos. Menciona el hecho de que los filósofos no consideran la voluntad

[3] Raselli, Alesssandro, *Studi sul potere discrezionale del giudice civile*, v. I, Giuffré Editore, Milão, 1975 (reimpresión), pág. 104.

[4] Raselli, Alesssandro, *Studi sul potere discrezionale del giudice civile*, v. I, Giuffré Editore, Milão, 1975 (reimpresión), págs. 106/130.

enunciada de manera general e hipotética como verdad real, y por lo tanto cuestionan la realidad de la ley.[5]

En el momento de la elección y aplicación del método de interpretación jurídica y, de acuerdo, al menos con ese *quid medium*, de la delimitación de la función del juez de "reconciliar el conjunto orgánico del derecho", se verifica otro fenómeno jurídico, para desafiar la Ciencia del Derecho: el derecho procesal se enfrenta a un punto de gran dificultad insertado en el centro de esta cuestión que es delimitar la naturaleza jurídica de las sentencias determinantes, para los cuales los jueces ejercen una función creativa de derecho, encarnada en la participación efectiva del magistrado en el negocio jurídico litigioso (función integradora de la jurisdicción).

Se entienden determinantes las sentencias que completen o modifiquen algunos elementos de una relación jurídica ya constituida[6]. Raselli recuerda, citando a Donati, que parte de la doctrina entiende que los juicios determinantes no constituyen el negocio, sino la norma legal[7].

Es necesario entre nosotros, en defensa de los mayores, considerados vulnerables por ley, que sean revisadas las normas que aflojan el rigor del sistema jurídico de inembargabilidad de la propiedad mínima, en la que se encuentra su vivienda y su producto de la jubilación: estos bienes son inamovibles y corresponde al Poder Judicial poner fin a los argumentos que deshacen el sentido de la técnica jurídica que garantiza la prioridad de ciertos bienes, domicilio y salario mínimo.

3. La excusación de los bienes del deudor por parte del acreedor: hay límites

El acreedor tiene un límite para avanzar sobre los activos del deudor, aunque esta es su garantía de satisfacción (CC 391).

Sin embargo, no todos los bienes del deudor son embargables: en el proceso judicial el juez tiene un límite a la constricción judicial, límite este apuesto con todas las letras, en CPC 833, a la orden judicial. Algunos elementos de

[5] Calamandrei, Piero, *La certezza del diritto e la responsabilità della dottrina, in Opera giuridiche,* v. IV, Napoli: Morano, 1970, pág. 505.

[6] Chiovenda, Giuseppe, *Principii di Diritto processuale civile,* reimpressão da 3.ª ed., Napoli: Casa Editrice Dott Eugenio Jovene, 1980, segunda parte, § 8.º, VI, p. 195.

[7] Raselli, Alesssander, *Studi sul potere discrezionale del giudice civile,* v. I, Giuffré Editore, Milão, 1975 (reimpresión), p. 329. La sentencia determinante (*Festsetzendes Urteil*) había sido identificada y estudiada por la doctrina alemana durante mucho tiempo (*v.g.* Wilhelm Kisch *Beiträge zur Urteilslehre,* Leipzig: Verlag von C.L.Hirschfeld, 1903, § 5º, p. 110 *et seq.*).

los activos del deudor, incluida esta parte el producto de la jubilación (CPC 833 IV), son inembargables.

Es cierto que tanto el Poder Judicial (como ocurrió en la sentencia del RE-1.307.334, de relatoría del Min. Alexandre de Moraes, j. el 8.3.2022, que dio lugar al juicio por la Corte Suprema (STF) del tema núm. 1127 – Es constitucional el embargo del patrimonio familiar perteneciente al garante de un arrendamiento, ya sea residencial o comercial –), así como el Poder Legislativo, PL 4188/2021, no dan la debida importancia a los instrumentos de protección de los bienes mínimos de la persona.

Tal vez no comprendan la importancia que estos institutos tienen como salvaguardia de la dignidad humana y de la familia.

Ahora, el poder ejecutivo también sigue la misma cadencia, de total desatención a las razones legales por las cuales algunos activos la legislatura los considera inembargables.

Entre nosotros, desde hace algún tiempo, el gobierno autoriza el descuento del salario del jubilado-deudor por el cumplimiento de obligaciones financieras (hecho que se conoció como descuento de cuotas del "préstamo consignado").

Sin necesidad de ninguna intervención judicial, para restringir la cantidad adeudada por el prestatario, el prestamista, el servicio nacional de seguridad social – se atreve a desempeñar una función de poder constrictivo que ni siquiera el juez en el tribunal tiene, por impedimento legal (CPC 833 y artículos) – destina suma mensual fabulosa, gran parte retirada de los ingresos mínimos de jubilación que le corresponde pagar a los jubilados e incapaces – se repite la gran mayoría de los ingresos originalmente en el Valor máximo de un salario mínimo – directamente a los bancos, acreedores de estos préstamos concedidos a los mayores jubilados incapaces.

No hace falta mucho cálculo aritmético para concluir por la absoluta ilegalidad de estos préstamos y por la audacia con que someten a los jubilados a la fuerza de ejecución financiera, con *el placet*, del gobierno, obligándolos a sobrevivir con montos mucho más bajos que los del salario mínimo.

Mientras tanto, y lamentablemente, ¡lo que ya era escandaloso ha recibido recientemente un adyuvante único para aumentar la estupefacción de todos!

Por la Secretaría General de la Presidencia de la República, con el sello del Subtitular de Asuntos Jurídicos, se expidió el Decreto 14.181 del 26.7.2022, que se ocupa del sobreendeudamiento y organiza soluciones para el deudor (en su mayoría mayores jubilados) de la siguiente manera:

> 3: En el contexto de la prevención, tratamiento y conciliación administrativa o judicial de situaciones de sobreendeudamiento, se considera mínimo existen-

cial el ingreso mensual de la persona natural consumidor equivalente al veinticinco por ciento del salario mínimo vigente a la fecha de publicación del presente Decreto.

§ 1: La determinación de la preservación o no compromiso del mínimo existencial del caput se llevará a cabo considerando la base mensual, mediante la contracorriente entre el ingreso mensual total del consumidor y las porciones de sus deudas vencidas y a vencer en el mismo mes.

§ 2: El reajuste anual del salario mínimo no implicará la actualización del valor del caput.

§ 3: Corresponde al Consejo Monetario Nacional actualizar el valor del caput.

Esto significa que aquellos que reciben ingresos de jubilación por el monto de un salario mínimo pueden verse privados de 3/4 de ese monto mínimo y comenzar a recibir, a través de la jubilación, solo R$ 303,05, así considerado por la Presidencia de la República "como el mínimo existencial" para la supervivencia del jubilado, todo esto para facilitar la seguridad social – servicio público al servicio de los más necesitados – en los bolsillos de los acreedores de estos desafortunados jubilados, que la ley dice que son vulnerables, valores que pueden alcanzar 2/3 de los ingresos mínimos de jubilación.

4. Las personas son el princípio y el fin del Derecho

El ejercicio del poder por la confianza y basado en reglas inmutables, de defensa intransigente de la vida, la libertad y la dignidad del ser humano es motivo de búsqueda constante de la sociedad y exige la responsabilidad de la doctrina que está obligada, por deber de ética, a señalar la desescalada de esta práctica, deprimente y tortuosa.

La dignidad humana fue la inspiración más notable del período de posguerra que generó la Declaración Universal de Derechos Humanos y fue la esperanza de la comunidad política y jurídica internacional: *oggi più que mai l'ordine giuridico internazionale è la speranza dell'umanità.*[8]

El espíritu del código napoleónico, que impregna el derecho civil de todas las naciones que buscan la libertad, está en el discurso de Portalis, todavía vigente: En el *"Proyecto de Introducción al Código Civil" presentado en* el año 1801 habla de leyes civiles: las leyes civiles bien diseñadas son el bien más precioso que los hombres pueden dar y recibir; son el fundamento de las costumbres, la

[8] Kabes, M. Vladmir, *L'Ordine Giuridico Nel Un momento Histórico Attuale.De moda* Turano, La Funzione Del diritto nell'atualle Un momento Histórico, Roma, 1969, pág. 34.

salvaguardia de la prosperidad, la garantía de la paz pública y privada; incluso si no son la base del gobierno, las leyes lo preservan; controlar el poder y contribuir a que sea respetado, como si fuera la justicia misma. Las leyes se refieren a todos los individuos, combinan los principales actos de la vida y los siguen en todas partes; A menudo son la única moral del pueblo, y siempre forman parte de su libertad: finalmente, confortan al ciudadano de los sacrificios que la política exige para la colectividad, protegiéndolo cuando es necesario, en su persona y en sus bienes, como si solo representara a toda la colectividad. Y en el "*Discurso de presentación del Código Civil*" se lee: "*Las personas son el principio y el fin del derecho, porque los hechos no serían nada para el legislador sin la utilidad que infiere de las personas*".

Conclusiones

El contrato, dentro del sistema de derecho privado, porque es el resultado de la autonomía privada, se relaciona en él en conexión ética (esta expresión es de Canaris: *ethische Bindung*) con otros principios y con otros valores del mismo sistema.

Es decir, la verdadera libertad no es arbitraria, sino un movimiento que no requiere conexión con los valores. La autonomía privada no es absoluta, porque esto desnaturalizaría su contenido: convive, por ejemplo, con buenas costumbres (un valor), con seguridad jurídica (otro valor), con preservación de los medios de vida de la familia (otro valor).

Al admitir ante el legislador que alguien puede contratar una mutua en valor que compromete 2/3 de su salario mínimo, o su ingreso mínimo de jubilación, a favor del prestamista que reduce al prestatario, meses a meses, a la indigencia total, utilizando una extraña asociación con el sistema privado de pensiones del Estado, que es responsable de garantizar la supervivencia de sus dependientes, la ley corrompe la dignidad humana y hace uso de un tecnicismo cruel, devora el sentido de seguridad jurídica que pone a preservar y niega a la jurisprudencia la conexión ética que justifica el poder y evita la anarquía[9].

[9] Claus-Wilhelm Canaris, *Systemdenken und Systembegriff in der Jurisprudenz*, 2.a Edição retrabalhada, Berlin: Duncker & Humbolt, 1983, p. 55. Canaris es claro: *Die Freiheit, die echte Freiheit, und nicht Willkür ist, die ethische Bindung einschliesst, so wonht auch der Privatautonomie die Schranke der guten Sitten von vornherein inne.*

Referencias

CALAMANDREI, Piero, *La certezza del diritto e la responsabilità della dottrina, in Opera giuridiche,* v. IV, Napoli: Morano, 1970.

CANARIS, Claus- Wilhelm Canaris, *Systemdenken und Systembegriff in der Jurisprudenz,* 2.a Edição retrabalhada, Berlin: Duncker & Humbolt, 1983.

CHIOVENDA, Giuseppe. *Principii di Diritto processuale civile,* reimpressão da 3.ª ed., Napoli: Casa Editrice Dott Eugenio Jovene, 1980, segunda parte, § 8.º, VI, p. 195.

KABES, Vladmir M. *L'ordine giuridico nel momento storico attuale, in* Turano, La funzione del diritto nell'atualle momento storico, Roma, 1969, p. 34.

KISCH, Wilhelm. *Beiträge zur Urteilslehre,* Leipzig: Verlag von C.L.Hirschfeld, 1903

PAPA FRANCISCO, Carta Encíclica *Fratelli Tutti* sobre la fraternidad y la amistad social 3.10.2020.

RASELLI, Alesssandro. *Studi sul potere discrezionale del giudice civile,* v. I, Milán: Giuffré Editore, 1975 (reimpresión).

11
A PESSOA IDOSA E SEU SISTEMA DE RELAÇÕES TRANSGERACIONAIS

Verônica A. da Motta Cezar-Ferreira[1]

1. Introdução

O envelhecimento é dos temas mais carentes de debates na contemporaneidade.

A vida média da pessoa humana vem aumentando, sensivelmente, graças ao aumento de recursos a serviço da saúde física e mental. O idoso faz parte do grupo de vulneráveis, aqueles que merecem atenção e cuidados especiais nos aspectos que ensejem tais atenções.

Chegar a ser idoso é o ideal; ser velho é opcional, enquanto mentalidade. Pode-se dizer que seja uma escolha.

Não se trata, porém, de mera opção racional, uma vez que essa escolha está, em parte, determinada por aspectos constitucionais psíquicos; em parte, por condição física, como etapa que é do desenvolvimento biológico; e, em parte, grande parte, pelas relações estabelecidas, especialmente com as figuras mais significativas.

[1] Doutora em Psicologia Clínica pela Pontifícia Universidade Católica de São Paulo (PUC-SP). Bacharel em Direito pela Universidade de São Paulo (USP). Introdutora da Visão Psicojurídica no Direito de Família. Formação psicanalítica e sistêmica. Membro dos iniciadores da Mediação no Brasil. Associada fundadora da Associação de Direito de Família e das Sucessões (ADFAS). Diretora Nacional de Relações Interdisciplinares da Associação de Direito de Família e das Sucessões (ADFAS). Membro do Conselho Científico da ADFAS. Vice-Presidente da Associação Paulista de Terapia Familiar (APTF), 2020-2022. Membro do Conselho Deliberativo e Consultivo da Associação Brasileira de Terapia Familiar (ABRATEF). Membro do Conselho de Educadores da Escola de Pais Brasil, desde 1994. Mediadora. Perita. Consultora psicojurídica de família.

Entender a família como um sistema implica compreendê-la como um conjunto de elementos que se inter-relacionam e exercem influências recíprocas para formar um todo único. Daí a razão de nos preocuparmos com todos os membros da família, quando um evento atinge qualquer deles.

As figuras significativas a que nos referimos são representadas, fundamentalmente, por quem cuida. E os cuidadores naturais, digamos assim, são os descendentes. Os cuidados dos filhos em muito determinarão a forma como os pais envelhecerão.

Estudo de Argimon e Stein, citado por RH Schneider, TQ Irigaray[2], mostrou que o envelhecimento é um processo em que, para cada pessoa, as mudanças físicas, comportamentais e sociais se desenvolvem em ritmos diferentes, sendo a idade cronológica apenas um dos aspectos, entre outros, que podem ou não afetar o bem-estar do idoso.

Na mesma direção, RH Schneider, TQ Irigaray[3] revelam que a distinção entre idosos jovens, sessenta anos, idosos velhos, oitenta anos, e idosos mais velhos, noventa anos, pode ajudar na compreensão de que o envelhecimento não é algo determinado pela idade cronológica, mas é consequência das experiências passadas, da forma como se vive e se administra a própria vida no presente, e de expectativas futuras.

Nesse contexto, observa-se uma integração entre as vivências pessoais e o contexto social e cultural em determinada época, em que estão envolvidos diferentes aspectos: biológico, cronológico, psicológico e social. É onde se insere nossa compreensão de que a melhor qualidade de envelhecimento dos pais guarda estreita relação com os cuidados que recebem dos filhos.

Isso pode indicar que a maneira como os filhos cuidarão dos pais depende da forma como foram criados? Importante hipótese a ser analisada.

Filhos criados com excesso de mimo e muito cheios de vontade tendem a ser adultos mais egocêntricos, mais egoístas, que esperam que o mundo se debruce a seus pés e se curve a seus desejos. Por outro lado, filhos criados com excesso de rigor, com muita rigidez, sem demonstrações de afeto, de compaixão ou condescendência ante dificuldades e falhas, igualmente tendem a não ser bons cuidadores. Costumam não ter tolerância com fragilidades, não

[2] RH SCHNEIDER, TQ Irigaray (2008). O envelhecimento na atualidade: aspectos cronológicos, biológicos, psicológicos e sociais. Disponível em https://www.scielo.br/j/estpsi/a/LTdthHbLvZPLZk8MtMNmZyb/abstract/?lang=pt&format=html

[3] RH SCHNEIDER, TQ Irigaray (2008). O envelhecimento na atualidade: aspectos cronológicos, biológicos, psicológicos e sociais. Disponível em https://www.scielo.br/j/estpsi/a/LTdthHbLvZPLZk8MtMNmZyb/abstract/?lang=pt&format=html

conseguem ajustar o passo ao andar mais lento do outro. De maneiras diversas, uns e outros parecem negar-se a acreditar que não mais serão cuidados e que chegou o momento de passarem a cuidar.

Há uma recorrência? Há uma inter-relação? Acompanhamos a corrente que acredita que sim. Não se deve esquecer que existe uma capacidade inata que se desenvolve independentemente de tudo isso, e nem que a relação interpessoal desempenha papel importante na transformação de afetos, tanto negativa como positivamente.

As relações são sistêmicas. Pais e filhos, avós e netos se relacionam, transgeracionalmente. Conforme Cezar-Ferreira[4], ocorre uma influência recíproca entre eles e a determinação de um todo único, a família, maior que o mero somatório de seus membros. Esses entes interdependem uns dos outros nas várias dimensões do relacionamento e seus reflexos aparecerão, como efeitos, no dia a dia de suas vidas.

2. O idoso não é uma criança ao contrário

É bem verdade que à medida que os anos passam, o idoso se torna mais lento ao andar, ao falar e, talvez, ao pensar. Torna-se mais frágil e mais sensível. Fica mais sujeito a lapsos ou acidentes.

Isso não significa que tenha perdido a capacidade de pensar, de agir e reagir, mas que precisa ser mais bem compreendido e acompanhado.

A criança pequena segue o *continuum* de um ser totalmente dependente para a condição de um adulto independente. Pelo menos é o que se espera. O idoso, ao contrário, está na segunda parte da curva de Gauss[5]. Começa a declinar e passar da independência à dependência. A qualidade de ambas as mudanças dependerá da qualidade da interdependência.

A interdependência respeitosa vai manter os limites da hierarquia que idade nenhuma pode eliminar.

Na idade adulta, o filho não mais deve submissão à autoridade dos pais. Ele cresceu e passa a ser autoridade em seu próprio contexto, em seu próprio universo, mas o respeito à hierarquia não pode desaparecer.

[4] CEZAR-FERREIRA, Verônica A. da M. Família, Separação e Mediação – uma visão psicojurídica. 4ª edição. Curitiba: Editora CRV.

[5] Curva de Gauss. Gráfico de distribuição normal de um determinado conjunto de dados e representa uma função que possui propriedades peculiares. É uma curva em formato de sino. Como se trata de distribuição de probabilidade contínua, a área que fica entre a curva e o eixo das abscissas representa a probabilidade.

É o respeito à hierarquia que permite ao aluno recorrer ao velho professor quando precisa de esclarecimento ou de reasseguramento. É o respeito à hierarquia que permite aos filhos de quaisquer idades recorrer aos pais para pedir conselhos e ouvir o que sua experiência tem a dizer.

3. O futuro prateado

Futuro prateado é metáfora relativa ao que o futuro reserva para aqueles cujo cabelo branqueou. É chegada a vez dos grisalhos.

O caminho da inter-relação entre ascendentes e descendentes é o esperado, mas nem sempre é romântico e é preciso preparar-se para isso.

Considera-se envelhecida uma população quando mais de 6% são formados por idosos. E a condição da passagem da idade é variada.

Felizes daqueles que não têm que conviver com uma doença mental, mas ela existe.

Perder a capacidade mental é algo muito sério. É cruel com a própria história de vida do adoecido e com os familiares.

A dependência de um genitor com mal de Alzheimer, por exemplo, doença neurodegenerativa crônica e a forma mais comum de demência, acarreta desorganização familiar, afetando os membros da família e essa, como uma unidade psicoafetiva e jurídica.

O Alzheimer é uma doença que tem impacto na família e na sociedade. A independência dos familiares diminui, o casamento dos filhos é afetado, assim como toda a vida desse sistema familiar.

Para uma pessoa que teve atividade importante em sua área, por exemplo, o choque é grande para todos: para a pessoa adoecida, enquanto guarda alguma lucidez; e, para os demais, sempre. Para aqueles que viveram de forma mais doméstica o choque é o mesmo dentro de seu universo de relações. O impacto costuma ser muito negativo.

As doenças degenerescentes são próprias do aumento da longevidade. É uma espécie de o belo-horrível dos tempos atuais, pós-modernos.

O envelhecimento pode ser entendido como o aumento do risco de se morrer com o tempo. Nada mais do que isso. O grande fantasma é o preconceito.

Idosos não são adultos gastos, mas adultos com necessidades próprias e específicas. Daí a preocupação com sua saúde. De outro lado, dados os progressos da ciência e da tecnologia, há expectativa de aumento da longevidade.

Estudos demonstram que houve aumento de cerca de trinta anos de vida a partir da metade do séc. XX. Com o aumento da longevidade, passou a ser maior a incidência de doenças degenerativas. A estimativa é de que casos demência devam dobrar a cada vinte anos.

Nesse caso, a idade passa a ser um grande fator de risco.

4. A idade como fator de risco

O Brasil é tido como dos países com maior prevalência de Alzheimer – cerca de um milhão de almas.

O Alzheimer, como dito, é uma doença que atinge o sistema nervoso central e que, aos poucos, leva à degeneração do cérebro, comprometendo as habilidades para a realização de atividades básicas.

Nesse contexto, o familiar precisa aprender a lidar com a situação da maneira mais adequada, e, ao mesmo tempo, a filha/o, por exemplo, terá que se fortalecer, emocionalmente, para poder a suportar o fato de que está perdendo seu pai ou sua mãe, embora vivos e presentes, fisicamente.

Não é incomum uma filha contar que ao estar com a mãe, ela lhe pergunte: "Mas, onde está Fulaninha? Ela não vem me ver?" É triste demais, porque a Fulaninha é ela mesmo.

5. Perspectivas do envelhecimento

Ao pensar-se na senescência, como o processo de tornar-se senil, o foco não pode ser colocado somente no aumento do tempo de vida, mas, sobretudo, deve-se visar à melhora de sua qualidade.

Atualmente, pesquisam-se as chamadas medicações senolíticas, aquelas tendentes a diminuir o processo de envelhecimento. Ainda há muito a se fazer.

No Brasil, segundo estudos realizados, o percentual de envelhecimento de pessoas de sessenta anos ou mais, ou seja, cerca de trinta milhões de cidadãos[6], é de cerca de 14%, mas deve dobrar em 2050. Estima-se que, em 2100, quatro em cada dez brasileiros serão idosos.

Nesse espectro, os cuidados previdenciários devem estar no centro das preocupações, visto que a renda é um fator importante da longevidade.

No Brasil, cerca de 76% dos cidadãos dependem do INSS, o Instituto Nacional de Seguro Social.

6. Violência, amor e envelhecimento

O bom trato tende a aumentar a longevidade; os maus-tratos tendem a abreviar a morte.

[6] Disponível em: https://www.ibge.gov.br/busca.html?searchword=idosos&searchphrase=all

O idoso também pode ser vítima de violência física, financeira, psicológica e moral.

Podem-se citar casos de violência financeira, desde sacar os proventos previdenciários todo mês, e não os reverter em benefício do idoso, até espoliar o idoso de seus bens sem qualquer respeito e compaixão.

Episódios dessa ordem não são raros, como o caso de viúvas bastante idosas e doentes com patrimônio significativo, o qual vai sendo dilapidado pelos descendentes a ponto de quererem deixá-la até sem plano de saúde. Muitas vezes, a intervenção de pessoas não necessariamente da família, como antigos funcionários ou empregadas domésticas, opera no sentido de se evitar chegar-se a tal situação.

Do ponto de vista psicológico, pessoas que sofreram tais violências, fatalmente vão se depauperando, muito mais pela tristeza e decepção do que pela idade e pela doença. São casos explícitos de crueldade psicológica e de abandono físico, material e moral de vulnerável.

Por outro lado, também se conhecem casos de filhos que dizem aos pais, pai ou mãe, mesmo em atividade: "Não se preocupe. Nunca vai te faltar nada".

Os filhos que estimulam seus pais, que tratam bem deles, que conversam sobre coisas sérias ou "jogam conversa fora"[7], que jogam, riem, se preocupam quando eles estão preocupados e os acalmam, não como se eles fossem criancinhas, mas como adultos que são, propiciam melhor qualidade de vida a seus idosos e tendem a garantir melhor saúde mental e emocional, bem como maior tempo de vida.

E os netos, então?

7. Relacionamento entre avós e netos

Os netos costumam ser a riqueza da vida dos avós. É uma outra relação muito especial.

A relação entre netos e avós é fundamental à vida de ambos, sendo que uma relação afetiva adequadamente desenvolvida pode ser útil ao melhor desenvolvimento psicoemocional dos primeiros e ao melhor equilíbrio psicoemocional dos últimos.

O relacionamento entre avós e netos faz parte das transmissões transgeracionais e tem significativa importância na construção do psiquismo das crianças.

[7] Jogar conversa fora. Expressão coloquial do Português do Brasil, que significa falar de amenidades, brincar, bater-papo.

À condição de avós, dá-se o nome de avosidade, na expressão de Oliveira et al[8]. Constitui, conforme Guedes[9] o laço de parentesco que se situa nas filiações de três gerações, tanto pessoais, como familiares e sociais. É função intimamente ligada à maternidade ou à paternidade, que se estabelece independentemente de vontade e faz parte, como dito, da estruturação da psique humana.

Atualmente, com o aumento da longevidade, os avós tendem a ter participação mais ativa na vida dos netos, o que, segundo estudiosos, em muito depende do bom relacionamento entre avó e mãe.

Os avós representam o elo entre o passado e o presente, transmitindo para a geração dos netos a história e a cultura da família, seus valores, crenças e mitos. Eles são, para os netos, esse canal importante, e, ao mesmo tempo, recebem deles um sopro novo de vida, o que lhes traz vitalidade e os recarrega com os ares da juventude.

Avós e netos complementam-se.

Poucas coisas são tão agradáveis à vista, como ver avós e netos rindo juntos. Gusmão[10] lembra como as crianças se sentem felizes, quando os avós gastam horas e horas, contando histórias e estórias, brincando com elas e divertindo-se juntos.

Como as crianças, os idosos tendem a ser mais verdadeiros e diretos: os primeiros, pela ausência da crítica rígida, ou da falta dela, conforme a idade; os segundos, porque já não se preocupam tanto com a crítica social. Isso nada tem a ver com senilidade, mas com a idade, que torna os idosos mais empoderados de si, de suas experiências e de suas convicções. Podem, muitas vezes, em idade mais avançada, precisar ser ajudados fisicamente, ou ser mais lentos na comunicação e na fala, mas, se tiverem preservadas suas faculdades mentais, tenderão a ser mais assertivos e seguros.

Justamente, um cuidado que deve haver na relação entre avós e os pais de seus netos é o respeito pela forma de educar que seus filhos imprimem aos próprios filhos.

Os avós devem opinar, quando consultados ou convidados a fazê-lo, ou quando algo seriamente prejudicial chega a seu conhecimento ou é por eles

[8] Oliveira, A. R. V, Vianna, L. G, e Cárdenas, C. J. Avosidade: visões de avós e de seus netos no período da infância. In: https://www.scielo.br/j/rbgg/a/YPdgxkTQLXqdW39jDD3CwWx/?lang=pt

[9] Guedes, HM. Idoso e arte: uma relação possível com a autoimagem? Dissertação de Mestrado em Gerontologia, Universidade de Brasília, Brasília, 2007

[10] Gusmão, N.M. Infância e Velhice. Pesquisa de ideias. Campinas, SP: Alínea,2003.

observado. Isso, todavia, não significa que devam ditar normas ou julgar que seu modo de educar foi mais eficaz ou eficiente, ainda que acreditem nisso. Pelo contrário, apoiar as iniciativas parentais é um dos fatores de fortalecimento dos laços familiares transgeracionais.

Como concluíram Alessandra Oliveira et al[11], em pesquisa realizada sobre a relação entre avós e netos na infância,

> [...] A relação entre avós e netos pode ser benéfica para ambos. O relacionamento entre avós e netos pode ser marcado pelo prazer e por brincadeiras principalmente no período da infância dos netos. À medida que estes crescem, outros significados podem adquirir relevância[12].

A melhor convivência entre avós e netos está muito ligada à boa relação entre pais e filhos e entre avô e avó. Por esse motivo, quando um casal se separa, os avós devem ser cautelosos na avaliação, evitar tomar partido de forma intransigente e não se considerar parte do evento. Se puderem ajudar, serão bem-vindos; senão, é melhor manterem-se a certa distância de forma a não se dar margem para aumento do conflito.

Do mesmo modo, quando a separação ocorrer entre os avós, o que é mais comum do que se imagina, os pais devem manter-se com igual maturidade, evitando afastar-se do pai ou da mãe, e afastar os netos de um ou de outro, como se a separação os envolvesse.

E, aqui, não se está negando a dor que os filhos sentem ao ver os pais se separando. É difícil em qualquer idade.

Infelizmente, há situações que não seguem o desejado caminho desenhado, sendo algumas delas de tal porte que podem chegar à Justiça como meio de os avós – tanto quanto pai ou mãe – não perderem o convívio íntimo com essas crianças e adolescentes.

Enfim, o objetivo de todos deve ser o de contribuir para desenvolver essas inter-relações de forma a não se precisar recorrer à Justiça, mas, sempre considerando a possibilidade de se contar com o Direito e o Estado.

[11] Oliveira, A. R. V, Vianna, L. G, e Cárdenas, C. J. Avosidade: visões de avós e de seus netos no período da infância. In: https://www.scielo.br/j/rbgg/a/YPdgxkTQLXqdW39jDD3CwWx/?lang=pt

[12] Oliveira, A. R. V, Vianna, L. G, e Cárdenas, C. J. *Avosidade: visões de avós e de seus netos no período da infância*. In: https://www.scielo.br/j/rbgg/a/YPdgxkTQLXqdW39jDD3CwWx/?lang=pt p. 156.

Conclusões

As relações transgeracionais são de suma importância na longevidade e na qualidade de vida dos longevos.

Aliados aos recursos médicos e tecnológicos e aos cuidados jurídicos para com essa população de vulneráveis, a participação ativa da família é fundamental na boa qualidade da velhice.

É importantíssimo que nossa cultura encare a idade mais avançada como uma etapa do desenvolvimento da pessoa humana, e não como um entrave ou uma doença, como tentou fazê-lo a CID-11, que entrou em vigor em janeiro de 2022[13].

Por essa edição da Classificação Estatística Internacional de Doenças e Problemas Relacionados à Saúde (CID[14]), a velhice seria identificada sob o código MG2A, no capítulo 21: "Sintomas, sinais ou achados clínicos não classificados em outro local".

Como sinônimos para velhice, foram descritas velhice avançada sem psicose, senescência sem psicose e debilidade senil. Ciosak et alii[15] desenvolveram importante estudo sobre senescência e senilidade). Os conceitos de senescência (alterações no organismo decorrentes da evolução no tempo, sem necessariamente estarem ligadas a uma doença) e senilidade (conjunto de condições que acometem o indivíduo baseadas em mecanismos fisiopatológicos), não coincidem, mas podem complementar-se, sendo a segunda uma etapa da primeira.

Algumas consequências negativas para a definição de velhice como doença são a falta de identificação de doenças que possam acometer os idosos, a marginalização do cuidado de saúde à pessoa idosa, bem como o ageísmo – preconceito ou discriminação contra a pessoa idosa, seja por meio da estigmatização ou de práticas discriminatórias da sociedade e de suas instituições – e a discriminação e a sensação de incapacidade em razão de um processo natural da vida, o que pode desfavorecer também a saúde mental dessa população.

Políticas públicas que resgatem a importância do idoso e de seu papel social são indispensáveis à manutenção de sua dignidade como cidadãos e

[13] Disponível em: https://www.poder360.com.br/saude/oms-desiste-de-classificar-velhice-como doenca/#:~:text=A%20OMS%20desistiu%20de%20classificar,dez.

[14] Sigla oficial em português.

[15] CIOSAK, Suely et al. Senescência e senilidade: novo paradigma na Atenção Básica de Saúde. Extraído do Grupo de Pesquisa "Senescência e a Senilidade: Desafios no Cuidar", Escola de Enfermagem da Universidade de São Paulo. USP. 2011. https://www.scielo.br/j/reeusp/a/9VCqQ LGF9kHwsVTLk4FdDRt/?format=pdf&lang=pt

pessoas humanas e à implementação de cuidados nessa fase do desenvolvimento humano.

Em 2019, o IBGE previa que a expectativa de vida dos homens brasileiros era de 73 anos e das mulheres, de 80 anos.

Felizmente, vários segmentos da sociedade mobilizaram-se para impedir que o envelhecimento fosse introduzido na mais importante Classificação Internacional de Doenças e de Problemas Relacionados à Saúde.

Um exemplo disso foi a ação do Coren-SP, Conselho Regional de Enfermagem de São Paulo, que tomou a posição de defender uma revisão do termo "velhice" como descrito na CID-11, para que a população idosa possa receber o devido acompanhamento de sua saúde, livre de estigmas e da visão equivocada de uma etapa da vida como se fosse naturalmente uma doença.

Movimentos outros fizeram com que a conceituação da velhice como doença caísse na atual edição da CID. Assim, a entrada do item "Relacionado ao envelhecimento" (XT9T) na atualização da Classificação Internacional de Doenças (CID-11) foi retirada de vez pela direção da Organização Mundial da Saúde (OMS). A conquista foi fruto de uma grande pressão e movimentação da sociedade civil nacional e internacional, que luta contra a patologização da vida e por maior inclusão das pessoas idosas na sociedade.

Sem dúvida, todo cuidado começa no universo micro para chegar ao universo macro.

O velho, saudoso e sábio Professor José Carlos de Ataliba Nogueira, catedrático da Faculdade de Direito da Universidade de São Paulo, como grande municipalista que era, já, nos anos 1960, dizia que se cada município cuidasse de si, não seria preciso nos preocuparmos com o país, mesmo um país continental como o Brasil, porque todo ele estaria cuidado.

Usando o paradigma do querido Professor, assim entendemos a família: se cada um cuidar da sua, todas estarão bem cuidadas. O mesmo vale para a questão do idoso, em particular.

O Estatuto do idoso, Lei nº 10.741 de 01 de outubro de 2003, assim dispõe sobre os direitos assegurados às pessoas com idade igual ou superior a 60 (sessenta) anos.

> Art. 1º É instituído o Estatuto do Idoso, destinado a regular os direitos assegurados às pessoas com idade igual ou superior a 60 (sessenta) anos.
>
> Art. 2º O idoso goza de todos os direitos fundamentais inerentes à pessoa humana, sem prejuízo da proteção integral de que trata esta Lei, assegurando-se lhe, por lei ou por outros meios, todas as oportunidades e facilidades, para pre-

servação de sua saúde física e mental e seu aperfeiçoamento moral, intelectual, espiritual e social, em condições de liberdade e dignidade.

Art. 3º É obrigação da família, da comunidade, da sociedade e do Poder Público assegurar ao idoso, com absoluta prioridade, a efetivação do direito à vida, à saúde, à alimentação, à educação, à cultura, ao esporte, ao lazer, ao trabalho, à cidadania, à liberdade, à dignidade, ao respeito e à convivência familiar e comunitária.

A distinção entre idosos jovens, a partir de sessenta anos, idosos velhos, cerca de oitenta anos, e idosos mais velhos, cerca de noventa anos ou mais, pode auxiliar na compreensão de que o envelhecimento não é algo determinado pela idade cronológica, mas é efeito das experiências passadas, da forma como se vive e se administra a própria vida no presente, e de expectativas futuras; é, portanto, uma integração entre as vivências pessoais e o contexto social e cultural em determinada época, e nele estão envolvidos diferentes aspectos: biológico, cronológico, psicológico e social.

Se os descendentes cuidarem dos ascendentes, como foram cuidados, um dia, todos estarão bem cuidados, porque a mentalidade será de Cuidadores Cuidadosos, e até as políticas públicas estarão voltadas para isso em razão da evocação da memória do que viveram e vivem em casa seus promotores.

Será uma fantasia? Será um ideal? Será, apenas, um sonho?

É possível, mas não há realização que não derive de um sonho acalentado e em que se acreditou. Sonhar é a partida para realizar.

Referências

ABRASCO. In https://www.abrasco.org.br/site/gtenvelhecimentoesaudecoletiva/2021/12/19/classificacao-de-velhice-na-cid-11-e-retirada-pela-oms/.

RH SCHNEIDER, TQ Irigaray (2008). *O envelhecimento na atualidade: aspectos cronológicos, biológicos, psicológicos e sociais.* In https://www.scielo.br/j/estpsi/a/LTdthHbLvZPLZk8MtMNmZyb/abstract/?lang=pt&format=html.

CEZAR-FERREIRA, Verônica A. da M. *Família, Separação e Mediação – uma visão psicojurídica.* 4ª edição. Curitiba: Editora CRV.

CIOSAK, Suely et al. *Senescência e senilidade: novo paradigma na Atenção Básica de Saúde.* Extraído do Grupo de Pesquisa "Senescência e a Senilidade: Desafios no Cuidar", Escola de Enfermagem da Universidade de São Paulo. USP. 2011. In https://www.scielo.br/j/reeusp/a/9VCqQLGF9kHwsVTLk4FdDRt/?format=pdf&lang=pt.

COREN. In https://portal.coren-sp.gov.br/noticias/nota-oficial-sobre-a-classificacao-da-velhice-como-doenca-na-cid-11/.

Estatuto do Idoso. Lei nº 10.741 de 01 de outubro de 2003.

Guedes, HM. Idoso e arte: uma relação possível com a autoimagem? Dissertação de Mestrado em Gerontologia, Universidade de Brasília, Brasília, 2007.

Gusmão, N.M. *Infância e Velhice*. Pesquisa de ideias. Campinas, SP: Alínea,2003.

IBGE. Instituto Brasileiro de Geografia e Estatística. In https://www.ibge.gov.br/busca.html?searchword=idosos&searchphrase=all.

Oliveira, A. R. V, Vianna, L. G, e Cárdenas, C. J. *Avosidade: visões de avós e de seus netos no período da infância*. In https://www.scielo.br/j/rbgg/a/YPdgxkTQLXqdW39jDD3CwWx/?lang=pt.

Poder 360 desiste de classificar doença como velhice. In https://www.poder360.com.br/saude/oms-desiste-de-classificar-velhice-como-doenca/ .

11
LA PERSONA MAYOR Y SU SISTEMA DE RELACIONES TRANSGENERACIONALES

Verónica A. da Motta Cezar-Ferreira[1]

1. Introducción

El envejecimiento es uno de los temas más escasos en los debates contemporáneos.

La vida media de la persona humana está aumentando, significativamente, gracias al aumento de los recursos al servicio de la salud física y mental. Los adultos mayores forman parte del grupo vulnerable, aquellos que merecen especial atención y cuidado en los aspectos que atraen tal atención.

Llegar a ser mayor es ideal; ser "viejo" es opcional, como mentalidad. Se podría decir que es una elección.

Sin embargo, no es una mera opción racional, ya que esta elección está determinada en parte por aspectos constitucionales psíquicos; en parte por la condición física, como una etapa que es de desarrollo biológico; y, en parte, en gran medida, por las relaciones establecidas, especialmente con las figuras más significativas.

[1] Doctora en Psicología Clínica por la Pontificia Universidad Católica de São Paulo (PUC-SP). Licenciado en Derecho por la Universidad de São Paulo (USP). Introductor de la Visión Psicojurídica en Derecho de Familia. Formación psicoanalítica y sistémica. Miembro de los Iniciadores de la Mediación en Brasil. Miembro fundador de la Asociación de Derecho de Familia y Sucesiones (ADFAS). Director Nacional de Relaciones Interdisciplinarias de la Asociación de Derecho de Familia y Sucesiones (ADFAS). Miembro del Consejo Científico de ADFAS. Vicepresidente de la Asociación Paulista de Terapia Familiar (APTF), 2020-2022. Miembro de la Junta Deliberante y Consultiva de la Asociación Brasileña de Terapia Familiar (ABRATEF). Miembro de la Junta de Educadores Escuela de Padres Brasil, desde 1994. Mediadora. Experto. Consultora psicojurídica familiar.

Entender a la familia como un sistema implica entenderla como un conjunto de elementos que se interrelacionan y ejercen influencias recíprocas para formar un todo único. De ahí la razón por la que nos preocupamos por todos los miembros de la familia cuando un evento golpea a cualquiera de ellos.

Las figuras significativas a las que nos referimos están representadas, fundamentalmente, por aquellos que cuidan. Y los cuidadores naturales, digamos, son los descendientes. El cuidado de los hijos determinará en gran medida cómo envejecerán los padres.

Un estudio de Argimon y Stein, citado por HR Schneider, TQ Irigaray[2], mostró que el envejecimiento es un proceso en el que, para cada persona, los cambios físicos, conductuales y sociales se desarrollan a ritmos diferentes, siendo la edad cronológica solo un aspecto, entre otros, que puede o no afectar el bienestar de las personas mayores.

En la misma dirección, RH Schneider, TQ Irigaray[3] revelan que la distinción entre jóvenes, sesenta años, ochenta años, y personas mayores, noventa años, puede ayudar a comprender que el envejecimiento no es algo determinado por la edad cronológica, sino que es una consecuencia de experiencias pasadas, de la forma en que uno vive y maneja su vida en el presente y expectativas futuras.

En este contexto, hay una integración entre las experiencias personales y el contexto social y cultural en un momento dado, en el que intervienen diferentes aspectos: biológicos, cronológicos, psicológicos y sociales. Aquí es donde se incluye nuestro entendimiento de que la mejor calidad del envejecimiento de los padres está estrechamente relacionada con el cuidado que reciben de sus hijos.

¿Puede esto indicar que la forma en que los niños cuidarán a sus padres depende de cómo fueron criados? Hipótesis importante para analizar.

Los niños criados con mimos excesivos y muy llenos de voluntad tienden a ser adultos más egocéntricos y egoístas que esperan que el mundo se incline a sus pies y se incline ante sus deseos. Por otro lado, los niños criados con excesivo rigor, con gran rigidez, sin demostraciones de afecto, compasión o condescendencia ante dificultades y fracasos, también tienden a no ser

[2] RH Schneider, TQ Irigaray (2008). O envelhecimento na atualidade: aspectos cronológicos, biológicos, psicológicos e sociais . Disponible en https://www.scielo.br/j/estpsi/a/LTdthHbLvZPLZk8MtMNmZyb/abstract/?lang=pt&format=html

[3] RH Schneider, TQ Irigaray (2008). O envelhecimento na atualidade: aspectos cronológicos, biológicos, psicológicos e sociais Disponible en https://www.scielo.br/j/estpsi/a/LTdthHbLvZPLZk8MtMNmZyb/abstract/?lang=pt&format=html

buenos cuidadores. Por lo general, no tienen tolerancia a las debilidades, no pueden ajustar el tono cuando caminan más lento que el otro. De diferentes maneras, uno y otro parecen negarse a creer que ya no serán atendidos y que ha llegado el momento de cuidar.

¿Hay una recurrencia? ¿Existe una interrelación? Seguimos la corriente que cree ser así. No se puede olvidar la existencia de una capacidad innata que se desarrolla independientemente de todo esto, ni que las relaciones interpersonales juegan un papel importante en la transformación de los afectos, tanto negativa como positivamente.

Las relaciones son sistémicas. Padres e hijos, abuelos y nietos se relacionan, transgeneracionalmente. Según Cezar-Ferreira[4], existe una influencia recíproca entre ellos y la determinación de un todo único, la familia, mayor que la mera suma de sus miembros. Estos se interdependen unos de otros en las diversas dimensiones de la relación y sus reflejos aparecerán, como efectos, en el cotidiano de sus vidas.

2. Los mayores no son un niño al revés

Es bastante cierto que a medida que pasan los años, la persona mayor se vuelve más lenta al caminar, hablar y, tal vez, pensar. Se vuelve más frágil y más sensible. Está más sujeta a lapsos o accidentes.

Esto no significa que haya perdido la capacidad de pensar, actuar y reaccionar, sino que necesita ser mejor comprendida y acompañada.

El niño pequeño sigue el *continuo* de un ser totalmente dependiente para la condición de un adulto independiente. Al menos eso es lo que se espera. Los ancianos, por el contrario, están en la segunda parte de la curva de Gauss.[5] Comienza a declinar y pasar de la independencia a la dependencia. La calidad de ambos los cambios dependerá de la calidad de la interdependencia.

La interdependencia respetuosa mantendrá los límites de la jerarquía que ninguna edad puede eliminar.

En la edad adulta, el niño ya no debe someterse a la autoridad de los padres. Creció para ser autoridad en su propio contexto, en su propio universo, pero el respeto por la jerarquía no puede desaparecer.

[4] Cezar-Ferreira, Verônica A. da M. Família, Separação e Mediação – uma visão psicojurídica. 4ª edição. Curitiba: Editora CRV.

[5] Curva de Gauss. Gráfico de distribución normal de un conjunto de datos determinado y representa una función que tiene propiedades peculiares. Es una curva en forma de campana. Como es una distribución de probabilidad continua, el área entre la curva y el eje de las abscisas representa la probabilidad.

Es el respeto por la jerarquía lo que permite al estudiante recurrir al viejo maestro cuando necesita aclaración o tranquilidad. Es el respeto por la jerarquía lo que permite a los niños de cualquier edad recurrir a los padres en busca de consejo y escuchar lo que su experiencia tiene que decir.

3. El futuro plateado

El futuro plateado es una metáfora de lo que depara el futuro para aquellos cuyo cabello se ha decolorado. Es el turno de los canosos.

Se espera el camino de la interrelación entre ascendientes y descendientes, pero no siempre es romántico y hay que prepararse para ello.

Se considera envejecida una población cuando más del 6% está formada por personas mayores. Y la condición del paso de la edad es variada.

Feliz de aquellos que no tienen que vivir con una enfermedad mental, pero ella existe.

Perder la capacidad mental es algo muy serio. Es cruel con la historia de la vida misma de los enfermos y con los miembros de la familia.

La dependencia de un genitor con enfermedad de Alzheimer, por ejemplo, enfermedad neurodegenerativa crónica y la forma más común de demencia, provoca desorganización familiar, afectando a los miembros de la familia y esto, como unidad psicoafectiva y legal.

El Alzheimer es una enfermedad que tiene un impacto en la familia y la sociedad. La independencia de los miembros de la familia disminuye, el matrimonio de los hijos se ve afectado, así como toda la vida de este sistema familiar.

Para una persona que tuvo una actividad importante en su área, por ejemplo, el shock es grande para todos: para la persona enferma, mientras mantiene cierta lucidez; y, para los demás, siempre. Para aquellos que han vivido más domésticamente, el shock es el mismo dentro de su universo de relaciones. El impacto suele ser muy negativo.

Las enfermedades degenerativas son propias del aumento de la longevidad. Es algo así como lo hermoso-horrible de los tiempos posmodernos de hoy.

El envejecimiento puede entenderse como el aumento del riesgo de morir con el tiempo. Nada más que eso. El gran fantasma es el prejuicio.

Las personas mayores no son adultos gastados, sino adultos con sus propias necesidades específicas. De ahí la preocupación por su salud. Por otro lado, dado el progreso de la ciencia y la tecnología, existe la expectativa de una mayor longevidad.

Los estudios muestran que hubo un aumento de unos treinta años de vida desde mediados de siglo. Con el aumento de la longevidad, la incidencia de enfermedades degenerativas se hizo mayor. Se estima que los casos de demencia deben duplicarse cada veinte años.

En este caso, la edad se convierte en un factor de riesgo importante.

4. La edad como factor de riesgo

Brasil es considerado uno de los países con la mayor prevalencia de Alzheimer: alrededor de un millón de almas.

El Alzheimer, como se dijo, es una enfermedad que afecta el sistema nervioso central y que gradualmente conduce a la degeneración cerebral, comprometiendo las habilidades para realizar actividades básicas.

En este contexto, el miembro de la familia necesita aprender a lidiar con la situación de la manera más adecuada, y al mismo tiempo, la hija, por ejemplo, tendrá que fortalecerse, emocionalmente, para poder soportar el hecho de que está perdiendo a su padre o madre, aunque vivo y presente, físicamente.

No es raro que una hija diga que cuando está con su madre, le pregunta: "¿Pero dónde está Fulanita? ¿No viene a verme?" Es demasiado triste, porque Fulanita es ella misma.

5. Perspectivas del envejecimiento

Al pensar en la senescencia, como el proceso de volverse senil, el enfoque no puede colocarse solo en aumentar el tiempo de vida, sino que, sobre todo, debe estar dirigido a mejorar su calidad.

Actualmente, se investigan los llamados medicamentos senolíticos, aquellos destinados a reducir el proceso de envejecimiento. Todavía queda mucho por hacer.

En Brasil, según estudios realizados, el porcentaje de envejecimiento de personas de sesenta años o más, es decir, unos treinta millones de ciudadanos, es de alrededor del 14%, pero debería duplicarse en 2050. Se estima que, en 2100, cuatro de cada diez brasileños serán adultos mayores[6].

En este espectro, la atención de la seguridad social debe estar en el centro de las preocupaciones, ya que los ingresos son un factor importante de longevidad.

En Brasil, alrededor del 76% de los ciudadanos dependen del INSS, el Instituto Nacional de Seguridad Social.

[6] Disponible en https://www.ibge.gov.br/busca.html?searchword=idosos&searchphrase=all

6. Violencia, amor e envejecimiento

Un buen tratamiento tiende a aumentar la longevidad; el maltrato tiende a abreviar la muerte.

Los mayores también pueden ser víctimas de violencia física, financiera, psicológica y moral.

Se pueden citar casos de violencia financiera, desde retirar los beneficios de la seguridad social todos los meses, y no revertirlos en beneficio de los mayores, hasta despojar a los ancianos de su propiedad sin ningún respeto y compasión.

No son infrecuentes episodios de este orden, como el caso de viudas muy mayores y enfermas con un patrimonio significativo, que está siendo diluido por los descendientes hasta el punto de querer dejarla incluso sin seguro médico. A menudo, la intervención de personas no necesariamente de la familia, como exempleados o sirvientas, opera para evitar llegar a tal situación.

Desde un punto de vista psicológico, las personas que han sufrido este tipo de violencia están fatalmente agotadas, mucho más por la tristeza y la decepción que por la edad y la enfermedad. Se trata de casos explícitos de crueldad psicológica y abandono físico, material y moral de personas vulnerables.

Por otro lado, también hay casos de niños que dicen a los padres, padre o madre, incluso en actividad: "No te preocupes. Nunca te vas a perder nada".

Los hijos que animan a sus padres, que los tratan bien, que hablan de cosas serias o "charlan por largo"[7], que juegan, ríen, se preocupan cuando están preocupados y los calman, no como si fueran niños pequeños, sino como adultos que son, proporcionan una mejor calidad de vida a sus ancianos y tienden a garantizar una mejor salud mental y emocional, así como una vida más larga.

¿Qué pasa con los nietos, entonces?

7. Relación entre abuelos y nietos

Los nietos son a menudo la riqueza de la vida de los abuelos. Es otra relación muy especial.

La relación entre nietos y abuelos es fundamental para la vida de ambos, y una relación afectiva adecuadamente desarrollada puede ser útil para el mejor desarrollo psicoemocional de los primeros y para el mejor equilibrio psicoemocional de los segundos.

[7] Platicar. Expresión coloquial del portugués brasileño, que significa hablar de comodidades, jugar, charlar. En el original: "jogam conversa fora".

La relación entre abuelos y nietos es parte de las transmisiones transgeneracionales y tiene una importancia significativa en la construcción de la psiquis de los niños.

A la condición de los abuelos, se llama el nombre de *abuelosidad*, en la expresión de Oliveira et alii[8]. Según Guedes[9], constituye el vínculo de parentesco que se sitúa en las afiliaciones de tres generaciones, tanto personales, familiares y sociales. Es una función estrechamente ligada a la maternidad o paternidad, que se establece independientemente de la voluntad y forma parte, como se ha dicho, de la estructuración de la psique humana.

Actualmente, con el aumento de la longevidad, los abuelos tienden a tener una participación más activa en la vida de los nietos, que, según los estudiosos, depende en gran medida de la buena relación entre abuela y madre.

Los abuelos representan el vínculo entre el pasado y el presente, transmitiendo a la generación de nietos la historia y la cultura de la familia, sus valores, creencias y mitos. Son, para los nietos, este importante canal, y al mismo tiempo reciben de ellos un nuevo aliento de vida, que les aporta vitalidad y los recarga con los aires de juventud.

Los abuelos y los nietos se complementan entre sí.

Pocas cosas son tan agradables a la vista como ver a abuelos y nietos riendo juntos. Gusmão[10] recuerda lo felices que se sienten los niños cuando sus abuelos pasan horas y horas contando historias y cuentos, jugando con ellos y divirtiéndose juntos.

Al igual que los niños, los mayores tienden a ser más verdaderos y directos: los primeros, debido a la ausencia de críticas rígidas, o la falta de ellas, según la edad; los segundos, porque ya no les importa tanto la crítica social. Esto no tiene nada que ver con la senilidad, sino con la edad, que hace que los mayores estén más empoderados por sí mismos, sus experiencias y sus convicciones. A menudo, a una edad más avanzada, pueden necesitar ayuda física o ser más lentos en la comunicación y el habla, pero si han conservado sus facultades mentales, tenderán a ser más asertivos y seguros.

Precisamente, un cuidado que debe estar en la relación entre abuelos y los padres de sus nietos es el respeto a la forma de educar que sus hijos impriman a sus propios hijos.

[8] Oliveira, A. R. V, Vianna, L. G, e Cárdenas, C. J. Avosidade: visões de avós e de seus netos no período da infância. Disponible en: https://www.scielo.br/j/rbgg/a/YPdgxkTQLXqdW39jDD3CwWx/?lang=pt

[9] Guedes, HM. Idoso e arte: uma relação possível com a autoimagem? Dissertação de Mestrado em Gerontologia, Universidade de Brasília, Brasília, 2007

[10] Gusmão, N.M. Infância e Velhice. Pesquisa de ideias. Campinas, SP: Alínea,2003.

Los abuelos deben opinar cuando se les consulta o se les invita a hacerlo, o cuando algo gravemente dañino llega a su conocimiento o es observado por ellos. Esto, sin embargo, no significa que deban dictar normas o juzgar que su forma de educar fue más efectiva o eficiente, incluso si lo creen. Por el contrario, apoyar las iniciativas de los padres es uno de los factores para fortalecer los lazos familiares transgeneracionales.

Como concluyeron Alessandra Oliveira et al[11], en una investigación realizada sobre la relación entre abuelos y nietos en la infancia,

> [...] La relación entre abuelos y nietos puede ser beneficiosa para ambos. La relación entre abuelos y nietos puede estar marcada por el placer y el juego, especialmente en el período de la infancia de los nietos. A medida que crecen, otros significados pueden adquirir relevancia[12].

La mejor convivencia entre abuelos y nietos está muy ligada a la buena relación entre padres e hijos y entre abuelo y abuela. Por esta razón, cuando una pareja está separada, los abuelos deben ser cautelosos al evaluar, evitar tomar partido de manera intransigente y no considerarse parte del evento. Si puede ayudar, será bienvenido; si no, es mejor mantener cierta distancia para que no haya espacio para un mayor conflicto.

Del mismo modo, cuando se produce una separación entre abuelos, lo cual es más común de lo que uno podría imaginar, los padres deben permanecer igualmente maduros, evitando alejarse de su padre o madre, y alejarse de los nietos de uno u otro, como si la separación los involucrara.

Y aquí, no se está negando el dolor que sienten sus hijos cuando ven la separación de sus padres. Es difícil a cualquier edad.

Desafortunadamente, hay situaciones que no siguen el camino trazado idealmente, algunas de ellas de tal tamaño que pueden llegar a la justicia como medio para que los abuelos – tanto como el padre o la madre – no pierdan el contacto íntimo con estos niños, niñas y adolescentes.

Finalmente, el objetivo de todos debe ser contribuir a desarrollar estas interrelaciones para no tener que recurrir a la justicia, sino siempre considerando la posibilidad de apoyarse en la ley y el Estado.

[11] Oliveira, A. R. V, Vianna, L. G, e Cárdenas, C. J. Avosidade: visões de avós e de seus netos no período da infância. Disponible en: https://www.scielo.br/j/rbgg/a/YPdgxkTQLXqdW39jDD3CwWx/?lang=pt

[12] Oliveira, A. R. V, Vianna, L. G, e Cárdenas, C. J. *Avosidade: visões de avós e de seus netos no período da infância*. Disponible en: https://www.scielo.br/j/rbgg/a/YPdgxkTQLXqdW39jDD3CwWx/?lang=pt pág. 156.

Conclusiones

Las relaciones transgeneracionales son de suma importancia en la longevidad y la calidad de vida de la larga distancia.

Junto con los recursos médicos y tecnológicos y la atención legal para esta población vulnerable, la participación activa de la familia es fundamental en la buena calidad de la vejez.

Es muy importante que nuestra cultura vea la vejez como una etapa en el desarrollo de la persona humana, y no como un obstáculo o una enfermedad, como intentó hacer la CIE-11, que entró en vigor en enero de 2022[13].

Para esta edición de la Clasificación Estadística Internacional de Enfermedades y Problemas de Salud Relacionados (CIE)[14], la vejez se identificaría bajo el código MG2A, en el capítulo 21: "Síntomas, signos o hallazgos clínicos no clasificados en otra parte".

Como sinónimos de madurez, se describió la madurez avanzada sin psicosis, la senescencia sin psicosis y la debilidad senil. Ciosak et alii[15] desarrollaron un importante estudio sobre la senescencia y la senilidad). Los conceptos de senescencia (cambios en el organismo resultantes de la evolución en el tiempo, sin estar necesariamente vinculados a una enfermedad) y senilidad (conjunto de condiciones que afectan al individuo en función de mecanismos fisiopatológicos), no coinciden, sino que pueden complementarse entre sí, siendo la segunda una etapa de la primera.

Algunas consecuencias negativas para la definición de la vejez como una enfermedad son la falta de identificación de enfermedades que pueden afectar a los mayores, la marginación de la atención médica para los mayores, así como la discriminación por edad – prejuicio o discriminación contra los mayores, ya sea a través de la estigmatización o prácticas discriminatorias de la sociedad y sus instituciones – y la discriminación y el sentimiento de discapacidad debido a un proceso natural de la vida, que también puede perjudicar la salud mental de esta población.

Las políticas públicas que rescatan la importancia de las personas mayores y su papel social son indispensables para mantener su dignidad como ciuda-

[13] Disponible en: https://www.poder360.com.br/saude/oms-desiste-de-classificar-velhice-como doenca/#:~:text=A%20OMS%20deed%20%20ordenar,diez.

[14] En portugués, la sigla oficial es CID (Classificação Estatística Internacional de Doenças e Problemas Relacionados à Saúde).

[15] Ciosak, Suely et al. Senescência e senilidade: novo paradigma na Atenção Básica de Saúde. Extraído do Grupo de Pesquisa "Senescência e a Senilidade: Desafios no Cuidar", Escola de Enfermagem da Universidade de São Paulo. USP. 2011. https://www.scielo.br/j/reeusp/a/9VCqQLGF9kHwsVTLk4FdDRt/?format=pdf&lang=pt

danos y personas humanas y para la implementación del cuidado en esta fase del desarrollo humano.

En 2019, el IBGE predijo que la esperanza de vida de los hombres brasileños era de 73 años y la de las mujeres, de 80 años.

Afortunadamente, varios segmentos de la sociedad se han movilizado para evitar que el envejecimiento se introduzca en la más importante Clasificación Internacional de Enfermedades y Problemas Relacionados con la Salud. Un ejemplo de esto fue la acción de Coren-SP, Consejo Regional de Enfermería de São Paulo, que tomó la posición de abogar por una revisión del término "vejez" como se describe en el CIE-11, para que la población mayor pueda recibir un monitoreo adecuado de su salud, libre de estigmas y la visión errónea de una etapa de la vida como si fuera naturalmente una enfermedad.

Otros movimientos hicieron que el concepto de vejez como enfermedad cayera en la edición actual de la CIE. Por lo tanto, la entrada del elemento "Relacionado con el envejecimiento" (XT9T) en la actualización de la Clasificación Internacional de Enfermedades (CIE-11) fue eliminada de una vez por todas por la dirección de la Organización Mundial de la Salud (OMS). El logro fue el resultado de una gran presión y movimiento de la sociedad civil nacional e internacional, que lucha contra la patologización de la vida y por una mayor inclusión de los mayores en la sociedad.

Sin duda, todo cuidado comienza en el micro universo para llegar al macro universo.

El grande, recordado y sabio profesor José Carlos de Ataliba Nogueira, profesor de la Facultad de Derecho de la Universidad de São Paulo, como un gran municipalista que ya era, en la década de 1960, dijo que si cada municipio se cuidaba a sí mismo, no sería necesario preocuparse por el país, incluso un país continental como Brasil, porque todo él sería atendido.

Usando el paradigma del querido Maestro, así entendemos a la familia: si cada uno cuida de los suyos, todos estarán bien cuidados. Lo mismo ocurre con la cuestión de las personas mayores en particular.

El Estatuto del Adulto Mayor, LEY Nº 10.741 DE 1º de octubre de 2003, establece así los derechos otorgados a las personas de 60 (sesenta) años o más.

> Art. 1º Se instituye el Estatuto de la Persona Mayor, destinado a regular los derechos otorgados a las personas de 60 (sesenta) años o más.
>
> Art. 2º Los ancianos gozan de todos los derechos fundamentales inherentes a la persona humana, sin perjuicio de la protección integral de esta Ley, asegurando que, por ley u otros medios, todas las oportunidades y facilidades, para la

preservación de su salud física y mental y su mejoramiento moral, intelectual, espiritual y social, en condiciones de libertad y dignidad.

Art. 3º Es obligación de la familia, la comunidad, la sociedad y el poder público garantizar a las personas mayores, con absoluta prioridad, la realización del derecho a la vida, la salud, la alimentación, la educación, la cultura, el deporte, el ocio, el trabajo, la ciudadanía, la libertad, la dignidad, el respeto y la convivencia familiar y comunitaria.

La distinción entre adultos mayores jóvenes, de sesenta años, adultos mayores de edad avanzada, de unos ochenta años, y de adultos mayores de edad más avanzada, de unos noventa años o más, puede ayudar a comprender que el envejecimiento no es algo determinado por la edad cronológica, sino que es un efecto de experiencias pasadas, de la forma en que uno vive y maneja la vida misma en el presente, y expectativas futuras; se trata, por tanto, de una integración entre las experiencias personales y el contexto social y cultural en un momento dado, y en ella intervienen diferentes aspectos: biológicos, cronológicos, psicológicos y sociales.

Si los descendientes cuidan de los ascendientes, como fueron cuidados, un día, todos estarán bien atendidos, porque la mentalidad será de Cuidadores Cuidadosos, e incluso las políticas públicas se centrarán en esto debido a la evocación del recuerdo de lo vivido y de lo que viven en casa sus promotores.

¿Es una fantasía? ¿Será un ideal? ¿Es solo un sueño?

Es posible, pero no hay realización que no se derive de un sueño abrigado y en el cual se ha creído. Soñar es el punto de partida para la realización.

Referencias

ABRASCO. Disponible en https://www.abrasco.org.br/site/gtenvelhecimentoesaudecoletiva/2021/12/19/classificacao-de-velhice-na-cid-11-e-retirada-pela-oms/.

RH SCHNEIDER, TQ Irigaray (2008). O envelhecimento na atualidade: aspectos cronológicos, biológicos, psicológicos e sociais. Disponible en https://www.scielo.br/j/estpsi/a/LTdthHbLvZPLZk8MtMNmZyb/abstract/?lang=pt&format=html.

CEZAR-FERREIRA, Verônica A. da M. *Família, Separação e Mediação – uma visão psicojurídica.* 4ª edição. Curitiba: Editora Crv.

CIOSAK, Suely et al. *Senescência e senilidade: novo paradigma na Atenção Básica de Saúde.* Extraído do Grupo de Pesquisa "Senescência e a Senilidade: Desafios no Cuidar", Escola de Enfermagem da Universidade de São Paulo. USP. 2011. Disponible en https://www.scielo.br/j/reeusp/a/9VCqQLGF9kHwsVTLk4FdDRt/?format=pdf&lang=pt.

COREN. Disponible en: https://portal.coren-sp.gov.br/noticias/nota-oficial-sobre-a-classificacao-da-velhice-como-doenca-na-cid-11/.

Estatuto do Idoso. Lei nº 10.741 de 01 de outubro de 2003.

Guedes, HM. Idoso e arte: uma relação possível com a autoimagem? Dissertação de Mestrado em Gerontologia, Universidade de Brasília, Brasília, 2007.

Gusmão, N.M. *Infância e Velhice.* Pesquisa de ideias. Campinas, SP: Alínea, 2003.

IBGE. Instituto Brasileiro de Geografia e Estatística. Disponible en https://www.ibge.gov.br/busca.html?searchword=idosos&searchphrase=all.

Oliveira, A. R. V, Vianna, L. G, e Cárdenas, C. J. *Avosidade: visões de avós e de seus netos no período da infância.* Disponible en: https://www.scielo.br/j/rbgg/a/YPdgxkTQLXqdW39jDD3CwWx/?lang=pt.

Poder 360 desiste de classificar doença como velhice. Disponible en https://www.poder360.com.br/saude/oms-desiste-de-classificar-velhice-como-doenca/.

ESPANHA

1
LA NEGATIVA DE LOS PROGENITORES AL DERECHO DE LOS MENORES A RELACIONARSE CON SUS ABUELOS. LA MEDIACIÓN COMO SISTEMA ALTERNATIVO A LA RESOLUCIÓN DEL CONFLICTO

Gema Vallejo Pérez[1]

1. Introducción

El derecho de relacionarse los abuelos (hermanos y otros parientes) con los nietos es un derecho de los menores ya que está vinculado al Principio General del Interés del Menor. En determinadas situaciones de separación o divorcio de los padres o del fallecimiento de algunos de los progenitores esta relación se rompe. La legislación española prevé y permite que lo ejerzan los abuelos, con la salvaguarda o limitación que no exista una justa causa que lo impida.

Este derecho a relacionarse (que se concreta principalmente en un régimen de visitas) consiste en la comunicación por cualquier vía, como el teléfono, internet, correspondencia, etc.), en el régimen vistas *"strictu sensu"* (una serie de horas al día en el lugar que se señale, en su caso) y en el de estancias. Los abuelos pueden reclamar judicialmente éste derecho ante la Jurisdicción contenciosa en el caso de verse privado el menor (el nieto o los nietos) del mismo y son los abuelos los que ejercen este derecho. El límite está en que no exista "causa justa" que lo impida.

[1] Licenciada en Derecho por la Universidad de León. Doctora en Derecho por la Universidad de León con Sobresaliente Cum Laude, Máxima Calificación, por unanimidad del tribunal evaluador. Premio extraordinario de Doctorado. Estancias de investigación predoctorales en la Universidad de Cagliari (Italia), y postdoctorales en la Universidad La Sapienza de Roma, 2020, 2021 y 2022. Profesora Ayudante Doctora en la Universidad de León, en el área de Derecho Romano.

Frente a esta vía contenciosa se ofrece la Mediación como método alternativo de resolución de conflictos que ofrece muchas ventajas tanto en su versión Intrajudicial como Extrajudicial.

2. Regulación del derecho de los menores a relacionarse con sus abuelos

La Legislación española en esta materia sigue la normativa internacional al respecto.

En primer lugar, debemos citar las siguientes disposiciones internacionales relacionadas con el Principio General del Interés del Menor, Principio éste que será el fundamento de la existencia del Régimen de visitas, incluido el de los parientes y en concreto de los abuelos:

- La Convención sobre los Derechos de la Infancia, de 20 de noviembre de 1989, adoptada por la Asamblea General de las Naciones Unidas, que en su artículo 3.1 recoge el Principio General del Interés Superior del Menor, como premisa máxima a tener en cuenta por todas las instituciones, autoridades administrativas u órganos legislativos respecto de las medidas concernientes a la infancia.
- La Resolución de 29 de mayo de 1967 del Consejo Económico y Social de las Naciones Unidas, a cuyo tenor en todos los casos el interés de los hijos debe ser la consideración primordial, y más concretamente en los procedimientos relativos a la custodia de los mismos....
- La Convención de Nueva York sobre Derechos del Niño, de 1989, en su artículo 8, dice textualmente que; “los Estados parte se comprometen a respetar los derechos del niño y preservar su identidad... incluso las relaciones familiares de conformidad con la ley...”.

En el ámbito de la Unión Europea, y ya en el caso concreto de los abuelos, debemos señalar:

- El Reglamento CE, número 2201/2003, del Consejo, de 27 de noviembre de 2003, el cual contempla el derecho legal del establecimiento de un régimen de visitas de los abuelos a sus nietos si ello va en beneficio de los menores. Norma que estará en vigor hasta el 1 de agosto de 2022.
- En el mismo sentido, nuestra Constitución Española protege y ampara el interés de la familia y de los menores en el artículo 39.2: “Los padres deben prestar asistencia de todo orden a los hijos habidos dentro o fuera del matrimonio, durante su minoría de edad y en los demás casos en que legalmente proceda”.

Con la publicación de la Ley 42/2003, de 21 de noviembre, de modificación del Código Civil y de la Ley de Enjuiciamiento Civil en materia de relaciones familiares de los nietos con los abuelos, mediante la que se modifica el artículo 160 del Código Civil[2], como veremos más adelante, se dice textualmente en su Exposición de motivos que;

> De acuerdo con todo lo anterior, la modificación legislativa que se aborda en esta Ley persigue un doble objetivo. En primer lugar, singularizar desde un aspecto sustantivo, de forma más explícita y reforzada, el régimen de relaciones entre los abuelos y los nietos, tanto en caso de ruptura familiar, como en el caso de simple dejación de obligaciones por parte de los progenitores. En segundo lugar, se atribuye a los abuelos una función relevante en el caso de dejación por los padres de las obligaciones derivadas de la patria potestad.

Hasta ese momento, sólo en el Código de Familia de Cataluña (una norma de ámbito autonómico, ya derogada), se establecía el derecho de los nietos a mantener relaciones, con los abuelos, y así, el art. 135.2 refería textualmente: "El padre y la madre deben facilitar la relación del hijo o hija con los parientes, especialmente con el abuelo y la abuela, y demás personas y sólo la pueden impedir cuando exista causa justa".

Siguiendo con la Ley 42/2003, en su artículo 5 dice lo siguiente: "Los párrafos segundo y tercero del artículo 160 quedarán redactados de la siguiente forma:

No podrán impedirse sin justa causa las relaciones personales del hijo con sus abuelos y otros parientes y allegados.

En caso de oposición, el juez, a petición del menor, abuelos, parientes o allegados, resolverá atendidas las circunstancias..."

Y volviendo a la Exposición de Motivos, la Ley señala. "los abuelos desempeñan un papel fundamental de cohesión y transmisión de valores en la familia". Por lo tanto, según esta norma, existe la necesidad de establecer, y mantener, lazos de afecto y cariño entre abuelos y nietos salvo justa causa que aconseje impedirlo y de dicha afirmación se desprenden dos consecuencias principales:

[2] España, Ley 42/2003, de 21 de noviembre, de modificación del Código Civil y de la Ley de Enjuiciamiento Civil en materia de relaciones familiares de los nietos con los abuelos, mediante la que se modifica el artículo 160 del Código Civil, *Boletín Oficial del Estado*, 23 de noviembre de 2003, núm. 280.

- Abuelos y nietos tienen derecho a relacionarse porque la relación puede ser beneficiosa para ambas partes.
- Para la continuidad de dichas relaciones siempre y en todo caso se atenderá al interés del menor.

Este concepto de interés preponderante del menor ha sido desarrollado en la Ley Orgánica 8/2015 de 22 de julio de modificación del sistema de protección de la infancia y la adolescencia[3], y por la Ley 26/2015, de 28 de julio, de modificación del sistema de protección a la infancia y a la adolescencia[4], para configurarlo como superior a cualquier otro que pueda concurrir en el caso concreto.

En el ejercicio de la patria potestad los padres puede que no estimen conveniente que sus hijos menores se relacionen con determinadas personas e impedir dichas relaciones, sin tener que justificar tal decisión[5]. Esta facultad no es ilimitada y ha de tener en cuenta las citadas relaciones de los menores con sus abuelos, con sus hermanos y otros parientes. Así el artículo 160.2 del Código Civil determina que "no podrán impedirse sin justa causa las relaciones personales del menor con sus hermanos, abuelos y otros parientes y allegados", y así nos encontramos ante un límite al derecho a la patria potestad.

Y es precisamente este límite el que tiene que ver con situaciones que se están repitiendo en la actualidad, ante la negativa de los padres de permitir a sus hijos, menores de edad, relacionarse con sus abuelos, con sus hermanos o con otros familiares cercanos[6]. Y así y en virtud del ya citado artículo 160.2 del Código Civil el cual determina que:

> No podrán impedirse sin justa causa las relaciones personales del menor con sus hermanos, abuelos y otros parientes y allegados
>
> En caso de oposición, el Juez, a petición del menor, hermanos, abuelos, parientes o allegados, resolverá atendidas las circunstancias. Especialmente deberá

[3] España, Ley Orgánica 8/2015, de 22 de julio, de modificación del sistema de protección a la infancia y a la adolescencia, *Boletín Oficial del Estado*, 23 de julio de2015, núm. 175.

[4] España, Ley 26/2015, de 28 de julio, de modificación del sistema de protección a la infancia y a la adolescencia, *Boletín Oficial del Estado*, 29 de julio de 2015, núm. 180.

[5] Martínez Calvo, Javier, *El derecho de relación del menor con sus hermanos, abuelos y otros parientes y allegados y su conciliación con el derecho de visitas de los progenitores* Diario La Ley, Nº 9538, Sección Tribuna, 17 de Diciembre de 2019, Wolters Kluwer. LA LEY 13702/2019.

[6] Magro Servet, Vicente, *¿Pueden los abuelos exigir ver a sus nietos por orden judicial en caso de conflicto con los progenitores?*, Práctica de Tribunales, Nº 129, Noviembre-Diciembre 2017, Editorial Wolters Kluwer.

asegurar que las medidas que se puedan fijar para favorecer las relaciones entre hermanos, y entre abuelos y nietos, no faculten la infracción de las resoluciones judiciales que restrinjan o suspendan las relaciones de los menores con alguno de sus progenitores.

Ante la tesitura de acudir a los tribunales para conseguir un régimen de visitas para los abuelos, son éstos los que han de acudir a dicha instancia aunque el derecho sea del menor.

El artículo 160.2 del Código Civil debe ponerse en relación con el artículo 94 del mismo cuerpo legal, que dice textualmente: "El Juez determinará el tiempo, modo y lugar del ejercicio de este derecho, que podrá limitar o suspender si se dieren graves circunstancias que así lo aconsejen o se incumplieren grave o reiteradamente los deberes impuestos por la resolución judicial".

Los jueces se encuentran que ante la citada demanda han de ponderar las circunstancias existentes e individualizarlas para de esa manera fijar el régimen de vistas solicitado y su periodicidad. Y de este modo deben tener en cuenta los siguientes aspectos[7]:

a) El lugar de residencia de los abuelos y el de los nietos, así como la distancia entre los mismos.
b) Saber si existe algún conflicto entre los padres y los abuelos y conocer que razones tienen los primeros para oponerse a la relación entre los abuelos y los nietos.
c) Tener en cuenta el informe psicosocial realizado por el equipo técnico del juzgado que valore los efectos beneficiosos o perjudiciales del régimen de visitas entre abuelos y nietos.
d) También debe valorarse por el juez la justa causa que alegarían los padres para evitar las visitas solicitadas por los abuelos.
e) Además, "La medida adoptada de relación entre abuelos y nietos no debe perjudicar ni infringir las resoluciones judiciales que se hayan dictado por un juez que restrinjan o suspendan las relaciones de los menores con alguno de sus progenitores"[8].

[7] MAGRO SERVET, Vicente, *¿Pueden los abuelos exigir ver a sus nietos por orden judicial en caso de conflicto con los progenitores?, op. cit.*

[8] *Idem.* Por ejemplo, en el caso de que el progenitor tenga suspendido el régimen de visitas y que resida con sus padres y estos reclamen el derecho de visitas con sus nietos, por lo que al ir a casa de sus abuelos, donde vive su propio padre se infringiría la citada resolución. En el caso de adoptarse esta medida porque así lo apreciara el informe psicosocial debería ser en lugar distinto

La interrelación de los preceptos citados justifica que el derecho de relacionarse de los abuelos con los nietos no es algo incondicional ni siquiera preponderante, se trata de un derecho-deber del que pueden ser privados los abuelos si existe una causa justa para ello y que debe acreditarse en un procedimiento judicial. Dicha causa justa tiene que estar fundamentada en el interés superior del menor.

En el supuesto de separación o divorcio de los padres, puede recogerse en el contenido del Convenio Regulador el régimen de visitas de los abuelos. Así se prevé en el artículo 90.1 del CC:

> "b) Si se considera necesario, el régimen de visitas y comunicación de los nietos con los abuelos teniendo en cuenta siempre el interés de aquéllos".

También, para asegurar este derecho de los menores a relacionarse con sus abuelos, hermanos u otros familiares cercanos la legislación establece que éstos deben ser oídos a la hora de establecer el régimen de visitas, y así se determina en el artículo 770.1 y 4 de la Ley de Enjuiciamiento Civil [9] y en el 777.5 del mismo cuerpo legal.

Ya sea en el caso de que sean los abuelos los que soliciten el régimen de visitas como consecuencia de una situación de divorcio o por que se generen malas relaciones tras el fallecimiento de uno de los progenitores con la familia del otro progenitor, el citado régimen se determinará mediante una sentencia del juez de primera instancia competente.

Para concluir con este apartado, decir que el régimen de visitas será el adecuado para cada caso en particular, atendiendo a las relaciones existentes antes del divorcio o fallecimiento de los progenitores del menor. Se ajustará a las circunstancias personales de todos los implicados; abuelos, nietos y progenitores y se buscará el mejor desarrollo psicológico de los menores.

La búsqueda de esta adecuación a las circunstancias personales de todos puede traer como consecuencia la ineficacia del régimen de visitas, de tal manera que, a veces se ha tenido que adoptar su aplicación por los tribunales según la casuística, que se reflejará en la jurisprudencia. Aunque las relaciones paterno-filiales deben tener carácter prioritario no deben ser un impedi-

de la residencia de los abuelos y, obviamente, sin derecho a pernoctar por vulnerarse la resolución judicial que suspende el régimen de visitas con su progenitor".

[9] España, Ley 1/2000, de 7 de enero de Enjuiciamiento Civil, *Boletín Oficial del Estado*, 8 de enero de 2000, núm. 7.

mento para que los menores tengan también contacto con abuelos, hermanos y otros parientes próximos.

3. Una mirada a la casuística más reciente

La casuística a analizar se centra en los casos en los que existe una negativa por parte de los padres para permitir a los abuelos que puedan estar con sus nietos, ya que no procede establecer un régimen de relaciones cuando no existe impedimento alguno para que se relacionen y así se viene haciendo [10]. No olvidemos que el sujeto activo son los abuelos ejercitando un derecho para unos terceros, que son menores, los nietos y que lo que deben alegar los progenitores es la existencia de justa causa para impedir las relaciones personales entre los menores, y sus abuelos, hermanos y otros parientes allegados.

Además ya hemos apuntado que la citada justa causa ha de estar relacionada con el interés del menor. Esta justa causa que, habrá de reunir las siguientes características, según indica la SAP de Granada (Sección 5ª) núm. 67/2017 de 24 febrero,

1º Tendrá que ser relevante, por su excepcionalidad en el marco de los condicionantes que de ordinario intervienen en las relaciones entre parientes.
2º Tendrá que ser perjudicial para el interés de los menores, en razón a las circunstancias que sean apreciables.
3º Tendrá que ser ajena al estado de las relaciones entre los parientes, o allegados, y los progenitores de los menores, ejercientes de la patria potestad.
4º Tendrá que provenir de situaciones no provocadas o precipitadas voluntariamente por dichos progenitores. Siendo irrelevante la mera oposición de estos.

También hay que señalar que habrá de tratarse de un peligro real y concreto y que habrá de ser actual[11].

[10] ORDÁS ALONSO, Marta, *El derecho del menor a mantener relaciones personales con los hermanos, abuelos y otros parientes y allegados* en "El derecho de visita, comunicación y estancia de los menores de edad", Edición nº 1, BOSCH, .LA LEY 10564/2019

[11] *Idem.* "En el sentido de que se ha de atender a las circunstancias existentes en el momento de establecer o no un régimen de visitas a favor de los abuelos, no siendo procedente enjuiciar hechos del pasado sino sentar las bases para que el derecho de los menores a relacionarse con sus abuelos queden plenamente garantizados, con el mayor grado de normalidad posible"

Según MAGRO SERVET[12], magistrado de la Audiencia Provincial de Madrid que ha analizado la doctrina jurisprudencial reciente, en la mayoría de los casos, con un criterio de flexibilidad, podrían concluirse como supuestos de justa causa que ha conllevado la no fijación de visitas con los abuelos, los siguientes:

a) La falta de vínculo afectivo.
b) La inexistencia de relación durante muchos años.
c) Problemas serios entre los padres y los abuelos (malos tratos, sospechas de abusos, condenas penales, etc.).
d) La inapropiada conducta de los abuelos y/o las manifestaciones en contra de los progenitores.
e) La existencia de informes psicológicos que evidencien un riesgo razonable para el menor de que esa relación le desestabilice, etc."

Para la profesora Ordás Alonso, la doctrina se ha encargado de realizar listados "de circunstancias que pueden ser cualificadas, o no, como justas causas", pero efectúa "una somera referencia a alguno de los supuestos más habituales sin que ello signifique negar la existencia de otros", y así recoge:

a. La negativa del menor a mantener relaciones con sus abuelos.

Aunque el juez ha de velar por el cumplimiento del derecho de los menores a ser oídos, si tuvieran juicio y en todo caso, si fueran mayores de doce años, (art. 92 C.C.) no significa que lo expresado por el menor coincida con su interés, por lo que el Tribunal Supremo en su Sentencia de 15 de enero de 2018 dice textualmente [13]:

> [...] la exploración del menor tiene por objeto indagar sobre el interés de éste, para su debida protección, y por ende no es propiamente una prueba, de forma que el interés del mismo no necesariamente ha de coincidir con su voluntad, debiendo valorar el juez su madurez y si sus deseos son propios del capricho o de influencias externas.

Por lo que en opinión de la autora no es causa justa la voluntad del menor contraria, sin otra justificación, a la relación con sus abuelos, lo importante es que la opinión del menor sea escuchada y tomada en consideración.

[12] MAGRO SERVET, Vicente, *¿Pueden los abuelos exigir ver a sus nietos por orden judicial en caso de conflicto con los progenitores?, op. cit.*

[13] Sentencia del Tribunal Supremo 18/2018 (Sala de lo Civil, Sección 1ª), de 15 de enero de 2018.

b. La suspensión de las visitas con el progenitor como justa causa para denegar las relaciones con los abuelos.

El juez habrá de asegurar que las medidas que se puedan fijar para favorecer las relaciones entre hermanos, y entre abuelos y nietos, no faculten la infracción de las resoluciones judiciales que restrinjan o suspendan las relaciones de los menores con alguno de sus progenitores. No se deben permitir las relaciones entre abuelos y nietos cuando éstas busquen el facilitar el contacto de los menores con el progenitor al cual se le haya suspendido el derecho de visitas[14].

c.- La falta de entendimiento de los abuelos con los progenitores no es causa que impida el contacto con los nietos, o sí.

Existe numerosa jurisprudencia que determina que no se puede negar el derecho de los nietos a relacionarse con sus abuelos por el mero hecho de falta de entendimiento con los progenitores. Y es que cuando se llega al juzgado es porque evidentemente no ha habido acuerdo en relación con ese tema. Pero existen casos entre los abuelos y los padres de los menores que no son simples desavenencias, sino que existen situaciones graves que aconsejan que no se llegue a ejercitar el derecho a la relación entre los abuelos y los nietos. Señala la autora la Sentencia de la Audiencia Provincial de Las Palmas de 10 de abril, la cual considera[15] que existe justa causa para denegar las relaciones del abuelo con su nieto debido a la existencia de una previa orden de alejamiento del abuelo con el niño y con la madre del mismo, por falta de vejaciones injustas a la hija del actor dictada en juicio penal de faltas por vejaciones, la falta de contacto real entre el nieto y el abuelo, situación de conflictividad familiar, con vejaciones del padre hacia su hija, la disputa entre ambos por la posesión de la vivienda...

d. La influencia negativa respecto a la figura de los padres propiciada por los abuelos como justa causa.

Se debe limitar o suspender el régimen de visitas cuando se advierta en los abuelos influencia sobre los nietos a la animadversión hacia alguno de los progenitores.

[14] Por ejemplo en el caso de que el progenitor viva en casa de los abuelos y sea allí donde se producen las visitas.

[15] Sentencia de la Audiencia Provincial de Las Palmas 208/2014 (Sección 3ª), de 10 de abril de 2014.

e. La total ausencia de relaciones previas con los nietos o su lejanía en el tiempo.

Lo que ha de tenerse en cuenta es el interés del menor. Como ejemplo cita el caso concreto de un menor cuyos abuelos no tienen relación con él desde que tenía un año de edad, además éstos no dan explicación de las causas que les impulsan a retomar una relación abandonada y tampoco han manifestado de manera alguna durante los últimos trece años (la vida del menor) ni el deseo ni su efectiva voluntad de asistir material o personalmente al nieto[16].

f. ¿Es posible trasladar a los abuelos la responsabilidad de hechos cometidos por los hijos?

Incluye la autora esta cuestión, que sería objeto de un apartado propio.

g. La salud de nietos y abuelos, que no de padres

En relación con la salud de los nietos existen enfermedades en las que pueden verse arropados por sus progenitores y en determinadas circunstancias sea perjudicial para su salud establecer relaciones con más personas, incluidos los abuelos. En el caso de los abuelos, algunas enfermedades que puedan padecer éstos podrían deteriorar la salud de los menores, como por ejemplo algunas enfermedades y trastornos psíquicos.

h. La guarda preadoptiva.

4. La Mediación como sistema de resolución del conflicto

La Mediación es un sistema alternativo a la vía judicial para la resolución de conflictos y en el ámbito familiar puede ser muy beneficioso para las partes. Se trata de un procedimiento muy sencillo donde tiene cabida un espacio para hablar y expresar las emociones y los sentimientos que originaron el conflicto. En este espacio las partes están acompañadas por un mediador, figura neutral e imparcial cuya misión principal va a ser la de mejorar la comunicación entre las partes.

En cuanto a su regulación sólo nos vamos a referir a la normativa estatal donde la Ley 5/2012 de Mediación en Asuntos Civiles y Mercantiles define en su Artículo primero la Mediación "como el medio de solución de controversias en el que dos o más partes intentan voluntariamente alcanzar por sí mismas un acuerdo con la intervención de un mediador".

16 Sentencia de la Audiencia Provincial de Madrid 516/2018 (Sección 22ª), de 12 de junio de 2018.

No vamos a entrar a analizar la normativa autonómica relacionada con la Mediación Familiar, pero si señalar que algunas de estas normas contemplan entre su objeto y su ámbito de aplicación, y valga el ejemplo de la Ley 1/2009, de 27 de febrero, reguladora de la Mediación Familiar en la Comunidad Autónoma de Andalucía, que recoge en su Artículo 1. e) Objeto y Ámbito de Aplicación: "Los conflictos derivados del régimen de visitas y comunicación de los nietos y nietas con sus abuelos y abuelas.

Vamos a referirnos a la Mediación Intrajudicial como aquella que es un complemento del proceso judicial y por ello del servicio público de la Administración de Justicia, que enriquece la tradicional forma de resolver las controversias devolviendo a las partes la posibilidad de encontrar una solución con la ayuda de un profesional formado para este fin.

La Ley de Mediación le otorga a los Tribunales de Justicia la posibilidad de instar a las partes a que acudan a una sesión informativa donde se les explicará en que consiste este método de resolución de conflictos como alternativa o como complemento a la vía judicial. De esta forma se trata de dar a las partes una oportunidad de llegar a encontrar una solución consensuada, ayudadas por un tercero, sin poder de decisión, o para reducir algunos de los puntos objeto de la discordia o simplemente para intentar pacificar la controversia o simplemente mejorar la comunicación.

Así, nos hallamos en un nuevo escenario donde el objeto de la Mediación no es sólo el de llegar a un acuerdo, sino el de tratar de "crear un clima de diálogo donde se deshagan los malos entendidos, se validen todas las posturas y se mejore la comunicación"[17]. Además, hemos de señalar que la Mediación ha de ser voluntaria, confidencial, autocompositiva y pedagógica, esto ultimo entendido como prevención de futuros conflictos.

La competencia para la selección de los casos que se derivarán a Mediación la tiene el Órgano Judicial. Existen diferentes momentos procesales, en el juicio verbal (es preferible) cuanto se cita a dicho juicio verbal o en el momento de admisión de la demanda y también cabe en la fase de medidas provisionales. Además, es posible la mediación en segunda instancia.

El Consejo General del Poder Judicial (en adelante CGPJ) presenta en su Guía para la práctica de la mediación intrajudicial un cuadro resumen donde se recogen "las ventajas de las soluciones de autocomposición o consensua-

[17] CGPJ, *Guía para la práctica de la Mediación intrajudicial,* AA.VV. https://www.poderjudicial.es/cgpj/es/Temas/Mediacion/Guia-para-la-practica-de-la-Mediacion-Intrajudicial/. Consultado el 23 de agosto de 2021.

les alcanzadas a través de la mediación frente a los efectos que generalmente provoca el proceso contencioso en el grupo familiar".

MEDIACIÓN	TRIBUNALES
Control proceso y resultado por las partes	Control del proceso y resultado por el Juez
Colaborativo	Adversarial
Ganar-Ganar	Ganar-Perder
Conflicto más amplio, puede abarcar conflictos personales u otros	Conflicto legal
Protagonismo de las partes en la solución	Decisión es del Juez
Mas compromiso con el resultado	Poco compromiso con el resultado
Posibilidad de reanudar el diálogo entre las partes	Rompe todas las posibilidades de diçálogo futuro entre la spartes
Permite soluciones creativas	Soluciones más limitadas
Rápido	Larga duración
Menor coste económico y emocional	Mayor coste económico y afectivo
Facilita y conserva la relación	Crea distancia, costes emocionales
Genera empatía	Genera hostilidad
Probabilidad alta de cumplimiento	Mas dificultad para el cumplimiento
Previene conflictos futuros	Reitera conflictos

La otra forma de acudir a la Mediación es aquella que no está contenida dentro de un procedimiento judicial y a la que acuden las partes *motu proprio,* la Mediación Extrajudicial. Y en esta modalidad es en la que según mi experiencia personal como mediadora puedo referirme a las ventajas de la Mediación en cuanto a las soluciones conseguidas[18].

Con la Mediación puede que no se llegue a la consecución de un acuerdo total, pero existen ciertos estadios intermedios que también satisfacen a las partes y sobre todo que ayudan a retomar la comunicación y el diálogo.

En primer lugar decir, que aunque no se consiga llegar a un acuerdo, lo que sí se ha producido es un acercamiento, un diálogo y un restablecimiento de la comunicación (que en la mayoría de los casos estaba totalmente perdido). Lo cual significa que, aunque como ya hemos dicho, no se haya llegado a ningún

[18] *Vid.* Vallejo Pérez, Gema, *La Mediación Familiar en el Sistema Jurídico Español. de su implantación a sus retos futuros,* Editorial REUS, Madrid, 2019.

acuerdo, sí se ha llegado a manifestar por cada una de las partes su postura ante la controversia (se escuchan y se comunican). Esto podrá servir en el futuro para llegar a retomar el diálogo y alcanzar una solución. Como ejemplo señalar que en algunas mediaciones, que he vivido como mediadora, no se ha llegado a fijar un régimen de visitas de los abuelos a los nietos, pero sí se ha llegado a establecer definir una comunicación entre los abuelos y los padres que ha permitido establecer llamadas telefónicas a los nietos por parte de los abuelos de manera continuada (y esto ha sucedido en tiempos de pandemia).

Como segunda idea, hemos de señalar que aunque no se llegue a un acuerdo total, sí que se puede establecer un acuerdo parcial, un acuerdo sobre algunos aspectos que ya no se resolverán en el procedimiento contencioso. Este hecho provoca en las partes una sensación de Ganar – Ganar y generalmente beneficia esa segunda parte del contencioso, ya que se centra en algún aspecto concreto de la controversia. El ejemplo en este caso se produjo cuando las partes sí estaban de acuerdo en establecer la relación abuelos – nietos, pero no se ponían de acuerdo en el lugar (ya que los padres no querían que fueran en la localidad donde residían los abuelos) ni en el calendario de las visitas.

Y como tercera y última si se llega a un acuerdo, se tratará de una solución consensuada por ambas partes en la que las dos habrán cedido y habrán ganado y que generalmente será cumplida ya que no habrá sido impuesta por un tercero y que tendrá todas las ventajas contenidas en el cuadro anteriormente expuesto del CGPJ.

Por último, decir que, si los acuerdos son tomados dentro de un proceso judicial, en una Mediación Intrajudicial, serán homologados por el juez y tendrán carácter jurisdiccional. Y si son alcanzados en una Mediación Extrajudicial, a tenor del Artículo 25.2 de la Ley 5/2012 de Mediación en Asuntos Civiles y Mercantiles "las partes podrán elevar a escritura pública el acuerdo alcanzado tras un procedimiento de Mediación. El acuerdo de Mediación se presentará por las partes ante un notario acompañado de copia de las actas de la sesión constitutiva y final del procedimiento, sin que sea necesaria la presencia del mediador".

Esto convierte al Acuerdo de Mediación en título ejecutivo (siempre que en la formalización intervengan todas las partes).

Conclusiones

El derecho de relación entre abuelos y nietos (hermanos y parientes) es un derecho de los menores, que tienen que ejercitar los abuelos.

En general es un derecho que los tribunales conceden a los menores a través de sus abuelos a no ser que exista una justa causa que lo impida.

Acudir a los Tribunales de Justicia para la obtención de este derecho casi siempre es la consecuencia de la ruptura de las relaciones familiares y por supuesto del diálogo.

El CGPJ aconseja acudir a la Mediación en este tipo de asuntos y en muchos juzgados se producen derivaciones al proceso de Mediación como complemento a la resolución judicial. Es lo que se denomina Mediación Intrajudicial. Son numerosas las ventajas del procedimiento de Mediación entre las que el CGPJ destaca que es un método rápido, ganan ambas partes, las citadas partes cobran todo el protagonismo, tiene menor coste económico y emocional, las partes controlan el proceso, permite soluciones creativas, facilita y conserva la relación y existe más compromiso con el resultado.

Desde la perspectiva personal, como mediadora (en este tipo de asuntos de relaciones entre abuelo y nietos no permitidas por los padres), he de señalar que la Mediación ofrece un gran abanico de posibilidades, que van desde la consecución de un acuerdo total como solución a la controversia, pasando por acuerdos parciales donde se solucionan parte de los problemas dejando algunos aspectos a resolver en el contencioso y ocasiones donde no se llega a ningún tipo de acuerdo pero se retoma la comunicación y el diálogo entre las partes lo cual ya es un gran logro en sí mismo. Por supuesto, la Mediación Extrajudicial tiene todas las ventajas señaladas para la Mediación Intrajudicial.

Referencias

España, Ley 1/2000, de 7 de enero de Enjuiciamiento Civil, *Boletín Oficial del Estado,* 8 de enero de 2000, núm. 7.

España, Ley 42/2003, de 21 de noviembre, de modificación del Código Civil y de la Ley de Enjuiciamiento Civil en materia de relaciones familiares de los nietos con los abuelos, mediante la que se modifica el artículo 160 del Código Civil, *Boletín Oficial del Estado,* 23 de noviembre de 2003, núm. 280.

España, Ley Orgánica 8/2015, de 22 de julio, de modificación del sistema de protección a la infancia y a la adolescencia, *Boletín Oficial del Estado,* 23 de julio de2015, núm. 175.

España, Ley 26/2015, de 28 de julio, de modificación del sistema de protección a la infancia y a la adolescencia, *Boletín Oficial del Estado,* 29 de julio de 2015, núm. 180.

Consejo General del Poder Judicial*, Guía para la práctica de la Mediación Intrajudicial,* AA.VV. https://www.poderjudicial.es/cgpj/es/Temas/Mediacion/Guia-para-la-practica-de-la--Mediacion-Intrajudicial/. Consultado el 23 de agosto de 2021.

Magro Servet, Vicente, *¿Pueden los abuelos exigir ver a sus nietos por orden judicial en caso de conflicto con los progenitores?,* Práctica de Tribunales, Nº 129, Noviembre-Diciembre 2017, Editorial Wolters Kluwer.

Martínez Calvo, Javier, *El derecho de relación del menor con sus hermanos, abuelos y otros parientes y allegados y su conciliación con el derecho de visitas de los progenitores* Diario La Ley, Nº 9538, Sección Tribuna, 17 de Diciembre de 2019, Wolters Kluwer. LA LEY 13702/2019.

Ordás Alonso, Marta, *El derecho del menor a mantener relaciones personales con los hermanos, abuelos y otros parientes y allegados* en "El derecho de visita, comunicación y estancia de los menores de edad", Edición nº 1, BOSCH, .LA LEY 10564/2019.

Vallejo Pérez, Gema, *La Mediación Familiar en el Sistema Jurídico Español. de su implantación a sus retos futuros,* Editorial REUS, Madrid, 2019.

Sentencia de la Audiencia Provincial de Las Palmas 208/2014 (Sección 3ª), de 10 de abril de 2014.

Sentencia del Tribunal Supremo 18/2018 (Sala de lo Civil, Sección 1ª), de 15 de enero de 2018.

Sentencia de la Audiencia Provincial de Madrid 516/2018 (Sección 22ª), de 12 de junio de 2018.

1
A RECUSA DOS PAIS AO DIREITO DOS FILHOS DE CONVIVEREM COM OS AVÓS. A MEDIAÇÃO COMO UM SISTEMA ALTERNATIVO PARA A RESOLUÇÃO DO CONFLITO

GEMA VALLEJO PÉREZ[1]

1. Introdução

O direito dos avós (irmãos e outros familiares) a interagir com os seus netos é um direito dos menores, pois está ligado ao Princípio Geral do Interesse Superior da Criança. Em certas situações de separação ou divórcio dos pais ou morte de algum dos progenitores, esta relação se rompe. A legislação espanhola prevê e permite que tal relação seja exercida pelos avós, com a salvaguarda ou limitação de que não exista justa causa para impedi-la.

Tal direito ao contato (que assume principalmente a forma de regime de visitas) consiste na comunicação por qualquer meio, como telefone, Internet, correspondência, etc.), no regime de visitas "strictu sensu" (um número de horas por dia no local indicado, quando apropriado) e no regime de visitas. Os avós podem reivindicar judicialmente este direito na Jurisdição contenciosa se a criança (neto ou netos) for privada dele, de modo que são os avós que o exercem. O limite é que não haja "causa justa" para impedi-lo.

Ante esta via litigiosa, se oferece a Mediação como método alternativo de resolução de conflitos, que oferece muitas vantagens, tanto em sua versão Intrajudicial como Extrajudicial.

[1] Graduada em Direito pela Universidade de León. Doutora em Direito pela Universidade de León com Destaque Cum Laude, Qualificação Máxima, por unanimidade da Banca Examinadora. Prêmio Extraordinário de Doutorado. Estágio de pesquisa de pré-doutorado na Universidade de Cagliari (Itália) e bolsas de pós-doutorado na Universidade La Sapienza de Roma, 2020, 2021 e 2022. Professora Auxiliar Doutora na Universidade de León, na área de Direito Romano.

2. Regulamentação do direito dos menores de conviverem com seus avós

A legislação espanhola sobre esta matéria segue os regulamentos internacionais a este respeito.

Em primeiro lugar, as seguintes disposições internacionais devem ser mencionadas em relação ao Princípio Geral do Interesse do Menor, o qual será a base para a existência do Regime de visitas, incluindo o dos familiares e, em particular, dos avós:

- A Convenção sobre os Direitos da Criança, de 20 de Novembro de 1989, adotada pela Assembleia Geral das Nações Unidas, que no seu artigo 3.1 inclui o Princípio Geral do Interesse Superior da Criança como premissa máxima a ser tomada em consideração por todas as instituições, autoridades administrativas ou órgãos legislativos no que diz respeito às medidas relativas à infância.
- A Resolução de 29 de maio de 1967 do Conselho Econômico e Social das Nações Unidas, segundo a qual, em todos os casos, os interesses dos filhos devem ser a principal consideração, e mais especificamente nos processos de custódia ....
- A Convenção de Nova York sobre os Direitos da Criança, de 1989, em seu artigo 8 diz textualmente que "os Estados partícipes se comprometem a respeitar os direitos da criança e preservar sua identidade... inclusive as relações familiares em conformidade com a lei...".

No âmbito da União Europeia, e no caso específico dos avós, devemos salientar:

O Regulamento CE, número 2201/2003, do Conselho, de 27 de Novembro de 2003, que contempla o direito legal dos avós de estabelecer um regime de visitas com os seus netos, se tal for do interesse dos menores. Norma que estará em vigor até 1 de Agosto de 2022.

Nesse mesmo sentido, nossa Constituição Espanhola protege e ampara o interesse da família e dos menores no artigo 39.2: "Os pais devem prestar assistência de toda ordem aos filhos existentes dentro ou fora do casamento, durante sua menoridade e nos demais casos legalmente procedentes".

Com a publicação da Lei 42/2003, de 21 de novembro, que modifica o Código Civil e da Lei de Processo Civil no que tange às relações familiares dos netos com os avós, por meio da qual se modifica o artigo 160 do Código Civil[2],

[2] Espanha, Lei 42/2003, de 21 de novembro, de modificação do Código Civil e da Lei de Processo Civil em matéria de relações familiares dos netos com os avós, por meio da qual se modifica o artigo 160 do Código Civil, *Boletín Oficial del Estado*, 23 de novembro de 2003, núm. 280.

como veremos mais adiante, na sua exposição de motivos, afirma-se textualmente que:

> Em conformidade com tudo o acima exposto, a alteração legislativa abordada nesta lei perssegue um duplo objetivo. Em primeiro lugar, tornar o regime de relações entre avós e netos mais explícito e reforçado de um ponto de vista substantivo, tanto no caso de ruptura familiar como no caso de simples negligência das obrigações por parte dos pais. Em segundo lugar, é atribuído um papel relevante aos avós no caso de os pais não cumprirem as suas obrigações de *pátria potestad*.

Até então, apenas o Código de Família da Catalunha (um regulamento autônomo, agora revogado), estabelecia o direito dos netos a manterem contato com os avós, e assim, o art. 135.2 referia textualmente: "O pai e a mãe devem facilitar a relação do filho ou da filha com os parentes, especialmente com o avô e a avó, e outras pessoas, e só podem impedi-la quando há justa causa".

Prosseguindo com a Lei 42/2003, o Artigo 5º tem a seguinte redação: "O segundo e terceiro parágrafos do Artigo 160º terão a seguinte redação:

As relações pessoais da criança com os seus avós e outros familiares e agregados próximos não podem ser impedidas sem justa causa.

Em caso de oposição, o juiz, a pedido do menor, avós, parentes ou amigos, decidirá, tendo em conta as circunstâncias...".

E voltando à Exposição de Motivos, a Lei declara. "Os avós desempenham um papel fundamental na coesão e transmissão de valores na família". Por conseguinte, de acordo com este regulamento, há necessidade de estabelecer e manter laços de afeto e carinho entre avós e netos, a menos que haja justa causa para evitá-lo, e duas consequências principais podem ser deduzidas desta declaração:

- Avós e netos têm direito a conviver porque a convivência pode ser benéfica para ambas as partes.
- Para a continuidade de dita convivência sempre e em todo o caso será atendido o interesse do menor.

Este conceito de interesse primordial do menor foi desenvolvido na Lei Orgânica 8/2015 de 22 de Julho de 2015 sobre a modificação do sistema de proteção da infância e adolescência[3], e pela Lei 26/2015, de 28 de Julho, sobre

[3] Espanha, Ley Orgánica 8/2015, de 22 de julho, de modificação do sistema de proteção à infância e à adolescência, *Boletín Oficial del Estado*, 23 de Julho de 2015, No. 175.

a modificação do sistema de proteção à infância e à adolescência[4], para o configurar como superior a qualquer outro que possa ser aplicável no caso específico.

No exercício da *patria potestad*, os pais podem não considerar apropriado que os seus filhos menores convivam com certas pessoas e busquem impedir tais relações, sem terem de justificar tal decisão[5]. Este poder não é ilimitado e deve ter em conta as referidas relações dos menores com os seus avós, irmãos e outros familiares. Assim, o Artigo 160.2 do Código Civil determina que "as relações pessoais do menor com os seus irmãos, avós e outros familiares e amigos não podem ser impedidas sem justa causa", e assim somos confrontados com um limite ao direito à autoridade parental

E é precisamente este limite que tem a ver com situações que são atualmente recorrentes, com a recusa dos pais em permitir que os seus filhos, menores, se relacionem com os seus avós, os seus irmãos ou outros parentes próximos[6]. E assim, em virtude do referido artigo 160.2 do Código Civil, que o determina:

> As relações pessoais do menor com os seus irmãos, avós e outros familiares e amigos não podem ser impedidas sem justa causa.
>
> Em caso de oposição, o juiz, a pedido dos menores, irmãos, avós, familiares ou parentes próximos, decidirá, tendo em conta as circunstâncias. Em particular, deve assegurar que as medidas que possam ser estabelecidas para favorecer as relações entre irmãos, e entre avós e netos, não permitam a violação das decisões judiciais que restringem ou suspendem as relações dos menores com um dos seus pais.

Diante da possiblidade de recorrer aos tribunais para conseguir um regime de visitas para os avós, são estes os que devem fazê-lo, ainda que o direito seja do menor.

O artigo 160.2 do Código Civil deve ser lido em conjugação com o artigo 94 do mesmo corpo legislativo, que estabelece: "O juiz determinará o momento,

[4] Espanha, Lei 26/2015, de 28 de julho, de modificação do sistema de proteção à infância e à adolescência, *Boletín Oficial del Estado*, 29 de Julho de 2015, No. 180.

[5] MARTÍNEZ CALVO, Javier, *El derecho de relación del menor con sus hermanos, abuelos y otros parientes y allegados y su conciliación con el derecho de visitas de los progenitores* Diario La Ley, Nº 9538, Sección Tribuna, 17 de Diciembre de 2019, Wolters Kluwer. LA LEY 13702/2019.

[6] MAGRO SERVET, Vicente, ¿Pueden los abuelos exigir ver a sus nietos por ordem judicial en caso de conflicto con los progenitores, Practica de Tribunales, No. 129, Novembro-Dezembro 2017, Editorial Wolters Kluwer.

o modo e o local do exercício deste direito, que pode ser limitado ou suspenso se existirem circunstâncias graves que o aconselhem ou se se verificar um incumprimento grave ou repetido dos deveres impostos pela decisão judicial".

Os juízes são confrontados com a tarefa de ponderar as circunstâncias existentes e individualizá-las a fim de determinar o regime de audiências solicitado e a sua periodicidade. Ao fazê-lo, devem ter em conta os seguintes aspectos[7]:

a) O local de residência dos avós e dos netos, bem como a distância entre eles.
b) Saber se existe algum conflito entre os pais e os avós e conhecer que razões têm os primeiros para opor-se ao convívio entre avós e netos.
c) Considerar o relatório psicossocial realizado pela equipe técnica do juizado que avalie os efeitos benéficos ou prejudiciais do regime de visitas entre avós e netos.
d) Também deve ser avaliada pelo juiz a justa causa alegada pelos país para evitar as visitas solicitadas pelos avós.
e) Além disso, "A medida adotada para a relação entre avós e netos não deve prejudicar ou infringir as decisões judiciais que tenham sido proferidas por um juiz que restrinja ou suspenda a relação dos filhos com qualquer um dos pais"[8]."

A inter-relação dos preceitos acima mencionados justifica que o direito dos avós a conviverem com os seus netos não seja incondicional ou mesmo preponderante; é um direito de que os avós podem ser privados se houver uma causa justa para tal e que deve ser comprovado num processo judicial. Tal causa justa deve basear-se no melhor interesse do menor.

Em caso de separação ou divórcio dos pais, o conteúdo do acordo regulamentar pode incluir as modalidades de visita dos avós. Isto está previsto no Artigo 90.1 do CC:

[7] MAGRO SERVET, Vicente, *¿Pueden los abuelos exigir ver a sus nietos por orden judicial en caso de conflicto con los progenitores?, op. cit.*

[8] Idem. Por exemplo, no caso em que o pai tenha suspendido os preparativos da visita e viva com os seus pais e estes reclamam o direito de visitar os seus netos, de modo que ir à casa dos avós, onde vive o seu próprio pai, infringiria a decisão acima referida. Caso esta medida seja adoptada devido ao relatório psicossocial, deverá ser num local diferente da residência dos avós e, obviamente, sem o direito de pernoitar por causa da violação da decisão judicial que suspende os acordos de visita com os pais".

"b) Se considerado necessário, o regime de visita e comunicação dos netos com os avós, tendo sempre em conta os interesses dos avós".

Também, a fim de assegurar este direito dos menores a relacionarem-se com os seus avós, irmãos ou outros familiares próximos, a lei estabelece que eles devem ser ouvidos ao estabelecer as modalidades da visita, e isto é determinado nos artigos 770.1 e 4 da Lei de Processo Civil[9] e no 777.5 do mesmo corpo de leis.

Quer sejam os avós a requerer o acesso como consequência de um divórcio ou devido às más relações após a morte de um dos pais com a família do outro progenitor, o regime de acesso será determinado por uma sentença do juiz competente de primeira instância.

Para concluir esta secção, os acordos de visita serão apropriados para cada caso individual, tendo em conta as relações existentes antes do divórcio ou da morte dos pais da criança. Serão adaptados às circunstâncias pessoais de todos os envolvidos; serão procurados avós, netos e pais, e o melhor desenvolvimento psicológico dos menores.

A procura desta adaptação às circunstâncias pessoais de todos pode resultar na ineficácia do regime de visitas, de modo que por vezes os tribunais tiveram de adoptar a sua aplicação de acordo com a casuística, o que se refletirá na jurisprudência. Embora as relações pai-filho devam ser uma prioridade, isto não deve impedir as crianças de terem também contacto com avós, irmãos e outros parentes próximos.

3. Um olhar sobre a mais recente casuística

A casuística a ser analisada centra-se nos casos em que há uma recusa por parte dos pais em permitir que os avós estejam com os seus netos, uma vez que não é apropriado estabelecer um regime de visitas quando não existe qualquer impedimento para que se relacionem uns com os outros e é assim que tem sido feito[10]. Não esqueçamos que o sujeito ativo são os avós que exercem um direito para terceiros, que são menores, os netos, e que o que os pais devem alegar é a existência de justa causa para evitar relações pessoais entre os menores e os seus avós, irmãos e outros parentes próximos.

[9] Espanha, Ley 1/2000, de 7 de janeiro de Processamento Civil, Boletín Oficial del Estado, 8 de Janeiro de 2000, No. 7.

[10] ORDÁS ALONSO, Marta, *El derecho del menor a mantener relaciones personales con los hermanos, abuelos y otros parientes y allegados* en "El derecho de visita, comunicación y estancia de los menores de edad", Edición nº 1, BOSCH, .LA LEY 10564/2019

Além disso, já salientamos que a causa justa acima referida deve estar relacionada com os interesses do menor. Esta justa causa deve ter as seguintes características, como indicado pelo PAE de Granada (5ª Secção) nº 67/2017 de 24 de Fevereiro,

1º Terá de ser relevante, devido à sua excepcionalidade no quadro dos fatores condicionantes que normalmente intervêm nas relações entre familiares.
2º Terá de ser prejudicial aos interesses dos menores, devido às circunstâncias que são apreciáveis.
3º Deve não estar relacionado com o estado das relações entre os parentes, ou os que lhes são próximos, e os pais dos menores, no exercício da *patria potestad*.
4º Deve surgir de situações não provocadas ou precipitadas voluntariamente pelos referidos pais. A mera oposição dos pais é irrelevante.

Deve também ser assinalado que terá de ser um perigo real e concreto e que terá de ser atual[11].

Segundo Magro Servet[12], magistrado do Tribunal Provincial de Madrid que analisou a recente jurisprudência, na maioria dos casos, com um critério de flexibilidade, poderiam concluir-se os seguintes casos de justa causa que levaram ao não estabelecimento de visitas com os avós:

a) A falta de vínculo afetivo.
b) A inexistência de convivência durante muitos anos.
c) Problemas graves entre os pais e os avós (maus-tratos, suspeita de abuso, condenações penais, etc.).
d) O comportamento inadequado dos avós e/ou as manifestações contra os pais
e) A existência de relatórios psicológicos que evidenciam um risco razoável para a criança de que esta relação possa desestabilizá-la, etc.".

Para a profesora Ordás Alonso, a doutrina também se encarregou de realizar uma lista "de circunstâncias que podem ou não ser qualificadas como

[11] *Idem*. "No sentido de que as circunstâncias existentes no momento de estabelecer ou não um regime de visitas a favor dos avós devem ser tidas em conta, não sendo apropriado julgar acontecimentos passados, mas estabelecer as bases para que o direito dos menores de relacionarem-se com os seus avós seja plenamente garantido, com o maior grau de normalidade possível".

[12] MAGRO SERVET, Vicente, *¿Pueden los abuelos exigir ver a sus nietos por orden judicial en caso de conflicto con los progenitores?*, *op. cit.*

causas justas", mas efetiva "uma breve referência a alguns dos casos mais comuns sem negar a existência de outros":

a) A recusa do menor em manter contato com os seus avós.

Embora o juiz deva assegurar o cumprimento do direito dos menores a serem ouvidos, se tiverem direito a uma audiência e, em qualquer caso, se tiverem mais de doze anos de idade (art. 92º C.C.), isto não significa que o que o menor exprime coincida com os seus interesses, razão pela qual o Supremo Tribunal, no seu Acórdão de 15 de Janeiro de 2018, declara textualmente [13]:

> [...] examinar o menor tem por objetivo de questionar sobre seu interesse, para sua devida proteção, motivo pelo qual não é propriamente uma prova, de forma que o interesse do mesmo não necessariamente coincidirá com sua vontade, devendo o juiz avaliar sua maturidade e se seus desejos são oriundos de capricho ou de influências externas.

Portanto, na opinião da autora, não é uma causa justa a contrária vontade do menor, sem qualquer outra justificação, à relação com seus avós; o que é importante é que a opinião da criança seja ouvida e tomada em consideração.

b) A supressão das visitas com o progenitor como justa causa para recusar o contato com os avós.

O juiz deve assegurar que as medidas que se possam ser estabelecidas para favorecer as relações entre irmãos, e entre avós e netos, não permitam a violação de decisões judiciais que restrinjam ou suspendam as relações dos filhos com um dos seus pais. As relações entre avós e netos não devem ser permitidas quando estes procuram facilitar o contacto entre os filhos e o progenitor cujos direitos de visita foram suspensos[14].

c) A falta de compreensão dos avós com os progenitores não é impedimento para o contato com os netos.

Há extensa jurisprudência que determina que não se pode negar o direito dos netos de conviverem com seus avós pelo mero fato de haver falta de entendimento com os progenitores. Quando se chega ao tribunal, evidentemente não houve acordo com relação a esse tema. Mas existem casos entre os avós

[13] Sentença do Tribunal Supremo 18/2018 (Sala de lo Civil, Sección 1ª), de 15 de enero de 2018.

[14] Por ejemplo en el caso de que el progenitor viva en casa de los abuelos y sea allí donde se producen las visitas.

e os pais dos menores que não são simples desavenças, mas situações graves, que tornam aconselhável não exercer o direito à relação entre os avós e os netos. O autor aponta a sentença do Tribunal Provincial de Las Palmas de 10 de Abril, que considera[15] que há justa causa para negar as relações dos avós com o seu neto devido à existência de uma ordem de restrição prévia entre os avós e a criança e sua mãe, devido ao assédio injusto da filha da queixosa, como ditado num processo penal por assédio, a falta de contacto real entre o neto e o avô, a situação de conflito familiar, com o assédio do pai à filha, a disputa entre eles sobre a posse da casa...

d) A influência negativa dos avós sobre os pais como uma causa justa.

As visitas devem ser limitadas ou suspensas quando os avós são vistos influenciando os netos com animosidade para com um dos pais.

e) A ausência total de relações anteriores com os netos ou a sua distância no tempo.

O que deve ser tido em conta é o interesse da criança. Como exemplo, cita o caso específico de um menor cujos avós não tiveram qualquer relação com ele desde que tinha um ano de idade, além disso, não deram qualquer explicação sobre as razões para retomar uma relação abandonada, nem manifestaram de qualquer forma durante os últimos treze anos (a vida do menor) o desejo ou a sua vontade efetiva de prestar assistência material ou pessoal ao neto[16].

f) É possível transferir aos avós a responsabilidade de fatos cometidos pelos filhos?

A autora inclui essa questão, que será objeto de uma seção só para si.

g) A saúde dos netos e avós, mas não a dos pais.

Em relação à saúde dos netos, há doenças em que eles podem ser abrigados pelos pais e, em certas circunstâncias, pode ser prejudicial para a sua saúde estabelecer relações com mais pessoas, incluindo os avós. No caso dos avós, algumas doenças de que podem sofrer podem deteriorar a saúde das crianças, tais como, por exemplo, algumas doenças e transtornos mentais.

h) A guarda prévia à adoção.

[15] Sentencia de la Audiencia Provincial de Las Palmas 208/2014 (Sección 3ª), de 10 de abril de 2014.

[16] Sentença de Audiência Provincial de Madrid 516/2018 (Sección 22ª), de 12 de junio de 2018.

4. A Mediação como sistema de resolução de conflitos

A mediação é um sistema alternativo à via judicial para a resolução de conflitos e no ambiente familiar pode ser muito benéfica para as partes. É um procedimento muito simples, no qual há espaço para conversar e expressar as emoções e sentimentos que originaram o conflito. Neste espaço as partes são acompanhadas por um mediador, uma figura neutra e imparcial cuja principal missão será melhorar a comunicação entre as partes.

Quanto à sua regulamentação, vamos apenas referir-nos aos regulamentos estaduais onde a Lei 5/2012 de Mediação em Matéria Civil e Comercial define, no seu primeiro artigo, Mediação "como o meio de resolução de litígios em que duas ou mais partes tentam voluntariamente chegar a um acordo por si mesmas com a intervenção de um mediador".

Não vamos analisar os regulamentos regionais relacionados com a Mediação Familiar, mas vamos salientar que algumas destas regras contemplam entre o seu objeto e o seu âmbito de aplicação, e vale o exemplo da Lei 1/2009, de 27 de fevereiro, que regula a Mediação Familiar na Comunidade Autônoma da Andaluzia, que inclui no seu artigo 1. e) Finalidade e Âmbito de Aplicação: "Conflitos decorrentes do regime de visitas e comunicação dos netos com os seus avós.

Vamos nos referir à Mediação Intrajudicial como um complemento ao processo judicial e, portanto, ao serviço público da Administração da Justiça, que enriquece a forma tradicional de resolução de litígios, devolvendo às partes a possibilidade de encontrar uma solução com a ajuda de um profissional capacitado para esse fim.

A Lei de Mediação confere aos Tribunais de Justiça a possibilidade de instar as partes a assistirem a uma sessão de informação onde lhes será explicado em que consiste este método de resolução de conflitos como alternativa ou como complemento da via judicial. Desta forma, trata-se de dar às partes a oportunidade de encontrar uma solução consensual, ajudada por um terceiro, sem poder de decisão, ou de reduzir alguns dos pontos de discórdia ou simplesmente de tentar pacificar a disputa ou simplesmente melhorar a comunicação.

Assim, estamos num novo cenário onde o objetivo da Mediação não é apenas chegar a um acordo, mas tentar "criar um clima de diálogo onde os mal-entendidos são desfeitos, todas as posições são validadas e a comunicação é melhorada"[17]. Além disso, devemos ressaltar que a Mediação deve ser volun-

[17] CGPJ, *Guía para la práctica de la Mediación intrajudicial*, AA.VV. Disponível e: https://www.poderjudicial.es/cgpj/es/Temas/Mediacion/Guia-para-la-practica-de-la-Mediacion-Intrajudicial/. Acesso em 23 de agosto de 2021.

tária, confidencial, autocomposta e pedagógica, esta última entendida como prevenção de conflitos futuros.

A competência para a seleção dos casos que serão encaminhados para a Mediação é o Órgão Judicial. Há diferentes momentos processuais, no julgamento oral (é preferível) quando é citado ao referido julgamento oral ou no momento da admissão do pedido e também se enquadra na fase de medidas provisórias. Além disso, a mediação é possível em segunda instância.

O Conselho Geral da Magistratura (doravante CGPJ) apresenta no seu Guia para a prática da mediação intrajudicial um quadro sumário onde "as vantagens da autocomposição ou de soluções consensuais alcançadas através da mediação são recolhidas face aos efeitos que o processo contencioso geralmente causa no grupo familiar".

MEDIAÇÃO	TRIBUNAIS
Controle de processos e resultado pelas partes	Controle do processo e resultado pelo Juiz
Colaborativo	Adversarial
Ganha-Ganha	Ganhar-Perder
Conflito mais amplo, pode incluir conflitos pessoais ou outros	Conflito legal
Protagonismo das partes na solução	A decisão é do Juiz
Mais compromisso com o resultado	Pouco compromisso com o resultado
Possibilidade de retomar o diálogo entre as partes	Quebra todas as possibilidades de diálogo futuro entre as partes
Permite soluções criativas	Soluções mais limitadas
Rápido	Longa duração
Menor custo económico e emocional	Maior custo económico e afetivo
Facilita e conserva a relação	Cria distância e cortes emocionais
Gera empatia	Gera hostilidade
Alta probabilidade de cumprimento	Mais dificuldade para o cumprimento
Previne conflitos futuros	Reitera conflitos

O outro caminho a seguir para a Mediação é aquele que não está contido dentro de um processo judicial e para o qual as partes vão *motu proprio*, a Mediação Extrajudicial. E nesta modalidade é em que, de acordo com a minha experiência pessoal como mediadora, posso referir as vantagens da Mediação em termos das soluções alcançadas[18].

Com a Mediação, um acordo total pode não ser alcançado, mas existem certas etapas intermediárias que também satisfazem as partes e, acima de tudo, que ajudam a retomar a comunicação e o diálogo.

Em primeiro lugar, mesmo que não seja possível chegar a um acordo, o que ocorreu foi uma aproximação, um diálogo e um restabelecimento da comunicação (que na maioria dos casos estava completamente perdida). Isso significa que, embora, como já dissemos, nenhum acordo seja de fato alcançado, cada uma das partes pode expressar sua posição sobre a disputa (elas ouvem e se comunicam). Isso pode servir no futuro para retomar o diálogo e chegar a uma solução. Como exemplo, refira-se que em algumas mediações, que vivi como mediadora, não foi estipulado um regime de visitas de avós a netos, mas estabeleceu-se a comunicação entre avós e pais que permitiu instituir chamadas telefónicas aos netos pelos avós continuamente (e isso tem acontecido em tempos de pandemia).

Como segunda ideia, devemos salientar que, mesmo que não se chegue a um acordo total, é possível estabelecer um acordo parcial, um acordo sobre alguns aspectos que deixarão de ser resolvidos no processo contencioso. Esse fato provoca nas partes um sentimento de "ganha-ganha" e geralmente beneficia essa segunda parte da disputa, uma vez que se concentra em algum aspecto específico da controvérsia. O exemplo neste caso ocorreu quando as partes concordaram em estabelecer a relação avós-netos, mas não concordaram com o local (já que os pais não queriam que eles fossem na localidade onde os avós residiam) ou sobre o horário das visitas.

E como terceira e última em se chegando a um acordo, será uma solução acordada por ambas as partes em que ambas terão cedido e vencido e que geralmente será cumprida, uma vez que não terá sido imposta por um terceiro, tendo todas as vantagens contidas na tabela anteriormente exposta da CGPJ.

Por fim, digamos que se os acordos forem tomados dentro de um processo judicial, em uma Mediação Intrajudicial, eles serão aprovados pelo juiz e terão caráter jurisdicional. E se forem alcançados numa Mediação Extrajudicial, nos termos do artigo 25º, nº 2, da Lei nº 5/2012 sobre Mediação em Matéria Civil e Comercial "as partes podem levar a público o acordo alcançado após um procedimento de Mediação. O acordo de mediação deve ser apresentado pelas

[18] *Vid.* Vallejo Pérez, Gema, *La Mediación Familiar en el Sistema Jurídico Español. de su implantación a sus retos futuros,* Editorial REUS, Madrid, 2019.

partes perante um notário acompanhado de cópia da ata da sessão constitutiva e final do procedimento, sem que seja necessária a presença do mediador".

Isso torna o Contrato de Mediação um título executável (desde que todas as partes estejam envolvidas na formalização).

Conclusões

O direito de convivência entre avós e netos (irmãos e familiares) é um direito dos menores exercido pelos avós.

Em geral, é um direito que os tribunais concedem aos menores através de seus avós, a menos que haja justa causa que o impeça.

Recorrer aos Tribunais de Justiça para obter esse direito é quase sempre consequência da ruptura das relações familiares e, claro, do diálogo.

O CGPJ aconselha a recorrer à Mediação neste tipo de matérias e em muitos tribunais há encaminhamentos para o processo de Mediação como complemento à resolução judicial. Isso é o que se chama de Mediação Intrajudicial. Existem inúmeras vantagens do procedimento de Mediação dentre as quais o CGPJ enfatiza que é um método rápido, ambas as partes ganham, as partes acima mencionadas tomam todo o protagonismo, tem um menor custo econômico e emocional, as partes controlam o processo, permite soluções criativas, facilita e preserva o relacionamento e há mais comprometimento com o resultado.

Do ponto de vista pessoal, como mediadora (neste tipo de questões de relações entre avós e netos não permitidas pelos pais), devo salientar que a Mediação oferece uma ampla gama de possibilidades, que vão desde a obtenção de um acordo total como solução para a disputa, passando por acordos parciais onde parte dos problemas são resolvidos deixando alguns aspectos a serem deliberados na disputa e ocasiões em que nenhum tipo de acordo é alcançado, mas a comunicação e o diálogo entre as partes são retomados, o que já é uma grande conquista em si. Naturalmente, a Mediação Extrajudicial tem todas as vantagens indicadas para a Mediação Intrajudicial

Referências

Espanha, Lei 1/2000, de 7 de janeiro de Processo Civil, *Boletín Oficial del Estado,* 8 de janeiro de 2000, núm. 7.

Espanha, Lei 42/2003, de 21 de novembro, de modificação do Código Civil e da Lei de Processo Civil em matéria de relações familiares dos netos com os avós, por meio da qual se modifica o artigo 160 do Código Civil, *Boletín Oficial del Estado,* 23 de novembro de 2003, núm. 280.

Espanha, Lei Orgânica 8/2015, de 22 de julho, de modificação do sistema de proteção à infância e à adolescência, *Boletín Oficial del Estado*, 23 de julho de 2015, núm. 175.

Espanha, Lei 26/2015, de 28 de julho, de modificação do sistema de proteção à infância e à adolescência, *Boletín Oficial del Estado*, 29 de julio de 2015, núm. 180.

Consejo General del Poder Judicial, *Guía para la práctica de la Mediación Intrajudicial*, AA.VV. Disponível em: https://www.poderjudicial.es/cgpj/es/Temas/Mediacion/Guia-para-la--practica-de-la-Mediacion-Intrajudicial/. Acesso em 23 de agosto de 2021.

Magro Servet, Vicente, *¿Pueden los abuelos exigir ver a sus nietos por orden judicial en caso de conflicto con los progenitores?*, Práctica de Tribunales, Nº 129, Novembro-Dezembro 2017, Editorial Wolters Kluwer.

Martínez Calvo, Javier, *El derecho de relación del menor con sus hermanos, abuelos y otros parientes y allegados y su conciliación con el derecho de visitas de los progenitores* Diario La Ley, Nº 9538, Sección Tribuna, 17 de Dezembro de 2019, Wolters Kluwer. LA LEY 13702/2019.

Ordás Alonso, Marta, *El derecho del menor a mantener relaciones personales con los hermanos, abuelos y otros parientes y allegados* en "El derecho de visita, comunicación y estancia de los menores de edad", Edición nº 1, BOSCH, .LA LEY 10564/2019.

Vallejo Pérez, Gema, *La Mediación Familiar en el Sistema Jurídico Español. de su implantación a sus retos futuros*, Editorial REUS, Madrid, 2019.

Sentença da Audiência Provincial de Las Palmas 208/2014 (Sección 3ª), de 10 de abril de 2014.

Senteça do Tribunal Supremo 18/2018 (Sala de lo Civil, Sección 1ª), de 15 de janeiro de 2018.

Sentença da Audiência Provincial de Madrid 516/2018 (Sección 22ª), de 12 de junho de 2018.

2
RÉGIMEN JURÍDICO DE LAS PERSONAS MAYORES EN ESPANA

María José Bravo Bosch[1]

1. Introducción

El maltrato generacional contra las personas de la tercera edad, es una realidad incontestable desde hace varias décadas en España. El término 'edadismo', en referencia a la discriminación por razón de edad dirigida hacia las personas mayores es un concepto asumido por la sociedad actual, en la que institucionalmente, social y legalmente, se asume que el colectivo humano que ha terminado sus expectativas laborales, ya no cumple ninguna función de utilidad, y por ello debe ser denostado en la realidad cotidiana del grupo social al que pertenecen.

Bien es cierto que las generalizaciones pueden dar la sensación de impunidad contra los que dirigen sus prejuicios contra las personas mayores, despreciándolas en las redes sociales, en sus relaciones diarias o en las prácticas institucionales que sí protegen a otros colectivos, cuando esto no es verdad. El colectivo de ciudadanos de mayor edad goza jurídicamente de los mismos derechos y deberes civiles y políticos constitucionales que los demás,

[1] Profesora Titular en Derecho Romano en la Universidade de Vigo. Profesora de Introducción a los Sistemas Jurídicos Contemporáneos: Derecho Continental y Derecho Anglosajón en el Campus de Ourense. Profesora Visitante de las Universidades de Messina (Italia), Cagliari (Italia) y en el Centro Universitario 7 de Septiembre (UNI7/Fortaleza/Brasil). Profesora por invitación en el Corso di *Alta Formazione* en Derecho Romano de la Universidad La Sapienza de Roma.
Directora de la Inspección de Servicios y Mentora Ética de la Universidade de Vigo. Presidenta de la Comisión Española de Historia del Derecho de Familia y Sucesiones de la Asociación de Derecho de Familia e Sucesiones – ADFAS.

pero el problema se traduce en la práctica, que es la que los somete a diversas dificultades para su plena integración y participación en la sociedad a la que pertenecen.

Cabe decir que nuestra apreciación no es personal, sino que procede de las reflexiones de diferentes colectivos que han analizado las discriminaciones por razón de edad, y nos ofrecen un panorama poco garantista para los mayores en lo que se refiere a sus derechos, y al acceso a determinados bienes y servicios. Pareciera que con el transcurso de los años, y el cumplimiento de una determinada edad, los derechos caducasen para las personas ya retiradas de la vida laboral, cuando es sabido que gozamos de los mismos independientemente de nuestra fecha de nacimiento, aunque la efectividad al traspasar el umbral de una determinada edad se pierde y el trato se convierte en una minusvaloración de las personas mayores.

Ante la sensación por parte de algunos de que los 'viejos' sobran, que sus gastos médicos agotan los recursos sanitarios, que sus ingresos hospitalarios reducen las expectativas de otros sujetos más jóvenes y por ello con más posibilidades de superar una enfermedad e incorporarse de nuevo a la sociedad de forma fructífera, los políticos han querido esmerarse en sus disertaciones públicas y en sus promesas electorales[2], aunque la realidad es que los informes realizados y la publicidad de sus ofrecimientos no parecen reflejarse en medidas adecuadas para la protección de la clara vulnerabilidad de las personas de la tercera edad[3].

Por otro lado, no todas las personas de avanzada edad necesitan de protección, aunque el ordenamiento jurídico debe estar presente para intervenir en

[2] BOBBIO, N. *El tiempo de los derechos*, trad. esp., Ed. Sistema, Madrid, 1991, después de referirse a los derechos sociales como más difíciles de proteger que los derechos de libertad, p. 111: "Se podrían multiplicar los ejemplos del contraste entre las solemnes declaraciones y su realización, entre la grandiosidad de las promesas y la miseria de los cumplimientos. Puesto que he interpretado la amplitud que ha asumido actualmente el debate sobre los derechos del hombre como un signo del progreso moral de la humanidad no será inoportuno repetir que este crecimiento moral se mide no por las palabras, sino por los hechos, De buenas intenciones está empedrado el infierno".

[3] Como clara muestra de la insuficiencia de las medidas protectoras de las personas de mayor edad, vid. DEUSDAD, B., *El COVID-19 y la crisis de las residencias de mayores en España: Edadismo y precariedad*, en *Research On Ageing And Social Policy*, 8(2), 2020, pp. 142-168, pone de manifiesto la debilidad de los Estados de Bienestar europeos frente a una emergencia sanitaria que siga garantizando los derechos de las personas mayores, analiza el fracaso de la atención integral en las residencias así como de las medidas legislativas urgentes que se tomaron frente al elevado índice de fallecimientos en dichos centros. Además, la autora invita a la reflexión sobre prácticas edadistas, suscitando un debate sobre el envejecimiento en los hogares españoles, y destacando la necesidad de una nueva ley que proteja los derechos de los mayores como ya existe una con respecto a la infancia.

aquellas situaciones que requieran de especial protección en el colectivo de las personas mayores. Antiguamente, la esperanza de vida era mucho menor que en la actualidad, por lo que no parecía necesario regular determinados aspectos, y además las personas mayores solían residir con sus familias y vivían su vulnerabilidad en un contexto propicio (por lo general) para la protección diaria de sus necesidades e intereses. Hoy en día, la realidad es que cada vez más personas de edad avanzada viven solas, sin hijos ni familia cercana que puedan asistirlos cuando a causa de una enfermedad o del propio envejecimiento necesiten asistencia, o aun teniendo familiares no quieran hacerse cargo de ellos por la denostación consustancial de la vejez misma.

Resulta curioso, cuando menos, el contraste de la vejez en la actualidad y la ancianidad en la antigua Roma, *in senectute bona*, puesto que las personas mayores gozaban en la *urbs* de una posición privilegiada otorgada por el derecho romano, un papel preeminente consecuencia de la sabiduría que otorgaba la experiencia de vida. El *cursus honorum*, la carrera política de los magistrados romanos[4], demuestra que los cargos más relevantes en la administración romana los desempeñaban las personas de más edad, como consecuencia de la obligatoriedad de dejar pasar un determinado espacio de tiempo entre el desempeño de cada magistratura. En una estructura jerarquizada, eso suponía que el cargo de cónsul, magistratura de rango superior, permanente, ordinaria, integrada por dos cónsules que constituían la magistratura más prestigiosa de la *civitas* romana en la época republicana, siendo además magistrados *cum imperio*, no era accesible a los jóvenes, por cuanto debían iniciar la carrera de magistrados *sine imperio*, en un escalafón que tenía un excursus temporal que se debía respetar antes de poder acceder a la condición de cónsul.

Del mismo modo, los *mores maiorum*, las costumbres de los antepasados, eran consideradas fuentes del derecho arcaico, y se siguieron respetando como *ius* a lo largo de la historia romana, lo que implicaba el derecho reverenciado

[4] Vid. al respecto, Bosch, M.J. Bravo. *El ius honorum en la antigua Roma, AFDUDC*, 14, 2010, pp. 229-248, en donde se distinguen los diferentes tipos de magistrados romanos desde el comienzo de su carrera administrativo-política, así como la regulación temporal de acceso a los cargos, en p. 236: "El requisito temporal de acceso a las diferentes magistraturas obligaba a dejar transcurrir dos años como mínimo entre una u otra magistratura. Fue establecido por la *Lex Villia Annalis*, del año 180 a.C. que preveía el acceso en orden ascendente, del siguiente modo: primero se accedería a la cuestura, luego a la edilidad curul, para posteriormente poder acceder a la pretura y finalmente al consulado. Del mismo modo, dicha ley fijó, aunque parece que no de forma vinculante, una edad mínima para acceder a las distintas magistraturas, hasta que Sila fijó con una ley Cornelia *de magistratibus* en el año 82 a.C. la secuencia de las magistraturas, con los paréntesis necesarios entre las mismas, y la edad mínima para acceder a pretor y cónsul".

de los ancestros y por ende de los mayores que se debía de seguir como precepto moral para vivir en armonía en el mundo romano. Esta excelencia de la vejez culminaba con la elección de los mayores más respetables como miembros del Senado, órgano político de indudable poder en Roma, que no debía ser desafiado jamás si se querían evitar las nefastas consecuencias del envite[5].

Los *paterfamiliae*, titulares de la patria potestad en el seno de la estructura familiar, gozaban de indudable prestigio y poder, y daba buena cuenta de ello el hecho de que la República romana confiase sus asuntos a representantes maduros y no a jóvenes, impetuosos pero sobre todo inexpertos, que podían conducir el destino de Roma al desastre, eligiendo como gobernantes con plenos poderes a *patres* de edad ya avanzada[6]. La verdad es que los éxitos de expansión territorial por el Mediterráneo en la época republicana nos

[5] Livio, *Ab urbe condita*, 38.56, contiene el proceso contra los Escipiones. El más famoso, Publio Cornelio Escipión el Africano, famosísimo general romano que derrotó a Aníbal en la batalla de Zama, representaba el triunfo del Estado romano sobre todos los demás, pero ni así se vio libre del intento de mancillar su honor por parte del Senado; sobre el poder del Senado con respecto al consular concretado en la figura de Escipión el Africano, Bellomo, M., *Le competenze finanziarie dei consoli: analisi di un episodio relativo a Scipione Africano*, en *Acme* 1/2014, pp. 65-77 ; Bosch, M.J. Bravo, *Mujeres y símbolos de la Roma Republicana*. Ed. Dykinson, Madrid, 2017, pp.188-189: "Previendo los envidiosos ataques que se le venían encima por parte de los tribunos, prefirió retirarse a su propiedad en Literno, una colonia romana puerto de la Campania, firmemente resuelto a no comparecer para defenderse de las acusaciones, siendo consciente de que era una campaña indigna, infame e injuriosa contra su persona, y por ende, contra la de su hermano. Además, el general más glorioso de la historia de Roma 368, vencedor de Aníbal, no soportaba pensar en el desagradecimiento de sus conciudadanos a los que había liberado de la amenaza de los cartagineses con su clara victoria en la segunda guerra púnica, y se lo pagaban con una acusación gravísima de soborno y corrupción para intentar desacreditarlo, arrebatando además el honor secular de la gens Cornelia a la que él tan orgullosamente pertenecía. Como epílogo, el autor paduano nos muestra el último deseo del vencedor de la batalla de Zama: un monumento funerario en su lugar de retiro, Literno, para que no se pudieran celebrar los ritos funerarios en la patria ingrata a la que él había defendido fielmente toda su vida en la guerra y en la paz".

[6] Plutarco, *Vidas paralelas*, I, *Camilo*, 37, https://historicodigital.com/download/Vidas%20paralelas%201.pdf, pp. 352-353: "Llamado por la sexta vez Camilo al tribunado, quiso excusarse, por hallarse ya bastante adelantado en edad, y también por temer la envidia y algún revés después de tanta gloria y tan repetidas victorias. La causa más manifiesta era la indisposición del cuerpo, porque realmente se hallaba enfermo aquellos días; pero el pueblo no le relevó del mando, sino que gritó que no era menester que en los combates se pusiese al frente de la caballería o de la infantería", resolviendo magníficamente los contratiempos en las distintas batallas, reconocimiento expreso en *Camilo*, 40, pp. 356-357: "Viniendo a una misma sentencia los principales con la muchedumbre, y la plebe con el Senado, eligieron todos de común consentimiento por dictador la quinta vez a Camilo. Era éste ya entonces sumamente anciano, faltándole muy poco para los ochenta años, más con todo, haciéndose cargo de la premura y del peligro, no buscó pretexto, como antes, ni alegó excusas, sino que, presentándose por sí mismo a encargarse del mando, hizo la convocación del ejército".

transmiten la nula importancia de la edad a la hora de acometer conquistas, algunas de ellas de indudable dificultad, para mayor gloria de Roma, y de la relevancia de la experiencia a la hora de preparar a un ejército romano compuesto por efectivos militares en plena juventud.

No pretendemos con esta visión retrospectiva implantar de nuevo cánones de comportamiento pertenecientes a épocas muy anteriores en el derecho y en el tiempo, pero sí recordar la vigente utilidad de las capacidades de las personas de mayor edad[7], que pueden aportar a la sociedad actual sus habilidades producto del esfuerzo vital, la formación y el trabajo anteriormente desempeñados, ayudando al crecimiento de la comunidad en la que residen al mismo tiempo que se sienten reconocidos en su esfuerzo aunque su itinerario vital les obligue a ralentizar su empeño.

2. Marco legislativo

En España, en la cúspide de nuestro ordenamiento jurídico, tenemos como norma principal la Constitución Española de 1978, en la que no encontramos, dentro del elenco de sus derechos y deberes fundamentales, una mención específica al colectivo de las personas mayores, si bien es cierto que en el artículo 14, por extensión, podríamos encontrar subsumido el colectivo de personas de edad avanzada aunque no se relacionen específicamente en el texto de dicho derecho fundamental, a saber: Artículo 14. "Los españoles son iguales ante la ley, sin que pueda prevalecer discriminación alguna por razón de nacimiento, raza, sexo, religión, opinión o cualquier otra condición o circunstancia personal o social".

Dentro de esta última frase, la referencia a cualquier otra condición personal o social podría entenderse como aplicable al colectivo de personas mayores,

[7] *Libro Blanco sobre envejecimiento activo,* editado por el Ministerio de Sanidad, Política Social e Igualdad, Instituto de Mayores y Servicios Sociales, IMSERSO, Madrid, 2011. Disponible en: https://www.imserso.es/InterPresent2/groups/imserso/documents/binario/8088_8089libroblancoenv.pdf, J. Subirats Humet, *El reto de la nueva ciudadanía. Nuevos relatos y nuevas políticas para distintas personas mayores,* p. 87: "Las personas mayores son personas que quieren participar activamente y de manera integral en la sociedad española. Una sociedad que encara este siglo con la preocupación de velar, de forma equilibrada y equitativa, por el conjunto de necesidades y expectativas de todas las personas sea cual sea su edad, género o condición. Es necesario estimular y reconocer la gran contribución de las personas mayores al bienestar del país, y el papel que han jugado y seguirán jugando en relación a la gente que les rodea, en relación a las comunidades donde viven y se relacionan, y en relación al conjunto del país y del mundo. Estos valores y deseos contrastan con una realidad en la que más bien se considera a las personas mayores como objeto de atención, más que como sujetos dotados de autonomía, y mucho menos como personas capaces de desarrollar críticamente esa autonomía".

discriminadas por su condición personal de avanzada edad que los oblitera en la sociedad, como si fueran simples cosas, y los invisibiliza por su aparente falta de productividad.

A mayor abundamiento, resulta necesario precisar la desemejanza entre trato diferenciado y discriminación, a efectos del presente artículo constitucional. De este modo, podemos entender que es legítimo establecer un trato diferenciado cuando existe motivación para ello, convirtiéndose en discriminación en el momento en que en ausencia de una justificación motivada un colectivo es objeto de un trato diferenciado.

La vulnerabilidad propia de las personas mayores y la necesidad de verse protegidas por el Estado puede fundamentar el trato diferenciado no discriminatorio, al margen de la declaración de que todos los españoles son iguales ante la ley, que debe ser siempre respetado como derecho fundamental contenido en la Constitución española.

También resulta clarificador otro precepto de nuestra Carta Magna, en el que se consagra el derecho a la libertad de toda persona: Artículo 17. 1. "Toda persona tiene derecho a la libertad y a la seguridad. Nadie puede ser privado de su libertad, sino con la observancia de lo establecido en este artículo y en los casos y en la forma previstos en la ley".

Precisamente este derecho fundamental, de los más importantes que se reconocen en nuestra Constitución[8], puesto que la libertad está reconocida como uno de los valores superiores de nuestro ordenamiento jurídico ya en el artículo 1 de la Constitución[9], tiene relación directa con el colectivo de personas de avanzada edad, que son las que pueden ver comprometida su libertad en mayor número de ocasiones, y transgredidos sus derechos con más asiduidad, además de estar íntimamente unidas la libertad y la dignidad de las personas[10], tantas veces mancillada en el caso de la ancianidad.

Pensemos, sin ir más lejos, en las personas mayores ingresadas en residencias, sujetos totalmente independientes y no sometidos a ningún procedimiento de incapacitación judicial, que han sufrido en distintas ocasiones, de

[8] Peño, M.E. Rebato, *El derecho a la libertad y seguridad personal*, en *Los Derechos Fundamentales. La vida, la igualdad y los derechos de libertad* (J.L. García Herrero dir.), Ed. Tirant Lo Blanch, Valencia, 2013, pp. 95 ss.

[9] Artículo 1.1. "España se constituye en un Estado social y democrático de Derecho, que propugna como valores superiores de su ordenamiento jurídico la libertad, la justicia, la igualdad y el pluralismo político".

[10] Pardo, V.J. Martínez, *El derecho a la libertad y posible restricción a través de la detención*, Boletín del Ministerio de Justicia, 60, 2018, p. 3232.

acuerdo con la jurisprudencia española[11], limitaciones a su libertad que atentan contra un derecho fundamental como el de la libertad. Se trata de sujetos que han vivido en un Estado social y democrático de Derecho, que ven coartada su libertad en aras de unas medidas sanitarias o de carácter interno de la institución en la que residen, que lo que hacen es restringir sus derechos, muchas veces con la manida estrategia de convertir en protección lo que en realidad es un abuso claro y una interferencia en el ejercicio de su libertad.

Con todo, el precepto constitucional español más explícito en lo que respecta a las personas mayores se encuentra en el artículo 50[12]:

> Los poderes públicos garantizarán, mediante pensiones adecuadas y periódicamente actualizadas, la suficiencia económica a los ciudadanos durante la tercera edad. Asimismo, y con independencia de las obligaciones familiares, promoverán su bienestar mediante un sistema de servicios sociales que atenderán sus problemas específicos de salud, vivienda, cultura y ocio.

La primera observación se refiere al concepto elegido, tercera edad[13], que a pesar de su indefinición con respecto al sector poblacional elegido[14], por cuanto resulta difícil delimitarlo, eleva sin embargo la concepción del colectivo

[11] Sirva como ejemplo la STS 3259/2021, en la que falla que no ha lugar al recurso de casación interpuesto por la Junta de Comunidades de Castilla-La Mancha contra el auto de la Sala de lo Contencioso Administrativo del Tribunal Superior de Justicia de Castilla-La Mancha, que denegó la ratificación de las medidas sanitarias restrictivas de la libertad de los usuarios de centros, servicios y establecimientos sociales de Castilla-La Mancha como consecuencia del Covid-19.

[12] Directamente relacionado con el artículo 25.1 de la Declaración Universal de Derechos Humanos (DUDH) de 1948: "Toda persona tiene derecho a un nivel de vida adecuado que le asegure, así como a su familia, la salud y el bienestar, y en especial la alimentación, el vestido, la vivienda, la asistencia médica y los servicios sociales necesarios; tiene asimismo derecho a los seguros en caso de desempleo, enfermedad, invalidez, viudez, vejez u otros casos de pérdida de sus medios de subsistencia por circunstancias independientes de su voluntad".

[13] En los últimos años se viene utilizando el concepto "cuarta edad" en referencia a los individuos de más de 80 años, normalmente con una dependencia cada vez mayor y una vulnerabilidad más visible; Pochintesta, M.J. Oddone-p., *La cuarta edad: la fragilidad en cuestión...*, en *Desde la niñez a la vejez*, Ed. Teseo, Buenos Aires, 2019, p. 325: "la tercera edad se caracterizarían como un grupo autónomo e independiente, desplazando en el tiempo la visión de la cuarta edad como sinónimo de enfermedad y dependencia. Las investigaciones que siguieron, entre fines de la década de 1980 y principios de 1990, vincularon a la cuarta edad con altos índices de morbilidad y mortalidad. No obstante, una serie de estudios longitudinales mostraron que no todas las personas que superan los 80 años sufren dependencia física. Surgen así dos miradas sobre la cuarta edad: una que la vincula con altos índices de patología, y otra anclada en una mayor fragilidad, pero con elevados índices de autonomía y capacidad socio funcional".

[14] Martin, I. Zurita, *Protección civil de la ancianidad*, Ed. Dykinson, Madrid, 2004, p.16.

de mayores, denominados peyorativamente las más de las veces en la sociedad actual[15], por lo que objetivamente debemos apoyar la acepción elegida.

La segunda observación necesaria afecta al protagonismo de los poderes públicos, que tienen un mandato de protección impuesto por el artículo 50, con la obligatoriedad de garantizar la suficiencia económica, obtenida mediante prestaciones de carácter monetario, periódicas y vitalicias, denominadas pensiones, y la promoción del bienestar social mediante una serie de servicios técnicos, sociales, que procurarán atender lo mejor posible los problemas inherentes a esa tercera edad, como son la salud, la vivienda, la cultura y el ocio necesario para el equilibrio personal.

Dentro de la legislación española, podemos destacar, en relación con este tema, los regímenes aplicables de la Seguridad Social, que distingue entre pensiones de jubilación en su modalidad contributiva y las pensiones de jubilación no contributiva. Las pensiones contributivas son prestaciones económicas y normalmente de duración indefinida, cuya concesión está generalmente supeditada a una previa relación jurídica con la Seguridad Social, por lo que se debe acreditar un período mínimo de cotización en determinados casos, siempre que se cumplan los requisitos exigidos[16]. Las pensiones no contributivas

[15] QUES, A.A. Martínez, *La protección jurídica de las personas mayores desde la perspectiva de los derechos humanos, Revista de Derecho UNED*, 17, 2015, pp. 1072-1073, trae a colación la terminología empleada de forma negativa con respecto a las personas mayores: viejo, senil, jubilado, clase pasiva, e incluso persona de edad avanzada, término empleado en los Principios de las Naciones Unidas a favor de las personas de edad de 1991, declarando a continuación: "Los vocablos utilizados no son categorías inocentes, sino recursos que toda sociedad utiliza para ordenar significativamente a sus miembros. La nueva terminología internacional de los derechos humanos procura apartar las connotaciones despectivas, de inferioridad, de ineptitud, de dependencia y paternalistas a favor de una concepción más respetuosa de la autonomía individual y de la diversidad".

[16] Cfr. https://www.seg-social.es/wps/portal/wss/internet/Pensionistas/Pensiones/33467: "Su cuantía se determina en función de las aportaciones efectuadas por el trabajador y el empresario, si se trata de trabajadores por cuenta ajena, durante el período considerado a efectos de la base reguladora de la pensión de que se trate. Dentro de la acción protectora del Régimen General y de los Regímenes Especiales de la Seguridad Social, con las salvedades que, en cada caso y para cada modalidad, se indican en el respectivo régimen especial, se incluyen las pensiones siguientes:
Por jubilación: jubilación ordinaria, jubilación anticipada por tener la condición de mutualista, jubilación anticipada sin tener la condición de mutualista, jubilación anticipada derivada del cese no voluntario en el trabajo, jubilación anticipada por voluntad del trabajador, jubilación anticipada por reducción de la edad mínima debido a la realización de actividades penosas, tóxicas e insalubres, jubilación anticipada de trabajadores con discapacidad, jubilación parcial, jubilación flexible y jubilación especial a los 64 años.
Por incapacidad permanente: total, absoluta y gran invalidez.
Por fallecimiento: viudedad, orfandad y en favor de familiares.

no exigen una cotización previa para poder obtener una prestación económica, y se reconocen a las personas en situación de necesidad y protección, que carecen de recursos para subsistir de acuerdo con las normas previstas, y que bien nunca han cotizado o no han llegado con la cotización realizada al tiempo exigido para poder obtener una prestación contributiva[17].

Esta precisión relativa a los sujetos objeto de protección por parte de los poderes públicos clarifica que los ciudadanos destinatarios de las garantías explícitas del sistema de pensiones no son únicamente los que constituyen la población activa, es decir, los que cumplen con una serie de requisitos que les garantiza la prestación, sino que la nota dominante es la universalidad, convirtiendo la protección pública en una herramienta que sustenta el bienestar de sus ciudadanos con un campo de aplicación suficientemente amplio.

Desgraciadamente, en los últimos años se observa una tensión no deseable de carácter económico para poder hacer frente al sistema de pensiones debido al cambio de las estructuras familiares españolas.

Con la reducción del tamaño medio familiar por una menor tasa de natalidad unida a una mayor longevidad, se ha producido la conocida como "verticalización" de la familia, que además de transformar el papel de los padres, ahora muchas veces atendidos por sus hijos durante más tiempo del que ellos dedicaron a mantenerlos hasta su emancipación familiar[18], dificulta notablemente el sistema establecido para el futuro a medio y largo plazo, con las consecuencias económicas y sociales que arrastrará consigo.

Una última consideración en cuanto al artículo 50[19], sería la crítica por haber ubicado este precepto constitucional fuera del articulado de mayor

Dentro de la acción protectora del Seguro Obligatorio de Vejez e Invalidez (SOVI), se incluyen las pensiones de: Vejez. Invalidez. Viudedad".

[17] https://www.seg-social.es/wps/portal/wss/internet/Pensionistas/Pensiones/33467: "Dentro de esta modalidad, se encuentran las pensiones siguientes: Invalidez. Jubilación. La gestión de estas pensiones no contributivas está atribuida a los órganos competentes de cada Comunidad Autónoma y a las Direcciones provinciales del Instituto de Mayores y Servicios Sociales (IMSERSO) en las ciudades de Ceuta y Melilla.

[18] https://www.imserso.es/InterPresent2/groups/imserso/documents/binario/8088_8089libroblancoenv.pdf, FERNÁNDEZ-BALLESTEROS, R., *Limitaciones y posibilidades de la edad*, p. 106: "En definitiva, teniendo en cuenta que la esperanza de vida está en torno a 80 años y que la máxima edad de nuestra especie se cifra en torno a los 115, desde los 65 años podríamos contar, aproximadamente, 50 años de potencial período de vejez. Por tanto, tendríamos que convenir que la situación o periodo de edad, potencialmente, más prolongado sería el de vejez, en comparación con la infancia, la adolescencia y la vida adulta".

[19] NAVARRETE, J. L. MonereoPérez-C. Molina, *El derecho a la protección de las personas de la tercera edad* (J.L. MONEREO PÉREZ, dir.), *Comentario a la Constitución Socio-Económica de España*. Ed. Comares,

rango, como son los derechos y deberes fundamentales contenidos entre los artículos 10 y 29 del Título Primero, eligiendo su colocación en el Capítulo Tercero del mismo Título : "De los principios rectores de la política social y económica", como derecho de distinto nivel a los anteriores, aunque esta apreciación no signifique que no se pueda reclamar ante el Tribunal Constitucional de ser necesario, pero implica que para que su cumplimento sea efectivo necesita de leyes posteriores que le otorguen una eficacia práctica.

Por último, en relación con el sistema de servicios sociales relacionado en el artículo 50 de la Constitución, tenemos que añadir una noticia de total actualidad, puesto que el gobierno español ha abierto el 11 de enero de 2022 una consulta pública para que los ciudadanos y las entidades sociales realicen sus aportaciones y trasladen sus opiniones sobre una ley estatal de Servicios Sociales que pueda garantizar una protección mínima en todo el territorio español, con el plazo abierto hasta el próximo 10 de febrero de 2022.

La diversa conformación territorial española supone una pluralidad muy distinta de los servicios sociales existentes en su territorio, adaptados a las necesidades locales pero con diferencias importantes en la carta de servicios que ofrecen a los ciudadanos.

El argumento principal con el que se abre el periodo de consulta pública es que "La creación de un marco legal estatal para los servicios sociales permitiría garantizar una protección mínima en el conjunto del territorio español, avanzar hacia unos servicios sociales universales, consagrando el derecho subjetivo de la ciudadanía a contar con esa cobertura y protección, y facilitar la cooperación entre los distintos niveles de gobierno", añadiendo que supondría además una mejora cualitativa de los servicios sociales, y una modernización necesaria, además de conseguir unos requisitos mínimos comunes y estándares de información que redundarían en la ciudadanía.

La nueva ley tendrá como objetivo la regulación de las condiciones básicas que garanticen la igualdad en el ejercicio del derecho de los ciudadanos a los servicios sociales y las prestaciones del sistema público, con la partici-

Granada, 2002, p.1804, señala que este precepto, desde su tramitación parlamentaria, responde a una doble preocupación: al hecho fundamental de que nuestra Carta Magna es típicamente una "Constitución de la crisis", puesto que nació en el contexto de la crisis del modelo de Estado del Bienestar keynesiano, y también por la preocupación por la protección de las personas mayores en un contexto más estructural que coyuntural, debido al envejecimiento progresivo de la población y el incremento imprevisto de necesidades específicas. La cuestión es que si esto fuera así, la ubicación del precepto hubiera sido más conveniente en los derechos fundamentales a los que ya hemos hecho referencia, y no en un lugar de 'segunda importancia' que imprime menos seguridad a las medidas convenientes relativas al colectivo de personas de edad.

pación y la colaboración de todas las Administraciones públicas y la garantía de un contenido mínimo común de derechos en cualquier parte de España, algo difícil de conseguir después del recorrido normativo en dichas políticas por parte de las diferentes autonomías españolas con competencia en la materia[20], ya desde hace varios años.

Este anteproyecto de ley pretende solucionar los problemas derivados de la gran pluralidad asistencial en servicios sociales de cada territorio, y se apoya en la ratificación realizada por España el 29 de abril de 2021 de la Carta Social Europea de Estrasburgo de 3 de mayo de 1996, ahora revisada, que establece en su artículo 14:

> *Derecho a los beneficios de los servicios sociales.* Para garantizar el ejercicio efectivo del derecho a beneficiarse de los servicios sociales, las Partes se comprometen: 1. A fomentar u organizar servicios que, utilizando los métodos de un servicio social, contribuyan al bienestar y al desarrollo de los individuos y de los grupos en la comunidad, así como a su adaptación al medio o entorno social; 2. A estimular la participación de los individuos y de las organizaciones benéficas o de otra clase en la creación y mantenimiento de tales servicios.

Con motivo de la ratificación española de la Carta Social, el Estado español asume este compromiso de realizar un planteamiento coordinado entre los distintos territorios de forma global, que permita fomentar organizadamente los servicios sociales que contribuyan al bienestar de todos sus ciudadanos, y cuyo resultado iremos viendo en los próximos años.

Las Comunidades Autónomas, en virtud de las competencias otorgadas constitucionalmente para asumir materias de "asistencia social", han aprobado sus propias leyes de Servicios Sociales, que han ido modificando con el paso de los años, y de las que están vigentes en la actualidad[21], podemos dar cuenta:

[20] En dicha consulta pública previa sobre el anteproyecto de ley de Servicios Sociales, se hace referencia explícita a que los servicios sociales son regulados por parte de las Comunidades Autónomas, al amparo del artículo 148.1.20ª de la Constitución Española, en el que se establece que éstas podrán asumir competencias en materia de "asistencia social", asunción competencial que fueron realizando de forma progresiva las diferentes comunidades en sus respectivos estatutos de autonomía, declarando su competencia exclusiva, así como los reglamentos aprobados por Ceuta y Melilla, por lo que un marco normativo común con principios básicos para todo el territorio español va a tener que superar serias dificultades de cesión competencial que no vemos nada claro.

[21] https://www.mdsocialesa2030.gob.es/derechos-sociales/servicios-sociales/LeyesSSSS.htm, en este enlace se pueden descargar las leyes actuales en materia social de las Comunidades Autónomas españolas.

1. ANDALUCÍA: Ley 9/2016, de 27 de diciembre, de Servicios Sociales.
2. ARAGÓN: Ley 5/2009, de 30 de junio, de Servicios Sociales.
3. ASTURIAS: Ley 1/2003, de 24 de febrero, de Servicios Sociales.
4. BALEARES: Ley 4/2009, de 11 de junio, de Servicios Sociales de les Illes Balears.
5. CANARIAS: Ley 16/2019, de 2 de mayo, de Servicios Sociales de Canarias.
6. CANTABRIA: Ley de Cantabria de 2/2007 de 27 de marzo, de Derechos y Servicios Sociales.
7. CASTILLA-LA MANCHA: Ley 14/2010, de 16 de diciembre, de Servicios Sociales de Castilla-La Mancha.
8. CASTILLA Y LEÓN: Ley 16/2010, de 20 de diciembre, de Servicios Sociales de Castilla y León.
9. CATALUÑA: Ley 12/2007, de 11 de octubre, de Servicios Sociales.
10. EXTREMADURA: 14/2015, de 9 de abril, de Servicios Sociales.
11. GALICIA: Ley 13/2008, de 3 de diciembre, de Servicios Sociales de Galicia.
12. MADRID: Ley 11/2003, de 27 de marzo, de Servicios Sociales de la Comunidad de Madrid.
13. MURCIA: Ley 3/2003, de 10 de abril, del Sistema de Servicios Sociales de la Región de Murcia.
14. NAVARRA: Ley Foral 15/2006, de 14 de diciembre, de Servicios Sociales.
15. LA RIOJA: Ley 7/2009, de 22 de diciembre, de Servicios Sociales de la Rioja.
16. PAÍS VASCO: 12/2008, de 5 de diciembre, de Servicios Sociales.
17. COMUNIDAD VALENCIANA: Ley 3/2019, de 18 de febrero de la Generalitat, de Servicios Sociales Inclusivos de la Comunitat Valenciana.

Una de las dificultades con las que se puede enfrentar una política común para todos los territorios españoles reside en las diferencias demográficas entre comunidades y ciudades autónomas. No es lo mismo hablar de Andalucía, comunidad densamente poblada y por lo tanto con mayor número de personas que tienen o superan los 65 años (al igual que gozan de una elevada tasa de fecundidad), que referirnos a Galicia, con una población envejecida (y tasas menores de fecundidad), puesto que la inversión en servicios sociales dirigidos a los sectores necesitados va a ser diferente en esos territorios.

A mayor abundamiento, en los próximos años tendremos un elevado número de jubilaciones como consecuencia del baby-boom[22], la generación nacida entre 1958 y 1977, que constituye una de las principales preocupaciones del panorama demográfico español, puesto que entre estas fechas los nacimientos en nuestro país se tradujeron en casi 14 millones de niños, por lo que la edad de jubilación, alrededor del año 2024, independientemente del retraso en la edad de jubilación que se ha venido implantando en estos últimos tiempos, supondrá un esfuerzo extraordinario en el sistema de protección social.

Actualmente, de acuerdo con la información suministrada por el INE (Instituto Nacional de Estadística), en España tenemos un 19,77 % de personas mayores de 65 años, en una progresión ascendente dentro de los indicadores de crecimiento y estructura de la población[23]. Si el total de la población española asciende a 47.326.687 en el año 2021 (1 de julio, datos provisionales), la cifra de personas mayores de 65 resulta ser 9.356.486 personas, una cifra siempre en aumento de acuerdo con los indicadores de longevidad y salud de los últimos tiempos. Bien es cierto que en este bienio golpeado por la pandemia de Covid-19 las cifras no dejan de variar, y que en el periodo previo a la existencia de la vacuna, la mortalidad golpeó sobre todo a las personas mayores, pero aún así nos sirve el modelo ofrecido por el INE para conocer la curva ascendente del colectivo de personas de 65 o más años presentes en nuestro territorio.

De estos datos surge la necesidad de ordenar la legislación presente en territorio español con respecto a las personas mayores. Existen disposiciones concretas relativas al colectivo de personas de edad, pero diseminadas en distintas leyes, muchas de ellas dirigidas a las situaciones de dependencia por cuestiones de edad, si bien es cierto que la protección de la autonomía personal se recoge en los últimos tiempos, como se desprende de la Exposición de motivos de la Ley 39/2006, de 14 de diciembre, de Promoción de la Autonomía Personal y Atención a las personas en situación de dependencia de España:

> La atención a las personas en situación de dependencia y la promoción de su autonomía personal constituye uno de los principales retos de la política social

[22] El término baby boom se adoptó como consecuencia del notable aumento de la natalidad que se produjo después de la II Guerra Mundial, aunque en España el fenómeno demográfico llegó más tarde. A los nacidos durante este periodo se les conoce como baby boomers. Durante un período de casi veinte años (1946-1964), hubo una explosión de natalidad sin precedentes en Europa, EE.UU., Canadá, Australia y Nueva Zelanda, entre muchos otros países.

[23] https://www.ine.es/dyngs/INEbase/es/operacion.htm?c=Estadistica_C&cid=1254736176951&menu=ultiDatos&idp=1254735572981, donde se pueden ver los datos desagregados por provincias, por sectores de población, el total nacional, la proporción de hombres, mujeres y extranjeros, aunque advierten que la suma de datos desagregados puede diferir del total debido al redondeo.

de los países desarrollados. El reto no es otro que atender las necesidades de aquellas personas que, por encontrarse en situación de especial vulnerabilidad, requieren apoyos para desarrollar las actividades esenciales de la vida diaria, alcanzar una mayor autonomía personal y poder ejercer plenamente sus derechos de ciudadanía.

En esta Ley se recogía la creación de un Sistema para la Autonomía y Atención a la Dependencia (SAAD), con la colaboración y participación de todas las Administraciones Públicas:

> El Sistema tiene por finalidad principal la garantía de las condiciones básicas y la previsión de los niveles de protección a que se refiere la presente Ley. A tal efecto, sirve de cauce para la colaboración y participación de las Administraciones Públicas y para optimizar los recursos públicos y privados disponibles. De este modo, configura un derecho subjetivo que se fundamenta en los principios de universalidad, equidad y accesibilidad, desarrollando un modelo de atención integral al ciudadano, al que se reconoce como beneficiario su participación en el Sistema y que administrativamente se organiza en tres niveles.

Tales niveles están diferenciados de esta forma:

> La Ley establece un nivel mínimo de protección, definido y garantizado financieramente por la Administración General del Estado. Asimismo, como un segundo nivel de protección, la Ley contempla un régimen de cooperación y financiación entre la Administración General del Estado y las Comunidades Autónomas mediante convenios para el desarrollo y aplicación de las demás prestaciones y servicios que se contemplan en la Ley. Finalmente, las Comunidades Autónomas podrán desarrollar, si así lo estiman oportuno, un tercer nivel adicional de protección a los ciudadanos.

Evidentemente, los convenios establecidos entre el Estado y las Comunidades Autónomas han tenido diversas correcciones a lo largo de los años, y además, aunque parezca prematuro, la futura Ley de Servicios Sociales a la que nos hemos referido con anterioridad incidirá sin duda en aspectos generales a recoger en los futuros acuerdos, si no un marco común para todas las autonomías españolas que permita igual trato para todas las personas mayores en los distintos territorios que conforman la nación, aunque nos parece un propósito que requerirá un esfuerzo ingente para no quedarse en mera teoría conceptual.

El Código Civil español (publicado por Real Decreto de 24 de julio de 1889), con sucesivas modificaciones, ofrece un tratamiento clásico de las cuestiones jurídicas de las personas mayores[24].

Por lo que respecta a la posible agrupación normativa por segmentos de edad, la doctrina civilista muestra cautela, e incluso plantea una posible discriminación[25], si se realizase esta división por edades, añadiendo que en lo que se refiere a la condición jurídica de la persona, no existe un estado civil de persona mayor[26].

Existen múltiples referencias a la situación jurídica de las personas de edad en el Código Civil, entre las que destacan las relativas a la situación de incapacitación. La persona mayor disfruta de la presunción legal de su plena capacidad, por lo que resulta necesario para destruirla incoar un expediente de incapacidad (presunción *iuris tantum*). Con todo, debe quedar claro que la discapacidad y la persona con una edad avanzada son categorías conceptuales diferenciadas.

Así viene reflejado en la Convención sobre los derechos de las personas con discapacidad de Naciones Unidas de 2006[27], cuando afirma en su artículo 1.2 que “las personas con discapacidad incluyen a aquellas que tengan deficiencias físicas, mentales, intelectuales o sensoriales a largo plazo que, al interactuar con diversas barreras, puedan impedir su participación plena y efectiva en la sociedad, en igualdad de condiciones con las demás”.

[24] Sánchez, P.J. González-Trevijano, *Delimitación constitucional de la protección a la tercera edad,* en *Actas de las Primeras Jornadas de problemas legales sobre tutela, asistencia y protección a las personas mayores: Córdoba, 17-18 de noviembre de 2000,* (J.M. González Porras/ I. Gallego Domínguez coord.) 2001, pág. 162; *Libro Blanco sobre envejecimiento activo, cit.*, p. 377, critica el caduco articulado relativo a la incapacitación y a la tutela, instituciones que afectan de modo especial a las personas mayores frente a otros sectores etarios: “El constructo jurídico de la incapacitación y de la tutela es extremadamente obsoleto y cuesta adaptarlo a la situación real de las personas mayores con diagnóstico de demencia. Cuando se formularon las normas concretas a la que estas instituciones hacen referencia en el Código Civil se estaba pensando en personas con enfermedades mentales, muchas de ellas, personas jóvenes (en aquel entonces las personas vivían muchos menos años y muy pocos se demenciaban por patologías que tuvieran relación con la edad avanzada) y a pesar de las reformas posteriores, importantes muchas de ellas, el Código Civil no ha cambiado su filosofía”.

[25] Torrea, E. Torrelles, *La protección de las personas mayores en Cataluña: perspectiva civil,* en *Protección jurídica de los mayores* (M. Alonso Pérez/ E.M. Martínez Gallego coord..), Ed. La Ley, Madrid, 2004, pág. 228.

[26] Gete-Alonso y Calera, M.C; Navarro, S. Navas, *La situación jurídica de las personas mayores,* en *Los derechos de las personas mayores, perspectivas sociales, jurídicas, políticas y filosóficas* (D. Blazquez Martín ed.), ed. Dykinson, Madrid, 2006, p. 41.

[27] Tratado internacional suscrito por la Asamblea General de las Naciones Unidas el 13 de diciembre de 2006, que se abrió a la firma el 30 de marzo de 2007.

A este respecto, se acaba de producir una nueva modificación en el Código Civil, con la Ley 8/2021[28], de 2 de junio, por la que se reforma la legislación civil y procesal para el apoyo a las personas con discapacidad en el ejercicio de su capacidad jurídica, que afecta directamente al contenido de las medidas de apoyo a las personas con discapacidad en lo que se refiere a su capacidad jurídica, recogidas en los artículos 249 y ss.[29], relativas, además de las de naturaleza voluntaria, a la guarda de hecho, la curatela y el defensor judicial.

Dentro de las disposiciones generales, el Código Civil declara sus intenciones de preservar la voluntad del discapacitado, y de promover un sistema de apoyo en vez de uno sustitutorio de la capacidad:

[28] Es una mirada diferente con respecto a la discapacidad, que por supuesto que no afecta a todas las personas mayores ni es exclusivo de éstas, pero a las personas de edad avanzada que requieran de estas medidas de apoyo se les ofrece una nueva perspectiva, como se desprende del Preámbulo de la Ley 8/2021: "La nueva regulación está inspirada, como nuestra Constitución en su artículo 10 exige, en el respeto a la dignidad de la persona, en la tutela de sus derechos fundamentales y en el respeto a la libre voluntad de la persona con discapacidad, así como en los principios de necesidad y proporcionalidad de las medidas de apoyo que, en su caso, pueda necesitar esa persona para el ejercicio de su capacidad jurídica en igualdad de condiciones con los demás. Al respecto, ha de tomarse en consideración que, como ha puesto en evidencia la Observación General del Comité de Expertos de las Naciones Unidas elaborada en 2014, dicha capacidad jurídica abarca tanto la titularidad de los derechos como la legitimación para ejercitarlos"

[29] *Ibidem*, el preámbulo insiste en una reforma extensa y de enorme calado por parte del artículo segundo de la ley 8/2021: "Sienta las bases del nuevo sistema basado en el respeto a la voluntad y las preferencias de la persona con discapacidad, el cual informa toda la norma y se extrapola a través de las demás modificaciones legales al resto de la legislación civil y la procesal... El Título XI del Libro Primero del Código Civil se redacta de nuevo y pasa a rubricarse «De las medidas de apoyo a las personas con discapacidad para el ejercicio de su capacidad jurídica», de suerte que el elemento sobre el que pivota la nueva regulación no va a ser ni la incapacitación de quien no se considera suficientemente capaz, ni la modificación de una capacidad que resulta inherente a la condición de persona humana y, por ello, no puede modificarse. Muy al contrario, la idea central del nuevo sistema es la de apoyo a la persona que lo precise... Cabe añadir, incluso, que en situaciones donde el apoyo no pueda darse de otro modo y solo ante esa situación de imposibilidad, este pueda concretarse en la representación en la toma de decisiones. Es importante señalar que podrá beneficiarse de las medidas de apoyo cualquier persona que las precise, con independencia de si su situación de discapacidad ha obtenido algún reconocimiento administrativo. Es también relevante que, a diferencia de lo que hacían los códigos decimonónicos, más preocupados por los intereses patrimoniales de la persona que por la protección integral de esta, la nueva regulación trata de atender no solo a los asuntos de naturaleza patrimonial, sino también a los aspectos personales, como pueden ser los relativos a decisiones sobre las vicisitudes de su vida ordinaria –domicilio, salud, comunicaciones, etc.–. No se trata, pues, de un mero cambio de terminología que relegue los términos tradicionales de «incapacidad» e «incapacitación» por otros más precisos y respetuosos, sino de un nuevo y más acertado enfoque de la realidad, que advierta algo que ha pasado durante mucho tiempo desapercibido: que las personas con discapacidad son titulares del derecho a la toma de sus propias decisiones, derecho que ha de ser respetado; se trata, por tanto, de una cuestión de derechos humanos".

Artículo 249. Las medidas de apoyo a las personas mayores de edad o menores emancipadas que las precisen para el adecuado ejercicio de su capacidad jurídica tendrán por finalidad permitir el desarrollo pleno de su personalidad y su desenvolvimiento jurídico en condiciones de igualdad. Estas medidas de apoyo deberán estar inspiradas en el respeto a la dignidad de la persona y en la tutela de sus derechos fundamentales. Las de origen legal o judicial solo procederán en defecto o insuficiencia de la voluntad de la persona de que se trate. Todas ellas deberán ajustarse a los principios de necesidad y proporcionalidad.

Las personas que presten apoyo deberán actuar atendiendo a la voluntad, deseos y preferencias de quien lo requiera. Igualmente procurarán que la persona con discapacidad pueda desarrollar su propio proceso de toma de decisiones, informándola, ayudándola en su comprensión y razonamiento y facilitando que pueda expresar sus preferencias. Asimismo, fomentarán que la persona con discapacidad pueda ejercer su capacidad jurídica con menos apoyo en el futuro.

En casos excepcionales, cuando, pese a haberse hecho un esfuerzo considerable, no sea posible determinar la voluntad, deseos y preferencias de la persona, las medidas de apoyo podrán incluir funciones representativas. En este caso, en el ejercicio de esas funciones se deberá tener en cuenta la trayectoria vital de la persona con discapacidad, sus creencias y valores, así como los factores que ella hubiera tomado en consideración, con el fin de tomar la decisión que habría adoptado la persona en caso de no requerir representación.

La autoridad judicial podrá dictar las salvaguardas que considere oportunas a fin de asegurar que el ejercicio de las medidas de apoyo se ajuste a los criterios resultantes de este precepto y, en particular, atienda a la voluntad, deseos y preferencias de la persona que las requiera.

Este cambio de paradigma resulta muy positivo para las personas mayores, antes discriminados como grupo subordinado a causa de la edad, que veían conculcados sus derechos por una percepción negativa y estereotipada general con respecto a la edad, fruto de los estereotipos sociales que presionaban a las personas mayores en sus derechos y su posición en la sociedad.

El siguiente precepto insiste en el nuevo modelo, a saber:

Artículo 250. Las medidas de apoyo para el ejercicio de la capacidad jurídica de las personas que lo precisen son, además de las de naturaleza voluntaria, la guarda de hecho, la curatela y el defensor judicial.

La función de las medidas de apoyo consistirá en asistir a la persona con discapacidad en el ejercicio de su capacidad jurídica en los ámbitos en los que sea preciso, respetando su voluntad, deseos y preferencias.

Las medidas de apoyo de naturaleza voluntaria son las establecidas por la persona con discapacidad, en las que designa quién debe prestarle apoyo y con qué alcance. Cualquier medida de apoyo voluntaria podrá ir acompañada de las salvaguardas necesarias para garantizar en todo momento y ante cualquier circunstancia el respeto a la voluntad, deseos y preferencias de la persona.

La guarda de hecho es una medida informal de apoyo que puede existir cuando no haya medidas voluntarias o judiciales que se estén aplicando eficazmente.

La curatela es una medida formal de apoyo que se aplicará a quienes precisen el apoyo de modo continuado. Su extensión vendrá determinada en la correspondiente resolución judicial en armonía con la situación y circunstancias de la persona con discapacidad y con sus necesidades de apoyo.

El nombramiento de defensor judicial como medida formal de apoyo procederá cuando la necesidad de apoyo se precise de forma ocasional, aunque sea recurrente.

Al determinar las medidas de apoyo se procurará evitar situaciones en las que se puedan producir conflictos de intereses o influencia indebida.

No podrán ejercer ninguna de las medidas de apoyo quienes, en virtud de una relación contractual, presten servicios asistenciales, residenciales o de naturaleza análoga a la persona que precisa el apoyo.

En el ámbito procesal, se sustituyen los tradicionales procesos de modificación de la capacidad por los dirigidos a proveer de apoyos a las personas con discapacidad, y así la ley 1/2000, de 7 de enero, de Enjuiciamiento Civil[30], queda sometida a una revisión de conjunto en la nueva Ley 8/2021, pudiendo destacar como modificación relevante la llevada a cabo en el nuevo artículo 7 bis, con la siguiente rúbrica y contenido: "Ajustes para personas con discapacidad", también introducido en la Ley de Jurisdicción Voluntaria[31], en el

[30] También afectada en su redacción, por ejemplo, en los artículos 756, 757, 758 y 759, y modificado el artículo 760.

[31] Ley 15/2015, de 2 de julio, de la Jurisdicción Voluntaria, que también se ve afectada por la Ley 8/2021, como se concreta en el preámbulo: "La reforma de la Ley 15/2015, de 2 de julio, de la Jurisdicción Voluntaria, queda justificada tanto por la introducción del nuevo expediente de provisión de medidas judiciales de apoyo a personas con discapacidad, como por la necesidad de que no haya discrepancia entre los diversos textos legales, todo ello en aras de una eficaz tutela de los derechos de las personas. De esta manera, se establece un ajuste entre la Ley de la Jurisdicción Voluntaria y la legislación civil material en lo que respecta al nombramiento del defensor judicial de menores o personas con discapacidad", con una nueva redacción del artículo 27, y la incorporación de un nuevo Capítulo III bis al Título II con la siguiente rúbrica y contenido: "Del expediente de provisión de medidas judiciales de apoyo a personas con discapacidad".

que se regulan los ajustes de procedimiento cuando participen personas con discapacidad, independientemente de su condición de parte, y que se deben realizar en todas las fases procesales, inclusive en los actos de comunicación.

Si bien la situación de incapacidad no puede ser aplicable al conjunto de las personas mayores, sí resulta tranquilizador el saber que se han realizado reformas legislativas con respecto a la posible discapacidad futura, puesto que este nuevo sistema de acompañamiento no resulta denigratorio para la persona mayor que se vea apoyado, que no sustituido, en la mayoría de las actuaciones legales en las que se vea necesitado de ese acompañamiento.

Otra institución significativa, que puede suponer una ayuda al colectivo de personas mayores, la constituye el testamento vital, o documento de voluntades anticipadas, recogido como documento de instrucciones previas en la Ley 41/2002, de 14 de noviembre, básica reguladora de la autonomía del paciente y de derechos y obligaciones en materia de información y documentación clínica:

> Artículo 11. Instrucciones previas.
>
> 1. Por el documento de instrucciones previas, una persona mayor de edad, capaz y libre, manifiesta anticipadamente su voluntad, con objeto de que ésta se cumpla en el momento en que llegue a situaciones en cuyas circunstancias no sea capaz de expresarlos personalmente, sobre los cuidados y el tratamiento de su salud o, una vez llegado el fallecimiento, sobre el destino de su cuerpo o de los órganos del mismo. El otorgante del documento puede designar, además, un representante para que, llegado el caso, sirva como interlocutor suyo con el médico o el equipo sanitario para procurar el cumplimiento de las instrucciones previas.
>
> 2. Cada servicio de salud regulará el procedimiento adecuado para que, llegado el caso, se garantice el cumplimiento de las instrucciones previas de cada persona, que deberán constar siempre por escrito.
>
> 3. No serán aplicadas las instrucciones previas contrarias al ordenamiento jurídico, a la «lex artis», ni las que no se correspondan con el supuesto de hecho que el interesado haya previsto en el momento de manifestarlas. En la historia clínica del paciente quedará constancia razonada de las anotaciones relacionadas con estas previsiones.
>
> 4. Las instrucciones previas podrán revocarse libremente en cualquier momento dejando constancia por escrito.
>
> 5. Con el fin de asegurar la eficacia en todo el territorio nacional de las instrucciones previas manifestadas por los pacientes y formalizadas de acuerdo con

lo dispuesto en la legislación de las respectivas Comunidades Autónomas[32], se creará en el Ministerio de Sanidad y Consumo el Registro nacional de instrucciones previas que se regirá por las normas que reglamentariamente se determinen[33], previo acuerdo del Consejo Interterritorial del Sistema Nacional de Salud".

En el ámbito autonómico, estas son las normas que contemplan, de distintos modos, el documento del testamento vital o instrucciones previas:

La primera ley en contener una definición de testamento vital fue la Ley catalana 21/2000, de 29 de diciembre, sobre los derechos de información concerniente a la salud y la autonomía del paciente, y a la documentación clínica, en su artículo 8.1: "El documento de voluntades anticipadas es el documento, dirigido al médico responsable, en el cual una persona mayor de edad, con capacidad suficiente y libremente, expresa las instrucciones a tener en cuenta cuando se encuentre en una situación en que las circunstancias que concurran no le permitan expresar personalmente su voluntad. En este documento, la persona puede también designar un representante, que es el interlocutor válido y necesario con el médico o el equipo sanitario, para que la substituya en el caso de que no pueda expresar su voluntad por sí misma"[34].

La siguiente Comunidad Autónoma en regular esta institución fue Castilla y León: Ley 8/2003 de 8 de Abr C.A. Castilla y León (Derechos y deberes de las personas en relación con la salud).

[32] *Libro Blanco sobre envejecimiento activo, cit.*, p. 397: "Las diferentes Comunidades Autónomas han desarrollado normas que regulan las instrucciones previas y a las que han dado diferentes nombres y recogen los requisitos a tener en cuenta para que éstas sean válidas. Normalmente es un documento que se hace de forma escrita. La normativa en las Comunidades Autónomas es tan dispersa que ni en la denominación hay acuerdo, mucho menos en los requisitos exigibles para que éstas sean válidas. La propia ley estatal ve la luz cuando ya existían leyes autonómicas al respecto en vigor", añadiendo a continuación que no tienen muy buen cartel, en líneas generales, y que están sometidas a varias críticas, por lo que deberían reflexionar sobre un nuevo documento más ágil y específico como están comenzando a implantar algunos países, con una mayor efectividad por lo menos en el ámbito sanitario, destacando además que aunque se trata de un documento correcto, se asienta sobre hipótesis, y no es igual decidir sobre una hipótesis a largo plazo que sobre algo efectivamente real y a corto plazo.

[33] El Registro nacional de Instrucciones previas se contempla en el Real Decreto 124/2007, de 2 de febrero, por el que se regula el Registro nacional de instrucciones previas y el correspondiente fichero automatizado de datos de carácter personal. También debemos precisar que las Comunidades Autónomas han creados registros semejantes en sus ámbitos respectivos.

[34] DECRETO 175/2002, de 25 de junio, por el que se regula el Registro de voluntades anticipadas, publicado en el DOGC núm. 3665 – 27/06/2002.

Murcia: Ley 3/2009, de 11 de mayo, de los derechos y deberes de los usuarios del sistema sanitario de la Región de Murcia.

Andalucía: Ley 2/2010, de 8 de abril, de derechos y garantías de la dignidad de la persona en proceso de la muerte.

Aragón: Ley 10/2011, de 24 de marzo, de derechos y garantías de la dignidad de la persona en el proceso de morir y de la muerte.

Comunidad Foral de Navarra: Ley Foral 8/2011, de 24 de marzo, de derechos y garantías de la dignidad de la persona en el proceso de la muerte.

Canarias: Ley 1/2015, de 9 de febrero, de derechos y garantías de la dignidad de la persona ante el proceso final de su vida.

Illes Balears: Ley 4/2015, de 23 de marzo, de derechos y garantías de la persona en el proceso de morir.

Galicia: Ley 5/2015, de 26 de junio, de derechos y garantías de la dignidad de las personas enfermas terminales.

País Vasco: Ley 11/2016, de 8 de julio, de garantía de los derechos y de la dignidad de las personas en el proceso final de su vida.

Madrid: Ley 4/2017, de 9 de marzo, de garantías y derechos de las personas en el proceso de morir.

Asturias: Ley del Principado de Asturias 5/2018, de 22 de junio, sobre derechos y garantías de la dignidad de las personas en el proceso del final de la vida.

Comunidad Valenciana: Ley 16/2018, de 28 de junio, de la Generalitat, de derechos y garantías de la dignidad de la persona en el proceso de atención al final de la vida.

Una nueva norma jurídica que está relacionada con el testamento vital resulta ser la Ley Orgánica 3/2021, de 24 de marzo, de Regulación de la Eutanasia[35], que entró en vigor el 25 de junio en toda España, ha tenido un gran

[35] Término explicado incluso con su etimología en el Preámbulo de la Ley, y en la que se intenta explicar el motivo de su aprobación, contestado por una buena parte de la población española: "La legalización y regulación de la eutanasia se asientan sobre la compatibilidad de unos principios esenciales que son basamento de los derechos de las personas, y que son así recogidos en la Constitución española. Son, de un lado, los derechos fundamentales a la vida y a la integridad física y moral, y de otro, bienes constitucionalmente protegidos como son la dignidad, la libertad o la autonomía de la voluntad. Hacer compatibles estos derechos y principios constitucionales es necesario y posible, para lo que se requiere una legislación respetuosa con todos ellos. No basta simplemente con despenalizar las conductas que impliquen alguna forma de ayuda a la muerte de otra persona, aun cuando se produzca por expreso deseo de esta. Tal modificación legal dejaría a las personas desprotegidas respecto de su derecho a la vida que nuestro marco constitucional exige proteger. Se busca, en cambio, legislar para respetar la autonomía y voluntad de poner fin a la vida de quien está en una situación de padecimiento grave, crónico e imposibilitante o de enfermedad grave e incurable, padeciendo un sufrimiento insoportable que no puede ser aliviado en condiciones

debate con respecto a su concreción explícita y motivación, sustentada en la necesidad de tener un régimen legal aplicable cuando se despenalizan conductas eutanásicas[36], y que contiene como una de las novedades de esta norma, la obligación de que la eutanasia esté incluida de forma explícita en el registro de instrucciones previas o testamento vital siempre que el paciente no esté en condiciones de decidir por sí mismo, con el objetivo de que los profesionales sanitarios a cargo conozcan, llegado el caso, cuál es la voluntad del enfermo[37]. Así, la solicitud de ayuda para morir será presentada conjunta-

que considere aceptables, lo que denominamos un contexto eutanásico. Con ese fin, la presente Ley regula y despenaliza la eutanasia en determinados supuestos, definidos claramente, y sujetos a garantías suficientes que salvaguarden la absoluta libertad de la decisión, descartando presión externa de cualquier índole".

[36] De nuevo en el Preámbulo, con la necesidad de insistir en la 'bondad' del nuevo régimen aplicable, se explica la necesidad de la nueva ley: "En el panorama de los países de nuestro entorno se pueden reconocer, fundamentalmente, dos modelos de tratamiento normativo de la eutanasia. Por una parte, los países que despenalizan las conductas eutanásicas cuando se considera que quien la realiza no tiene una conducta egoísta, y por consiguiente tiene una razón compasiva, dando pie a que se generen espacios jurídicos indeterminados que no ofrecen las garantías necesarias. Por otra parte, los países que han regulado los supuestos en que la eutanasia es una práctica legalmente aceptable, siempre que sean observados concretos requisitos y garantías. En el análisis de estas dos alternativas jurídicas, es relevante la doctrina del Tribunal Europeo de Derechos Humanos que, en su sentencia de 14 de mayo de 2013 (caso Gross vs. Suiza), consideró que no es aceptable que un país que haya despenalizado conductas eutanásicas no tenga elaborado y promulgado un régimen legal específico, precisando las modalidades de práctica de tales conductas eutanásicas. Esta Ley pretende incluirse en el segundo modelo de legislación, dotando de una regulación sistemática y ordenada a los supuestos en los que la eutanasia no deba ser objeto de reproche penal. Así, la Ley distingue entre dos conductas eutanásicas diferentes, la eutanasia activa y aquella en la que es el propio paciente la persona que termina con su vida, para lo que precisa de la colaboración de un profesional sanitario que, de forma intencionada y con conocimiento, facilita los medios necesarios, incluido el asesoramiento sobre la sustancia y dosis necesarias de medicamentos, su prescripción o, incluso, su suministro con el fin de que el paciente se lo administre. Por su parte, eutanasia activa es la acción por la que un profesional sanitario pone fin a la vida de un paciente de manera deliberada y a petición de este, cuando se produce dentro de un contexto eutanásico por causa de padecimiento grave, crónico e imposibilitante o enfermedad grave e incurable, causantes de un sufrimiento intolerable.

[37] Ley Orgánica 3/2021, de 24 de marzo, de regulación de la eutanasia: "Artículo 5. Requisitos para recibir la prestación de ayuda para morir.

1. Para poder recibir la prestación de ayuda para morir será necesario que la persona cumpla todos los siguientes requisitos:

a) Tener la nacionalidad española o residencia legal en España o certificado de empadronamiento que acredite un tiempo de permanencia en territorio español superior a doce meses, tener mayoría de edad y ser capaz y consciente en el momento de la solicitud.

b) Disponer por escrito de la información que exista sobre su proceso médico, las diferentes alternativas y posibilidades de actuación, incluida la de acceder a cuidados paliativos integrales

mente con el testamento vital o documentación equivalente, pudiendo ser diferentes sujetos los legitimados para la presentación de dicha solicitud, de acuerdo con la ley[38].

Conclusiones

En la resolución que precede y explica los ODS (Objetivos de Desarrollo Sostenible)[39], de la Agenda 2030, se menciona explícitamente a las personas

comprendidos en la cartera común de servicios y a las prestaciones que tuviera derecho de conformidad a la normativa de atención a la dependencia.
c) Haber formulado dos solicitudes de manera voluntaria y por escrito, o por otro medio que permita dejar constancia, y que no sea el resultado de ninguna presión externa, dejando una separación de al menos quince días naturales entre ambas.
Si el médico responsable considera que la pérdida de la capacidad de la persona solicitante para otorgar el consentimiento informado es inminente, podrá aceptar cualquier periodo menor que considere apropiado en función de las circunstancias clínicas concurrentes, de las que deberá dejar constancia en la historia clínica.
d) Sufrir una enfermedad grave e incurable o un padecimiento grave, crónico e imposibilitante en los términos establecidos en esta Ley, certificada por el médico responsable.
e) Prestar consentimiento informado previamente a recibir la prestación de ayuda para morir. Dicho consentimiento se incorporará a la historia clínica del paciente.
2. No será de aplicación lo previsto en las letras b), c) y e) del apartado anterior en aquellos casos en los que el médico responsable certifique que el paciente no se encuentra en el pleno uso de sus facultades ni puede prestar su conformidad libre, voluntaria y consciente para realizar las solicitudes, cumpla lo previsto en el apartado 1.d), y haya suscrito con anterioridad un documento de instrucciones previas, testamento vital, voluntades anticipadas o documentos equivalentes legalmente reconocidos, en cuyo caso se podrá facilitar la prestación de ayuda para morir conforme a lo dispuesto en dicho documento. En el caso de haber nombrado representante en ese documento será el interlocutor válido para el médico responsable. La valoración de la situación de incapacidad de hecho por el médico responsable se hará conforme a los protocolos de actuación que se determinen por el Consejo Interterritorial del Sistema Nacional de Salud".

[38] Así previsto por la Ley Orgánica recientemente aprobada: "Artículo 6.4. En los casos previstos en el artículo 5.2, la solicitud de prestación de ayuda para morir podrá ser presentada al médico responsable por otra persona mayor de edad y plenamente capaz, acompañándolo del documento de instrucciones previas, testamento vital, voluntades anticipadas o documentos equivalentes legalmente reconocidos, suscritos previamente por el paciente. En caso de que no exista ninguna persona que pueda presentar la solicitud en nombre del paciente, el médico que lo trata podrá presentar la solicitud de eutanasia. En tal caso, dicho médico que lo trata estará legitimado para solicitar y obtener el acceso al documento de instrucciones previas, voluntades anticipadas o documentos equivalentes a través de las personas designadas por la autoridad sanitaria de la Comunidad Autónoma correspondiente o por el Ministerio de Sanidad, de conformidad con la letra d) del punto 1 del artículo 4 del Real Decreto 124/2007, de 2 de febrero, por el que se regula el Registro nacional de instrucciones previas y el correspondiente fichero automatizado de datos de carácter personal".

[39] RES 70/1, párrafo 23: "23. Es necesario empoderar a las personas vulnerables. Por ello, esta Agenda refleja las necesidades de todos los niños, los jóvenes, las personas con discapacidad (más

de edad como uno los grupos susceptibles de experimentar situaciones de vulnerabilidad, pero curiosamente no se identifica ninguno de los 17 objetivos de la citada Agenda como específicamente diseñado para las necesidades de las personas mayores, lo que hubiera sido más lógico en atención a sus circunstancias especiales, independientemente de que algunos de los 193 países firmantes (el 25 de septiembre de 2015), y comprometidos con estos objetivos de Naciones Unidas, tengan menos población envejecida que otros.

Hay algunos casos, aunque pocos, en que las necesidades de las personas de edad se mencionan explícitamente en algunas de las 169 metas de los Objetivos de Desarrollo Sostenible (ODS). Dentro del Objetivo 2, relativo a la erradicación del hambre, la meta 2.2 propone poner fin a la malnutrición, teniendo en cuenta, conjuntamente con otros grupos, a las personas mayores[40]. En el Objetivo 11, dirigido a ciudades y asentamientos humanos inclusivos, seguros, resilientes y sostenibles, dos metas incluyen menciones específicas a las personas de edad: la meta 11.2, relacionada con los sistemas de transporte y la meta 11.7 sobre el acceso a espacios públicos seguros y zonas verdes[41].

En otros casos, se entiende implícitamente contenida la protección a los mayores, como cuando se refiere de modo explícito a la salud y el bienestar, motivo central del objetivo 3, ya que no es otro que el de garantizar una vida sana y promover el bienestar de todos a todas las edades, y el bienestar de las personas de edad constituye uno de los pilares fundamentales en todas las regulaciones específicas sobre la materia.

del 80% de las cuales viven en la pobreza), las personas que viven con el VIH/SIDA, las personas de edad, los pueblos indígenas, los refugiados y los desplazados internos y los migrantes, entre otros. Estamos resueltos a emprender más acciones y medidas eficaces, de conformidad con el derecho internacional, para eliminar obstáculos y restricciones, fortalecer el apoyo a las personas que viven en zonas afectadas por emergencias humanitarias complejas y en zonas afectadas por el terrorismo y atender sus necesidades especiales".

[40] Meta 2.2.: "De aquí a 2030, poner fin a todas las formas de malnutrición, incluso logrando, a más tardar en 2025, las metas convenidas internacionalmente sobre el retraso del crecimiento y la emaciación de los niños menores de 5 años, y abordar las necesidades de nutrición de las adolescentes, las mujeres embarazadas y lactantes y las personas de edad".

[41] Meta 11.2: "De aquí a 2030, proporcionar acceso a sistemas de transporte seguros, asequibles, accesibles y sostenibles para todos y mejorar la seguridad vial, en particular mediante la ampliación del transporte público, prestando especial atención a las necesidades de las personas en situación de vulnerabilidad, las mujeres, los niños, las personas con discapacidad y las personas de edad". Meta 11.7: "De aquí a 2030, proporcionar acceso universal a zonas verdes y espacios públicos seguros, inclusivos y accesibles, en particular para las mujeres y los niños, las personas de edad y las personas con discapacidad".

Las menciones, concretas y determinadas o subsumidas en los ODS con el propósito de dar cumplimiento a los mismos en el plazo del año 2030, son ciertamente bienvenidas, pero debemos observarlas con una actitud crítica. El hecho de que las personas de edad estén relacionadas explícitamente en unas metas y no en otras parece demostrar la falta de consistencia a la hora de abordar las necesidades específicas del colectivo de mayores. Y la mayor crítica la dirigimos al hecho de que las reivindicaciones más relevantes del colectivo de personas de edad no coinciden con la mención explícita en los ODS, a saber, la salud, la protección social, el abuso y la violencia, ausencias demasiado significativas en relación con la importancia de los temas que les pueden afectar con extrema gravedad.

En este contexto surge el debate sobre la necesidad o no de leyes específicas sobre los mayores, y no su ubicación tangencial en legislaciones generalistas que al final no dan respuestas adecuadas a las demandas de los mayores. La cuestión de implantar una gerontología jurídica, o derecho de los mayores[42], tiene también sus puntos débiles, puesto que por un lado se debe respetar la autonomía personal, sin vulnerar derechos fundamentales, y habitualmente se cae en un exceso regulatorio de la protección de los mayores, perdiendo de vista su capacidad natural[43], y evidenciando el interés proteccionista que resalta una vulnerabilidad perpetua por el hecho de ser una persona de edad cuando en realidad en muchas ocasiones no necesita de ese régimen proteccionista cercenador de sus libertades.

Identificar a las personas mayores con una reducción significativa de sus habilidades es minusvalorar jurídica y socialmente a un colectivo que se vale por sí mismo en una proporción significativa, pero que no por ello deja de tener necesidades, sobre todo relacionadas con la seguridad en lo que respecta a sus prestaciones en forma de pensiones, y a la atención de su salud, aquí sí, en mayor proporción que otros sectores de la población, así como a una reducción de la brecha digital que en ocasiones convierte sus gestiones diarias en una pesadilla por la falta de comprensión de la sociedad a la que pertenecen.

[42] AYAGO, A. Durán, *Nuevos escenarios en la protección internacional de adultos. La protección Jurídica de los Mayores*, Ed. La Ley, Madrid, 2004, *passim*; ALCOZ, M. Medina, *La ancianidad en el derecho civil*, en *Revista de Derecho Privado*, 95, 5, 2011, pp. 73 ss.

[43] El Ordenamiento Jurídico español no prevé la posible incidencia que la edad avanzada puede tener sobre la capacidad de obrar de la persona, aunque sí se alude a ella en algunos preceptos del Código civil, como sucede por ejemplo en el caso de la desaparición de un persona, en el que se se acorta el plazo a cinco años siempre que el desaparecido hubiere cumplido setenta y cinco años, o se considera la edad como motivo de excusa para el desempeño de las funciones tutelares.

Ese es el reto *ad futurum*, considerar iguales a nuestros mayores, identificar sus necesidades y ayudarles en sus dificultades, disipar sus miedos e inseguridades, y no convertirlos en parias invisibles de la sociedad a la que tanto han contribuido en su crecimiento, desarrollo y sostenimiento en los momentos más difíciles de su historia.

Por otro lado, sus reivindicaciones perennes, que inciden en la revalorización de sus pensiones, cuestión no baladí que incide en su calidad de vida diaria, necesidad de atención en diferentes servicios, incluso bancarios, por las dificultades entre generaciones a la hora de abordar nuevas tecnologías y la digitalización cada vez más omnipresente, y la celeridad en sus citas médicas para poder sobrellevar sus dolencias en caso de tenerlas, no tienen jamás una pronta respuesta, sino que se van invisibilizando con otros problemas que se solapan frente a sus reclamaciones como más inmediatos y urgentes, priorizando solo su necesidad ante las citas electorales, por la necesidad del voto de la tercera y cuarta edad.

Sin ánimo de polemizar más allá de lo estrictamente necesario, nos preguntamos por la urgencia de la Ley Orgánica de la Eutanasia, que no afecta a tanta población como se decía por cuanto las estadísticas demuestran su escasa utilización, y por la dejadez general de casi todas las administraciones a la hora de abordar un nuevo esquema de salud y de atención a las personas mayores, así como de proporcionarles la seguridad debida en sus últimos años, con la amenaza constante en los medios de comunicación de la escasez de fondos estatales para poder hacer frente a las pensiones que les garanticen el bienestar debido sus últimos años.

La pandemia del Covid-19 afectó trágicamente a una cifra impensable de personas mayores, mortalidad inusual que afrontaron con valentía a pesar del temor que suponía para su edad una dolencia desconocida[44]. Y sin embargo, el olvido instrumental que seguimos percibiendo es injusto, cruel y ajeno a los derechos humanos que tanto se predican, pero desgraciadamente es fruto del pensamiento global de una colectividad que desprecia la edad como síntoma de debilidad y de inutilidad, cuando deberían ser aprovechados en su gran experiencia de vida como asesores de la sociedad.

[44] En relación con las pandemias que asolaron la tierra en distintas épocas de la historia, y el comportamiento de los ciudadanos, así como una reflexión acerca del Covid-19 en España y la atención dispensada a las personas mayores, vid. M.J. Bravo Bosch, *La peste en Constantinopla*, en *Glossae: European Journal of Legal History*, 17, 2020, pp. 517-549.

Referencias

M. Bellomo, *Le competenze finanziarie dei consoli: analisi di un episodio relativo aScipione Africano*, en *Acme* 1/2014.

N. Bobbio, *El tiempo de los derechos*, trad. esp., Ed. Sistema, Madrid, 1991.

M.J. Bravo Bosch, *El ius honorum en la antigua Roma, AFDUDC*, 14, 2010.

M.J. Bravo Bosch, *Mujeres y símbolos de la Roma Republicana*. Ed. Dykinson, Madrid, 2017.

M.J. Bravo Bosch, *La peste en Constantinopla*, en *Glossae: European Journal of Legal History*, 17, 2020.

B. Deusdad, *El COVID-19 y la crisis de las residencias de mayores en España: Edadismo y precariedad*, en *Research On Ageing And Social Policy*, 8(2), 2020.

A. Durán Ayago, *Nuevos escenarios en la protección internacional de adultos. La protección Jurídica de los Mayores*, Ed. La Ley, Madrid, 2004.

M.C. Gete-Alonso y Calera- S. Navas Navarro, *La situación jurídica de las personas mayores*, en *Los derechos de las personas mayores, perspectivas sociales, jurídicas, políticas y filosóficas* (D. Blazquez Martín ed.), ed. Dykinson, Madrid, 2006.

P.J. González-Trevijano Sánchez, *Delimitación constitucional de la protección a la tercera edad*, en *Actas de las Primeras Jornadas de problemas legales sobre tutela, asistencia y protección a las personas mayores: Córdoba, 17-18 de noviembre de 2000*, (J.M. González Porras/ I. Gallego Domínguez coord.) 2001.

V.J. Martínez Pardo, *El derecho a la libertad y posible restricción a través de la detención*, Boletín del Ministerio de Justicia, 60, 2018.

A.A. Martínez Ques, La protección jurídica de las personas mayores desde la perspectiva de los derechos humanos, Revista de Derecho UNED, 17, 2015.

M. Medina Alcoz, *La ancianidad en el derecho civil*, en *Revista de Derecho Privado*, 95, 5, 2011.

J. L. Monereo Pérez-C. Molina Navarrete, *El derecho a la protección de las personas de la tercera edad* (J.L. Monereo Pérez, dir.), *Comentario a la Constitución Socio-Económica de España*. Ed. Comares, Granada, 2002.

M.J. Oddone-P. Pochintesta, *La cuarta edad: la fragilidad en cuestión...*, en *Desde la niñez a la vejez*, Ed. Teseo, Buenos Aires, 2019.

M.E. Rebato Peño, *El derecho a la libertad y seguridad personal*, en *Los Derechos Fundamentales. La vida, la igualdad y los derechos de libertad* (J.L. García Herrero dir.), Ed. Tirant Lo Blanch, Valencia, 2013.

J. Subirats Humet, *El reto de la nueva ciudadanía. Nuevos relatos y nuevas políticas para distintas personas mayores*, en *Libro Blanco sobre envejecimiento activo*, editado por el Ministerio de Sanidad, Política Social e Igualdad, Instituto de Mayores y Servicios Sociales, IMSERSO, Madrid, 2011.

E. Torrelles Torrea, *La protección de las personas mayores en Cataluña: perspectiva civil*, en *Protección jurídica de los mayores* (M. Alonso Pérez/ E.M. Martínez Gallego coord..), Ed. La Ley, Madrid, 2004.

I. Zurita Martin, Protección civil de la ancianidad, Ed. Dykinson, Madrid, 2004.

2
REGIME JURÍDICO DAS PESSOAS IDOSAS NA ESPANHA

MARIA JOSÉ BRAVO BOSCH[1]

1. Introdução

Os maus tratos geracionais aos idosos são uma realidade inegável há várias décadas na Espanha. O termo "ageismo", em referência à discriminação com base na idade dirigida aos idosos, é um conceito assumido pela sociedade atual, em que, institucional, social e legalmente, se assume que o grupo humano que terminou as suas expectativas laborais, já não cumpre qualquer função útil e, portanto, pode ser repudiado e insultado na realidade quotidiana do grupo social a que pertence.

É verdade que as generalizações podem dar a impressão de impunidade contra aqueles que dirigem os seus preconceitos contra os mais velhos, desprezando-os nas redes sociais, nas suas relações quotidianas ou em práticas institucionais que protegem outros grupos, quando isso não é verdade. Os cidadãos idosos gozam legalmente dos mesmos direitos e deveres constitucionais civis e políticos que os demais; no entanto, o problema traduz-se na prática, que é o que os sujeita a várias dificuldades para a sua plena integração e participação na sociedade a que pertencem.

[1] Professora Titular de Direito Romano na Universidade de Vigo. Professora de Introdução aos Sistemas Jurídicos Contemporâneos: Direito Continental e Direito Anglo-Saxão no Campusde Ourense. Professora Visitante nas Universidades de Messina (Itália), Cagliari (Itália) e no Centro Universitário 7 de Setembro (UNI7/Fortaleza/Brasil). Professora convidada no Curso de Alta Formação em Direito Romano pela Universidade La Sapienza de Roma. Diretora da Inspeção de Serviços e Mentora Ética da Universidade de Vigo. Presidente da Comissão Espanhola de História do Direito de Família e Sucessões da Associação de Direito de Família e das Sucessões – ADFAS.

Deve dizer-se que a nossa avaliação não é pessoal, mas vem da reflexão de diferentes grupos que analisaram a discriminação com base na idade, e nos oferecem um panorama sem muitas garantias para os idosos em termos dos seus direitos e acesso a certos bens e serviços. Parece que à medida que os anos passam e uma certa idade é atingida, os direitos expiram para as pessoas que se reformaram da vida ativa, quando se sabe que gozam dos mesmos direitos independentemente da nossa data de nascimento, embora a eficácia se perca quando atravessamos o limiar de uma certa idade e o tratamento se torna uma desvalorização das pessoas mais velhas.

Confrontados com o sentimento por parte de alguns de que os "velhos" são supérfluos, que as suas despesas médicas drenam recursos de saúde, que as suas internações hospitalares reduzem as expectativas de outros sujeitos mais jovens e, portanto, com mais possibilidades de superar uma doença e de voltar a juntar-se à sociedade de uma forma frutuosa, os políticos quiseram ir muito longe nos seus discursos públicos[2] e nas suas promessas eleitorais, embora a realidade seja que os relatórios feitos e a publicidade das suas ofertas não parecem refletir-se em medidas adequadas para a proteção da clara vulnerabilidade dos idosos[3].

Por outro lado, nem todos os idosos necessitam de proteção, embora o sistema legal deva estar presente para intervir nas situações que requerem proteção especial para os idosos. No passado, a esperança de vida era muito mais curta do que é hoje, pelo que não parecia necessário regular certos aspectos e, além disso, as pessoas idosas tendiam a viver com as suas famílias e a viver a sua vulnerabilidade num contexto que era (geralmente) propício à prote-

[2] Bobbio, N. *El tiempo de los derechos*, ed. Sistema, Madrid, 1991, depois de se referir aos direitos sociais como sendo mais difíceis de proteger do que os direitos de liberdade, p. 111: "Poder-se-ia multiplicar os exemplos do contraste entre as declarações solenes e a sua realização, entre a grandeza das promessas e a miséria do seu cumprimento. Uma vez que interpretei a extensão do atual debate sobre os direitos humanos como um sinal do progresso moral da humanidade, não seria inadequado repetir que este crescimento moral não é medido por palavras, mas por atos, e que o inferno está cheio de boas intenções".

[3] Como exemplo claro da inadequação das medidas de proteção para os idosos, vide. Deusdad, B., *El COVID-19 y la crisis de las residencias de mayores en España: Edadismo y precariedad*, in *Research On Ageing And Social Policy*, 8(2), 2020, pp. 142-168, destaca a fraqueza dos Estados Europeus de Bem-Estar face a uma emergência sanitária que continua a garantir os direitos dos idosos, analisa o fracasso dos cuidados abrangentes nos lares de idosos, bem como as medidas legislativas urgentes que foram tomadas face à elevada taxa de mortes nestes centros. Além disso, o autor convida à reflexão sobre as práticas etárias, suscitando um debate sobre o envelhecimento nos lares espanhóis, e salientando a necessidade de uma nova lei para proteger os direitos dos idosos, uma vez que já existe uma para as crianças.

ção diária das suas necessidades e interesses. Hoje em dia, a realidade é que cada vez mais pessoas idosas vivem sozinhas, sem filhos ou familiares próximos que os possam ajudar quando necessitam de assistência devido a doença ou envelhecimento, ou mesmo se tiverem familiares que não queiram cuidar deles devido à consubstancial objeção à própria velhice.

É curioso, para dizer o mínimo, o contraste entre a velhice de hoje e a velhice na Roma antiga, *in senectute bona*, uma vez que os idosos nas *urbs* gozavam de uma posição privilegiada concedida pela lei romana[4], um papel preeminente como resultado da sabedoria que veio com a experiência de vida. O *cursus honorum*, a carreira política dos magistrados romanos, mostra que os cargos mais importantes na administração romana eram ocupados por pessoas mais velhas, como consequência da obrigação de deixar passar um certo tempo entre a detenção de cada magistrado. Numa estrutura hierárquica, isto significava que o posto de cônsul, a magistratura mais alta, permanente e ordinária, composta por dois cônsules que constituíam a magistratura mais prestigiada da *civita* romana na época republicana, e que eram também magistrados *cum império*, não era acessível aos jovens, uma vez que tinham de iniciar a sua carreira como magistrados *sine imperio*, numa escada que tinha um *excursus* temporário que tinha de ser respeitada antes de tornar-se cônsules.

Da mesma forma, os costumes dos antepassados, os *mores maiorum*, foram considerados fontes de direito arcaico, e continuaram a ser respeitados como *ius* ao longo da história romana, que implicava a venerada lei dos antepassados e, portanto, dos anciãos, a ser seguida como preceito. Esta excelência da velhice culminou com a eleição dos mais respeitáveis anciãos como membros do Senado, um órgão político de indubitável poder em Roma, que nunca seria desafiado se as terríveis consequências do desafio fossem evitadas[5].

[4] A este respeito, ver BOSCH, M.J. Bravo. *El ius honorum en la antigua Roma*, AFDUDC, 14, 2010, pp. 229-248, onde os diferentes tipos de magistrados romanos se distinguem desde o início da sua carreira administrativa-política, bem como a regulamentação temporal do acesso aos cargos, na p. 236: "A exigência temporal para o acesso às diferentes magistraturas obrigou a que passassem pelo menos dois anos entre uma ou outra magistratura. Foi estabelecido pela *Lex Villia Annales* de 180 AC, que previa o acesso por ordem ascendente, da seguinte forma: primeiro se acessaria a *cuestura*, depois à *edilidade curul*, depois à *pretura* e finalmente ao consulado. Da mesma forma, esta lei fixou, embora aparentemente não de forma vinculativa, uma idade mínima para o acesso às diferentes magistraturas, até Sula fixar com uma lei *Cornelia de magistratibus*, em 82 a.C., a sequência das magistraturas, com os parênteses necessários entre elas, e a idade mínima para o acesso ao pretor e ao cônsul".

[5] Livio, *Ab urbe condita*, 38.56, contém o julgamento contra os Escipiones. O mais famoso, Publius Cornelius Scipio Africanus, o mais famoso general romano que derrotou Aníbal na batalha de Zama, representou o triunfo do estado romano sobre todos os outros, mas mesmo assim ele não estava livre da tentativa de manchar a sua honra pelo Senado; sobre o poder do Senado no que

Os pater familiares, os titulares da autoridade parental dentro da estrutura familiar, gozavam de prestígio e poder indubitáveis, e isto foi evidenciado pelo fato de a República romana ter confiado os seus assuntos a representantes maduros e não a jovens, impetuosos mas sobretudo inexperientes, que poderiam conduzir o destino de Roma ao desastre, elegendo governantes com plenos poderes a *patres* de idade avançada[6]. A verdade é que os sucessos da expansão territorial no Mediterrâneo durante a era republicana nos mostram a relevância da idade em empreender conquistas, algumas das quais eram sem dúvida difíceis, para a maior glória de Roma, e a importância da experiência na preparação de um exército romano constituído por militares na sua juventude.

Não é nossa intenção, com esta visão retrospectiva, reintroduzir cânones de comportamento muito anteriores na lei e no tempo, mas antes recordar a

diz respeito ao poder consular tal como encarnado na figura de Scipio Africanus, BELLOMO, M., *Le competenze finanziarie dei consoli: analisi di un episódio relativo a Scipione Africano*, in Acme 1/2014, pp. 65-77 ; BOSCH, M.J. Bravo, *Mujeres y símbolos de la Roma Republicana*. Ed. Dykinson, Madrid, 2017, pp.188-189: "Prevendo os ataques invejosos que lhe vinham dos tribunais, preferiu retirar-se para a sua propriedade em Literno, uma colônia portuária romana na Campânia, firmemente determinado a não aparecer para se defender contra as acusações, estando consciente de que era uma campanha indigna, infame e prejudicial contra a sua pessoa, e, portanto, contra a do seu irmão. Além disso, o general mais glorioso da história de Roma 368, vencedor de Aníbal, não suportava pensar na ingratidão dos seus concidadãos que ele tinha libertado da ameaça dos cartagineses com a sua clara vitória na Segunda Guerra Púnica, e eles pagaram-lhe com uma acusação muito séria de suborno e corrupção, numa tentativa de o desacreditar e de lhe retirar a honra secular das *gens Cornelia*, a que ele tão orgulhosamente pertencia. Como epílogo, o autor Paduan mostra-nos o último desejo do vencedor da batalha de Zama: um monumento funerário no seu lugar de aposentação, Literno, para que os ritos funerários não pudessem ser celebrados na pátria ingrata que ele defendeu fielmente toda a sua vida na guerra e na paz".

[6] PLUTARCO, Vidas paralelas, I, Camilo, 37, disponível em: https://historicodigital.com/download/Vidas%20paralelas%201.pdf, pp. 352-353: "Quando Camillus foi chamado ao tribunal pela sexta vez, ele queria desculpar-se, porque já estava bem avançado em idade, e também porque temia inveja e algum revés depois de tanta glória e tantas vitórias. A causa mais evidente foi a indisposição do corpo, porque ele estava realmente doente naqueles dias; mas o povo não o dispensou do seu comando, mas gritou que não era necessário que ele se colocasse à frente da cavalaria ou da infantaria nas batalhas", resolvendo magnificamente os contratempos nas diferentes batalhas, um reconhecimento expresso em Camillo, 40, pp. 356-357: "Vindo da tribuna, o povo não o dispensou do seu comando, mas gritou que não era necessário que ele se colocasse à frente da cavalaria ou da infantaria nas batalhas". 356-357: "Quando os chefes com a multidão, e os plebeus com o Senado, chegaram à mesma decisão, todos elegeram Camilo como ditador pela quinta vez, de comum acordo. Era agora muito velho, e ainda não tinha oitenta anos, mas, estando consciente da pressa e do perigo, não procurou nenhum pretexto, como antes, nem invocou desculpas, mas, apresentando-se para assumir o comando, convocou o exército".

utilidade atual dos idosos[7], que podem contribuir na sociedade de hoje, com suas competências, que são produto dos esforços, formação e trabalho anteriormente realizado, ajudando ao crescimento da comunidade em que vivem, ao mesmo tempo que cresce um sentimento de pertencimento.

Ao mesmo tempo, eles sentem-se reconhecidos pelos seus esforços, mesmo que o seu itinerário de vida os obrigue a abrandar seu empenho.

2. Marco legislativo

Na Espanha, no topo do nosso sistema jurídico, temos a Constituição espanhola de 1978 como lei principal, na qual não encontramos, na lista dos seus direitos e deveres fundamentais, uma menção específica ao grupo de pessoas idosas, embora seja verdade que no artigo 14, por extensão, poderíamos encontrar subsumido o grupo de pessoas idosas, embora não estejam especificamente relacionadas no texto deste direito fundamental, ou seja: "Art. 14: Os espanhóis são iguais perante a lei, e nenhuma discriminação pode prevalecer com base no nascimento, raça, sexo, religião, opinião ou qualquer outra condição ou circunstância pessoal ou social".

Dentro desta última frase, a referência a qualquer outra condição pessoal ou social poderia ser entendida como aplicável ao grupo de pessoas idosas, discriminadas devido à sua condição pessoal de idade avançada, o que as oblitera na sociedade, como se fossem meras coisas, e as torna invisíveis devido à sua aparente falta de produtividade.

Além disso, é necessário especificar a diferença entre tratamento diferenciado e discriminação, para efeitos do presente artigo da Constituição. Desta forma, podemos compreender que é legítimo estabelecer um tratamento diferenciado quando existe uma razão para tal, ao passo que é discriminação

[7] Libro Blanco sobre envejecimiento activo, editado por el Ministerio de Sanidad, Política Social e Igualdad, Instituto de Mayores y Servicios Sociales, IMSERSO, Madrid, 2011. Disponível em: https://www.imserso.es/InterPresent2/groups/imserso/documents/binario/8088_8089libroblancoenv.pdf, J. Subirats Humet, *El reto de la nueva ciudadanía. Nuevos relatos y nuevas políticas para distintas personas mayores*, p. 87: "Os mais velhos são pessoas que querem participar ativa e integralmente na sociedade espanhola. Uma sociedade que enfrenta este século com a preocupação de cuidar, de uma forma equilibrada e equitativa, de todas as necessidades e expectativas de todas as pessoas independentemente da sua idade, sexo ou condição. É necessário estimular e reconhecer a grande contribuição das pessoas idosas para o bem-estar do país, e o papel que têm desempenhado e continuarão a desempenhar em relação às pessoas à sua volta, em relação às comunidades onde vivem e interagem, e em relação ao país e ao mundo como um todo. Estes valores e desejos contrastam com uma realidade em que os idosos são vistos como objetos de cuidado e não como sujeitos dotados de autonomia, quanto mais como pessoas capazes de desenvolver criticamente essa autonomia."

quando, na ausência de uma justificação fundamentada, um grupo é sujeito a um tratamento diferenciado.

A vulnerabilidade dos idosos e a sua necessidade de serem protegidos pelo Estado pode ser a base para um tratamento diferenciado não discriminatório, para além da declaração de que todos os espanhóis são iguais perante a lei, o que deve ser sempre respeitado como um direito fundamental contido na Constituição espanhola.

Outro preceito da nossa Carta Magna, que consagra o direito à liberdade de cada pessoa, é também esclarecedor: Artigo 17. 1. "Toda a pessoa tem direito à liberdade e à segurança. Ninguém pode ser privado da sua liberdade, exceto nos termos do disposto no presente artigo e nos casos e nas formas previstas por lei".

É precisamente este um dos direitos mais importantes reconhecidos na nossa Constituição[8], dado que a liberdade é reconhecida como um dos valores mais elevados do nosso sistema jurídico no artigo 1º da Constituição[9], que está diretamente relacionado com o grupo de pessoas idosas, cuja liberdade pode ser comprometida no maior número de ocasiões e cujos direitos são mais frequentemente violados, além do fato da liberdade e a dignidade das pessoas[10] estarem intimamente ligadas e tão frequentemente manchadas no caso das pessoas idosas.

Pensemos, sem ir tão longe, nos idosos em lares residenciais, sujeitos totalmente independentes e não submetidos a qualquer procedimento de interdição judicial, que sofreram em diferentes ocasiões, de acordo com a jurisprudência espanhola[11], limitações à sua liberdade que violam um direito fundamental como o da liberdade. Trata-se de indivíduos que viveram num Estado social e democrático governado pelo Estado de direito, que veem a sua liberdade restringida por razões de saúde ou por medidas internas da insti-

[8] Peño, M.E. Rebato, *El derecho a la libertad y seguridad personal*, en *Los Derechos Fundamentales. La vida, la igualdad y los derechos de libertad* (J.L. García Herrero dir.), Ed. Tirant Lo Blanch, Valencia, 2013, pp. 95 ss.

[9] Artigo 1.1 "A Espanha é constituída como um Estado social e democrático regido pelo Estado de direito, que defende a liberdade, a justiça, a igualdade e o pluralismo político como os valores mais altos do seu sistema jurídico".

[10] Pardo, V.J. Martínez, *El derecho a la libertad y posible restricción a través de la detención*, Boletín del Ministerio de Justicia, 60, 2018, p. 3232.

[11] Sirva como exemplo o STS 3259/2021, em que se decidiu que o recurso interposto pela Junta de Comunidades de Castilla-La Mancha contra a ordem da Câmara Administrativa do Supremo Tribunal de Justiça de Castilla-La Mancha, que se recusou a ratificar as medidas sanitárias restritivas da liberdade dos usuários dos centros, serviços e estabelecimentos sociais de Castilla-La Mancha em consequência do Covid-19.

tuição em que residem, que restringem os seus direitos, muitas vezes com a estratégia de converter em proteção aquilo que na realidade é um claro abuso e interferência no exercício da sua liberdade.

Contudo, o preceito constitucional espanhol mais explícito no que diz respeito aos idosos encontra-se no Artigo 50[12]:

> As autoridades públicas devem garantir, através de pensões adequadas e regularmente atualizadas, a suficiência econômica dos cidadãos na velhice. Do mesmo modo, e independentemente das obrigações familiares, devem promover o seu bem-estar através de um sistema de serviços sociais que deverá atender aos seus problemas específicos de saúde, habitação, cultura e lazer.

A primeira observação diz respeito ao conceito escolhido, terceira idade[13], que apesar da sua definição no que diz respeito ao setor populacional escolhido[14], por ser difícil delimitá-lo, levanta-se, no entanto, o conceito do coletivo *idosos*, que é mais frequentemente referido de forma pejorativa na sociedade atual[15], razão pela qual devemos apoiar objetivamente o significado escolhido.

[12] Diretamente relacionado com o Artigo 25.1 da Declaração Universal dos Direitos do Homem (DUDH) de 1948: "Toda a pessoa tem direito a um nível de vida adequado à saúde e bem-estar de si e de sua família, incluindo alimentação, vestuário, habitação e cuidados médicos e serviços sociais necessários, e o direito à segurança em caso de desemprego, doença, invalidez, viuvez, velhice ou outra falta de subsistência em circunstâncias fora do seu controle.

[13] Nos últimos anos, o conceito "quarta idade" tem sido utilizado para se referir a indivíduos com mais de 80 anos de idade, geralmente com dependência crescente e vulnerabilidade mais visível; OCHINTESTA, M.J. Oddone-p., *La cuarta edad: la fragilidad en cuestión...*, en *Desde la niñez a la vejez*, Ed. Teseo, Buenos Aires, 2019, p. 325: "a terceira idade seria caracterizada como um grupo autônomo e independente, deslocando no tempo a visão da quarta idade como sinônimo de doença e dependência. A investigação que se seguiu, entre o final dos anos 80 e o início dos anos 90, ligou a quarta idade a elevadas taxas de morbilidade e mortalidade. Contudo, uma série de estudos longitudinais mostrou que nem todas as pessoas com mais de 80 anos de idade sofrem de dependência física. Assim, emergem duas visões da quarta idade: uma que a liga a elevadas taxas de patologia, e outra ancorada numa maior fragilidade, mas com elevadas taxas de autonomia e capacidade sócio funcional".

[14] MARTIN, I. Zurita, *Protección civil de la ancianidad*, Ed. Dykinson, Madrid, 2004, p.16.

[15] QUES, A.A. Martínez, *La protección jurídica de las personas mayores desde la perspectiva de los derechos humanos, Revista de Derecho UNED*, 17, 2015, pp. 1072-1073, traz à tona a terminologia utilizada de forma negativa em relação aos idosos: velho, senil, aposentado, classe passiva, e mesmo pessoa de idade avançada, um termo utilizado nos Princípios das Nações Unidas para as Pessoas Idosas de 1991, afirmando: "As palavras utilizadas não são categorias inocentes, mas recursos que cada sociedade utiliza para ordenar significativamente os seus membros. A nova terminologia internacional dos direitos humanos procura afastar-se das conotações depreciativas, de inferioridade, de inadequação, de dependência e paternalismo para um conceito mais respeitoso da autonomia individual e da diversidade.

A segunda observação necessária afeta o papel das autoridades públicas, que têm um mandato de proteção imposto pelo artigo 50, com a obrigação de garantir a suficiência econômica, obtida através de prestações monetárias, periódicas e vitalícias, denominadas pensões, e a promoção do bem-estar social através de uma série de serviços técnicos e sociais, que tentarão atender o melhor possível aos problemas inerentes à terceira idade, tais como saúde, habitação, cultura e lazer necessários para o equilíbrio pessoal.

Dentro da legislação espanhola, podemos destacar, em relação a esta questão, os regimes de segurança social aplicáveis, que distinguem entre pensões de reforma contributivas e não contributivas. As pensões contributivas são prestações financeiras, normalmente de duração indeterminada, cuja concessão está geralmente condicionada a uma relação jurídica prévia com o sistema de segurança social, o que significa que um período mínimo de contribuição deve ser comprovado em certos casos, desde que os requisitos sejam cumpridos[16]. As pensões não-contributivas não requerem uma contribuição prévia para obter um benefício financeiro e são concedidas a pessoas em situação de necessidade e proteção, que não dispõem de recursos para subsistir de acordo com as regras, e que nunca pagaram contribuições ou cujas contribuições não atingiram o tempo necessário para obter um benefício contributivo[17].

[16] Cfr. https://www.seg-social.es/wps/portal/wss/internet/Pensionistas/Pensiones/33467: "O seu montante é determinado de acordo com as contribuições feitas pelo trabalhador e pelo empregador, no caso de empregados, durante o período considerado para efeitos da base regulamentar da pensão em questão. Dentro da ação protetora do Regime Geral e dos Regimes Especiais da Previdência Social, com as exceções que, em cada caso e para cada modalidade, se indicam no respectivo regime especial, estão incluídas as seguintes pensões: Por aposentadoria: aposentadoria ordinária, aposentadoria antecipada por ser membro de uma sociedade mutualista, aposentadoria antecipada sem ser membro de uma sociedade mutualista, aposentadoria antecipada por cessação não voluntária do emprego, aposentadoria antecipada por vontade do trabalhador, aposentadoria antecipada por redução da idade mínima devido à realização de atividades árduas, tóxicas e insalubres, aposentadoria antecipada para trabalhadores com deficiência, aposentadoria parcial, aposentadoria flexível e aposentadoria especial aos 64 anos de idade.
Por incapacidade permanente: incapacidade total, absoluta e grave.
Por morte: viuvez, orfandade e em favor dos membros da família.
No âmbito da ação de proteção do Seguro Obrigatório de Velhice e Invalidez (SOVI), estão incluídas as seguintes pensões: Velhice. Invalidez. Viuvez".

[17] https://www.seg-social.es/wps/portal/wss/internet/Pensionistas/Pensiones/33467: "As seguintes pensões estão incluídas nesta categoria: Invalidez. Aposentadoria. A gestão destas pensões não contributivas é atribuída aos organismos competentes de cada Comunidade Autónoma e às Direções Provinciais do Instituto para os Idosos e Serviços Sociais (IMSERSO) nas cidades de Ceuta e Melilla.

Esta clarificação dos assuntos sujeitos a proteção pelas autoridades públicas torna claro que os cidadãos a quem são dirigidas as garantias explícitas do sistema de pensões não são apenas aqueles que constituem a população ativa, ou seja, aqueles que satisfazem uma série de requisitos que lhes garantem o benefício, mas que a característica dominante é a universalidade, tornando a proteção pública um instrumento que apoia o bem-estar dos seus cidadãos com um âmbito de aplicação suficientemente amplo.

Infelizmente, nos últimos anos, tem havido uma tensão econômica indesejável no sistema de pensões devido a mudanças nas estruturas familiares espanholas.

Com a redução do tamanho médio da família devido a uma menor taxa de natalidade combinada com uma maior longevidade, ocorreu a chamada "verticalização" da família, que, para além de transformar o papel dos pais, que agora são frequentemente cuidados pelos seus filhos durante mais tempo do que o dedicado ao seu sustento até sua emancipação[18], está tornando o sistema estabelecido a médio e longo prazo muito difícil, com as consequências econômicas e sociais que isso implicará.

Uma última consideração em relação ao artigo 50[19], seria a crítica por ter colocado este preceito constitucional fora dos artigos superiores, tais como os direitos e deveres fundamentais contidos entre os artigos 10 e 29 do Título Primeiro, optando por colocá-lo no Capítulo Três do mesmo Título: "Dos princípios orientadores da política social e econômica", como direito de um

[18] https://www.imserso.es/InterPresent2/groups/imserso/documents/binario/8088_8089libroblancoenv.pdf, Fernández-Ballesteros, *Limitaciones y posibilidades de la edad*, p. 106: "Em suma, tendo em conta que a expectativa de vida é de cerca de 80 anos e que a idade máxima da nossa espécie é de cerca de 115, a partir dos 65 anos de idade poderíamos contar, aproximadamente, 50 anos de idade potencial. Por conseguinte, teríamos de concordar que a situação ou período de idade potencialmente mais longo seria a da velhice, em comparação com a infância, adolescência e idade adulta.

[19] Navarrete, J. L. MonereoPérez-C. Molina, *El derecho a la protección de las personas de la tercera edad* (J.L. Monereo Pérez, dir.), *Comentario a la Constitución Socio-Económica de España*. Ed. Comares, Granada, 2002, p.1804, destaca que este preceito, desde o seu processamento parlamentar, responde a uma dupla preocupação: ao fato fundamental de a nossa Carta Magna ser tipicamente uma "Constituição da crise", uma vez que nasceu no contexto da crise do modelo de Estado de Bem-estar keynesiano, e também devido à preocupação pela proteção dos idosos num contexto mais estrutural que conjuntural, devido ao progressivo envelhecimento da população e ao aumento imprevisto de necessidades específicas. A questão é que se assim fosse, a colocação do preceito teria sido mais conveniente nos direitos fundamentais a que já fizemos referência, e não num lugar de "segunda importância", que dá menos segurança às medidas convenientes relacionadas com o grupo de pessoas idosas.

nível diferente dos anteriores, embora esta avaliação não signifique que não possa ser reivindicado perante o Tribunal Constitucional se necessário, mas implica que para que o seu cumprimento seja eficaz, necessita de leis posteriores que lhe deem eficácia prática.

Finalmente, em relação ao sistema de serviços sociais relacionado com o artigo 50 da Constituição, temos de acrescentar uma notícia que é totalmente atual, uma vez que o governo espanhol abriu uma consulta pública em 11 de janeiro de 2022 para os cidadãos e entidades sociais fazerem as suas contribuições e transmitirem as suas opiniões sobre uma lei estatal quanto aos serviços sociais que possa garantir uma proteção mínima em todo o território espanhol, com o prazo aberto até 10 de fevereiro de 2022.

A diversidade territorial da Espanha significa uma pluralidade muito diferente dos serviços sociais existentes no seu território, adaptados às necessidades locais, mas com diferenças importantes na gama de serviços oferecidos aos cidadãos.

O principal argumento com que foi aberto o período de consulta pública é que "a criação de um quadro jurídico estatal para os serviços sociais permitiria garantir uma proteção mínima em todo o território espanhol, avançar para serviços sociais universais, consagrando o direito subjetivo dos cidadãos a terem essa cobertura e proteção, e facilitar a cooperação entre os diferentes níveis de governo", acrescentando que também significaria uma melhoria qualitativa dos serviços sociais, e uma modernização necessária, bem como a consecução de requisitos mínimos comuns e normas de informação que beneficiam os cidadãos.

A nova lei visará regular as condições básicas que garantem a igualdade no exercício do direito dos cidadãos aos serviços sociais e aos benefícios do sistema público. Com a participação e colaboração de todas as administrações públicas e a garantia de um conteúdo mínimo de direitos em qualquer parte da Espanha, algo difícil de conseguir após a via regulamentar nestas políticas pelas diferentes regiões autónomas espanholas com competência na matéria[20], já há vários anos.

[20] Na referida consulta pública prévia sobre o projeto de lei dos Serviços Sociais, é feita referência explícita ao fato de os serviços sociais serem regulados pelas Comunidades Autônomas, nos termos do Artigo 148.1. 20ª da Constituição espanhola, que estabelece que estes podem assumir competências na área da "assistência social", uma assunção de competências que as diferentes comunidades têm vindo progressivamente a fazer nos seus respectivos estatutos de autonomia, declarando a sua competência exclusiva, bem como os regulamentos aprovados por Ceuta e Melilla, de modo que um quadro regulamentar comum com princípios básicos para todo o

Este projeto de lei visa resolver os problemas decorrentes da grande pluralidade de serviços sociais em cada território, e baseia-se na ratificação pela Espanha em 29 de abril de 2021 da Carta Social Europeia de Estrasburgo, de 3 de Maio de 1996, agora revista, que declara no artigo 14º:

> *O direito aos benefícios dos serviços sociais.* Para assegurar o exercício efetivo do direito de beneficiar dos serviços sociais, as Partes comprometem-se: 1. A promover ou organizar serviços que, utilizando métodos de serviços sociais, contribuam para o bem-estar e desenvolvimento dos indivíduos e grupos da comunidade e para a sua adaptação ao seu ambiente social; 2. A encorajar a participação dos indivíduos e das organizações de caridade ou outras organizações no estabelecimento e manutenção de tais serviços.

Por ocasião da ratificação espanhola da Carta Social, o Estado espanhol assumiu este compromisso de realizar um planejamento coordenado entre os diferentes territórios de uma forma global, que permita a promoção organizada de serviços sociais que contribuam para o bem-estar de todos os seus cidadãos, cujo resultado veremos nos próximos anos.

As Comunidades Autónomas, em virtude dos poderes que lhes foram constitucionalmente atribuídos para assumir questões de "assistência social", aprovaram as suas próprias leis de Serviços Sociais, que foram modificadas ao longo dos anos, e das quais podemos dar conta das que se encontram atualmente[21] em vigor:

1. ANDALUZIA: Lei 9/2016, de 27 de dezembro, sobre os Serviços Sociais.
2. ARAGÃO: Lei 5/2009 de 30 de junho sobre os Serviços Sociais.
3. ASTURIAS: Lei 1/2003, de 24 de fevereiro, sobre os Serviços Sociais.
4. ILHAS BALEARES: Lei 4/2009, de 11 de junho, sobre os Serviços Sociais das Ilhas Baleares.
5. ILHAS CANÁRIAS: Lei 16/2019, de 2 de maio, sobre os Serviços Sociais das Ilhas Canárias.
6. CANTABRIA: Lei da Cantábria de 2/2007 de 27 de março, sobre Direitos e Serviços Sociais.
7. CASTILHA-LA MANCHA: Lei 14/2010, de 16 de dezembro, sobre os Serviços Sociais de Castilla- La Mancha.

território espanhol terá de ultrapassar sérias dificuldades de transferência de competências que não consideramos de todo claras.

[21] https://www.mdsocialesa2030.gob.es/derechos-sociales/servicios-sociales/LeyesSSSS.htm, pode descarregar as leis sociais atuais das Comunidades Autónomas Espanholas neste link.

8. CASTILHA Y LEÓN: Ley 16/2010, de 20 de dezembro, de Serviços Sociais de Castilha y León.
9. CATALÚNIA: Lei 12/2007, de 11 de outubro, sobre os Serviços Sociais.
10. EXTREMADURA: 14/2015, de 9 de abril, dos Serviços Sociais.
11. GALICIA: Lei 13/2008, de 3 de dezembro, sobre os Serviços Sociais na Galícia.
12. MADRID: Lei 11/2003, de 27 de março de 2003, sobre os Serviços Sociais da Comunidade de Madrid.
13. MURCIA: Ley 3/2003, de 10 de abril, do Sistema de Serviços Sociais da Região de Murcia.
14. NAVARRA: Lei Foral 15/2006, de 14 de dezembro, de Serviços Sociais.
15. LA RIOJA: Lei 7/2009, de 22 de dezembro, sobre os Serviços Sociais de La Rioja.
16. PAÍS BASCO: 12/2008, de 5 de dezembro, sobre Serviços Sociais.
17. COMUNIDADE VALENCIANA: Lei 3/2019, de 18 de fevereiro de 2009, da Generalitat, sobre Serviços Sociais Inclusivos da Comunidade Valenciana.

Uma das dificuldades que uma política comum para todos os territórios espanhóis pode enfrentar reside nas diferenças demográficas entre as comunidades autônomas e as cidades. Não é o mesmo falar da Andaluzia, uma comunidade densamente povoada e, portanto, com um maior número de pessoas com 65 anos ou mais (bem como uma elevada taxa de fertilidade), como é o caso da Galícia, com uma população em envelhecimento (e taxas de fertilidade mais baixas), dado que o investimento em serviços sociais destinados aos setores carenciados será diferente nestes territórios.

Além disso, nos próximos anos teremos um elevado número de reformas como resultado do *baby-boom*[22], a geração nascida entre 1958 e 1977, que é uma das principais preocupações do panorama demográfico espanhol, uma vez que entre estas datas o número de nascimentos no nosso país foi de quase 14 milhões de crianças, de modo que a idade da aposentadoria, por volta do ano 2024, independentemente do atraso na idade da aposentadoria, significará um esforço extraordinário no sistema de proteção social.

[22] O termo *baby boom* foi adotado em consequência do notável aumento da taxa de natalidade que teve lugar após a Segunda Guerra Mundial, embora na Espanha o fenômeno demográfico tenha chegado mais tarde. Os nascidos durante este período são conhecidos como *baby boomers*. Durante um período de quase vinte anos (1946-1964), houve um *baby boom* sem precedentes na Europa, nos EUA, Canadá, Austrália e Nova Zelândia, entre muitos outros países.

Atualmente, de acordo com a informação fornecida pelo INE (Instituto Nacional de Estatística), na Espanha há 19,77% de pessoas com mais de 65 anos de idade, uma progressão ascendente dentro dos indicadores de crescimento e estrutura da população[23]. Se a população espanhola total for 47.326.687 no ano 2021 (1 de julho, dados provisórios), o número de pessoas com mais de 65 anos será de 9.356.486 em 2021 (1 de julho, dados provisórios). um número sempre crescente de acordo com a longevidade e os indicadores de saúde dos últimos tempos. É verdade que, neste biênio atingido pela pandemia de Covid-19, os números continuam a variar, e que o número de pessoas com mais de 65 anos é 9.356.486 pessoas, e que, no período anterior à existência da vacina, a mortalidade atingiu principalmente os idosos, mas ainda assim, o modelo oferecido pelo INE é útil para descobrir a curva ascendente do grupo de pessoas com 65 anos ou mais presentes no nosso território.

A partir destes dados surge a necessidade de organizar a legislação atual na Espanha com relação aos idosos. Existem disposições específicas relativas às pessoas idosas, mas elas estão dispersas em diferentes leis, muitas delas abordando situações de dependência relacionadas com a idade, embora seja verdade que a proteção da autonomia pessoal tem sido incluída nos últimos tempos, no Memorando Explicativo da Lei 39/2006, sobre Cuidados com pessoas dependentes na Espanha:

> O cuidado das pessoas dependentes e a promoção de sua autonomia pessoal é um dos principais desafios da política social nos países desenvolvidos. O desafio não é outro senão o de enfrentar as necessidades das pessoas que, por se encontrarem em situação de especial vulnerabilidade, necessitam de apoio para realizar as atividades essenciais da vida diária, alcançar maior autonomia pessoal e ser capaz de exercer plenamente seus direitos de cidadania.

Esta Lei previa a criação de um Sistema para a Autonomia e Atendimento à Dependência (Sistema para a Autonomia e Atendimento à Dependência, SAAD), com a colaboração e participação de todas as Administrações Públicas:

> O principal objetivo do sistema é garantir as condições básicas e fornecer os níveis de proteção referidos nesta lei. Para este fim, servem como principal via a

[23] https://www.ine.es/dyngs/INEbase/es/operacion.htm?c=Estadistica_C&cid=125473636176951&menu=ultiDatos&idp=1254735572981, onde você pode ver os dados desagregados por províncias, por setores da população, o total nacional, a proporção de homens, mulheres e estrangeiros, embora eles avisem que a soma dos dados desagregados pode diferir do total devido ao arredondamento.

colaboração e participação das Administrações Públicas para otimizar os recursos públicos e privados disponíveis. Desta forma, configura um direito subjetivo baseado nos princípios de universalidade, equidade e acessibilidade, desenvolvendo um modelo de atendimento integral aos cidadãos, cuja participação no sistema é reconhecida como beneficiária e que está organizado em três níveis

Tais níveis estão diferenciados desta forma:

A Lei estabelece um nível mínimo de proteção, definido e garantido financeiramente pela Administração Geral do Estado e as Comunidades Autônomas, por meio de acordos para o desenvolvimento e aplicação dos outros benefícios e serviços nela previstos. Finalmente, as Comunidades Autônomas poderão desenvolver, se o considerarem apropriado, um terceiro nível adicional de proteção para os cidadãos.

Evidentemente, os acordos estabelecidos entre o Estado e as Comunidades Autônomas passaram por várias correções ao longo dos anos e, além disso, embora possa parecer prematura, a futura Lei de Serviços Sociais, mencionada acima, terá, sem dúvida, relação com aspectos gerais a serem incluídos em futuros acordos, se não em uma estrutura comum para todas as regiões autônomas espanholas que permitirá a igualdade de tratamento para todos os idosos nos diferentes territórios que compõem a nação, embora nos pareça ser um propósito que exigirá um enorme esforço para que não continue sendo uma mera teoria conceitual.

O Código Civil espanhol (publicado por Decreto Real de 24 de julho de 1889), com sucessivas emendas, oferece um tratamento clássico das questões legais dos idosos[24].

[24] SÁNCHEZ, P.J. González-Trevijano, *Delimitación constitucional de la protección a la tercera edad*, en *Actas de las Primeras Jornadas de problemas legales sobre tutela, asistencia y protección a las personas mayores: Córdoba, 17-18 de noviembre de 2000*, (J.M. González Porras/ I. Gallego Domínguez coord.) 2001, pág. 162; *Libro Blanco sobre envejecimiento activo, cit.*, p. 377, critica os artigos ultrapassados sobre incapacidade e tutela, instituições que tutela, instituições que afetam particularmente as pessoas idosas em oposição a outras faixas etárias: "A construção jurídica de incapacidade e tutela é extremamente obsoleta e difícil de se adaptar à situação real das pessoas idosas diagnosticadas com demência. Quando as regras específicas às quais estas instituições se referem no Código Civil foram formuladas, destinavam-se a pessoas com doenças mentais, muitas das quais eram jovens (naquela época, as pessoas viviam vidas muito mais curtas e muito poucas se tornaram dementes devido a patologias relacionadas ao avanço da idade) e apesar das reformas subsequentes, muitas das quais foram importantes, o Código Civil não mudou sua filosofia".

Com relação ao possível agrupamento normativo por faixa etária, a doutrina do direito civil é cautelosa, e até levanta a possibilidade de discriminação[25], se tal divisão etária fosse feita, acrescentando que, no que diz respeito ao status legal da pessoa, não existe o estado civil de uma pessoa idosa[26].

Há numerosas referências à situação jurídica das pessoas idosas no Código Civil, entre as quais se destacam as relativas à incapacidade. A pessoa idosa goza da presunção legal de plena capacidade, o que significa que, para destruí-la, é necessário iniciar um processo de incapacidade (presunção *iuris tantum*). No entanto, deve estar claro que a deficiência e a pessoa de idade avançada são categorias conceitualmente distintas.

Isto se reflete na Convenção das Nações Unidas sobre os Direitos das Pessoas com Deficiência de 2006[27], a qual declara no Artigo 1.2 que "pessoas com deficiência incluem aquelas que têm deficiências físicas, mentais, intelectuais, sensoriais ou emocionais, de longa duração, que podem dificultar sua participação plena e efetiva na sociedade, em pé de igualdade com os demais".

A este respeito, acaba de ser feita uma nova emenda ao Código Civil, com a Lei 8/2021 [28], de 2 de junho, que reforma a legislação civil e processual para apoiar as pessoas com deficiência no exercício de sua capacidade legal, o que afeta diretamente o conteúdo das medidas de apoio às pessoas com deficiência no que diz respeito à sua capacidade legal, conforme estabelecido nos

[25] Torrea, E. Torrelles, *La protección de las personas mayores en Cataluña: perspectiva civil*, en *Protección jurídica de los mayores* (M. Alonso Pérez/ E.M. Martínez Gallego coord..), Ed. La Ley, Madrid, 2004, pág. 228.

[26] Gete-Alonso Y Calera, M.C; Navarro, S. Navas, *La situación jurídica de las personas mayores*, en *Los derechos de las personas mayores, perspectivas sociales, jurídicas, políticas y filosóficas* (D. Blazquez Martín ed.), ed. Dykinson, Madrid, 2006, p. 41.

[27] Tratado internacional assinado pela Assembléia Geral das Nações Unidas em 13 de dezembro de 2006, que foi aberto para assinatura em 30 de março de 2007.

[28] Esta é uma visão diferente da deficiência, que obviamente não afeta todas as pessoas idosas, nem é exclusiva delas, mas é oferecida uma nova perspectiva às pessoas mais velhas que necessitam destas medidas de apoio, como por exemplo, uma nova perspectiva sobre deficiência, como pode ser visto no Preâmbulo da Lei 8/2021: "O novo regulamento é inspirado, como nossa Constituição em seu artigo 10, no respeito pela dignidade da pessoa, na proteção de seus direitos fundamentais e no respeito ao livre arbítrio da pessoa com deficiência, assim como nos princípios da necessidade e proporcionalidade das medidas de apoio que, quando apropriado, essa pessoa pode precisar para exercer sua capacidade legal em pé de igualdade com outras pessoas. A este respeito, deve-se considerar que, como destacado no Comentário Geral do Comitê de Peritos das Nações Unidas em 2014, esta capacidade legal abrange tanto a titularidade dos direitos quanto a legitimidade para exercê-los".

artigos 249 e seguintes[29], relativos, além de daquelas de natureza voluntária, à tutela de fato, a curadoria e defensor judicial.

Dentro das disposições gerais, o Código Civil declara suas intenções de preservar a vontade da pessoa deficiente e promover um sistema de apoio em vez de um substituto para a capacidade:

> Artigo 249. As medidas de apoio para as pessoas maiores de idade ou menores emancipados que necessitam delas para o exercício adequado de sua capacidade legal terão por finalidade permitir o pleno desenvolvimento de sua personalidade e seu desenvolvimento jurídico sob condições de igualdade. Estas medidas de apoio serão inspiradas pelo respeito à dignidade da pessoa e a proteção de seus direitos fundamentais. Aqueles de origem legal ou judicial só devem proceder na ausência ou insuficiência da vontade da pessoa em questão. Todas essas medidas devem estar de acordo com os princípios de necessidade e proporcionalidade.
>
> As pessoas que prestam apoio devem agir de acordo com os desejos, anseios e preferências da pessoa que necessita de apoio. Eles também devem tentar capacitar a pessoa com deficiência a seu próprio processo decisório, informando-os, ajudando-os em sua compreensão e raciocínio, e permitindo-lhes expressar suas preferências. Devem ainda promover a capacidade das pessoas com deficiência de exercer sua capacidade legal com menos apoio no futuro.

[29] *Ibidem*, o preâmbulo insiste em uma reforma extensa e de longo alcance através do segundo artigo da lei 8/2021: "Estabelece as bases do novo sistema baseado no respeito pela vontade e preferências da pessoa com deficiência, que informa todo o regulamento e é extrapolado através de outras modificações legais para o resto do Código Civil. O Título XI do Livro Um do Código Civil é reescrito e renomeado "Medidas de apoio às pessoas com deficiência no exercício de sua capacidade legal", de modo que o elemento central da nova regulamentação não será nem a incapacidade daqueles que não são considerados suficientemente capazes, nem a modificação de uma capacidade que é inerente à condição de uma pessoa humana e, por este motivo, não pode ser modificada. Pelo contrário, a ideia central do novo sistema é apoiar a pessoa que precisa dele... Deve-se até acrescentar que em situações em que o apoio não pode ser dado de outra forma, e somente diante desta situação de impossibilidade, ele pode tomar a forma de representação na tomada de decisões. É importante ressaltar que qualquer pessoa que precise de medidas de apoio pode se beneficiar delas, independentemente de sua deficiência ter obtido reconhecimento administrativo. É também relevante que, ao contrário dos códigos do século XIX, que se preocupavam mais com os interesses financeiros da pessoa do que com sua proteção integral, o novo regulamento tenta atender não apenas a questões de natureza financeira, mas também a aspectos pessoais, tais como aqueles relacionados às decisões sobre as adversidades de sua vida comum – domicílio, saúde, comunicações, etc. -. Não é, portanto, uma mera mudança de terminologia que relega os termos tradicionais de "incapacidade" e "incapacitação" a outros termos mais precisos e respeitosos, mas uma nova e mais precisa abordagem da realidade, que aponta algo que há muito passou despercebido: que as pessoas com deficiência têm o direito de tomar suas próprias decisões, um direito que deve ser respeitado; é, portanto, uma questão de direitos humanos".

> Em casos excepcionais, nos quais, apesar de um esforço considerável, não é possível determinar os desejos e preferências da pessoa, as medidas de apoio podem incluir funções representativas. Neste caso, o exercício destas funções deve levar em conta a história de vida da pessoa com deficiência, suas crenças e valores, bem como os fatores levados em consideração pela pessoa com deficiência e a decisão que a pessoa teria tomado se não tivesse exigido representação.
>
> A autoridade judicial pode emitir as salvaguardas que julgar apropriadas a fim de assegurar que o exercício das medidas de apoio esteja de acordo com os critérios resultantes desta disposição e, em particular, leve em conta a vontade, os desejos e as preferências da pessoa que os requer".

Esta mudança de paradigma é muito positiva para os idosos, que antes eram discriminados como grupo subordinado por causa de sua idade, cujos direitos foram violados por uma percepção geral negativa e estereotipada da idade, que era o resultado de estereótipos sociais que pressionam as pessoas idosas em termos de seus direitos e posição na sociedade.

O seguinte preceito insiste sobre o novo modelo, a saber:

> Artigo 250.As medidas de apoio para o exercício da capacidade jurídica das pessoas que dela necessitam são, além daquelas de natureza voluntária, tutela de fato, curadoria e tutela legal.
>
> A função das medidas de apoio será assistir a pessoa com deficiência no exercício de sua capacidade legal, respeitando sua vontade, seus desejos e suas preferências.
>
> As medidas de apoio de natureza voluntária são aquelas estabelecidas pela pessoa com deficiência, nas quais ele ou ela designa quem deve dar apoio e até que ponto.
>
> Qualquer medida de apoio pode ser acompanhada das salvaguardas necessárias para garantir, a todo o momento e em todas as circunstâncias, que a vontade, desejos e preferências da pessoa com deficiência sejam respeitados.
>
> A tutela de fato é uma medida informal de apoio que pode existir quando as medidas voluntárias ou judiciais não estão sendo efetivamente implementadas.
>
> A curatela é uma medida formal de apoio aplicada a quem dele precise de modo contínuo. Sua extensão será determinada na decisão judicial pertinente, em harmonia com a situação e circunstâncias da pessoa com deficiência e suas necessidades de apoio.
>
> A nomeação de um tutor legal como medida formal de apoio deverá proceder quando a necessidade de apoio é ocasional, embora recorrente.

Ao determinar as medidas de apoio, deve-se ter o cuidado de evitar situações em que possam surgir conflitos de interesse ou influência indevida.

Nenhuma das medidas de apoio pode ser exercida por uma pessoa que, em virtude de uma relação contratual, fornecer cuidados, serviços residenciais ou similares à pessoa com necessidade de apoio".

Na esfera processual, os processos tradicionais de modificação de capacidade são substituídos por aqueles destinados a proporcionar apoio às pessoas com deficiência e, portanto, a Lei 1/2000, de 7 de janeiro, sobre o Processo Civil[30] ,está sujeita a uma revisão geral na nova Lei 8/2021, sendo a modificação mais relevante a feita no novo artigo 7 bis, com o seguinte título e conteúdo: "Ajustes para pessoas com deficiência", também introduzido na Lei 30 de Jurisdição Voluntária[31], em que se regulam os ajustes de procedimento quando pessoas com deficiências estão envolvidas, independentemente de seu status como parte, e que devem ser feitos em todas as etapas do processo, inclusive nos atos de comunicação.

Embora a situação de incapacidade não possa ser aplicada a todas as pessoas idosas, é reconfortante saber que foram realizadas reformas legislativas com relação a uma possível deficiência futura, uma vez que este novo sistema de apoio não é aviltante para a pessoa idosa que é apoiada, não substituída, na maioria das ações legais em que precise desse acompanhamento.

Outra instituição importante, que pode ser de ajuda aos idosos, é o testamento vital ou documento de instruções prévias, que é incluído como um documento de instruções antecipadas na Lei 41/2002, de 14 de novembro, que regulamenta a autonomia do paciente e os direitos e obrigações no que tange à informação e documentação clínica:

[30] Também afetado em sua redação, por exemplo, nos artigos 756, 757, 758 e 759, e artigo emendado 760.

[31] Lei 15/2015, de 2 de julho, sobre Jurisdição Voluntária, que também é afetada pela Lei 8/2021, como especificado no preâmbulo: "A reforma da Lei 15/2015, de 2 de julho, sobre Jurisdição Voluntária , se justifica tanto pela introdução do novo justificado tanto pela introdução do novo arquivo para a provisão de medidas de apoio judicial para pessoas com deficiência, bem como a necessidade de que não haja discrepâncias entre os diversos textos legais, tudo no interesse da proteção efetiva dos direitos das pessoas. Desta forma, é estabelecido um ajuste entre a Lei de Jurisdição Voluntária e a legislação civil material no que diz respeito à nomeação do defensor judicial para menores ou pessoas com deficiência", com uma nova redação do Artigo 27, e a incorporação de um novo Capítulo III bis ao Título II com o seguinte conteúdo: "No arquivo sobre a prestação de serviços judiciais provisão de medidas de apoio judicial para pessoas com deficiências".

Artigo 11. Instruções Prévias.

1. Por meio de instruções prévias, uma pessoa maior de idade, capaz e livre, manifesta antecipadamente sua vontade, com vistas de esta se cumpra no momento em que as situações ou circunstâncias não lhe permitam expressá-la pessoalmente, no que diga respeito aos cuidados e tratamento de sua saúde, ou, após a morte, sobre a disposição de seu corpo ou de seus órgãos. A concedente do documento também pode nomear um representante para servir como seu interlocutor com o médico ou a equipe de saúde para garantir que as instruções prévias sejam cumpridas.

2. Cada serviço de saúde deverá regular o procedimento apropriado para assegurar, quando necessário, o cumprimento das instruções prévias de cada pessoa, que devem estar sempre por escrito.

3. Não serão aplicadas instruções prévias que sejam contrárias ao sistema legal, à "lex artis", ou que não correspondam à situação de fato prevista pelo interessado no momento de expressá-las. Um registro fundamentado será mantido no prontuário clínico do paciente com as anotações relacionadas a estas disposições.

4. Uma instrução prévia pode ser revogada livremente a qualquer momento por meio de um registro escrito.

5. A fim de garantir a eficácia em todo o território nacional das instruções prévias expressas pelos pacientes e formalizadas de acordo com as disposições da legislação das respectivas Comunidades Autônomas[32], será criado o Registro Nacional de Instruções Prévias no Ministério da Saúde e do Consumidor, que será regido pelas regras a serem determinadas pela regulamentação[33], após o acordo do Conselho Inter territorial do Sistema Nacional de Saúde.

[32] *Libro Blanco sobre envejecimiento activo, cit.*, p. 397: "As diferentes Comunidades Autônomas desenvolveram normas que regulamentam as instruções prévias e lhes deram nomes diferentes e estabeleceram requisitos a serem levados em conta para que sejam válidas. Normalmente, é um documento que é feito por escrito. Os regulamentos nas Comunidades Autônomas são tão dispersos que não há acordo nem mesmo sobre o nome, muito menos sobre os requisitos a serem atendidos para que sejam válidos. A própria lei estatal surge quando já existiam leis regionais em vigor", acrescentando que elas não têm uma reputação muito boa; em termos gerais, estão sujeitas a várias críticas, razão pela qual é preciso refletir sobre um novo documento, mais ágil e específico, já que alguns países estão começando a implementá-lo com maior eficácia, pelo menos no campo da saúde, ressaltando também que, embora seja um documento correto, é baseado em hipóteses, e não é o mesmo decidir sobre uma hipótese de longo prazo como sobre algo que é real e a curto prazo.

[33] O Registro Nacional de Instruções Prévias está previsto no Decreto Real 124/2007, de 2 de fevereiro, que regulamenta o Registro Nacional de Instruções Prévias e o correspondente arquivo automatizado de dados pessoais. Deve-se notar também que as Comunidades Autônomas criaram registros semelhantes em suas respectivas áreas.

Em nível de comunidade autônoma, estas são as regulamentações que contemplam, de diferentes maneiras, o testamento em vida ou documento de instruções prévias:

A primeira lei a conter uma definição de um testamento em vida foi a lei catalã 21/2000, de 29 de dezembro de 2000, sobre os direitos à informação relativa à saúde e à autonomia do paciente, e documentação clínica, em seu artigo 8.1:

> O documento de testamentos antecipados é o documento, dirigido ao médico responsável, no qual uma pessoa maior de idade, com capacidade suficiente expressa livremente as instruções a serem levadas em conta quando estiver em uma situação em que as circunstâncias não lhe permitem expressar pessoalmente sua vontade. Neste documento, a pessoa pode designar também um representante, que é o interlocutor válido e necessário com o médico ou a equipe de saúde, para substituí-la, caso seja incapaz de expressar sua vontade por si mesma[34].

A próxima Comunidade Autônoma a regular esta instituição foi Castilla y León: Lei 8/2003 de 8 abril C.A. Castilla y León (Direitos e deveres dos indivíduos em relação à saúde).

Murcia: Lei 3/2009, de 11 de maio, sobre os direitos e deveres dos usuários do sistema de saúde da Região de Múrcia.

Andaluzia: Lei 2/2010, de 8 de abril, sobre os direitos e garantias da dignidade da pessoa em processo de morte.

Aragón: Lei 10/2011, de 24 de março, sobre os direitos e garantias da dignidade da pessoa no processo de morte e sobre a morte. Comunidade Foral de Navarra: Lei Foral 8/2011, de 24 de março, de direitos y garantias da dignidade da pessoa no processo de morte.

Ilhas Canárias: Lei 1/2015, de 9 de fevereiro, sobre os direitos e garantias da dignidade da pessoa no final da vida.

Ilhas Baleares: Lei 4/2015, de 23 de março, sobre os direitos e garantias da pessoa em processo de morte.

Galiza: Lei 5/2015, de 26 de junho, sobre os direitos e garantias da dignidade das pessoas doentes terminais.

País Basco: Lei 11/2016, de 8 de julho, sobre a garantia dos direitos e dignidade das pessoas no processo final de sua vida.

Madri: Lei 4/2017, de 9 de março, sobre garantias e direitos das pessoas em processo de morte.

[34] DECRETO 175/2002, de 25 de junho, que regulamenta o Registro de Instruções Prévias, publicado no DOGC nº. 3665 – 27/06/2002. DOGC no. 3665 – 27/06/2002.

Asturias: Lei do Principado das Astúrias 5/2018, de 22 de junho, sobre os direitos e garantias da dignidade das pessoas no processo final de sua vida.

Comunidade Valenciana: Lei 16/2018, de 28 de junho, da Generalista, sobre os direitos e garantias da dignidade da pessoa no final da vida.

Uma nova norma legal que está relacionada com os testamentos em vida é a Lei Orgânica 3/2021, de 24 de março, sobre o Regulamento da Eutanásia[35] , que entrou em vigor em 25 de junho em toda a Espanha, tem sido objeto de muito debate no que diz respeito à sua especificação explícita e motivação, com base na necessidade de ter um regime legal aplicável quando as condutas eutanásicas são descriminalizadas,[36] e que contém, como uma das novidades

[35] Termo explicado inclusive com sua etimologia no Preâmbulo da Lei, e no qual é feita uma tentativa de explicar o motivo de sua aprovação, contestado por uma boa parte da população espanhola: "A legalização e regulamentação da eutanásia baseiam-se na compatibilidade de alguns princípios essenciais que são a base dos direitos das pessoas e estão consagrados na Constituição espanhola. Estes são, por um lado, os direitos fundamentais à vida e à integridade física e moral e, por outro lado, aos bens constitucionalmente protegidos como a dignidade, a liberdade, a autonomia da vontade. Tornar estes direitos e princípios constitucionais compatíveis é possível e necessário, e para tanto é preciso uma legislação que respeitosa com todos eles. Não basta simplesmente descriminalizar a conduta que envolve alguma forma de auxílio e cumplicidade na morte de outra pessoa, mesmo que isso seja a vontade expressa dela. Tal mudança legal deixaria as pessoas desprotegidas no que tange ao seu direito à vida, que nossa estrutura constitucional exige ser protegido. Procura, ao invés disso legislar para respeitar a autonomia e a vontade de acabar com a vida daqueles que estão em uma situação de doença grave, crônica e incurável, com um sofrimento insuportável que não pode ser aliviado em condições consideradas aceitáveis, o que chamamos de um contexto de eutanásia. Para este fim, a presente Lei regulamenta e descriminaliza a eutanásia em certos casos claramente definidos, e sujeito a garantias suficientes, salvaguardando a liberdade absoluta de decisão, descartando pressões externas de qualquer tipo".

[36] Novamente no Preâmbulo, com a necessidade de insistir na 'bondade' do novo regime aplicável, explica-se a necessidade da nova lei: "No panorama dos países ao nosso redor, é possível reconhecer dois modelos normativos de tratamento da eutanásia. Por um lado, os países que descriminalizam a eutanásia quando se considera que a pessoa que realiza o ato não é egoísta e, portanto, tem uma razão de compaixão, dando origem a espaços legais indeterminados que não oferecem as garantias necessárias. Por outro lado, os países que regulamentaram os casos em que a eutanásia é uma prática legalmente aceitável, desde que sejam observados requisitos e garantias específicas. Na análise dessas duas alternativas legais, a doutrina da Corte Europeia de Direitos Humanos, em seu julgamento de 14 de maio de 2013 (Gross v. Suíça), considerou que não é aceitável para um país que descriminalizou a eutanásia não ter desenvolvido um regime jurídico específico para a prática de tal conduta eutanásica. Esta lei deve ser incluída no segundo modelo de legislação, proporcionando uma regulamentação sistemática e ordenada dos casos em que a eutanásia não deve estar sujeita a reprovação criminal. Assim, a Lei distingue entre duas condutas diferentes de eutanásia: Eutanásia Ativa e aquela em que o próprio paciente é a pessoa que termina sua vida – para o que precisa da colaboração de um profissional de saúde que, intencionalmente e com conhecimento, fornece os meios necessários, incluindo conselhos sobre a substância a ser utilizada e a dose necessária de medicamentos, sua prescrição e inclusive sua

desta lei, a obrigação de que a eutanásia seja explicitamente incluída no registro de instruções prévias ou testamentos em vida sempre que o paciente não estiver em condições de decidir por si mesmo, de modo que os profissionais de saúde responsáveis pelo paciente saibam, quais são os desejos do paciente[37]. Assim, o pedido de assistência para morrer será presentado juntamente com o testamento ou documentação equivalente, podendo ser diferentes sujeitos legitimados para apresentar tal pedido, de acordo com a Lei [38]

posologia, para que o paciente a administre a si mesmo. A Eutanásia Ativa, por sua vez, é a ação pela qual um profissional de saúde termina a vida de um paciente deliberadamente e a pedido deste, quando ocorre em um contexto de eutanásia devido a sofrimento grave, crônico e incapacitante ou doença grave e incurável, causando um sofrimento intolerável.

[37] Lei Orgânica 3/2021, de 24 de março, sobre a regulamentação da eutanásia: "Artigo 5. Requisitos para receber o benefício da assistência na morte".
1. para receber a ajuda em benefício da morte, a pessoa deve atender a todos os seguintes requisitos:
a) Ter nacionalidade espanhola ou residência legal na Espanha ou certificado de registro de recenseamento que ateste um período de residência em território espanhol de mais de doze meses, ser maior de idade e ser capaz e consciente no momento da solicitação.
b) Ter informações por escrito sobre seu processo médico, as diferentes alternativas e possibilidades de ação, incluindo o acesso a cuidados paliativos abrangentes compreendidos na carteira comum de serviços e aos benefícios a que ele tem direito de acordo com os regulamentos sobre cuidados de dependência.
c) Ter feito dois pedidos voluntariamente e por escrito, ou por qualquer outro meio que permita manter um registro, e que não seja resultado de nenhuma pressão externa, deixando uma separação de pelo menos quinze dias de calendário entre os dois.
Se o médico responsável considerar que a perda da capacidade de dar o consentimento livre e esclarecido do requerente é iminente, ele pode aceitar qualquer período mais curto que considerar apropriado, tendo em vista as circunstâncias clínicas, que deverão ser registradas no prontuário médico.
d) Sofrendo de uma doença grave e incurável, crônica e incapacitante, nos termos estabelecidos nesta lei, certificada pelo médico responsável.
e) Dar o consentimento informado antes de receber ajuda para morrer. Tal consentimento deve ser incluído no prontuário médico do paciente.
2. As disposições das letras b), c) e) da seção anterior não se aplicam nos casos em que o médico responsável certifica que o paciente não está em pleno uso de suas faculdades nem pode dar consentimento livre, voluntário e consciente para fazer os pedidos, cumpram-se as disposições da seção 1.d), tenha assinado previamente um documento de instruções prévias, testamento em vida, instruções prévias ou documentos legalmente reconhecidos como equivalentes. Nesse caso, a prestação de assistência em caso de morte pode ser prestada de acordo com as disposições de tal documento. Caso tenha sido nomeado um representante nesse documento, ele será o interlocutor válido para o médico responsável. A avaliação da situação de incapacidade deve ser feita de acordo com os protocolos de ação determinados pelo Conselho Inter territorial do Sistema Nacional de Saúde".

[38] Como previsto na Lei Orgânica recentemente aprovada: "Artigo 6.4. Nos casos previstos no artigo 5.2, o pedido de assistência para morrer pode ser apresentado ao médico responsável por outra

Conclusões

Na resolução que precede e explica os ODS (Objetivos de Desenvolvimento Sustentável)[39] da Agenda 2030, as pessoas idosas são explicitamente mencionadas como um dos grupos com probabilidade de experimentar situações de vulnerabilidade, mas curiosamente nenhuma das 17 metas da Agenda 2030 é identificada como sendo especificamente projetada para as necessidades das pessoas idosas, o que teria sido mais lógico tendo em vista suas circunstâncias especiais, independentemente do fato de que alguns dos 193 países signatários (em 25 de setembro de 2015), e comprometidos com esses objetivos da ONU, têm menos pessoas idosas em suas populações que outros.

Há alguns casos, embora poucos, em que as necessidades dos idosos são explicitamente mencionadas em algumas das 169 metas dos Objetivos de Desenvolvimento Sustentável (ODS). Dentro do Objetivo 2, sobre a erradicação da fome, a meta 2.2 propõe pôr fim à desnutrição, levando em conta, juntamente com outros grupos, os idosos[40] . No Objetivo 11, que visa cidades e assentamentos humanos inclusivos, seguros, resilientes e sustentáveis, duas metas incluem menções específicas para idosos: a meta 11.2, relacionada aos sistemas de transporte, e meta 11.7, sobre o acesso a espaços públicos seguros e espaços verdes[41]

pessoa maior de idade e plenamente capaz, acompanhado das instruções prévias ou documentos equivalentes, reconhecidos legalmente, previamente assinados pelo paciente. Se não houver pessoa que possa fazer o pedido em nome do paciente, o médico assistente pode fazer o pedido em nome deste. Em tal caso, o médico assistente terá o direito de solicitar e obter acesso às instruções prévias ou documentos equivalentes através das pessoas designadas pela autoridade sanitária da Comunidade Autônoma ou pelo Ministério da Saúde, de acordo com a letra d) do ponto 1 do artigo 4 do Decreto Real 124/2007, de 2 de fevereiro de 2007, que regulamenta o Registro Nacional de Instruções Prévias e o correspondente arquivo automatizado de dados pessoais".

[39] RES 70/1, parágrafo 23: "23. É preciso empoderar as pessoas vulneráveis. Portanto, a Agenda reflete as necessidades de todas as crianças, jovens, pessoas com deficiência (mais de 80% das quais vivem na pobreza), pessoas vivendo com HIV/AIDS, idosos, povos indígenas, refugiados e deslocados internos, e migrantes, entre outros. Estamos determinados a tomar outras ações e medidas eficazes, de acordo com o direito internacional, para remover obstáculos e restrições, fortalecer o apoio às pessoas que vivem em áreas afetadas por emergências humanitárias complexas e em áreas afetados pelo terrorismo e atender às suas necessidades especiais".

[40] Meta 2.2: "Até 2030, acabar com todas as formas de desnutrição, inclusive atingindo, até 2025, as metas internacionalmente acordadas sobre o atraso de crescimento e a subnutrição de crianças menores de cinco anos, e atender às necessidades nutricionais de meninas adolescentes, mulheres grávidas e lactantes e pessoas mais velhas".

[41] Meta 11.2: "Até 2030, proporcionar acesso a sistemas de transporte seguros, acessíveis e sustentáveis para todos e melhorar a segurança rodoviária, em particular através da expansão do transporte público, prestando especial atenção às necessidades das pessoas em situações

Em outros casos, a proteção de pessoas idosas está implicitamente incluída, como quando se refere explicitamente à saúde e ao bem-estar, que está no centro da meta 3, já que não é outra coisa senão assegurar vidas saudáveis e promover o bem-estar de todos em todas as idades, e constitui um dos pilares fundamentais em todas as regulamentações específicas sobre o assunto.

As menções, concretas e determinadas ou subsumidas nos ODS com a finalidade de alcançá-las até 2030 são certamente bem-vindas, mas devem ser vistas de forma crítica. O fato de os idosos serem explicitamente relacionado a algumas metas, e não a outras, parece mostrar falta de consistência na abordagem das necessidades específicas desta faixa etária. E a principal crítica é que as demandas mais relevantes das pessoas mais velhas não coincidem com as explicitamente mencionadas nas ODS, ou seja, proteção social, abuso e violência, que são todos muito significativos em relação à importância das questões que podem afetá-los seriamente.

É neste contexto que surge o debate sobre se há ou não necessidade de legislação específica sobre os idosos, e não sua colocação tangencial em legislações generalistas que, no final, não dão respostas adequadas às demandas desse grupo. A questão da implementação de uma gerontologia legal, ou lei para os idosos[42], também tem suas fraquezas, pois, por um lado, a autonomia dos idosos deve ser respeitada, sem infringir os direitos fundamentais e, por outro, a proteção destes é frequentemente super-regulamentada, o que leva à perda de capacidade natural [43], evidenciando-se o interesse protecionista que destaca uma vulnerabilidade perpétua devido ao fato de uma pessoa ser idosa quando na realidade, em muitas ocasiões, esta não precisa de tal regime protecionista que restringe suas liberdades.

Identificar pessoas idosas com uma redução significativa em suas habilidades é desvalorizar legal e socialmente um grupo de pessoas que são autossuficientes em grau significativo, mas que, apesar disso, está em situação de

vulneráveis, mulheres, crianças, pessoas com deficiência e pessoas idosas". Meta 11.7: "Até 2030, proporcionar acesso universal a espaços verdes e espaços públicos seguros", em particular para mulheres e crianças, idosos e pessoas com deficiência".

42 Ayago, A. Durán, *Nuevos escenarios en la protección internacional de adultos. La protección Jurídica de los Mayores*, Ed. La Ley, Madrid, 2004, *passim*; Alcoz, M. Medina, *La ancianidad en el derecho civil*, en *Revista de Derecho Privado*, 95, 5, 2011, pp. 73 ss.

43 O sistema jurídico espanhol não prevê o possível efeito que a idade avançada pode ter sobre a capacidade de ação de uma pessoa, embora se refira a ela em algumas disposições do Código Civil, como ocorre, por exemplo, no caso de desaparecimento de uma pessoa, em que o prazo é encurtado para cinco anos, desde que a pessoa desaparecida tenha atingido a idade de setenta e cinco anos ou se considere a idade como motivo de dispensada do desempenho de funções de tutela.

carência, especialmente em termos de segurança, em termos de benefícios em forma de pensão, de assistência médica, neste caso, sim, em maior proporção que em outros setores da população, bem como uma redução da brecha digital, o que às vezes torna seus afazeres diários um pesadelo devido à falta de compreensão da sociedade a que pertencem.

Esse é o desafio *ad futurum*, considerar nossos anciãos como iguais, identificar suas necessidades e ajudá-los em suas dificuldades, dissipar seus medos e inseguranças e não os transformar em invisíveis da sociedade para a qual tanto contribuíram em seu crescimento, desenvolvimento e sustentação nos momentos mais difíceis de sua história.

Por outro lado, suas exigências perenes, que têm um impacto sobre a revalorização de suas pensões, questão não insignificante que afeta sua qualidade de vida diária, a necessidade de atendimento em diferentes serviços, inclusive bancários, devido às dificuldades geracionais quando se trata de lidar com novas tecnologias e a digitalização cada vez mais onipresente, e a rapidez de suas consultas médicas, a fim de lidar com suas doenças, caso tenham alguma, nunca têm uma resposta rápida, mas que, ao contrário, se tornam invisíveis por outros problemas que se sobrepõem a suas reivindicações como mais imediatos e urgentes, priorizando apenas suas necessidades em face de nomeações eleitorais, por causa da necessidade do voto da terceira e quarta idade.

Sem querer polemizar para além do estritamente necessário, nos perguntamos sobre a urgência da Lei Orgânica da Eutanásia, que não afeta tanto a população como foi alegado nas estatísticas, que mostram seu escasso uso, e a preguiça geral de quase todas as administrações quando se trata de enfrentar um novo esquema de saúde e cuidado para os idosos, bem como para lhes proporcionar a segurança de que necessitam em seus últimos anos, com a constante ameaça na mídia de uma escassez de fundos estatais para atender às pensões para os idosos, para garantir seu bem-estar em seus últimos anos.

A pandemia de Covid-19 afetou tragicamente um número impensável de pessoas idosas, uma mortalidade incomum que elas enfrentaram com coragem apesar do medo de uma doença desconhecida[44] . E ainda assim, o esquecimento instrumental que continuamos a perceber é injusto, cruel e estranho aos direitos humanos que são tão frequentemente pregados, mas infelizmente é o resultado do pensamento global de uma comunidade que despreza a idade

[44] Em relação às pandemias que devastaram a Terra em diferentes momentos da história e ao comportamento dos cidadãos, bem como uma reflexão sobre a Covid-19 na Espanha e o cuidado dado aos idosos, vid. os idosos, vid. M.J. Bravo Bosch, La peste en Constantinopla, in Glossae: European Journal of Legal History, 17, 2020, pp. História, 17, 2020, pp. 517-549.

como um sintoma de fraqueza e inutilidade, quando deveriam ser aproveitados em sua grande experiência de vida como conselheiros da sociedade.

Referências

M. Bellomo, *Le competenze finanziarie dei consoli: analisi di un episodio relativo aScipione Africano*, en *Acme* 1/2014.

N. Bobbio, *El tiempo de los derechos*, trad. esp., Ed. Sistema, Madrid, 1991.

M.J. Bravo Bosch, *El ius honorum en la antigua Roma, AFDUDC*, 14, 2010.

M.J. Bravo Bosch, *Mujeres y símbolos de la Roma Republicana*. Ed. Dykinson, Madrid, 2017.

M.J. Bravo Bosch, *La peste en Constantinopla*, en *Glossae: European Journal of Legal History*, 17, 2020.

B. Deusdad, *El COVID-19 y la crisis de las residencias de mayores en España: Edadismo y precariedad*, en *Research On Ageing And Social Policy*, 8(2), 2020.

A. Durán Ayago, *Nuevos escenarios en la protección internacional de adultos. La protección Jurídica de los Mayores*, Ed. La Ley, Madrid, 2004.

M.C. Gete-Alonso Y Calera- S. Navas Navarro, *La situación jurídica de las personas mayores*, en *Los derechos de las personas mayores, perspectivas sociales, jurídicas, políticas y filosóficas* (D. Blazquez Martín ed.), ed. Dykinson, Madrid, 2006.

P.J. González-Trevijano Sánchez, *Delimitación constitucional de la protección a la tercera edad*, en *Actas de las Primeras Jornadas de problemas legales sobre tutela, asistencia y protección a las personas mayores: Córdoba, 17-18 de noviembre de 2000*, (J.M. González Porras/ I. Gallego Domínguez coord.) 2001.

V.J. Martínez Pardo, *El derecho a la libertad y posible restricción a través de la detención*, Boletín del Ministerio de Justicia, 60, 2018.

A.A. Martínez Ques, La protección jurídica de las personas mayores desde la perspectiva de los derechos humanos, Revista de Derecho UNED, 17, 2015.

M. Medina Alcoz, *La ancianidad en el derecho civil*, en *Revista de Derecho Privado*, 95, 5, 2011.

J. L. Monereo Pérez-C. Molina Navarrete, *El derecho a la protección de las personas de la tercera edad* (J.L. Monereo Pérez, dir.), *Comentario a la Constitución Socio-Económica de España*. Ed. Comares, Granada, 2002.

M.J. Oddone-P. Pochintesta, *La cuarta edad: la fragilidad en cuestión...*, en *Desde la niñez a la vejez*, Ed. Teseo, Buenos Aires, 2019.

M.E. Rebato Peño, *El derecho a la libertad y seguridad personal*, en *Los Derechos Fundamentales. La vida, la igualdad y los derechos de libertad* (J.L. García Herrero dir.), Ed. Tirant Lo Blanch, Valencia, 2013.

J. Subirats Humet, *El reto de la nueva ciudadanía. Nuevos relatos y nuevas políticas para distintas personas mayores*, en *Libro Blanco sobre envejecimiento activo*, editado por el Ministerio de Sanidad, Política Social e Igualdad, Instituto de Mayores y Servicios Sociales, IMSERSO, Madrid, 2011.

E. Torrelles Torrea, *La protección de las personas mayores en Cataluña: perspectiva civil*, en *Protección jurídica de los mayores* (M. Alonso Pérez/ E.M. Martínez Gallego coord..), Ed. La Ley, Madrid, 2004.

I. Zurita Martin, Protección civil de la ancianidad, Ed. Dykinson, Madrid, 2004.

MÉXICO

1
DECÁLOGO LEGAL DE LOS ADULTOS DE 60 Y MÁS

María Leoba Castañeda Rivas[1]

Saber envejecer es la obra maestra de la vida,
y una de las cosas más difíciles del arte de vivir.
Henri Friederic Amiel
Escritor suizo de lengua francesa

1. Introducción

Cuando un hijo habla con su padre de mediana edad, sobre el significado de la vejez, pueden surgir tantas historias y acontecimientos, como numerosas sean las preguntas que los jóvenes plantean; verbigracia: "Papá siempre cuidaré de ti y te compraré una casa". "Voy a estudiar mucho para ayudarte cuando seas viejo". Ante esto, los padres cuestionan: y ¿qué harás cuando me convierta en algo similar a un saco pesado, anticuado y estorboso?, eso podría llegar a ser! ¿Qué harás tú, si para entonces, como jefe o jefa de familia, si el

[1] Doctora en Derecho por la Universidad Nacional Autónoma de México (UNAM); Catedrática de Carrera de Tiempo Completo de la Facultad de Derecho y de la División de Estudios de Posgrado de esa Casa de Estudios. Investigadora nivel I del SNI de CONACYT. De marzo de 2012 a marzo de 2016, fue Directora de la Facultad de Derecho, y primera mujer en guiar sus destinos en 459 años de historia. Galardonada con el Reconocimiento Sor Juana Inés de la Cruz 2017, otorgado por la UNAM, a las mujeres destacadas de dicha institución en la "docencia, investigación y difusión de la cultura". Ha sido profesora titular, invitada y conferenciante, en diversas Universidades e Instituciones públicas y privadas del país y de Estados Unidos de América, Argentina, Brasil, Chile, Colombia, Cuba, España, Francia, Inglaterra, Panamá, Puerto Rico, República Dominicana y Venezuela, entre otras. Autora y coautora de libros, artículos en prestigiadas revistas y autora de varios títulos de Derecho civil y familiar en la Enciclopedia Jurídica de la Facultad de Derecho de la UNAM.

abuelo o abuela estorba en tu hogar? ¿qué pensarán tu esposa, esposo e hijos, si tienen que convivir a diario con ese pesado saco, el anciano o anciana que se ha convertido en una carga?

Normalmente el anhelo del joven, nieto o nieta, en relación a los mayores, cambia, en la medida en que su circunstancia se modifica ¡Estas cuestiones se debaten en un ámbito multidisciplinario, dentro del seno de las familias! La vejez o envejecimiento según la Organización de las Naciones Unidas, es un proceso que inicia con el hecho biológico-jurídico del nacimiento, y termina con la muerte. Es la etapa biológica que sigue a la edad madura, es la caída de la cima de la vida.

La vejez es la etapa de la vida calculada por cada lugar; es el período vital que sigue a la madurez. Implica el deterioro orgánico gradual, podríamos decir que se encuentran en ella tres etapas, la pre vejez, de 55 a 65 años; la vejez de 65 a 69 años de edad o un poco más; y por último a partir de los 80 años, a ese sujeto que fue capaz de nacer vivo y viable, se le denomina anciano.

Recordamos todavía con gran alegría las épocas en que los adultos mayores o ancianos, en Roma, Grecia y Atenas, entre otros lugares, tenían el reconocimiento de ser asimilados a "sabios". En las plazas públicas denominadas "Ágora", dirigían Diálogos, alocuciones, resolvían conflictos entre los individuos, entre los miembros de una familia, e incluso las cuestiones entre Estado y gobernados. Esos sabios tenían un gran reconocimiento.

En algunas legislaciones o compilaciones antiguas, se crearon consejos de familia, con la intención de aprovechar su experiencia, para resolver puntos controvertidos; además de qué se tomaba en cuenta su opinión, a partir de su autoridad moral.[2]

En efecto según la Organización Mundial de la Salud, la edad de adulto mayor, inicia a los 60 años.[3]

Según Franz Kafka, "la felicidad suprime la vejez" estamos totalmente de acuerdo con este pensamiento de Kafka, ya que el ser humano de 60 y más, tiene tanta experiencia acumulada, que su opinión es fundada y muy valiosa; sin embargo, a los viejos, en algunas sociedades, se les ubica como un estorbo. De aquí, nuestra motivación de participar en el congreso organizado por la Asociación de Derecho Familiar y Sucesorio (ADFAS) en este año, 2021, a

[2] PÉREZ, Mirón, DOLORES, María, *Entre la casa y el ágora: género, espacio y poder en la polis griega*, Instituto de Estudios de la Mujer / Departamento de Prehistoria y Arqueología Universidad de Granada (España), recuperado de https://dialnet.unirioja.es Dialnet-EntreLaCasaYElAgora-6115842.pdf

[3] Organización Mundial de la Salud, Informe mundial sobre el envejecimiento y la salud, 2015. Recuperado de https://apps.who.int/iris/bitstream/handle/10665/186466/9789240694873_spa.pdf

fin de analizar el entorno actual en el mundo; y gracias a la invitación de la Presidente de este organismo, Dra. Regina Beatriz Tavares da Silva, fui invitada para referirme al contexto mexicano sobre este problema socio-familiar y multidisciplinario, que violenta derechos humanos y daña a las sociedades, en cualquier latitud donde nos coloquemos.

En este orden de cosas, estamos conscientes de que las personas adultas mayores generalmente son parte integrante de una familia, son sujetos importantes de la sociedad; sin embargo, en algunos Estados, se les considera sujetos vulnerables, sufren una discriminación, simple y sencillamente por tener 60 años y más. Existe violencia familiar cometida en su contra, aun cuando en algunos casos, fueron la fuente originaria de ingresos, para el desarrollo y formación de sus hijos, pero al ser mayores, se les desdeña, se les pierde el respeto. Este tópico se convierte en un problema de salud pública, del Estado, la familia y de las sociedades, que debe ser atendido. Así, abordaremos prácticamente una visión general de cómo ha evolucionado el tratamiento de los derechos de los adultos mayores, como se les llama hoy, a partir de finales del XX y en la presente centuria.

2. Evolución del concepto de vejez en las sociedades

En determinadas sociedades y culturas antiguas, el anciano era considerado como poseedor de sabiduría y sus experiencias servían para orientar el desarrollo de su sociedad, mientras que, en otras, no se les daba importancia alguna e incluso eran relegados y eventualmente, sufrían maltrato.

A lo largo de la historia, se ha apreciado una gran variabilidad en el trato que la sociedad ha dado a las personas de 60 y más, ello provenía principalmente de factores sociales y culturales. Puede observarse, por ejemplo, que algunos pueblos primitivos abandonaban a su suerte a los ancianos, en cambio en otras épocas, se les trataba con respeto. Se sabe que los ancianos recibían en ocasiones maltrato, sobre todo dentro de los pueblos cuyos recursos eran escasos, ya que inevitablemente se les consideraba una carga.[4]

Entre los egipcios la palabra anciano era sinónimo de sabiduría, ya que los adultos mayores, desempeñaron una destacada función en la sociedad como consejeros, guías y educadores de los jóvenes.[5]

[4] Hernández Sampieri, Roberto, *Metodología de la Investigación*, McGraw-Hill, México, 2000, p.25.

[5] INAPAM. (5 de junio de 2008). Una mirada al pasado Porque envejecer es un juicio social más que un acontecer biológico. Recuperado de http://www.inapam.gob.mx/index/index.php?sec=4&pagina=1

Platón (427-347 a.C.), presenta una visión sumamente individualista e intimista sobre esta etapa de vida, resalta la idea de que se envejece como se ha vivido; y resaltaba cómo habría que prepararse para la vejez, en la etapa de la juventud. Ahorrar salud y conservar condición física para la edad madura y el envejecimiento. Así pues, Platón constituye el antecedente de la visión positiva de la vejez, incluyendo la importancia de la prevención y profilaxis. Aristóteles (384-322 a.C.) por el contrario, presenta lo que podríamos considerar las etapas de la vida del hombre: la primera, la infancia; la segunda, la juventud; la tercera --la más prolongada--, la edad adulta, y la cuarta, la senectud, en la que llega el deterioro y la ruina. Incluso, vislumbró a la vejez como una enfermedad natural.[6] A nuestro juicio, ambos filósofos se complementan, pero es mucho más positiva la idea de Platón sobre este tópico. Es errático considerar a la vejez como enfermedad, a juicio nuestro.

Durante el Renacimiento y el barroco permaneció la idea de la inevitable decrepitud y el carácter melancólico de la ancianidad. Existen sociedades que mantienen un trato estable para los adultos mayores. Por ejemplo, la situación del anciano en China se ha mantenido casi inalterable a través de milenios. Es decir, el anciano es considerado una parte valiosa dentro de la familia. Por ello, la civilización China, estática por siglos, permitió al anciano ocupar la cima social.[7]

3. Visión mexicana sobre la vejez

En el México antiguo, el *huehuéyotl* o senectud (Coyote viejo. En la mitología mexica es el dios de las artes, señor de la música y de la danza ceremonial, guía de la adultez y de la adolescencia), no implicaba necesariamente un estado de decrepitud o pérdida de las facultades por efecto de la edad. En el contexto del mundo náhuatl correspondía al anciano perseverar y continuar con las tradiciones. En general, no eran catalogados como carga o presencia fastidiosa, sino como parte esencial de la familia. [8]

En la vida cotidiana, al anciano se le consideraba como *yoltéotl (*es una palabra náhuatl que quiere decir el "corazón de Dios" o alguien que contiene una creatividad casi espiritual*)*, esto es como el artista, el inventor o el hombre sabio, el primer morador de la tierra y, por tanto, conocedor de sus misterios

[6] Fernández Ballesteros, Rocío, *Gerontología social*, Pirámide, Madrid, 2000, p. 23.

[7] Sánchez Caro, Jesús; Ramos, Francisco, *La vejez y sus mitos*, Salvat Editores, Barcelona, España, 1982.

[8] León Portilla, Miguel, *La vejez en el México prehispánico.* En Memorias del II seminario de Asistencia Social al anciano, agosto de 1984, p. 85.

y designios. Cada barrio o *calpulli* (Conjunto de familias relacionadas por una ascendencia común) de la capital tenía su jefe electo por los habitantes, con la conformidad del soberano, quien era asistido por un consejo de ancianos, los huehuetque (viejos del barrio), probablemente los más viejos y notables entre los jefes de las familias. Así, la *huehuéyotl*,senectud o vejez, estaba integrada por los *huehuetzin*, (ancianos reverenciados), e *ilamatzin*, (ancianas reverenciadas). Incluso una atadura de años o *xiuhmolpilli*[9], de 52 años, iniciaba un nuevo ciclo que daba paso a la tercera edad para completar el cumplimiento de la vejez o período de 104 años.[10]

En nuestro país actualmente existen sociedades tradicionales, de base rural, donde los adultos mayores son respetados; representan la experiencia y el conocimiento; constituyen autoridades naturales de un mundo estático.

Sin embargo, con el correr de los tiempos, la sociedad mexicana se convirtió en excluyente y marginal frente a las personas de la tercera edad. Las posibilidades de encontrar empleo por los integrantes de dicho sector, se fueron haciendo cada vez más difíciles y remotas. El desarrollo del capitalismo y de la vida industrial, la situación de respetabilidad hacia los ancianos, se desvanece, ya que necesariamente se requiere en esa etapa, una edad determinada para acceder a los puestos y toma de decisiones, poco a poco la embestida en contra de los miembros de la edad avanzada, se vio reflejada en la sociedad, la familia y el Estado.

La sociedad se urbaniza, tecnifica y dinamiza progresivamente; la experiencia deja de ser la principal fuente de conocimiento; las familias se dispersan, y la producción se erige en valor dominante.[11] En el marco de este nuevo sistema socioeconómico, a los ancianos se les asigna un papel marginal y se les cataloga de inútiles: ya no son productivos, han quedado obsoletos. La vejez, que es una etapa natural, queda identificada y asimilada al retiro o jubilación. Paralelamente, lo juvenil preside más y más la cultura establecida.

La economía capitalista implantada fuertemente en nuestro medio, considera a los seres humanos como – agentes económicos – con características productivas, determinada edad y fuerza de trabajo. En este contexto, los adul-

[9] Manojo de varas amarradas en los extremos que simbolizaba un periodo de 52 años, el equivalente conceptual a nuestro siglo.

[10] Instituto nacional para la Protección de Adultos Mayores (INAPAM) (5 de junio de 2008). Una mirada al pasado. Por qué envejecer es un juicio social, más que un acontecer biológico. Recuperado el 26 de julio de 2021 de http://www.inapam.gob.mx/index/index.php?sec=4&pagina=1

[11] Rodríguez Ibáñez, Perspectiva sociológica de la vejez. *Revista Reis, España, 1979. pp. 77-97*, recuperado en 28 de julio de 2021 de http://www.reis.cis.es/REISWeb/PDF/REIS_007_06.pdf

tos mayores, ven mermadas las posibilidades de entrar en esas categorías, y por lo tanto, se sienten segregados. Esta circunstancia en la vida de personas de 60 y más, implica que ha terminado su actividad productiva y creativa; por lo cual, en infinidad de casos, se le deja fuera de la cadena económica y desarrollo productivo. Este escenario deduce que el adulto mayor es considerado dentro de la globalización, como un "objeto" inservible, apolítico, amnésico, sin creatividad ni capacidades de desarrollarse. Esto genera una barrera entre sociedad y ancianidad, que se refleja en la familia y el Estado, por ello, quienes tienen 60 y más años de edad, entran en la categoría de grupo vulnerable. En este orden de cosas, debería dotárseles de las políticas públicas y marco jurídico-económico adecuado, para dotarles de protección y hacerles un entorno de bienestar y buen vivir, alejando el supuesto de hacerles sentir una carga. Pareciera que la familia y el Estado olvidan que esos sujetos hoy discriminados, al formar su propio hogar fueron los artífices del fortalecimiento de la familia, y como consecuencia del Estado. En algunos casos, se aplican acciones afirmativas y en otros, medidas populistas, para darles una 'pingue' cantidad y deshacerse de ellos, creyendo que el problema se soluciona de esta manera. En otros sistemas, se dictan leyes cargadas de buenos deseos, casi poéticas para decirles que son importantes en la sociedad, pero en ocasiones no se refleja esto en la vida real, en el imaginario social ni en la propia vida de este segmento de la comunidad.

4. Adultos de 60 y más: de la teoria a los hechos

Independientemente de los avances en la atención de las personas ancianas, hay un hecho insoslayable, la sociedad de hoy le teme a la vejez, sobre todo por la disminución física y mental. Si se asume que esta disminución trae aparejada una incapacitación para funcionar autónomamente, esta etapa aterroriza porque hace del hombre un ser dependiente socialmente.[12]

Estas pérdidas provocan un cambio en el estatus social que deteriora la imagen que se tiene de sí mismo y la propia valía personal. Esta dependencia obliga a quienes les rodean a atenderlos y crear servicios de apoyo. Casi pareciera que se convierten en una carga para la sociedad. Sobre todo, en sociedades con una visión asistencialista como la mexicana.

Un ejemplo ligado al cuidado familiar y que afecta la vida del adulto mayor, es la situación económica. Parece ser que contar con recursos económicos para la sobrevivencia, en esta sociedad, hacen la llegada a la vejez muy diferente.

[12] García, Vega, Luis, *et al*, *Historia de la psicología II. Teorías y sistemas psicológicos y contemporáneos*, Siglo XXI de España, España, 1993, p. 58.

Pues por una parte la actitud de la sociedad y de la familia es distinta, se tienen más consideraciones hacia los viejos o ancianos que cuentan con propiedades u otros recursos, pues el interés por los bienes se hace manifiesto través de la aspiración a la herencia. Además, no son una carga y ellos pueden pagar sus gastos, así como su cuidado.

En el caso de los ciudadanos de esta edad, pobres, quienes enfrentan esta etapa, sin contar con un patrimonio, ni una estabilidad económica, pero sobre todo que, durante su vida, por atender las necesidades de la \familia y en particular de los hijos, no pudieron ahorrar o adquirir una vivienda y tienen que habitar en casa de sus hijos o demás familiares, pueden caer en depresión y ello puede causarles desesperanza, cuestión que les hace más vulnerables aun. Por otro lado, representan una carga para la familia que en ocasiones por cuidarlos tienen que abandonar sus trabajos y eso merma la economía familiar, lo que deteriora más aún la calidad de vida, y cuando no se abandona el trabajo se deja al adulto mayor solo en casa, y dicho abandono también tiende a deprimirles y desear morir. En este contexto existen mujeres de mediana edad, que son utilizadas para el cuidado de los ancianos y pareciera que ellas, sufren una doble victimización.

Así, las consideraciones de la vejez a lo largo de la historia y de cada cultura varían de extremo a extremo, yendo desde una posición de cúspide que garantiza un trato respetable por parte de la sociedad hasta el rechazo y abandono social, que concluye con una muerte en soledad.

5. Antecedentes de las instituciones públicas, para la atención de los adultos mayores

Respecto al servicio público de asistencia, que involucra a los adultos mayores, lo encontramos desde el decreto del 28 de febrero de 1861, con el cual se creó la Dirección General de Fondo de Beneficencia, que contaba con facultades plenas para manejar los hospicios y otros establecimientos de beneficencia del Gobierno de la Unión; lugares que apoyaban a la población vulnerable, carente de seguridad social, brindando principalmente atención a la salud.

Por Decreto del día 30 de agosto de 1862, se instituyó la Dirección General de Beneficencia Pública, que introdujo, como característica innovadora, el que los establecimientos de caridad quedaran a cargo de los ayuntamientos; facultad que en 1877 retomó la Dirección mencionada.[13]

[13] INSEN. Programas Asistenciales y servicios sociales. México, Subdirección de Investigación y Desarrollo Social. México, 1996, p.15.

Ya en el periodo posrevolucionario; el 16 de julio de 1924, se instituyó la Junta Directiva de la Beneficencia Pública del Distrito Federal, – hoy Ciudad de México – con la totalidad de atribuciones con que contaba la ya citada Dirección General de Beneficencia Pública. Entre sus facultades, se encuentran: administrar las fincas, capitales y rentas pertenecientes a los establecimientos, así como los recursos fiscales y los provenientes de particulares destinados a propósitos de Beneficencia, para allegarse de recursos para cumplir sus funciones.

La promulgación de la Ley General de Pensiones Civiles y de Retiro de 1925, supuso un nuevo avance en la materia, garantizando en la legislación el acceso a condiciones mínimas de vida a los trabajadores durante su jubilación.[14]

La Dirección General de Beneficencia Pública funcionó hasta el 31 de diciembre de 1931, al publicarse la Ley de Secretarías y Departamentos de Estado que, instituyó al mismo tiempo la Secretaria de Asistencia Pública, la cual en 1943, al fusionarse con el Departamento de Salubridad, se constituyó como: La Secretaría de Salubridad y Asistencia, con las facultades propias en materia de salud y servicios asistenciales a todos los sectores de la población. [15]

Adicionalmente, encontramos grandes avances durante el Siglo XX, con la creación de la Secretaría de Salubridad y Asistencia en 1931, así como las instituciones de asistencia social. Tristemente las leyes citadas eran casi letra muerta, pues en los hechos seguía el maltrato al adulto mayor, dentro de la familia, en su comunidad y por parte del Estado.

El gobierno mexicano, en su intento por mejorar, crea el Instituto Nacional de la Senectud, organismo público descentralizado, autónomo de la Secretaría de Salubridad con la finalidad de responsabilizarlo de: la protección, ayuda, atención y orientación de la población adulta mayor, y aunque se enfoca esencialmente al aspecto médico-asistencial, abrió la puerta para iniciar la consideración de otras necesidades. En este orden de cosas, el 17 de enero del 2002, también por Decreto Presidencial, pasó a formar parte del sector que encabeza la Secretaría de Desarrollo Social y modifica su nombre por Instituto Nacional de Adultos en Plenitud (INAPLEN).[16] Sugerente el nombre, por la característica de dar plenitud a los ciudadanos de 60 y más.

[14] VIVALDO Martínez, Marissa, *Treinta años de políticas públicas para la atención del envejecimiento en México*, ABC-UVM, 2009, p. 45.

[15] INSEN. Programas Asistenciales y servicios sociales. México, Subdirección de Investigación y Desarrollo Social, 1996, p. 89.

[16] INAPAM. (27 de junio de 2008). Capacitación para el Trabajo y Ocupación del Tiempo Libre. Recuperado de Inapam:http://www.inapam.gob.mx/index/index.php?sec=25

El 25 de junio del 2002 se publicó la Ley de los Derechos de las Personas Adultas Mayores, creándose por ésta, el Instituto Nacional de las Personas Adultas Mayores (Inapam). Sus principales objetivos son: proteger, atender, ayudar y orientar a las personas adultas mayores.[17]

Destacan en su estructura, dos rubros: el primero, referido a la Misión; consistente en promover el desarrollo humano integral de los adultos mayores; brindándoles: empleo, ocupación, retribuciones, asistencia y las oportunidades necesarias para alcanzar niveles de bienestar y alta calidad de vida, reduciendo las desigualdades extremas y las iniquidades de género. El segundo rubro, se encuentra, en la visión, tendiente a consolidar al Instituto, como el órgano rector de los programas y acciones gerontológicas, con la participación de los tres niveles de gobierno y los diferentes sectores del país.[18]

6. Ámbito constitucional y políticas públicas

Con base en lo establecido en la Constitución Política de nuestro país acerca de los derechos sociales – salud, educación, vivienda –, de la Ley de los Derechos de los Adultos Mayores, de los acuerdos internacionales que actualmente México ha suscrito, y por supuesto de la consulta directa de las necesidades de los adultos mayores, se busca propiciar un conjunto de políticas sociales para la implementación de programas que mejoren la calidad de vida de dicho sector. [19] Se entiende por política pública, el conjunto de directrices, conducentes a la preservación y elevación del bienestar social, procurando que los beneficios del desarrollo alcancen a todas las capas de la sociedad, facilitando la convergencia entre los intereses individuales y los intereses comunes de la sociedad con la mayor equidad posible.[20]

Por otra parte, las políticas sociales y sus expresiones programáticas, entendidas en un sentido amplio, incluyen intervenciones sectoriales clásicas (educación, salud, seguridad social, vivienda, infraestructura básica) así como las tendencias a desarrollar acciones focalizadas en la pobreza, a la vez que también deben incorporarse bajo el concepto de política social las intervenciones estatales destinadas a promover el empleo y brindar protección ante los males sociales.[21]

[17] *Idem.*

[18] *Idem.*

[19] CEJA MENA, Concepción, *La política social mexicana de cara a la pobreza*. Geo critica, Scripta Nova Barcelona: Universidad de Barcelona, 1 de noviembre de 2004, vol. VIII, núm. 176. Recuperado de http://www.ub.es/geocrit/sn/sn-176.htm

[20] *Idem.*

[21] LEÓN RUBIO, José María, *Psicología de la salud y de la calidad de vida*. Barcelona UOC. Barcelona, 2008, p. 77.

Se ha definido a estas políticas como el conjunto de disposiciones, medidas y procedimientos que reflejan la orientación política del Estado y regulan las actividades gubernamentales relacionadas con las tareas de interés público, actuando e influyendo sobre la realidad económica, social y ambiental.[22]

Así pues, las políticas encaminadas a adultos mayores buscan a través de las instituciones, un marco jurídico y social, establecer líneas de acción basadas en las necesidades de las personas, combatiendo males sociales para mejorar el bienestar en la vida de éstos. Se han planteado –por lo menos, desde el punto de vista de las intenciones y el discurso– el desarrollo de políticas a favor de las personas de edad avanzada, desafortunadamente no se ha producido el bienestar que de un inicio se pretendía. Es también importante reconocer que, desde el núcleo social básico, se aprecia la falta de cultura por la vejez digna; las autoridades y la sociedad en general, presenta esas carencias. Así, para hacer eficientes estas políticas y dar a las personas de 60 y más, un adecuado nivel de vida, integrándolos a la comunidad, se plantean programas y acciones que, en ocasiones, han sido poco eficientes, pues el problema sigue latente.

7. Estadísticas de la población de 60 y más en México por el INEGI, en el año 2020

La estadística es una ciencia encargada de estudiar y aportar los métodos para resumir datos, aportar resultados y acotar algunas variables aleatorias, o derivadas del azar, con base en una muestra. Es importante entender que las estadísticas son herramientas para medir la influencia de determinadas cuestiones en determinado tiempo y lugar.

En materia de senectud, vejez, envejecimiento o tercera edad, encontramos en México, lo siguiente:

Según fuentes oficiales, que mencionaremos a continuación, para poder corroborar nuestra información, al año 2020, la población total de mexicanos es de 126,014,024 ciudadanos; de ese gran número, tienen 60 años y más, 15,121,922 personas, equivalente al 12%.

El INEGI hace una distribución conforme al sexo, resultando así: El total de ciudadanos mexicanos de este bloque de edad es de 61 millones 473,390, equivalente al 48.8%; mientras que las mujeres ocupan el 51.2%, con 64,540,634.

Según nuestra información, por cada 100 mujeres hay 95 hombres de 60 años y más. A las mujeres en este rango de edad, en ocasiones se les da la

[22] *Idem.*

carga, porque verdaderamente lo es, el hecho de tener que dejar su actividad profesional, para dedicarse a cuidar de incapacitados, discapacitados o sujetos vulnerables dentro de la familia; es decir, en los mencionados porcentajes, de mujeres por cada 95 varones de 60 años y más, infinidad de ellas son jefas de familia y les corresponde una doble labor, trabajar para llevar sustento al hogar y además si es requerido, proteger y cuidar a los mayores de 60 y más.

Debemos recordar que tradicionalmente las mujeres han sido las cuidadoras por excelencia; no se les concedía capacidad para algo más, ya que los integrantes del llamado sexo fuerte ocupan los cargos públicos o privados, los puestos de elección popular, las direcciones o presidencias de empresas, porque ellos han tenido el monopolio de esos espacios, dentro de la economía y el desarrollo social cotidiano.

Seguramente dentro de cuatro décadas, México será un país de viejos, por ahora seguimos teniendo la mayoría de la población joven. El Estado de Chiapas, ubicado al Suroeste de la República Mexicana, es el que tiene el mayor porcentaje de población joven; mientras que la ciudad-capital, la Ciudad de México, denominada antes Distrito Federal, presenta el más alto porcentaje dentro de las 32 entidades mexicanas, de población envejecida.

En este orden de cosas, también es importante presentar algunas estadísticas de la población antes mencionada que para el año 2020, cuenta con un servicio de salud, sea pública o privada. De acuerdo a los datos fríos, 92,582,812 personas de ambos sexos cuentan con servicios de salud. El 18.43% de la población antes citada, lo ocupan los hombres, con 17,065,902. Las mujeres con 48,410,808, representan el 52.28%, de féminas con servicios médicos.

Rogaría a nuestros distinguidos lectores, tengan la gentileza de corroborar esta información en el sitio de Instituto Nacional de Estadística y Geografía (INEGI) https://inegi.org.mx En esta página oficial se ofrece información estadística geográfica y económica a nivel nacional y por entidad federativa, haciendo también la disgregación por cuestión de sexo.

Esta es la realidad mexicana, con servicios de salud sumamente deficientes, cuestiones evidenciada con la pandemia que hemos sufrido a partir del año 2019 y que hasta hoy se sufre con ello; si bien los y las mayores de 60 años y más tienen derecho a la salud, en igualdad de circunstancias que los demás integrantes de nuestro país, en ocasiones de nuevo se invisibiliza a este grupo de edad, al extremo de discriminarlos y en caso de tener que internar o atender un caso de COVID 19 SARS 2, por escasez de espacio, se ha preferido atender a un joven, aparentemente por circunstancias de productividad, energía y fuerza para la vida laboral. Contra esto debemos luchar, no es posible que las autoridades impunemente actúen de esta manera. Esto no es privativo de la República Mexicana, sino que en general, en diversos Estados del conglomerado mundial, se han apreciado situaciones de este tipo.

8. El problema de los ciudadanos de 60 y más, es una cuestión multidisciplinaria

Las leyes poco han logrado, algunas de ellas son únicamente buenos deseos, y la realidad es que el deterioro de quienes se encuentran en el rango de 60 años y más, son discriminados, vejados, considerados estorbo o un gran saco viejo que está en un lugar mal ubicado dentro de los hogares y de las sociedades. En algunos casos, los parientes más cercanos, incluso los hacen víctimas y les obligan a declarar su última voluntad, en vida, mediante [donaciones totalmente *leoninas*, malos tratos, engaños y violencia emocional, entre otras circunstancias que por supuesto les hacen vulnerables.

Los adultos mayores, en cualquier latitud del mundo, son sujetos de capacidad, requieren apoyo geriátrico, una vivienda digna, comida, vestido, asistencia médica, bienestar, buena vida, bien vivir, y sobre todo amor. Si se sienten útiles e integrados con amor dentro de la familia y la comunidad, su estado de ánimo varía. Por ello hemos sostenido que este es un problema multidimensional.

Los colegios notariales o los notarios públicos individualmente, pueden dar asesoría gratuita o *pro bono* a los adultos de 60 años y más, para realizar ante su presencia y fe notarial, una voluntad anticipada, mediante la cual, se puede evitar, en caso de enfermedad, que se hagan tratamientos que los médicos de manera oportunista, quieren hacer aun cuando saben de antemano, que los resultados no serían óptimos. Igualmente, el notario puede dar asesoría en relación al patrimonio de quienes forman estos grupos, explicarles la necesidad de otorgar un testamento, y lo nefasto que resulta en determinados casos, otorgar un poder a favor de algún integrante de la familia, el compadre o amigo, para que le maneje sus bienes. Explicarles lo que significa poder o mandato para actos de dominio, que en un momento dado le podrían dolosamente, dejar sin patrimonio.

También el Estado es responsable de vigilar que las políticas públicas y las leyes, lleguen a buen puerto; no basta con dar beneficios sociales, similares a una "limosna". Lo importante es concientizar a los integrantes de las instituciones que representan a estos grupos, de la necesidad de integrarlos dentro del grupo familiar, frente a la comunidad o en la alcaldía donde viven, para crearles un entorno adecuado, donde se sientan útiles. Algo muy importante es la circunstancia o el hecho de darles amor en el hogar, similar o aún más fuerte y una excelente comprensión, como el que ellos dieron, en su momento, a sus hijos y esposa o esposo.

Decíamos que este tema es evidentemente multidisciplinario tenemos una información de la Facultad de Medicina de la Universidad George Washington, que afirma que el cerebro de una persona mayor es más "Plástico" de lo que uno pudiera imaginar. Por supuesto, el cerebro ya no es tan rápido como en la juventud. Sin embargo, gana en flexibilidad, por eso, con la edad, es más probable que tomemos las decisiones correctas y estemos menos expuestos a las emociones negativas.

El pico de la actividad intelectual humana ocurre alrededor de los 70 años cuando el cerebro empieza a funcionar con toda fuerza, por la cantidad de mielina que segrega el cerebro, esta, la mielina, es una sustancia que facilita el paso rápido de señales entre neuronas. Debido a ello, entre los 60 y los 80 años de edad, las habilidades intelectuales se incrementan en un 300% en comparación con la media.[23]

El profesor Monchi Uri de la Universidad de Montreal manifiesta que el cerebro de una persona mayor elige el camino que consume menos energía, corta lo innecesario y deja únicamente las opciones correctas para resolver un problema. Se realizó un estudio en el que participaron diferentes grupos de edad los jóvenes se confundieron mucho al pasar las pruebas, mientras que los mayores de 60 años tomaron las decisiones correctas.[24]

Se afirma que las características del cerebro de una persona mayor son las siguientes:

a) Las neuronas no mueren, simplemente las conexiones entre ellas desaparecen si una persona no se dedica al trabajo mental.
b) Una persona de 60 años y más, al tomar decisiones, no usa un hemisferio al mismo tiempo, sino los dos. Es decir, las interconexiones entre el hemisferio izquierdo y derecho son posibles a esta edad, a diferencia de otras etapas del ser humano.
c) Si una persona lleva un estilo de vida saludable, se mueve, tiene una actividad física factible y plena actividad mental, las habilidades intelectuales no disminuyen con la edad, únicamente CRECEN, avanzando un pico más entre 80 y 90 años.[25]

[23] El cerebro de una persona mayor, recuperado de https://seniorsenred.org/noticias/item/123-el-cerebro-de-una-persona-mayor-%C2%A1te-sorprender%C3%A1

[24] *Idem.*

[25] *Idem.*

Un estudio en los Estados Unidos, arrojo lo siguiente:

- La edad más productiva de una persona es de 60 a 70 años;
- La segunda etapa humana más productiva es la edad de 70 a 80 años;
- La tercera etapa más productiva – 50 y 60 años;
- Antes de eso, la persona aún no ha alcanzado su punto máximo;
- La edad media de los premios Nobel es de 62 años;
- La edad promedio de los presidentes de las 100 empresas más grandes del mundo es de 63 años;
- La edad promedio de los pastores en las 100 iglesias más grandes de los Estados Unidos es de 71 años;
- La edad promedio de los papás es de 76 años;
- Esto confirma que los mejores y más productivos años de una persona son entre los 60 y los 80 años.

Este estudio fue publicado por un equipo de médicos y psicólogos en el NEW ENGLAND JOURNAL OF MEDICINE. Descubrieron que a los 60 años alcanzas la cima de tu potencial emocional y mental, y esto continúa hasta los 80.[26]

Conclusiones

Basados en las diferentes leyes, políticas públicas, y las necesidades que efectivamente presentan los sectores de 60 años y más, se ha propuesto un decálogo de buen trato para Adultos Mayores. Me permito parafrasearlo, de la siguiente manera:

1. Tolerar y respetar a todas las personas, independientemente de su edad, especialmente a los adultos mayores.
2. Conocer con profundidad y comprender cuáles son los derechos de las personas de 60 años y más, así como conocer los lugares e instituciones para proporcionarles atención especializada contra la violencia.
3. Fortalecer las relaciones entre personas de distintos rangos de edad, para conocer las capacidades, características, experiencias y necesidades de cada uno.
4. Conocer plenamente los cambios naturales biológicos, psicológicos y sociales que surgen con el paso de los años. Favorecer la cultura de la prevención durante la juventud, para saber qué vejez se vivirá.

[26] FUENTE: The New England Journal of Medicine, recuperado de https://www.nejm.org el día 20 de julio de 2021.

5. Aportar a las personas de 60 años y más, información precisa y clara, brindándoles además un trato preferente, si es necesario.
6. Hacer programas de concientización donde se aliente la participación activa de los sujetos de 60 y más, para que tengan un desarrollo integral en la sociedad, y dentro de las familias.
7. Platicar con las personas de 60 años y más de manera cercana y personalizada, para conocer sus vivencias. "La empatía es sinónimo de solidaridad".
8. Respetar socialmente el envejecimiento, ya que esas circunstancias no les hace invisibles, tienen derechos y una capacidad plena.
9. Deconstruir lo aprendido, para actuar con resiliencia frente a quienes integran este grupo de edad.
10. Poner en práctica el bienestar, el buen vivir y el afecto a quienes, en su momento, cuidaron de nosotros en las primeras etapas de nuestra vida.

Referencias

Fernández Ballesteros, Rocío, *Gerontología social*, Pirámide, Madrid, 2000.

García, Vega, Luis, *et al*, *Historia de la psicología II. Teorías y sistemas psicológicos y contemporáneos*, Siglo XXI de España, España, 1993.

Hernández Sampieri, Roberto, *Metodología de la Investigación*, McGraw-Hill, México, 2000.

INAPAM. (5 de junio de 2008). Una mirada al pasado Porque envejecer es un juicio social más que un acontecer biológico. Recuperado de http://www.inapam.gob.mx/index/index.php?sec=4&pagina=1.

INSEN. Programas Asistenciales y servicios sociales. México, Subdirección de Investigación y Desarrollo Social. México, 1996.

INSEN. Programas Asistenciales y servicios sociales. México, Subdirección de Investigación y Desarrollo Social, 1996.

León Portilla, Miguel, *La vejez en el México prehispánico*. En memorias del seminario de Asistencia Social al anciano, agosto 1984.

León Rubio, José María, *Psicología de la salud y de la calidad de vida*. Barcelona UOC. Barcelona, 2008.

Mirón Pérez, María Dolores, *Entre la casa y el ágora: género, espacio y poder en la polis griega*, Instituto de Estudios de la Mujer / Departamento de Prehistoria y Arqueología Universidad de Granada (España), recuperado de https://dialnet.unirioja.es Dialnet-EntreLaCasaYElAgora-6115842.pdf.

Organización Mundial de la Salud, Informe mundial sobre el envejecimiento y la salud, 2015.

Sánchez Caro, Jesús y Ramos, Francisco, *La vejez y sus mitos*, Salvat Editores, Barcelona, España, 1982.

VIVALDO MARTÍNEZ, Marissa, *Treinta años de políticas públicas para la atención del envejecimiento en México*, ABC-UVM, 2009.

The New England Journal of Medicine, recuperado de https://www.nejm.org el día 20 de julio de 2021.

www.inegi.org.mx

www.ub.es/geocrit/sn/sn-176.htm

www.inapam.gob.mx/index/index.php?sec=25

www.reis.cis.es/REISWeb/PDF/REIS_007_06.pdf

1
DECÁLOGO LEGAL DOS ADULTOS DE 60 ANOS OU MAIS

María Leoba Castañeda Rivas[1]

Saber envelhecer é a obra prima da vida,
e uma das coisas mais difíceis da arte de viver.
Henri Friederic Amiel
Escritor suíço de língua francesa

1. Introdução

Quando um filho fala com seu pai de meia-idade sobre o significado da velhice, tantas histórias e eventos podem surgir, como muitas perguntas são colocadas pelos jovens; por exemplo: "Pai, eu sempre cuidarei de você e comprarei uma casa para você". "Vou estudar muito para ajudá-lo quando você estiver velho." Diante disso, os pais perguntam: "e o que você fará quando eu me tor-

[1] Doutora em Direito pela Universidade Nacional Autônoma do México (UNAM); Professora de Carreira Integral da Faculdade de Direito e da Divisão de Pós-Graduação daquela Casa de Estudos. Pesquisador nível I do CONACYT SNI. De março de 2012 a março de 2016 foi Diretora da Faculdade de Direito e a primeira mulher a guiar seus destinos em 459 anos de história. Premiada com o Reconhecimento Sor Juana Inés de la Cruz 2017, concedido pela UNAM, às mulheres de destaque da referida instituição no "ensino, pesquisa e divulgação da cultura". Foi Professora titular, convidada e conferencista em várias universidades e Instituições públicas e privadas do país e dos Estados Unidos da América, Argentina, Brasil, Chile, Colômbia, Cuba, Espanha, França, Inglaterra, Panamá, Porto Rico, República Dominicana e Venezuela, entre outros. Autora e co-autora de livros, artigos em revistas de prestígio e autora de vários títulos de Direito Civil e de Família na Enciclopédia Jurídica da Faculdade de Direito da UNAM.

nar algo semelhante a um saco pesado, desatualizado e incômodo? Ora, isso pode acontecer! O que você fará, se até lá, como chefe da família, o avô ou a avó atrapalhar sua casa? O que sua esposa, marido e filhos pensarão se tiverem que conviver diariamente com aquele saco pesado, o velho homem ou a velha mulher que se tornou um fardo?".

Normalmente, o desejo do jovem, neto ou neta, em relação ao idoso muda, na medida em que sua circunstância é modificada. Essas questões são discutidas em um ambiente multidisciplinar, no seio das famílias! A velhice ou o envelhecimento, de acordo com as Nações Unidas, é um processo que começa com o fato biológico-legal do nascimento e termina com a morte. É o estágio biológico que se segue à meia-idade, é a queda do auge da vida

A velhice é a fase da vida calculada por cada lugar; é o período vital que se segue à maturidade. Implica deterioração orgânica gradual, poderíamos dizer que nela estão três estágios: a pré-velhice, de 55 a 65 anos; idade avançada de 65 a 69 anos de idade ou um pouco mais; e, finalmente, a partir dos 80 anos, aquele sujeito que pôde nascer vivo e viável, é chamado de idoso.

Ainda recordamos com grande alegria os tempos em que os idosos ou os anciãos, em Roma, na Grécia e em Atenas, entre outros lugares, tinham o reconhecimento de serem assemelhados a "sábios". Nas praças públicas chamadas "Ágora", dirigiam diálogos, discursos, resolviam conflitos entre indivíduos, entre membros de uma família e até mesmo questões entre Estado e governados. Esses sábios tiveram grande reconhecimento.

Em algumas legislações ou compilações antigas, foram criados conselhos de família, com a intenção de aproveitar sua experiência, para resolver pontos controversos; bem como o fato de que sua opinião era levada em conta com base em sua autoridade moral[2].

De fato, de acordo com a Organização Mundial da Saúde, a idade dos idosos começa aos 60 anos[3].

De acordo com Franz Kafka, "a felicidade suprime a velhice"; concordamos totalmente com esse pensamento do autor, uma vez que o ser humano de 60 anos ou mais tem tanta experiência acumulada, que sua opinião é fundada e muito valiosa; no entanto, os idosos, em algumas sociedades, são colocados como um estorvo. Daí a nossa motivação para participar no congresso

[2] PÉREZ, Mirón, DOLORES, María, *Entre la casa y el ágora: género, espacio y poder en la polis griega*, Instituto de Estudios de la Mujer / Departamento de Prehistoria y Arqueología Universidad de Granada (España), recuperado de https://dialnet.unirioja.es Dialnet-EntreLaCasaYElAgora-6115842.pdf

[3] Organización Mundial de la Salud, Informe mundial sobre el envejecimiento y la salud, 2015. Recuperado de https://apps.who.int/iris/bitstream/handle/10665/186466/9789240694873_spa.pdf

organizado pela Associação de Direito de Família e Sucessões (ADFAS) neste ano, 2021, com o objetivo de analisar o ambiente atual no mundo; e graças ao convite da Presidente desta organização, Dra. Regina Beatriz Tavares da Silva, fui convidada a me referir ao contexto mexicano sobre esse problema sociofamiliar e multidisciplinar, que viola os direitos humanos e prejudica as sociedades, em qualquer posição onde nos coloquemos.

A este respeito, estamos conscientes de que os idosos são geralmente parte integrante de uma família, são sujeitos importantes da sociedade; no entanto, em alguns Estados, são considerados sujeitos vulneráveis, sofrem discriminação, simplesmente por terem 60 anos de idade ou mais. Há violência familiar cometida contra eles mesmo que em alguns casos eles sejam a fonte original de renda para o desenvolvimento e formação de seus filhos, mas sendo mais velhos, eles são desdenhados, eles perdem o respeito. Esse tema se torna um problema de saúde pública, do Estado, da família e das sociedades, e deve ser debatido. Assim, abordaremos praticamente um panorama de como o tratamento dos direitos dos idosos, como são chamados hoje, evoluiu, a partir do final do século XX e no século atual.

2. Evolução do conceito de velhice nas sociedades

Em certas sociedades e culturas antigas, os idosos eram considerados como possuidores de sabedoria e suas experiências serviam para orientar o desenvolvimento de sua sociedade, enquanto, em outras, não lhes era dada qualquer importância e eles eram até mesmo relegados e, eventualmente, sofriam abusos.

Ao longo da história, tem havido uma grande variabilidade no tratamento que sociedade dispensa às pessoas com 60 anos ou mais, principalmente por fatores sociais e culturais. Observa-se, por exemplo, que alguns povos primitivos abandonaram os idosos à sua sorte, enquanto em outros tempos, eles foram tratados com respeito. Sabe-se que os idosos às vezes eram maltratados, especialmente dentro das aldeias cujos recursos eram escassos, pois eram inevitavelmente considerados um fardo[4].

Entre os egípcios, a palavra ancião era sinônimo de sabedoria, uma vez que os idosos desempenhavam um papel proeminente na sociedade como conselheiros, guias e educadores da juventude. [5]

[4] Hernández Sampieri, Roberto, *Metodología de la Investigación*, McGraw-Hill, México, 2000, p.25.

[5] INAPAM. (5 de junho de 2008). Una mirada al pasado Porque envejecer es un juicio social más que un acontecer biológico. Disponível em http://www.inapam.gob.mx/index/index.php?sec=4&pagina=1

Platão (427-347 a.C.), apresenta uma visão altamente individualista e íntima dessa fase da vida, destacando a ideia de que se envelhece como se viveu; e assinalou como devemos nos preparar para a velhice, na fase da juventude. Economizar a saúde e manter a condição física para a meia-idade e envelhecimento. Assim, Platão constitui o antecedente da visão positiva da velhice, incluindo a importância da prevenção e da profilaxia. Aristóteles (384-322 a.C.), ao contrário, apresenta o que podemos considerar as etapas da vida do homem: a primeira, a infância; a segunda, a juventude; a terceira – a mais prolongada --, a idade adulta, e a quarta, a velhice, na qual vêm a deterioração e a ruína. Ele até vislumbrou a velhice como uma doença natural[6]. Em nossa opinião, ambos os filósofos se complementam, mas a ideia de Platão sobre esse tema é muito mais positiva. É errático considerar a velhice como doença, em nossa opinião.

Durante o Renascimento e o Barroco, a ideia da inevitável decrepitude e caráter melancólico da velhice permaneceu. Existem sociedades que mantêm um tratamento estável para os idosos. Por exemplo, a situação dos idosos na China permaneceu quase inalterada ao longo de milênios. Ou seja, o idoso é considerado uma parte valiosa dentro da família. Portanto, a civilização chinesa, estática por séculos, permitiu que os idosos ocupassem a cúpula social.[7]

3. Visão mexicana sobre a velhice

No México antigo, o *huehuéyotl* ou senescência (Coiote Velho. Na mitologia mexica, ele é o deus das artes, senhor da música e da dança cerimonial, guia da idade adulta e da adolescência), não implicava necessariamente um estado de decrepitude ou perda de faculdades devido à idade. No contexto do mundo náuatle, cabia aos idosos perseverar e continuar com as tradições. Em geral, não eram classificados como um fardo ou presença irritante, mas como uma parte essencial da família. [8]

Na vida cotidiana, o velho homem era considerado como *yoltéotl* (é uma palavra náuatle que significa o "coração de Deus" ou alguém que contém uma criatividade quase espiritual), isto é, como o artista, o inventor ou o homem sábio, o primeiro habitante da terra e, portanto, conhecedor de seus mistérios e desígnios. Cada bairro ou *calpulli* (conjunto de famílias relacionadas por

[6] Fernández Ballesteros, Rocío, *Gerontología social*, Pirámide, Madrid, 2000, p. 23

[7] Sánchez Caro, Jesús; Ramos, Francisco, *La vejez y sus mitos*, Salvat Editores, Barcelona, Espanha, 1982.

[8] León Portilla, Miguel, *La vejez en el México prehispánico*. In Memorias del II seminario de Asistencia Social al anciano, agosto de 1984, p. 85.

uma ancestralidade comum) da capital tinha seu chefe eleito pelos habitantes, com a concordância do soberano, que era assistido por um conselho de anciãos, o *huehuetque* (anciãos do bairro), provavelmente o mais antigo e notável entre os chefes das famílias. Assim, o *huehuéyotl*, senescência ou velhice, era composto pelo *huehuetzin* (anciãos reverenciados) e *ilamatzin* (mulheres idosas reverenciadas). Uma "atadura" de anos de anos ou *xiuhmolpilli*[9], de 52 anos, iniciava um novo ciclo que dava lugar à terceira idade para completar o cumprimento da velhice ou período de 104 anos[10].

No nosso país existem atualmente sociedades tradicionais, de base rural, onde os idosos são respeitados; representam experiência e conhecimento; eles são autoridades naturais de um mundo estático.

No entanto, com o passar do tempo, a sociedade mexicana tornou-se excludente e marginal diante dos idosos. As possibilidades de encontrar emprego para os membros deste setor estavam se tornando cada vez mais difíceis e remotas.

Com o desenvolvimento do capitalismo e da vida industrial, a situação de respeitabilidade para com os idosos desaparece, uma vez que é necessariamente requerida nessa fase uma certa idade para acessar posições e tomada de decisões; pouco a pouco o ataque contra os membros da idade avançada refletiu-se na sociedade, na família e no Estado.

A sociedade se urbaniza, se tecnifica e se dinamiza progressivamente; a experiência deixa de ser a principal fonte de conhecimento; as famílias se dispersam e a produção se torna o valor dominante.[11] No âmbito deste novo sistema socioeconômico, aos idosos é atribuído um papel marginal e são classificados como inúteis: já não são produtivos, tornaram-se obsoletos. A velhice, que é uma fase natural, é identificada e assimilada ao retiro ou à aposentadoria. Ao mesmo tempo, a juventude preside cada vez mais a cultura estabelecida.

A economia capitalista, fortemente implantada em nosso meio, considera os seres humanos como "agentes econômicos" com características produtivas, determinada idade e com certa força de trabalho. Nesse contexto, os idosos veem diminuídas as possibilidades de ingresso nessas categorias e, portanto,

[9] Conjunto de paus amarrados nas extremidades simbolizando um período de 52 anos, o equivalente conceitual ao nosso século.

[10] Instituto nacional para la Protección de Adultos Mayores (INAPAM) (5 de junio de 2008). Una mirada al pasado. Por qué envejecer es un juicio social, más que un acontecer biológico. Disponível em http://www.inapam.gob.mx/index/index.php?sec=4&pagina=1. Acesso em 26 de julho de 2021.

[11] Rodríguez Ibáñez, Perspectiva sociológica de la vejez. *Revista Reis, Espanha, 1979. pp. 77-97.* Disponível em http://www.reis.cis.es/REISWeb/PDF/REIS_007_06.pdf. Acesso em 28 de julho de 2021

sentem-se segregados. Esta circunstância na vida das pessoas com 60 anos ou mais implica que a sua atividade produtiva e criativa terminou; portanto, em inúmeros casos, são deixados de fora da cadeia econômica e do desenvolvimento produtivo. Esse cenário deduz que os idosos são considerados, dentro da globalização, como um "objeto" inútil, apolítico, amnésico, sem criatividade ou capacidade de se desenvolver. Isso gera uma barreira entre a sociedade e a velhice, que se reflete na família e no Estado, de modo que aqueles que têm 60 anos ou mais, se enquadram na categoria de grupo vulnerável. Nessa ordem de coisas, eles devem ser dotados de políticas públicas e de um arcabouço jurídico-econômico adequado, para lhes proporcionar proteção e cercá-los um ambiente de bem-estar e de boa vida, afastando-se do pressuposto de fazê-los sentir um fardo. Parece que a família e o Estado esquecem que esses sujeitos hoje discriminados, formando sua própria casa, foram os arquitetos do fortalecimento da família e, como consequência, do Estado. Em alguns casos, são aplicadas ações afirmativas e, em outros, medidas populistas para dar-lhes uma quantia ínfima e se livrar deles, acreditando que o problema é resolvido dessa maneira. Em outros sistemas, leis carregadas de bons desejos, quase poéticas, são ditadas para dizer-lhes que são importantes na sociedade, mas às vezes isso não se reflete na vida real, no imaginário social ou na vida desse segmento da comunidade.

4. Adultos com 60 anos ou mais: da teoria aos fatos

Independentemente dos avanços no cuidado ao idoso, há um fato inevitável: a sociedade de hoje teme a velhice, especialmente devido ao declínio físico e mental. Se se assume que essa diminuição traz consigo uma incapacidade de funcionar de forma autônoma, esse estágio aterroriza porque torna o homem um ser socialmente dependente[12].

Essas perdas causam uma mudança no status social que deteriora a autoimagem e o valor pessoal. Essa dependência força aqueles ao seu redor a cuidar deles e criar serviços de apoio. Quase parece que eles se tornam um fardo para a sociedade. Principalmente, em sociedades com uma visão assistencialista como a mexicana.

Um exemplo ligado ao cuidado familiar, e que afeta a vida dos idosos, é a situação econômica. Parece que ter recursos econômicos para sobreviver, nessa sociedade, torna a chegada da velhice muito diferente. Porque, por um lado, a atitude da sociedade e da família é diferente, há mais considerações

[12] García, Vega, Luis, *et al*, *Historia de la psicología II. Teorías y sistemas psicológicos y contemporáneos*, Siglo XXI de España, Espanha, 1993, p. 58.

em relação aos idosos ou anciãos que têm propriedade ou outros recursos, porque o interesse pelos bens se manifesta através da aspiração à herança. Além disso, eles não são um fardo e podem pagar por suas despesas, bem como seus cuidados.

No caso dos cidadãos desta idade, pobres, que enfrentam esta fase sem ter um patrimônio, nem uma estabilidade econômica, mas sobretudo que, durante a sua vida, para satisfazer as necessidades da família, e em particular dos filhos, não puderam salvar ou adquirir uma casa e têm de viver na casa dos seus filhos ou outros familiares, podem cair em depressão e isso pode causar-lhes desesperança, questão que os torna ainda mais vulneráveis. Por outro lado, representam um fardo para a família que, por vezes, para cuidar deles, têm de abandonar os seus empregos, reduzindo a economia familiar, o que deteriora ainda mais a qualidade de vida, e quando o trabalho não é abandonado, os idosos são deixados sozinhos em casa, e esse abandono também tende a deprimi-los e a fazê-los desejar morrer. Nesse contexto há mulheres de meia-idade que são utilizadas para o cuidado de idosos e parece que sofrem uma dupla vitimização.

Assim, as considerações da velhice ao longo da história e de cada cultura variam de ponta a ponta, desde uma posição de auge que garante um tratamento respeitável por parte da sociedade até a rejeição e o abandono social, que se conclui com uma morte na solidão.

5. Antecedentes das instituições públicas para o atendimento de idosos

No que diz respeito ao serviço de assistência pública que envolve os idosos, encontramo-lo desde o decreto de 28 de fevereiro de 1861, com o qual foi criada a Direção-Geral do Fundo de Beneficência, que tinha plenos poderes para gerir hospícios e outros estabelecimentos de caridade do Governo da União; locais que apoiavam a população vulnerável, carente de segurança social, principalmente na prestação de cuidados de saúde

Por Decreto de 30 de agosto de 1862, foi instituída a Direção Geral de Bem-Estar Público, que introduziu, como característica inovadora, que os estabelecimentos beneficentes estavam a cargo dos municípios; corpo docente que em 1877 retomou a referida Direção.[13]

Já no período pós-revolucionário; em 16 de julho de 1924, foi instituída a Diretoria de Bem-Estar Público do Distrito Federal, hoje Cidade do México, com todas as atribuições que a mencionada Direção Geral de Caridade Pública

[13] INSEN. Programas Asistenciales y servicios sociales. México, Subdirección de Investigación y Desarrollo Social. México, 1996, p.15.

tinha. Entre suas faculdades estão: administrar as fazendas, o capital e a renda pertencentes aos estabelecimentos, bem como os recursos fiscais e os de indivíduos destinados a fins de Beneficência, para obter recursos necessários ao cumprimento de suas funções.

A promulgação da Lei Geral das Pensões Civis e Reformas, de 1925, constituiu um novo avanço na matéria, garantindo na legislação o acesso a condições mínimas de vida aos trabalhadores durante a sua aposentadoria[14].

A Direção Geral de Bem-Estar Público funcionou até 31 de dezembro de 1931, quando foi publicada a Lei das Secretarias e Departamentos de Estado, instituindo ao mesmo tempo a Secretaria de Assistência Pública, que em 1943, quando fundida com a Secretaria de Saúde, foi constituída como: A Secretaria de Saúde e Assistência, com competências próprias em matéria de saúde e serviços de assistência a todos os setores da população[15].

Além disso, encontramos grandes avanços durante o século XX, com a criação da Secretaria de Saúde e Assistência, em 1931, bem como de instituições de assistência social. Infelizmente, as leis acima mencionadas eram quase letra morta, porque de fato os maus-tratos aos idosos continuaram, dentro da família, em sua comunidade e pelo Estado.

O governo mexicano, em sua tentativa de melhorar, cria o Instituto Nacional de Senescência, um órgão público descentralizado, autônomo do Ministério da Saúde, a fim de torná-lo responsável por: proteção, ajuda, atenção e orientação da população idosa, e embora se concentrasse essencialmente no aspecto médico-assistencial, abriu as portas para iniciar a consideração de outras necessidades. A este respeito, em 17 de janeiro de 2002, também por decreto presidencial, tornou-se parte do setor liderado pelo Ministério do Desenvolvimento Social e mudou seu nome para Instituto Nacional de Adultos em Plenitude (INAPLEN) [16]. O nome é sugestivo, pela característica de dar plenitude aos cidadãos de 60 anos ou mais.

Em 25 de junho de 2002, foi publicada a Lei dos Direitos das Pessoas Idosas, criando o Instituto Nacional da Pessoa Idosa (INAPAM). Seus principais objetivos são: proteger, atender, ajudar e orientar os idosos[17].

[14] VIVALDO Martínez, Marissa, *Treinta años de políticas públicas para la atención del envejecimiento en México*, ABC-UVM, 2009, p. 45.

[15] INSEN. Programas Asistenciales y servicios sociales. México, Subdirección de Investigación y Desarrollo Social, 1996, p. 89.

[16] INAPAM. (27 de junio de 2008). Capacitación para el Trabajo y Ocupación del Tiempo Libre. Disponível em Inapam:http://www.inapam.gob.mx/index/index.php?sec=25

[17] *Idem.*

Dois itens se destacam em sua estrutura: o primeiro, referente à Missão; que consiste em promover o desenvolvimento humano integral dos idosos; proporcionando-lhes: emprego, ocupação, remuneração, assistência e as oportunidades necessárias para alcançar níveis de bem-estar e alta qualidade de vida, reduzindo as desigualdades extremas e as desigualdades de gênero. O segundo item visa, na visão, consolidar o Instituto, como órgão gestor de programas e ações gerontológicas, com a participação dos três níveis de governo e dos diferentes setores do país.[18]

6. Âmbito constitucional e políticas públicas

Com base nas disposições da Constituição Política do nosso país em relação aos direitos sociais – saúde, educação, habitação – a Lei sobre os Direitos dos Idosos, os acordos internacionais que o México assinou atualmente e, claro, a consulta direta das necessidades dos idosos, procura promover um conjunto de políticas sociais para a implementação de programas que melhorem a qualidade de vida deste setor.[19] A política pública é entendida como o conjunto de diretrizes conducentes à preservação e elevação do bem-estar social, garantindo que os benefícios do desenvolvimento atinjam todas as camadas da sociedade, facilitando a convergência entre os interesses individuais e os interesses comuns da sociedade com a maior equidade possível.[20]

Por outro lado, as políticas sociais e suas expressões programáticas, entendidas em sentido amplo, incluem intervenções setoriais clássicas (educação, saúde, seguridade social, habitação, infraestrutura básica), bem como as tendências para desenvolver ações voltadas para a pobreza, enquanto as intervenções estatais voltadas para a promoção do emprego e a proteção contra os males sociais também devem ser incorporadas ao conceito de política social. [21]

Essas políticas têm sido definidas como o conjunto de disposições, medidas e procedimentos que refletem a orientação política do Estado e regulam as atividades governamentais relacionadas a tarefas de interesse público, atuando e influenciando a realidade econômica, social e ambiental.[22]

[18] *Idem.*

[19] CEJA MENA, Concepción, *La política social mexicana de cara a la pobreza.* Geo critica, Scripta Nova Barcelona: Universidad de Barcelona, 1 de noviembre de 2004, vol. VIII, núm. 176. Disponível em http://www.ub.es/geocrit/sn/sn-176.htm

[20] *Idem.*

[21] León Rubio, José María, *Psicología de la salud y de la calidad de vida.* Barcelona UOC. Barcelona, 2008, p. 77.

[22] *Idem.*

Assim, as políticas voltadas para o idoso buscam, por meio de instituições, um arcabouço legal e social, estabelecer linhas de ação baseadas nas necessidades das pessoas, combatendo os males sociais para melhorar seu bem-estar em suas vidas. Embora o desenvolvimento de políticas a favor dos idosos tenha sido levantado – pelo menos do ponto de vista das intenções e do discurso – infelizmente o bem-estar que se pretendia inicialmente não foi produzido. Também é importante reconhecer que, a partir do núcleo social básico, a falta de cultura é apreciada pela velhice digna; as autoridades e a sociedade em geral, apresentam essas deficiências. Assim, para tornar essas políticas eficientes e dar às pessoas com 60 anos ou mais um padrão de vida adequado, integrando-as à comunidade, propõem-se programas e ações que, por vezes, têm sido ineficientes, pois o problema ainda está latente.

7. Estatísticas da população de 60 anos ou mais no México pelo INEGI, no ano de 2020

A estatística é uma ciência responsável por estudar e oferecer métodos para resumir dados, fornecer resultados e limitar algumas variáveis aleatórias, ou derivadas do acaso, com base em uma amostra. É importante entender que as estatísticas são ferramentas para medir a influência de certas questões em um determinado momento e lugar.

Em termos de senescência, velhice, envelhecimento ou terceira idade, encontramos, no México, o seguinte:

De acordo com fontes oficiais, que mencionaremos abaixo para corroborar nossas informações, a partir de 2020, a população total de mexicanos é de 126.014.024 cidadãos; desse grande número, 15.121.922 pessoas têm 60 anos ou mais, o equivalente a 12%.

O INEGI faz uma distribuição por sexo, resultando no seguinte: O número total de cidadãos mexicanos nesta faixa etária é de 61 milhões 473.390, o equivalente a 48,8%; enquanto as mulheres ocupam 51,2%, com 64.540.634.

De acordo com nossas informações, para cada 100 mulheres há 95 homens com 60 anos ou mais. Às vezes, às mulheres nesta faixa etária é atribuído o fardo, porque realmente o é, de terem de abandonar a sua atividade profissional, dedicar-se ao cuidado dos incapacitados, deficientes ou sujeitos vulneráveis no seio da família; ou seja, nos percentuais acima mencionados, de mulheres para cada 95 homens com 60 anos ou mais, inúmeras delas são chefes de família e têm uma dupla tarefa, trabalhando para prover a casa e também, se necessário, proteger e cuidar de pessoas com 60 anos ou mais.

Devemos lembrar que tradicionalmente as mulheres têm sido as cuidadoras por excelência; não lhes foi concedida capacidade para outra coisa, uma vez que os membros do chamado sexo mais forte ocupam cargos públicos ou privados, cargos de eleição popular, os endereços ou presidências das empresas, porque tiveram o monopólio desses espaços, dentro da economia e do desenvolvimento social cotidiano.

Certamente, dentro de quatro décadas, o México será um país de idosos; por enquanto ainda temos a maioria da população jovem. O Estado de Chiapas, localizado no sudoeste da República Mexicana, tem a maior porcentagem de jovens; enquanto a capital, Cidade do México, anteriormente chamada de Distrito Federal, tem o maior percentual dentro das 32 entidades mexicanas, de envelhecimento populacional.

Nessa ordem de coisas, também é importante apresentar algumas estatísticas da população supracitada que, até 2020, possui um serviço de saúde, seja público ou privado. De acordo com dados frios, 92.582.812 pessoas de ambos os sexos têm acesso a serviços de saúde. 18,43% da população supracitada é ocupada por homens, com 17.065.902. As mulheres, com 48.410.808, representam 52,28% da população com acesso a serviços médicos.

Gostaria de pedir aos nossos ilustres leitores para gentilmente corroborar esta informação no site do Instituto Nacional de Estatística e Geografia (INEGI): https://inegi.org.mx. Este site oficial oferece informação estatística geográfica e econômica a nível nacional e por estado, fazendo também a desagregação por gênero.

Essa é a realidade mexicana, com serviços de saúde extremamente deficientes, questões evidenciadas pela pandemia que sofremos desde 2019 e com a qual continuamos sofrendo até hoje é; embora as pessoas com mais de 60 anos de idade tenham direito à saúde, nas mesmas circunstâncias que outros membros do nosso país, por vezes esta faixa etária é novamente invisível, ao ponto de ser discriminadas e, em caso de hospitalização ou atendimento a um caso de COVID 19 SARS 2, devido à falta de espaço, tem-se preferido atender um jovem, aparentemente devido à circunstância de produtividade, energia e força para a vida profissional. Temos de lutar contra isso, não é possível que as autoridades atuem desta forma impunemente. Isso não é exclusivo da República Mexicana, mas, em geral, em vários conglomerados de Estados do mundo, situações desse tipo foram apreciadas.

8. O problema dos cidadãos com 60 anos ou mais é uma questão multidisciplinar

As leis pouco conseguiram; algumas delas são apenas bons desejos, e a realidade é que há o declínio daqueles que estão na faixa dos 60 anos ou mais, são discriminados, humilhados, considerados um obstáculo ou um grande estorvo que está em um lugar deslocado dentro das casas e sociedades.

Em alguns casos, os familiares mais próximos chegam a torná-los vítimas e forçá-los a declarar a sua última vontade, em vida, através de doações totalmente leoninas, maus-tratos, enganos e violência emocional, entre outras circunstâncias que, naturalmente, os tornam vulneráveis.

Em qualquer lugar do mundo, os idosos são sujeitos de capacidade, necessitam de apoio geriátrico, moradia digna, alimentação, vestuário, assistência médica, bem-estar, boa vida, bem viver e, acima de tudo, amor. Se eles se sentem úteis e amorosamente integrados dentro da família e da comunidade, seu humor varia. É por isso que temos argumentado que este é um problema multidimensional.

Os colégios notariais ou notários públicos individualmente podem dar aconselhamento gratuito ou *pro bono* a adultos de 60 anos ou mais, para fazer em sua presença e fé notarial uma diretiva antecipada, através da qual pode ser evitado, em caso de doença, que sejam feitos tratamentos que médicos oportunistas querem fazer mesmo quando sabem de antemão que os resultados não seriam os ideais. Da mesma forma, o notário pode dar conselhos em relação ao patrimônio daqueles que formam esses grupos, explicar a necessidade de conceder um testamento, e como é desastroso em certos casos, conceder uma procuração em favor de um membro da família, o compadre ou amigo, para administrar seus bens. Explicar-lhes o que significa poder ou mandato para atos de propriedade, que a qualquer momento podem intencionalmente deixá-lo sem patrimônio.

O Estado também é responsável por garantir que as políticas públicas e as leis se concretizem; não basta dar benefícios sociais, como uma "esmola". O importante é sensibilizar os membros das instituições que representam estes grupos para a necessidade de integrá-los ao grupo familiar, diante da comunidade ou no gabinete do presidente da câmara onde vivem, para criar um ambiente adequado, onde se sintam úteis. Algo muito importante é a circunstância ou o fato de dar-lhes amor e compreensão no lar, semelhante ou até mais forte ao que eles deram, na época, a seus filhos e esposa ou marido.

Dizíamos que esta questão é obviamente multidisciplinar, temos uma informação da Faculdade de Medicina da Universidade George Washington, que afirma que o cérebro de uma pessoa mais velha é mais "plástico" do que se poderia imaginar. Obviamente, não é mais tão rápido quanto era na juventude. No entanto, ganha flexibilidade, portanto, com a idade, é mais provável que tomemos as decisões certas e sejamos menos expostos a emoções negativas.

O pico da atividade intelectual humana ocorre por volta dos 70 anos, quando o cérebro começa a funcionar com força total, devido à quantidade de mielina secretada pelo órhão, esta, a mielina, é uma substância que facilita a rápida passagem de sinais entre os neurônios. Como resultado, entre 60 e 80 anos de idade, as habilidades intelectuais aumentam em 300% em comparação com a média.[23]

O professor Monchi Uri, da Universidade de Montreal, afirma que o cérebro de uma pessoa mais velha escolhe o caminho que consome menos energia, corta o desnecessário e deixa apenas as opções certas para resolver um problema. Foi realizado um estudo no qual participaram diferentes faixas etárias; os jovens ficaram muito confusos ao passar pelos testes, enquanto aqueles com mais de 60 anos tomaram as decisões certas[24].

Afirma-se que as características do cérebro de uma pessoa idosa são as seguintes:

a) Os neurônios não morrem, simplesmente as conexões entre eles desaparecem se uma pessoa não se envolver em trabalho mental.
b) Uma pessoa com 60 anos ou mais, ao tomar decisões, não usa um hemisfério ao mesmo tempo, mas ambos. Ou seja, as interconexões entre os hemisférios esquerdo e direito são possíveis nessa idade, ao contrário de outras etapas do desenvolvimento do ser humano.
c) Se uma pessoa leva um estilo de vida saudável, se movimenta, tem uma atividade física viável e plena atividade mentala, as habilidades intelectuais não diminuem com a idade, elas apenas CRESCEM, avançando a mais um pico entre 80 e 90 anos.[25]

Um estudo nos Estados Unidos, demonstrou o seguinte:

- A idade mais produtiva de uma pessoa é de 60 a 70 anos;
- A segunda etapa humana mais produtiva é a idade de 70 a 80 anos;
- A terceira etapa mais produtiva – 50 e 60 anos;

[23] El cerebro de una persona mayor. Disponível em https://seniorsenred.org/noticias/item/123-el-cerebro-de-una-persona-mayor-%C2%A1te-sorprender%C3%A1

[24] *Idem.*

[25] *Idem.*

- Antes disso, a pessoa ainda não alcançou seu ponto máximo;
- A idade média dos prêmios Nobel é de 62 anos;
- A idade média dos presidentes das 100 maiores empresas do mundo é de 63 anos;
- A idade média dos pastores nas 100 maiores igrejas dos Estados Unidos é de 71 anos;
- A idade média dos papas é de 76 anos;
- Isto confirma que os melhores e mais produtivos anos de uma pessoa são entre os 60 e os 80 aos.

Este estudo foi publicado por uma equipe de médicos e psicólogos no NEW ENGLAND JOURNAL OF MEDICINE. Eles descobriram que aos 60 anos você atinge o pico do seu potencial emocional e mental, e isso continua até os 80 anos.[26]

Conclusões

Com base nas diferentes leis, políticas públicas e nas necessidades que setores de 60 anos ou mais realmente apresentam, um decálogo de bom tratamento para Idosos tem sido proposto. Permito-me parafraseá-lo, da seguinte maneira:

1. Tolerar e respeitar todas as pessoas, independentemente de sua idade, principalmente os idosos.
2. Conhecer profundamente e compreender quais são os direitos das pessoas de 60 anos ou mais, bem como conhecer os lugares e instituições para proporcionar-lhes atendimento especializado contra a violência.
3. Fortalecer as relações entre pessoas de diferentes faixas etárias, para conhecer as habilidades, características, experiências e necessidades de cada um.
4. Conhecer plenamente as mudanças biológicas, psicológicas e sociais naturais que surgem ao longo dos anos. Promover a cultura de prevenção durante a juventude, para saber que velhice será vivida.
5. Fornecer às pessoas com 60 anos ou mais informações precisas e claras, proporcionando-lhes também tratamento preferencial, se necessário.
6. Fazer programas de sensibilização nos quais seja incentivada a participação ativa de sujeitos com 60 anos ou mais, para que tenham um desenvolvimento integral na sociedade e no seio das famílias.

[26] FONTE: The New England Journal of Medicine, disponível em https://www.nejm.org. Acesso em 20 de julho de 2021.

7. Conversar com pessoas de 60 anos ou mais de forma próxima e personalizada, para conhecer suas experiências. "Empatia é sinônimo de solidariedade."
8. Respeitar socialmente o envelhecimento, uma vez que essas circunstâncias não os tornam invisíveis, eles têm direitos e plena capacidade.
9. Desconstruir o que foi aprendido, para agir com resiliência diante de quem compõe essa faixa etária.
10. Colocar em prática o bem-estar, o bem viver e o carinho para quem, à época, cuidou de nós nos estágios iniciais de nossas vidas.

Referências

FERNÁNDEZ BALLESTEROS, Rocío, *Gerontología social*, Pirámide, Madrid, 2000.

GARCÍA, Vega, Luis, *et al, Historia de la psicología II. Teorías y sistemas psicológicos y contemporáneos*, Siglo XXI de España, Espanha, 1993.

HERNÁNDEZ SAMPIERI, Roberto, *Metodología de la Investigación*, McGraw-Hill, México, 2000.

INAPAM. (5 de junio de 2008). Una mirada al pasado Porque envejecer es un juicio social más que un acontecer biológico. Disponível em: http://www.inapam.gob.mx/index/index.php?sec=4&pagina=1.

INSEN. Programas Asistenciales y servicios sociales. México, Subdirección de Investigación y Desarrollo Social. México, 1996.

INSEN. Programas Asistenciales y servicios sociales. México, Subdirección de Investigación y Desarrollo Social, 1996.

LEÓN PORTILLA, Miguel, *La vejez en el México prehispánico*. En memorias del I seminario de Asistencia Social al anciano, agosto 1984.

LEÓN RUBIO, José María, *Psicología de la salud y de la calidad de vida*. Barcelona UOC. Barcelona, 2008.

MIRÓN PÉREZ, María Dolores, *Entre la casa y el ágora: género, espacio y poder en la polis griega*, Instituto de Estudios de la Mujer / Departamento de Prehistoria y Arqueología Universidad de Granada (Espanha), disponível em https://dialnet.unirioja.es Dialnet--EntreLaCasaYElAgora-6115842.pdf.

Organización Mundial de la Salud, Informe mundial sobre el envejecimiento y la salud, 2015.

SÁNCHEZ CARO, Jesús y Ramos, Francisco, *La vejez y sus mitos*, Salvat Editores, Barcelona, Espanha, 1982.

VIVALDO MARTÍNEZ, Marissa, *Treinta años de políticas públicas para la atención del envejecimiento en México*, ABC-UVM, 2009.

The New England Journal of Medicine, disponível em: https://www.nejm.org. Acesso em 20 de julho de 2021.

Scripta Nova – Revista Electrónica De Geografía Y Ciencias Sociales. Disponível em:

Universidad de Barcelona. www.ub.es/geocrit/sn/sn-176.htm. Acesso em novembro de 2022.

PERU

1
El DERECHO DE ENVEJECER CON DIGNIDAD

Columba del Carpio Rodríguez[1]

1. Introducción

Qué duda cabe que los derechos humanos son el dínamo que moviliza el mundo jurídico de nuestro tiempo, cual expresión del Neoconstitucionalismo como fase superada del constitucionalismo clásico marcada por la consolidación del Estado Moderno después de la ruptura con el antiguo régimen con la Revolución Francesa, en la cual a la luz del pensamiento ilustrado se proclaman los principio-derechos a la igualdad, libertad y fraternidad, que integran la denominada primera generación de derechos humanos Civiles y Políticos.

Pero mientras en ese primer momento, estos tres eran meramente formales, reconocidos sobre todo respecto al elemento masculino, mayor de edad, propietario, dedicado a la industria o al comercio, entre otras características, fruto de la concepción reinante en ese momento histórico, que como se advierte excluía en la realidad a buena parte de la humanidad: mujeres, niños, ancianos etc.; sin embargo esta concepción ha sido revaluada al impulso de las luchas sociales y de la nueva concepción del ser humano como sujeto de

[1] Doctora en Derecho por la Universidad de Granada-España, Master en Derecho Constitucional y Tutela Jurisdiccional por la Universidad Nacional de San Agustín de Arequipa-Perú, Docente Principal de Pre y Postgrado (Maestría y Doctorado) de la Universidad Nacional de San Agustín, Consejera de la Facultad de Derecho UNSA, Ex Magistrada de Carrera, Ex. Jueza de la Corte Suprema de Justicia de la República del Perú, Miembro de la International Society of Family Law (ISFL), de la Academia Iberoamericana de Derecho de Familia y de las Personas, de la Red Latinoamericana de Antropología Jurídica, Asociada Honoraria de la Asociación de Derecho de Familia y Sucesiones-ADFAS Brasil.

derechos con una clara concepción del principio-derecho-valor de la dignidad consustancial con su propia naturaleza, sin distinciones, ni exclusiones.

De este modo asistimos en estos momentos trascendentes para la humanidad, a un proceso de reconocimiento de derechos para grupos humanos ignorados, excluidos, subvaluados socialmente, para lo cual ha sido necesario el salto cualitativo de esos 3 principios-derechos y valores de una concepción meramente formal a una sustantiva, real, efectiva, lo que significa el reconocimiento de los derechos humanos colectivos de 3ra generación[2]: derechos de la mujer, de la niñez, de la persona con discapacidad, de la persona mayor, de los pueblos originarios, entre los más resaltantes.

Esta fase del desarrollo progresivo de los derechos humanos propia de la actual etapa histórica de la Postmodernidad, uno de cuyos importantes factores es el fenómeno de la globalización, está marcada por la internacionalización[3] y universalización de los mismos abriendo paso a la corriente del Globalismo Jurídico[4].

Se advierte pues que la exclusión de gran parte de la humanidad en la primera fase del reconocimiento de los derechos humanos, como se tiene visto, se ha debido a la consagración meramente formal del derecho a la igualdad. Entonces, la atención a los grupos excluidos asentada en la concepción de la igualdad real, y que significa su reconocimiento como sujetos de derechos, con impacto en la revaloración del ser humano como tal, necesariamente debe abrir paso a la plena realización de los derechos humanos de estos colectivos, entre ellos los de las personas mayores, pues no es suficiente su reconocimiento y consagración en los textos de derechos, sino su real y auténtico disfrute de manera general, y en particular en contextos como la sociedad peruana.

Cabe entonces preguntarse: ¿Cuál es el significado del reconocimiento de estos derechos en perspectiva de derechos humanos? ¿Existe en la realidad peruana el derecho a envejecer con dignidad en la misma perspectiva? ¿Cuáles son los desafíos que enfrenta en este momento el Estado y la sociedad peruana para lograr la igualdad sustantiva y la no discriminación por razón de la edad?

[2] Cabe resaltar que el enfoque generacional de los Derechos Humanos se efectúa sólo por el momento histórico en que han sido reconocidos, no importa una jerarquización de los mismos, pues como bien se sabe éstos se hallan regidos por el principio de igualdad y no de prevalencia de unos respecto a otro u otros.

[3] La etapa de la internacionalización de los derechos humanos se inicia como es sabido con la Declaración Universal de los Derechos Humanos (1948)

[4] El profesor de la Universidad de Florencia (Italia) Danilo Zolo le ha dado dicha denominación en su obra *I Signore de la Pacce*, una crítica al universalismo kantiano (1998).

2. El tránsito de la necesidad a la dignidad de "sujeto de derechos humanos" de la persona mayor

El envejecimiento poblacional que viene de algunas décadas atrás, se le considera en este momento, transcurridas dos décadas del Siglo XXI, como un fenómeno global y multigeneracional[5], que tiene que ver en muchos casos con la reducción de la tasa de nacimientos producto de campañas de políticas poblacionales, como en la realidad latinoamericana, y con el aumento porcentual de la esperanza de vida que reconoce una serie de factores.

Este hecho aunado al auge de los derechos humanos ha determinado que se ponga interés en este grupo humano como una de las poblaciones en situación de vulnerabilidad, en razón de la edad, dando lugar también a su reconocimiento como sujeto de derechos. Más, a su vez, este reconocimiento como sujeto de derechos, al igual que a las otras poblaciones en situación de vulnerabilidad excluidas y discriminadas históricamente, abre paso a un nuevo concepto de ciudadanía.

El nuevo concepto de ciudadanía implica el reconocimiento de las especificidades o el derecho a ser "diferente", y que sólo así puede ser respetada la "dignidad" del ser humano. Sólo desde una concepción inclusiva de ciudadanía es posible superar las discriminaciones y lograr una igualdad real, sustancial y efectiva entre todos. De ahí que se hable de una ciudadanía "diferenciada" según Charles Taylor[6] o Will Kymlicka[7]; de una ciudadanía "compleja", según Rubio Carracedo[8]; o, de una "ciudadanía específica" según Güendel[9], modelo que supera la función integradora de la ciudadanía homogénea de la modernidad.

Así, el globalismo jurídico ha de conciliarse necesariamente con el pluralismo, pues sólo podrá llegarse a una auténtica universalización de los derechos humanos, si todos los seres humanos son reconocidos como sujetos de derechos desde sus diferencias o especificidades; y, no si se trata de imponer un

[5] DAVOBE, Isolina. Derechos Personalísimos en la Vejez, en *Derecho de Familia y Personas: Familia, Mujer, Niñez y Violencia,* Columba del Carpio Rodríguez, Coordinadora, Editorial UNSA, 2019, pp.583-600.

[6] CHARLES, Taylor. *El multiculturalismo y la política del reconocimiento.* Fondo de Cultura Económica. México, 1993.

[7] Kymlicka, Will *Ciudadanía multicultural.* Edit. Paidos. Barcelona-España, 1996.

[8] CARRACEDO, José Rubio. "Pluralismo, multiculturalismo y ciudadanía compleja", en *Pluralismo, tolerancia, multiculturalismo: Reflexiones para un mundo plural.* Coordinador Pablo Badillo. Universidad Internacional de Andalucía. AKAL, Madrid, 2003.

[9] GÜENDEL L. (2002), "Políticas públicas y derechos humanos", Revista de Ciencias Sociales, Vol. III, nº 97, San José, Costa Rica, pp. 105-125.

modelo homogéneo[10]. Ello implica admitir las "diferencias", no sólo en el plano social, cultural o biológico, sino como un valor jurídico-político. Sólo a partir de este reconocimiento puede ser respetada la "dignidad" del ser humano.

Ahora bien, este tránsito ha significado el *íter* desde una visión deficitaria de la vejez, en la cual los problemas objeto de las políticas públicas hacia las personas mayores se han concentrado en los aspectos sanitarios y de seguridad social[11].

Esa visión deficitaria que todavía persiste en ciertos sectores de la sociedad está ligada a los estereotipos existentes respecto al adulto mayor. Así, según la Dirección Nacional de Atención a Grupos en Situación de Vulnerabilidad: "Los estereotipos existentes respecto de la vejez mediatizan la visión que la población general tiene sobre sus posibles necesidades, los valores y los beneficios que pueden tanto aportar como recibir de la sociedad"[12]

Es por ello, que en la actual etapa histórica de la postmodernidad, uno de cuyos factores es la globalización, son nuevos derechos de los colectivos humanos los que han venido reclamando su incorporación a los instrumentos internacionales y textos constitucionales, entre otros el derecho de las personas mayores. Se trata de un incesante progreso para la universalización de los derechos humanos, tanto en cuanto a la ampliación de derechos, como en cuanto a su extensión a personas y grupos humanos hasta ahora discriminados y excluidos.

Así, la incorporación de estos nuevos derechos, denominados de tercera generación, en relación con el momento histórico en que han sido reconocidos, significa pues la revaloración del ser humano como sujeto de derechos.

Ahora bien, debe tenerse muy en cuenta que el enfoque de derechos humanos constituye un marco conceptual que incluye dos aspectos: el normativo y el operacional. El primero implica la orientación en base a los instrumentos jurídicos internacionales que establecen mecanismos de exigibilidad ciuda-

[10] Según Luigi Ferrajoli, en *Derechos y garantías. La ley del más débil.* Edit. Trotta. Madrid, 1999, p.82, se entiende por "diferencias" los rasgos específicos que distinguen, y al mismo tiempo, individualizan a las personas y que, en cuanto tales, son tutelados por los derechos fundamentales.

[11] Palma, Andrea, Perrotta, Valentina, Rovira, Adriana. *Las personas mayores como sujetos de derecho: el aporte de la Convención Interamericana sobre la Protección de los Derechos de las Personas Mayores.* https://www.cepal.org/sites/default/files/events/files/documento_inmayores_final_0.pdf. Consultado el 12 de agosto 2021

[12] Dirección Nacional de Atención a Grupos en Situación de Vulnerabilidad del Ministerio de Justicia y Derechos Humanos de la Nación. "Personas Adultas Mayores" en *Grupos en Situación de Vulnerabilidad y derechos humanos.* Ciudad Autónoma de Buenos Aires, Argentina, octubre 2011, pp. 66 a 69

dana que propenden a la igualdad y no discriminación[13]. El segundo tiene que ver con los esfuerzos por traducir las normas internacionales de derechos humanos en acciones de política institucional y de control social[14]. Pasemos a analizarlos en ese orden.

3. Normas supranacionales sobre los derechos humanos de la persona mayor

3.1. Normas del sistema universal

Existe un marcado consenso en el mundo jurídico sobre la insuficiencia de los instrumentos universales sobre derechos humanos para la protección de los derechos de las personas en situación de vulnerabilidad, como por ejemplo los del adulto mayor, por la naturaleza específica de estas personas, habiendo sido necesaria la consagración en instrumentos especiales de derechos humanos, en favor de las personas pertenecientes a este colectivo humano del adulto mayor.

El primer instrumento supranacional sobre el adulto mayor fue la Resolución de la Asamblea Mundial de Naciones Unidad sobre el Envejecimiento (Viena, 1982) que tiene un doble significado, pues por un lado marca el nacimiento de una nueva disciplina Jurídica el Derecho de la Vejez o de la Ancianidad, "destinada al estudio de la condición jurídica de las personas mayores de 60 y más años" y a su vez la incorporación de la Gerontología al Derecho[15] como clara expresión de la interdisciplinariedad.

En dicho instrumento se plasma el Plan de Acción de Viena sobre el envejecimiento en el que se trazan políticas de sensibilización sobre estos derechos e igualdad de oportunidades para el adulto mayor.

Más, fue en la Asamblea General de las Naciones Unidas, del 16 de diciembre de 1991, en la cual mediante la Resolución 46/91 se consagran los Cinco Principios a favor de las Personas de Edad, y que constituyen a su vez los 5 Ejes de estudio de la nueva disciplina del Derecho a la Vejez. Estos principios vinculados a determinada problemática que confronta este grupo humano son: el de auto-realización relacionado con la discriminación, vulnerabilidad y capacidad jurídica; el de independencia y autonomía vinculado a la autodeterminación y autoprotección; el de participación vinculado con el derecho del mismo nombre; el de los cuidados en relación con los derechos sociales; y el de dignidad relativo a las garantías y sistemas de protección.

[13] PALMA, Andrea y otras, Ibidem, pp. 1-17.

[14] GÜENDEL, Ibidem, pp. 105-125.

[15] DAVOBE, Isolina, Ibidem, pp. 583-600.

Ahora bien, fue en la segunda Asamblea Mundial sobre Envejecimiento realizada en Madrid el año 2002, esto es 20 años después de la primera, donde se presenta la Declaración Política y el Plan de Acción Internacional de Madrid sobre el Envejecimiento.

Al respecto Palma, Perrotta y Rovira[16] distinguen 3 momentos en el reconocimiento internacional de los derechos humanos de las personas adultas mayores, en base a un análisis crítico:

a) El primer momento cuando se celebra la Primera Asamblea Mundial sobre Envejecimiento y se adopta el Plan de Acción Internacional de Viena sobre el Envejecimiento (1982). Este instrumento, si bien es cierto significa un gran avance, pues coloca a la vejez en la agenda internacional; sin embargo, según las mismas autoras, el abordaje de esta etapa de la vida es realizado bajo un enfoque deficitario y reduccionista.
b) El segundo momento cuando se celebra la Segunda Asamblea Mundial sobre Envejecimiento (2002) donde, como se acaba de ver, se presenta la Declaración Política y el Plan de Acción Internacional de Madrid sobre el Envejecimiento, en la cual se advierte un esfuerzo por superar el enfoque deficitario del envejecimiento y surge como eje la dignidad al envejecer. En este segundo momento, según las prenombradas autoras, cambia también el rol que asume el Estado, siendo éste más activo y relevante en la protección de las personas mayores.
c) Por último, el tercer momento, con la aprobación de la Convención Interamericana sobre la Protección de los Derechos Humanos de las Personas Mayores el 15 de junio de 2015, a la que pasamos a referirnos.

3.2. En el sistema regional americano

En el Sistema Regional Americano brilla con luz propia la Convención Interamericana sobre la Protección de los Derechos Humanos de las Personas Mayores, única en el mundo, pues significa un gran avance en la protección de los derechos del adulto mayor y en su reconocimiento como sujeto de derechos humanos, reinterpretando el rol de las personas mayores en la sociedad.

Cabe destacar que, al tratarse de una convención, tiene carácter vinculante para los Estados que la suscriban y no de una simple declaración lírica de derechos. En ese sentido, la Convención insta a los Estados Parte a implementar las políticas públicas necesarias para el goce de los derechos que con-

[16] PALMA, Andrea y otras, ibidem, pp. 1-17.

sagra, a través de las modificaciones legislativas, administrativas, judiciales y presupuestales.

La Convención contempla 15 principios, multiplicando así los 5 de Naciones Unidas (1999), como nos lo hace notar Isolina Dabove[17]. Éstos son entre otros: el de promoción y defensa de los derechos y libertades de la persona mayor; el de dignidad, independencia y autonomía; el de participación; el de seguridad física, económica y social; el de autorrealización; el de equidad e igualdad de género; el de buen trato y atención preferencial; el enfoque diferencial para el goce efectivo de los derechos; el de protección judicial efectiva; el de responsabilidad del Estado y participación de la familia y la comunidad en la integración activa, plena y productiva de la persona mayor.

Asimismo, acorde y en armonía con los mencionados principios resulta la especificidad de los derechos que consagra, los que magistralmente según las mencionadas autoras Palma, Perrota y Rovira[18] se clasifican en:

a) Derechos emergentes, como nuevos derechos o aquéllos recogidos parcialmente en los instrumentos internacionales (derecho a la vida, a la dignidad, a la independencia y a los cuidados de largo plazo);
b) Derechos vigentes, aquéllos consagrados en las normas internacionales, pero que requieren ser adaptados a las necesidades específicas de este colectivo humano (derecho a la igualdad y la no discriminación, el consentimiento libre e informado y la vida sin violencia, y en general los derechos económicos y sociales);
c) Derechos extendidos, aquéllos que este grupo humano no había disfrutado por omisión o discriminación (derecho a la accesibilidad y movilidad de las personas y el relativo a las situaciones de riesgo y emergencias humanitarias).

Además de la Convención en la Región Americana, en este ámbito de movilización de los derechos del adulto mayor, cabe destacar a las Conferencias Regionales Latinoamericanas y del Caribe, como son: 1ª Conferencia en Chile (2003), 2ª Conferencia en Brasilia (2007), 3ª Conferencia en Costa Rica (2012) y la 4ª Conferencia en Paraguay (2017). Asimismo, las importantes Reglas de Brasilia (2008).

[17] Dabove, Isolina. *Derecho a la Vejez desde un enfoque diferenciado*, conferencia magistral en el Congreso Internacional sobre el Adulto Mayor, organizado por la Comisión de Acceso a la Justicia y Poblaciones Vulnerables de la Corte Suprema de Justicia de la República del Perú, el 14 de agosto de 2021.

[18] Palma, Andrea y otras, ibídem.

4. La persona mayor en el Perú

En el Perú al igual que en el escenario internacional se viene dando un proceso de envejecimiento poblacional, produciéndose también el fenómeno conocido como el de la concurrencia multigeneracional, esto debido al aumento de la esperanza de vida y la reducción de las tasas de natalidad.

Así, según información del Instituto Nacional de Estadística e Informática (INEI) al año 2021 el 13% de la población es adulta mayor, en tanto que el 25% es menor de 15 años. Téngase en cuenta que el año 2012 las personas de 60 a 79 años de edad representaron el 7,6% de la población total, mientras que los adultos de 80+ correspondieron al 1,4%

Ahora bien, el INEI realiza trimestralmente la denominada Encuesta Nacional de Hogares (ENAHO), siendo la última de la que se tiene referencia, la realizada en el tercer trimestre del año 2021. En dicho trimestre la encuesta arrojó que el 39,0% de los hogares del país tenía entre sus miembros al menos una persona de 60+. En Lima Metropolitana, la proporción de hogares con algún miembro adulto mayor alcanza el 41,8%. Los hogares del Área rural con un adulto mayor registran el 40,6%. En tanto en el Resto urbano, el 36,2% de los hogares tienen una persona de este grupo etario.

Tabla 1. Población de adultos mayores en el Perú (en %)

2012	2021	Hogares con Adultos Mayores al 2021		
		Total en el país	**Área rural**	**Área urbana**
7.6%	13%	39%	40.6 % *	36.2% **

Fuente: Elaboración personal, en base a la información de la Encuesta Nacional de Hogares (ENAHO) del Instituto Nacional de Estadística e Informática (INEI)
* ** Porcentaje del total de hogares con adultos mayores en el Perú

Como se advierte claramente de la tabla 1, la población de personas mayores en el Perú viene creciendo vertiginosamente, con tendencia mayor en los hogares del área rural, en los cuales se concentra mayoritariamente la población en situación de pobreza, lo que debe tomarse en cuenta para las políticas de acción correspondientes.

En relación con la Salud, en el mismo tercer trimestre 2021, en el 23,5% de los hogares integrados por adultos mayores, existe al menos una persona de 60+ con déficit calórico. El 83,2% de la población adulta mayor femenina presentó algún problema de salud crónico; en tanto que, en la población masculina, este problema de salud afecta al 71,9%.

Uno de los temas álgidos que tiene que confrontar el adulto mayor en el Perú, como más se le conoce en el medio, es el relativo a la situación laboral y seguridad social que van de la mano, pues como bien nos lo hacen notar Olivera y Clausen:[19]

> Uno de los factores que puede explicar las dificultades que enfrentan los AM para salir del mercado laboral está relacionado con el acceso a sistemas de seguridad social puesto que, si las personas no se encuentran afiliadas a ningún sistema de pensiones, es muy probable que tengan que continuar trabajando para poder mantener sus niveles de consumo y satisfacer sus necesidades básicas.

En efecto, es de esperar, que a medida que avanza el proceso de envejecimiento las personas se retiren de las actividades laborales, debido a las mayores dificultades que enfrentan para realizar las labores propias de las diferentes ocupaciones. Sin embargo, en la referida encuesta encontramos que los adultos mayores que están incluidos en la Población Económicamente Activa (PEA) representan el 51,4%, siendo mayor el porcentaje de hombres que de mujeres, 61,5% y 42,5%, respectivamente. Los adultos mayores que no forman parte de la Población Económicamente Activa (NO PEA), representan el 48,6%, donde el porcentaje de mujeres es mayor al de los hombres en 19,0 puntos porcentuales.

Tabla 2. Población económicamente activa de adultos mayores 2021

Población Económicamente Activa (PEA)			**Población No Económicamente Activa (NO PEA)**		
Mujeres	Hombres	**TOTAL**	Mujeres	Hombres	**TOTAL**
42.5%	61.5%	51.4%*	19%	29.6%	48.6%**

Fuente: Elaboración personal, en base a la información de la Encuesta Nacional de Hogares (ENAHO) del Instituto Nacional de Estadística e Informática (INEI)
* ** Porcentaje de la población total de adultos mayores

Como se ve de la tabla 2, la población económica activa de los adultos mayores supera el 50%, lo que podría guardar relación con el acceso a sistemas de seguridad social, como acabamos de analizar. Dicha aseveración cobra

[19] Olivera, Javier y Clausen, Jhonatan. Las características del adulto mayor peruano y las políticas de protección social, en *Economía* Vol. XXXVII, Nº 73, semestre enero-junio 2014, pp. 75-113 / ISSN 0254-4415. https://liser.elsevierpure.com/fr/publications/the-elderly-and-social-protection-policies-in-peru. Consultado el 12 de agosto 2021.

mayor peso si se tiene en cuenta que el 63,4% de la población adulta mayor no cuenta con un sistema de pensión.

Partiendo de esta cruda realidad, debemos tener en cuenta que nuestro país ha suscrito la Convención Interamericana sobre la Protección de los Derechos Humanos de las Personas Mayores, instrumento jurídico de este colectivo, cuyo foco de atención es justamente establecer los derechos del adulto mayor en perspectiva de derechos humanos. Tras el análisis que hemos efectuado de los diferentes instrumentos sobre los derechos de la persona mayor a nivel supranacional y los que efectuaremos en el ámbito nacional, pasaremos luego a analizar los servicios públicos implementados, para luego efectuar un acercamiento a si la referida perspectiva se cumple en el Perú.

4.1. Normas sobre la persona adulta mayor

La Ley 30490 de la Persona Adulta Mayor es la que rige para el Perú desde el día siguiente de su publicación en el diario oficial "El Peruano" el día 21 de julio de 2016, así como su Reglamento, Decreto Supremo 0017-2018-MIMP. Esta ley contiene el marco normativo para garantizar el ejercicio de los derechos de la persona adulta mayor, a fin de mejorar su calidad de vida y propiciar su plena integración al desarrollo social, económico, político y cultural de la Nación.

Establece como principios generales el de promoción y protección de los derechos de las personas adultas mayores sustentados en la dignidad, la independencia, el protagonismo, la autonomía y la autorrealización de la persona adulta mayor, así como su valoración, contribución en la sociedad y al desarrollo. En esa misma línea los de seguridad física, económica y social y los de protección familiar y comunitaria. Como se advierte, estos principios guardan armonía con los consagrados por la Convención Interamericana sobre la Protección de los Derechos Humanos de las Personas Mayores, adoptada por la OEA un año antes.

Asimismo, la ley contempla entre otros, los siguientes enfoques que son complementados por el Reglamento:

a) Enfoque de derechos humanos, mediante el cual reconoce que el objetivo principal de toda intervención en el marco de esta ley debe ser la realización de los derechos humanos, identificando a los titulares de derechos, aquello a lo que tienen derecho conforme a sus particulares necesidades; asimismo, a los obligados o titulares de deberes y de las obligaciones que les corresponden.

b) Enfoque de género, por el cual reconoce la existencia de circunstancias asimétricas en la relación entre hombres y mujeres, construidas sobre la base de las diferencias de género que se constituyen en una de las causas principales de la violencia hacia las mujeres.
c) Enfoque Intergeneracional, el que permite reconocer que es necesario identificar las relaciones de poder entre distintas edades de la vida y sus vinculaciones para mejorar las condiciones de vida o el desarrollo común.
d) Enfoque intercultural, a través del cual reconoce la necesidad del diálogo entre las distintas culturas que se integran en la sociedad peruana, de modo que permita fortalecer, desde los diversos contextos culturales, todas aquellas expresiones que se basan en el respeto a la otra persona.
e) Enfoque Gerontológico, en cuya perspectiva analiza el envejecimiento como un proceso natural a lo largo del curso de la vida y promueve una vejez digna, activa, productiva y saludable.
f) Enfoque inclusivo o de atención a la diversidad, mediante el cual la Sociedad y el Estado reconocen la diversidad y el derecho de todas las personas, brindando así el acceso a un desarrollo integral en todas las etapas de la vida.

La propia ley consagra que la persona mayor es titular de derechos como son, entre otros: a una vida digna, plena, independiente, autónoma y saludable; el derecho a la no discriminación por razones de edad; el de igualdad de oportunidades; el de vivir en familia; el derecho a una vida libre de violencia; el de participación activa en las esferas social, laboral económica y política del país; derecho a la atención preferente en todos los servicios brindados en establecimientos públicos y privados; el del consentimiento previo e informado en todos los aspectos de la vida; y el de acceso a la justicia.

Establece la existencia de servicios integrales para la persona adulta mayor, los que se brindarán en Centros Integrales de Atención a la población adulta mayor (PAM) cuya prestación la confía a los gobiernos locales, así como Centros de Atención Residencial, centros de día y de noche.

El reglamento de la ley prevé al detalle el personal con el que debe contar cada centro geriátrico, asimismo las responsabilidades en las que puede incurrir en la labor que desempeña. Con todo ello estas normas tratan de asegurar la vigencia de los derechos de las personas adultas mayores en el Perú.

Sin embargo, como hemos puntualizado, la perspectiva de derechos humanos exige no solo el reconocimiento y consagración a nivel normativo, sino la implementación de políticas públicas que hagan real y efectivo el disfrute de tales derechos de manera general por los destinatarios de la norma. Pasemos entonces a efectuar ese análisis.

4.2. Políticas públicas y servicios implementados a nível nacional, regional y local

De acuerdo al listado de los programas dirigidos al AM en el país y la revisión de la literatura tanto académica como de política social y económica, se pueden considerar dos grandes ejes de políticas de protección social al AM, según su finalidad: las económicas y las de servicios y derechos.

4.2.1. Políticas con finalidad económica

A. Pensiones de carácter contributivo

Existen dos grandes sistemas de pensiones contributivas. El primero de ellos es el Sistema Nacional de Pensiones (SNP), el cual es un sistema público con beneficio definido, pues las pensiones se calculan según reglas previamente establecidas. El otro es el Sistema Privado de Pensiones (SPP), con existencia desde el año 1993, el cual se basa en la capitalización individual de aportes.

En cuanto a la sostenibilidad financiera de dichos sistemas, el SNP se basa de forma principal en la relación entre aportantes y pensionistas, como en todos los sistemas de beneficio definido; sin embargo, debido al desbalance actual, el Estado aporta al pago de pensiones del SNP con recursos generales. Por su parte, el SPP es un sistema autofinanciado, es decir se basa en la capitalización individual. En la actualidad en el Perú existen cuatro administradoras de fondos de pensiones (AFP) entre las cuales el asegurado debe escoger.

En relación a la tasa de cotización, ésta se calcula en un porcentaje fijo del salario mensual total, que asciende al 13% en el caso de SNP y al 10% para el SPP. En el caso del SPP la AFP cobra una comisión y una prima de seguros que corresponde a una fracción del salario del afiliado.

Al tercer trimestre de 2021, el 21,3% está afiliado a la Oficina de Normalización Previsional (ONP), seguido por el 9,0% de afiliados a las Administradoras de Fondos de Pensiones (AFP) y el 3,9% a la Cédula viva, según la encuesta a los hogares (ENAHO) efectuada por el INEI.

Una de las principales dificultades que se enfrenta y que incide en la baja cobertura del sistema de pensiones, se relaciona con los elevados niveles de informalidad laboral en el Perú.

B. Pensiones no contributivas

En Perú dadas las todavía altas tasas de pobreza y extrema pobreza que como es lógico registran mayor incidencia en personas en situación de vulnerabilidad, como el adulto mayor, existen algunas pensiones sociales con el carácter de no contributivas.

Para la detección de estos casos, esto es, para llegar donde están los potenciales beneficiarios, se utiliza el Mapa de la Pobreza con la ayuda del cual se realiza en forma previa la focalización geográfica a partir de los distritos.

Pasemos ahora a puntualizar, cuáles son esos programas y qué características presentan.

El programa piloto de pensiones sociales es el Bono Gratitud, el que fue creado en julio de 2010 e inició sus operaciones en octubre de dicho año. El programa estaba diseñado de tal modo que se otorgaron pensiones de S/. 100 mensuales a todos los adultos mayores de 75 años.

En esa misma perspectiva, el programa Pensión 65 se creó en octubre de 2011 y un mes después inició su ejecución. Los usuarios de este programa son las personas de 65+ que viven en condición de pobreza extrema según el SISFOSH, personas que no deben ser beneficiarias de ningún otro tipo de pensión ni de ningún otro programa social a excepción del SIS. El beneficio económico de Pensión 65 es un pago bimestral de S/. 250.

En el tercer trimestre del 2021, el 16,0% de los jefes/as de hogar adulto/a mayor declararon ser beneficiarios del programa social Pensión 65 (ENAHO).

Asimismo, existen los Programas de Reparaciones de la ley 28592 para víctimas y familiares, de la violencia en el período 1980-2000.

4.2.2. Políticas con orientación de servicios y derechos

Existen componentes como la articulación de los servicios de salud del Ministerio de Salud (MINSA) con énfasis geriátrico y el fortalecimiento de las redes de apoyo social al adulto mayor.

Asimismo, en el aspecto educativo existe el Programa Nacional de Movilización por la Alfabetización (PRONAMA), que de alguna manera viene a paliar la situación del analfabetismo del adulto mayor, la que se advierte de la encuesta a los hogares, (ENAHO), así en el trimestre julio-agosto-septiembre 2021, el 16,1% de la población de 60 y más años de edad no sabe leer ni escribir. Esta situación es más elevada en las mujeres, el 23,8% de adultas mayores son analfabetas, siendo 16,4 puntos porcentuales más que en sus pares los hombres (7,4%).

A. *Salud*

Según la encuesta de ENAHO del INEI, por el tipo de seguro de salud, en el tercer trimestre del 2021, el 35.2% de los adultos mayores acceden solo a EsSalud y el 47.8% solo al Seguro Integral de Salud (SIS). Comparado con similar trimestre del año anterior, la proporción de asegurados al SIS aumentó en 6.6 puntos porcentuales; mientras que los adulos mayores que se atienden en EsSalud disminuyeron en 2.2 puntos porcentuales.

El Seguro Integral de Salud (SIS) se crea en el año 2002 como un organismo público ejecutor dependiente del Ministerio de Salud, siendo una de las expresiones de la Política Nacional de Aseguramiento Universal en Salud. Su objetivo es asegurar a las personas en situación de pobreza, consideradas como vulnerables y que por tanto presentan mayores tasas de morbimortalidad.

Por otro lado, EsSalud cuenta con algunos servicios específicos para los adultos mayores tales como el Programa de Atención Domiciliaria y los Centros del Adulto Mayor.

El Programa de Atención Domiciliaria (PADOMI) es un servicio brindado por EsSalud y orientado a los pacientes afiliados a este seguro que se vean imposibilitados de trasladarse a los centros de salud debido a encontrarse en situación de dependencia funcional temporal o permanente entre los cuales se comprende a los adultos mayores con más de 80 años.

El servicio comprende la realización de visitas médicas al domicilio del paciente, así como también la atención de emergencias domiciliarias que impliquen procedimientos de complejidad menor. Del mismo modo el servicio comprende la asignación de un médico de cabecera y la realización de visitas de otros profesionales de la salud tales como enfermeras, fisioterapeutas, y psicólogos.

A marzo 2021 EsSalud mediante este programa efectuó 362,000 atenciones presenciales y 800,000 teleconsultas médicas, las cuales se implementaron durante dicho año por la pandemia del Covid 19.

B. *Centros de Atención*

a) Los Centros Integrales de Atención al Adulto Mayor (CIAM) buscan la inclusión del adulto mayor y sus familiares y su participación activa y organizada con otros miembros de la comunidad. Se ofrecen actividades recreativas, educativas, campañas de salud, de socialización, etc.

El Ministerio de la Mujer y Poblaciones Vulnerables (MIMP) promueve la formación de estos centros, pero son las municipalidades provinciales y distritales las que deben crearlos e implementarlos.

Hasta diciembre 2016 el 45% de municipalidades ha implementado el CIAM con cerca de 200,000 atenciones.

b) Los Centros del Adulto Mayor (CAM) son instituciones que ofrecen a los Adultos Mayores (AM) una serie de talleres y cursos relacionados a educación emocional, artística, productiva, etc. Todos estos servicios son gratuitos; sin embargo, los únicos que pueden tener acceso a los mismos son los pensionistas de EsSalud (sistema público) cuya edad supere los 60 años. Estos centros también se encargan de organizar actividades de voluntariado entre los mismos adultos mayores para apoyar a otros AM.

A su vez como parte de las prestaciones orientadas a la salud de sus miembros ofrecen servicios de prevención y control de enfermedades otorgando en algunos casos medicación básica. Hay oficinas de la CAM en todas las regiones de Perú, las cuales sumaron 126 hasta el año 2019.

c) Los Círculos del Adulto Mayor (CIRAM) son un servicio gerontológico social que brinda EsSalud a los adultos mayores asegurados, organizados en asociaciones en zonas geográficas donde no existe un CAM.

El paquete básico de actividades de los Círculos son los talleres ocupacionales, artísticos, de cultura física, de autocuidado, turismo social y actividades socioculturales. Hasta el 2019 se han creado 106 Círculos.

d) Los Clubes del Adulto Mayor (CAM) son unidades que existe dentro de los Centros de Desarrollo Integral de la Familia (CEDIF), los que son administrados por el Programa Integral Nacional para el Bienestar Familiar (INABIF). Están dirigidos a personas mayores de 60 años, que se encuentren en situación de pobreza, pobreza extrema o abandono familiar.

La finalidad de estos clubes es proporcionar a los adultos mayores un conjunto de actividades que les permitan compartir experiencias y participar de momentos de recreación y esparcimiento, que posibiliten elevar su autoestima y mejorar su calidad de vida. Según cifras anteriores a la pandemia, los CEDIF atendieron a un promedio mensual de 33 350 personas, de las cuales 2139 tenían 60 años o más.

e) Los Centros de Atención Residencial para Personas Adultas Mayores (CARPAM) sirven de albergue para adultos mayores y brindan apoyo social, médico y psicológico a sus residentes. El MIMDES se encarga de la supervisión y regulación de estos centros. Según cifras al 2021 se han implementado 78 centros residenciales en Lima, 4 en el Callao y 19 en provincias.

C. Registros

a) El Registro Nacional de Organizaciones de Personas Adultas Mayores está a cargo del MIMDES y es aquél en el que se inscriben las organizaciones de las personas adultas mayores u organizaciones que trabajan con esta población, que tiene por finalidad promover la asociatividad entre los miembros de este grupo y que construyan redes sociales que sirvan de soporte emocional y amical.

La inscripción de estas organizaciones en los Registros Públicos permite la participación de la persona mayor en el presupuesto participativo de su localidad. Asimismo, este registro es un medio para formalizar la asociación e inscribirla en el gobierno local como parte de las organizaciones vecinales. Según las últimas cifras obtenidas, hay 255 organizaciones inscritas con más de 30 706 asociados, de los cuales 20 853 son mujeres y 9 853 son hombres.

b) Dirección de Personas Adultas Mayores (DIPAM) del Ministerio de la Mujer y Poblaciones Vulnerables: se encarga de diseñar, monitorear y hacer seguimiento a la política social dirigida a la población adulta mayor.

La DIPAM tiene la función de promover, coordinar, supervisar y evaluar las políticas, planes, programas y proyectos referidos a la población de adultos mayores, particularmente las personas discriminadas, que sufren exclusión social, pobres y pobres extremos.

Conclusiones

Perú está considerado como un país de envejecimiento moderado, según se advierte de la dinámica poblacional desde mediados del Siglo XX; sin embargo, las tendencias relativas a la esperanza de vida y tasas de fecundidad hacen esperar que el envejecimiento poblacional sea mayor en las siguientes décadas. No obstante ello, no existen estudios serios sobre las condiciones socio económicas del adulto mayor y las políticas destinadas a ellos, lo que pondría en serio riesgo el derecho a envejecer con dignidad en el Perú.

Así, según información reciente del Instituto Nacional de Estadística e Informática (INEI) mediante las encuestas de hogares (ENAHO), al tercer trimestre del año 2021 el 13% de la población es adulta mayor, en tanto que el 25% es menor de 15 años, frente al 7.6% de población de adulto mayor el año 2012.

La misma encuesta de hogares (ENAHO) en el mismo período de tiempo, permite un acercamiento a la realidad social del adulto mayor en el Perú. En cuanto a la salud existen altos porcentajes de esa población afectada con problemas de salud, el 83.2% de mujeres y 71.9 % de varones.

En esa misma perspectiva, la situación de protección social de los Adultos Mayores resulta desalentadora cuando la población económicamente activa de los adultos mayores (PEA) supera el 50%, lo que guarda relación con el acceso a sistemas de seguridad social, teniendo en cuenta que el 63.4% de la población adulta mayor no cuenta con un sistema de pensión. Ello se hace ostensible en las políticas de orientación económica, como el sistema pensionario: Sistema Nacional de Pensiones SNP (21.3% de afiliados), Sistema Privado de Pensiones SPP (9% de afiliados) y cédula viva (3.9%).

El gran porcentaje de personas mayores sin afiliación a un sistema de pensiones hace imposible para muchos de ellos el cese oportuno en sus actividades laborales. Las causas de estos elevados niveles de desprotección social se explicarían fundamentalmente en el alto grado de informalidad en el mercado laboral peruano, así como también por las desigualdades sociohistóricas.

En relación con las políticas de derechos y servicios, si bien es cierto las cifras podrían significar *prima facie* una amplia cobertura, como el sistema de salud a cargo de EsSALUD (35,2%) y SIS (47.8%)[20]; sin embargo las de servicios como los Centros y Círculos de la persona mayor administrados por EsSALUD; Clubes del Adulto Mayor (CAM) por el Instituto Nacional de Bienestar Familiar INFABIF y los Centros Residenciales para el Adulto Mayor (CARPAM) por el Ministerio de la Mujer y Poblaciones Vulnerables (MIMP) tienen una cobertura limitada, más aún si se tiene en cuenta que los administrados por EsSALUD solo se brindan a la población asegurada en dicho sistema.

En conclusión, existe una gran brecha en el sistema pensionario que fuerza al adulto mayor a permanecer económicamente activo más allá de los límites razonables, propiciado por la informalidad laboral, lo que impone una mejor política de Estado. Ahora bien, la existencia de un incremento en el número de intervenciones en derechos y servicios orientadas al adulto mayor en las últimas décadas ha de significar un desafío para los sectores públicos correspondientes (MIDIS, MIMP, SALUD) para movilizar las sinergias existentes, a través de una labor de coordinación intersectorial para potenciarlas, evitando la duplicidad de esfuerzos, con especial énfasis en políticas dirigidas a la población de los adultos mayores en situación de pobreza, por tanto con doble grado de vulnerabilidad.

[20] El Sistema Integral de Salud (SIS) existente desde hace 2 décadas, está dirigido a la población en situación de pobreza con tendencia a un mayor porcentaje de afiliación respecto a EsSALUD

Referencias

DAVOBE, Isolina. Derechos Personalísimos en la Vejez, en *Derecho de Familia y Personas: Familia, Mujer, Niñez y Violencia,* Columba del Carpio Rodríguez, Coordinadora, Editorial UNSA, 2019.

DABOVE, Isolina. *Derecho a la Vejez desde un enfoque diferenciado,* conferencia magistral en el Congreso Internacional sobre el Adulto Mayor, organizado por la Comisión de Acceso a la Justicia y Poblaciones Vulnerables de la Corte Suprema de Justicia de la República del Perú, 14 de agosto de 2021.

Dirección Nacional de Atención a Grupos en Situación de Vulnerabilidad del Ministerio de Justicia y Derechos Humanos de la Nación. "Personas Adultas Mayores" en *Grupos en Situación de Vulnerabilidad y derechos humanos.* Ciudad Autónoma de Buenos Aires, Argentina, octubre 2011.

FERRAJOLI, Luigi, en *Derechos y garantías. La ley del más débil.* Edit. Trotta. Madrid, 1999.

GÜENDEL, L. (2002), "Políticas públicas y derechos humanos" en Revista *de Ciencias Sociales, Vol. III, nº 97.* San José, Costa Rica, pp. 105-125.

Instituto Nacional de Estadística e Informática (INEI). Encuesta Nacional de Hogares (ENAHO), 3er Trimestre 2021.

KYMLICKA, Will. *Ciudadanía multicultural.* Edit. Paidos. Barcelona-España, 1996.

OLIVERA, Javier y Clausen, Jhonatan. Las características del adulto mayor peruano y las políticas de protección social, en *Economía* Vol. XXXVII, Nº 73, semestre enero-junio 2014, pp. 75-113/ISSN 0254-4415. https://liser.elsevierpure.com/fr/publications/the--elderly-and-social-protection-policies-in-peru. Consultado el 12 de agosto 2021.

PALMA, Andrea, PERROTTA Valentina, ROVIRA, Adriana. *Las personas mayores como sujetos de Derecho: el aporte de la Convención Interamericana sobre la Protección de los Derechos de las Personas Mayores.* https://www.cepal.org/sites/default/files/events/files/documento_inmayores_final_0.pdf. Consultado el 12 de agosto 2021.

RUBIO, Carracedo José. "Pluralismo, multiculturalismo y ciudadanía compleja", en *Pluralismo, tolerancia, multiculturalismo: Reflexiones para un mundo plural.* Coordinador Pablo Badillo. Universidad Internacional de Andalucía. AKAL, Madrid, 2003.

TAYLOR, Charles. *El multiculturalismo y la política del reconocimiento.* Fondo de Cultura Económica. México, 1993.

1
O DIREITO DE ENVELHECER COM DIGNIDADE

Columba del Carpio Rodríguez[1]

1. Introdução

Não cabe dúvida de que os direitos humanos são o dínamo que mobiliza o mundo jurídico de nosso tempo, como expressão do Neoconstitucionalismo como fase ultrapassada do constitucionalismo clássico marcada pela consolidação do Estado Moderno após a ruptura com o antigo regime com a Revolução Francesa, na qual, à luz do pensamento esclarecido, são proclamados os princípios-direitos à igualdade, à liberdade e à fraternidade, que compõem a chamada primeira geração dos direitos humanos civis e políticos.

Mas enquanto naquele primeiro momento, estes três eram meramente formais, reconhecidos sobretudo no que diz respeito ao elemento masculino, de maioridade, proprietário, dedicado à indústria ou ao comércio, entre outras características, fruto da concepção predominante naquele momento histórico, que como se observou excluiu na realidade uma boa parte da humanidade: mulheres, crianças, idosos, etc, tal concepção tem sido reavaliada por impulso das lutas sociais e da nova concepção do ser humano como sujeito

[1] Doutora em Direito pela Universidade de Granada – Espanha, Mestra em Direito Constitucional e Proteção Jurisdicional pela Universidade Nacional de San Agustín de Arequipa-Peru, Docente Principal de Pré e Pós-Graduação (Mestrado e Doutorado) da Universidade Nacional de San Agustín, Conselheira da Faculdade de Direito UNSA, Ex-Juíza de Carreira do Supremo Tribunal de Justiça da República do Peru, Membro da International Society of Family Law (ISFL), da Academia Ibero-Americana de Direito de Família e Pessoal, da Rede Latino-Americana de Antropologia Jurídica, Associada Honorária da Associação de Direito de Família e Sucessões-ADFAS Brasil.

de direitos com uma ideia clara do princípio-direito-valor da dignidade consubstancial à sua própria natureza, sem distinções ou exclusões.

Desta forma, estamos testemunhando nestes momentos transcendentes para a humanidade, um processo de reconhecimento de direitos para grupos humanos ignorados, excluídos, socialmente desvalorizados, para o que tem sido necessário o salto qualitativo desses 3 princípios-direitos e valores de uma concepção meramente formal para uma concepção substantiva, real, eficaz, o que significa o reconhecimento dos direitos humanos coletivos de 3ª geração[2]: direitos das mulheres, crianças, pessoas com deficiência, idosos, povos indígenas, entre os mais proeminentes.

Essa fase do progressivo desenvolvimento dos direitos humanos típica do atual estágio histórico da Pós-Modernidade, cujo fator importante é o fenômeno da globalização, é marcada pela internacionalização[3] e universalização da mesma, abrindo caminho para a corrente do Globalismo Jurídico[4].

Nota-se, portanto, que a exclusão de grande parte da humanidade na primeira fase do reconhecimento dos direitos humanos, como se tem visto, deveu-se à consagração meramente formal do direito à igualdade. Portanto, a atenção aos grupos excluídos a partir da concepção de igualdade real, e que significa seu reconhecimento como sujeitos de direitos, com impacto na revalorização do ser humano como tal, deve necessariamente abrir caminho para a plena realização dos direitos humanos desses grupos, inclusive os dos idosos, pois não é suficiente apenas seu reconhecimento e consagração nos texto de direitos, mas também seu real e autêntico usufruto de maneira geral, e e particular em contextos como a sociedade peruana.

Cabe, então, questionar: Qual é o significado do reconhecimento desses direitos a partir de uma perspectiva de direitos humanos? Existe na realidade peruana o direito de envelhecer com dignidade na mesma perspectiva? Quais são os desafios que o Estado e a sociedade peruanos enfrentam neste momento para alcançar a igualdade substantiva e a não discriminação com base na idade?

[2] Deve-se notar que a abordagem geracional dos Direitos Humanos é realizada apenas pelo momento histórico em que foram reconhecidos, não traz consigo uma hierarquia deles, porque, como é bem sabido, eles são regidos pelo princípio da igualdade e não da prevalência de um sobre o outro ou outros.

[3] Inicia-se o estágio da internacionalização dos direitos humanos, como é conhecido com a Declaração Universal dos Direitos Humanos (1948).

[4] O professor da Universidade de Florença (Itália) Danilo Zolo deu-lhe este nome na sua obra *I Signore de la Pacce*, uma crítica ao universalismo kantiano (1998).

2. A transição da necessidade para a dignidade de "sujeito de direitos humanos" da pessoa idosa

O envelhecimento populacional de há algumas décadas, é considerado neste momento, após duas décadas do século XXI, como um fenômeno global e multigeracional[5], que tem a ver em muitos casos com a redução da taxa de natalidade produto de campanhas de política populacional, como na realidade latino-americana, e com o aumento percentual da expectativa de vida que reconhece uma série de fatores.

Esse fato, aliado à ascensão dos direitos humanos, determinou que se coloque interesse nesse grupo humano como uma das populações em situação de vulnerabilidade, devido à idade, dando origem também ao seu reconhecimento como sujeito de direitos. Além disso, por sua vez, esse reconhecimento como sujeito de direitos, como outras populações vulneráveis excluídas e historicamente discriminadas, abre caminho para um novo conceito de cidadania.

O novo conceito de cidadania implica o reconhecimento das especificidades ou do direito de ser "diferente", e que só assim a "dignidade" do ser humano pode ser respeitada. Somente a partir de uma concepção inclusiva de cidadania é possível superar a discriminação e alcançar a igualdade real, substancial e efetiva entre todos. Assim, fala-se de uma cidadania "diferenciada" segundo Charles Taylor[6] ou Will Kymlicka[7]; de uma cidadania "complexa", segundo Rubio Carracedo[8]; ou, de uma "cidadania específica" segundo Güendel[9], um modelo que supera a função integradora da cidadania homogênea da modernidade.

Assim, o globalismo jurídico deve necessariamente ser conciliado com o pluralismo, uma vez que uma autêntica universalização dos direitos humanos só pode ser alcançada se todos os seres humanos forem reconhecidos como sujeitos de direitos a partir de suas diferenças ou especificidades; e, não se se

[5] DAVOBE, Isolina. Derechos Personalísimos en la Vejez, en *Derecho de Familia y Personas: Familia, Mujer, Niñez y Violencia,* Columba del Carpio Rodríguez, Coordenadora, Editorial UNSA, 2019, p.583-600.

[6] CHARLES, Taylor. *El multiculturalismo y la política del reconocimiento.* Fondo de Cultura Económica. México, 1993.

[7] Kymlicka, Will *Ciudadanía multicultural.* Edit. Paidós. Barcelona-Espanha, 1996.

[8] CARRACEDO, José Rubio. "Pluralismo, multiculturalismo y ciudadanía compleja", en *Pluralismo, tolerancia, multiculturalismo: Reflexiones para un mundo plural.* Coordenador Pablo Badillo. Universidade Internacional da Andaluzia. AKAL, Madrid, 2003.

[9] GÜENDEL L. (2002), "Políticas públicas y derechos humanos", Revista de Ciencias Sociales, Vol. III, nº 97, San José, Costa Rica, p. 105-125.

trata de impor um modelo homogêneo[10]. Isso implica admitir "diferenças", não apenas no plano social, cultural ou biológico, mas como um valor jurídico-político. Só com base neste reconhecimento se pode respeitar a "dignidade" do ser humano.

No entanto, esse trânsito significou o *iter* a partir de uma visão deficitária da velhice, em que os problemas objeto das políticas públicas voltadas para o idoso têm se concentrado em aspectos de saúde e previdenciários[11].

Essa visão deficiente que ainda persiste em determinados setores da sociedade está ligada aos estereótipos existentes em relação aos idosos. Assim, de acordo com a Direção Nacional de Atenção aos Grupos em Situação de Vulnerabilidade: "Os estereótipos existentes em relação à velhice mediam a visão que a população em geral tem sobre suas possíveis necessidades, os valores e os benefícios que podem contribuir e receber da sociedade"[12].

É por isso que na etapa histórica atual da pós-modernidade, em que um dos fatores é a globalização, são os novos direitos dos grupos humanos que vêm exigindo sua incorporação aos instrumentos internacionais e textos constitucionais, entre outros, o direito dos idosos. Trata-se de um incessante progresso para a universalização dos direitos humanos, tanto em termos de expansão de direitos, quanto em termos de sua extensão a indivíduos e grupos humanos até então discriminados e excluídos.

Assim, a incorporação desses novos direitos, denominados de terceira geração, em relação ao momento histórico em que foram reconhecidos, significa, portanto, a revalorização do ser humano como sujeito de direitos.

No entanto, deve-se ter em mente que a abordagem dos direitos humanos constitui um marco conceitual que inclui dois aspectos: o normativo e o operacional. O primeiro envolve orientações baseadas em instrumentos jurídicos internacionais que estabelecem mecanismos de aplicabilidade cidadã que tendem à igualdade e à não discriminação[13]. O segundo tem a ver com os esfor-

[10] Segundo Luigi Ferrajoli, en *Derechos y garantías. La ley del más débil.* Edit. Trotta. Madrid, 1999, p.82, entende-se por "diferenças" os traços específicos que distinguem e ao mesmo tempo individualizam as pessoas e que, enquanto tais, são protegidos pelos direitos fundamentais.

[11] Palma, Andrea, Perrotta, Valentina, Rovira, Adriana. *Las personas mayores como sujetos de derecho: el aporte de la Convención Interamericana sobre la Protección de los Derechos de las Personas Mayores.* Disponível em: https://www.cepal.org/sites/default/files/events/files/documento_inmayores_final_0.pdf. Acesso em 12 de agosto 2021.

[12] Dirección Nacional de Atención a Grupos en Situación de Vulnerabilidad del Ministerio de Justicia y Derechos Humanos de la Nación. "Personas Adultas Mayores" en *Grupos en Situación de Vulnerabilidad y derechos humanos.* Cidade Autônoma de Buenos Aires, Argentina, outubro 2011, p. 66 a 69.

[13] Palma, Andrea *et all*, Ibidem, pp. 1-17.

ços para traduzir as normas internacionais de direitos humanos em políticas institucionais e ações de controle social[14]. Passemos a analisá-los nessa ordem.

3. Normas supranacionais sobre os direitos humanos das pessoas idosas

3.1. Normas do sistema universal

Existe um consenso acentuado no mundo jurídico sobre a inadequação dos instrumentos universais de direitos humanos para a proteção dos direitos das pessoas em situação vulnerável, como os idosos, devido à natureza específica dessas pessoas, tendo sido necessário consagrá-los em instrumentos especiais de direitos humanos em favor das pessoas pertencentes a este grupo humano do adulto idoso.

O primeiro instrumento supranacional sobre os idosos foi a Resolução da Assembleia Mundial das Nações Unidas sobre o Envelhecimento (Viena, 1982) que tem um duplo significado, uma vez que, por um lado marca o nascimento de uma nova disciplina Jurídica o Direito à Velhice ou à Ancianidade, "destinada ao estudo do estatuto jurídico das pessoas com 60 anos ou mais" e, por sua vez, a incorporação da Gerontologia ao Direito[15] como expressão clara da interdisciplinaridade

No instrumento supramencionado se consagra o Plano de Ação de Viena sobre o envelhecimento no qual se traçam políticas de sensibilização sobre tais direitos e igualdade de oportunidades para o idoso.

Além disso, foi na Assembleia Geral das Nações Unidas, de 16 de dezembro de 1991, que a Resolução 46/91 consagra os Cinco Princípios em favor das Pessoas Idosas, e que por sua vez constituem os 5 Eixos de estudo da nova disciplina do Direito à Velhice. Esses princípios ligados a determinada problemática enfrentada por esse grupo humano são: o de autorrealização, relacionado à discriminação, vulnerabilidade e capacidade jurídica; o de independência e autonomia, ligado à autodeterminação e à autoproteção; o de participação, ligado ao direito do mesmo nome; o de cuidado em relação aos direitos sociais; e o de dignidade, relacionado com os sistemas de garantia e de proteção.

No entanto, foi na segunda Assembleia Mundial sobre o Envelhecimento, realizada em Madrid em 2002, ou seja, 20 anos após a primeira, que a Declaração Política e o Plano de Ação Internacional de Madrid sobre o Envelhecimento foram apresentados.

[14] Güendel, Ibidem, pp. 105-125.

[15] Davobe, Isolina, Ibidem, p. 583-600.

Nesse sentido, Palma, Perrotta e Rovira[16] distinguem 3 momentos no reconhecimento internacional dos direitos humanos dos idosos, com base em uma análise crítica:

a) O primeiro momento, em que se realiza a Primeira Assembleia Mundial sobre o Envelhecimento e se adota o Plano de Ação Internacional de Viena sobre o Envelhecimento (1982). Esse instrumento, certamente representa um grande avanço, pois coloca a velhice na agenda internacional; no entanto, de acordo com as mesmas autoras, a abordagem dessa fase da vida é realizada sob em enfoque deficitário e reducionista.
b) O segundo momento, em que se realiza a Segunda Assembleia Mundial sobre o Envelhecimento (2002), onde, como acabamos de ver, são apresentadas a Declaração Política e o Plano de Ação Internacional de Madrid sobre o Envelhecimento, que alertam para um esforço em superar a abordagem deficiente do envelhecimento e emergir como eixo da dignidade ao envelhecer. Nesse segundo momento, segundo os autores prenomeados, o papel assumido pelo Estado também muda, sendo mais ativo e relevante na proteção do idoso.
c) Finalmente, o terceiro momento, com a aprovação da Convenção Interamericana sobre a Proteção dos Direitos Humanos das Pessoas Idosas, em 15 de junho de 2015, à qual passaremos a nos referir.

3.2. No sistema regional americano

No Sistema Regional Americano, a Convenção Interamericana sobre a Proteção dos Direitos Humanos das Pessoas Idosas, única no mundo, resplandece com sua própria luz, pois significa um grande avanço na proteção dos direitos das pessoas idosas e no seu reconhecimento como sujeito de direitos humanos, reinterpretando o papel das pessoas idosas na sociedade.

Cabe destacar que, por se tratar de uma convenção, tem caráter vinculativo para os Estados que a subscrevem e não uma simples declaração lírica de direitos. Nesse sentido, insta os Estados Parte a implementarem as políticas públicas necessárias ao gozo dos direitos que consagram, por meio de modificações legislativas, administrativas, judiciais e orçamentárias.

A Convenção contempla 15 princípios, multiplicando assim os 5 das Nações Unidas (1999), como demonstra Isolina Dabove[17]. Estes incluem, entre outros:

[16] PALMA, Andrea *et all*, ibidem, pp. 1-17.

[17] DABOVE, Isolina. *Derecho a la Vejez desde un enfoque diferenciado*, conferência magistral no Congresso Internacional sobre o Adulto Idoso, organizado pela Comissão de Acesso à Justiça e Populações Vulneráveis da Suprema Corte de Justiça da República do Peru, em 14 de agosto de 2021.

a promoção e a defesa dos direitos e liberdades das pessoas idosas; o da dignidade, independência e autonomia; o da participação; o da segurança física, econômica e social; o da autorrealização; o da equidade e igualdade de gênero; o do bom tratamento e do atendimento preferencial; o da abordagem diferenciada para o efetivo gozo dos direitos; proteção judicial efetiva; o da responsabilidade do Estado e participação da família e da comunidade na integração ativa, plena e produtiva da pessoa idosa.

Ainda assim, de acordo e em harmonia com os princípios mencionados, resulta a especificidade dos direitos que consagra, que de acordo com as autoras acima mencionadas – Palma, Perrota e Rovira[18] – são magistralmente classificados como:

a) Direitos emergentes, como novos direitos ou aqueles parcialmente consagrados nos instrumentos internacionais (direitos à vida, à dignidade, à independência e aos cuidados de longa duração);
b) Direitos Vigentes, aqueles consagrados nas normas internacionais, mas que devem ser adaptados às necessidades específicas deste grupo humano (direito à igualdade e à não discriminação, consentimento livre e esclarecido e vida livre de violência e, em geral, direitos econômicos e sociais).
c) Direitos estendidos, aqueles de que este grupo humano não desfrutava por omissão ou discriminação (direito à acessibilidade e mobilidade das pessoas e o relativo às situações de risco e emergências humanitárias).

Além da Convenção na Região Americana, neste âmbito de mobilização dos direitos do idoso, cabe destacar as Conferências Regionais Latino-americanas e do Caribe, como são: 1ª Conferência no Chile (2003), 2ª Conferência em Brasília (2007), 3ª Conferência na Costa Rica (2012) e a 4ª Conferência no Paraguai (2017), além das importantes Regras de Brasília (2008).

4. A pessoa idosa no Peru

No Peru, à semelhança do que vem ocorrendo no cenário internacional, dá-se um processo de envelhecimento populacional, produzindo-se também o fenômeno conhecido como o da concorrência multigeracional, isto devido ao aumento da esperança de vida e à redução das taxas de natalidade.

[18] PALMA, Andrea *et all*, ibídem.

Assim, de acordo com informações do Instituto Nacional de Estatística e Informática (INEI) até 2021, 13% da população é idosa, enquanto 25% têm menos de 15 anos. Note-se que, em 2012, as pessoas com idades compreendidas entre os 60 e os 79 anos representavam 7,6% da população total, enquanto os adultos com mais de 80 anos representavam 1,4%.

No entanto, o INEI realiza trimestralmente a chamada Pesquisa Nacional por Amostra de Domicílios (ENAHO), sendo a última para a qual há referência a realizada no terceiro trimestre de 2021. Nesse trimestre, a pesquisa mostrou que 39,0% dos lares do país tinham entre seus membros pelo menos uma pessoa na faixa dos 60 anos ou mais. Na Região Metropolitana de Lima, a proporção de domicílios com idoso chega a 41,8%. Os domicílios da zona rural com idoso representaram 40,6%. No restante da cidade, 36,2% dos domicílios possuem uma pessoa dessa faixa etária

Tabela 1. População de idosos no Peru (em %)

2012	2021	Hogares con Adultos Mayores al 2021		
		Total en el país	Área rural	Área urbana
7.6%	13%	39%	40.6 % *	36.2% **

Fonte: Elaboração pessoal com base na informação da "Encuesta Nacional de Hogares" (ENAHO) do Instituto Nacional de Estatística e Informática (INEI)
* ** Percentual do total de domicílios com idosos no Peru

Como demonstra a tabela 1, a população de pessoas idosas no Peru vem crescendo vertiginosamente, com tendência maior nos lares da área rural, nos quais se concentra maioritariamente a população em situação de pobreza, o que deve ser levado em conta para as políticas de ação correspondentes.

Com relação à Saúde, no mesmo terceiro trimestre de 2021, em 23,5% dos domicílios integrados por idosos, existe pelo menos uma pessoa com 60 anos ou mais com déficit calórico. 83,2% da população idosa do gênero feminino tinha um problema crônico de saúde; enquanto na população masculina esse problema de saúde afeta 71,9%.

Uma das questões críticas que os adultos idosos, como são mais conhecidos no meio, têm que enfrentar no Peru é a relacionada à situação trabalhista e à seguridade social, que andam de mãos dadas, pois, como apontam Olivera e Clausen[19]:

[19] Olivera, Javier y Clausen, Jhonatan. Las características del adulto mayor peruano y las políticas de protección social, en *Economía* Vol. XXXVII, Nº 73, semestre janeiro-junho 2014, p. 75-113 / ISSN 0254-4415. Disponível em https://liser.elsevierpure.com/fr/publications/the-elderly-and-social-protection-policies-in-peru. Acesso em 12 de agosto 2021.

Um dos fatores que podem explicar as dificuldades enfrentadas pelos idosos para sair do mercado de trabalho está relacionado com o acesso a sistemas de seguridade social, uma vez que, se as pessoas não são contribuintes de nenhum sistema de pensão, é muito provável que tenham que continuar trabalhando para poder manter seus níveis de consumo e satisfazer suas necessidades básicas.

De fato, é de se esperar que, à medida que o processo de envelhecimento avança, as pessoas se retirem das atividades laborais, devido às maiores dificuldades enfrentadas para realizar as demandas próprias das diferentes ocupações. Entretanto, na referida pesquisa, vemos que os idosos incluídos na População Economicamente Ativa (PEA) representam 51,4%, sendo maior o percentual de homens que de mulheres, 61,5% y 42,5%, respectivamente. Os idosos que não fazem parte da População Economicamente Ativa (NO PEA), representam 48,6%, sendo o percentual de mulheres maior que o de homens em 19,0 pontos percentuais.

Tabela 2. População economicamente ativa de idosos 2021

Población Económicamente Activa (PEA)			**Población No Económicamente Activa (NO PEA)**		
Mujeres	Hombres	**TOTAL**	Mujeres	Hombres	**TOTAL**
42.5%	61.5%	51.4%*	19%	29.6%	48.6%**

Fonte: Elaboração pessoal com base na informação da "Encuesta Nacional de Hogares" (ENAHO) do Instituto Nacional de Estatística e Informática (INEI)
* ** Percentual da população total de idosos.

Como se nota na tabela 2, a população de idosos economicamente ativa supera os 50%, que pode ter relação com o acesso a sistemas de previdência social, como acabamos de analisar. Esta afirmação assume maior peso se tivermos em conta que 63,4% da população idosa não tem sistema de pensões.

Com base nessa dura realidade, devemos ter em mente que nosso país assinou a Convenção Interamericana sobre a Proteção dos Direitos Humanos das Pessoas Idosas, um instrumento jurídico para esse grupo, cujo foco é precisamente estabelecer os direitos das pessoas idosas a partir de uma perspectiva de direitos humanos. Após a análise que realizamos dos diferentes instrumentos sobre os direitos das pessoas idosas em nível supranacional e aqueles que realizaremos em nível nacional, analisaremos os serviços públicos implementados e, em seguida, faremos uma aproximação para saber se a perspectiva acima mencionada é cumprida no Peru.

4.1. Normas sobre a pessoa adulta idosa

A Lei 30490 sobre os Idosos é a que se aplica ao Peru desde o dia seguinte à sua publicação no jornal oficial "El Peruano" em 21 de julho de 2016, bem como o seu Regulamento, Decreto Supremo 0017-2018-MIMP. Esta lei contém o quadro normativo para garantir o exercício dos direitos das pessoas idosas, a fim de melhorar a sua qualidade de vida e promover a sua plena integração no desenvolvimento social, econômico, político e cultural da Nação.

Estabelece como princípios gerais o da promoção e proteção dos direitos das pessoas idosas com base na dignidade, independência, protagonismo, autonomia e autorrealização da pessoa idosa, bem como a sua valorização, contribuição para a sociedade e o desenvolvimento. Na mesma linha, os de segurança física, económica e social e os de proteção da família e da comunidade. Como observado, esses princípios estão em harmonia com os consagrados na Convenção Interamericana sobre a Proteção dos Direitos Humanos das Pessoas Idosas, adotada pela OEA um ano antes.

Da mesma forma, a lei contempla, entre outras, as seguintes abordagens que são complementadas pelo Regulamento:

a) Abordagem dos direitos humanos, através da qual reconhece que o principal objetivo de qualquer intervenção no âmbito desta lei deve ser a realização dos direitos humanos, identificando os titulares dos direitos, a que têm direito de acordo com as suas necessidades particulares; da mesma forma, aos devedores ou titulares de deveres e obrigações que lhes correspondam
b) Abordagem de gênero, pela qual se reconhece a existência de circunstâncias assimétricas na relação entre homens e mulheres, construídas sobre a base das diferenças de gênero que se constituem em uma das causas principais da violência para com as mulheres.
c) Abordagem Intergeracional, a qual permite reconhecer ser necessário identificar as relações de poder entre diferentes idades da vida e seus vínculos para melhorar as condições de vida ou o desenvolvimento comum.
d) Abordagem intercultural, através do qual reconhece a necessidade de diálogo entre as diferentes culturas que estão integradas na sociedade peruana, de modo a fortalecer, a partir dos diferentes contextos culturais, todas as expressões que se baseiam no respeito pela outra pessoa.
e) Abordagem Gerontológica, cuja perspectiva analisa o envelhecimento como um processo natural ao longo do curso da vida e promove uma velhice digna, ativa, produtiva e saudável.

f) Abordagem inclusiva ou de atenção à diversidade, através da qual a Sociedade e o Estado reconhecem a diversidade e o direito de todas as pessoas, proporcionando assim o acesso ao desenvolvimento integral em todas as fases da vida.

A própria lei estabelece que as pessoas idosas é titular de direitos como, entre outros: uma vida digna, plena, independente, autônoma e saudável; o direito à não discriminação em razão da idade; o de igualdade de oportunidades; o de viver em família; o direito a uma vida livre de violência; o de participação ativa nas esferas social, trabalhista, econômica e política do país; direito a atendimento preferencial em todos os serviços oferecidos em estabelecimentos públicos e privados; o do consentimento prévio e informado em todos os aspectos da vida; e o de acesso à justiça.

Estabelece a existência de serviços integrais para o idoso, que serão prestados em Centros de Integração de Atendimento à população idosa (PI)[20], cuja prestação é confiada aos governos locais, bem como em Centros de Atendimento Residencial, centros diurnos e noturnos.

O regulamento da lei prevê em detalhes o pessoal que cada centro geriátrico deve ter, bem como as responsabilidades em que pode incorrer no trabalho que executa. Com tudo isso, essas normas tentam garantir a validade dos direitos dos idosos no Peru.

No entanto, como demonstramos, a perspectiva dos direitos humanos requer não apenas o reconhecimento e a consagração no nível normativo, mas também a implementação de políticas públicas que tornem o gozo de tais direitos real e efetivo de forma geral pelos destinatários da norma. Passemos então a essa análise.

4.2. Políticas públicas e serviços implementados a nível nacional, regional e local

De acordo com a lista de programas voltados para o Adulto Idoso (AI) no país e a revisão da literatura acadêmica e de política social e econômica, dois eixos principais das políticas de proteção social podem ser considerados para o AI de acordo com sua finalidade: as econômicas e as de serviços e direitos.

[20] Do espanhol: población adulta mayor (PAM).

4.2.1. Políticas com finalidade econômica

A. Pensões de caráter contributivo

Existem dois grandes sistemas de pensões contributivas. O primeiro deles é o Sistema Nacional de Previdência (SNP), que é um sistema público com benefício definido, uma vez que as aposentadorias são calculadas de acordo com regras previamente estabelecidas. O outro é o Sistema de Previdência Privada (SPP), existente desde 1993, que se baseia na capitalização individual das contribuições.

No que se refere à sustentabilidade financeira destes sistemas, o SNP baseia-se principalmente na relação entre contribuintes e pensionistas, como em todos os sistemas de prestações definidas; no entanto, devido ao atual desequilíbrio, o Estado contribui para o pagamento das pensões do SNP com recursos gerais. Por sua vez, o SPP é um sistema autofinanciado, ou seja, baseia-se na capitalização individual. Atualmente, no Peru, existem quatro administradoras de fundos de pensões (AFP) entre as quais o segurado deve escolher.

Em relação à taxa de contribuição, esta é calculada como uma percentagem fixa do salário mensal total, que ascende a 13% no caso do SNP e a 10% para o SPP. No caso do SPP, a AFP cobra uma comissão e um prêmio de seguro correspondentes a uma fração do salário do membro.

A partir do terceiro trimestre de 2021, 21,3% são filiados ao Escritório de Normalização da Previdência Social (ONP), seguidos por 9,0% dos afiliados às Administradoras de Fundos de Pensão (AFP) e 3,9% à Cédula viva, de acordo com a pesquisa domiciliar (ENAHO) realizada pelo INEI.

Uma das principais dificuldades enfrentadas, e que afeta a baixa cobertura do sistema previdenciário, está relacionada aos altos níveis de informalidade trabalhista no Peru

B. Pensões não contributivas

No Peru, dadas as taxas ainda altas de pobreza e extrema pobreza, que logicamente têm uma incidência maior em pessoas vulneráveis, como os idosos, existem algumas pensões sociais de caráter não contributivo.

Para a deteção destes casos, ou seja, para chegar aonde se encontram os potenciais beneficiários, utiliza-se o Mapa da Pobreza com a ajuda do qual o direcionamento geográfico é efetuado antecipadamente a partir dos distritos.

Vamos agora apontar o que são esses programas e quais características eles têm.

O programa piloto de previdência social é o Bônus de Gratidão, que foi criado em julho de 2010 e começou a funcionar em outubro daquele ano.

O programa foi concebido de tal forma que as pensões de S/. 100 por mês para todos os adultos com mais de 75 anos de idade.

Na mesma perspectiva, o programa Previdência 65 foi criado em outubro de 2011 e um mês depois iniciou sua implantação. Os usuários deste programa são pessoas maiores de 65 anos que vivem em extrema pobreza de acordo com o SISFOSH, pessoas que não devem ser beneficiárias de qualquer outro tipo de pensão ou qualquer outro programa social, exceto o SIS. O benefício econômico da Pensão 65 é um pagamento bimestral de S /. 250 (duzentos e cinquenta sóis peruanos).

No terceiro trimestre de 2021, 16,0% dos idosos chefes de família se declararam beneficiários do programa social Pensão 65 (ENAHO).

Há também os Programas de Reparação da Lei 28592 para vítimas e familiares de violência no período 1980-2000.

4.2.2. Políticas com orientações de serviços e direitos

Há componentes como a articulação dos serviços de saúde do Ministério da Saúde (MINSA) com ênfase geriátrica e o fortalecimento das redes de apoio social ao idoso

Da mesma forma, no aspecto educacional há o Programa Nacional de Mobilização para a Alfabetização (PRONAMA), que de alguma forma vem para amenizar a situação de analfabetismo dos idosos, conforme é alertado pela pesquisa domiciliar, (ENAHO), que apontou, no trimestre de julho-agosto-setembro de 2021, 16,1% da população com 60 anos ou mais não sabe ler ou escrever. Tal situação é mais grave entre as mulheres, 23,8% das idosas são analfabetos, sendo 16,4 pontos percentuais a mais do que seus pares homens (7,4%).

A. Saúde

De acordo com a pesquisa ENAHO ao INEI, por tipo de seguro de saúde, no terceiro trimestre de 2021, 35,2% dos idosos têm acesso apenas ao EsSalud e 47,8% apenas ao Seguro de Saúde Integral (SIS). Em comparação com o mesmo trimestre do ano anterior, a proporção de segurados no SIS aumentou 6,6 pontos percentuais; enquanto os idosos tratados em EsSalud diminuíram 2,2 pontos percentuais

O Seguro Integral de Saúde (SIS) foi criado em 2002 como órgão público executor vinculado ao Ministério da Saúde, sendo uma das expressões da Política Nacional de Seguro Universal de Saúde. Seu objetivo é assegurar as pessoas em situação de pobreza, consideradas vulneráveis e que, por isso, apresentam maiores taxas de morbidade e mortalidade.

Por outro lado, a EsSalud tem alguns serviços específicos para idosos, como o Programa de Cuidados Domiciliares e os Centros de Terceira Idade.

O Programa de Cuidados Domiciliares (PADOMI) é um serviço prestado pela EsSalud e destinado a doentes afiliados a este seguro que não possam deslocar-se aos centros de saúde por estarem numa situação de dependência funcional, temporária ou permanente, incluindo idosos com mais de 80 anos de idade.

O serviço inclui visitas médicas à residência do paciente, bem como atendimento domiciliar de emergência envolvendo procedimentos de menor complexidade. Da mesma forma, o serviço inclui a atribuição de um clínico geral e visitas de outros profissionais de saúde, como enfermeiros, fisioterapeutas e psicólogos.

Até março de 2021, a EsSalud, através deste programa, realizou 362.000 atendimentos presenciais e 800.000 teleconsultas médicas, que foram implementadas durante esse ano devido à pandemia de Covid 19.

B. Centros de Atendimento

a) Os Centros de Atenção Integral ao Idoso (CIAM)[21] buscam a inclusão dos idosos e de suas famílias e sua participação ativa e organizada com outros membros da comunidade. São oferecidas atividades recreativas, educacionais, campanhas de saúde, de socialização etc.

O Ministério da Mulher e das Populações Vulneráveis (MIMP) promove a formação destes centros, mas cabe aos municípios provinciais e distritais criá-los e implementá-los.

Até dezembro de 2016, 45% dos municípios implementaram o CIAM com quase 200 mil atendimentos.

b) Os Centros para Idosos (CAM)[22] são instituições que oferecem aos Adultos Idosos uma série de oficinas e cursos relacionados à educação emocional, artística, produtiva, etc. Todos esses serviços são gratuitos; no entanto, os únicos que podem ter acesso a eles são os pensionistas do EsSalud (sistema público) cuja idade exceda 60 anos. Esses centros também são responsáveis por organizar atividades voluntárias entre os próprios idosos para apoiar a outros AI.

Ao mesmo tempo, como parte dos benefícios orientados para a saúde de seus membros, eles oferecem serviços de prevenção e controle de doenças,

[21] Sigla para "Centros Integrales de Atención al Adulto Mayor" (do original em espanhol).
[22] Sigla para "Centros del Adulto Mayor" (do original em espanhol).

em alguns casos fornecendo medicamentos básicos. Existem escritórios da CAM em todas as regiões do Peru, que totalizaram 126 até 2019

c) Os Círculos de Idosos (CIRAM)[23] são um serviço gerontológico social prestado pela EsSalud a idosos segurados, organizado em associações em áreas geográficas onde não exista um CAM.

O pacote básico de atividades dos Círculos são as oficinas ocupacionais, artísticas, de educação física, de autocuidado, turismo social e atividades socioculturais. A partir de 2019, 106 Círculos foram criados

d) Os Clubes do Idoso (CAM)[24] são unidades que existem dentro dos Centros de Desenvolvimento Integral da Família (CEDIF), que são administrados pelo Programa Nacional Integral de Bem-Estar da Família (INABIF). Destinam-se a pessoas com mais de 60 anos de idade, que se encontram em situação de pobreza, pobreza extrema ou abandono familiar.

O objetivo destes clubes é proporcionar aos idosos um conjunto de atividades que lhes permitam partilhar experiências e participar de momentos de recreação e lazer, que permitam elevar a sua autoestima e melhorar a sua qualidade de vida. De acordo com os números pré-pandemia, os CEDIFs atendiam a uma média mensal de 33.350 pessoas, das quais 2139 tinham 60 anos de idade ou mais.

V) Os Centros de Acolhimento Residencial para Idosos (CARPAM)[25] servem de abrigo para idosos e prestam apoio social, médico e psicológico aos seus residentes. O MIMDES é responsável pela supervisão e regulação destes centros. De acordo com dados de 2021, 78 centros residenciais foram implementados em Lima, 4 em Callao e 19 nas províncias.

C. *Registros*

a) O Cadastro Nacional de Organizações de Pessoas Idosas é responsável pelo MIMDES e é aquele em que se cadastram organizações de idosos ou organizações que trabalham com essa população, que visa promover a associatividade entre os membros desse grupo e construir redes sociais que sirvam de apoio emocional e amistosa.

O cadastro dessas organizações nos Registros Públicos permite a participação dos idosos no orçamento participativo de sua localidade. Da mesma forma, este registro é um meio de formalizar a associação e registrá-la no

[23] Sigla para "Círculos del Adulto Mayor" (do original em espanhol).

[24] Sigla para "Clubes del Adulto Mayor" (do original em espanhol).

[25] Sigla para "Centros de Atención Residencial para Personas Adultas Mayores" (do original em espanhhol).

governo local como parte das organizações de bairro. De acordo com os últimos números, existem 255 organizações registadas com mais de 30.706 parceiros, dos quais 20.853 são mulheres e 9.853 são homens.

b) Direção das Pessoas Idosas (DIPAM)[26] do Ministério da Mulher e das Populações Vulneráveis: é responsável pela concepção, acompanhamento e acompanhamento da política social destinada à população idosa.

A DIPAM tem a função de promover, coordenar, supervisionar e avaliar políticas, planos, programas e projetos relacionados à população idosa, particularmente aqueles que são discriminados, que sofrem exclusão social, pobres e extremamente pobres.

Conclusões

O Peru é considerado um país de envelhecimento moderado, como nota da dinâmica populacional desde meados do século XX; no entanto, as tendências na expectativa de vida e nas taxas de fecundidade sugerem que o envelhecimento populacional será maior nas próximas décadas. No entanto, não há estudos sérios sobre as condições socioeconômicas dos idosos e as políticas que lhes são dirigidas, o que comprometeria seriamente o direito ao envelhecimento com dignidade no Peru.

Assim, de acordo com informações recentes do Instituto Nacional de Estatística e Informática (INEI) através das pesquisas domiciliares (ENAHO), até o terceiro trimestre de 2021, 13% da população é idosa, enquanto 25% têm menos de 15 anos, em comparação com 7,6% da população idosa em 2012.

A mesma pesquisa domiciliar (ENAHO), no mesmo período de tempo, permite também uma abordagem da realidade social dos idosos no Peru. Em termos de saúde, há percentuais elevados dessa população afetada com problemas de saúde, sendo 83,2% das mulheres e 71,9% dos homens.

Nessa mesma perspectiva, a situação de proteção social dos idosos é desanimadora quando a população economicamente ativa dos idosos (PEA) ultrapassa os 50%, o que está relacionado ao acesso aos sistemas de seguridade social, tendo em vista que 63,4% da população idosa não possui sistema previdenciário. Isso se evidencia em políticas economicamente orientadas, como o sistema previdenciário: SNP Sistema Nacional de Previdência (21,3% dos afiliados), Sistema de Previdência Privada SPP (9% dos afiliados) e cédula viva (3,9%).

A grande percentagem de idosos sem filiação num sistema de pensões impossibilita que muitos deles abandonem oportunamente as suas ativida-

[26] Sigla para "Dirección de Personas Adultas Mayores" (do original em espanhol).

des laborais. As causas desses altos níveis de proteção social seriam explicadas principalmente pelo alto grau de informalidade no mercado de trabalho peruano, bem como pelas desigualdades sócio-históricas.

Em relação às políticas de direitos e serviços, embora seja verdade que os números poderiam, *prima facie*, significar ampla cobertura, como o sistema de saúde responsável pela EsSALUD (35,2%) e SIS (47,8%); no entanto, os de serviços como os Centros e Círculos para idosos administrados pela EsSALUD; os Clubes de Adultos Idosos (CAM), do Instituto Nacional de Bem-Estar Familiar INFABIF, e os Centros Residenciais para Idosos (CARPAM), do Ministério da Mulher e Populações Vulneráveis (MIMP), têm cobertura limitada, ainda mais se levarmos em conta que aqueles administrados pela EsSALUD são fornecidos apenas à população segurada no referido sistema

Em conclusão, há uma grande lacuna no sistema previdenciário que obriga os idosos a permanecerem economicamente ativos além dos limites razoáveis, fomentados pela informalidade trabalhista, o que impõe uma melhor política de Estado. No entanto, a existência de um aumento no número de intervenções em direitos e serviços voltados para os idosos nas últimas décadas deve significar um desafio para os setores públicos correspondentes (MIDIS, MIMP, SAÚDE) mobilizarem as sinergias existentes, por meio de um trabalho de coordenação intersetorial para aprimorá-las, evitando a duplicação de esforços, com especial ênfase em políticas voltadas para a população de idosos em situação de pobreza, portanto, com duplo grau de vulnerabilidade.

Referências

Davobe, Isolina. Derechos Personalísimos en la Vejez, en *Derecho de Familia y Personas: Familia, Mujer, Niñez y Violencia,* Columba del Carpio Rodríguez, Coordinadora, Editorial UNSA, 2019.

Dabove, Isolina. *Derecho a la Vejez desde un enfoque diferenciado,* conferência magistral no Congreso Internacional sobre o Idoso, organizado pela Comissão de Acesso à Justiça e Populações Vulneráveis da Suprema Corte de Justiça da República do Peru, 14 de agosto de 2021.

Dirección Nacional de Atención a Grupos en Situación de Vulnerabilidad del Ministerio de Justicia y Derechos Humanos de la Nación. "Personas Adultas Mayores" en *Grupos en Situación de Vulnerabilidad y derechos humanos.* Ciudad Autónoma de Buenos Aires, Argentina, octubre 2011.

Ferrajoli, Luigi, en *Derechos y garantías. La ley del más débil.* Edit. Trotta. Madrid, 1999.

Güendel, L. (2002), "Políticas públicas y derechos humanos" en *Revista de Ciencias Sociales, Vol. III, nº 97.* San José, Costa Rica, p. 105-125.

Instituto Nacional de Estadística e Informática (INEI). Encuesta Nacional de Hogares (ENAHO), 3er Trimestre 2021.

KYMLICKA, Will. *Ciudadanía multicultural.* Edit. Paidos. Barcelona-España, 1996.

OLIVERA, Javier y Clausen, Jhonatan. Las características del adulto mayor peruano y las políticas de protección social, en *Economía* Vol. XXXVII, Nº 73, semestre janeiro-junho 2014, p. 75-113 / ISSN 0254-4415. Disponível em https://liser.elsevierpure.com/fr/publications/the-elderly-and-social-protection-policies-in-peru. Acesso em 12 de agosto 2021.

PALMA, Andrea, PERROTTA Valentina, ROVIRA, Adriana. *Las personas mayores como sujetos de Derecho: el aporte de la Convención Interamericana sobre la Protección de los Derechos de las Personas Mayores.* Disponível em https://www.cepal.org/sites/default/files/events/files/documento_inmayores_final_0.pdf. Acesso em 12 de agosto 2021.

RUBIO, Carracedo José. "Pluralismo, multiculturalismo y ciudadanía compleja", en *Pluralismo, tolerancia, multiculturalismo: Reflexiones para un mundo plural.* Coordinador Pablo Badillo. Universidad Internacional de Andalucía. AKAL, Madrid, 2003.

TAYLOR, Charles. *El multiculturalismo y la política del reconocimiento.* Fondo de Cultura Económica. México, 1993.

PORTUGAL

1
OS DIREITOS DA PESSOA IDOSA

André G. Dias Pereira[1]

1. Introdução

O tema da proteção da pessoa idosa vem progressivamente atribuído de um caráter de imprescindibilidade, ao passo que a população idosa cresce na mesma proporção. Em plena conformidade com o afirmado por Remédio Marques:

> Nas últimas décadas, o *aumento da esperança de vida* das pessoas aliado às *baixíssimas taxas de natalidade* que, à parte a Alemanha e a Bélgica, coexistem principalmente em alguns países do sul da Europa, *maxime*, na Espanha, na Grécia, em Portugal e na Itália, colocou no centro dos debates jurídicos o tema da protecção da velhice, do *envelhecer com dignidade*"[2].

Partindo da análise dos dados demográficos, podemos afirmar um envelhecimento exponencial da população portuguesa desde 1961 até à atualidade, o que denota uma gradual longevidade[3]. A diminuição da natalidade,

[1] Doutor em Direito, Professor da Faculdade de Direito da Universidade de Coimbra, Diretor do Centro de Direito Biomédico da Faculdade de Direito da Universidade de Coimbra. Presidente da Comissão Portuguesa de Biodireito e Bioética da Associação de Direito de Família e das Sucessões - ADFAS.

*Texto elaborado com a colaboração da Mestre Thaís Cesa e Silva.

[2] Marques, J. P. Remédio. "Em Torno do Estatuto da Pessoa Idosa no Direito Português: Obrigação de Alimentos e Segurança Social", *BFD*, 83 (2007), p. 184.

[3] Ver *Tratado de Derecho y Envejecimiento: La adaptación del Derecho a la nueva longevidad*, Fundación Mutualidad Abogacía, Wolters Kluwer, Carlos María Romeo Casabona (Coord.), 2021. A obra representa uma exemplar diretriz sobre as necessidades das pessoas idosas com base no exame dos direitos e liberdades desta população.

as melhores condições de vida, os casamentos tardios e os avanços da medicina e da biotecnologia são alguns dos fatores que estão por detrás desta realidade, dentre os quais não se pode deixar de mencionar as novas estruturas familiares, uma vez que

> [...] outros acontecimentos e mutações das estruturas familiares afectam, ou irão afectar, as condições da população com reflexo nas pessoas idosas", sendo exemplos a "nuclearização" ou a diminuição dos agregados familiares complexos, o aumento das famílias compostas pelo casal (unidos pelo matrimónio ou unidos em condições análogas às dos cônjuges), o aumento das famílias monoparentais e o aumento do número de divórcio[4].

O panorama social e familiar atinente à pessoa idosa aponta para um envelhecimento da população em geral inserido num contexto renovado, o qual reclamará respostas que visem acautelar a proteção do idoso diante de tais constantes mudanças. Neste sentido, o presente estudo pretende realizar uma análise das soluções existentes no ordenamento jurídico português, procurando avaliar em que medida são suficientes e adequadas à proteção das pessoas de idade mais avançada em contexto social tão dinâmico.

Nessa conjuntura, serão igualmente referidas as consequências trazidas pela pandemia do vírus COVID-19 à população idosa, que representa a parcela das principais vítimas dos prejuízos pandémicos, o que veio a evidenciar a necessidade de ressignificação de determinados cuidados e objetivos no âmbito do direito da saúde.

2. Consagração dos direitos da pessoa idosa no ordenamento jurídico português

Os direitos das pessoas idosas em Portugal vêm positivados em diversos diplomas, tanto nacionais, como internacionais e europeus. Cumpre, em primeiro lugar, analisar tais documentos normativos, para que se parta fundamentadamente à abordagem da problemática em apreço.

2.1. Constituição da República Portuguesa (CRP)

O artigo 72º da Constituição da República Portuguesa (CRP) consagra o direito à terceira idade, sendo que os seus números 1 e 2 estabelecem o seguinte:

4 *Idem*, p. 185.

1. As pessoas idosas têm direito à segurança económica e a condições de habitação e convívio familiar e comunitário que respeitem a sua autonomia pessoal e evitem e superem o isolamento ou a marginalização social.

2. A política de terceira idade engloba medidas de carácter económico, social e cultural tendentes a proporcionar às pessoas idosas oportunidades de realização pessoal, através de uma participação activa na vida da comunidade.

Note-se que o próprio texto constitucional português prevê expressamente a necessidade de respeito pela autonomia pessoal das pessoas idosas, bem como a sua participação ativa na vida comunitária, denotando uma preocupação em assegurar a independência dessa parcela da população.

Aproveitando a análise da Constituição, cumpre mencionar o disposto no artigo 8º, que harmoniza, recepciona e integra no ordenamento jurídico português as normas e os princípios de direito internacional geral ou comum (nº 1), assim como as normas constantes de convenções internacionais regularmente ratificadas ou aprovadas (nº 2). Tais disposições justificam a abordagem do tópico seguinte, relativo ao direito internacional e europeu aplicável em Portugal.

2.2. Direito internacional e europeu

A nível internacional, é de referir a Resolução nº 46/91, da Assembleia Geral das Nações Unidas, de 16 de dezembro de 1991, que estabelece os princípios das Nações Unidas para as pessoas idosas.

Com especial interesse, ressalte-se a Convenção sobre os Direitos das Pessoas com Deficiência, adotada na Assembleia Geral das Nações Unidas, em Nova Iorque, a qual foi aprovada pela Resolução da Assembleia da República nº 56/2009, de 30 de julho, e ratificada pelo Decreto do Presidente da República nº 71/2009, de 30 de julho.

Também conhecida como Convenção de Nova Iorque, estabelece relativamente aos idosos o dever dos Estados Partes de, designadamente:

Art. 25º, *b*: Providenciar os serviços de saúde necessários às pessoas com deficiência, especialmente devido à sua deficiência, incluindo a detecção e intervenção atempada, sempre que apropriado, e os serviços destinados a minimizar e prevenir outras deficiências, incluindo entre crianças e idosos;

Art. 28º, nº 2, *b*: Assegurar às pessoas com deficiência, em particular às mulheres e raparigas com deficiência e pessoas idosas com deficiência, o acesso aos programas de protecção social e aos programas de redução da pobreza;

A nível europeu, a Carta dos Direitos Fundamentais da União Europeia (2000) dispõe no seu artigo 25º que "[a] União reconhece e respeita o direito das pessoas idosas a uma existência condigna e independente e à sua participação na vida social e cultural". Mais uma vez, deparamo-nos com a proteção legal da independência e do envolvimento social ativo da população idosa.

É de destacar, igualmente, no âmbito do Conselho da Europa, a Recomendação CM/Rec (2014) 2 do Comité de Ministros dos Estados-Membros sobre a promoção dos direitos humanos das pessoas idosas, cujo escopo é promover, proteger e garantir o pleno gozo de todos os direitos humanos e liberdades fundamentais por todas as pessoas idosas em condições de igualdade e promover o respeito por sua dignidade inerente.

2.3. Direito interno[5]

2.3.1. O regime do maior acompanhado

Com especial interesse no âmbito do Direito Civil português, o Regime do Maior Acompanhado (Lei nº 49/2018, de 14 de agosto), impulsionado e inspirado pela já mencionada Convenção sobre os Direitos das Pessoas com Deficiência (Convenção de Nova Iorque)[6], acarretou mudanças de extrema relevância no Código Civil português, designadamente no que respeita ao regime das incapacidades e do antigo instituto da interdição e inabilitação. Com esse novo regime, presume-se a *capacidade*, sendo que cada caso concreto terá o seu recorte específico quanto aos atos da vida civil cujo exercício necessite de acompanhamento ou possa ser livremente desempenhado. Relativamente ao que interessa ao presente trabalho, releva enfatizar que "na actual formulação ampla que permite o recurso às medidas de acompanhamento cabem as pessoas idosas e/ou doentes"[7].

2.3.2. A resposta do Direito da Família

Coloca-se a questão de saber como está o Direito da Família preparado para lidar com esta problemática, visto que há poucas normas que se refiram especi-

[5] Neste tópico, encontra-se uma releitura atualizada do publicado em coautoria pelo ora Autor em: PEREIRA, André Dias; CAMPOS, Juliana. *O envelhecimento: Apontamento acerca dos deveres da família e as respostas jurídico-civis e criminais.* Revista da Faculdade de Direito e Ciência Política, nº 10, 2017, p. 61 e seguintes.

[6] Cf. GOMES, Joaquim Correia; NETO, Luísa; VÍTOR, Paula Távora, *Convenção sobre os Direitos das pessoas com deficiência Comentário*, Imprensa Nacional, 2020, p. 33-41, ISBN e-book: 978-972-27-2872-0, Disponível em: https://www.incm.pt/portal/arquivo/livros/gratuitos/CDPDl.pdf

[7] MONTEIRO, António Pinto. *Das incapacidades ao maior acompanhado – Breve apresentação da Lei nº 49/2018.* Pensar – Revista de Ciências Jurídicas, Fortaleza, 2019, p. 7.

ficamente aos problemas jurídicos em torno do idoso. O tratamento da matéria dá-se de forma repartida em diversos ramos do direito, não havendo um estatuto próprio como há no Brasil: o ordenamento jurídico brasileiro conta com Estatuto do Idoso (Lei nº 10.741, de 1º de outubro de 2003), destinado a regular os direitos assegurados às pessoas com idade igual ou superior a 60 anos[8].

2.3.2.1. A manutenção da relação familiar

Segundo o artigo 1887º-A (Convívio com irmãos e ascendentes) do CC, "os pais não podem injustificadamente privar os filhos do convívio com os irmãos e ascendentes". Neste caso, a lei visa manter a relação familiar entre os irmãos, bem como com os avós, o que se articula com o direito ao desenvolvimento da personalidade constitucionalmente consagrado (art.26º/1 da CRP)[9]. De facto, o filho é titular deste direito subjetivo fundamental, que se traduz num "direito à formação livre da personalidade ou liberdade de ação como sujeito autónomo dotado de autodeterminação decisória, e um direito de personalidade fundamentalmente garantidor da sua esfera jurídico-pessoal e, em especial, da integridade desta". Deste modo, entende-se que os irmãos podem relacionar-se entre si, mas este direito também se estende aos avós, sem prejuízo dos pais, em certas circunstâncias, poderem privá-los desse contacto[10], o que se articula com o art. 68º da CRP que se refere à sua "insubstituível ação" em relação aos filhos.

Concluindo, a manutenção da relação familiar afigura-se como um aspeto que o legislador civil, bem como o legislador constitucional quiseram proteger, independentemente do conceito de família que se adote[11].

[8] Entretanto, há quem levante o questionamento sobre um possível caráter discriminatório na existência de um estatuto de proteção para pessoas que, em verdade, são adultos maiores de 18 anos de idade e capazes como todos os outros...Com este entendimento: BARROSO, Renato Amorim Damas. *Há Direitos dos Idosos?* Revista Julgar, nº 22, 2014, p. 117 – 127.

[9] Para maiores desenvolvimentos sobre o direito ao desenvolvimento da personalidade: PINTO, Paulo Mota. *O Direito ao Livre Desenvolvimento da Personalidade.* Direitos de Personalidade e Direitos Fundamentais, Estudos, Gestlegal, 2018, p. 7 e seguintes.

[10] A lei sugere que, em certas circunstâncias, pode ser negado aos avós o exercício do seu direito às relações pessoais com os netos. Sobre esta questão: Martins, Rosa / Vítor, Paula Távora, *O direito dos avós às relações pessoais com os netos na jurisprudência recente.* Revista Julgar, Nº10, 2010, p. 68-70.

[11] Note-se que não existe um conceito de família constitucionalmente definido. Cf. CANOTILHO, J.J. Gomes; MOREIRA, Vital. *Constituição da República Portuguesa Anotada*, Volume I, Coimbra Editora, Coimbra, 2007, p. 856 e ss.

2.3.2.2. A proteção do idoso na família

Perante os dados estatísticos e sociológicos apresentados, importa perceber qual é a resposta legal na determinação do círculo de direitos e deveres que se geram no seio das famílias recombinadas tendo em vista a proteção do idoso.

Numa primeira análise, destaca-se o mencionado art. 25º da Declaração Universal dos Direitos do Homem[12], ao fazer referência ao termo "velhice", demonstrando uma preocupação em assegurar a dignidade da pessoa em todos os momentos da sua vida, designadamente numa idade mais avançada.

No plano da Constituição da República Portuguesa, verifica-se que esta consagra – como direitos fundamentais, nomeadamente direitos sociais – quer a família[13], quer os cidadãos portadores de deficiência[14], quer a terceira idade[15]. A propósito do primeiro direito mencionado, Vital Moreira e Gomes Canotilho referem que a CRP visa garantir o "direito das próprias famílias à proteção da sociedade e do Estado e à realização das condições propiciadoras da realização pessoal dos seus membros"[16], apresentando-se a família como um "elemento fundamental da sociedade". Trata-se de um preceito que fomenta a realização pessoal de todos os membros do agregado e, inclusive, enfatiza que compete ao Estado promover e garantir uma "política de terceira idade", nos termos do art. 67º/2 b). No plano dos cidadãos portadores de deficiência, a questão coloca-se tendo em conta estas duas realidades intrinsecamente ligadas – a deficiência e o envelhecimento -, afirmando a Organização Mundial da Saúde (OMS) que há uma relação direta entre os mesmos, ou seja, há um risco maior de deficiência entre as pessoas mais velhas[17].

Por fim, o direito relativo à Terceira Idade assume grande relevância neste plano, pois consagra "específicos direitos das pessoas idosas (nº1)" tais como o direito a segurança económica, o direito a condições de habitação, de convívio familiar e comunitário apropriadas, direito à saúde, direito ao acesso a

[12] Artigo 25º da Declaração Universal dos Direitos do Homem (1948): "Toda a pessoa tem direito a um nível de vida suficiente para lhe assegurar e à sua família a saúde e o bem-estar, principalmente quanto à alimentação, ao vestuário, ao alojamento, à assistência médica e ainda quanto aos serviços sociais necessários, e tem direito à segurança no desemprego, na doença, na invalidez, na viuvez, na velhice ou outros casos de perda de meios de subsistência por circunstâncias independentes da sua vontade."

[13] Artigo 67º (Família).

[14] Artigo 71º (Cidadãos portadores de deficiência).

[15] Artigo 72º (Terceira idade).

[16] Canotilho, J.J. Gomes / Moreira, Vital. *Constituição da República Anotada*, p.856 e ss.

[17] Consultar Relatório Mundial sobre a deficiência publicado pela OMS em 2011, Disponível em: http://apps.who.int/iris/bitstream/10665/44575/4/9788564047020_por.pdf, p. 36.

tratamentos de prevenção, cura e reabilitação, direito a condições socialmente dignas (cf. Ac. Tribunal Constitucional nº 543/01)[18/19].

Também no plano do Direito Civil tem existido uma preocupação com a proteção do idoso, visto que lhe é reconhecido o direito a alimentos, o direito à assistência e o direito de visitas (artigo 1887º-A do CC). No plano dos deveres que recaem sobre a família destaca-se o "dever de cuidar" que parece encontrar a sua fundamentação no dever de cooperação previsto no art.1674º do CC[20].

2.3.2.3. O "dever de cuidar"

a. Cônjuge

Nos termos do art.1674º do CC, o cônjuge tem inquestionavelmente o dever de cooperação, mormente, "dever de socorro e auxílio mútuo", para além de outros deveres conjugais, como sejam o dever de coabitação (art.1673º do CC) e o dever de assistência (art.1672º do CC), que se converte no dever de alimentos, em caso de separação, tal como refere o art.1672º do CC.

b. Filhos

Destaca-se que o artigo 1874º estabelece deveres mútuos de respeito, auxílio e assistência entre pais e filhos. No mais das vezes, essa reciprocidade de cuidados parte dos filhos aos pais quando estes já são pessoas idosas, o que destaca a intenção da disposição legal de proteger os pais na velhice[21].

Assim, os filhos também estão sujeitos a obrigações face aos seus pais, caso estes necessitem de apoio, precisamente em situação de idade avançada. Entretanto, enfatize-se que em razão dos princípios da razoabilidade e da proibição do abuso do direito, do filho que porventura tenha sofrido abandono parental não deve ser exigível que sejam cumpridos os deveres de assistência relativamente aos seus pais.

c. Netos

Também os netos poderão ser chamados nos termos do art. 2009º, substituindo os filhos, como informa o nº 2 do referido artigo que manda aplicar as

[18] MINLET, J.J. Gomes; MOREIRA, Vital. *Constituição da República Anotada*, p. 884 e ss.

[19] CANOTILHO, J.J. Gomes; MOREIRA, Vital. *Constituição da República Anotada*, p. 884 e ss.

[20] VÍTOR, Paula Távora. *O dever de cuidar dos mais velhos*. Revista Portuguesa de Direito da Família, Ano. 5, N. 10, Coimbra Editora, Coimbra, 2008, p. 49.

[21] De forma equivalente, a Constituição da República Federativa do Brasil prevê no seu artigo 229 o seguinte: Os pais têm o dever de assistir, criar e educar os filhos menores, e os filhos maiores têm o dever de ajudar e amparar os pais na velhice, carência ou enfermidade.

regras da ordem da sucessão legítima. Ou seja, os filhos estão obrigados antes dos netos e estes antes dos bisnetos. Questão interessante é a de saber se se aplica aqui o direito de representação (sucessória), previsto no art. 2039º, ao menos por analogia. Ou seja, se o pai carecer de alimentos, mas o seu filho A tiver pré-falecido, deixando um neto C, e um filho B, quem tem obrigação de alimentos? Apenas o filho B ou o filho B e o neto C (representando assim o seu pai pré-falecido A)? Considerando que o art. 2009º faz uma remissão em bloco para as regras da sucessão legítima, que é uma forma de sucessão legal, e que o art. 2042º[22] prescreve que a representação tem sempre lugar, na linha reta, em benefício dos descendentes de filho do autor da sucessão, podemos inferir que a remissão para as ditas regras da sucessão legítima, incluem o direito, ou neste caso, o *dever de representação*, ficando a obrigação de alimentos repartida por estirpe e não por grau de parentesco, nem *per capita*. Esta parece-nos ser a solução mais justa considerando o sistema jurídico na sua globalidade e que protege os netos que poderiam ver a sua posição sucessória afetada por uma morte prematura do seu pai ou mãe e que correspetivamente deverão ser onerados com os deveres alimentícios que sobre o seu progenitor caberiam, não fora a morte prematura.

d. Noras e genros

Na doutrina levanta-se a hipótese de os afins, designadamente noras e genros, estarem sujeitos a deveres jurídicos face aos sogros, em situação de necessidade. Parece-nos que, no mínimo, este dever tem um carácter mais ténue e que – se tiver fundamento – ele deriva de um dever indireto da relação conjugal. Com efeito, o direito matrimonial obriga os cônjuges às "obrigações inerentes à vida familiar", entre as quais poderá caber o cuidado e a contribuição em alimentos para parentes do cônjuge, designadamente ascendentes. Porém, importa proceder à análise das normas do Código Civil que, nesta problemática, se afiguram cautelosas.

No âmbito do dever de alimentos, e reportando-nos a relações de afinidade, apenas encontramos esta situação na última categoria de pessoas legalmente obrigadas: o padrasto e a madrasta. Porém, o legislador estabelece requisitos apertados para que a prestação de alimentos os vincule: (1) apenas durante a menoridade do enteado e (2) só se mais nenhuma das pessoas previstas na

[22] Art. 2042º: na sucessão legal, a representação tem sempre lugar, na linha reta, em benefício dos descendentes de filho do autor da sucessão e, na linha colateral, em benefício dos descendentes de irmão do falecido, qualquer que seja, num caso ou noutro, o grau de parentesco.

mesma norma tiver possibilidade de cumprir a respetiva prestação, nos termos do artigo 2009º/1-f). Note-se que, padrastos e madrastas poderão assumir, por delegação (art. 1906º, nº 4 CC), os poderes-deveres inerentes às responsabilidades parentais.

Todavia, no que tange à relação com os ascendentes do cônjuge, o Código Civil é omisso, apenas se podendo tomar em consideração a já referida regra de que os cônjuges devem cumprir as "obrigações inerentes à vida familiar", nomeadamente a obrigação de prestação e a obrigação de contribuir para os encargos da vida familiar, que têm fundamento no dever de assistência previsto no art.1675º do CC.

Assim sendo, parece-nos que não há um dever jurídico (de base legal) de cuidar dos sogros/sogras (prestações in natura, designadamente o dever de coabitação), mas pode haver um dever de contribuir – em dinheiro ou em espécie – com os alimentos necessários à vida conjugal, que pode incluir o cuidado de um ascendente.

2.3.2.4. O dever de alimentos

Sublinhe-se que a mais significativa forma de expressão do mencionado dever de assistência corresponde à prestação de alimentos, cuja regulação vem disposta nos artigos 2003º e seguintes do Código Civil português, designadamente no Título V do Livro IV do Código Civil português.

Segundo o art. 2003º, nº 1, os alimentos correspondem a tudo o que é indispensável ao sustento, habitação e vestuário. No que respeita ao montante dos alimentos, entende-se que estes serão proporcionados aos meios daquele que houver de prestá-los e à necessidade daquele que houver de recebê-los, sendo que na fixação dos alimentos atender-se-á, outrossim, à possibilidade de o alimentando prover à sua subsistência (art. 2004º).

O art. 2005º do Código Civil português refere-se ao modo de prestação dos alimentos, estabelecendo como regra a constituição de uma obrigação pecuniária de prestações mensais, "através de prestação em espécie: casa e companhia; ou, ainda, através da constituição de um direito de usufruto ou de um contrato de renda vitalícia com um terceiro"[23]. Note-se que esta pode também ser a forma adequada de prestar alimentos aos pais que tenham necessidade ou vontade de viver numa Estrutura Residencial para Pessoas Idosas

[23] Para maiores esclarecimentos sobre este modo de cumprimento, vide: Marques, J. P. Remédio. *"Em Torno do Estatuto da Pessoa Idosa no Direito Português: Obrigação de Alimentos e Segurança Social"*, p. 197.

(ERPI) ou que estejam internados numa Unidade de Cuidados Continuados Integrados (UCCI)[24].

No art. 2005º, nº 2, do mesmo diploma legal, afirma-se a possibilidade do obrigado à prestação de alimentos, mediante prova das razões alegadas, mostrar que não os pode prestar através de pensão, mas apenas em sua casa e companhia, o que se traduz numa forma muito frequente do obrigado a alimentos cumprir a sua obrigação face a um progenitor "idoso".

O art. 2009º estabelece quem são as pessoas obrigadas a alimentos, nos seguintes termos, pela seguinte ordem: a) O cônjuge ou o excônjuge; b) Os descendentes; c) Os ascendentes; d) Os irmãos; e) Os tios, durante a menoridade do alimentando; f) O padrasto e a madrasta, relativamente a enteados menores que estejam, ou estivessem no momento da morte do cônjuge, a cargo deste.

Também os netos poderão ser chamados nos termos do art. 2009º do Código Civil português, substituindo os filhos. Ou seja, os filhos estão obrigados antes dos netos e estes antes dos bisnetos, no que respeita ao dever de assistência para com os ascendentes, no mais das vezes, os avós.

Por outro lado, o artigo 2009º, nº 3, esclarece que diante da impossibilidade de algum dos vinculados em prestar os alimentos ou saldar integralmente a sua responsabilidade, o encargo recai sobre os obrigados subsequentes. Assim, quanto a parentes na linha colateral, os irmãos poderão ter uma obrigação alimentícia. Já os sobrinhos, não estando previstos nesta lista, não parece que possam ser chamados à responsabilidade. Entendemos que parece extravasar o âmbito de razoabilidade da interpretação jurídica uma aplicação da alínea e) uma obrigação alimentícia que recaia sobre os afins a favor dos idosos necessitados. Com efeito, o direito civil ainda entende mais merecedor de tutela as crianças (órfãs) do que os idosos que não tenham família próxima (cônjuge, descendentes ou irmãos).

Naturalmente que podemos imaginar casos em que se imponha, pelo menos, uma obrigação natural, quando os sobrinhos, enquanto herdeiros legítimos, venham previsivelmente a ser herdeiros. Todavia, convém não esquecer que essa expectativa é meramente de facto e não uma expectativa jurídica (como acontece com os herdeiros legitimários). Nem a situação é paralela à dos netos que beneficiam realmente do direito de representação e que – a nosso ver – poderão ser onerados com o dever de comparticipar nos alimentos a par dos filhos do idoso, caso o seu progenitor tenha pré-morrido.

[24] Cf. Pereira, André G. Dias; Campos, Juliana. *O Envelhecimento: Apontamento acerca dos Deveres da Família e as Respostas Jurídico-Civis e Criminais*, p. 67.

Por seu turno, o art. 2010º traça as regras sobre pluralidade de vinculados, mas com possibilidade económica de responderem pelo encargo. Assim, quando há várias pessoas vinculadas à prestação de alimentos, respondem todas na proporção das suas quotas como herdeiros legítimos do alimentando. Entretanto, se alguma das pessoas assim oneradas não puder satisfazer a parte que lhe cabe, o encargo recai sobre as restantes. Pires de Lima e Antunes Varela referem que a obrigação alimentícia "não é tratada como uma obrigação solidária, na medida em que cada um dos vinculados responde apenas por uma quota-parte da prestação integral"[25]. No entanto, se algum dos obrigados a contribuir não o puder fazer, a sua quota-parte recairá sobre os restantes.

Reveste-se também de grande importância, visto que desonera os obrigados previstos no art. 2010º, o art. 2011º relativo a doações, segundo o qual:

> 1. Se o alimentando tiver disposto de bens por doação, as pessoas designadas nos artigos anteriores não são obrigadas à prestação de alimentos, na medida em que os bens doados pudessem assegurar ao doador meios de subsistência. 2. Neste caso, a obrigação alimentar recai, no todo ou em parte, sobre o donatário ou donatários, segundo a proporção do valor dos bens doados; esta obrigação transmite-se aos herdeiros do donatário.

Num outro plano, o art. 2012º refere-se à alteração dos alimentos fixados referindo que se, após a fixação dos alimentos pelo tribunal ou por acordo dos interessados, "as circunstâncias determinantes da sua fixação se modificarem, podem os alimentos taxados ser reduzidos ou aumentados, conforme os casos, ou podem outras pessoas ser obrigadas a prestá-los".

Destaca-se, ainda, o art. 2013º do Código Civil português, relativo à cessação da obrigação alimentar, que pode ocorrer: a) Pela morte do obrigado ou do alimentado; b) Quando aquele que os presta não possa continuar a prestá-los ou aquele que os recebe deixe de precisar deles; c) Quando o credor viole gravemente os seus deveres para com o obrigado. Conforme o nº 2 do mesmo artigo, "a morte do obrigado ou a impossibilidade de este continuar a prestar alimentos não priva o alimentado de exercer o seu direito em relação a outros, igual ou sucessivamente onerados". As razões subjacentes à cessação da referida obrigação prendem-se com o carácter pessoal da mesma, com a impossibilidade do devedor e desnecessidade do credor na continuação da prestação

[25] LIMA, Pires de; VARELA, Antunes. *Código Civil Anotado*, Volume V, Coimbra Editora, Coimbra, 1995, p.596 e ss.

e, por fim, a "violação grave" dos deveres que recaem sobre o credor, cabendo ao tribunal, caso a caso, a densificação deste conceito.

2.3.3. Doação com modo

O Código Civil português prevê, ainda, a doação com modo[26]: um instrumento tradicional, que – por via convencional – permite obter apoio na velhice. Trata-se de um instituto jurídico clássico que recentemente volta a ser utilizado, tendo em conta as transformações da família (idosos sem família ou sem contactos familiares robustos). Este mecanismo tem sido usado, sendo o donatário um familiar, um vizinho, uma pessoa próxima ou mesmo uma pessoa coletiva, como uma IPSS[27] ou uma Misericórdia[28].

Segundo o artigo 963º do CC, respeitante às cláusulas modais, as doações podem ser oneradas com encargos, sendo que o donatário não é obrigado a cumprir os encargos senão dentro dos limites do valor da coisa ou do direito doado. Daqui resulta que o idoso poderá ficar desprotegido, caso as despesas acabem por "consumir" todo o valor das coisas doadas.

O artigo 965º do CC, por sua vez, dispõe que tanto o doador, ou os seus herdeiros, como quaisquer interessados têm legitimidade para exigir do donatário, ou dos seus herdeiros, o cumprimento dos encargos, no âmbito da doação com modo. Esta regra configura um caso excecional de terceiros (não credores, mas interessados pelo menos no plano moral) terem legitimidade para exigir o cumprimento das obrigações contratuais.

Importa referir que se deve inserir no contrato de doação (muitas vezes feito por escritura pública, pois inclui um ou mais imóveis) a cláusula de resolução, nos termos do art. 966º do CC. Caso contrário, fica o doador sujeito ao difícil regime da ingratidão, em razão da remissão feita pelo art. 967º às regras estabelecidas em matéria testamentária.

[26] A título comparativo, vejamos os artigos do Código Civil brasileiro atinentes à doação com encargo: Art. 539. O doador pode fixar prazo ao donatário, para declarar se aceita ou não a liberalidade. Desde que o donatário, ciente do prazo, não faça, dentro dele, a declaração, entender-se-á que aceitou, se a doação não for sujeita a encargo; Art. 540. A doação feita em contemplação do merecimento do donatário não perde o caráter de liberalidade, como não o perde a doação remuneratória, ou a gravada, no excedente ao valor dos serviços remunerados ou ao encargo imposto; Art. 553. O donatário é obrigado a cumprir os encargos da doação, caso forem a benefício do doador, de terceiro, ou do interesse geral. Parágrafo único. Se desta última espécie for o encargo, o Ministério Público poderá exigir sua execução, depois da morte do doador, se este não tiver feito; Art. 555. A doação pode ser revogada por ingratidão do donatário, ou por inexecução do encargo.

[27] https://montepio.org/ei/economia-social/apoios-e-beneficios/ipss-o-que-sao-e-como-pedir-o-estatuto/

[28] https://misericordiacoimbra.pt/

Por fim, intimamente ligado à figura da ingratidão, há o instituto da deserdação[29], previsto no artigo 2166º do CC[30], que dispõe, com um caráter conservador, apenas situações muito graves, sendo o deserdado equiparado ao indigno para todos os efeitos legais.

3. O papel da pessoa idosa em Portugal

O aumento do número de idosos, associado ao envelhecimento demográfico da população, é atualmente uma grande preocupação na Europa e em Portugal, nomeadamente ao nível da oferta de cuidados de saúde, do consumo dos serviços de saúde e das despesas com cuidados de saúde[31]. De acordo com estatísticas nacionais atualizadas em 29-06-2021, o índice de envelhecimento em Portugal aumentou de 27,5% no ano de 1961, para 165,1% no ano de 2020. Ao passo que o índice de longevidade, em proporção, aumentou de 33,6% para 48,7% no mesmo período temporal[32].

Este quadro social reforça a assertividade de Guilherme de Oliveira[33] quando este afirma que talvez fosse de reconhecer os idosos como pertencentes a um novo grupo em busca de reconhecimento, ao lado das minorias e outros grupos que lutam por igualdade e pelo abandono de posições secundárias na sociedade, dado que em determinados contextos o papel do respeito pela dignidade e autonomia da pessoa idosa não acompanha devidamente o aumento populacional.

Essa realidade corrobora a necessidade do combate ao preconceito em relação ao envelhecimento. De acordo com o Relatório das Nações Unidas

[29] No ordenamento jurídico brasileiro, o instituto da deserdação é tratado pelos artigos 1.961 e seguintes do Código Civil, que dispõem como possíveis causas, resumidamente, a ofensa física, a injúria grave, relações ilícitas, desamparo em alienação mental ou grave enfermidade.

[30] 1. O autor da sucessão pode em testamento, com expressa declaração da causa, deserdar o herdeiro legitimário, privando-o da legítima, quando se verifique alguma das seguintes ocorrências:
a) Ter sido o sucessível condenado por algum crime doloso cometido contra a pessoa, bens ou honra do autor da sucessão, ou do seu cônjuge, ou de algum descendente, ascendente, adoptante ou adoptado, desde que ao crime corresponda pena superior a seis meses de prisão;
b) Ter sido o sucessível condenado por denúncia caluniosa ou falso testemunho contra as mesmas pessoas;
c) Ter o sucessível, sem justa causa, recusado ao autor da sucessão ou ao seu cônjuge os devidos alimentos.

[31] Pereira, André G. Dias. *The role of Family members and close persons in health-care treatment of incompetent patients: a Portuguese approach*. Medicine and Law, 30, 2011, p. 580.

[32] Fonte: Pordata.

[33] Oliveira, Guilherme de. *Health Law and Elderly Persons*. Medicine and Law: World Association for Medical Law, 34, 2005, p. 605.

sobre os direitos das pessoas mais velhas, esse tipo de preconceito reforça uma imagem negativa dos idosos como pessoas dependentes com limitações intelectuais, cognitivas e físicas, por forma que contribui para uma vulnerabilidade acrescida e para a consequente colocação dos seus direitos em risco[34].

Esse preconceito manifesta-se das mais diversas formas, mormente no desenvolvimento de estereótipos e práticas discriminatórias. Maria João Guardado Moreira[35] exemplifica:

> São um grupo homogéneo nas suas características (todos os idosos são doentes...), atitudes paternalistas, «deixe que eu faço, já não consegue» (mesmo que não seja assim), o que remete para uma sobreprotecção (que, mesmo bem intencionada, pode promover uma maior dependência), situações de abusos e maus-tratos a que estão sujeitas as pessoas mais velhas.

As razões em que se baseia essa realidade altamente prejudicial correspondem a *razões culturais*, como a supervalorização da juventude; *razões técnicas*, relacionadas ao rápido avanço científico que acarreta uma desvalorização dos pacientes com doenças crônicas; e, ainda, *razões econômicas*, que enquadram a população idosa como uma possível ameaça à sustentabilidade do sistema de segurança social[36].

Por outro lado, não obstante a previsão legal da obrigação familiar no que respeita ao atendimento das carências da pessoa idosa, é de reconhecer que as situações de necessidade raramente são supridas pelas possibilidades económicas dos parentes sobre os quais recai a obrigação, ainda quando tais possibilidades efetivamente se verifiquem. Neste sentido, "a actuação voluntária da chamada *solidariedade familiar* é, cada vez mais, um *mito*, mesmo nas sociedades mediterrânicas"[37], havendo uma concorrência entre os mecanismos de solução para o mesmo problema da satisfação das necessidades económicas das pessoas idosas, quais sejam, a solidariedade familiar e a solidariedade pública ou estadual[38].

[34] UNITED NATIONS, Report of the Expert Group Meeting "*Rights of Older Persons*", 2009. Disponível em: https://www.un.org/esa/socdev/ageing/documents/egm/bonn09/report.pdf. Acesso em 27 de outubro de 2021.

[35] MOREIRA, Maria João Guardado. *Como envelhecem os portugueses: envelhecimento, saúde, idadismo.* Lisboa: Fundação Francisco Manuel dos Santos, 2020, p. 55.

[36] OLIVEIRA, Guilherme de. *Health Law and Elderly Persons*, p. 605-606.

[37] MARQUES, J. P. Remédio. "*Em Torno do Estatuto da Pessoa Idosa no Direito Português: Obrigação de Alimentos e Segurança Social*", p. 186.

[38] *Ibidem.*

4. O Direito da Saúde e os efeitos da pandemia

Indubitavelmente, o problema da garantia dos direitos fundamentais dos idosos enfrenta desafios de todo o tipo. A luta pela garantia e pelo respeito à autonomia da população idosa deve ser mobilizada por todas as áreas do Direito e, em especial, pela área do Direito da Saúde.

Reconhecer que há o desenvolvimento natural de certas condições próprias do avanço da faixa etária não deve dar sentido ao menosprezo, por parte dos profissionais de saúde, das reclamações apresentadas pelos idosos, como se estes fossem pessoas que estão fadadas a aceitar e tolerar dores e desconfortos. O próprio contexto pandémico veio a denotar essa necessidade acrescida de proteção, uma vez que as pessoas idosas foram as principais atingidas pelas más consequências trazidas pelo vírus da COVID-19.

A situação das pessoas idosas durante o contexto pandémico veio a dar ênfase a certas necessidades e determinados objetivos no âmbito dos cuidados de saúde, designadamente o alcance de um sistema de saúde justo, para não haver discriminação no acesso à saúde em razão de questões económicas, e a primazia das determinantes da saúde sociais e ambientais nos sistemas de saúde. Neste contexto, o envelhecimento ativo, a literacia na saúde para os idosos e o reforço da saúde pública passaram a ter papéis decisivos.

Efetivamente, os efeitos da pandemia na vida das pessoas idosas estabeleceu ressignificados quanto à estrutura da saúde, nomeadamente no preparo das instituições de saúde, incluindo lares residenciais, para futuras pandemias; no reforço da proteção das pessoas idosas nas suas casas, instituições e sociedade, por forma a evitar a perda de visitas a lares e hospitais e o encerramento de Centros de Dia (que, para além de privar os idosos da necessária estimulação e interação social, pressionou mais cuidadores e famílias); na proteção da flexibilidade do sistema de saúde, para o devido preparo em situações pandémicas e não pandémicas, de modo a garantir a menor perturbação possível dos tratamentos em consulta de ambulatório, cirurgias programadas e atendimento de emergência a doentes não-covid; e, ainda, na defesa da importância de uma colaboração internacional em matéria de saúde e de respeito pelos padrões interacionais relativos aos estados de emergência, através de uma revalorização do papel da Organização Mundial da Saúde[39].

Nesse sentido, Guilherme de Oliveira supõe que o direito fundamental à saúde das pessoas idosas por vezes funciona com *menos força* que o das pessoas

[39] Para maiores desenvolvimentos sobre a releitura desses objetivos, ver Projeto "Direito da Saúde Pública no Mundo Lusófono". Disponível em: https://direitodasaudepublicanomundolusofono.net/en/project.

jovens, pelo que reconhece uma vastidão de melhorias que se afiguram necessárias no que respeita ao tratamento da população idosa no âmbito da saúde[40].

A conscientização sobre a necessidade de melhorias reforça a importância do atendimento ao princípio ético fundamental que corre perigo quando está em causa um titular de idade avançada: o princípio da *autonomia*, intimamente ligado à *dignidade da pessoa humana*, valor hermenêutico do ordenamento jurídico português, previsto desde logo no artigo 1º da Constituição da República Portuguesa. Nessa conjuntura, a "Ética diz-nos que ao prestar cuidados a um doente, e para mais idoso ou eventualmente dependente, não se pretende apenas eliminar sintomas ou modificar comportamentos"[41], mas assegurar as melhores condições de vida possíveis no âmbito das especificidades de cada pessoa.

Conclusões

Tendo como pressuposto o quadro social e familiar apresentado, impõe-se que o Direito se adapte e apresente soluções para os novos problemas que se colocam no seio da família – visto que esta não apresenta a mesma estrutura, vindo a reformular-se de modo constante –, e igualmente no seio da sociedade, que também possui a sua parcela de responsabilidade perante a pessoa idosa.

Na condição de base fundamental da *sociedade*, a *família* reclama proteção, que já encontramos, em certa medida, no direito civil, no direito da família e no direito constitucional. Entretanto, é de destacar que nesse entrelaçamento da sociedade e da família, verifica-se um papel fulcral no atendimento aos cuidados da pessoa idosa, atinente à tarefa pública do Estado de garantir o apoio das situações existenciais das pessoas idosas. Assim, infere-se que "as prestações estaduais assistenciais e as prestações familiares alimentares não só não se excluem, como, pelo contrário, se complementam na função de tutela da segurança económica das pessoas idosas"[42].

Conclui-se, ainda, pela inevitabilidade de que se afigurem futuramente mudanças no Direito, que não devem desatentar da necessidade imperativa de que o nosso legislador tenha sempre como pressuposto o valor fundamental e inviolável que é a dignidade da pessoa humana (art.1º CRP), para que essas

[40] Oliveira, Guilherme de. *Health Law and Elderly Persons*, p. 603.

[41] Barreto, João. *Ética nos Cuidados a Pessoas Idosas*, 2019, p. 16.

[42] Marques, J. P. Remédio. "*Em Torno do Estatuto da Pessoa Idosa no Direito Português: Obrigação de Alimentos e Segurança Social*", p. 207.

mudanças sejam conformes à nossa Constituição e aos seus valores fundantes, designadamente a proteção da autonomia da pessoa idosa e da conformação que esta deseja dar à própria vida. Da mesma forma, dado o impacto da pandemia do vírus COVID-19 na população idosa, impõem-se mudanças e ressignificados no âmbito da saúde, desde a reestruturação do sistema de saúde pública, a flexibilização no acesso aos cuidados de saúde em contexto pandémico e não-pandémico, até uma colaboração internacional na padronização do estado de emergência.

Referências

BARRETO, João. *Ética nos Cuidados a Pessoas Idosas*, 2019.

BARROSO, Renato Amorim Damas. *Há Direitos dos Idosos?* Revista Julgar, nº 22, 2014, p. 117 - 127.

CANOTILHO, J.J. Gomes; MOREIRA, Vital. *Constituição da República Anotada*, Volume I, Coimbra Editora, Coimbra, 2007.

GOMES, Joaquim Correia; NETO, Luísa; VÍTOR, Paula Távora, *Convenção sobre os Direitos das pessoas com deficiência Comentário*, Imprensa Nacional, 2020, p. 33-41, ISBN e-book: 978-972-27-2872-0.

LIMA, Pires de; VARELA, Antunes. *Código Civil Anotado*, Volume V, Coimbra Editora, Coimbra, 1995.

MARQUES, J. P. Remédio. *"Em Torno do Estatuto da Pessoa Idosa no Direito Português: Obrigação de Alimentos e Segurança Social"*, BFD, 83 (2007).

MARTINS, Rosa; VÍTOR, Paula Távora, *O direito dos avós às relações pessoais com os netos na jurisprudência recente.* Revista Julgar, Nº10, 2010.

MONTEIRO, António Pinto. *Das incapacidades ao maior acompanhado — Breve apresentação da Lei nº 49/2018.* Pensar – Revista de Ciências Jurídicas, Fortaleza, 2019.

MOREIRA, Maria João Guardado. *Como envelhecem os portugueses: envelhecimento, saúde, idadismo.* Fundação Francisco Manuel dos Santos: Lisboa, 2020.

OLIVEIRA, Guilherme de. *Health Law and Elderly Persons.* Medicine and Law: World Association for Medical Law, 34, 2005.

PEREIRA, André Dias. *The role of Family members and close persons in health-care treatment of incompetent patients: a Portuguese approach.* Medicine and Law, 30, 2011.

PEREIRA, André G. Dias; CAMPOS, Juliana. *O Envelhecimento: Apontamento acerca dos Deveres da Família e as Respostas Jurídico-Civis e Criminais.* Revista da Faculdade de Direito e Ciência Política, nº 10, 2017, p. 61-80.

PEREIRA, André G. Dias. *O Consentimento Informado na Relação Médico-Paciente.* Coimbra Editora, 2004.

PINTO, Paulo Mota. *O Direito ao Livre Desenvolvimento da Personalidade.* Direitos de Personalidade e Direitos Fundamentais, Estudos, Gestlegal, 2018.

Relatório Mundial sobre a deficiência publicado pela OMS em 2011, Disponível em: http://apps.who.int/iris/bitstream/10665/44575/4/9788564047020_por.pdf. Acesso em 25 de janeiro de 2022.

United Nations, Report of the Expert Group Meeting "*Rights of Older Persons*", 2009. Disponível em: https://www.un.org/esa/socdev/ageing/documents/egm/bonn09/report.pdf. Acesso em 27 de outubro de 2021.

Vítor, Paula Távora. *O dever de cuidar dos mais velhos*. Revista Portuguesa de Direito da Família, Ano. 5, N. 10, Coimbra Editora, Coimbra, 2008.

1
LOS DERECHOS DE LA PERSONA MAYOR

André G. Días Pereira [1]

1. Introducción

El tema de la protección de los ancianos se atribuye progresivamente a un carácter de imprescindibilidad, mientras que la población de adultos mayores crece en la misma proporción. En pleno cumplimiento de lo declarado por Remedio Marques:

> En las últimas décadas, el aumento de la *esperanza de vida* de las personas combinado con *las bajísimas tasas de natalidad* que, aparte de Alemania y Bélgica, coexisten principalmente en algunos países del sur de Europa, *máximo*, en España, Grecia, Portugal e Italia, ha colocado en el centro de los debates jurídicos el tema de la protección de la vejez, de *envejecer con dignidad*.[2]

A partir del análisis de los datos demográficos, podemos afirmar un envejecimiento exponencial de la población portuguesa desde 1961 hasta nuestros días, lo que denota una longevidad gradual[3]. La disminución de la natalidad, las mejores condiciones de vida, los matrimonios tardíos y los avances

[1] Doctor en Derecho, Profesor de la Facultad de Derecho de la Universidad de Coimbra, Director del Centro de Derecho Biomédico de la Facultad de Derecho de la Universidad de Coímbra. Presidente de la Comisión Portuguesa de Bioderecho y Bioética de la Asociación de Derecho de Familia y Sucesiones – ADFAS.

[2] Marques, J. P. Remedio. " Em Torno do Estatuto da Pessoa Idosa no Direito Português: Obrigação de Alimentos e Segurança Social ", *BFD*, 83 (2007), p. 184.

[3] Ver *Tratado de Derecho y Envejecimiento: La adaptación del Derecho a la nueva longevidad*, Fundación Mutualidad Abogacía, Wolters Kluwer, Carlos María Romeo Casabona (Coord.), 2021. La obra representa una copia directriz sobre las necesidades de las personas de edad basadas en el examen de los derechos y libertades de esta población.

en medicina y biotecnología son algunos de los factores detrás de esta realidad, entre los que no se puede dejar de mencionar las nuevas estructuras familiares, ya que

> Otros eventos y cambios en las estructuras familiares afectan, o afectarán, las condiciones de la población con reflexión sobre los ancianos", como la "nuclearización" o la disminución de los hogares complejos, el aumento de las familias compuestas por la pareja (unidas por matrimonio o unidas en condiciones análogas a las de los cónyuges), el aumento de las familias monoparentales y el aumento del número de divorcios[4].

El panorama social y familiar hacia las personas mayores apunta a un envejecimiento de la población general insertada en un contexto renovado, que demandará respuestas que tengan como objetivo garantizar la protección de las personas mayores frente a estos cambios constantes. En este sentido, este estudio pretende realizar un análisis de las soluciones existentes en el sistema jurídico portugués, buscando evaluar en qué medida son suficientes y apropiadas para la protección de las personas mayores en un contexto social tan dinámico.

En esta coyuntura, también se mencionarán las consecuencias que trae la pandemia del virus COVID-19 a la población anciana, que representa la parte de las principales víctimas del daño pandémico, lo que destacó la necesidad de la resignificación de ciertos cuidados y objetivos en el ámbito de la ley de salud.

2. Consagración de los derechos de las personas mayores en el ordenamiento jurídico de Portugal

Los derechos de las personas mayores en Portugal son positivos en varios diplomas, tanto nacionales, como internacionales y europeos. En primer lugar, esos documentos normativos deben examinarse a fin de abordar el problema en cuestión.

2.1. Constitución de la República Portuguesa (CRP)

El artículo 72 de la Constitución de la República Portuguesa (RPC) consagra el derecho a la tercera edad, y sus párrafos 1 y 2 establecen lo siguiente:

> 1. Las personas mayores tienen derecho a la seguridad económica y a condiciones de vivienda y de vida familiar y comunitaria que respeten su autonomía personal y eviten y superen el aislamiento o la marginación social.

[4] *Ídem*, p. 185.

2. La política de personas mayores incluirá medidas económicas, sociales y culturales para ofrecer a las personas de edad oportunidades de realización personal mediante la participación activa en la vida comunitaria.

Cabe señalar que el texto constitucional portugués prevé expresamente la necesidad de respetar la autonomía personal de los ancianos, así como su participación activa en la vida comunitaria, lo que denota una preocupación por garantizar la independencia de esta parte de la población.

Aprovechando el análisis de la Constitución, vale la pena mencionar las disposiciones del artículo 8, que armoniza, acoge e integra en el sistema jurídico portugués las normas y principios del derecho internacional general o común (párrafo 1), así como las normas contenidas en los convenios internacionales regularmente ratificados o aprobados (párrafo 2). Tales disposiciones justifican el enfoque del siguiente tema sobre el derecho internacional y europeo aplicable en Portugal.

2.2. Derecho internacional y europeo

A nivel internacional, cabe mencionar la Resolución 46/91 de la Asamblea General de las Naciones Unidas, de 16 de diciembre de 1991, que establece los principios de las Naciones Unidas para los adultos mayores.

Con especial interés, destacamos la Convención sobre los Derechos de las Personas con Discapacidad, adoptada en la Asamblea General de las Naciones Unidas en Nueva York, que fue adoptada por Resolución de la Asamblea de la República Nº 56/2009 de 30 de julio, y ratificada por Decreto del Presidente de la República Nº 71/2009 de 30 de julio.

También conocida como la Convención de Nueva York, establece con respecto a las personas de edad el deber de los Estados Parte de, entre otras cosas:

> Artículo 25 (*b*) proporcionar los servicios de salud necesarios para las personas con discapacidad, especialmente debido a su discapacidad, incluida la detección e intervención oportunas cuando corresponda, y servicios diseñados para minimizar y prevenir otras discapacidades, incluso entre niños y ancianos;
>
> Art. 28(2)(*b*): *Asegurar que* las personas con discapacidad, en particular las mujeres y niñas con discapacidad, tengan acceso a programas de protección social y programas de reducción de la pobreza;

A nivel europeo, la Carta de los Derechos Fundamentales de la Unión Europea (2000) establece en su artículo 25 que "[la] Unión reconoce y respeta el derecho de las personas mayores a una existencia digna e independiente y a su participación en la vida social y cultural". Una vez más, nos encontramos con la protección legal de la independencia y la participación social activa de la población de edad avanzada.

También vale la pena mencionar, en el Consejo de Europa, la Recomendación CM/Rec (2014) 2 del Comité de Ministros de los Estados miembros sobre la promoción de los derechos humanos de las personas mayores, cuyo objetivo es promover, proteger y garantizar el pleno disfrute de todos los derechos humanos y libertades fundamentales para todas las personas mayores en igualdad de condiciones y promover el respeto de su dignidad inherente.

2.3. Derecho interno[5]

2.3.1. El régimen de las personas mayores acompañadas

Con particular interés en el ámbito del Derecho Civil Portugués, el Régimen del Mayor Acompañado (Ley Nº 49/2018 de 14 de agosto), impulsado e inspirado[6] por la mencionada Convención sobre los Derechos de las Personas con Discapacidad (Convención de Nueva York), ha dado lugar a cambios de extrema relevancia en el Código Civil portugués, particularmente en lo que respecta al régimen de discapacidad y el antiguo instituto de prohibición e incapacidad. Con este nuevo régimen, se presume capacidad, y cada caso específico tendrá su corte específico respecto a los actos de la vida civil cuyo ejercicio requiere monitoreo o puede realizarse libremente. En cuanto a lo que es importante en el presente estudio, debe destacarse que "en la formulación amplia actual que permite el uso de medidas de acompañamiento, los ancianos y / o enfermos son aptos".[7]

2.3.2. La respuesta del Derecho de Familia

Se plantea la cuestión de cómo está preparado el derecho de familia para hacer frente a este problema, ya que hay pocas normas que aborden específicamente los problemas legales en torno a las personas mayores. El tratamiento de la cuestión es compartido en diversas ramas del derecho, sin un estatuto ade-

[5] En este tema, hay una relectura actualizada de lo publicado en coautoría por el autor en: PEREIRA, André Dias; CAMPOS, Juliana. *O envelhecimento: Apontamento acerca dos deveres da família e as respostas jurídico-civis e criminais*. Revista da Faculdade de Direito e Ciência Política, núm. 10, 2017, p. 61 y siguientes.

[6] Cf. GOMES, Joaquim Correia; NETO, Luisa; VÍTOR, Paula Távora, *Convenção sobre os Direitos das pessoas com deficiência Comentário*, Imprensa Nacional, 2020, p. 33-41, ISBN e-book: 978-972-27-2872-0, disponible en: https://www.incm.pt/portal/arquivo/livros/gratuitos/CDPDl.pdf

[7] MONTEIRO, Antonio Pinto *Das incapacidades ao maior acompanhado — Breve apresentação da Lei nº 49/2018*. Pensar – Revista de Ciências Jurídicas, Fortaleza, 2019, p. 7.

cuado como en el Brasil: el sistema jurídico brasileño cuenta con el Estatuto de las Personas de Edad (Ley Nº 10.741, de 1º de octubre de 2003), destinado a regular los derechos concedidos a las personas de 60 años o más[8].

2.3.2.1. El mantenimiento de las relaciones familiares

Según el artículo 1887a (Convivencia con hermanos y ascendientes) del CC, "los padres no pueden privar injustificadamente a sus hijos de vivir con hermanos y ascendientes". En este caso, la ley tiene como objetivo mantener la relación familiar entre hermanos, así como con los abuelos, que se articula con el derecho al desarrollo de la personalidad consagrada constitucionalmente (Art.26/1 OF the PRC[9]). De hecho, el niño ostenta este derecho subjetivo fundamental, que se traduce en un "derecho a la libre formación de la personalidad o libertad de acción como sujeto autónomo dotado de autodeterminación decisoria, y un derecho de personalidad que garantiza fundamentalmente su esfera jurídico-personal y, en particular, de la integridad de su persona". Por lo tanto, se entiende que los hermanos pueden relacionarse entre sí, pero este derecho también se extiende a los abuelos, sin perjuicio de que los padres, en ciertas circunstancias, puedan privarlos de este contacto[10], que se articula con el artículo 68 de la Constitución de la República Portuguesa que se refiere a su "acción insustituible" en relación con sus hijos.

En conclusión, el mantenimiento de la relación familiar parece ser un aspecto que el legislador civil, así como el legislador constitucional, han querido proteger, independientemente del concepto de familia vigente[11].

[8] Sin embargo, hay quienes se plantean la cuestión de un posible carácter discriminatorio en la existencia de un estatuto de protección para personas que, de hecho, son mayores de 18 años y capaces como todos los demás... Con este entendimiento: BARROSO, Renato Amorim Damas. *Há Direitos dos Idosos?* Revista Julgar, núm. 22, 2014, p. 117 – 127.

[9] Para profundizar sobre el derecho al desarrollo de la personalidad: PINTO, Paulo Mota. *O Direito ao Livre Desenvolvimento da Personalidade*. Direitos de Personalidade e Direitos Fundamentais, Estudos, Gestlegal, 2018, p. 7 y siguientes.

[10] La ley sugiere que, en ciertas circunstancias, a los abuelos se les puede negar el ejercicio de su derecho a las relaciones personales con sus nietos. Sobre este tema: Martins, Rosa / Vítor, Paula Távora, *O direito dos avós às relações pessoais com os netos na jurisprudência recente*. Revista Julgar, Nº10, 2010, p. 68-70.

[11] Importante observar que no existe un concepto de familia definido constitucionalmente. Cf. Canotilho, J.J. Gomes; Moreira, Vital. *Constituição da República Portuguesa Anotada*, Volume I, Coimbra Editora, Coimbra, 2007, p. 856 es.

2.3.2.2. La protección de las personas mayores en la familia

Dados los datos estadísticos y sociológicos presentados, es importante entender cuál es la respuesta legal para determinar el círculo de derechos y deberes que se generan dentro de las familias recombinadas con el fin de proteger a los ancianos.

En un primer análisis, se destaca el mencionado artículo 25 de la Declaración Universal de Derechos Humanos[12], que se refiere al término "vejez", lo que demuestra una preocupación por garantizar la dignidad de la persona en todo momento de su vida, particularmente en una edad más avanzada.

En términos de la Constitución de la República Portuguesa, se verifica que consagra – como derechos fundamentales, a saber, los derechos sociales – tanto a la familia[13], como a los ciudadanos con discapacidad[14] y a las personas mayores[15]. En cuanto a la primera ley mencionada, Vital Moreira y Gomes Canotilho se refieren a que la CRP tiene como objetivo garantizar el "derecho de sus propias familias a la protección de la sociedad y del Estado y a la realización de las condiciones propicias para la realización personal de sus miembros"[16], presentando a la familia como un "elemento fundamental de la sociedad". Es un precepto que promueve la realización personal de todos los miembros del hogar e incluso enfatiza que corresponde al Estado promover y garantizar una "política de personas mayores", de conformidad con el artículo 67/2 b). En cuanto a los ciudadanos con discapacidad, la cuestión surge en vista de que estas dos realidades están intrínsecamente vinculadas – la discapacidad y el envejecimiento – según la Organización Mundial de la Salud (OMS) de que existe una relación directa entre ellos, es decir, existe un mayor riesgo de discapacidad entre las personas mayores[17].

Finalmente, el derecho a la Tercera Edad es de gran importancia en este plan, ya que consagra "derechos específicos de los ancianos (párrafo 1)" como

[12] Artículo 25 de la Declaración Universal de Derechos Humanos (1948): "Toda persona tiene derecho a un nivel de vida suficiente para asegurar su salud y el bienestar de su familia, especialmente en relación con la alimentación, el vestido, la vivienda, la atención médica y los servicios sociales necesarios, y tiene derecho a la seguridad del desempleo, en caso de enfermedad, invalidez, viudez, vejez u otros casos de pérdida de medios de subsistencia derivados de circunstancias distintas de su voluntad".

[13] Artículo 67 (Familia).

[14] Artículo 71 (Ciudadanos con discapacidad).

[15] Artículo 72 (Personas mayores).

[16] Canotilho, J.J. Gomes / Moreira, Vital. *Constituição da República Anotada*, p.856 y ss.

[17] Consultar Informe Mundial sobre la Discapacidad publicado por la OMS en 2011, disponible en: http://apps.who.int/iris/bitstream/10665/44575/4/9788564047020_por.pdf, p. 36.

el derecho a la seguridad económica, el derecho a condiciones de vivienda, condiciones de vida familiares y comunitarias adecuadas, el derecho a la salud, el derecho al acceso a tratamientos preventivos, de curación y rehabilitación, el derecho a condiciones socialmente dignas (cf. Corriente alterna. Tribunal Constitucional Nº 543/01).[18]

También en el ámbito del derecho civil se ha preocupado por la protección de las personas de edad, ya que se reconoce el derecho a la alimentación, el derecho a la asistencia y el derecho a la visita (artículo 1887º-A del CC). En el ámbito de los deberes que recaen sobre la familia, destaca el "deber de cuidado" que parece encontrar su fundamento en el deber de cooperación previsto en el art. 1674 del CC[19].

2.3.2.3. El "deber de cuidado"

a. Esposo

De conformidad con el art. 1674º del CC, el cónyuge tiene indudablemente un deber de cooperación, en particular, "deber de ayuda y asistencia mutua", además de otros deberes conyugales, como el deber de convivencia (art. 1673 del CC) y el deber de asistencia (art. 1672 del CC), que se convierte en el deber de alimentos en caso de separación, tal como se contempla en el art. 1672º del CC.

b. Prole

Cabe destacar que el artículo 1874º establece deberes mutuos de respeto, auxilio y asistencia entre padres e hijos. Más a menudo, esta reciprocidad de cuidado parte de los niños a los padres cuando ya son personas mayores, lo que pone de relieve la intención de la disposición legal de proteger a los padres en la vejez[20].

Por lo tanto, los niños también están sujetos a obligaciones con sus padres, si estos necesitan apoyo, precisamente en una situación de vejez. Sin embargo, cabe destacar que, debido a los principios de razonabilidad y a la prohibición del abuso de ese derecho, no se debe exigir al niño que haya sufrido abandono parental que cumpla los deberes de asistencia a sus padres.

[18] MINLET, J.J. Gomes; MOREIRA, Vital. *Constituição da República Anotada*, p. 884 e ss.

[19] VENCEDOR Paula Távora. *O dever de cuidar dos mais velhos*. Revista Portuguesa de Direito da Família, Año. 5, N. 10, Coimbra Editora, Coimbra, 2008, p. 49.

[20] Del mismo modo, la Constitución de la República Federativa del Brasil dispone en su artículo 229: Los padres tienen el deber de ayudar, criar y educar a los hijos menores, y los hijos mayores tienen el deber de ayudar y apoyar a los padres en la vejez, la necesidad o la enfermedad.

c. *Nietos*

Los nietos también podrán ser llamados en conformidad con el artículo 2009º, sustituyendo a sus hijos, como se indica en el apartado 2 de dicho artículo, que tiene aplicadas las reglas del orden de la sucesión legítima. Es decir, los hijos están obligados antes que los nietos y estos antes que los bisnietos. Una pregunta interesante es si el derecho de representación (sucesión) previsto en el art. 2039º se aplica aquí, al menos por analogía. Es decir, si el padre carece de comida, pero su hijo A ha fallecido antes, dejando un nieto C y un hijo B, ¿quién tiene una obligación de alimentos? ¿Solo el hijo B o el hijo B y el nieto C (representando así a su padre A)? Considerando que el artículo 2009º hace una referencia en bloque a las reglas de sucesión legítima, que es una forma de sucesión legal, y el artículo 2042º[21] prescribe que la representación siempre tiene lugar en línea recta, en beneficio de los descendientes del hijo del autor de la sucesión, podemos inferir que la referencia a las denominadas reglas de sucesión legítima incluyen el derecho, o en este caso, la obligación de representación, y la *obligación* de alimentos está relacionada por la estirpe y no por el grado de parentesco, *ni per cápita*. Esta nos parece la solución más justa teniendo en cuenta el sistema legal en su conjunto y que protege a los nietos que podrían ver afectada su posición sucesoria por una muerte prematura de su padre o madre y que deberían ser cargados con los deberes alimentarios que cabrían a su padre, si no fuera la muerte prematura.

d. *Nueras y yernos*

En la doctrina, surge la hipótesis de que los afines, es decir, las nueras y los yernos, están sujetos a deberes legales para con sus suegros, en una situación de necesidad. Nos parece que, como mínimo, este deber es de naturaleza más tenue y que, si está fundado, deriva de un deber indirecto de la relación conyugal. De hecho, el derecho matrimonial obliga a los cónyuges a las "obligaciones inherentes a la vida familiar", entre las que pueden estar el cuidado y la contribución en manutención a los familiares del cónyuge, en particular a los ascendientes. Sin embargo, es importante llevar a cabo el análisis de las normas del Código Civil que, en este problema, parecen cautelosas.

En el contexto del deber alimentario, y refiriéndonos a las relaciones de afinidad, sólo encontramos esta situación en la última categoría de personas

[21] Art. 2042º: en la sucesión legal, la representación siempre tiene lugar, en línea recta, en beneficio de los descendientes del hijo del autor de la sucesión y, en la línea colateral, en beneficio de los descendientes del hermano del fallecido, cualquiera que sea, en un caso u otro, el grado de parentesco.

legalmente obligadas: el padrastro y la madrastra. Sin embargo, el legislador establece requisitos estrictos para que la pensión alimenticia los obligue: (1) solo durante minoridad del hijastro y (2) solo si ninguna de las personas previstas en la misma norma puede cumplir con su disposición de conformidad con el artículo 2009º/1-f). Cabe señalar que los padrastros y madrastras pueden asumir, por delegación (art. 1906º, apartado 4 del CC), las facultades-deberes inherentes a las responsabilidades parentales.

Sin embargo, en lo que respecta a la relación con los ascendientes del cónyuge, el Código Civil es vago, solo teniendo en cuenta la regla antes mencionada de que los cónyuges deben cumplir con las "obligaciones inherentes a la vida familiar", a saber, la obligación de proveer y la obligación de contribuir a la carga de la vida familiar, que se basan en el deber de asistencia previsto en el art. 1675º del CC.

Por lo tanto, nos parece que no existe un deber legal (de base legal) de cuidar a los suegros / suegros (prestaciones in natura, especialmente el deber de cohabitación), pero puede haber un deber de contribuir, en efectivo o en especie, a la alimentación necesaria para la vida matrimonial, que puede incluir el cuidado de un ascendiente.

2.3.2.4. El deber de alimentos

Cabe destacar que la forma más significativa de expresión del mencionado deber de asistencia corresponde a la prestación de alimentos, cuya regulación se establece en los artículos 2003º y siguientes del Código Civil portugués, en particular en el Título V del Libro IV del referido Código.

Según el artículo 2003º, nº 1, los alimentos corresponden a todo lo que es indispensable para el sustento, la vivienda y el vestuario. Con respecto al monto de la manutención, se entiende que se proporcionará a los medios de quien debe proporcionarlos y la necesidad de quien los recibirá, y en la fijación de los alimentos también se le dará la posibilidad de alimentarlos para proveer a la su subsistencia (Art. 2004º).

El artículo 2005º del Código Civil portugués se refiere a la forma en que debe proporcionarse la pensión alimenticia, estableciendo como regla general la constitución de una obligación pecuniaria de cuotas mensuales, "a plazos en especie: casa y compañía; o, además, estableciendo un derecho de usufructo o un contrato de renta vitalicia con un tercero[22]". Cabe señalar que esta

[22] Hacia aclaraciones sobre este modo de cumplimiento, véase: Marques, J. P. Remédio. *Em Torno do Estatuto da Pessoa Idosa no Direito Português: Obrigação de Alimentos e Segurança Social"*, p. 197.

también puede ser la forma adecuada de proporcionar alimentos a los padres que necesitan o desean vivir en una Estructura Residencial para Ancianos (ERPI)[23] o que están hospitalizados en una Unidad de Cuidados Continuados Integrados (UCCI).[24]

El artículo 2005º, nº 2, de la misma Ley establece que la posibilidad de que la persona obligada a proporcionar alimentos, sobre la base de la prueba de los motivos alegados, demuestre que no puede pagarlos a través de una pensión, sino únicamente en su domicilio y compañía, lo que se traduce en una forma muy frecuente de que el beneficiario cumpla su obligación para con un progenitor "anciano".

El artículo 2009º establece quiénes son las personas obligadas a alimentos, en los siguientes términos, en el siguiente orden: a) El cónyuge o el excónyuge; b) Los descendientes; c) Los ascendientes; d) Los hermanos; e) Los tíos, durante la minoridad del alimentando; f) El padrastro y la madrastra, respecto de los hijastros menores que estén o estuvieran a cargo del cónyuge en el momento del fallecimiento del cónyuge.

Los nietos también pueden ser llamados de acuerdo con el artículo 2009º del Código Civil Portugués, en sustitución de los hijos. En otras palabras, los hijos están obligados antes que los nietos y estos antes que los bisnietos, con respecto al deber de asistencia a los ascendientes, la mayoría de las veces, a los abuelos.

Por otra parte, el artículo 2009º, nº 3, establece que, ante la imposibilidad de cualquiera de los obligados a proporcionar la pensión alimenticia o pagar íntegramente su responsabilidad, la carga recae sobre los subsiguientes obligados. Por lo tanto, en cuanto a los parientes en la línea colateral, los hermanos pueden tener una obligación alimentaria. Los sobrinos, por otro lado, no están en esta lista, no parecen ser llamados a rendir cuentas. Creemos que el alcance de la interpretación jurídica parece estar fuera de la razonabilidad una aplicación de la letra e) una obligación de alimentos que recae sobre los afines en favor de los ancianos necesitados. De hecho, el derecho civil sigue considerando que los niños (huérfanos) son más dignos de tutela que las personas mayores que no tienen una familia cercana (cónyuge, descendientes o hermanos).

Por supuesto, podemos imaginar casos en los que se impone al menos una obligación natural cuando se espera que los sobrinos, como herederos legí-

[23] Sigla para: Estrutura Residencial para Idosos (del original en portugués)

[24] Cf. Pereira, André G. Dias; Campos, Juliana. *O Envelhecimento: Apontamento acerca dos Deveres da Família e as Respostas Jurídico-Civis e Criminais*, p. 67.

timos, sean herederos previsibles. Sin embargo, no debe olvidarse que esta expectativa es meramente de hecho y no una expectativa legal (como con los herederos legítimarios). Tampoco es paralela a la situación de los nietos que realmente se benefician del derecho de representación y que, en nuestra opinión, pueden coparticipar en el deber con la alimentación junto con los hijos de los ancianos si su padre ha fallecido antes.

Por su parte, el art. 2010º esboza las normas sobre pluralidad de obligados, pero con posibilidad económica de responder por la carga. Así, cuando hay varias personas vinculadas a la prestación de alimentos, todas responden en proporción a sus cuotas como herederos legítimos de la alimentación. Sin embargo, si alguna de las personas tan agobiadas no puede satisfacer su parte, la carga recae sobre las demás. Pires de Lima e Antunes Varela afirman que la obligación alimentaria "no se trata como una obligación solidaria, ya que cada una de las consolidadas representa sólo una parte del beneficio total [25] ". Sin embargo, si alguno de los obligados a contribuir no puede hacerlo, su parte recaerá en los demás.

También es de gran importancia, ya que deshonra las disposiciones obligadas en el art. 2010º, el art. 2011º sobre donaciones, según el cual:

> 1. Cuando la parte alimentada haya dispuesto los bienes mediante donación, las personas designadas en los artículos precedentes no estarán obligadas a proporcionar alimentos, en la medida en que los bienes entregados puedan proporcionar al donante medios de subsistencia. 2. En este caso, la obligación de alimentos recae total o parcialmente sobre el donatario o donatarios, en función de la proporción del valor de los bienes entregados; Esta obligación se transmite a los herederos del donatario.

En otro plan, el artículo 2012 se refiere a la modificación de la pensión alimenticia fija, señalando que si, tras la fijación de la pensión alimenticia por el tribunal o por acuerdo de los interesados, "cambian las circunstancias determinantes de su fijación, los alimentos gravados podrán reducirse o aumentarse, según el caso, o podrán verse obligadas otras personas a proporcionarlos".

Se destaca también el art. 2013º del Código Civil portugués, sobre el cese de la obligación de alimentos, que puede ocurrir: a) Por la muerte del obligado o del alimentado; b) cuando la persona que los proporciona no pueda

[25] LIMA, Pires de; VARELA, Antunes. *Código Civil Anotado*, Volume V, Coimbra Editora, Coimbra, 1995, p.596 y ss.

seguir proporcionándolos o cuando la que los reciba ya no los necesite; c) cuando el acreedor haya incumplido gravemente sus obligaciones para con el obligado. Según el párrafo 2 del mismo artículo, "el fallecimiento del obligado o la imposibilidad del obligado de continuar proporcionando alimentos no priva al alimentado de ejercer su derecho frente a otros, iguales o sucesivamente encargados". Las razones de la extinción de esa obligación se refieren a su carácter personal, con la imposibilidad del deudor y la no necesidad del acreedor en la continuación de la prestación y, por último, al "incumplimiento grave" de las obligaciones del acreedor, siendo el tribunal, caso por caso, responsable por la densificación de ese concepto.

2.3.3. Donación con encargo

El Código Civil portugués también prevé la donación con encargo[26]: un instrumento tradicional, que – por medios convencionales – permite obtener apoyo en la vejez. Es un instituto jurídico clásico que recientemente se ha vuelto a utilizar, teniendo en cuenta las transformaciones de la familia (personas mayores sin familia o sin contactos familiares robustos). Este mecanismo se ha utilizado, siendo el donatario un familiar, un vecino, una persona cercana o incluso una persona jurídica, como un "IPSS"[27] o una "Misericordia"[28].

De acuerdo con el artículo 963º del CC, en relación con las cláusulas modales, las donaciones pueden estar cargadas con cargos, y el donatario no está obligado a pagarlos sino dentro de los límites del valor de la cosa o el derecho otorgado. De ello se deduce que los ancianos pueden estar desprotegidos si los gastos terminan "consumiendo" todo el valor de las cosas dadas.

El artículo 965º del CC, a su vez, establece que tanto el donante, o sus herederos, como cualquier parte interesada tienen la legitimidad para exigir

[26] A título comparativo, veamos los artículos del Código Civil brasileño relacionados con la donación con encargo: Art. 539. El donante puede fijar un plazo para que el donatario declare si acepta o no la liberalidad. Siempre que el donatario, consciente del plazo, no haga la declaración respetándolo, se entenderá que ha aceptado, si la donación no está sujeta a cargo; Artículo 540. La donación hecha en previsión del merecedor de la donación no pierde el carácter de liberalidad, ya que la donación remunerativa no pierde, o registra, en exceso al valor de los servicios pagados o la carga impuesta; Artículo 553. El donante está obligado a cubrir los gastos de donación si son en beneficio del donante, de terceros o de interés general. Párrafo único. Si esta última especie es el encargo, el Ministerio Público puede exigir su ejecución, después de la muerte del donante, si el donante no lo ha hecho; Artículo 555. La donación puede ser revocada por ingratitud del donante, o por la ejecución del cargo.

[27] https://montepio.org/ei/economia-social/apoios-e-beneficios/ipss-o-que-sao-e-como-pedir-o-estatuto/

[28] https://misericordiacoimbra.pt/

al donante, o a sus herederos, el cumplimiento de los cargos, en el contexto de la donación de una manera. Esta regla constituye un caso excepcional de terceros (no acreedores, pero interesados al menos en el plan moral) que tienen la legitimidad para exigir el cumplimiento de obligaciones contractuales.

Cabe señalar que la cláusula de resolución debe insertarse en el contrato de donación (a menudo hecho por escritura pública, ya que incluye uno o más edificios) de acuerdo con el art. 966º del CC. En caso contrario, el donante queda sujeto al difícil régimen de ingratitud, debido a la remisión que hace el art. 967º a las normas establecidas en materia testamentaria.

Finalmente, estrechamente conectado a la figura de la ingratitud, está el instituto del desheredamiento[29] previsto en el artículo 2166 del CC[30] que tiene, con carácter conservador, sólo situaciones muy graves, equiparándose lo desheredado a lo indigno a todos los efectos jurídicos.

3. El papel de la persona mayor en Portugal

El aumento del número de personas mayores, junto con el envejecimiento de la población, es actualmente una preocupación importante en Europa y Portugal, especialmente en términos de prestación de asistencia sanitaria, consumo de servicios y gastos con los cuidados en relación a la salud[31]. Según las estadísticas nacionales actualizadas el 29-06-2021, la tasa de envejecimiento en Portugal aumentó del 27,5% en 1961 al 165,1% en 2020. Mientras que el índice de longevidad, en proporción, aumentó de 33.6% a 48.7% en el mismo período de tiempo[32].

[29] En el Sistema jurídico brasileño, el instituto del desdén es tratado por los artículos 1961 y siguientes del Código Civil, que tienen como posibles causas, brevemente, ofensa física, lesiones graves, relaciones ilícitas, impotencia en la alienación mental o enfermedad grave.

[30] 1. El autor de la sucesión podrá, con declaración expresa del caso, desheredar al heredero legítimo, privándolo de la legítima, cuando se produzca alguno de los siguientes hechos:
a) la sucesión haya sido condenada por cualquier delito cometido contra la persona, los bienes o el honor del autor de la sucesión, o de su cónyuge, o de cualquier descendiente, ascendientes, adoptantes o adoptados, siempre que el delito corresponda a una pena de prisión superior a seis meses;
b) la sucesión ha sido condenada por denuncia difamatoria o falso testimonio contra las mismas personas;
c) Hacer que la sucesiva, sin justa causa, deniegue al autor de la sucesión o a su cónyuge la pensión alimenticia adecuada.

[31] Pereira, André G. Dias. *The role of Family members and close persons in health-care treatment of incompetent patients: a Portuguese approach*. Medicine and Law, 30, 2011, p. 580.

[32] Fuente: Pordata.

Este marco social refuerza el asertividad de Guilherme de Oliveira[33] cuando afirma que tal vez fuera necesario reconocer a los ancianos como pertenecientes a un nuevo grupo en busca de reconocimiento, junto a las minorías y otros grupos que luchan por la igualdad y el abandono de posiciones secundarias en la sociedad, ya que en ciertos contextos el papel del respeto a la dignidad y la autonomía de los ancianos no acompaña adecuadamente el aumento de la población.

Esta realidad corrobora la necesidad de combatir los prejuicios en relación con el envejecimiento. Según el Informe de las Naciones Unidas sobre los derechos de las personas mayores, este tipo de prejuicios refuerza una imagen negativa de las personas mayores como personas dependientes con limitaciones intelectuales, cognitivas y físicas, de manera que contribuye a una mayor vulnerabilidad y a la consiguiente puesta en riesgo de sus derechos[34].

Este prejuicio se manifiesta de diversas maneras, la mayoría de las cuales se refleja en el desarrollo de estereotipos y prácticas discriminatorias. Maria João Guardado Moreira[35] ejemplifica:

> Son un grupo homogéneo en sus características (todos los ancianos están enfermos...), actitudes paternalistas, "déjame hacerlo, no puedes" (aunque no), que se refiere a la sobreprotección (que, incluso bien intencionada, puede promover una mayor dependencia), situaciones de abuso y-maltrato a las personas mayores.

Las razones en las que se basa esta realidad altamente dañina *corresponden a razones culturales*, como la sobrevaloración de la juventud; razones *técnicas*, relacionadas con el rápido avance científico que provoca una devaluación de los pacientes con enfermedades crónicas; y también razones económicas, que enmarcan a la población anciana como una posible amenaza para la sostenibilidad del sistema de seguridad social[36].

Por otra parte, a pesar de la disposición legal de la obligación familiar con respecto a la satisfacción de las necesidades de la persona de edad, debe reco-

[33] Oliveira, Guilherme de. *Health Law and Elderly Persons*. Medicine and Law: World Association for Medical Law, 34, 2005, pág. 605.

[34] UNITED NATIONS, Report of the Expert Group Meeting "*Rights of Older Persons*", 2009. Disponible en: https://www.un.org/esa/socdev/ageing/documents/egm/bonn09/report.pdf. Último acceso: 27 de octubre de 2021.

[35] Moreira, Maria João Guardado (*Como envelhecem os portugueses: envelhecimento, saúde, idadismo*. Lisboa: Fundação Francisco Manuel dos Santos, 2020, p. 55.

[36] Oliveira, Guilherme de. *Health Law and Elderly Persons*, págs. 605 y 606.

nocerse que las situaciones de necesidad rara vez se satisfacen con las posibilidades económicas de los parientes sobre los que recae la obligación, incluso cuando tales posibilidades se producen realmente. En este sentido, "la acción voluntaria de la llamada *solidaridad familiar* es cada vez más un *mito*, incluso en las sociedades mediterráneas"[37], con la concurrencia entre los mecanismos de solución al mismo problema de satisfacer las necesidades económicas de las personas mayores, a saber, la solidaridad familiar y la solidaridad pública o estatal [38].

4. Derecho a la salud y efectos de la pandemia

Sin duda, el problema de garantizar los derechos fundamentales de las personas mayores se enfrenta a desafíos de todo tipo. La lucha por la garantía y el respeto a la autonomía de la población anciana debe ser movilizada por todas las áreas del derecho y, en particular, por el área del derecho de la salud.

Reconocer que existe el desarrollo natural de ciertas condiciones específicas para el avance del grupo de edad no debe dar sentido al desprecio, por parte de los profesionales de la salud, de las quejas presentadas por los ancianos, como si fueran personas que están obligadas a aceptar y tolerar el dolor y el malestar. El propio contexto pandémico vino a denotar esta mayor necesidad de protección, ya que las personas mayores fueron las principales afectadas por las malas consecuencias que trajo el virus COVID-19.

La situación de las personas mayores en el contexto más inadecuado ha puesto de relieve ciertas necesidades y ciertos objetivos de atención de la salud, a saber, el logro de un sistema de salud justo, para no discriminar en el acceso a la salud por motivos económicos, y la primacía de los determinantes de salud social y ambiental en los sistemas de salud. En este contexto, el envejecimiento activo, la alfabetización sanitaria de las personas mayores y el fortalecimiento de la salud pública han desempeñado un papel decisivo.

De hecho, los efectos de la pandemia en la vida de los ancianos han establecido resignificados con respecto a la estructura de la salud, particularmente en la preparación de las instituciones de salud, incluidos los hogares residenciales, para futuras pandemias; fortalecer la protección de los ancianos en sus hogares, instituciones y sociedad, para evitar la pérdida de visitas a hogares de ancianos y hospitales y el cierre de Centros de Día (que, además de privar a los ancianos de la estimulación e interacción social necesarias,

[37] MARQUES, J. P. Remedio. *"Em Torno do Estatuto da Pessoa Idosa no Direito Português: Obrigação de Alimentos e Segurança Social"*, pág. 186.
[38] *Voy a ir.*

presionó a más cuidadores y familias); en la protección de la flexibilidad del sistema de salud, para una preparación adecuada en situaciones pandémicas y no pandémicas, con el fin de garantizar la menor perturbación posible de los tratamientos en consultas ambulatorias, cirugías programadas y atención de emergencia a pacientes no covid; y, además, en defensa de la importancia de la colaboración internacional en el ámbito de la salud y el respeto de los estándares de interacción relativos a los estados de emergencia, a través de una revalorización del papel de la Organización Mundial de la Salud[39].

En este sentido, Guilherme de Oliveira asume que el derecho fundamental a la salud de los ancianos a veces funciona con menos fuerza que el de los jóvenes, por lo que reconoce una amplia gama de mejoras que sean necesarias con respecto al tratamiento de la población anciana en el campo de la salud [40].

La conciencia de la necesidad de mejora refuerza la importancia de cumplir el principio ético fundamental que está en peligro cuando está en juego una persona de edad: el principio de autonomía, estrechamente vinculado a la dignidad de la persona *humana*, valor hermenéutico del sistema jurídico portugués, previsto en el artículo 1º de la Constitución de la República Portuguesa. En esta coyuntura, "la ética nos dice que cuando se brinda atención a un paciente, y a los ancianos o posiblemente dependientes, no solo se pretende eliminar síntomas o modificar comportamientos"[41], sino garantizar las mejores condiciones de vida posibles dentro de las especificidades de cada persona.

Conclusiones

Asumiendo el marco social y familiar presentado, es necesario que la ley se adapte y presente soluciones a los nuevos problemas que surgen dentro de la familia – ya que no presenta la misma estructura, llegando a ser constantemente reformulada – y también dentro de la sociedad, que también tiene su parte de responsabilidad hacia la persona mayor.

Como base fundamental de la *sociedad, la* familia demanda protección, que ya encontramos, en cierta medida, en el derecho civil, el derecho de familia y el derecho constitucional. Sin embargo, es digno de mención que, en este entrelazamiento de la sociedad y la familia, hay un papel central en el cuidado de los ancianos, con la tarea pública del Estado de asegurar el apoyo de

[39] Para más desarrollos sobre la relectura de estos objetivos, véase el Proyecto "Direito da Saúde Pública no Mundo Lusófono". Disponible en: https://direitodasaudepublicanomundolusofono.net/en/project.

[40] Oliveira, Guilherme de. *Health Law and Elderly Persons*, p. 603.

[41] Barreto, John. *Ética nos Cuidados a Pessoas Idosas*, 2019, p. 16.

las situaciones existenciales de los ancianos. Así, se infiere que "las prestaciones sociales estatales y las prestaciones alimentarias familiares no sólo no se excluyen, sino que se complementan en la función de salvaguardar la seguridad económica de las personas mayores"[42].

También se concluye por la inevitabilidad de que aparezcan cambios en la ley en el futuro, que no deben dejar de atentarse a la necesidad imperiosa de que nuestro legislador asuma siempre el valor fundamental e inviolable que es la dignidad de la persona humana (art.1º CRP), para que estos cambios estén en conformidad con nuestra Constitución y sus valores fundacionales, en particular la protección de la autonomía de la persona mayor y la conformación que desea dar a su propia vida. Del mismo modo, dado el impacto de la pandemia del virus COVID-19 en la población anciana, se requieren cambios y resignificados en el campo de la salud, desde la reestructuración del sistema público de salud, la flexibilidad en el acceso a la atención de salud en un contexto pandémico y no pandémico, hasta una colaboración internacional en la estandarización del estado de emergencia.

[42] MARQUES, J. P. Remedio. "*Em Torno do Estatuto da Pessoa Idosa no Direito Português: Obrigação de Alimentos e Segurança Social*", pág. 207.

Referencias

BARRETO, Juan. *Ética nos Cuidados a Pessoas Idosas,* 2019.

BARROSO, Renato Amorim Damas. *Há Direitos dos Idosos?* Revista Julgar, núm. 22, 2014, p. 117 – 127.

CANOTILHO, J.J. Gomes; MOREIRA, Vital. *Constituição da República Anotada,* Volume I, Coimbra Editora, Coimbra, 2007.

GOMES, Joaquim Correia; NETO, Luisa; VÍTOR, Paula Távora, *Convenção sobre os Direitos das pessoas com deficiência Comentário,* Imprensa Nacional, 2020, p. 33-41, ISBN e-book: 978-972-27-2872-0.

LIMA, Pires de; VARELA, Antunes. *Código Civil Anotado,* Volume V, Coimbra Editora, Coimbra, 1995.

MARQUES, J. P. Remedio. *"Em Torno do Estatuto da Pessoa Idosa no Direito Português: Obrigação de Alimentos e Segurança Social"*, BFD, 83 (2007).

MARTINS, Rosa; VÍTOR, Paula Távora, *O direito dos avós às relações pessoais com os netos na jurisprudência recente.* Revista Julgar, No. 10, 2010.

MONTEIRO, Antonio Pinto (*Das incapacidades ao maior acompanhado – Breve apresentação da Lei nº 49/2018.* Pensar – Revista de Ciências Jurídicas, Fortaleza, 2019.

MOREIRA, Maria João Guardado (*Como envelhecem os portugueses: envelhecimento, saúde, idadismo.* Fundação Francisco Manuel dos Santos: Lisboa, 2020.

OLIVEIRA, Guilherme de. *Health Law and Elderly Persons.* Medicine and Law: World Association for Medical Law, 34, 2005.

Pereira, André Dias (*The role of Family members and close persons in health-care treatment of incompetent patients: a Portuguese approach.* Medicine and Law, 30, 2011.

PEREIRA, André G. Dias; CAMPOS, Juliana. *O Envelhecimento: Apontamento acerca dos Deveres da Família e as Respostas Jurídico-Civis e Criminais.* Revista da Faculdade de Direito e Ciência Política, No. 10, 2017, p. 61-80.

PEREIRA, André G. Dias. *O Consentimento Informado na Relação Médico-Paciente.* Coimbra Editora, 2004.

PINTO, Paulo Mota. *O Direito ao Livre Desenvolvimento da Personalidade.* Direitos de Personalidade e Direitos Fundamentais, Estudos, Gestlegal, 2018.

Informe Mundial sobre la Discapacidad publicado por la OMS en 2011, disponible en: http://apps.who.int/iris/bitstream/10665/44575/4/9788564047020_por.pdf. Último acceso: 25 de enero de 2022.

United Nations, Report of the Expert Group Meeting "*Rights of Older Persons* ", 2009. Disponible en: https://www.un.org/esa/socdev/ageing/documents/egm/bonn09/report.pdf. Último acceso: 27 de octubre de 2021.

VÍTOR, Paula Távora. *O dever de cuidar dos mais velhos.* Revista Portuguesa de Direito da Família, Año. 5, N. 10, Coimbra Editora, Coimbra, 2008.